JIHUA

吉华集团志

《吉华集团志》编纂委员会 编

方志出版社
Publishing House of Local Records

图书在版编目（CIP）数据

吉华集团志 / 《吉华集团志》编纂委员会编 .
北京 ： 方志出版社， 2024. 11. -- ISBN 978-7-5144-6289-0

Ⅰ . F279.255
中国国家版本馆 CIP 数据核字第 2024JA3120 号

责任编辑：陈　菁
责任校对：张玉霞
责任印制：梅中英
出 版 者：方志出版社
地　　址：北京市朝阳区潘家园东里 9 号（国家方志馆 4 层）
邮　　编：100021
网　　址：http://www.zgfzcb.cn
发　　行：方志出版社图书营销中心（010-67110500）
印　　刷：杭州艺文报刊印务有限公司
开　　本：889 毫米 ×1194 毫米　1/16
印　　张：38　　彩页：2.5 印张
字　　数：653 千字
版　　次：2024 年 11 月第 1 版
印　　次：2024 年 11 月第 1 次印刷
定　　价：368.00 元

《吉华集团志》编纂领导小组

组　长：邵伯金

副组长：杨泉明

成　员：陈文忠　陈小勇　陈美芬　胡柏忠　陆荣宝　张颖辉

王齐兵　陈治辉　沈迪利

《吉华集团志》编辑部

顾　问：陈志根

主　编：陈文忠

编　辑：胡柏忠　陈美芬　陆荣宝　张颖辉　王齐兵　陈小勇

吉华集团临江区块生产区全景（2022 年 12 月摄）

领导关怀

2005年11月9日，浙江省副省长陈加元（前排右）考察吉华集团，董事长、总裁邵伯金（前排左）陪同

2004年11月，杭州市市长孙忠焕（前排右二），杭州市委常委、区委书记王金财（右三）考察吉华集团

企业决策

2018 年 7 月，吉华集团召开股东大会

2022 年 7 月，吉华集团召开董事会

2022 年 10 月，吉华集团召开办公会议

2022 年 12 月，吉华集团召开战略委员会会议

企业上市

2017 年 6 月 15 日，吉华集团成功在上海证券交易所主板上市

2017 年 6 月 15 日，吉华集团股票（证券代码：603980）上市现场

联营吉化

1990 年 12 月 14 日，吉化萧山联营染料厂举行三方合作意向书签字仪式

1991 年 7 月，吉化萧山联营染料厂第一次董事会期间在吉化染料厂合影

基地建设

2004年12月21日，江苏吉然化工有限公司与盐城沿海工业园举行签约仪式

2019年10月27日，吉华创新产业园项目举行开工奠基仪式

2019年10月27日，吉华集团董事长邵辉（中）在吉华创新产业园项目开工奠基仪式上致辞

杭州萧山吉华聚氨酯染化有限公司（2002 年 9 月摄）

吉化萧山联营染料厂（2002 年 9 月摄）

杭州吉华化工有限公司三分厂（2002 年 9 月摄）

杭州创丽聚氨酯有限公司生产厂区（2022 年 11 月摄）

江苏吉华化工有限公司八分厂基建工地（2005 年 12 月摄）

江苏吉华化工有限公司 803、808 及 807 的部分车间（2006 年 8 月摄）

江苏吉华化工有限公司九分厂硫酸装置建设工地（2006年12月摄）

江苏吉华化工有限公司七分厂部分生产装置（2015年5月摄）

吉化萧山联营染料厂办公、生活区（1998年3月摄）

吉华创新产业园
（2022 年 10 月摄）

杭州吉华化工
有限公司办公区
（1999年11月摄）

吉华仓储产业园（2022 年 12 月摄）

江苏吉华化工有限公司九分厂部分生产区（2017 年 8 月摄）

杭州吉华江东化工有限公司生产厂区（2022 年 11 月摄）

杭州吉华高分子材料股份有限公司生产厂区（2022 年 11 月摄）

吉华集团总部办公楼（2019年9月摄）

吉华集团钱江世纪城办公楼（2022年12月摄）

杭州创丽聚氨酯有限公司引进德国宝马公司的环形切割设备（2020 年 7 月摄）

杭州吉华江东化工有限公司自动化控制室（2019 年 6 月摄）

杭州吉华江东化工有限公司中央控制中心（2019 年 6 月摄）

吉华集团临江区块员工宿舍（2022年12月摄）

国际交流

1997年12月18日，杭州吉华化工有限公司总经理邵伯金（左七）参加印度化工展期间与印度化工商会人员合影

2000年5月，杭州吉华化工有限公司访问日本京瓷公司

2005年5月，吉华集团访问土耳其伊丽坦克斯公司

2005年，吉华集团访问瑞士科莱恩公司总部

2007年1月18日，吉华集团技术团队访问德国德司达公司。图为与德司达高层管理人员合影

2016 年 10 月，吉华集团与美国亨斯迈公司举行合作签约仪式

2018 年 4 月，在印度举办的第一届亚洲染料工业联合会上，董事长邵伯金（左六）被聘任为第一届亚洲染料工业联合会副会长

业务拓展

1998 年 6 月，韩国客人访问杭州吉华化工有限公司

2012 年 8 月，吉华集团参加中国染料工业协会组织的荷兰阿姆斯特丹染料及纺织化学品展览会

2012 年 9 月，吉华集团参加巴基斯坦国际染料展览会。图为吉华集团代表与客户合影

2014 年 5 月 21 日，吉华集团董事长邵伯金（左二）等出访印度，与印度部分印染厂客商交流互动

2016 年 4 月，中国染料工业协会代表团与埃及印染商会交流互动

2016 年 8 月，吉华集团与闰土股份、网盛生意宝在中国染化交易市场战略合作签约仪式上签约

2017 年 4 月，吉华集团参加第 16 届中国国际染料、颜料、纺织化学品展览会

2018 年 4 月，吉华集团参加第 17 届中国国际染料、颜料、纺织化学品展览会。图为业务洽谈现场

技术交流

1991 年 7 月，吉化萧山联营染料厂第一批赴吉化染料厂培训人员与合作三方领导合影

2012 年 10 月，吉华技术团队与国外专家交流对接

2013 年 6 月，江苏吉华化工有限公司 H 酸项目技术团队与拜耳专家团队进行技术交流

2013 年 9 月，德国专家团队在吉华工程建设现场

2014 年 9 月，外国专家在现场进行工艺技术指导

2014 年 4 月，德国专家在车间现场精心指导

2015 年 12 月，德国拜耳公司 701 工程专家与江苏吉华化工有限公司技术团队合影

2016 年 10 月，美国亨斯迈公司代表团考察吉华集团技术中心

研发品控

2003 年 3 月 6 日，吉华集团举行染料行业首个博士后科研工作站开题仪式

2011 年 7 月，吉华集团召开染料新产品鉴定会

吉华集团技术中心科研楼（2022 年 12 月摄）

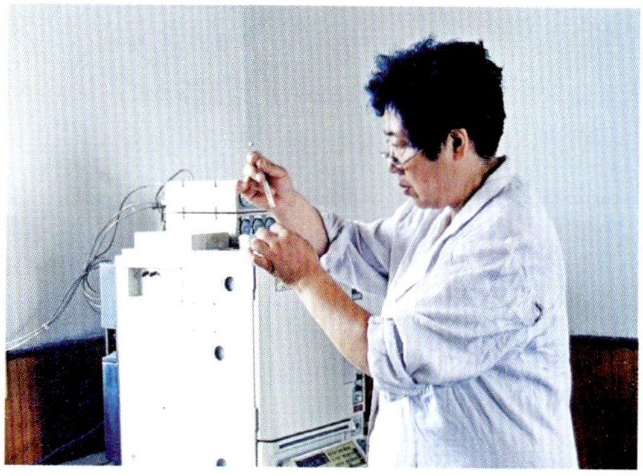

沈阳化工研究院高级工程师、分析专家商友芬在杭州吉华化工有限公司技术中心（2001 年 9 月摄）

德国专家现场传授研发经验（2013 年 9 月摄）

吉华技术中心员工在产品小试（2022 年 12 摄）

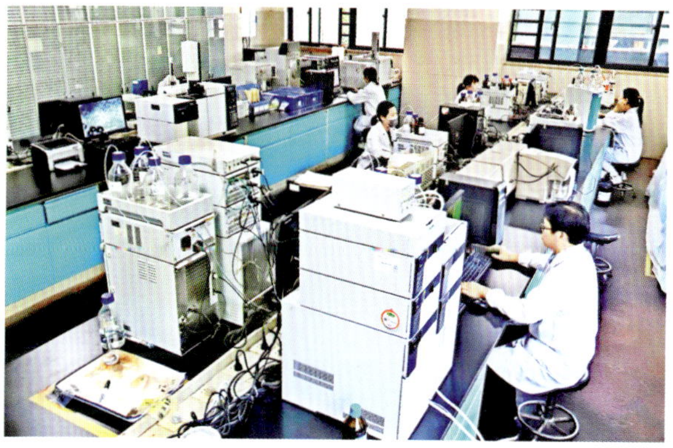

吉华集团技术中心研发设备（2022 年 12 月摄）

产品介绍

杭州创丽聚氨酯有限公司生产的大块海绵

杭州创丽聚氨酯有限公司生产的部分模型海绵产品

杭州创丽聚氨酯有限公司生产的枕头、项圈、腰靠等产品

吉华集团生产的
环保型粒状染料

杭州吉华高分子材料股份
有限公司生产的水性不粘涂料

吉华集团生产
的环保型浆状染料

产品装运

安全生产

2015 年 3 月，新生产装置试生产前的安全培训

2022 年 11 月，吉华集团中层干部应知应会测试

2022 年 12 月，吉华技术中心研究开发人员进行化工反应全流程安全风险评估实验

2008 年 7 月，盐城市危化品事故应急救援演习在江苏吉华化工有限公司举行

2018 年 5 月，吉华集团举行安全应急技能比武

吉华集团临江区块应急救援站（2022 年 12 月摄）

杭州吉华江东化工有限公司生产厂区（2022 年 12 月摄）

环境保护

1997年，杭州吉华化工有限公司召开万吨废水处理方案可行性论证会

江苏吉华化工有限公司1万吨/年固废处理装置（2017年12月摄）

杭州吉华江东化工有限公司RTO废气焚烧系统（2022年12月摄）

江苏吉华化工有限公司804车间MVR工段（2019年12月摄）

杭州吉华江东化工有限公司609车间活性炭循环利用、MVR装置（2022年12月摄）

1998年10月，杭州吉华化工有限公司（红山）污水处理装置

杭州吉华江东化工有限公司604车间曝气池（2022年12月摄）

资质证书

杭州吉华化工有限公司
博士后科研工作站
POSTDOCTORAL PROGRAMME
中华人民共和国人事部
全国博士后管委会
二〇〇三年十二月

ZHEJIANG NAME BRAND
浙江名牌
浙江名牌
浙江名牌产品认定委员会
二〇〇四年

环境管理体系认证证书
(母证书)
浙江吉华集团股份有限公司
GB/T 24001-2016/ISO 14001:2015
对下属公司的管理及相关活动
IAF
CNAS

职业健康安全管理体系认证证书
(母证书)
浙江吉华集团股份有限公司
GB/T 45001-2020/ISO 45001:2018
对下属公司的管理及相关活动
IAF
CNAS

质量管理体系认证证书
(母证书)
浙江吉华集团股份有限公司
GB/T 19001—2016/ISO 9001:2015
IAF
CNAS

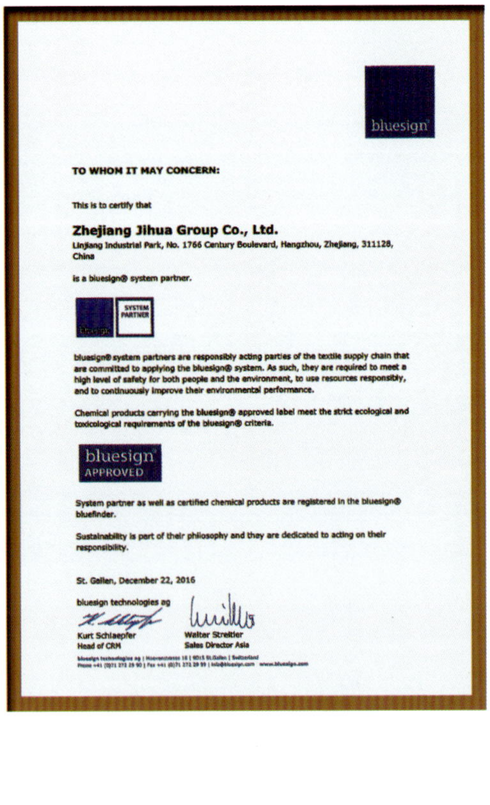
bluesign
TO WHOM IT MAY CONCERN:
This is to certify that
Zhejiang Jihua Group Co., Ltd.
Linjiang Industrial Park, No. 1766 Century Boulevard, Hangzhou, Zhejiang, 311128, China
is a bluesign® system partner.
SYSTEM PARTNER
bluesign® system partners are responsibly acting parties of the textile supply chain that are committed to applying the bluesign® system. As such, they are required to meet a high level of safety for both people and the environment, to use resources responsibly, and to continuously improve their environmental performance.
Chemical products carrying the bluesign® approved label meet the strict ecological and toxicological requirements of the bluesign® criteria.
bluesign APPROVED
System partner as well as certified chemical products are registered in the bluesign® bluefinder.
Sustainability is part of their philosophy and they are dedicated to acting on their responsibility.
St. Gallen, December 22, 2016
bluesign technologies ag
Kurt Schlaepfer
Head of CRM
Walter Streitler
Sales Director Asia

浙江省
企业技术中心
浙江省经济贸易委员会 浙江省财政厅
浙江省国家税务局
浙江省地方税务局 杭州海关
二〇〇五年

浙江吉华集团股份有限公司
检测中心
ilac-MRA
CNAS
中国认可
国际互认
检测
TESTING
CNAS L16998
中国合格评定国家认可委员会

企业文化

1998 年 3 月，参加红山农场首届艺术节

2006 年 9 月，参加红山农场庆国庆歌咏比赛

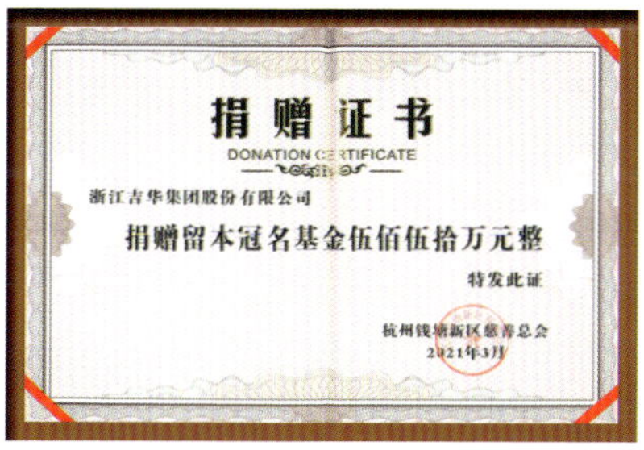
捐赠证书
DONATION CERTIFICATE
浙江吉华集团股份有限公司
捐赠留本冠名基金伍佰伍拾万元整
特发此证
杭州钱塘新区慈善总会
2021年3月

1999 年 5 月，参加“红申杯”青年篮球赛获第一名

2019 年 7 月，参加杭州空港小镇足球赛获冠军

2021 年 5 月，参加钱塘区临江街道全民运动会 3 人制篮球赛获季军

2021 年 2 月，吉华集团春节慰问员工

企业荣誉

XSGY
萧 山 市
特级工业企业证书
萧(9)第 号
命 名
吉化萧山联营染料厂
为一九九○年度
萧山市特级工业企业
萧山市人民政府

XSGY
萧 山 市
一级工业企业证书
萧(9)第 号
命 名
萧山聚氨脂泡沫厂
为一九九四年度
萧山市一级工业企业
萧山市人民政府

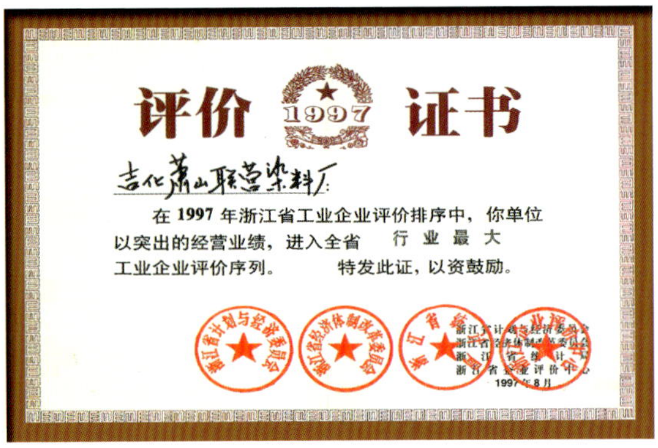
评价 1997 证书
吉化萧山联营染料厂
在 1997 年浙江省工业企业评价排序中，你单位
以突出的经营业绩，进入全省 行 业 最 大
工业企业评价序列。 特发此证，以资鼓励。
1997 年 8 月

萧山工业冲千亿
突出贡献企业
中共杭州市萧山区委
杭州市萧山区人民政府
二〇〇三年一月

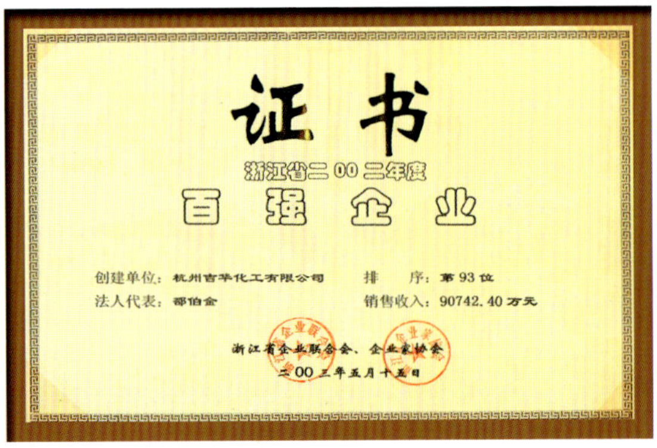
证书
浙江省二00二年度
百 强 企 业
创建单位：杭州吉华化工有限公司
排 序：第 93 位
法人代表：邵伯金
销售收入：90742.40 万元
浙江省企业联合会、企业家协会
二OO三年五月十五日

2005年度
全国500强民营企业
中华全国工商业联合会

牌 仪 式
做大做强 再上台阶

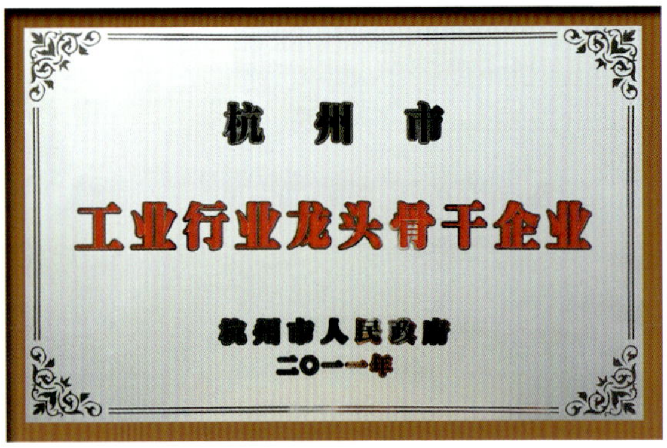
杭 州 市
工业行业龙头骨干企业
杭州市人民政府
二〇一一年

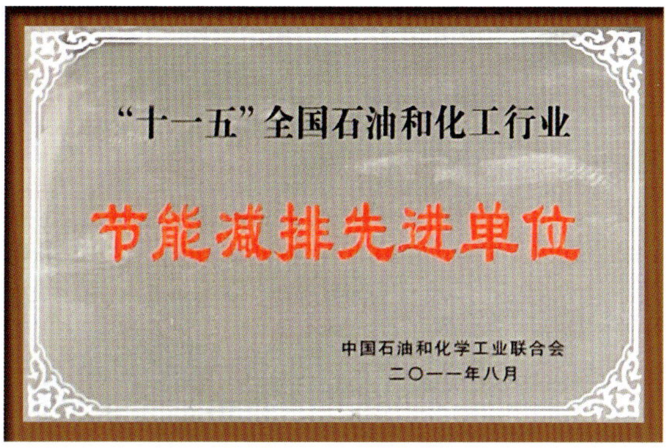
“十一五”全国石油和化工行业
节能减排先进单位
中国石油和化学工业联合会
二〇一一年八月

杭州吉华江东化工有限公司
2016年度
浙江省高新技术企业百强
浙江省高新技术企业协会
二〇一七年十一月

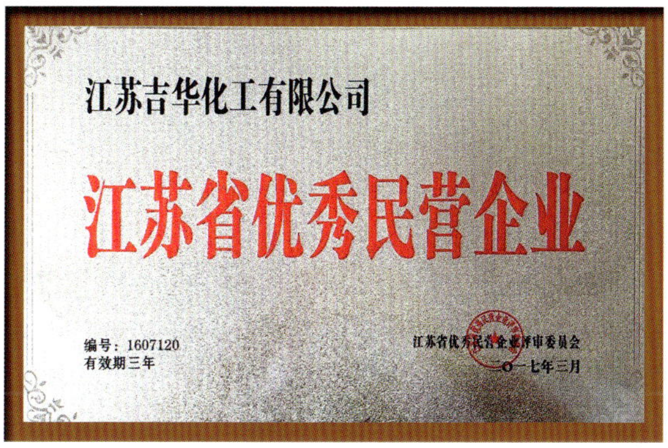
江苏吉华化工有限公司
江苏省优秀民营企业
编号：1607120
有效期三年
二〇一七年三月

江苏吉华化工有限公司
江苏省化工行业十大品牌企业
编号：1708781
有效期三年
江苏省品牌企业发展推进委员会
二〇一七年十一月

证 书
NO.007
CERTIFICATE
第一届亚洲染料工业联合会
The first session of ADIF
邵伯金
荣任
副会长
Mr. Shao Bojin
as
Vice Chairman
亚洲染料工业联合会
Asia Dyestuff Industry Federation
2018.4.10

CDPA
授予：浙江吉华集团股份有限公司
中国染料百年
优秀企业奖
中国染料工业协会
二〇一八年四月十日

CDPA
中国染料工业协会
副会长单位
单位名称：浙江吉华集团股份有限公司
有效期限：2021－2026年
中国染料工业协会
二〇二一年十月

专精特新
杭州吉华高分子材料股份有限公司
浙江省“隐形冠军”企业
（有效期：2021年12月至2024年12月）
浙江省经济和信息化厅
2021年12月

总结表彰

1998 年 2 月，杭州吉华化工有限公司召开第二届职工代表大会

2013 年 2 月，吉华集团召开 2012 年度总结表彰大会

2013 年 2 月，吉华集团 2012 年度表彰大会为突出贡献员工授奖

（本志所有图片均由吉华集团档案室提供）

序

2022年初，我想在离任书记、董事长之后，力所能及地再为吉华做点事。于是在9月初集团董事会上提议，趁我们一些亲历者尚在，以真实的经历用文字形式记录下吉华的发展历程，董事会一致通过并明确成立以我为组长的领导小组。9月12日，成立编纂工作组。10月，《吉华集团志》编修工作正式启动。

在编纂过程中，多次强调编志之目的既非为树碑立传，也不是歌功颂德，必须实事求是、真实记录，并将其作为此志编纂的宗旨。编纂这本《吉华集团志》的用意在于以史为鉴，传承发展。经过两年多时间的努力，今天终于由方志出版社出版发行。全志共19章，约65万余字。志前设概述、大事记，让读者开卷就能领略吉华大概，后以志为主，述、记、图、照、表、传相辅相成，浑然一体。它的问世是吉华文化建设事业上的一件大事。

三十多年来，我们白手起家，从无到有，在一片农田上投入、发展、积累，再投入，以“滚雪球”的方式由小到大、由弱至强，发展成一家全球知名的染、涂料化工企业。我们跌倒了再爬起来，以团队精神克服了一个个困难，创造出一个个奇迹。走过的道路有智慧的结晶，也有许多的曲折与艰辛。我们和着改革开放的步伐，举着绿色发展的大旗，带着与时俱进、奋力开拓的精气神，开拓进取。我们紧扣时代脉搏，万丈高楼平地起；我们重抓安全环保，咬定青山不放松；围绕科技强企，追求卓越创名牌；立足市场开拓，芝麻开花节节高；我们绘就吉华文化，回报社会永不忘；我们创新务实，自强不息，锐意进取，做大做强。

三十多年来，吉华起源于红山，拓展于临江（原属萧山区，今属杭州市钱塘区），进军黄海边，建立起以循环经济、资源综合利用、清洁生产、产业链配套、高精尖产品为主的全球瞩目的综合性染料涂料化工生产基地。我们风雨兼程、励精图治、稳健自信、跨越传承，培养造就了两代吉华人，将一些没有“文凭”、没有专业知识的农民工、临时工培养成为知名企业家、行业专家；从年销售额不到300万元、职工不到30人的小微企业走向与吉林化学工业公司联营，开拓产业，到扩大规模组建集团，再至股票上市筹集资金，成为精细化工领域的知名企业。吉华的崛起与发展，离不开各级党委、政府和社会各界的大力支持，离不开全体吉华人以“敬业、奉献、争一流”的精神，勤奋努力，艰苦创业，开拓创新，不断进取，齐心协力地付出。在此表示深深地感谢！

我以为《吉华集团志》是成功的。该志问世了，希望大家多随手翻翻、看看，多回头望望吉华集团走过的历程。我们要以感恩之心，拥抱绿色社会；以敬畏之心，拥抱法治时代；以开放之心，拥抱共享时代。不忘初心、牢记使命，与时俱进，永不满足，努力将吉华集团打造成为一家百年传承企业。

写至最后，我衷心感谢全体参与编纂此志同事们的付出！感谢编辑的不懈努力，也感谢集团各个部门，相关干部和员工积极配合为编纂此志提供资料，提出宝贵意见。

但由于原始资料和档案不够齐全，经验不足，不足之处难免存在，敬请读者鉴谅。

邵伯金

2024年3月

邵伯金曾任浙江吉华集团股份有限公司党总支书记、总裁、董事长

凡 例

一、本志以马克思列宁主义、毛泽东思想、邓小平理论、“三个代表”重要思想、科学发展观、习近平新时代中国特色社会主义思想为指导，坚持辩证唯物主义和历史唯物主义的立场、观点和方法，实事求是地记述和反映浙江吉华集团股份有限公司的历史和现状，力求反映时代特点和企业特色。

二、本志由概述、大事记、专志各章等组成。概述，有叙有议，叙议结合；大事记，以编年体为主辅以纪事本末体；专志各章，横列门类，纵述史实，设发展历程、集团架构、党政群团、公司简介、基地建设、科技研发、产业 产品、供应、营销、经济责任制、安全生产、环境保护、财务管理、综合管理、企业文化、荣誉、人物、专记、文献 19 章。

三、本志上限不限，记述至事物发端，下限至 2022 年 12 月 31 日，大事记下延至 2023 年。详近略远，前后贯通。

四、本志所记“省”“市”“区（县）”，分别指浙江省、杭州市、萧山区（县）；为避免与杭州市相混淆，萧山市冠以全称。其他省、市、县也冠以全称。

五、本志所记单位名称，除概述、荣誉章及文中必须用全称外，首次出现时用全称，后括注简称；浙江吉华集团股份有限公司内设分厂（子公司）称谓并称，简称用括注或页下注说明。

六、数字用法、标点符号用法分别采用国家标准 GB/T 15835—2011《出版物上数字用法》、GB/T 15834—2011《标点符号用法》，计量单位采用国家技术监督局 1993 年 12 月发布的《量和单位》系列国家标准。小数点除股权外，四舍五入保留 2 位。

七、人物章，设人物传、人物简介和人物录。

八、本志资料和数据，大部分来自档案，由集团管理部门提供。部分来源于编写人员回忆座谈、采访，经考证、鉴别后载入；附录、引文、图表、计量单位，尊重原文，一般不作变动。

目 录

第四章　公司简介

第五章　基地建设

第六章　科技研发

第七章 产业 产品

第八章 供 应

第九章 营 销

第十章 经济责任制

第十一章　安全生产

第十二章　环境保护

第十三章　财务管理

第十四章 综合管理

第十五章 企业文化

第十六章　荣　誉

第十七章　人　物

第十八章　专　记

第十九章　文　献

概 述

浙江吉华集团股份有限公司（以下简称吉华集团），总部位于浙江省杭州市钱塘区临江国家高新园区新世纪大道1755号，北纬30°16'4.56"，东经120°36'8.14"。东邻浙江航峰铁塔有限公司、浙江金琨锆业有限公司，南为杭州弗沃德效果颜料有限公司、杭州之江新材料有限公司，西为杭州沃瑞奥汽车零部件有限公司，北靠南新河。分别在杭州市钱塘区临江国家高新园区、杭州临空经济示范区（萧山）、江苏滨海沿海经济技术开发区、南京市江北新区智能制造产业园建有生产基地。2022年年底，吉华集团拥有总资产50亿元，占地面积110万平方米（1650亩），建筑面积65万平方米，员工1574名。主营染料及染料中间体、涂料、海绵、医药等，已形成主业突出、循环产业链发展的经济格局。

吉华集团经过三十余年的发展，已成为精细化工领域的知名企业，业内公认的全球三大染料生产基地之一，中国染料工业协会副会长单位。先后建有博士后科研工作站、省级企业技术中心、省级高新技术企业研究开发中心，获中国民营企业500强、国家高新技术企业、省技术创新能力百强企业、江苏省优秀民营企业、中国染料百年优秀企业等荣誉称号。

一

吉华集团三十余年的风雨历程，呈现六大重要的历史发展节点。

1985年以海绵产业起家

吉华集团前身为1985年2月建设的萧山聚氨酯泡沫厂，时属萧山红山农场集体企业。海绵生产线根据原上海塑料制品六厂技术设计、建造，生产设备由上海轻工设计院设计、上海飞机制造厂六车间制造。项目建成后由于受经济体制的制约，经营状况一直不理想，1987—1990年基本没有效益甚至亏损，企业负责人屡次更换。1991年调整经营班子，经营状况逐渐好转，产、利连年增长，为后续扩产和新建染料主业项目打下了基础。

1990年染料产业起步

1990年12月，经萧山市领导牵线，红山农场、吉林化学工业公司染料厂、杭州钱江外商台商投资区江南工贸公司在萧山签署合资建设分散染料项目，设立吉化公司染料厂萧山分厂。1992年5月，冠名为吉化萧山联营染料厂。建厂伊始，条件非常艰苦，人力、物力极度匮乏，技术力量非常薄弱。但干部和员工吃苦耐劳、干劲十足，领导更是当仁不让、率先垂范，同员工一起出力、流汗，经常挑灯夜战。203车间于1990年12月破土动工，苦战一年，翌年10月就生产出100%强度的分散蓝S-3BG液体染料；1992年动工建设204合成车间，翌年5月，建成试生产；9月，205合成车间动工，翌年4月投料试生产。高大宽敞的厂房，标准规范的设备设施，严格的管理，整洁的现场，联营合作并使用吉林化学工业公司染料厂的“牡丹牌”商标，联营厂的知名度一炮打响，成为国内外客户的参观打卡点，快速打开了国内外销售市场，促进了企业的发展。

1993年，吉化萧山联营染料厂被萧山市人民政府命名为萧山市一级工业企业。1994年，被命名为萧山市特级工业企业。萧山聚氨酯泡沫厂被命名为萧山市一级工业企业。至1996年年底，销售收入过亿元，其中萧山聚氨酯泡沫厂实现销售收入2833万元，吉化萧山联营染料厂实现销售收入8520万元。

1997年染料产业成长

1997年是吉华集团染料产业迅速扩展成长的重要时段，是吉华发展史上具有里程碑意义的一年。1月，红山农场决定由萧山聚氨酯泡沫厂收购杭州钱江制药厂，作为吉化萧山联营染料厂扩大再生产基地。是年，随着经济体制改革的进一步深化，企业干部员工热情高涨，收购后的技术改造项目当年见效，产销两旺，染料产量由上年的3244吨提升至8410吨，销量达6362吨，销售收入首次突破亿元，达1.46亿元，进入全省行业最大工业企业序列。

1998年1月，杭州吉华化工有限公司组建。12月30日，通过ISO 9000质量管理体系认证，并获杭州市人民政府1998年度出口创汇“金龙奖”。而后，屡获杭州市人民政府出口创汇“金龙奖”及杭州市外商投资双优企业、杭州市外商投资自营出口前

30位等荣誉称号。

2001年创新转制

2001年，根据萧山市政府企业转制的精神，红山农场决定将其在杭州吉华化工有限公司集体资产股权整体转制转让给企业主要负责人（法人代表）。7月16日，浙江红山集团公司与董事长邵伯金签署股权转让协议。邵伯金将其中的28.38%股权根据岗位分档，分次量化给公司中层及以上干部和技术骨干、业务骨干。后随着企业不断发展壮大，经营业绩不断攀升，公司坚持每年按股权分红，增资也按股权比例调整，公司中层及以上干部和技术骨干、业务骨干获得公司发展的红利。这种创新转制经营模式，对稳定公司骨干力量，增强干部队伍的凝聚力，调动积极性起到了重要的作用。是年，杭州吉华化工有限公司获“萧山区百强企业”称号。2002年，获“浙江省百强企业”、萧山工业冲千亿“突出贡献企业”称号。董事长邵伯金获“‘十五’期间突出贡献企业家”荣誉称号。

2003年染料产业扩张

2003年，因区域发展规划调整，红山农场区域染料生产面临关停的可能。公司直面危机，转危为安。在做好红山生产基地整治提升的同时，积极寻求企业发展的出路。3月，公司迁建临江工业园项目启动。4月，迁建项目及外排钱塘江污水管道分别立项。5月，杭州吉华江东化工有限公司（筹）项目开建。2004年初，正当临江生产基地全面建设时，国家对各地园区进行整顿，因临江工业园不是省级、国家级园区，属整顿范围，公司一度陷入困境。

2004年9月，为寻求新的发展空间，公司组织苏北投资决策论证，随后组团考察江苏响水、灌南、灌云化工园区，最终选择了盐城滨海的化工园区。12月，决定收购在滨海化工园区生产还原染料靛蓝的江苏山峪化工有限公司。收购后的公司更名为江苏吉然化工有限公司。在改造靛蓝染料生产设施的同时，建设年产6万吨的分散染料和配套中间体。2006年7月，江苏吉华化工有限公司设立；8月，H酸生产装置建成试产。翌年3月，硫酸生产装置建成试产。与此同时，临江工业园区也步入规范运行，项目建设同步推进。公司抓住快速发展的有利时机，完成临江基地、江苏基地的染料产业布局，染料主业两翼共进，生产规模迅速扩大，产能超过10万吨，成为业内公认的世界级三大染料生产基地之一。

其间，2003年8月，浙江吉华集团有限公司成立，进入集团化运作。12月，染料行业首家国家级博士后科研工作站授牌。2005年，杭州市萧山区领导祝贺吉华集团工业产值逾十亿元授牌。2007年，销售收入首次突破20亿元。2005年、2006年、2007年吉华集团进入中国民营企业500强序列。

2011年启动企业上市

2011年3月，吉华集团决定启动上市工作。2012年2月完成股份改制，成立浙江吉华集团股份有限公司。2013年至2014年IPO“堰塞湖”（2012年，全国各地上市热情非常高涨，造成A股沪深两市待审材料堆积，被称为“堰塞湖”现象）问题，管理层收紧申报通道。为节约上市成本，避免无效运作，除财务工作外其他工作暂停。2013年12月，启动杭州吉华高分子材料股份有限公司“新三板”上市工作，于2014年5月19日获批，在全国中小企业股份转让系统挂牌。股票名称为“吉华材料”，股票代码为830775。2015年3月，吉华集团重启上市工作，2016年年底向中国证券监督管理委员会上报材料，2017年5月19日核准获批。是年6月15日，在上海证券交易所A股上市挂牌发行，股票名称为“吉华集团”，股票代码为603980，发行价17.2元。

在此时段，吉华集团进一步完善生产基地建设和产业提升布局。其中，临江基地杭州创丽聚氨酯有限公司于2014年实施“年产1.5万吨功能性、新型特种聚氨酯海绵项目”，2016年9月建成试生产；杭州吉华高分子材料股份有限公司“年产2万吨环保型功能性特种涂料项目”一期于2014年5月开始建设，2016年9月试生产；杭州吉华江东化工有限公司于2016年批建“年产10万吨染料及中间体产业转型提升技改项目”；江苏基地江苏吉华化工有限公司七分厂“2万吨/年H酸技术改造项目”于2015年3月试产；八分厂先后完成5万吨/年分散染料及配套中间体生产线、配套环保处理装置建设；九分厂完成对位酯系列产品技改项目；十分厂完成1万吨/年固废焚烧项目建设。上述新建和技改提升配套项目的建设，为吉华集团顺利上市奠定了坚实的基础。该时段企业产销两旺，盈利能力较强，2014年销售收入首次突破30亿元，处于企业经营的鼎盛时期。

吉华集团上市后，面对新的发展要求以及染料发展前景，经反复研究，决定注册江苏吉华医药科技有限公司，在江苏基地拓展医药产业。2016年8月，收购盐城蓝色星球树脂材料有限公司，规划合作生产医药原料药；与滨海医药园签约征地60亩，计划生产制剂药。2019年3月，收购盐城市优化医药化工科技有限公司。但受江苏响水天嘉宜“3·21”特别重大爆炸事故（2019年3月21日，江苏响水天嘉宜化工有限公司发生特别重大爆炸事故，造成78人死亡，640人受伤，直接经济损失19.80亿元）后经营环境发生变化影响，而未能继续实施。是年6月，与江苏晶立信医药科技有限公司合作，开发医药中间体；10月收购、控股江苏康倍得药业股份有限公司。但医药产业还需不断投入孵化，步履艰难，有待进一步振兴。10月27日，杭州临空经济示范区吉华创新产业园奠基，红山基地存量工业用地有机更新，建设环临空经济圈生物医药等新兴产业孵化基地（2023年2月已完成一、二期建设）。

二

吉华集团发展成就的取得，宏观在于顺应改革开放大势；中观在于发扬企业精神、精准决策、科学管理等；微观则是吉华集团的十大理念和一以贯之的精神与实践。

吉华发展的根本在于“改革开放”

吉华发展之初，是中共十一届三中全会精神全面贯彻之时，红山农场干部、农场人员思想大解放，敢闯敢为。1985年，为改变农场贫穷落后的面貌，突破“就地取材、就地加工、就地销售”的框框，在“一缺资金、二无设备、三无技术”的情况下，创办了农场第一家化工企业——萧山聚氨酯泡沫厂。1990年，农场打破区域封锁的观念，与全国知名国企吉林化学工业公司合作，创办吉化萧山联营染料厂，引进技术、人才等资源，闯出了一条“海绵起家、染料发家”的新路子。

在吉华的发展过程中，紧紧抓住每个发展阶段的有利时机，有效利用联营、中外合资、进出口贸易等国家经济政策，使企业一直处于发展前端，实现资本的原始积累。世纪之交，企业转制为民营企业，倚借灵活经营体制的优势，迈入了发展的“快车道”。在企业面临发展“瓶颈”之时，敢于直面危机，转危为机，历经两次大的跨区域发展，跨省发展，上市筹资，从而实现企业快速、健康、良性发展。

吉华发展的灵魂在于“企业精神”

改革开放为吉华提供了优越的外部环境，用“吉华精神”武装起来的员工是吉华发展的内因。吉华的员工从田畈里上来，文化基础普遍较低，在困难面前，有超于常人的承受能力和拼搏精神。吉华创始人邵伯金，以身作则、率先垂范；从对化工生产、经营一窍不通的“学生”化身为技术、管理的“老师”，成为员工心目中的“好当家”“好领导”。企业转制时，他将28.38%股权量化给公司干部和技术骨干、业务骨干。

“吉华精神”凝聚了一批致力于吉华事业的创业者、奉献者，磨砺了一群从生产基层到管理高层的骨干力量，涌现了一大批坚守初心、立足本职、任劳任怨、兢兢业业在各自岗位上发扬“敬业、奉献、争一流”精神的员工，与吉华同呼吸，共命运，为吉华的建设和发展奉献青春、奉献智慧，融合成强大的团队能量，为吉华发展作出重要贡献。“吉华精神”是吉华发展宝贵的精神财富。

吉华发展的基石在于“精准决策”

企业的发展有诸多的不确定性，关键在于经营者能在错综复杂的情况下作出精准决策。吉华集团在三十余年的发展历程中，牢牢把住科学决策关，保障吉华稳健发展。1991年，合资经营吉化萧山联营染料厂，利用吉林化学工业公司的技术、品牌和销售渠道，快速打开国内外销售市场，焕发出蓬勃生机。1997年，收购杭州钱江制药厂，组建杭州吉华化工有限公司，企业规模迅速扩张，一举奠定行业地位。2001年，创新转制模式，步入现代企业管理。2003年，在红山农场区域染料生产面临着关停的形势下，迁建临江工业园区；2004年，面临园区整顿困境，选择盐城滨海化工园区新的发展基地；2019年，盘活红山区块存量资源，建设“吉华创新产业园”。吉华集团坚持“一心一意搞化工”的发展理念，做会做的、能做的、适合做的行业，做行业的“领头雁”。一项项精准决策使吉华集团获得跳跃式发展。

吉华发展的瑰宝在于“科学管理”

管理，既要会管，又要能理；边管边理，再理再管；循序渐进，与时俱进；在实践中总结，在总结中再实践；不断学习，不断提升，不断超越，形成了具有吉华特色的科学管理体系。

1992年，初步建立经济责任制考核制度，并在实践中不断完善。至2022年，对经济责任制考核政策作了5次较大的改革，并严格按经济责任制考核兑现，有效调动了员工积极性。2002年，机制改革推行的“一个授权，五个统一”的管理模式一直延续并完善，在实践中创新管理举措。2006年，开发ERP系统，创建信息化平台，实现信息集成，管理内控并持续提升。从1991年的14个管理制度框架，发展为2007年适时引入规范化管理团队指导，制定涵盖技术质量管理类、财务物资管理类、销售计划管理类、生产能源管理类、设备项目管理类、人力资源管理类、安全环保管理类、行政事务类等系列管理制度和规范流程，建立并巩固现代企业管理体系。以“销售围绕市场转，生产围绕销售转，全厂围绕生产转”和“竞争在市场，决胜在工厂”的经营理念，2000年始推行降本节支，2008年倚借信息化平台，全面推行“目标成本管理”并持续改进，增强市场竞争力。

吉华发展的源泉在于“科技进步”

吉华的科技进步，伴随着企业的发展而成长，也见证了染料行业的技术进步。20世纪90年代初，迎来了国内染料工业快速发展的机遇，吉华正是在这个历史时间节点进入染料行业。从初创时期吉林化学工业公司染料厂转让的5个染料品种，至引进技术消化，通过定向加工方式取得染料合成技术并开拓国际市场。抓住染料行业“国退民进”的有利时机，聘请国内知名染料专业人才。在后期产品的工艺改进、品质提升上与国际名企合作经营，快速融入国际生产经营一流团队。1999年9月，建立吉华技术中心自主研发团队，2003年设立业内首家国家级博士后科研工作站，引进博士后团队，开展结构剖析、研发创新，与国内外知名染料企业和科研院校合作研发，不断创新发展，提档升级，打造了一支集产品研发、技术攻关、应用服务于一体的专业化团队。

吉华集团通过染料绿色生态组织蓝标（Bluesign®）和Inditex认证，取得CNAS认可实验室证书，拥有优质染料系列产品430余个，海绵系列产品108个，特种涂料系列产品82个。取得115项国家授权专利（其中发明专利93项），主持或参与起草35项国家、行业（团体）技术标准，取得103项省级及以上新产品新技术，为全球染料行业发展和纺织印染业需求做出了重要贡献。

吉华发展的保障在于“安全环保”

作为精细化工企业，安全环保是企业求生存、谋发展的头等大事。安全管理坚持“工作做在前，投入投到位”的理念，牢守安全红线；环境治理“只有更好，没有最好”。强化责任，重抓安全隐患整改，通过定期风险排查，编制预案，加强培训，完善设施，提升本质安全。舍得投入，运用先进的装备武装生产装置，重要岗位在DCS的基础上，辅以PLC、FGS、GDS、SIS等系统实现智能化全覆盖。先后投入数亿元用于环境治理设施的升级改造，开发应用了MVR化工废水资源化处理并主持起草行业标准，以及连续法制备H酸工艺技术与装备、活性炭再生循环技术、湿式催化氧化技术，有效保障企业健康发展。

吉华发展的保证在于“经营理念”

三十余年来，吉华集团一直秉承在实践中不断完善提升企业管理，逐步形成具有吉华特色的经营理念，即公司发展理念、产品质量理念、安全环保理念、管理工作理念、经济政策理念、人才作用理念、技术创新理念、营销工作理念、治理结构理念、公司转制理念。保证了吉华集团稳健发展。

“路漫漫其修远兮，吾将上下而求索。”吉华集团在取得辉煌业绩的基础上，积极探索“持续发展”之路。2021年5月，集团努力尝试倚借上市平台运作资本，围绕染料、医药双主业循环产业链的商业模式，寻求合作投资机会，实现吉华“再次创业”，永续发展。

大事记

1985年

2月，萧山聚氨酯泡沫厂（以下简称泡沫厂）开始筹建，年设计产能600吨软质聚氨酯泡沫塑料（以下简称海绵）。12月26日投料生产。时属萧山红山农场（以下简称红山农场）集体企业。

4月1日至5月31日，由宋晶艳带队，陈建东、汪国良、金建华、汪亚铭、马文虎、陈观松、赵建华和杨国友（10月5日至1986年1月12日）分批去上海塑料制品六厂（以下简称上塑六厂）实习。

1986年

8月，由戚明松、李洲松负责生产沙发、枕头等产品。1988年因经营亏损停产。

1988年

12月，泡沫厂与萧山模具塑料厂合并，厂名不变，统一管理，生产经营独立核算。

1989年

7月，红山农场投资100万元，利用泡沫厂西侧厂房，筹建2-乙基蒽醌生产项目。1991年4月，2-乙蒽醌项目因工艺技术不过关而关停。

1990年

12月14日，红山农场、吉林化学工业公司染料厂（以下简称吉化染料厂）、杭州钱江外商台商投资区江南工贸公司（以下简称江南工贸，1996年11月20日更名为杭州钱江投资区萧然工贸有限公司，简称萧然工贸）三方就合资建设分散染料项目在萧山签署投资合作意向。新建企业暂名为吉化公司染料厂萧山分厂（以下简称吉化萧山分厂），商标采用吉化染料厂的“牡丹牌”商标。企业性质为集体所有制。

12月，泡沫厂与萧山磨具塑料厂脱离关系，与吉化萧山分厂“一套班子，两块牌子”，独立核算。

12月，吉化萧山分厂破土动工。

1991年

4月30日，吉化染料厂派於印章、杨玉生两名工程师到萧山参与筹建工作的技术指导。

5月5日，吉化萧山分厂董事会成立，由7人组成。朱瑞炳任董事长，孙贵荣、徐建初任副董事长。

6月6日，由车间主任庞明良带队，组成第一批21名员工赴吉化染料厂学习。8月21日返回。

6月14日，吉化萧山分厂取得筹建许可证，由滕木泉任筹建处主任。

9月1日，邵伯金调任吉化萧山分厂、泡沫厂任厂长。

10月1日，吉化萧山分厂生产出第一批分散蓝S-3BG液体染料，合资厂正式开始投入生产、经营。

10月16日，调整吉化萧山分厂董事会组成人员，张克恭接替孙贵荣任副董事长，邵伯金接替徐春田任董事。

10月28日，增设徐春田为吉化萧山分厂筹建处副主任，并根据筹建工作进展，下设生产、业务、财务3个部门。

1992年

年初，泡沫厂开始开发新产品，先后研制成功符合美国加州标准的阻燃海绵和用于制造电声喇叭的扬声器海绵，产量和产值骤增。是年，产量为500吨，产值644.64万元，利润14.14万元，实现综合效益（企业可用资金）93.6万元。

4月，吉化萧山分厂第一套染料干燥装置建成投产，生产的第一个产品——分散艳蓝E-4R。

5月9日，吉化萧山分厂第四次董事会形成决议：建设300吨/年（实际按500吨

/年设计建设）的偶氮型分散染料综合性流程生产装置；吉化萧山分厂冠名为吉化萧山联营染料厂（以下简称联营厂）；调整董事会组成人员。

9月28日，红山农场、吉化染料厂、江南工贸合资建设联营厂分散染料合成车间（204车间）合同书签订。翌日，萧山市计划委员会、经济委员会联合审批同意建设联营厂配套合成项目。翌年5月，分散染料合成车间建成投产，生产品种为C.I.分散蓝79，C.I.分散红54、74、167，C.I.分散黄23，C.I.分散橙30。

10月，由技术员陆荣宝带队，第二批24名员工赴吉化染料厂学习，翌年1月返回。

1993年

4月19日，调整联营厂董事会组成人员，由薛祖行接替张克恭担任副董长，洪威出任董事；设立联营厂领导机构，邵伯金任联营厂厂长，於印章、滕木泉任副厂长。

9月，筹建萧山经济技术开发区江南化工厂（以下简称江南化工厂）。翌年4月，江南化工厂建成投产，生产的品种为C.I.分散蓝56、C.I.分散橙76、C.I.分散黄23。

是年，联营厂被萧山市人民政府命名为萧山市一级工业企业。

1994年

7月26日，联营厂第九次董事会形成决议：吉化染料厂将其38.36%股权中的18.36%转让给浙江红山集团公司（1994年6月由红山农场组建，以下简称红山集团）和江南工贸两方，只保留20%的股权；将江南化工厂合并到联营厂；重新测算划分联营厂投资比例；从1995年起，吉化染料厂不再参与联营厂的生产经营管理，实行不论盈亏按投资额固定返利20%（含利润、折旧、积累等收益）。

11月，泡沫厂生产的特黑软质聚氨酯泡沫塑料获杭州市人民政府颁发的1993年度杭州市科学技术进步奖三等奖。

12月28日，费向远接替施能明担任联营厂董事。

是年，泡沫厂被萧山市人民政府命名为一级工业企业。

1995年

1月，联营厂被萧山市人民政府命名为1994年度萧山市特级工业企业。

7月17日，联营厂由徐春田接替滕木泉担任董事，洪威接替薛祖行担任副董事长，闫卫东接替洪威担任董事。

12月20日，联营厂与（美国）宝宁实业有限公司（以下简称宝宁）签署合资意向，合资组建杭州红宝染化有限公司（以下简称红宝染化）。翌年1月10日，获萧山市对外经济贸易委员会批复同意项目建议书。

1996年

3月20日，红宝染化合同和章程正式签署。3月27日，萧山市对外经济贸易委员会批复同意。5月8日批准设立，注册资本130万美元，其中联营厂占70%、宝宁占30%。

5月20日，成立红宝染化董事会，由邵伯金等5人组成，邵伯金任董事长，徐起唐任副董事长，聘任邵伯金为公司总经理。

8月，红宝染化开始运作。

1997年

2月14日，根据萧山市政府关于企业转制工作精神和红山农场关于企业转制工作精神要求，将红山农场在联营厂、泡沫厂的集体资产部分股权让渡、转让给联营厂和泡沫厂的干部、员工。

2月15日，萧山聚氨酯泡沫厂接管杭州钱江制药厂（以下简称药厂，6月21日后改称染化厂），成立由张小康任组长、袁其富任副组长的筹建组。

3月13日，红山集团发函公布“关于杭州钱江制药厂兼并给萧山聚氨酯泡沫厂的决定”。后由泡沫厂、联营厂、药厂组成一个投资实体，萧然工贸只参与联营厂的生产经营，仅对联营厂享受权利和承担义务，不对泡沫厂和药厂发生权利和义务关系。

6月21日，泡沫厂和联营厂召开员工代表大会，组建杭州吉华化工有限公司（以下简称吉华化工）。下设立3家分厂，即泡沫厂（一分厂）、联营厂（二分厂）、染化厂（三分厂）。

7月14日，吉化染料厂不再参与投资联营。联营厂厂名不再使用“吉化”两字；联营结束一年后，不再使用“牡丹牌”商标。

7月18日，萧山市农场管理局正式批复同意泡沫厂和联营厂改组为吉华化工，性质为有限责任公司，由红山集团、萧然工贸和吉华化工员工持股协会（以下简称持股协会）三方出资构成。

8 月 28 日、29 日，泡沫厂和联营厂分别向萧山市农场管理局和萧山市工商行政管理局申请歇业。翌年 1 月 12 日，经萧山市工商行政管理局批准，联营厂、泡沫厂注销歇业。

8 月，联营厂获省计划与经济委员会、省经济体制改革委员会、省统计局、省企业评价中心联合颁发的 1997 年全省行业最大工业企业序列评价证书。

9 月 4 日，吉化染料厂在联营厂的股权全额分别转让给红山集团和萧然工贸，《吉化萧山联营染料厂章程》自动失效。

9 月，吉华化工新办公楼启用，行政机构入驻新楼。1985 年建造的原办公楼改作吉华技术中心。

12 月 5 日，红山集团、萧然工贸同意部分股权让渡转让给吉华化工员工（含董事会成员），让渡转让时间自 1996 年 10 月 26 日始。

12 月 9 日，吉华化工召开员工持股协会会议。会议通过员工持股协会章程；由 5 人组成员工持股协会理事会，徐春田为理事长；选举产生由 7 人组成的董事会，邵伯金为董事长；选举产生由 5 人组成监事会，朱瑞炳为召集人；聘任邵伯金为公司总经理。

12 月 11 日，筹建 5000 吨 / 日处理能力的综合废水处理装置，翌年 6 月建成运行。

1998 年

1 月，吉华化工批准设立，股权比例调整为红山集团 54.91%、萧然工贸 28.61%、员工持股协会 16.48%。

10 月，吉华化工股权比例调整为红山集团 53.12%、萧然工贸 27.45%、员工持股协会 19.43%。

11 月 9 日凌晨 1 时，一分厂泡沫车间泡头在熟化过程中放热自燃，导致整个车间几乎全部过火，造成直接经济损失 200 余万元。

12 月 4 日，吉华化工董事会决议：一分厂火灾后，在原址建设已不现实，需另选厂址；存遗资产一次性作价转让给二分厂进行技改扩建。

12月9日，萧山市计划委员会批复同意吉华化工组建杭州萧山吉华聚氨酯染化有限公司（由萧山聚氨酯泡沫厂改名，简称泡沫厂不变）。

12月30日，吉华化工通过GB/T 19002和ISO 9002质量管理体系认证。

1999年

1月，吉华化工获杭州市人民政府颁发的1998年度出口创汇先进企业金龙奖证书。

2月5日，经对外贸易经济合作部〔1999〕外经贸政审函字第268号文《关于海盐县标准件一厂等93家生产企业经营进出口业务的批复》批准，赋予吉华化工自营进出口经营权。

4月6日，吉华化工在原注册经营范围的基础上增加进出口业务。

7月5日，吉华化工兼并萧山工艺化纤纺织有限公司所属的萧山第三布厂，作为一分厂生产经营场所。

8月7日，红宝染化总股权从130万美元扩大到356万美元；调整红宝染化董事会成员，董事会由5人组成，邵伯金任董事长、魏天浩为副董事长；聘任邵伯金为总经理，徐远程为副总经理。

8月7日，取得吉华商标注册证书。

10月5日，吉华化工技术中心（以下简称技术中心）成立。

2000年

1月，红宝染化获杭州市人民政府颁发的1999年度出口创汇先进企业“金龙奖”证书（1999—2004年连续6年红宝染化获杭州市人民政府颁发的年度出口创汇先进企业“金龙奖”证书）；1999年，获杭州市外商投资双优企业称号；2000—2002年，连续3年名列杭州市人民政府年度杭州市外商投资自营出口前30位。

4月13日，杭州萧山吉华聚氨酯染化有限公司设立注册；董事会由邵伯金等5人组成，邵伯金为董事长，徐春田为副董事长；聘任邵伯金为总经理；监事会由陈小勇等3人组成。

6月，根据红山农场有关文件精神，红山集团、萧然工贸向吉华化工员工让渡分红权、向相关高级管理人员转让部分让渡结余。向吉华化工员工无偿配送让渡股后，吉华化工股权比例为红山集团 45.76%、萧然工贸 26.39%、员工持股协会 27.85%。

9 月 14 日，台湾染料颜料工业同业公会一行 22 人访问吉华化工。

10 月 27 日，经对外贸易经济合作部外经贸发展〔2000〕函字第 2633 号文《关于成立萧山吉华进出口有限公司的批复》批准同意，成立萧山吉华进出口有限公司并赋予进出口经营权，同时撤销吉华化工的自营进出口经营权。12 月，萧山吉华进出口有限公司注册登记，注册资本为 1000 万元，执行董事为邵伯金，监事为陈小勇，聘任应海军为经理。

12 月，萧山吉华进出口有限公司股权比例为吉华化工 90%、杨泉明代持 10%（时工商登记必须有 2 个以上股东，下同）。2001 年 7 月 9 日，变更为杭州吉华进出口有限公司（以下简称进出口公司）。

2001 年

4 月 29 日，员工持股协会对员工个人股进行重新调整。

4 月，吉华化工获杭州市人民政府颁发的杭州市 2000 年度外商投资企业双优企业证书。

5 月 13 日，邵伯金、朱建龙、张文娟 3 人访问德司达、汽巴、科莱恩欧洲染料“三巨头”，就业务合作、工艺技术等方面进行广泛深入的交流。

7 月，根据萧山市农场管理局《关于同意红山集团公司部分股权内部转让的批复》（萧农管〔2000〕24 号）、《关于同意红山集团公司股权内部转让规定的批复》（萧农管〔2000〕29 号），红山集团分别于是年 7 月 16 日与邵伯金签署《股本转让协议》，于 8 月 10 日与邵伯金、杭州锦辉机电设备有限公司（以下简称锦辉机电）签署《股本转让补充协议》。转让后，吉华化工股权比例为红山集团 15%、锦辉机电 30.76%、萧然工贸 26.39%、员工持股协会 27.85%。

8 月，员工持股协会重组及股权转让，转让后吉华化工股权比例调整为红山集团 15%、锦辉机电 32.81%、萧然工贸 28.61%、员工持股协会 23.58%。

10 月 31 日，泡沫厂法人代表由邵伯金变更为杨国友。

12 月 12 日，调整吉华化工董事会和监事会成员；一、二、三分厂合并生产经营管理；随着三厂合并，对股权结构进行重新调整。

是年，吉华化工被中共杭州市萧山区委、杭州市萧山区人民政府认定为萧山区百强企业（2001—2008年，吉华化工被中共杭州市萧山区委、杭州市萧山区人民政府认定为萧山区百强企业）。

2002年

1月5日19时30分，一分厂泡沫大块仓库发生大火，造成整个半成品仓库全部过火，钢房倒塌，直接经济损失150余万元。

3月27日，泡沫厂法定代表人由杨国友变更为庞明良。

4月，吉华化工被选为中国染料工业协会第五届副理事长单位。吉华化工（吉华集团）在此后的第六至九届连任副理事长、副会长单位（2016年后改副会长）。

5月9日，吉华化工成立310-3筹建组，开始建设310-3染料后处理项目。

7月，红宝染化获中国外商投资企业协会颁发的2001年度双优企业奖证书。

8月28日，吉华化工召开董事会决定投资1亿元建设活性染料项目。翌年5月20日，吉华化工成立315项目（活性）筹建组，在三分厂建设活性染料合成项目。

10月8日，吉华化工与杭州颜料化工厂签订合同，在萧山区义蓬镇外六工段共同投资建设杭州萧山染料化工有限公司（以下简称杭萧染化）生产H酸。2003年8月18日，杭萧染化股东会决定：调整董事会成员，由朱国祥接替邵伯万出任董事，聘任朱国祥为总经理。H酸生产由吉华化工承包。2004年1月31日，杭萧染化股东会决定：免去朱国祥董事、总经理职务，由张小康任董事、总经理。2004年8月1日，杭萧染化股东会决议：增加注册资本。调整董事会成员：由邵建民等7人组成，邵建民为董事长，徐远程为副董事长。调整监事会成员：由王伟等3人组成。聘任张小康为总经理。修改公司章程。2005年2月2日，杭萧染化董事会决定：免去张小康董事和总经理职务，由周火良出任董事、总经理。2009年7月15日，杭萧染化清算，将吉华化工在该公司的股权转让给浙江明盛集团（原杭州颜料化工厂），终止参股。

10月，浙江省人事厅批准吉华化工设立浙江省博士后科研工作站。

11月5日3时，吉华化工三分厂染料后处理车间在干燥尾气湿捕集器改造试运行过程中，因循环水槽中无水致使循环水泵无法供水，导致水膜分散盘无法形成水膜进行粉尘捕集，粉尘飞扬至大气中近半个小时，影响周边环境，引起民愤，造成三分厂停产65天，新建310-3工段4套直径6.3米的压力式喷雾干燥塔全部拆除。

2003年

1月22日，上虞市委书记任其良一行6人抵达吉华化工，就邀请吉华化工进杭州湾化工园进行交流洽谈。

2月，吉华化工获中共杭州市萧山区委、萧山区人民政府联合颁发的萧山工业冲千亿“突出贡献企业”荣誉称号。

3月7日，吉华化工股东会决定：发展迁建用地选定萧山临江化工印染园区，迁建项目为“年产10万吨环保型染料及中间体迁建项目”；迁建项目红山农场不再参与投资。

3月23日，召开萧山临江化工印染园区建设吉华化工园选址、规划论证会议：筹建杭州吉华江东化工有限公司（以下简称吉华江东，内称六分厂）；成立董事会；设立监事会；聘任邵伯金为总经理。

3月28日，吉华江东向杭州萧山临江工业园区管委会申请立项。

4月8日、4月21日、6月5日，杭州萧山临江工业园区管委会分3次批复，同意建设年产10万吨染料及染料中间体迁建项目。

4月30日，经杭州萧山临江工业园区管委会批复同意，开始建设吉华江东外排污水管线。11月25日，批复同意建设吉华江东配套污水处理厂。

5月15日，吉华化工获省企业联合会、企业家协会联合颁发的浙江省2002年度百强企业第93位证书。

6月19日，锦辉机电与萧然工贸联合发起组建浙江吉华集团有限公司（以下简称吉华集团）。

8月15日，吉华集团在省工商行政管理局注册登记。注册资本为5000万元，股权比例为锦辉机电53.41%、萧然工贸46.59%。董事会由邵伯金等7人组成，邵伯金为董事长（法人代表）；监事会由5人组成，朱瑞炳为监事长；聘任邵伯金为总经理。

10月，中国化工学会、精细化工专业委员会认定吉华化工“吉华”染料系列产品为“质量过硬、优秀重点推荐产品”。

12月，吉华化工获人事部、全国博士后管委会联合颁发的博士后研究工作站。2006年1月，吉华化工博士后科研工作站获杭州市人事局颁发的杭州市“优秀博士后科研工作站”称号。2010年1月3日，吉华集团博士后科研工作站获中共杭州市萧山区委、杭州市萧山区人民政府联合颁发的杭州市萧山区“先进博士后科研工作站”称号；2022年，获钱塘区“优秀博士后科研工作站”称号。

12月，根据国家环保总局消耗臭氧层物质（ODS）赠款项目，组建绍兴市大金聚氨酯有限公司。

12月，吉华化工技术中心被萧山区人民政府认定为2003年度优秀企业技术中心。

2004年

2月12日，宝宁和香港居民魏天浩分别将其在红宝染化的11%和14%股权转让给吉利德（国际）投资有限公司（以下简称吉利德），红宝染化向杭州市萧山区外经贸局申请变更股东。3月24日批准同意，4月12日在杭州市工商局注册变更。董事会由邵伯金等5人组成，邵伯金为董事长，聘任邵伯金为总经理。

3月18日，吉华江东601车间投入生产。

3月，红宝染化获杭州市萧山区人民政府颁发的2003年度萧山区外商投资双优企业称号。

3月，进出口公司获杭州市萧山区人民政府颁发的2003年度萧山区外贸出口先进企业称号。

4月18日，吉华江东605车间2台20万大卡导热油锅炉投入运行。

5月25日，吉华集团股东会确定迁建后的发展规划思路，并对红山区块进行规划调整；调整吉华集团注册资金和股权结构，吉华江东股权红山集团不再参与后，其股权除锦辉机电和浙江萧然工贸集团有限公司（2004年3月9日变更为浙江萧然工贸集团有限公司，以下简称萧工集团）外，作一次性调整；确定董事会和监事会人员名额。

8月，吉华化工获杭州市企业联合会、杭州市企业家协会联合颁发的2004年度杭州市百强企业称号。

9月，吉华化工“吉华牌”分散染料被浙江名牌产品认定委员会认定为浙江名牌产品。

10月，杭州市委副书记、萧山区委书记王建满陪同江西省新干县党政代表团一行考察吉华化工。

11月8日，吉华化工、锦辉机电、萧工集团分别将其在吉华江东的6%、26%、23%总计为55%的股权转让给吉利德，成立董事会，邵伯金任董事长，并聘任为总经理。12月23日，省对外经济贸易合作厅批复同意吉华江东通过股权并购变更为中外合资企业。2005年2月21日，中外合资企业吉华江东在杭州市工商行政管理局登记注册。

12月16日，吉华集团以450万元收购江苏山峪化工有限公司（以下简称山峪公司）90%的股权，股东变更为吉华集团、陶国来。12月28日，选举邵伯金等4人为董事，邵伯金为董事长，选举陈小勇等3人为监事。

2005年

1月6日，山峪公司变更为江苏吉然化工有限公司（以下简称江苏吉然，内称八分厂）。

1月8日，吉华集团股东会决议，同意认购都邦财产保险股份有限公司（筹）股权（以下简称都邦保险）。2月14日，都邦保险创立。2006年7月30日，都邦保险股东会决议，吉华集团股权从6000万元增至1亿元。2010年11月24日，吉华集团在都邦保险的股权转让给吉林市城投，终止在都邦保险参股。

1月，进出口公司获杭州市人民政府颁发的2004年度杭州市外贸出口“金龙奖”证书。

2月18日，萧山区四套班子领导为吉华集团授牌，祝贺吉华集团连续两年工业产值逾10亿元。

6月28日，泡沫厂经营范围增加水性涂料内容，吉华涂料项目启动。

7月13日，吉华集团注册资金变更（增加自然人股东）。吉华集团股权比例调整为锦辉机电33.74%、萧工集团29.43%、其他自然人36.83%。

9月，吉华化工获杭州市经济委员会、杭州市科学技术局、杭州市财政局联合颁发的杭州市2005年优秀新产品新技术三等奖（新颖分散蓝H-BGLL）。

10月，吉华化工被浙江省经济贸易委员会、浙江省财政厅、国家税务总局浙江省税务局、地方税务局浙江省税务局、杭州海关联合认定为浙江省企业技术中心。

下半年，江苏吉然将靛蓝生产线由原1万吨/年（2条生产线）扩产至2万吨/年（6条生产线），2008年9月，靛蓝生产线全部停产。先后建设分散染料生产线、硫酸和H酸生产装置，包括分散染料合成车间（808车间）、中间体车间（807车间）、染料商品化车间（803 车间）、硫酸车间（901 车间）、H 酸车间（902 车间）及配套公用设施。

2006 年

1 月 12 日，吉华集团增资，注册资金为 15033.26 万元；董事会由邵伯金等 7 人组成，邵伯金为董事长，徐建初为副董事长；监事会由 5 人组成，茅玉美为主席；聘任邵伯金为总经理。吉华集团股权比例调整为锦辉机电 36.85%、萧然工贸 32.14%、其他自然人 31.01%。

3 月 10 日，吉华化工将在红宝染化出资的股权转让给吉华集团。3 月 20 日，杭州市萧山区对外贸易经济合作局批准同意，4 月 12 日在杭州市工商局完成变更。红宝染化投资总额为 450 万美元，注册资金为 356 万美元，股权比例调整为吉华集团 75%、吉利德 25%。董事会由 5 人组成，邵伯金为董事长，聘任邵伯金为总经理。

3 月 10 日，吉华化工将其在吉华江东的 45% 股权转让给吉华集团，6 月 23 日在杭州市工商局完成变更，注册资金和投资比例不变。对董事会组成人员进行调整，董事会由 5 人组成，邵辉为董事长，聘任邵伯万为总经理。

5 月 30 日，泡沫厂股东会议决议：红山集团在泡沫厂股权转让给吉华集团，6 月 13 日在杭州工商局萧山分局完成变更；董事会成员由庞明良等 5 人组成，庞明良为董事长；监事会成员由 3 人组成，陈小勇为主席；聘任庞明良为总经理。

5 月 30 日，吉华化工股东会决议：锦辉机电、红山集团、员工持股协会的股权转让给吉华集团。转让后吉华化工股权比例为吉华集团 71.39%、萧工集团 28.61%，6 月 13 日在杭州市工商局萧山分局完成变更。董事会由周火良等 5 人组成，周火良为董事长，监事会由 3 人组成，茅玉美为主席，聘任周火良为总经理。

6 月 13 日，进出口公司变更股东和法人代表，执行董事为应海军，监事为杨泉明，聘任应海军为总经理。

7 月 4 日，江苏省委书记李源潮，在副省长张九汉等陪同下考察江苏吉华。

7 月 24 日，江苏吉华化工有限公司（以下简称江苏吉华，内称九分厂）设立，注册资金 3000 万元，吉华集团股权为 2700 万元，徐远程股权为 300 万元（代持）。邵伯金为董事长，陈小勇为监事会主席，聘任陈才良为总经理。

7月24日，八分厂C.I.分散蓝56合成生产线投料试产，试产当晚发生了“7·24”压滤机着火事故，导致试车工作暂停。

8月，九分厂H酸生产装置（902车间）建成试生产。

9月，吉华集团获中华全国工商业联合会办公厅颁发的2005年度全国工商联上规模民营企业调研排序第337位证书。2007年9月，吉华集团获中华全国工商业联合会办公厅颁发的2006年度全国工商联上规模民营企业调研排序第451位证书。2008年9月，吉华集团获中华全国工商业联合会颁发的2007年度中国500强民营企业称号。

10月，吉华集团被杭州市工业企业信息化推进工作领导小组认定为“杭州市工业企业信息化应用试点企业”。

10月，八分厂分散染料后处理车间（803车间）建成试产；11月，中间体车间（807车间）MF工段和分散原染料合成车间（808车间）建成试生产。

2007年

1月，八分厂C.I.分散蓝56合成生产线经改造后进行再次试生产。

3月，九分厂硫酸生产装置（901车间）建成试生产。

5月，八分厂C.I.分散红60生产线投料试生产。

7月7日，九分厂901车间在试产时，因处置不当导致二氧化硫气体泄漏并扩散到厂区西面，致使3000余亩农作物受损，直接经济损失230万余元。

8月，吉华集团被杭州市企业联合会、杭州市企业家协会联合认定为2006年度杭州市百强企业。2006—2008年连续3年，吉华集团获杭州市企业联合会、杭州市企业家协会联合颁发的杭州市百强企业。

10月10日，吉华江东610车间试生产。

11月1日，吉华江东609车间筹建组成立，开始建设小品种合成车间。翌年4月27日试生产。

11月18—26日，倪世英、邵伯金、周火良、简卫、应海军、高国泉、朱建龙一行7人应邀访问考察设在德国法兰克福的德司达总部和位于汉堡的德司达生产区，并就活性染料合作事项交流洽谈。

11月20日，江苏吉华吸收合并江苏吉然，注册资金由3000万元增至6000万元。增资后吉华集团股权为5400万元，占90%；徐远程（代持）股权为600万元，占10%。陈小勇为董事长，金小英为监事会主席。翌年2月4日，江苏吉然完成工商注销。

12月，吉华化工“吉华”牌染料被省质量技术监督局认定为浙江名牌产品。

12月31日15时10分，八分厂仓库内原料着火。

是年，吉华集团被中共杭州市萧山区委、萧山区人民政府认定为2007年度优势成长型工业企业。

2008年

1月11日，杭州临江环保热电有限公司筹建组成立，吉华集团参股25%。

1月15日，根据滨海沿海经济技术开发区摊派，江苏吉华出资1500万元参股滨海宏博环境技术服务股份有限公司，江苏吉华持股32.64%。

3月，陈才良不再担任江苏吉华总经理，由陈小勇兼任。

5月29日，杭州吉华高分子材料有限公司设立（以下简称吉华高分子，内称五分厂）。

11月26日，江苏吉华技术中心被盐城市经济贸易委员会认定为盐城市企业技术中心。

12月5日，吉华江东被省科学技术厅、省财政厅、省国家税务局、省地方税务局认定为国家高新技术企业。后，每三年通过重新认定，持续有效。

2009年

2月，江苏吉华开始建设809车间，设计C.I.分散蓝60产能6000吨/年（商品）；扩散剂MF产能1.5万吨/年，分散小品种原染料合成产能1.06万吨/年。

3月，吉华集团被杭州市人民政府认定为2008年度外贸进出口百强企业。

3月，进出口公司获中共杭州市萧山区委、萧山区人民政府联合颁发的2008年度外贸出口30强荣誉称号。

3月，九分厂901车间二氧化硫装置建成试生产。

7月30日，吉华化工股东变更登记，萧工集团退出。变更为吉华集团独资公司。

9月，吉华江东股权比例调整为吉华集团71.92%、吉利德（国际）投资有限公司28.08%。

10月，江苏吉华八分厂807车间蒽醌生产线试生产。2015年9月，蒽醌生产线停产。

11月16日，吉华江东吸收合并吉华化工，吉华化工注销。

12月，江苏吉华投资500万元，泡沫厂投资256.73万元，参股江苏滨海农村商业银行股份有限公司。

是年，吉华集团被中共杭州市萧山区委、杭州市萧山区人民政府认定为2009年度外贸出口30强。2009—2013年连续4年，吉华集团被中共杭州市萧山区委、杭州市萧山区人民政府认定为外贸出口30强。

2010年

1月12日，吉华江东变更登记，注册资金从3000万元增资至5876.4万元。

2月24日，江苏省人力资源和社会保障（人事）局批准江苏吉华设立江苏省博士后科研工作站。

3月9日，江苏吉华投资设立江苏吉华房产有限公司，注册资金850万元，法人代表陈小勇。

9月13日，吉华高分子被省科学技术厅、省财政厅、省国家税务局、省地方税务局认定为国家高新技术企业。后，每三年通过重新认定，持续有效。

9月，吉华化工“吉华”牌分散、活性染料被省质量技术监督局认定为浙江名牌产品。

9月，八分厂809车间C.I.分散红60工段和扩散剂MF工段试生产。

9月，八分厂807车间还原物生产线停产并拆除。

9月，江苏吉华被江苏省科学技术厅、江苏省财政厅、江苏省国家税务总局、江苏省地方税务局认定为国家高新技术企业。后，每三年通过重新认定，持续有效。

10月，吉华技术中心搬迁至临江区块科研楼。

10月，吉华高分子被杭州市科学技术委员会认定为杭州市“雏鹰计划”企业。

是年，吉华集团获杭州市人民政府颁发的杭州市工业行业龙头骨干企业荣誉称号。

11月，吉华集团临江区块总部大楼启用，行政机构入驻新楼。

2011年

8月，吉华集团被中国石油和化学工业联合会评为“十一五”全国石油和化工行业节能减排先进单位。

10月15日，吉华集团股东会作出决议，同意以1960万元价格受让徐远程（代持）在江苏吉华10%股权。翌日，江苏吉华变更为吉华集团独资公司。

11月，杭州萧山吉华聚氨酯染化有限公司变更为杭州创丽聚氨酯有限公司（以下简称创丽公司，内称一分厂不变），为吉华集团独资公司。

11月，进出口公司变更为吉华集团独资公司。

11月，吉华集团股权比例为锦辉机电38.26%、萧工集团占比33.37%、其他自然人28.37%。同年11月，自然人退出。因上市股改更名为浙江吉华集团股份有限公司（简称吉华集团不变），股权比例为锦辉机电38.26%、萧工集团占比33.37%、杭州吉创投资管理合伙企业（以下简称吉创投资）17.96%、杭州吉泉投资管理合伙企业（以下简称吉泉投资）10.41%。翌年2月，在省工商行政管理局变更登记。

12月，吉华江东被省科学技术厅认定为省级高新技术企业研究开发中心。

12月，吉华集团获省商务厅颁发的浙江出口名牌证书。

2012年

1月7日10时10分，吉华江东609车间正在停产检修的压滤工段发生火灾，直接经济损失809万元。

1月，江苏吉华成立H酸技改项目筹建组，在德国专家的指导下，建设全自动连续化H酸生产线（内称七分厂），设计H酸产能2万吨／年。

2月20日，吉华集团召开第一届董事会会议，选举邵伯金为董事长、徐建初为副董事长，聘任杨泉明为总经理、殷健为董事会秘书，聘任周火良等7人为副总经理等职务，并制定总经理工作等细则，设立董事会各专门委员会。后至2015年5月10日，又相继召开13次会议，通过董事会工作报告、人事调整和关联交易事项。其中2012年9月21日，该届董事会召开第五次会议决议，通过申请首次公开发行人民币股票（A股）并上市，通过股东大会授权董事会办理首次公开发行股票并上市具体事宜，和首次公开发行股票前的滚存利润的分配，并于10月8日召开第二次临时股东大会通过。

2月28日，吉华集团启动股票首发上市工作。

3月，吉华江东被杭州萧山临江工业园区（临江新城）管理委员会评为2011年度环境治理先进单位。

6月，江苏省科技厅批准江苏吉华设立江苏省（吉华）工业有机废水高效处理工程技术研究中心。

11月28日，吉华集团获杭州市工商行政管理局颁发的杭州市著名商标证书（吉华商标）。

12月，吉华高分子获杭州市经济和信息化委员会、杭州市科学技术委员会、杭州市财政局联合颁发的杭州市2012年优秀新产品新技术三等奖（环保型功能性差异化不粘涂料）。

2013年

3月13日，吉华江东获省应急管理厅（国家安全生产监督管理总局监制）颁发的安全生产标准化达标二级企业（危险化学品从业单位）证书。后，每三年通过复审，持续有效。

4月，江苏吉华八分厂809车间分散染料小合成生产线试生产。

7月，吉华江东建设“年处理30万吨染料母液资源化处理技改项目”，于2013年11月试运行，2014年12月2日通过竣工验收；后续增加三效、四效MVR蒸发器等处理装置，实现污水末端达标处理的历史性突破。

9月3日，江苏省教育厅、江苏省科技厅批准江苏吉华设立江苏省研究生工作站。

2014年

1月17日，杭州创丽聚氨酯有限公司股东会决议：选举殷健为董事长，陈小勇为监事会主席，聘任殷健为总经理。10月23日，经营地址变更为萧山区杭州萧山临江工业园区新世纪大道1766号。

2月27日，江苏省推进企业研发机构建设工作联席会议办公室认定江苏吉华为江苏省重点企业研发机构。

2月，吉华集团获杭州萧山临江工业园区（临江新城）管理委员会颁发的2013年度10强企业和2013年度纳税上规模荣誉称号。

5月30日，吉华高分子在全国中小企业股份转让系统挂牌，股票名称为“吉华材料”，股票代码为830775。

6月，江苏吉华开始建设对硝基苯胺车间，10月建成试生产，设计产能5000吨/年。

8月20日，陈小勇不再担任江苏吉华董事长，选举徐远程为董事长。聘任徐江勇为总经理。

11月，江苏吉华H酸项目被工业和信息化部列为清洁生产示范项目。

12月，吉华集团获省商务厅颁发的浙江出口名牌证书。

12月，吉华集团股权比例调整为锦辉机电35%、萧工集团26.37%、杭州辽通鼎能股权投资合伙企业（以下简称辽通投资）7%、其他自然人31.63%。

是年，吉华集团获中国石油和化学工业联合会授予的2014年中国石油和化工民营企业百强称号。

2015年

2月，八分厂809车间C.I.分散红60生产线停产。

3月，吉华集团股权比例调整为锦辉机电35%、萧工集团20.37%、辽通投资7%、上海大见股权投资基金管理有限公司（以下简称上海大见）0.35%、其他自然人37.28%。

3月，七分厂H酸生产线建成投入试生产。

4月，吉华集团获杭州大江东产业集聚区管理委员会2014年度财政贡献先进单位荣誉称号。

4月，江苏吉华被江苏省安全生产监督管理局（国家安全生产监督管理总局监制）认定为安全标准化达标二级企业（危化）。后，每三年通过复审。

5月21日，吉华集团第二届董事会第一次会议决议：邵伯金为董事长，徐建初为副董事长，殷健为董事会秘书，聘任杨泉明为总经理、邵辉等为副总经理，金小英为财务总监。董事会下设战略委员会、审计委员会、提名委员会、薪酬与考核委员会4个专门委员会。尔后，该届董事会任期内又相继举行19次会议（2015年9月11日至2018年4月27日），根据《吉华集团章程》规定的职权，通过《公司财务报表及附注及公司内控评价报告》等报告、关联交易事项及其相关制度、规则建设、人事调整等。其中2015年10月9日召开的董事会第三次会议决议，通过申请首次公开发行股票并上市议案，确定发行股票种类、面值、数量、价格、发行方式、对象、承销方式、发行费用承担原则、上市地点、有效期限；通过首次公开发行股票募集资金投资项目及其可行性议案，利润分配方案的议案和上市后三年内稳定公司股价预案等议案，并于2015年第三次临时股东大会通过。

7月28日，张劲松、毛志尧、陈勤分别与江苏吉华签订《股权转让合同》，分别将其持有的江苏君荣化工有限公司170万元、165万元及165万元股权以170万元、165万元165万元的价格转让给江苏吉华。8月11日，完成股权转让工商变更备案。

8月，吉华高分子股权比例为吉华集团68.92%、刘海兵18.11%、其他股东12.99%。

10月8日，吉华集团作出决议，由江苏吉华吸收合并江苏君荣化工有限公司。12月，完成工商变更。

11月，江苏吉华开始建设1万吨/年固废焚烧装置（内称十分厂），翌年4月建成试产。

12月13日，吉华江东获杭州市萧山区慈善总会颁发的（捐赠留本冠名基金350万元整）证书。

2015年、2016年、2017年、2018年连续四年，吉华江东获中共杭州大江东产业集聚区工作委员会、杭州大江东产业集聚区管理委员会联合颁发的“春风行动”爱心奖。

2016年

3月，吉华集团获杭州大江东产业集聚区管理委员会颁发的2015年度“春风行动”爱心奖，和2015年度大江东50强工业企业荣誉称号。

6月，江苏吉华九分厂902车间H酸生产线停产，10月进行生产对位酯系列产品改造。

8月，吉华集团收购盐城蓝色星球树脂材料有限公司（内称二分厂，1997年6月21日，原内称二分厂联营厂注销）100%股权。

9月，吉华江东获大江东产业集聚区管委会颁发的“国家级园区循环化改造重点项目”证书（精细化工产业转型提升循环化改造项目）。

9月，江苏吉华湿式催化氧化装置开始建设，设计H酸母液处理能力30吨/日。2018年9月，建成并试运行。

10月27日，吉华集团与美国亨斯迈公司签署超级黑活性染料专利许可合作协议。

12月8日，江苏吉华注册资金从6000万元增至1.2亿元。

12月，吉华集团获 bluesign® 蓝标认证证书。

12月，八分厂801三废预处理车间开始建设，翌年12月建成试运行；污水站进行提标改造。

是年，携手浙江闰土、网盛生意宝创建中国染化通交易市场。

是年，吉华集团获中共杭州大江东产业集聚区工作委员会、杭州大江东产业集聚区管理委员会联合颁发的杭州大江东产业集聚区服务保障G20杭州峰会工作先进集体荣誉称号。

2016年、2017年、2018年连续三年，江苏吉华被盐城市人民政府评为“五星级企业”。

2017年

3月2日，江苏吉华注册资金从1.2亿元增至2亿元。

5月，吉华江东获杭州大江东产业集聚区管理委员会2016年度大江东50强工业企业和财政贡献先进单位荣誉称号。

5月，江苏吉华九分厂902车间改造完成，对位酯试生产。

6月15日，吉华集团在上海证券交易所A股上市，股票名称为“吉华集团”，股票代码为603980。

10月，吉华江东建设“染料母液资源化利用再循环技改项目”，设计规模为30吨/日活性炭再生装置，于2018年2月试运行，2019年3月5日通过竣工验收。

11月，吉华江东被省高新技术企业协会评为2016年度浙江省高新技术百强企业。

2018年

2月，江苏吉华九分厂902车间对位酯系列产品生产线停产。

4月10日，吉华集团获中国染料工业协会颁发的中国染料百年“优秀企业奖”。

4月10日，吉华集团邵伯金在第一届亚洲染料工业联合会上被聘任为副会长。

4月13日，受江苏“两灌”事件影响，滨海沿海经济技术开发区进行环保整治提升，江苏吉华停产进行环保整治提升，6月7日始逐步恢复生产。

4月，吉华江东获杭州大江东产业集聚区管理委员会颁发的2017年度大江东十强工业企业称号。

5月21日，江苏吉华投资设立全资子公司滨海润华环保工程有限公司（以下简称润华环保），注册资金2000万元，法定代表人张立富。

5月29日，吉华集团第三届董事会第一次会议决议，选举邵伯金为董事长，徐建初为副董事长，殷健为董事会秘书，聘任杨泉明为总经理，邵辉等为副总经理，张颖辉为财务总监，聘任吴学书为证券事务代表。董事会下设的专门委员会有战略委员会、审计委员会、提名委员会、薪酬与考核委员会。尔后，该届董事会于任期内召开16次会议（2018年6月22日至2021年4月29日），相继通过收购控股子公司少数股东股权暨关联交易等议案、募集资金存放与实际使用情况等专项报告、《董事长、副董事长薪酬议案》及人事调整等，并在临时股东大会上通过。

6月28日，吉华集团获OEKO-TEX®（国际纺织及皮革生态学研究和检测协会）颁发的OEKO-TEX®认证证书。

12月29日，江苏吉华投资设立全资子公司江苏吉华医药科技有限公司（以下简称吉华医药），注册资金2亿元。

2019年

3月1日，江苏吉华以1500万元收购许水金持有的盐城市优化医药化工科技有限公司（以下简称优化医药）45.87%股权，同时以现金方式向优化医药增资1387万元，增资完成后，江苏吉华持有优化医药2887万元股权，占优化医药注册资本的61.99%，并于7月8日完成工商登记变更。

3月21日，受江苏响水天嘉宜“3·21”特别重大爆炸事故影响，江苏吉华全面停产。

9月，吉华集团向临江街道教育卫生慈善基金捐赠留本冠名资金200万元。

10月1日，吉华医药收购潘祝平、崔梦玉等33位自然人，浙江思考投资集团股份有限公司和嘉兴海容壹号企业投资合伙企业（有限合伙）合计持有的江苏康倍得药业股份有限公司62.06%的股权。

10月27日，杭州临空经济示范区吉华创新产业园奠基。

12月5日，吉华江东获中国石油和化学工业联合会颁发的“高性能反应（活性）

染料系列标准研究”科技进步奖证书。

2020 年

3 月 2 日，江苏吉华董事会选举邵伯金为董事长、法定代表人，聘任为总经理，徐江勇不再担任以上职务。

6 月 6 日，江苏吉华收到盐城市人民政府办公室《关于江苏吉华复产事项的批复》，同意公司年产 2 万吨 H 酸技术改造项目、湿式催化氧化法处理高浓度染料及染料中间体废水升级改造项目、30 吨 / 天活性炭再生利用项目等配套设施项目及相关配套设施恢复生产。

9 月 18 日，吉华高分子被杭州市科学技术局认定为杭州市高新技术企业研发中心（工业类）。

12 月，中共吉华集团总支委员会获中共杭州钱塘新区工作委员会颁发的“党建强，发展强”钱塘新区双重管理企业党组织荣誉称号。

12 月，润华环保资产并入江苏吉华，滨海润华注销。

2021 年

2 月，中共吉华集团总支委员会获中共杭州钱塘新区工作委员会新经济与新社会组织工作委员会授予的“最强堡垒党组织”称号。

3 月，吉华集团获杭州钱塘新区慈善总会颁发的捐赠留本冠名基金 550 万元证书。

5 月 27 日，吉华集团第四届董事会第一次会议决议，通过《关于选举第四届董事会董事长、副董事长的议案》等。邵伯金不再担任董事长，邵辉接任董事长。后至 2022 年 8 月 29 日，该届董事会又召开 6 次会议，相继通过《关于聘任公司总经理的议案》及工作报告等，并在临时股东大会上通过。

7 月 20 日，江苏吉华收到盐城市人民政府办公室《关于江苏吉华复产事项的批复》，同意该公司年产 33 万吨硫酸（九分厂）、1.2 万吨偶氮型分散染料和年处理 30 万吨分散染料母液废水资源综合利用（MVR）项目（八分厂）及相关配套设施恢复生产。

7 月，中共吉华集团总支委员会被中共杭州市钱塘区委评为杭州市钱塘区先进基层党组织。

11 月，吉华江东获杭州市工业经济联合会、杭州市企业联合会、杭州市企业家协会联合颁发的杭州市制造业（数字经济）百强企业证书。

12 月，吉华高分子被省科技厅认定为“浙江省吉华不粘新材料高新技术企业研究开发中心”。

2022 年

1 月，吉华高分子被省经济和信息化厅认定为“浙江省专精特新”中小企业和“浙江省隐形冠军”。

2 月 17 日，吉华集团第四届董事会第四次会议，通过《关于聘任公司总经理的议案》，杨泉明不再担任总经理，聘任吴爱军为总经理。

7 月，吉华高分子“环保型多功能氟硅防污树脂与涂层材料关键技术及其应用项目”获 2021 年度省科技进步二等奖，

8 月，吉华集团技术中心检测实验室通过中国合格评定国家委员会实验室认可（CNAS 认证）。

2023 年

2 月，吉华江东、吉华高分子入选杭州市优质产品推荐目录名单。

3 月，吉华江东完成喷塔尾气环保除臭处理改造，环境影响大幅改善。

5 月，浙江经视对吉华高分子进行题为《吉华高分子材料“小巨人”释放大能量》的专题报道。

6 月，央视财经频道以《“专精特新·制造强国”调研行》为题对吉华高分子进行报道。

8 月，《中国电子报》对吉华高分子进行题为《吉华材料：不粘锅上练绝活》的专题报道。

9 月，央视《信用中国》栏目对吉华高分子进行题为《不粘锅上的“独门绝技”》的专题报道。

11 月，吉华高分子“改性有机硅耐高温防腐蚀树脂与涂层材料关键技术及产业化项目”获省技术发明三等奖。

11月，吉华集团主持起草的国家标准《染料产品中多环芳烃的测定》（GB/T 41071—2021）获全国石油和化学工业优秀标准称号。

12月，吉华高分子入选2024年度“尖兵、领雁+X”研发攻关计划项目。

第一章　发展历程

从1985年2月萧山聚氨酯泡沫厂建厂至2022年年底，浙江吉华集团股份有限公司已走过了三十多年的历程。与时俱进，经历了4个阶段，即初创阶段（1985—1996年）、兼并转制阶段（1997—2002年）、组建集团阶段（2003—2011年）和上市阶段（2012—至今）。享受了改革开放的红利，也为经济社会的发展作出了重大贡献。特别是2017年5月19日，经中国证券监督管理委员会758号文批准，首次公开发行股票，吉华集团迈出了更新的一步，扩大了经营规模，提高了知名度和美誉度。

第一节　初创阶段（1985—1996年）

吉华集团的前身为1985年2月由红山农场组建的泡沫厂，先后研制出扬声器海绵、阻燃海绵等新产品，产量和产值逐增。20世纪90年代伊始，与中国知名企业吉林化学工业公司染料厂、杭州钱江外商台商投资区江南工贸公司合作，组建吉化萧山联营染料厂，走上联营发展优势之路。

一、企业初创（1985年至1990年11月）

1985年2月，红山农场筹建泡沫厂。厂址位于红山大道南侧，由红山农场集体投资120万元，建厂房5600平方米，购入1600发泡机和切片机组1套。是年12月26日投产，主要产品为软质聚氨酯泡沫塑料，年产能600吨，销往萧山等地生产沙发和枕芯的厂家。农场任命章成俊为负责人。

图1-1　泡沫厂厂景（2002年9月摄）

1988年12月，根据红山农场的总体安排，泡沫厂和同属红山农场集体企业的萧山模具塑料厂合并，统一管理，厂名不变，实行独立核算。1989年7月，投资100多万元，利用空置厂房筹建生产2-乙基蒽醌化工产品，后因技术因素未成功。1990年12月，萧山模具塑料厂分离，泡沫厂仍以生产海绵为主，1990年年产量170吨。

之后，先后研制扬声器海绵、阻燃海绵等新产品，产量和产值骤增。1994年11月，泡沫厂特黑软质聚氨酯泡沫塑料获杭州市人民政府颁发的杭州市1993年度科学技术进步奖三等奖、萧山市科技进步奖二等奖。

二、联营吉化（1990年12月至1996年）

1990年12月14日，红山农场、吉化染料厂、江南工贸，就合资建设分散染料项目在萧山签署投资合作意向，新建企业暂名为“吉化公司染料厂萧山分厂”，采用吉化染料厂的“牡丹牌”商标。1991年5月5日，吉化萧山分厂董事会成立，朱瑞炳任董事长，孙贵荣、徐建初任副董事长。6月14日，取得筹建许可证。吉化萧山分厂总投资662万元。1991年6月6日，由车间主任庞明良带队，第一批21名员工赴吉化染料厂学习，同年8月21日返回。

图1-2 联营厂厂景（2002年9月摄）

1991年9月1日，红山农场调浙江农垦水泥厂常务副厂长邵伯金到吉化萧山分厂任厂长。10月1日，吉化萧山分厂产出第一批分散蓝S-3BG液体产品。10月16日，调整董事会组成人员，邵伯金接替徐春田任董事，张克恭接替孙贵荣任副董事长。是年，实现产值395.65万元，有员工49人。

1992年4月，第一套染料干燥装置建成投产，生产的第一个产品为分散艳蓝E-4R。5月9日，联营厂董事会决议：建设年产300吨的偶氮型分散染料综合性流程生产装置。5月22日，吉化萧山分厂冠名为吉化萧山联营染料厂，注册资金400万元，其中红山农场占55%、吉化染料厂占30%、江南工贸占15%。9月28日，红山农场、吉化染料厂、江南工贸合资建设联营厂分散染料合成车间合同书签订。翌日，萧山市计划委员会、经济委员会联合审批同意建设联营厂配套合成项目。10月，由技术员陆荣宝带队，第二批24名员工赴吉化染料厂学习，1993年1月返回。

1993 年 4 月 19 日，调整董事会组成人员，薛祖行接替张克恭担任副董事长，洪威出任董事；建立联营厂领导机构，邵伯金任厂长，於印章、滕木泉任副厂长。5 月，投资 728 万元，设计产能 500 吨 / 年的偶氮型分散染料合成车间建成投产，主要设备有搪瓷反应釜 19 台、压滤机 6 台等，生产品种有 C.I. 分散蓝 79，C.I. 分散红 74、167，C.I. 分散黄 23，C.I. 分散橙 30。分散艳蓝 E-4R 所需的原染料 C.I. 分散蓝 56 由吉化染料厂提供，由于成本高且数量受限等原因，9 月，再增投资 700 万元，筹建萧山经济技术开发区江南化工厂，建设蒽醌型 C.I. 分散蓝 56 合成车间。是年，进入萧山市一级工业企业行列。

1994 年 4 月，江南化工厂建成投产。7 月 26 日，联营厂董事会形成决议：吉化染料厂将其 38.36% 股权中的 18.36% 转让给浙江红山集团公司和江南工贸两方，转让后股权减为 20%；江南化工厂合并到联营厂；1995 年起，吉化染料厂不再参与联营厂的生产经营管理，实行不论盈亏按投资额固定返利 20%（含联营厂的利润、折旧、积累等一切收益）的模式。

1995 年 12 月 20 日，联营厂与（美国）宝宁实业有限公司签署合资意向，合资组建中外合资杭州红宝染化有限公司。1996 年 5 月，工商核准登记，注册资本 130 万美元，其中联营厂占 70%、宝宁占 30%，成立由邵伯金、徐远程、张小康、徐起唐、陈钟组成的董事会，邵伯金为董事长、徐起唐为副董事长，聘任邵伯金为总经理。1996 年，销售收入达到 7874 万元。

第二节　兼并转制阶段（1997—2002 年）

中共十四大后，中国经济走上了市场化之路。企业根据萧山市人民政府和红山农场关于企业转制工作精神要求，在兼并改组基础上，走上转制合营之路。

一、兼并改组（1997—2000 年）

1997 年 2 月 14 日，根据萧山市政府关于企业转制工作精神和红山农场关于企业转制工作精神要求，同意将红山农场在联营厂和泡沫厂的集体资产部分股权让渡给干部和员工。2 月 15 日，联营厂以吉萧染〔1997〕07 号《关于成立杭州钱江制药厂改造工程筹建小组的通知》，成立由张小康任组长、袁其富任副组长，罗庆华、陆荣宝、沈信常、叶建刚为组员的筹建组。收购杭州钱江制药厂后，由泡沫厂、联营厂、染化厂组成一个投资实体，杭州钱江投资区萧然工贸有限公司只参与联营厂的生产经营，仅对联营厂享受权利和承担义务，不对泡沫厂和药厂发生权利与义务关系。3月13日，红山集团发函《关于杭州钱江制药厂兼并给萧山聚氨酯泡沫厂的决定》。6月21日，泡沫厂和联营厂召开职工代表大会，组建杭州吉华化工有限公司及杭州吉华化工有限公司员工持股协会。7月14日，吉化染料厂不再参与投资联营，联营厂厂名不再使用“吉化”二字，联营结束后，“牡丹牌”商标一年后不再使用。7月18日，萧山市农场管理局颁发萧农管〔1997〕35号《关于同意萧山聚氨酯泡沫厂和吉化萧山联营染料厂改组为杭州吉华化工有限公司的批复》文件，由红山集团、萧然工贸和持股协会三方出资构成。9月4日，吉化染料厂在联营厂的股权全额转让给红山集团和萧然工贸，联营厂章程自动失效。12月9日，吉华化工召开员工持股协会会议，通过持股协会章程，选举徐春田、杨泉明、庞明良、杨国友、袁其富为持股协会理事会成员，徐春田为理事长；选举邵伯金、徐建初、徐春田、徐远程、张小康、杨泉明、庞明良为吉华化工董事会成员；选举邵伯金为董事长，徐建初、张小康为副董事长；选举朱瑞炳、金小英、陈小勇、王德富、俞尧剑为监事会成员，朱瑞炳为监事会召集人。聘任邵伯金为总经理，徐春田、张小康、徐远程为副总经理。

图1-3 吉华化工厂厂景（2002年9月摄）

1998年1月12日，吉华化工登记注册，注册资金2876.40万元。其中，红山集团1579.44万元，占54.91%；萧然工贸823.01万元，占28.61%；持股协会473.95万元，占16.48%。12月30日，吉华化工通过ISO 9002质量体系认证。

1999年2月5日，经对外贸易经济合作部〔1999〕外经贸政审函字第268号文批准，吉华化工赋予自营进出口经营权。7月5日，吉华化工兼并萧山工艺化纤纺织有限公司所属的萧山第三布厂。8月7日，红宝染化注册资金由130万美元增至356万美元。其中，吉华化工276万美元，占75%；宝宁39万美元，占11%；香港居民魏天浩50万美元，占14%。调整红宝染化董事会成员，董事会由邵伯金、魏天浩、徐起唐、徐远程、张小康5人组成，邵伯金为董事长、魏天浩为副董事长，聘任邵伯金为总经理，徐远程为副总经理。1999年8月7日，吉华化工取得商标注册证。

2000年4月13日，杭州萧山吉华聚氨酯染化有限公司登记注册，注册资金800万元，其中红山集团408万元，占51%；吉华化工392万元，占49%。董事会成员由邵伯金、徐春田、杨泉明、张小康、杨国友5人组成，邵伯金为董事长，徐春田为副董事长；聘任邵伯金为总经理；监事会由陈小勇、汪亚铭、王德富3人组成，陈小勇为召集人。10月27日，经对外贸易经济合作部〔2000〕外经贸发展审函字第2633号文批准，成立萧山吉华进出口有限公司，并赋予进出口经营权，同时撤销吉华化工的自营进出口经营权。12月，萧山吉华进出口有限公司注册登记，2001年7月9日变更为杭州吉华进出口有限公司，注册资金为1000万元。其中，吉华化工900万元，占90%；杨泉明（代持）100万元，占10%。执行董事为邵伯金，监事为陈小勇，聘任应海军为经理。

二、转制合营（2001—2002年）

2001年7月，根据萧山市农场管理局《关于同意红山集团公司部分股权内部转让的批复》（萧农管〔2000〕24号）、《关于同意红山集团公司股权内部转让规定的批复》（萧农管〔2000〕29号），红山集团分别于2001年7月16日与邵伯金签署了《股本转让协议》，2001年8月10日与邵伯金、杭州锦辉机电设备有限公司（以下简称锦辉机电）签署了《股本转让补充协议》。转让后，吉华化工股权比例调整为红山集团15%、锦辉机电30.76%、萧然工贸26.39%、持股协会27.85%。

8月，持股协会重组及股权转让后，吉华化工股权比例调整为红山集团15%、锦辉机电32.81%、萧然工贸28.61%、持股协会23.58%。

2002年10月8日，吉华化工与杭州颜料化工厂在萧山区义蓬镇共同投资建设合资企业，企业名称为杭州萧山染料化工有限公司。是年，吉华化工在“杭州市萧山区工业冲千亿”中获“突出贡献企业”称号，董事长邵伯金获“‘十五’期间突出贡献企业家”称号。

第三节　组建集团阶段（2003—2011 年）

通过资源整合，2003 年 8 月 15 日，浙江吉华集团有限公司组建，为提高运营效率和管理规范，更好地为客户提供全面优质的服务，提升品牌形象和声誉奠定了基础。同时，吉华集团还可以实现跨行业、跨地区的发展，进一步扩大市场份额，增加竞争力和盈利能力。

一、组建集团

2003 年 6 月 19 日，锦辉机电与萧然工贸联合发起，申请组建浙江吉华集团有限公司，承诺一年内办理集团登记手续。8 月 15 日，吉华集团在浙江省工商行政管理局注册登记，注册资金为 5000 万元。其中，锦辉机电 2670.50 万元，占 53.41%；萧然工贸 2329.50 万元，占 46.59%。董事会由邵伯金、徐建初、杨泉明、徐远程、徐金法、周火良、庞明良 7 人组成，邵伯金为董事长（法定代表人）；监事会由朱瑞炳、金小英、

图 1-4　吉华集团科研、办公区（2022 年 12 月摄）

茅玉美、杨凤梅、杨春梅5人组成，朱瑞炳为监事长；聘任邵伯金为总经理。

7月17日，杭州吉华江东化工有限公司成立，注册资金3000万元。其中，吉华化工占51%、锦辉机电占26%、萧然工贸占23%。8月18日，杭萧染化股东会决定：扩大投资到2500万元，其中杭州颜料化工厂占51%、吉华集团占49%；合作生产1.5万吨/年H酸项目；对H酸生产实行承包。

2004年2月12日，宝宁在红宝染化持有的11%股份和香港居民魏天浩持有的14%股份转让给吉利德（国际）投资有限公司，4月12日，在杭州市工商局完成变更。11月8日，吉利德分别并购吉华化工、锦辉机电、萧然工贸在吉华江东的6%、26%、23%股权。变更为外商投资企业。2005年2月21日，中外合资企业吉华江东在杭州市工商行政管理局变更。注册资金3000万元，其中，吉利德占55%，吉华化工占45%。

2004年11月22日，杭州吉华贸易有限公司登记注册。11月29日，杭州华然废品回收有限公司登记注册。

12月27日，吉华集团收购江苏山峪化工有限公司，2005年1月4日，江苏山峪公司变更为江苏吉然化工有限公司，吉华集团股权90%，陶国来股权10%。2005年6月1日，江苏吉然股东变更为吉华集团、徐远程，注册资金增加至3000万元，吉华集团股权为2700万元，徐远程（代持）股权为300万元。

图1-5 江苏吉然厂区（2006年6月摄）

2005年1月8日，吉华集团股东会决议，同意认购都邦财产保险股份有限公司（筹）股权6000万元。2月14日，都邦保险设立。2006年7月30日，吉华集团在都邦保险股权增至1亿元。

2005年2月18日，萧山区领导为吉华集团授牌，祝贺吉华集团连续两年工业产值逾10亿元。

6月28日，吉华集团第一届第八次股东会决议：吉华集团注册资金由5000万元增加到1.2亿元，并新增10名自然人股东。增资后的股权结构：锦辉机电4048.48万元，占33.74%；浙江萧然工贸集团有限公司3531.52万元，占29.43%；杨泉明等10名自然人4420万元，占36.83%。12月30日，吉华集团第二届第二次股东会决议：同意增加注册资金3033.26万元，增资后的注册资金为15033.26万元，新增自然人股东邵辉212万元、陈美芬30万元。增资后的股权比例：锦辉机电5539.39万元，占36.85%；萧工贸集团4831.87万元，占32.14%；其他11名自然人4662万元，占31.01%。

2006年3月10日，吉华化工将其在红宝染化的股权转让给吉华集团，红宝染化股权比例为吉华集团占75%、吉利德占25%。同日，吉华化工将其在吉华江东的股权转让给吉华集团，吉华江东股权比例为吉华集团占45%、吉利德占55%。5月30日，泡沫厂股东会议决议：红山集团在泡沫厂的股权转让给吉华集团，对投资方和经营范围作了调整，泡沫厂股权变更为吉华集团51%、庞明良（代持）49%。同日，吉华化工股东会决议：将吉华化工中的锦辉机电、红山集团、职工持股协会的股权转让给吉华集团，吉华化工股权变更为吉华集团71.39%、萧工集团28.61%。进出口公司股权变更为吉华集团90%、杨泉明（代持）10%。6月13日，上述公司完成工商变更注册。

7月24日，江苏吉华化工有限公司批准设立，注册资金3000万元，吉华集团股权为2700万元，徐远程（代持）股权为300万元。

12月7日，浙江吉华集团在浙江省工商行政管理局登记，取得企业集团登记证。浙江吉华集团母公司名称为浙江吉华集团有限公司，集团成员企业（子公司）分别为杭州吉华化工有限公司、杭州红宝染化有限公司、杭州萧山吉华聚氨酯染化有限公司、杭州吉华进出口有限公司、杭州吉华贸易有限公司、杭州华然废品有限公司、江苏吉华化工有限公司，集团成员企业（参股公司）为杭州吉华江东化工有限公司。

2007年11月20日，江苏吉华与江苏吉然合并，注册资金由3000万元增至6000万元，江苏吉华增资后股权变更为吉华集团5400万元，占90%，徐远程（代持）股权600万元，占10%。2008年1月15日，江苏吉华出资1500万元参股滨海宏博环境技术服务股份有限公司，持股32.64%。2008年5月，杭州吉华高分子材料有限公司设立，注册资金50万元，吉华集团占80%、刘海兵占20%。2009年12月，江苏吉华参股江苏滨海农村商业银行股份有限公司，占2.7%，杭州创丽聚氨酯有限公司参股江苏滨海农村商业银行股份有限公司，占1.38%。2010年3月9日，江苏吉华投资设立江苏吉华房产有限公司，注册资本850万元。2011年10月16日，江苏吉华变更为吉华集团独资公司。

二、股权调整

2007年3月，自然人陈美芬名下的隐名股东储国军，将其在陈美芬名下的7.5万元股权转让给徐江勇，仍由陈美芬代持。陈美芬将其持有的105万元股权中的5万元股权转让给徐江勇，仍由陈美芬代持。徐江勇实际持有股权为112.5万元。4月，邵辉将其名义持有的212万元股权全部转让给简卫等9位自然人。之后，邵辉通过徐远程代其持有30万元股权，通过徐江勇代其持有30万元股权，通过邵伯万代其持有30万元股权，通过陈美芬代其持有35万元股权，通过杨国友代其持有30万元股权，通过周火良代其持有30万元股权，转让给邵辉，邵辉实际持有的股权数增至185万元。

2011年11月21日，吉华集团增加注册资金1914万元。其中，锦辉机电增资944万元，萧工集团增资823万元，邵辉等5人增资117万元。11月25日，注册资金为16947万元。其中，锦辉机电6483.12万元，占38.26%；萧工集团5654.88万元，占33.37%；11名自然人4809万元，占28.37%。

是月，为规范吉华集团股权管理，吉华集团股东会作出决议，将杨泉明等自然人股东所持的4809万元股权以每股3.24元的价格转让给杭州吉泉投资合伙企业、杭州吉创投资合伙企业，间接持有吉华集团股权。转让后吉华集团注册资本16947万元，锦辉机电6483.12万元，占38.26%；萧工集团5654.88万元，占33.37%；吉创投资3044万元，占17.96%；吉泉投资1765万元，占10.41%。

第四节　上市阶段（2012年至今）

吉华集团组建后，经过数年的运营，2017年5月19日，经中国证券监督管理委员会758号文批准，首次公开发行股票，核准浙江吉华集团股份有限公司公开发行不超过1亿元新股。吉华集团又迈上新的一步，扩大经营规模，促使企业更好成长。

一、股份公司（2012—2016年）

2011年12月15日，吉华集团全体股东一致同意将浙江吉华集团有限公司整体变更为股份有限公司，并一致同意以2011年11月30日为基准日，对吉华集团的资产进行审计、评估，并以审计结果作为吉华集团整体变更的依据。

根据立信会计师事务所（特殊普通合伙）出具的信会师报字〔2012〕第110117号《审计报告》，以吉华集团截至2011年11月30日经审计的净资产29678.20万元为基础，按照1：0.6739的比例折合股权总额2亿股，每股面值1元，共计股本2亿元，投入整体变更后的股份有限公司，由全体股东按原持股比例持有，其余9678.20万元作为资本公积，由全体股东按原持股比例享有。

2012年2月18日，吉华集团各股东签署了《浙江吉华集团股份有限公司发起人协议》。2月20日，立信会计师事务所出具信会师报字〔2012〕第110234号《验资报告》，证明股东的出资已经足额缴纳。同日，召开创立大会，宣告浙江吉华集团股份有限公司成立。2月28日，浙江省工商行政管理局核准了变更登记，领取了注册号为330000000060861号的企业法人营业执照。整体变更后，注册资金2亿元。其中，锦辉机电7651.05万元，占38.26%；萧工集团6673.61万元，占33.37%；吉创投资3592.38万元，占17.96%；吉泉投资2082.96万元，占10.41%。

2014年5月30日，吉华高分子在全国中小企业股份转让系统挂牌，股票名称为“吉华材料”，股票代码为830775。2015年8月，吉华高分子股权变更为吉华集团68.92%、刘海兵18.11%、其他股东12.99%。

2014年12月，吉华集团股权多次转让。萧工集团将其持有的1400万股（占总股本的7.0%）以每股28元的价格，转让给杭州辽通鼎能股权投资合伙企业。吉创投资将其持有的吉华集团股权转让给徐远程等45名吉创投资的合伙人，45名自然人间接持有吉华集团股权变更为直接持有。吉泉投资将其持有的吉华集团股权转让给杨泉明等28名吉泉投资的合伙人，28名自然人从间接持有吉华集团股权变更为直接持有。转让价格根据股改前73名股东由直接持股变更为间接持股时的价格，每股为2.75元。同月，锦辉机电将其持有的651.05万股（占总股本的3.26%）以每股4.29元的价格转让给邵辉。

2015年3月26日，萧工集团以每股30元的价格将其持有的730万股（占总股本的3.65%）转让给陈柳瑛，200万股（占总股本的1.00%）转让给徐辉，200万股（占总股本的1.00%）转让给周奕晓，70万股（占总股本的0.35%）转让给上海大见股权投资基金管理有限公司（以下简称上海大见）。5月21日，吉华集团2014年年度股东大会作出决议，以截至2015年4月30日的股份公司股本总额2亿股为基数，以未分配利润向全体股东每10股送6股；按每10股派发现金股利1.20元，合计派发现金股利2400万元；同时，以资本公积金向全体股东每10股转增4股。该次利润分配合计送转2亿股，送转完成后股份公司总股本变更为4亿股。同日，立信会计师事务所出具信会师报字〔2015〕第114742号《验资报告》对该次增资予以验证。5月26日，办理工商变更登记，吉华集团股权结构如下表。

2015年吉华集团股权结构表

表1-1

序号	股东名称／姓名	持股数量（万股）	持股比例（%）
1	锦辉机电	14000.00	35.0
2	萧工集团	8147.21	20.368
3	辽通投资	2800.00	7.0
4	邵　辉	1802.49	4.5063
5	陈柳瑛	1460.00	3.65
6	杨泉明	849.71	2.1243
7	徐远程	708.09	1.7702
8	周火良	708.09	1.7702
9	庞明良	708.09	1.7702
10	邵伯万	708.09	1.7702
11	陈才良	708.09	1.7702
12	徐　辉	400.00	1.0
13	周奕晓	400.00	1.0
14	陈小勇	306.839	0.7671
15	徐江勇	305.6588	0.7641
16	陈文忠	236.03	0.5901
17	胡柏忠	236.03	0.5901
18	陈美芬	236.03	0.5901
19	简　卫	236.03	0.5901
20	杨玉生	236.03	0.5901
21	杨国友	236.03	0.5901
22	应海军	236.03	0.5901
23	朱国祥	236.03	0.5901

续表 1-1

序号	股东名称 / 姓名	持股数量（万股）	持股比例（%）
24	杨再生	236.03	0.5901
25	朱文军	236.03	0.5901
26	金小英	236.03	0.5901
27	朱建龙	141.618	0.354
28	茅伯先	141.618	0.354
29	上海大见	140.00	0.35
30	顾林建	94.412	0.236
31	朱海江	70.809	0.177
32	汤闰新	70.809	0.177
33	陶燕青	70.809	0.177
34	韩国贤	70.809	0.177
35	胡　敏	70.809	0.177
36	杨春梅	70.809	0.177
37	沈钊明	70.809	0.177
38	俞云锁	70.809	0.177
39	俞尧忠	70.809	0.177
40	殷　健	70.809	0.177
41	谷家宝	70.809	0.177
42	陆洪汇	70.809	0.177
43	汪水根	70.809	0.177
44	邵金瑞	70.809	0.177
45	罗庆华	70.809	0.177
46	陈观松	70.809	0.177
47	王志芬	70.809	0.177
48	陆荣宝	70.809	0.177
49	蔡来生	70.809	0.177
50	茹国海	70.809	0.177
51	戴洪刚	70.809	0.177
52	王惠乔	70.809	0.177
53	缪利海	70.809	0.177
54	唐冬香	70.809	0.177

续表 1-1

序号	股东名称 / 姓名	持股数量（万股）	持股比例（%）
55	鲁　敏	70.809	0.177
56	周海军	70.809	0.177
57	冯沛龙	70.809	0.177
58	张军成	70.809	0.177
59	冯金伟	70.809	0.177
60	胡惠素	70.809	0.177
61	寿正潮	70.809	0.177
62	毕国军	70.809	0.177
63	沈海燕	70.809	0.177
64	韩　锋	70.809	0.177
65	屠国锋	47.206	0.118
66	李永英	42.4854	0.1062
67	张文娟	42.4854	0.1062
68	王狄炯	35.4044	0.0885
69	徐培友	35.4044	0.0885
70	高志云	35.4044	0.0885
71	姚艳艳	35.4044	0.0885
72	汪妙根	35.4044	0.0885
73	丁　峰	35.4044	0.0885
74	张立富	23.603	0.059
75	李月根	17.7022	0.0443
76	蔡关夫	17.7022	0.0443
77	楼明锋	17.7022	0.0443
78	王水英	16.52	0.0413
79	吕凤飞	16.52	0.0413
80	洪术光	11.80	0.0295
合计		40000.00	100.00

2015 年 7 月 28 日，张劲松、毛志尧、陈勤分别与江苏吉华签订《股权转让合同》，将其持有的江苏君荣化工有限公司 170 万元、165 万元、165 万元股权转让给江苏吉华。8 月 11 日完成工商变更备案。10 月 8 日，江苏吉华吸收合并君荣化工。

2016年7月19日，江苏吉华董事会决议：徐江勇为公司董事长、法定代表人，徐远程不再担任以上职务。10月10日，吉华集团第二届董事会第七次会议审议通过了《关于全资子公司之间吸收合并事项的议案》，同意江苏吉华吸收合并江苏吉强化工科技有限公司。吸收合并后江苏吉强解散注销。12月8日，江苏吉华增资6000万元，增资后注册资金为1.20亿元。

二、股票上市（2017—2022年）

2017年5月19日，中国证券监督管理委员会（证监许可〔2017〕758号文）《关于核准浙江吉华集团股份有限公司首次公开发行股票的批复》，核准公开发行不超过1亿元新股。5月24日，吉华集团发布公告：吉华集团首次公开发行股票招股意向书，吉华集团首次公开发行股票发行安排及初步询价公告。6月2日，吉华集团发布公告，吉华集团首次公开发行股票招股说明书，吉华集团首次公开发行股票发行公告，吉华集团首次公开发行股票投资风险特别公告。6月14日，吉华集团发布《关于浙江吉华集团股份有限公司人民币普通股股票上市交易的公告》。6月15日，浙江吉华集团股份有限公司A股股票在上海证券交易所上市交易，A股股本5亿股，其中1亿股上市交

图1-6　2017年6月，吉华集团股票首发上市现场

易，证券简称“吉华集团”，证券代码 603980，发行价 17.20 元。8 月 11 日，吉华集团完成工商变更登记。注册资金由 4 亿元变更为 5 亿元，其中限售流通股股份 4 亿元、无限售流通股股份 1 亿元，经济类型由其他股份有限公司（非上市）变更为其他股份有限公司（上市）。

2017 年 3 月 2 日，江苏吉华增资 8000 万元，增资后注册资金为 2 亿元。2018 年 5 月 21 日，江苏吉华投资设立全资子公司滨海润华环保工程有限公司，注册资本 2000 万元。12 月 29 日，江苏吉华投资设立全资子公司江苏吉华医药科技有限公司，注册资金 2 亿元。

图 1-7 2017 年 6 月，吉华集团上市庆典

2018 年 4 月 10 日，吉华集团获中国染料工业协会颁发的中国染料百年“优秀企业奖”荣誉称号。

2018 年 6 月 14 日，吉华集团调整后的董事、监事、经理完成工商备案登记。

2019 年 3 月 1 日，江苏吉华以 1500 万元收购许水金持有的盐城市优化医药化工科技有限公司 45.87% 的股权，同时再向优化医药增资 1387 万元，增资完成后，江苏吉华持有优化医药 2887 万元股权，占注册资金的 61.99%，并于 7 月 8 日完成工商变更登记。10 月 1 日，吉华医药以 4371.04 万元收购潘祝平、崔梦玉等 33 位自然人，浙江思考投资集团股份有限公司和嘉兴海容壹号企业投资合伙企业（有限合伙）合计持有的江苏康倍得药业股份有限公司 62.06% 的股权。

10 月 10 日，吉华集团完成注册资金变更和董事、监事、经理、财务总监工商变更登记。注册资金由 5 亿元变更为 7 亿元，其中有限售条件流通股股份 3.56 亿元、无限售条件流通股股份 3.44 亿元。董事长邵伯金，副董事长徐建初，董事杨泉明、邵辉、周火良、殷健，独立董事田利明、徐勤玲、来兴扬；监事会主席单波，监事汪浩林、胡兴旭、张叶青、王齐兵。聘任杨泉明为总经理，张颖辉为财务总监。

2020 年 3 月 2 日，江苏吉华股东会决议：邵伯金、周火良为公司董事，徐江勇、徐远程不再担任公司董事职务。同日，江苏吉华董事会选举邵伯金为董事长并聘任总经理，徐江勇不再担任以上职务。

3月12日，吉华集团第三届董事会第十一次会议决议，通过《关于吉华创新产业园（旧厂区（房）改造项目）的议案》等议案。4月22日，第三届董事会第十二次会议决议，通过《2019年度董事会工作报告》等6个报告和《关于2019年度利润分配的预案》等16个议案，并于年度股东大会通过。

6月9日，吉华集团董事长、副董事长、董事完成工商变更登记。董事长由邵伯金变更为邵辉，副董事长由徐建初变更为杨泉明，董事邵伯金、徐建初、周火良、殷健，独立董事田利明、徐勤玲、来兴扬；监事会主席单波，监事汪浩林、胡兴旭、张叶青、王齐兵；聘任杨泉明为总经理。邵伯金卸任董事长由邵辉接任，完成传承交接。

2021年1月，江苏吉华全资子公司润华环保资产并入江苏吉华，润华环保注销。4月27日，吉华集团第三届董事会第十六次会议决议，通过《2020年度董事会工作报告》等6个报告和《关于2020年度利润分配的预案》等16个议案，并于年度股东大会通过。

2022年2月17日，吉华集团第四届董事会第四次会议形成决议，通过《关于聘任公司总经理的议案》，杨泉明不再担任总经理，聘任吴爱军为总经理。

第二章　集团架构

根据《中华人民共和国公司法》（以下简称《公司法》）的规定，按上市公司的规范要求，建立了相互独立、权责明确、相互监督的股东大会、董事会、监事会和经理层，组建了较为规范的公司内部组织机构，制定了《浙江吉华集团股份有限公司章程》（以下简称《章程》）及一系列法人治理细则，明确了董事会、监事会、经理层相互之间的权责范围和工作程序，治理架构规范、完善。

第一节　工作制度

建立并执行股东大会、董事会、监事会、独立董事、董事会秘书、董事会专门委员会工作制度，以保障投资者和股东权益。

一、股东大会制度

2012 年 2 月 20 日，浙江吉华集团股份有限公司召开创立大会暨第一次股东大会，审议通过了《章程》及《股东大会议事规则》，会议选举产生了吉华集团董事会成员及监事会成员，建立健全了股东大会制度，走上规范运行之路。

1. 股东权利与义务

《章程》规定，股东享有的权利有：依照其所持有的股份份额获得股利和其他形式的利益分配；依法请求、召集、主持、参加或者委派股东代理人参加股东大会，并行使相应的表决权；对吉华集团的经营进行监督，提出建议或者质

图 2-1　2019 年度股东大会

询；依照法律、行政法规及章程的规定转让、赠与或质押其所持有的股份；查阅章程、股东名册、债券存根、股东大会会议记录、董事会会议决议、监事会会议决议、财务会计报告；吉华集团终止或者清算时，按其所持有的股份份额参加吉华集团剩余财产的分配；对股东大会作出的吉华集团合并、分立决议持异议的股东，要求吉华集团收购其股份；法律、行政法规、规章或本章程规定的其他权利。

《章程》规定，股东应承担的义务是：遵守法律、行政法规和章程；依其所认购的股份和入股方式缴纳股金；除法律、法规规定的情形外，不得退股；不得滥用股东权利损害吉华集团或者其他股东的利益；不得滥用法人独立地位和股东有限责任损害吉华集团债权人的利益；股东滥用股东权利给吉华集团或者其他股东造成损失的，应当依法承担赔偿责任；股东滥用法人独立地位和股东有限责任，逃避债务，严重损害吉华集团债权人利益的，应当对吉华集团债务承担连带责任；法律、行政法规及本章程规定应当承担的其他义务。

2. 股东大会职权

《章程》规定，股东大会是吉华集团的权力机构，依法行使的职权为：决定吉华集团的经营方针和投资计划；选举和更换非由职工代表担任的董事、监事，决定有关董事、监事的报酬事项；审议批准董事会的报告；审议批准监事会的报告；审议批准年度财务预算方案、决算方案；审议批准利润分配方案和弥补亏损方案；对增加或者减少注册资本作出决议；对发行吉华集团债券作出决议；对吉华集团合并、分立、解散、清算或者变更公司形式作出决议；修改章程；对聘用、解聘会计师事务所作出决议；审议批准章程第三十八条规定的担保事项；审议吉华集团在一年内购买、出售重大资产超过吉华集团最近一期经审计总资产 30% 的事项；审议股权激励计划；审议法律、行政法规、规章或章程规定应当由股东大会决定的其他事项。

上述股东大会的职权不得通过授权的形式由董事会或其他机构和个人代为行使。

3. 股东大会的召开

股东大会分为年度股东大会和临时股东大会。年度股东大会每年召开一次，并应于上一个会计年度结束后的 6 个月之内举行。有下列情形之一的：董事人数不足《公司法》规定的法定最低人数，或者少于章程所定人数的 2/3 时；吉华集团未弥补的亏损达实收股本总额 1/3 时；单独或者合计持有吉华集团 10% 以上股份的股东请求时；董事会认为必要时；监事会提议召开时；法律、行政法规、规章或章程规定的其他情形。吉华集团可在自事实发生之日起 2 个月内召开临时股东大会。

召开股东大会的地点为吉华集团住所地或会议通知中确定的会议地点。股东大会将设置会场，以现场会议形式召开。吉华集团还将提供网络或者其他方式为股东参加股东大会提供便利。股东通过上述方式参加股东大会的，视为出席。

4. 股东大会的提案和通知

股东提案的内容属于股东大会职权范围，有明确议题和具体决议事项，并且符合法律、行政法规和章程的有关规定。

召开股东大会，董事会、监事会以及单独或者合计持有吉华集团 3% 以上股份的股东，有权向吉华集团提出提案。单独或者合计持有吉华集团 3% 以上股份的股东，可以在股东大会召开 10 日前提出临时提案并书面提交召集人。召集人应当在收到提案后 2 日内发出股东大会补充通知，公告临时提案的内容。

除上述规定的情形外，召集人在发出股东大会通知后，不得修改股东大会通知中已列明的提案或增加新的提案。

股东大会通知中未列明或不符合章程第五十二条规定的提案，股东大会不得进行表决并作出决议。

5. 股东大会的表决和决议

股东大会决议分为普通决议和特别决议。股东大会作出普通决议，由出席股东大会的股东（包括股东代理人）所持表决权的 1/2 以上通过；股东大会作出特别决议，应当由出席股东大会的股东（包括股东代理人）所持表决权的 2/3 以上通过。

由股东大会以普通决议通过的事项为：董事会和监事会的工作报告；董事会拟定的利润分配方案和弥补亏损方案；董事会和监事会成员的任免及其报酬和支付方法；年度预算方案、决算方案；年度报告；除法律、行政法规规定或者本章程规定应当以特别决议通过以外的其他事项。

由股东大会以特别决议通过的事项有：增加或者减少注册资本；吉华集团的分立、合并、解散和清算；修改章程；吉华集团在一年内购买、出售重大资产或者担保金额超过吉华集团最近一期经审计总资产的 30%；股权激励计划；法律、行政法规或本章程规定的，以及股东大会以普通决议认定会对吉华集团产生重大影响的、需要以特别决议通过的其他事项。

股东（包括股东代理人）以其所代表的有表决权的股份数额行使表决权，每一股份享有一票表决权。

股东大会审议影响中小投资者利益的重大事项时，对中小投资者表决应当单独计票。单独计票结果应当及时公开披露。吉华集团持有的股份没有表决权，且该部分股份不计入出席股东大会有表决权的股份总数。

吉华集团董事会、独立董事和符合相关规定条件的股东可以公开征集股东投票权。征集股东投票权应当向被征集人充分披露具体投票意向等信息。禁止以有偿或变相有偿的方式征集股东投票权。吉华集团不得对征集投票权提出最低持股比例限制。

二、董事会制度

1. 董事会构成

2012 年 2 月 20 日，吉华集团第一次股东大会，审议通过《吉华集团章程》及《董事会议事规则》，并选举邵伯金、徐建初、徐远程、杨泉明、邵辉、周火良、高建荣、黄敬培、翁国民为董事，组成第一届董事会，任期均为 3 年；高建荣、黄敬培、翁国民为独立董事。

2012 年 11 月，原独立董事翁国民因个人原因辞去独立董事职务。2012 年 12 月 17 日，第三次临时股东大会选举俞华富担任独立董事。2014 年 12 月，原董事徐远程因个人原因辞去董事职务。2014 年 12 月 26 日第一次临时股东大会选举张光磊担任董事。

2015 年 5 月 21 日，2014 年度股东大会，选举邵伯金、徐建初、杨泉明、周火良、邵辉、张光磊、高建荣、黄敬培、田利明为董事，组成吉华集团第二届董事会，高建荣、黄敬培、田利明为独立董事。

之后，董事会成员多次调整。2022 年年底，董事会组成人员为董事长邵辉，副董事长杨泉明，董事吴爱军（总经理）、周火良（副总经理）、邵伯金、殷健（董秘），独立董事徐勤玲、沈日炯、来兴扬。

2. 董事会职权

《章程》规定，董事会行使的职权为：召集股东大会，并向股东大会报告工作；执行股东大会的决议；决定经营计划和投资方案；制订年度财务预算方案、决算方案；制定利润分配方案和弥补亏损方案；拟定增加或者减少注册资本、发行债券或其他证券及上市方案；拟订重大收购、收购吉华集团股票或者合并、分立、解散及变更形式的方案；在股东大会授权范围内，决定对外投资、收购（出售）资产、资产抵押、对外担保事项、委托理财、关联交易等事项；决定内部管理机构设置；聘任或者解聘总经理、董事会秘书，根据总经理提名，聘任或者解聘副总经理、财务总监等高级管理人员，并决定其报酬事项和奖惩事项；制订基本管理制度；管理信息披露事项；向股东大会提请聘请或更换为吉华集团审计的会计师事务所；听取总经理工作汇报并检查总经理工作；法律、行政法规、部门规章或章程授予的其他职权。

3. 董事长职权

《章程》规定，董事长职权有：主持股东大会和召集、主持董事会会议；督促、检查董事会决议的执行；签署吉华集团股票、债券和其他有价证券；签署董事会重要文件和其他应由吉华集团法定代表人签署的其他文件；行使法定代表人的职权；在发生特大自然灾害等不可抗力的紧急情况下，对吉华集团事务行使符合法律规定和吉华集团利益的特别处置权，并在事后向董事会和股东大会报告；董事会授予的其他职权。

图 2-2　2021 年 5 月，吉华集团董事长邵辉主持董事会

4. 董事会会议的召开与通知

董事会每年至少召开两次会议，由董事长召集，于会议召开 10 日以前书面通知全体董事和监事。

代表 1/10 以上表决权的股东、1/3 以上董事或者监事会，可以提议召开董事会临时会议。董事长应当自接到提议后 10 日内，召集和主持董事会会议。

董事会召开临时董事会会议，可以通过电话、传真、电子邮件或专人递送的方式于会议召开 5 日以前向全体董事发出会议通知。

5. 董事会会议的表决和决议

董事与董事会会议决议事项所涉及的企业有关联关系的，不得对该项决议行使表决权，也不得代理其他董事行使表决权。该董事会会议由过半数的无关联关系董事出席即可举行，董事会会议所作决议须经无关联关系董事过半数通过。出席董事会的无关联关系董事人数不足3人的，应将该事项提交股东大会审议。

董事会决议表决方式为现场举手表决、记名投票表决及董事会议事规则所认可的方式表决。董事会临时会议在保障董事充分表达意见的前提下，可以用传真、电话、视频、邮件等方式进行并作出决议，并由参会董事签字。

董事会会议，由董事本人出席；董事因故不能出席，可以书面委托其他董事代为出席，委托书中应载明代理人的姓名、代理事项、授权范围和有效期限，并由委托人签名或盖章。代为出席会议的董事应当在授权范围内行使董事的权利。董事未出席董事会会议，亦未委托代表出席的，视为放弃在该次会议上的投票权。

三、监事会制度

1. 监事会构成

2012年2月20日，吉华集团第一次股东大会，审议通过《章程》及《监事会议事规则》，并选举陈美芬、杨春梅为股东代表监事，与职工代表大会选举的职工代表监事陆荣宝组成第一届监事会。任期均为3年。

2015年5月21日召开的2014年度股东大会选举陈美芬、单波、陈柳瑛为股东代表监事，与选举产生的职工代表监事陆荣宝、杨春梅组成第二届监事会。

之后，监事会成员多次调整。2022年年底，监事会组成人员为监事会主席单波，监事周海军、胡兴旭、张叶青、王齐兵。

2. 监事会职权

《章程》规定，监事会职权为：应当对董事会编制的吉华集团定期报告进行审核并提出书面审核意见；检查财务；对董事、高级管理人员执行职务行为进行监督，对违反法律、行政法规、章程或者股东大会决议的董事、高级管理人员提出罢免建议；当董事、高级管理人员行为损害吉华集团利益时，要求董事、高级管理人员予以纠正；提议召开临时股东大会，在董事会不履行《公司法》规定的召集和主持股东大会职责时召集和主持股东大会；向股东大会提出提案；依照《公司法》第一百五十一条的规定，对董事、高级管理人员提起诉讼；发现吉华集团经营情况异常，可以进行调查；必要时，可以聘请会计师事务所、律师事务所等专业机构协助其工作，费用由吉华集团承担。

3. 监事会会议的召开与通知

监事会会议分为定期会议和临时会议。监事会定期会议每6个月至少召开一次。

出现下列情形时，监事会应当在10日内召开临时会议：股东大会、董事会会议通过了违反法律、法规、规章、监管部门的各种规定和要求、《章程》、股东大会决议和其他有关规定的决议时；董事和高级管理人员的不当行为可能给吉华集团造成重大损害或者在市场中造成恶劣影响时；吉华集团、董事、监事、高级管理人员被股东提起诉讼时；《章程》规定的其他情形等。

监事会会议由监事会主席召集并签发召集会议的通知。会议通知至少应该包括以下内容：会议日期和地点、事由及议题、会议期限、发出通知的日期。

口头会议通知至少应包括上述相关项内容，以及情况紧急需要尽快召开监事会临时会议的说明。

召开监事会定期会议或临时会议，应当分别提前10日或5日，将书面会议通知通过专人送出、邮件、传真、电子邮件等方式，提交全体监事。非直接送达的，还应当通过电话进行确认并做相应记录。

经全体监事书面同意，监事会会议通知期限的规定可以免于执行。

4. 监事会会议的表决和决议

监事会会议对所议事项，一般应做出决议。监事会会议的表决实行一人一票，以举手表决或书面记名方式进行。所有决议必须经全体监事的半数以上表决同意方为有效。监事的表决意向分为同意、反对和弃权。与会监事应当从上述意向中选择其一，未做选择或者同时选择两个以上意向的，会议主持人应当要求该监事重新选择，拒不选择的，视为弃权；中途离开会场不回而未做选择的，视为弃权。

监事会可做出决议并向董事会、股东大会提出建议，由董事会组织有关部门落实。

监事会做出的决议，如涉及提议召开临时董事会、临时股东大会或向股东大会提出临时提案的，应在规定时间内以书面形式向董事会提出会议议题和内容完整的提案，并应保证提案内容符合法律、法规和《章程》的规定。

四、独立董事制度

1. 独立董事的设置

2012年2月20日，吉华集团第一次股东大会，选举高建荣、翁国民、黄敬培为第一届董事会独立董事，其中黄敬培为会计专业人士。2012 年 11 月，原独立董事翁国民因个人原因辞去独立董事职务。2012 年 12 月 17 日，第三次临时股东大会选举俞华富担任独立董事。2015 年 5 月 21 日举行 2014 年度股东大会，选举高建荣、黄敬培、田利明为第二届董事会独立董事，其中黄敬培为会计专业人士。独立董事的提名与任职符合《章程》的规定，符合《中国证监会关于在上市公司建立独立董事制度的指导意见》所列的基本条件。独立董事的提名人在提名前征得了被提名人的同意，充分了解了被提名人的职业、学历、职称、详细的工作经历、全部兼职等情况，并对其担任独立董事的资格和独立性发表了意见。

独立董事每届任期与其他董事任期相同，任期届满，连选可以连任，但是连任时间不得超过 6 年。

2. 独立董事的职权

2012 年 2 月 20 日，吉华集团第一次股东大会，审议通过了《独立董事工作制度》，独立董事除具有《公司法》《章程》和其他相关法律、法规赋予董事的职权外，还享有以下职权：重大关联交易（指吉华集团与关联法人达成的总额高于 300 万元且高于吉华集团最近经审计净资产值的 0.5% 的关联交易，或与关联自然人发生的交易金额在 30 万元以上的关联交易）应由独立董事认可后，提交董事会讨论；独立董事作出判断前，可以聘请中介机构出具独立财务顾问报告，作为其判断的依据；向董事会提议聘请或解聘会计师事务所；向董事会提请召开临时股东大会；提议召开董事会会议；独立聘请外部审计机构和咨询机构；可以在股东大会召开前公开向股东征集投票权。

独立董事行使上述职权应当取得全体独立董事的 1/2 以上同意。

独立董事除履行《独立董事工作制度》规定的职责外，还有以下职权：提名、任免董事；提议聘任或解聘高级管理人员；审议董事、高级管理人员的薪酬；关注吉华集团与关联法人发生的数额高于 300 万元且高于公司最近经审计净资产值 0.5% 的关联交易，或与关联自然人发生的交易金额在 30 万元以上的关联交易，以及向股东、实际控制人及其关联企业提供资金的行为；变更募集资金用途；《章程》规定的需由股东大会审议的对外担保事项；股权激励计划；独立董事认为可能损害中小股东权益事项，向董事会或股东大会发表独立意见。

五、董事会秘书制度

1. 董事会秘书制度的建立

2012年2月20日，吉华集团第一届董事会第一次会议审议通过《董事会秘书工作细则》，决定聘任殷健为董事会秘书。

2. 董事会秘书职责

《董事会秘书工作细则》规定设董事会秘书一名，董事会秘书是吉华集团的高级管理人员。董事会秘书对上市公司和董事会负责，履行的职责为：

负责信息披露管理事务，包括负责信息对外发布；制定并完善信息披露事务管理制度；督促相关信息披露义务人遵守信息披露相关规定，协助相关各方及有关人员履行信息披露义务；负责未公开重大信息的保密工作，制订保密措施，促使董事、监事和高级管理人员以及相关知情人员在信息披露前保守秘密，并在内幕信息泄露时及时采取补救措施，同时向上交所报告；负责吉华集团内幕知情人登记报备工作；关注媒体报道，主动向吉华集团及相关信息披露义务人求证，督促董事会及时披露或澄清。

协助董事会加强治理机制建设，包括组织筹备并参加董事会会议及其专门委员会会议、监事会会议和股东大会会议；建立健全内部控制制度；积极推动吉华集团避免同业竞争，减少并规范关联交易事项；积极推动吉华集团建立健全激励约束机制；积极推动吉华集团承担社会责任。

负责投资者关系管理事务，完善投资者的沟通、接待和服务工作机制。

负责股权管理事务，包括保管股东持股资料；办理限售股相关事项；督促董事、监事、高级管理人员及其他相关人员遵守股份买卖相关规定；其他股权管理事项。

协助董事会制定资本市场发展战略，协助筹划或者实施资本市场再融资或者并购重组事务。

负责规范运作培训事务，组织董事、监事、高级管理人员及其他相关人员接受相关法律法规和其他规范性文件的培训。

提示董事、监事、高级管理人员履行忠实、勤勉义务。如知悉前述人员违反相关法律法规、其他规范性文件或《章程》，做出或可能做出相关决策时，应当予以警示，并立即向上交所报告。

应履行《公司法》、中国证监会和上交所要求履行的其他职责。

六、董事会专门委员会

为优化公司治理结构，提高董事会运作效率，2012 年 2 月 20 日吉华集团第一次股东大会决议通过设立董事会战略委员会、审计委员会、薪酬与考核委员会、提名委员会 4 个专门委员会，成员全部由董事组成。

1. 战略委员会

战略委员会的主要职责是：对吉华集团长期发展战略和重大投资决策进行研究并提出建议。第一届战略委员会成员为邵伯金、徐建初和高建荣（独立董事），召集人为邵伯金。第二届战略委员会成员为邵伯金、徐建初和高建荣（独立董事），召集人为邵伯金。第三届战略委员会成员为邵伯金、徐勤玲（独立董事）和邵辉，召集人为邵伯金。第四届战略委员会成员为邵辉、沈文龙（独立董事）和邵伯金，召集人为邵辉。

2. 审计委员会

审计委员会的主要职责是：提议聘请或更换外部审计机构；监督吉华集团内部审计制度及其实施；负责内部审计与外部审计之间沟通；审核吉华集团财务信息及其披露；审查内控制度。第一届审计委员会成员为黄敬培（独立董事、会计专业人士）、俞华富（独立董事）和周火良，召集人为黄敬培。第二届审计委员会成员为黄敬培（独立董事、会计专业人士）、田利明（独立董事）和周火良，召集人为黄敬培。第三届审计委员会成员为来兴扬（独立董事）、田利明（独立董事）和周火良，召集人为来兴扬。第四届审计委员会成员为来兴扬（独立董事）、沈日炯（独立董事）和周火良，召集人为来兴扬。

3. 薪酬与考核委员会

薪酬与考核委员会的主要职责是：负责制定董事及高级管理人员的考核标准并进行考核；负责制定、审查董事及高级管理人员的薪酬政策与方案。第一届薪酬与考核委员会成员为俞华富（独立董事）、黄敬培（独立董事）和杨泉明，召集人为俞华富。第二届薪酬与考核委员会成员为田利明（独立董事）、黄敬培（独立董事）和杨泉明，召集人为田利明。第三届薪酬与考核委员会成员为田利明（独立董事）、来兴扬（独立董事）和杨泉明，召集人为田利明。第四届薪酬与考核委员会成员为沈日炯（独立董事）、来兴扬（独立董事）和杨泉明，召集人为沈日炯。

4.提名委员会

提名委员会的主要职责是：对董事、高级管理人员的选任程序、标准和任职资格进行审议并向董事会提出建议。第一届提名委员会成员为高建荣（独立董事）、俞华富（独立董事）和邵伯金，召集人为高建荣。第二届提名委员会成员为高建荣（独立董事）、田利明（独立董事）和邵伯金，召集人为高建荣。第三届提名委员会成员为徐勤玲（独立董事）、田利明（独立董事）和邵伯金，召集人为徐勤玲。第四届提名委员会成员为沈文龙（独立董事）、沈日炯（独立董事）和邵伯金，召集人为沈文龙。

第二节　管理体制

自2012年改制为股份有限公司以来，根据《公司法》规定，按上市公司的规范要求，进一步规范、完善治理结构。

一、公司治理结构

2012年2月，吉华集团创立大会通过了《章程》《股东大会议事规则》《董事会议事规则》《监事会议事规则》《独立董事工作制度》《关联交易管理制度》《对外担保管理制度》和《对外投资管理制度》。

同月，吉华集团第一届董事会第一次会议通过了《总经理工作细则》《董事会秘书工作细则》《战略委员会工作细则》《审计委员会工作细则》《提名委员会工作细则》《薪酬与考核委员会工作细则》。

2015年9月24日，吉华集团公司第二届董事会第二次会议审议通过了《审计委员会工作细则》《信息披露管理制度》《内幕信息知情人管理制度》《投资者关系管理制度》《外部信息使用人管理制度》《重大信息内部报告制度》。

10月9日，2015年第二次临时股东大会审议通过了修订后的《股东大会议事规则》《监事会议事规则》《章程》《募集资金管理制度》《防范控股股东及关联方资金占用制度》。

上述制度的制定和不断完善，逐步健全了符合上市要求的、能够保证中小股东充分行使权力的治理结构。

二、管理机制

吉华集团以“一个授权，五个统一”的管理机制，“一个授权”即授权经营，“五个统一”即发展规划统一、管理制度统一、资金调度统一、对外形象统一、同类产品销售统一；履行“五大职能”，即监督、指导、协调、考核、服务职能。进一步完善和提高各子公司的自主决策机制能力，淡化各子公司对吉华集团的依赖关系，弱化各子公司之间的依附关系，强化各子公司的“自主经营、风险与责任同担”的责任关系，强化“经营业绩与员工收入分配挂钩”的考核机制，并全面推进法人治理结构的调整和规范。

第三节　组织结构及职责

股东大会是吉华集团最高权力机构，董事会代表股东大会行使管理权限。为提高董事会运作效率，设立董事会战略委员会、审计委员会、薪酬与考核委员会、提名委员会四个专门委员会。经营班子实行董事会领导下的总经理负责制，下设12个职能部门。

一、组织结构

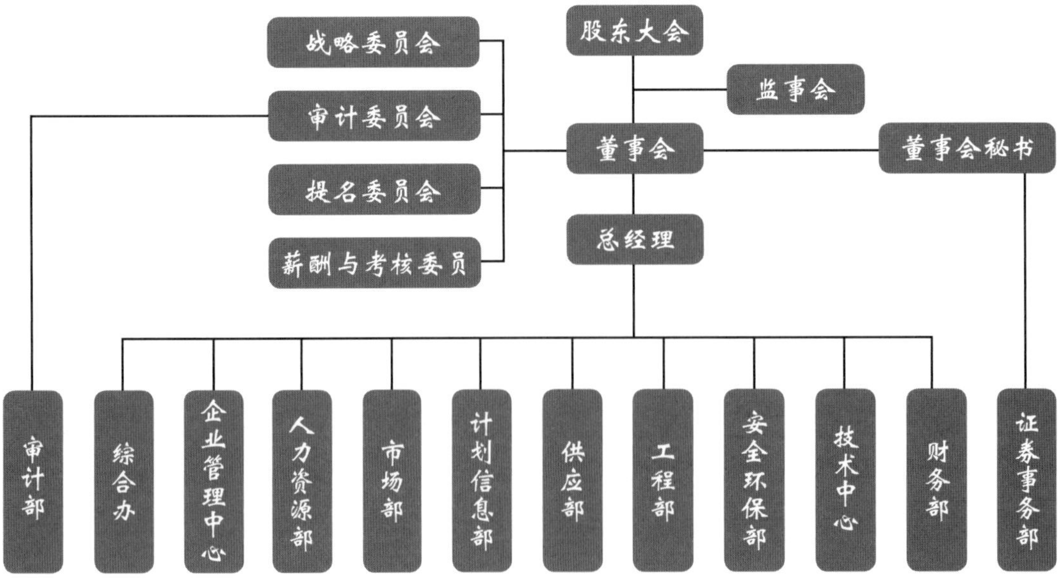

图2-3　吉华集团组织机构图

二、部门职责

吉华集团下设12个职能部门，明确了主要职责。

吉华集团职能部门主要职责表

表2-1

部门	主要职责
综合办	协调各职能部门关系；负责对外联系；草拟各项后勤管理制度并检查实施情况，促使后勤工作规范化；管理企业文件、资料、档案等，对文件、资料进行登记、编号、汇编、发行、保管、维护，对各类档案等进行整理、归档和保管；管理企业印章
企业管理中心	负责制定各项经营相关政策，对管理制度及政策考核等执行情况监督
人力资源部	全面负责人力资源管理，根据公司的战略目标，建设和开发人力资源体系，满足在发展中对人力资源的各项需求；设计实施职工薪酬方案、福利方案、绩效管理方案；负责员工的招聘、考核、培训；员工关系管理及员工满意度测评；监督劳动纪律制度的执行
市场部	负责制订集团产品销售相关的政策、制度，并负责考核、落实；负责染料市场调查、预测，掌握市场动态；定期向技术中心反馈市场所需新产品、新技术信息；做好顾客满意度调查统计；负责销售合同、客户档案收集、整理、归档等管理工作；负责新产品的市场开发宣传和销售开拓
计划信息部	负责制订生产经营计划、计算机网络和ERP相关的管理制度和规定，并组织贯彻执行；负责编制年、季度生产经营计划，建立技术经济指标体系；依据各子公司的综合生产能力对月度生产经营计划进行平衡，运算月度生产计划，落实各子公司月度排产计划进度，运算月度物料采购计划；负责吉华集团和各子公司计算机网络和ERP系统的站点维护和完善更新工作
供应部	负责原材料、辅料、五金的统一采购供应工作；负责调查物料市场信息，对市场动态进行信息收集、分析、整理汇总；负责按月编制物料供应方面的统计报表，按工作流程报送相关部门；负责物料采购合同的收集、整理、归档工作

续表 2-1

部门	主要职责
工程部	负责制订生产、设备、技改、基建和能源相关的管理制度和规定，并组织贯彻执行；配合安全环保部完善各子公司的安全、环保和消防、职业健康设施的配置；负责新购设备的选型，指导安装、调试、验收、移交、投产和转固等方面的工作；负责技术改造项目、基建项目的管理和指导实施
安全环保部	负责组织安全、环保、消防、职业健康责任书的签订和工作落实，监督并指导各子公司贯彻执行；建立健全安全、环保、消防、职业健康事故应急救援预案，并实施有针对性的演练；负责编制安全、环保技术措施计划，并组织实施新建、改造、大修工程中安全环保项目的计划编制，并参加工程验收和试运行工作；根据各子公司建设进度，负责检查并落实子公司各项规范取证的基础资料的收集整理；负责对污水处理的技术进步和工艺改进提出方案并组织实施
技术中心	负责制订产品开发、工艺管理、技术改造、标准化等相关的制度和规定，并组织贯彻执行；负责编制新产品开发与老产品改进项目计划书，并组织实施；负责技术合同、技术资料收集、整理、归档等管理工作；负责有关技术的引进、消化吸收和改进提高工作；负责编制（修订）产品消耗工艺定额及有关质量指标。负责产品的品质管理及产品下游应用领域的研究、跟踪，染料下游应用市场调查、预测，掌握市场动态等；对产品售后的相关事宜进行处理
财务部	负责财务管理；编制财务计划、成本计划和财务预决算；负责资金的统一筹措、调配和管理；负责会计核算、资金运作的综合管理；编制财务报告报表及披露财务会计信息；定期检查、分析财务计划等执行情况；负责企业税务核算及纳税申报；负责财务盘点；建立和保管会计档案资料
证券事务部	负责首次公开发行并上市的相关准备及协调工作；上市后的法定信息披露等事务；筹备董事会和股东大会会议；协助董事会日常工作及投资者关系处理；分析和研究资本市场整体趋势，为发展战略、资本运作决策提供支持；负责法务管理，制订和执行相关法务制度，审核法规性文件和法律事务文件

续表 2-1

部门	主 要 职 责
审计部	在审计委员会的指导和监督下，对岗位职责、经济责任的落实、考核和干部离任等的审计监督；对各内部机构的内部控制制度的完整性、合理性及其实施的有效性进行检查和评估；对各内部机构的会计资料及其他有关经济资料，以及所反映的财务收支及有关的经济活动的合法性、合规性、真实性和完整性进行审计；负责相关制度的建立、健全和执行监督

三、股权结构

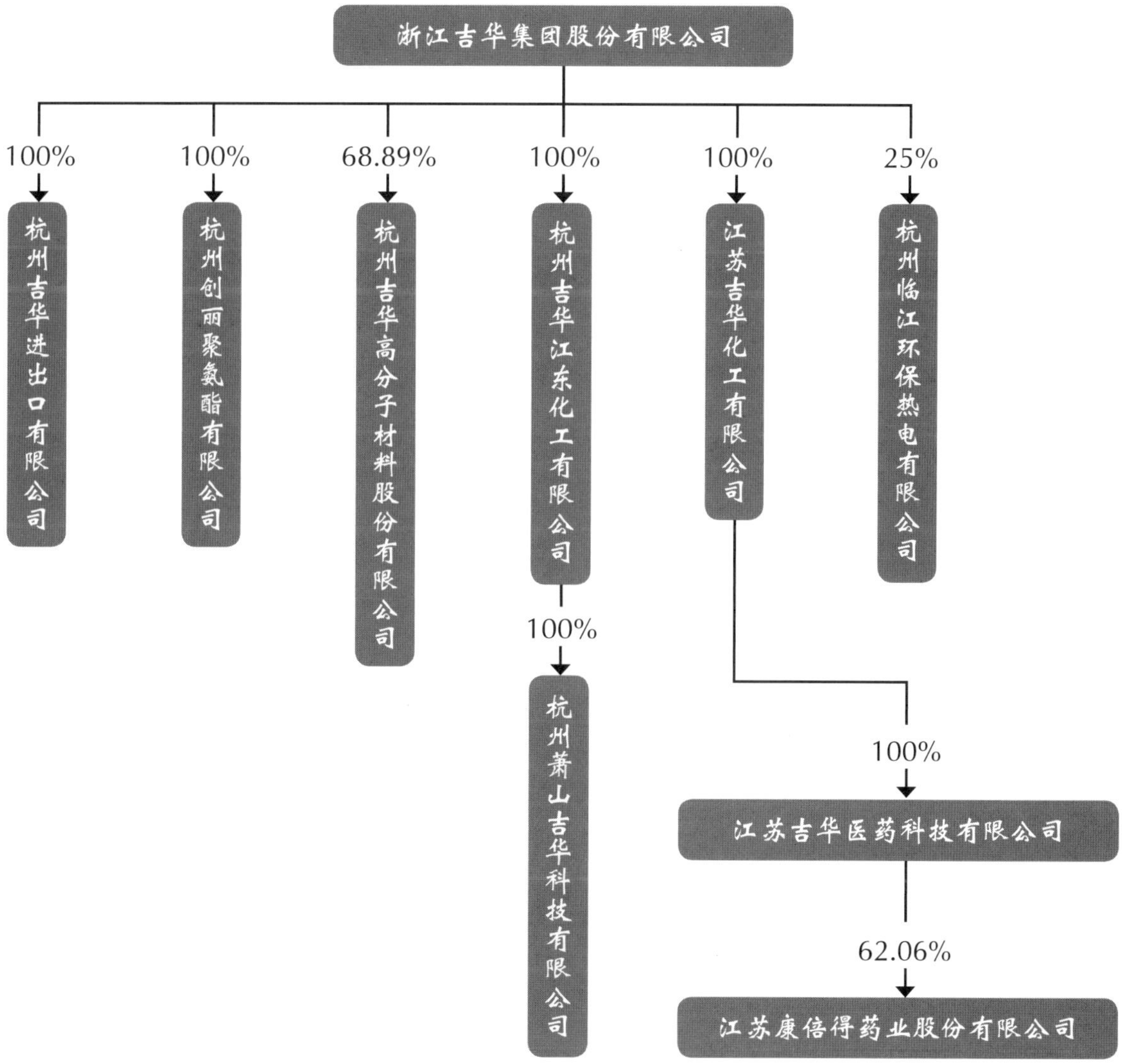

图 2—4 吉华集团股权结构图

四、历次重大资产重组情况

吉华集团及其子公司自设立以来发生的重大资产重组情况。

2004—2019 年吉华集团历次重大资产重组表

表 2-2

序号	时间	重组事项
1	2004 年 12 月 2008 年 2 月	吉华集团受让江苏吉然化工有限公司股权，江苏吉华化工有限公司吸收合并江苏吉然化工有限公司（已注销）
2	2006 年 6 月 2010 年 1 月	吉华集团受让杭州吉华江东化工有限公司股权，杭州吉华江东化工有限公司吸收合并杭州吉华化工有限公司（已注销）
3	2006 年 3 月	吉华集团受让杭州红宝染化有限公司（已注销）75% 股权
4	2011 年 11 月	吉华集团受让徐远程持有的江苏吉华化工有限公司 10% 的股权
5	2006 年 6 月 2011 年 11 月	吉华集团受让杭州吉华化工有限公司持有的杭州创丽聚氨酯有限公司 51% 股权、受让庞明良持有的杭州创丽聚氨酯有限公司 49% 股权
6	2006 年 6 月 2011 年 11 月	吉华集团受让杭州吉华化工有限公司持有的杭州吉华进出口有限公司 90% 股权、受让杨泉明持有的杭州吉华进出口有限公司 10% 的股权
7	2011 年 11 月	江苏吉华化工有限公司将其持有的江苏吉华房地产有限公司 100% 的股权转让给金马控股
8	2011 年 11 月	吉华集团将其持有的杭州吉华房地产有限公司 90% 的股权转让给金马控股
9	2015 年 8 月	江苏吉华化工有限公司收购江苏君荣化工有限公司 100% 股权，后进行吸收合并
10	2016 年 8 月	吉华集团收购盐城蓝色星球树脂材料有限公司 100% 股权，盐城蓝色星球树脂材料有限公司更为名江苏吉强化工科技有限公司，后江苏吉华化工有限公司吸收合并江苏吉强化工科技有限公司
11	2019 年 3 月	吉华集团收购盐城市优化医药化工科技有限公司 45.87% 股权
12	2019 年 10 月	吉华集团收购江苏康倍得药业股份有限公司 62.06% 股权

第三章 党政群团

1988年，萧山聚氨酯泡沫厂建立党支部，后随着企业发展，党员数量的增加，于2004年建立浙江吉华集团有限公司党总支。吉华集团党组织带领全体党员和员工认真贯彻落实党的路线、方针和政策，发挥党组织的战斗堡垒作用和党员的先锋模范作用。吉华集团行政组织健全，认真履行职责，企业持续发展，经济效益和社会效益不断提高。共青团、工会、妇联等群团组织在党组织的领导下，各自忠于职责，开展工作，为企业持续发展添力。

第一节 中国共产党基层组织

吉华集团自党组织成立以来，持续抓好组织建设、思想建设和制度建设，党组织成为坚强的战斗堡垒，党员发挥了先锋模范作用。

一、组织建设

1. 机构沿革

1988年，成立泡沫厂党支部。1991年8月，成立吉化萧山联营染料厂党支部。2003年4月，成立杭州吉华化工有限公司党支部。2004年7月，成立吉华集团党总支委员会。2014年5月，成立浙江吉华集团股份有限公司党总支委员会，下设中共杭州创丽聚氨酯有限公司支部委员会（以下简称创丽公司党支部）、中共杭州吉华高分子材料股份有限公司支部委员会（以下简称吉华高分子党支部）、中共杭州吉华江东化工有限公司支部委员会（以下简称吉华江东党支部）、中共浙江吉华集团股份有限公司后勤支部委员会（以下简称后勤党支部）、中共浙江吉华集团股份有限公司销售公司支部委员会（以下简称销售公司党支部）、中共杭州吉华进出口有限公司支部委员会（以下简称进出口公司党支部）。

1988—2023年吉华集团历届党组织领导成员表

表 3-1

名　称	时　间	书　记	副书记	委　员
泡沫厂党支部	1988.02.24—1989.01.04	徐春田	—	—
萧山模具塑料厂党支部	1989.01.05—1990.12.23	陈照龙	徐春田	—
泡沫厂党支部	1990.12.24—1991.08.30	徐春田	—	—
联营厂党支部	1991.08.31—1994.03.31	朱瑞炳	邵伯金	—
联营厂党支部	1994.04.01—1997.12.31	邵伯金	—	—
吉华化工党支部	1998.04.18—2004.07.15	邵伯金	杨泉明	庞明良　徐远程　周火良
吉华集团党总支委员会	2004.07.15—2011.08.01	邵伯金	杨泉明	庞明良　徐远程　周火良　陈才良　陆荣宝
吉华集团党总支委员会	2011.11.01—2014.05.01	邵伯金	杨泉明	庞明良　徐远程　周火良　陈才良　陆荣宝　陈小勇
吉华集团党总支委员会	2014.05.01—2016.07.08	邵伯金	杨泉明	庞明良　徐远程　周火良　陈才良　陆荣宝
吉华集团党总支委员会	2016.07.08—2020.07.17	邵伯金	杨泉明	周火良　陈才良　陆荣宝　朱晓飞
吉华集团党总支委员会	2020.07.18—2023.07.31	杨泉明	朱晓飞	周火良　王齐兵　陈才良
吉华集团党总支委员会	2023.07.31—	杨泉明	朱晓飞	吴爱军　周火良　王齐兵

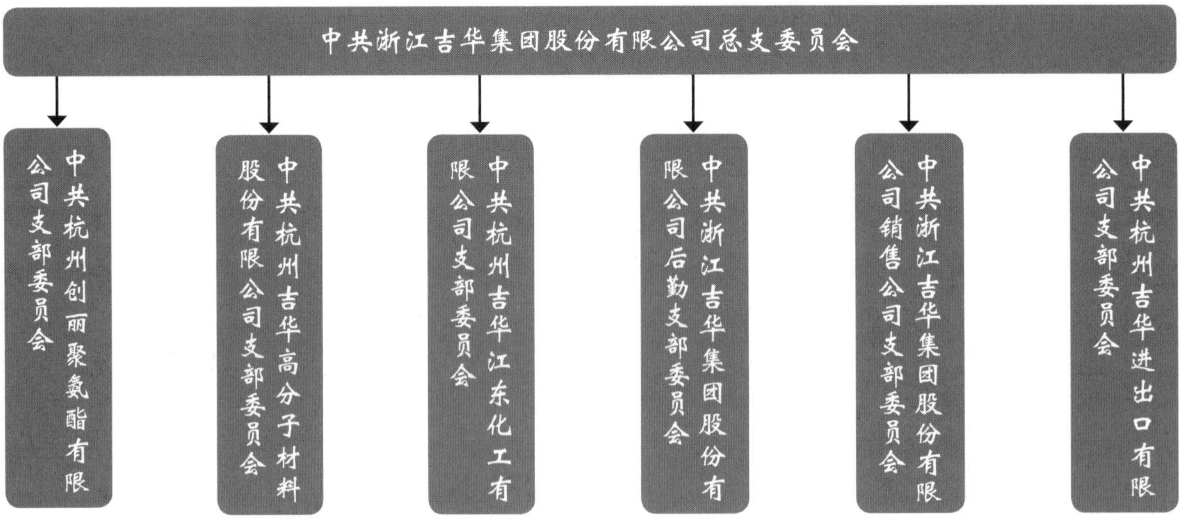

图 3-1　浙江吉华集团股份有限公司党组织机构示意图

2. 发展党员

扩大党员队伍，不断增加新鲜血液是增强党组织活力的需要，是基层组织建设的一项重要任务。吉华集团党总支于20世纪90年代开始，陆续吸收优秀积极分子入党，自1992年到2022年，共发展党员75人，转入党员28人，其中因工作调动或者离职等原因，转出党员23人。

2004年，组织建设得到进一步加强，完成了6个基层党支部的组建。至2010年年底，在册党员62人，考察对象21人。到2022年年底，已拥有党员80名，占员工总人数的5.08%。

2022年吉华集团中共党员一览表

表3-2

序号	姓名	性别	出生年月	党内职务	支　部	入党时间	转正时间
1	徐春田	男	1940.06.23	—	创丽公司党支部	1966.04.14	1971.01.02
2	杨再生	男	1956.09.01	—	销售公司党支部	1981.03.21	1982.08.20
3	邵伯金	男	1952.03.05	—	后勤党支部	1981.11.26	1982.11.26
4	朱大江	男	1958.07.03	支部书记	销售公司党支部	1984.12.27	1985.12.27
5	杨泉明	男	1964.10.14	总支书记	后勤党支部	1986.05.08	1987.05.08
6	汪水根	男	1965.02.11	—	吉华江东党支部	1986.07.01	1987.07.01
7	周绍荣	男	1965.04.01	—	销售公司党支部	1987.09.21	1988.09.21
8	翁礼文	男	1969.04.21	—	销售公司党支部	1990.05.21	1991.05.21
9	刘建新	男	1963.10.14	—	后勤党支部	1992.08.22	1993.08.22
10	吴爱军	男	1971.12.08	总支委员	后勤党支部	1995.06.29	1996.06.29
11	金林军	男	1973.03.04	—	销售公司党支部	1996.07.01	1997.07.01
12	陆荣宝	男	1966.12.26	—	吉华江东党支部	1997.06.17	1998.06.17
13	杨国友	男	1966.10.23	—	创丽公司党支部	1997.07.01	1998.06.17
14	蒲光俊	男	1970.12.30	—	创丽公司党支部	2000.06.20	2001.06.20
15	钱伯林	男	1962.03.08	—	后勤党支部	2000.07.01	2001.07.01
16	陈小勇	男	1965.01.16	—	后勤党支部	2001.03.20	2002.03.20
17	周火良	男	1972.02.12	总支委员	后勤党支部	2001.06.20	2002.06.20
18	陈瑞高	男	1970.09.01	—	销售公司党支部	2002.06.01	2003.06.21
19	商李金	男	1982.04.26	—	后勤党支部	2003.04.01	2004.04.01

续表 3-2

序号	姓名	性别	出生年月	党内职务	支　部	入党时间	转正时间
20	方水平	男	1968.01.18	—	销售公司党支部	2003.06.12	2004.06.23
21	缪利海	男	1977.03.03	—	吉华江东党支部	2005.06.30	2006.06.30
22	沈迪利	男	1986.01.13	—	后勤党支部	2006.06.05	2007.06.04
23	朱晓飞	女	1975.06.26	支部书记	后勤党支部	2006.06.25	2007.06.24
24	龚天方	男	1984.04.10	—	后勤党支部	2006.10.19	2007.10.19
25	汤月红	女	1985.05.24	—	进出口公司党支部	2006.12.22	2007.12.12
26	王齐兵	男	1987.07.08	支部书记	进出口公司党支部	2007.01.04	2008.01.04
27	张颖辉	女	1985.01.12	—	后勤党支部	2007.05.30	2008.05.29
28	陈文忠	男	1969.07.09	—	后勤党支部	2007.06.22	2008.06.22
29	刘海龙	男	1988.03.27	—	吉华高分子党支部	2007.07.01	2008.07.01
30	沈钊明	男	1963.09.19	—	吉华江东党支部	2008.06.21	2009.06.21
31	沈建芬	女	1975.03.11	—	销售公司党支部	2008.06.21	2009.06.21
32	杨玉米	女	1979.09.15	—	创丽公司党支部	2008.06.21	2009.06.21
33	丁丹红	女	1979.04.18	—	销售公司党支部	2008.06.22	2009.06.22
34	周静侃	男	1984.11.27	支部书记	吉华高分子党支部	2008.06.30	2009.06.30
35	陈　利	男	1976.12.01	—	吉华高分子党支部	2008.12.04	2009.12.04
36	田　华	男	1982.10.21	—	吉华江东党支部	2009.02.20	2010.02.20
37	戴红丹	女	1987.11.10	—	进出口公司党支部	2009.05.08	2010.05.08
38	俞红芳	女	1972.11.21	—	销售公司党支部	2009.06.19	2010.06.19
39	杨春梅	女	1978.02.27	—	吉华江东党支部	2009.06.19	2010.06.19
40	王　江	男	1987.12.12	—	吉华江东党支部	2009.12.11	2010.12.11
41	钱　涛	男	1980.03.31	—	吉华高分子党支部	2010.04.13	2011.04.13
42	张叶青	男	1988.11.15	支部书记	吉华江东党支部	2010.05.01	2011.05.01
43	付双钦	男	1989.10.31	—	吉华高分子党支部	2010.07.01	2011.07.01
44	黄雅萍	女	1974.06.01	—	吉华高分子党支部	2010.08.12	2011.08.12
45	汪晓琳	女	1990.02.07	—	创丽公司党支部	2011.05.11	2012.05.11
46	陈美芬	女	1963.09.05	—	后勤党支部	2011.06.17	2012.06.17
47	朱建龙	男	1974.10.27	—	吉华江东党支部	2011.06.17	2012.06.17
48	陆洪汇	男	1975.03.30	—	吉华江东党支部	2011.06.17	2012.06.17
49	张　敏	女	1992.07.25	—	创丽公司党支部	2012.06.25	2013.06.25

续表 3-2

序号	姓名	性别	出生年月	党内职务	支　部	入党时间	转正时间
50	王妙琴	女	1966.06.07	—	销售公司党支部	2012.09.29	2013.09.29
51	李月根	男	1969.09.05	—	吉华江东党支部	2012.09.29	2013.09.29
52	俞兰芳	女	1977.10.04	—	进出口公司党支部	2012.09.29	2013.09.29
53	汪惠芳	女	1977.10.24	—	进出口公司党支部	2012.09.29	2013.09.29
54	唐冬香	女	1982.10.13	—	吉华江东党支部	2012.09.29	2013.09.29
55	张　燕	女	1991.10.18	—	进出口公司党支部	2014.11.05	2015.11.05
56	章柏焕	男	1971.11.15	—	销售公司党支部	2016.06.25	2017.06.25
57	陈红红	女	1977.08.29	—	吉华江东党支部	2016.11.24	2017.12.15
58	胡惠素	女	1968.07.12	—	后勤党支部	2017.10.25	2018.10.25
59	俞国军	男	1969.08.09	—	创丽公司党支部	2017.10.25	2018.10.25
60	徐培良	男	1969.11.18	—	销售公司党支部	2017.10.25	2018.10.25
61	俞小园	男	1973.09.17	—	进出口公司党支部	2018.10.25	2019.10.25
62	詹云雷	男	1983.06.10	—	后勤党支部	2018.10.25	2019.10.25
63	单　波	男	1983.07.08	—	销售公司党支部	2018.10.25	2019.10.25
64	王建财	男	1972.01.08	—	吉华江东党支部	2019.10.25	2020.10.25
65	魏海燕	女	1983.01.28	—	进出口公司党支部	2019.10.25	2020.10.25
66	许　莉	女	1983.03.25	—	进出口公司党支部	2019.10.25	2020.10.25
67	冯英娣	女	1982.11.10	—	进出口公司党支部	2020.06.25	2021.06.25
68	郑东平	男	1973.11.03	—	后勤党支部	2021.05.25	2022.05.25
69	刘锦强	男	1974.04.01	—	吉华江东党支部	2021.05.25	2022.05.25
70	胡兴旭	男	1978.09.29	—	后勤党支部	2021.05.25	2022.05.25
71	庞友谊	男	1978.11.22	支部书记	创丽公司党支部	2021.05.25	2022.05.25
72	徐晓莉	女	1982.07.07	—	吉华高分子党支部	2021.05.25	2022.05.25
73	朱小红	女	1983.10.10	—	吉华江东党支部	2021.05.25	2022.05.25
74	郑　容	女	1988.01.15	—	吉华江东党支部	2021.05.25	2022.05.25
75	陈　晨	男	1988.04.17	—	吉华江东党支部	2021.05.25	2022.05.25
76	俞林荣	男	1989.01.10	—	吉华江东党支部	2021.05.25	2022.05.25
77	潘观军	男	1990.06.07	—	进出口公司党支部	2021.05.25	2022.05.25
78	朱　磊	男	1992.03.08	—	吉华高分子党支部	2021.05.25	2022.05.25
79	邵飞翔	男	1992.11.30	—	吉华江东党支部	2021.05.25	2022.05.25
80	富华栋	男	1993.11.03	—	后勤党支部	2022.07.01	2023.07.01

二、思想建设

吉华集团党组织始终重视思想建设工作，对党员不断加强教育，保持共产党员的先进性，充分发挥党支部的战斗堡垒作用和党员的先锋模范作用。

1.“双争双评”活动

1990 年 7 月，根据中共萧山市委和红山农场党委统一部署，企业党支部成立党的基本路线教育领导小组，邵伯金任组长，按照基本路线教育工作和党支部目标管理要求，制定“双争双评”（争创先进党支部、争做优秀党员，民主评议党员、民主评议支部）活动规划和党员民主考察细则。对每个党员的思想、工作、作风等方面进行了民主评议。共评出优秀党员 9 名，无不合格党员。组织党员重温入党誓词，模范执行党的纪律，国家法律、法规和企业的各项规章制度，始终保持党组织的先进性和纯洁性。

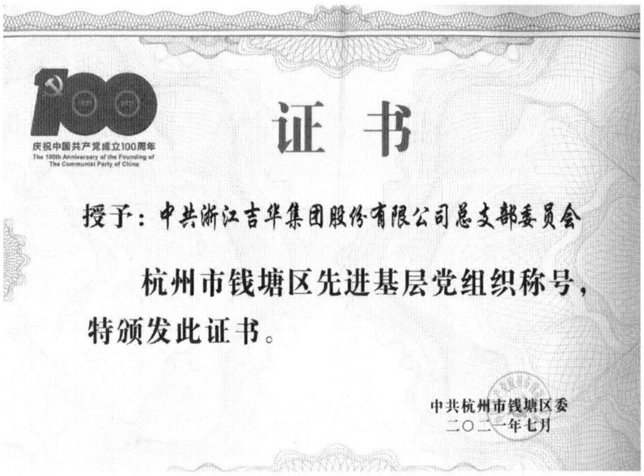

图 3-2　2021 年 7 月，吉华集团党总支获先进基层党组织称号

在“双争双评”活动中，企业党支部从 1990 年始，多年被评为红山农场先进党支部（党总支），还多次被评为县（市、区）级先进党支部（党总支）；邵伯金、杨泉明、周火良、陈美芬、朱晓飞、缪利海等多次被评为党员积极分子。

2.“三个代表”重要思想学习活动

2002 年 12 月，为深入学习贯彻中共十六大精神，党支部根据《中共中央关于在全党兴起学习贯彻“三个代表”重要思想新高潮的通知》精神要求，结合企业实际，在全体党员中开展学习贯彻“三个代表”重要思想活动。

党支部领导以高度的政治责任感、崇高的历史使命感带头学习、贯彻、落实，切实做到真学、真懂、真信、真用，成为学以致用、勇于探索、善于思考、敢于实践的模范，在掀起学习“三个代表”重要思想新高潮中起到模范作用。

同时，切实抓好干部员工的学习教育，不断激发广大员工建功立业的热情，党员干部认真学习中共十六大报告、党章及“三个代表”重要思想。采取丰富多彩的形式开展主题教育活动，真正使“三个代表”重要思想深入人心。

党支部根据各车间、部门实际和不同工种岗位设立“共产党员先锋岗”，制定规范标准，统一制作标志，增强党员的光荣感、责任感和使命感。要求在岗党员模范执行党的各项路线、方针、政策和国家的有关法律、法规，敬业爱岗，自觉遵守职业道德，倡导创业精神，积极参与企业的经济建设和争创文明单位活动，提高员工凝聚力和向心力，引导员工树立“岗位靠竞争，收入靠贡献”的思想观念，进一步激发员工热爱社会主义、热爱企业的自觉性，增强员工的责任感、危机感和使命感。

3. 保持共产党员先进性教育活动

2004 年 11 月，根据上级的部署和要求，吉华集团党总支在全体党员中广泛深入地开展了“保持共产党员先进性教育”活动，达到萧山区委提出的“增强工作原动力、增强党员感召力、增强组织凝聚力和增强经济跃升力”要求。

图 3-3 2021 年 6 月，赴缙云县进行七一主题党日活动

2010 年 7 月，党总支成立了教育活动工作领导小组，并制定了相应的教育活动计划，做到有组织、有计划、有步骤，分工合理、任务到岗、责任到人，努力把教育活动开展好。组织党员参加萧山区委和红山农场党委、临江工业园区党工委“保持共产党员先进性教育活动”动员大会，认真组织学习《保持共产党员先进性教育读本》中的相关内容。通过动员学习，增强党员对先进性教育活动重要性的认识和搞好教育活动的紧迫感、责任感，激发党员自我教育、自我改进、自我提高的内在动力。在活动中，组织党员认真学习贯彻中共十六大精神，增强贯彻科学发展观的自觉性和坚定性，从我做起，从现在做起，从每一项工作做起，实现教育、发展“两不误、两促进”的良性互动，确保企业经济建设健康快速发展。

4. “不忘初心、牢记使命”主题教育活动

2019 年 6 月开始，在全党自上而下开展“不忘初心、牢记使命”主题教育，用党的创新理论武装头脑，推动全党更加自觉地为实现新时代党的历史使命不懈奋斗。吉华集团党总支切实落实“不忘初心、牢记使命”主题教育，结合企业发展历史，回顾

建厂初期的创业阶段，共产党员吃苦在前，不计报酬，脚踏实地，艰苦奋斗，发扬“千方百计、千山万水、千言万语、千辛万苦”的精神，在企业的现代化建设中，要求广大共产党员更要身先士卒，带头学习，提高自己的文化知识和技术水平，搞技术革新，搞创造发明，为企业的发展作出贡献。通过深入扎实开展“不忘初心、牢记使命”主题教育，没有一个党员因犯错误而受到党纪政纪处分。

5. 中国共产党百年华诞学习活动

2021 年，是中国共产党成立 100 周年华诞。吉华集团党总支组织 40 名党员到宁波镇海参观海防历史纪念馆和商贸重镇的海上“丝绸之路”始发港，让大家感受历史，学习革命先辈不屈不挠的奋斗精神。通过“红色之旅”，全体党员受到了深刻的爱国主义教育，增强了使命感和责任感，也增强了各支部的凝聚力和团队意识，给每位党员留下了美好而难忘的记忆。

每月不管是党员固定学习日，还是不定期学习活动日，党组织形成一片气势，从上到下、以点带面，从纵到横，不断学习、交流，全体党员始终不忘提升自身学习，增强党性修养。

图 3-4　吉华集团党组织荣誉墙（2022 年 12 月摄）

三、制度建设

2009 年 2 月，吉华集团党总支制定《党组织管理制度》，特别对管理内容和要求方面作了详尽的规定，经过两年的运行，于 2011 年 5 月进行了修改，2019 年 6 月再次进行修改，对管理内容和要求的 8 个方面的主要任务和基本要求作了规定（附《党组织管理制度》）。

同时又依据《中国共产党章程》有关规定，制定了《党支部考核细则》，就管理职责、管理内容和要求分别作出相应规定，对支部活动开展、党员发展、党籍管理、作用发挥、宣传工作、经费使用、智慧党建 7 项内容进行考核，并按时对各党员考核情况进行综合、总结。

附录：

党组织管理制度

一、目的

为加强和推进集团党组织建设和管理，依据党章有关规定，特制定本制度。

二、适用范围

本制度适用于企业各级党的组织建设和党员管理，亦适用于党员干部队伍的建设及管理。

三、管理职责

（1）党建工作由集团总支书记主持，集团总支副书记分管，集团综合办负责具体工作实施和检查落实。

（2）各支部负责组织贯彻落实。

（3）党总支办事机构设在综合办。

四、管理内容和要求

（1）加强党组织班子建设

主要任务

坚持讲学习、讲政治、讲正气，拥护和执行党的路线方针政策，在政治上同党中央保持一致，开展批评和自我批评，维护好党内团结，同错误倾向作斗争。

坚持民主集中制原则，组织工作制度健全，分工明确，互相支持，团结协作，形成合力，坚持重大问题集体讨论决定。

党总支委会、支委会一班人勤政实干，具有合理的文化、年龄、业务结构，事业心强，作风正派，群众拥护，能解决自身问题。

坚持党的群众路线，以身作则，不谋私利，遵守党纪国法，维护群众的合法权益。

基本要求

坚持学习制度，学习政治理论和党的路线方针政策，学习党的基本知识，学习科学文化和业务知识，总支、各支部党、政、工、团负责人根据党总支当月工作意见组织学习。

坚持民主生活会制度。开展批评与自我批评，针对存在的问题，及时整改，以对本部门的党员干部进行有效管理和监督。集团党政领导每年开一次民主生活会，各支部党政干部每年开二次民主生活会。

坚持定期向上级党组织和本部门党员报告工作制度，接受党员、群众的评议和监督，切实保障党员的民主权利。

坚持总支委会及支委会工作制度。日常工作、议事、学习、党内生活等方面的规章制度健全和落实。

坚持按期换届选举制度。三至四年改选一次，委员缺额及时增补。

（2）严格党内生活制度

主要任务

严格党内生活制度是增强党员组织观念，提高党员思想政治素质的重要保证。党组织应健全并坚持以下党内生活制度：

三会一课制度。支部党员大会每半年召开一次，支委会和党小组会每三月一次，党课每半年一次。

党员汇报制度。党员每年应将执行党组织的决议和本人的思想、工作、学习及做群众工作等情况向党小组或党支部作一次书面汇报。

民主评议党员制度。党支部每年对党员的表现情况进行一次分析，每年进行一次民主评议党员，向上级党组织推荐表彰优秀党员；严肃处置不合格党员。

基本要求

加强教育，引导党员充分认识加强党内制度建设的重要意义，提高党员积极参加党内生活的自觉性。

采取多种方法，努力解决影响流动分散的党员参加党员生活的问题。

（3）搞好党员教育

主要任务

紧紧围绕集团的生产经营目标，努力贯彻落实党章对党员的要求，全面提高党员的思想政治素质，充分发挥党员在集团改革和生产经营中的先锋模范作用。

用邓小平理论和“三个代表”重要思想武装党员的头脑，教育党员树立无产阶级的世界观、人生观、价值观，坚定共产主义理想和中国特色社会主义信念，自觉抵制资产阶级腐朽思想和封建主义思想的侵蚀，防腐拒变，保持先进性。

联系实际学习党章，教育党员增强党性，明确权利义务，用党章规范言行，真正做到在思想上入党。

组织党员学习科学文化和业务知识，帮助党员提高思想政治、科学文化和业务素质，增强为人民服务的本领，成为各自工作领域的带头人。

基本要求

根据不同时期党的中心工作和形势任务，确定党员教育的内容和主题，提出学习要求和重点，增强党员教育的针对性。

坚持集中培训和分散自学相结合，采取各种学习教育方式，企业的重大问题党员必须知晓，积极参加讨论，增强教育的有效性。

培养和树立党员干部中的先进典型，搞好舆论宣传，运用先进事迹激励党员。

加强阵地建设，充分运用电化教育等现代化手段，发挥宣传教育作用。

（4）加强党员管理

主要任务

按照党章和党内生活有关规定，要求党员认真执行党的决议，忠实履行党员义务，正确行使党员权利，自觉遵守党的纪律，发挥先锋模范作用。

督促党员自觉参加组织生活，完成党组织交给的任务，按期按规定交纳党费，接受党组织的教育和培训；根据党员工作、学习和生活的实际，对党员进行监督、审查和鉴定。特别要加强对党员干部的监督，党员领导干部无论职位高低，都要以普通党员的身份参加党的组织生活，自觉接受党组织和党员的监督。

针对流动、分散、出差多等情况，努力改进党员管理办法，使每年党员都处在党组织的有效管理之中。

努力探索和建立与社会主义市场经济相适应的党员管理制度。做到组织管理和思想教育相结合，管理与服务相结合，继承有效管理方法与创造新的管理方法相结合。

基本要求

加大党员管理的力度，消除有群众无党员、有党的组织无正常活动等现象，夯实党员管理基础。

加强流动党员管理。分析和掌握流动党员的思想动态，积极探索加强流动党员管理的有效途径和方法。

做好待岗党员的管理工作。启发党员在困境中自强不息，要求党员积极参加党组织的活动，帮助党员提高就业技能，使之尽快走上新的就业岗位。

改进对老弱病残党员的管理工作。根据老弱病残党员的实际情况，探索有效的管理形式和方法。对生活不能自理经党总支批准不参加组织生活的党员，党支部要上门予以关心。

根据有关规定，认真做好党员管理的经常性基础性工作。及时按规定办理转移党员组织关系的手续，加强对党员党籍和流动党员活动证的管理工作。严格按规定做好党费收缴、管理、使用及党内统计工作。

（5）维护和执行党的纪律

主要任务

严格遵守党章，维护党的纪律，坚持在政治上和党中央保持一致，保证党的路线、方针、政策和决议在本集团的贯彻执行。

抓好党员日常纪律教育，提高党员思想觉悟，增强党性修养，促进党风廉政建设。

加强党风廉政建设责任制，严肃党纪政纪，惩处违法违纪人员。

严格执行党纪国法和企业制度规定，积极配合党总支对有关人员违纪案件的查处工作。

基本要求

根据上级党委、纪委要求，结合形势任务，针对党员思想状况，确定党纪教育内容和主题，提高党员整体素质，推进党风廉政建设。

强化党的监督职能，检查了解党员特别是党员领导干部遵纪守法情况，按程序对严重违反纪律的党员进行纪律处分。

高度重视并切实做好信访、举报、控告、申诉等工作，正确处理人民内部矛盾，及时发现和反馈各种违纪问题。

主动协助有关职能部门做好企业经济监督和效能监察工作，预防和杜绝各种损害企业利益事件的发生，确保企业生产经营健康稳步进行。

（6）积极慎重地做好发展党员工作

主要任务

贯彻落实“坚持标准、保证质量、改善结构、慎重发展”的方针，有领导、有步骤地做好发展党员工作。正确处理好发展党员工作中数量与质量、重点与一般、培养与吸收等关系。

把握“一线、一流、青年”的发展重点，改善党员队伍结构。

建设一支数量充足、质量较高、结构合理的入党积极分子队伍。

严格履行入党手续，把握发展党员工作中培训、政审、考察、审批、转正等各个环节，积极探索建立党员工作的质量保证体系。

基本要求

按照上级党组织关于发展党员的指导性意见，提出本支部发展党员工作的要求并依实际情况付诸实施。

加强对入党积极分子的培养教育工作。每半年对入党积极分子进行一次考察、分析，并及时向入党积极分子反馈情况，指出不足、提出要求。帮助入党积极分子（发展对象）、预备党员在实际工作的锻炼和考验中，端正入党的动机。

拓展发展党员的工作面。努力消除“空白”班组，壮大党的力量。严格把好发展党员工作的各个环节，防止入党手续不完备的人进入党的队伍。

帮助和指导工会、共青团等群众组织开展推荐优秀团员和各类先进模范作为党的发展对象的工作，指导共青团组织开展青年“学理论、学党章”活动，不断扩大申请入党人和入党积极分子队伍。

保持入党积极分子培养、教育、考察工作的连续性，及时做好单位、部门之间在发展党员和预备党员流动后转正等工作的衔接。

（7）加强对集团工会、共青团、妇联等群众组织的领导和指导

主要任务

对同级工会、共青团、妇联等群众组织实行领导。

发挥工会、共青团、妇联等群众组织中党员的先锋模范作用，密切与群众的联系。指导和帮助这些组织根据各自的章程和工作条例开展活动。

基本要求

定期听取群众组织的工作汇报，讨论研究群众组织工作中的重大问题，协调好群众组织之间、群众组织与其他组织的关系。

加强对群众组织干部的培养教育，建设一支坚持党的基本路线，熟悉本职业务，受到群众信赖的群众组织干部队伍。

支持群众组织依照法律和各自的章程独立自主地开展工作，帮助他们解决工作中的实际问题，为他们开展工作创造条件，使群众工作开展得更活跃，更有吸引力，更好地体现党的主张。

针对企业改制和改革，依靠群众组织积极探索落实新途径和新方法，做到政治上保证、制度上落实、素质上提高、权益上维护。

增强党在社会团体、群众组织中的影响力和渗透力，多渠道地开展党的工作。引导群众从事文明健康、积极向上的活动。

（8）对党群兼职干部的管理

主要任务

坚持党管干部的原则。党群兼职干部的提拔、任免、奖惩要走群众路线，经过集团综合办会同人力资源部考核推荐，由集团党政联席会议集体讨论决定。

党群干部是集团的兼职干部队伍，兼职从事党群工作的职务应与其技术、管理职务原则上基本等同。

不断加强党群兼职干部队伍的思想作风和工作作风建设，通过多种渠道对党群干部进行业务培训，不断提高他们的专业文化水平和工作能力。

要切实加强对党群兼职干部的管理，切实搞好党风并按实绩进行考核。要诚信地履行对企业的承诺。对企业不忠，对工作不负责的要及时予以调整。

具体要求

坚持实事求是。深入调查研究，从企业的实际出发，贯彻党的方针、政策和上级的指示、决议，及时总结经验，不断研究新情况、解决新问题。

坚持群众路线，充分发扬民主，全心全意依靠职工群众办好企业。

坚持高标准、高效率。党员干部要发扬对企业和员工高度负责的精神，自觉地执行各项规章制度，大胆工作，讲究实效。

要绝对忠诚于企业，以身作则，廉洁奉公，坚决抵制各种不良倾向。

五、附则

（1）本制度由集团综合办负责检查、考核。

（2）本制度由集团综合办负责解释，本制度经党总支书记批准后实施。

（资料来源：吉华集团《规章制度汇编》）

第二节　行政管理

自20世纪80年代中期组建萧山聚氨酯泡沫厂以来，企业一直致力于优化与完善行政领导班子的建设，历任领导班子成员严格要求自己，认真履职，为集团的发展作出了卓越贡献。现将各个时期的分管负责人、厂长、副厂长；有限责任公司董事长、副董事长、总经理、副总经理；集团总裁、副总裁、总监及其中层管理者收录入志。

1985—2022 年集团各个时期行政负责人一览表

表 3-3

职务	姓名	任职时间
一、萧山聚氨酯泡沫厂		
场分管负责人	章成俊	1986.05—1988.02
厂　长	徐春田	1988.02—1989.01
副厂长	寿正林	1986.05—1989.01
	滕木泉	1986.05—1986.12
二、萧山模具塑料厂 （萧山聚氨酯泡沫厂与萧山模具塑料厂合并，实行“一套班子、两块牌子”）		
厂　长	胡林荣	1989.01—1990.12
副厂长	陈金然	1989.01—1989.11
	寿正林	1989.01—1990.12
	杨乃勇	1989.01—1990.12
	庞明良	1989.01—1990.12
三、萧山聚氨酯泡沫厂 （萧山模具塑料厂与萧山聚氨酯泡沫厂分设）		
厂　长	滕木泉	1990.12—1991.08
四、吉化萧山联营染料厂 （吉化萧山联营染料厂与萧山聚氨酯泡沫厂实行“一套班子、两块牌子”）		
董事长	朱瑞炳	1991.05—1998.02
副董事长	孙贵荣	1991.05—1991.10
	张克恭	1991.10—1993.04
	薛祖行	1993.04—1995.01
	洪　威	1995.01—1997.07
厂　长	邵伯金	1991.09—1998.02

续表 3-3

职务	姓名	任职时间
副厂长	於印章	1991.05—1993.02
	滕木泉	1991.10—1995.02
	徐春田	1991.10—1998.02
	徐建初	1991.08—1993.02
	韩　钝	1993.03—1997.07
	费向远	1995.03—1996.02
	徐远程	1996.03—1998.02
	张小康	1997.01—1998.02
五、杭州吉华化工有限公司		
董事长	邵伯金	1998.02—2004.07
副董事长	张小康	1998.02—2002.12
	徐建初	1998.02—2004.07
	徐金法	2002.12—2004.07
总经理	邵伯金	1998.02—2004.07
副总经理	徐春田	1998.02—2002.01
	张小康	1998.02—2001.06
	徐远程	1998.02—2004.07
	杨泉明	2001.05—2004.07
总工程师	万超生	2001.08—2004.07
六、浙江吉华集团有限公司、浙江吉华集团股份有限公司		
董事长	邵伯金	2004.07—2021.12
副董事长	徐建初	2004.07—2021.12
总经理	邵伯金	2004.07—2008.03
常务副总经理	杨泉明	2004.07—2008.03
副总经理	徐远程	2004.07—2008.03
	庞明良	2004.07—2007.07

续表 3-3

职务	姓名	任职时间
副总经理	周火良	2004.07—2008.03
	陈才良	2005.08—2007.07
董事长	邵　辉	2022.01—
副董事长	杨泉明	2022.01—
董　秘	戴洪刚	2011.03—2012.01
	殷　健	2012.02—
总　裁	邵伯金	2008.03—2010.12
	杨泉明	2011.01—2021.12
	吴爱军	2022.01—
副总裁	杨泉明	2008.03—2010.12
	徐远程	2008.03—2010.12
	陈小勇	2007.07—2021.12
	刘建新	2010.04—2018.12
	应海军	2011.01—2014.10
	周火良	2011.01—
	戴洪刚	2011.03—2017.10
	谢飞红	2015.02—2018.08
	邵　辉	2014.11—2020.12
	简　卫	2015.03—2016.04
	吴爱军	2018.08—2021.12
总工程师	万超生	2004.07—2005.04
	简　卫	2005.08—2016.04
	孙岩峰	2016.02—
顾　问	徐远程	2011.01—2015.12
总裁助理	陈文忠	2012.12—
江苏区总监	陈小勇	2008.03—2021.12（兼）
	周火良	2022.02—（兼）

续表 3-3

职务	姓名	任职时间
市场总监	杨泉明	2008.03—2010.12（兼）
	应海军	2011.01—2014.10（兼）
	邵　辉	2014.11—2020.02（兼）
	单　波	2020.02—
生产总监	周火良	2008.03—（兼）
行政总监	徐远程	2008.03—2010.12（兼）
技术总监	简　卫	2008.03—2010.12（兼）
财务总监	姜宇林	2008.03—2009.12
	杨泉明	2010.05—2011.12（兼）
	金小英	2012.02—2015.12
	赵志伟	2016.04—2017.12
	张颖辉	2018.02—
财务顾问	金小英	2016.02—2017.08
工程总监	刘建新	2011.01—2017.12（兼）
	陈治辉	2018.02—
安全环保总监	陈文忠	2022.02—（兼）
首席安全官	刘建新	2019.02—2022.12

七、中层管理者

（一）萧山聚氨酯泡沫厂

供应负责人	宋晶艳	1986.05—1987.01
销售负责人	金建华	1987.01—1989.05
供销科科长	杨再生	1991.01—1995.01
生技负责人	陈建东	1986.05—1987.01
生技负责人	汪国良	1987.01—1989.05
车间负责人	戚明松	1986.06—1988.03
	李洲松	1986.06—1988.03

续表 3-3

职务	姓名	任职时间
车间负责人	袁其富	1989.02—1990.01
	马文虎	1990.02—1990.08

（二）吉化萧山联营染料厂／杭州吉华化工有限公司

技术中心主任	邵伯金	1999.10—2004.07（兼）
技术中心副主任	陈美芬	1999.10—2004.07
副总工程师	周龙珠	1996.04—1999.05
	李渭诚	1999.05—1999.12
	孙贵荣	1999.10—2001.09
	王恩柱	1999.10—2000.12
总师办主任	陈美芬	1999.05—2007.07（兼质检科科长）
总师办副主任	朱建龙	2001.05—2004.07
研究所所长	曾维新	1999.10—2005.11
研究所副所长	陆洪汇	2002.01—2004.07
应用部主任	谷家宝	1999.10—2004.07（副科级）
办公室主任	杨泉明	1997.01—1998.07
	张小康	1998.07—2002.06（兼）
	陈文忠	2002.06—2008.03
办公室副主任	寿正林	1991.01—1996.12
	陈小勇	1996.12—1997.02（主持工作）
	王浩良	1997.08—1999.11
	陆荣宝	1999.12—2008.03
	邵　辉	2002.12—2004.10
企管科副科长	陈小勇	1997.02—2004.07（兼安环科副科长）
财务科科长	费向远	1995.01—1996.02（兼）
	张小康	2000.07—2001.07（兼）
	金小英	2001.07—2004.07
财务科副科长	金小英	2000.07—2001.07

续表 3-3

职务	姓名	任职时间
财务科副科长	王德富	2000.07—2003.01（兼一分厂会计）
	沈海燕	2008.03—2009.02
设备科科长	杨玉生	1998.02—2004.07
设备科副科长	朱国祥	1996.12—2003.08（主持）
销售科科长	杨再生	1995.02—2004.07
销售科副科长	应海军	1996.04—2002.07（主管外贸）
供销科科长	滕木泉	1993.07—1995.02（兼）
	汪亚铭	2001.07—2004.01
供销公司经理	张连木	1997.02—2001.06
生产计划科科长	张小康	2002.12—2003.10（兼）
生产科科长	张小康	1995.01—1996.02
	庞明良	1997.02—1997.08
生产科副科长	袁其富	1996.05—1997.02
生技科科长	韩　钝	1993.03—1996.02（兼）
	张小康	1996.02—1997.02（兼）
	杨国友	2002.01—2008.03
生技科副科长	杨玉生	1993.07—1994.12
	沈钊明	1996.02—1996.12
	陆荣宝	1996.12—1997.02
质检科科长	陈美芬	1997.08—2004.07
质检科副科长	陈美芬	1996.02—1997.08（主持工作）
	王志芬	1997.08—2004.07
	韩国贤	1997.08—2004.07（主持工作）
	胡惠素	2004.07—2007.12（二分厂主持工作）
	王志芬	2004.07—2008.03（三分厂主持工作）
进出口公司副经理	舒景林	2002.12—2004.07（副科级）
喷墨项目办主任	冯仁荣	2002.12—2004.07（正科级）
一分厂厂长	徐春田	1998.02—2001.05（兼）

续表 3-3

职务	姓名	任职时间
一分厂副厂长	杨国友	2001.06—2002.01（主持工作）
	庞明良	2002.01—2008.03（主持工作）
101 车间主任	杨国友	1995.09—2001.06
	王勤伟	2001.07—2008.03
101 车间副主任	杨国友	1991.09—1995.09
	王勤伟	1996.07—2001.07
	王勤伟	2002.01—2003.10
二分厂厂长	徐远程	1998.02—2004.07（兼）
	陈才良	2004.07—2005.08（兼）
	周火良	2008.03—2009.02（兼）
二分厂副厂长	庞明良	1997.08—2002.01
	陈才良	2002.01—2004.07（兼）
	朱国祥	2004.01—2008.03
203 车间主任	庞明良	1991.07—1995.01
	陆荣宝	1995.01—1996.12
	沈钊明	1996.12—2004.07
	胡柏忠	1998.02—2001.05
203 车间副主任	陆荣宝	1993.07—1995.01
	周龙珠	1993.07—1995.01
	朱文军	1996.12—1998.02
	胡柏忠	1997.08—1998.02
	邵金瑞	1998.02—2008.03
	寿正潮	2001.09—2006.03
	冯沛龙	2002.12—2008.03
	冯沛龙	2008.03—2009.02（主持工作）
	汪水根	2008.03—2009.02
204 车间主任	庞明良	1995.01—1997.02
	周火良	1997.02—2001.05

续表 3-3

职务	姓名	任职时间
204 车间主任	邵伯万	2001.05—2002.12
204 车间副主任	周龙珠	1995.01—1996.04
	周火良	1996.02—1997.02
	蔡来生	1997.08—2001.07
	张军成	1999.10—2008.03
	冯金伟	2002.12—2006.03
	张军成	2008.03—2009.02
205 车间主任	袁其富	1993.09—1996.05
	罗庆华	1996.05—1997.02
	陈才良	1997.02—2002.01
	王惠乔	2002.01—2005.08
205 车间副主任	陈才良	1995.01—1997.02
	孙苗兴	1997.08—2001.06
	王惠乔	2001.06—2002.01
	毕国军	2002.12—2008.03
	周海军	2005.08—2006.03（主持工作）
207 车间副主任	韩　锋	2003.10—2006.03（主持工作）
三分厂厂长	张小康	1998.02—1998.07
	杨泉明	1998.07—2001.06
	周火良	2001.05—2009.02
三分厂副厂长	袁其富	1997.08—2001.07
	徐江勇	2001.07—2006.03
310 车间主任	陆荣宝	1997.08—1998.08
	胡柏忠	2001.05—2003.10
310 车间副主任	寿正潮	1997.08—2001.09
	邵金瑞	1997.11—1998.02
	汪水根	2003.10—2008.03（主持工作）
311 车间主任	罗庆华	1997.08—1997.11

续表 3-3

职务	姓名	任职时间
311 车间主任	周火良	1999.10—2001.06
	蔡来生	2001.05—2008.03
311 车间副主任	王惠乔	1997.08—1997.11
	陶燕青	1997.11—1998.04
	张军成	1998.10—1999.10
	陶燕青	1999.10—2001.07
	罗庆华	1999.10—2004.07
	罗庆华	2005.08—2008.03
312 车间主任	陆荣宝	1998.08—1999.12
	陈观松	2003.01—2008.03
312 车间副主任	张军成	1997.08—1998.10
	沈信常	1997.11—2000.01
	陈观松	1997.11—2003.01
	陶燕青	2001.07—2003.10
	茹国海	2004.07—2006.03
313 车间主任	沈钊明	2004.07—2008.03（兼）
313 车间副主任	黄小于	1997.08—1999.12（主持工作）
314、315 车间主任	罗庆华	1997.11—1999.10
314 车间副主任	邵伯万	1997.08—1997.11（主持工作）
	俞云锁	2003.10—2008.03（主持工作）
315 副主任	周海军	2002.06—2004.07（主持工作）
	缪利海	2002.06—2004.07
317 车间主任	邵伯万	1997.11—2001.05
317 副主任	王惠乔	1997.11—2001.06
	徐江勇	1997.11—2001.07
318 车间副主任	陶燕青	1999.09—1999.10

续表 3-3

职务	姓名	任职时间
（三）浙江吉华集团有限公司、浙江吉华集团股份有限公司		
总经理助理	陈小勇	2004.07—2007.07（副厂级）
	吕维林	2009.02—2009.12
技术中心主任	万超生	2004.07—2005.04（兼）
	简　卫	2008.03—2014.12（兼）
	孙岩峰	2015.02—（兼）
常务副主任	陈美芬	2004.07—2011.12（兼质检部主任）
副主任	陆洪汇	2008.03—2009.11（副科级）
	孙岩峰	2012.06—2014.12
	陈美芬	2012.06—2019.12
总师办副主任	朱建龙	2004.07—2021.01（副科级）
研究所所长	简　卫	2004.07—2007.12（正科级）
	樊　军	2007.02—2008.05
副所长	陆洪汇	2004.07—2009.11
品管部经理	陈美芬	2008.03—2011.12（兼）
应用服务部主任	谷家宝	2004.07—2012.12（正科级）
应用服务部经理	陈美芬	2012.12—2015.12（兼）
	张彬浩	2018.02—2021.12
副经理	胡惠素	2008.03—
	张彬浩	2016.02—2017.12
	商李金	2018.02—
财务部经理	金小英	2004.07—2011.12
设备管理部主任	杨玉生	2004.07—2008.03
副主任	孙苗兴	2004.07—2008.02
	沈钊明	2004.07—2008.03
市场营销部主任	杨再生	2004.07—2008.03
销售公司经理	杨再生	2008.03—2012.12
	单　波	2014.11—2022.06

续表 3-3

职务	姓名	任职时间
副经理	杨再生	2012.12—2013.12
	单　波	2013.03—2014.10
	王齐兵	2018.02—
供应部经理	邵　辉	2004.10—2017.02
副经理	胡柏忠	2018.02—（主持工作）
	詹云雷	2015.02—
计划科副科长	胡　敏	2004.07—2006.12
	詹红艳	2007.02—2008.03
计划信息部副经理	詹红艳	2008.03—2014.12
	胡兴旭	2015.03—（兼）
生产部经理	杨玉生	2008.03—2011.12
副经理	李月根	2008.03—2011.12
安全环保部经理	陈文忠	2022.02—（兼）
副经理	陆荣宝	2008.03—
人力资源部经理	陈才良	2008.03—2012.11
	周火良	2012.12—2019.12（兼）
	吴爱军	2020.02—2021.12
副经理	朱晓飞	2014.01—
企管中心主任	陈才良	2009.02—2012.11
	周火良	2012.12—2019.12（兼）
	吴爱军	2020.02—2021.12（兼）
副主任	胡水波	2009.02—2009.12
副经理	胡兴旭	2009.09—
综合办主任	陈文忠	2004.07—2012.12
	陈文忠	2012.12—2022.12（兼）
	沈迪利	2023.02—
副主任	张军成	2011.01—
	吴学书	2013.03—2017.02

续表 3-3

职务	姓名	任职时间
副主任	沈迪利	2022.02—2022.12
审计部经理	姜宇林	2008.03—2009.12（兼）
	杨泉明	2010.05—2010.12（兼）
副经理	鲁　敏	2011.01—
结算中心经理	金小英	2008.03—2008.12（兼）
工程部经理	杨玉生	2012.05—2012.12
	陈治辉	2013.03—2014.04
副经理	陈治辉	2012.01—2012.12
	张叶青	2016.02—2020.12
	陶兰丰	2021.02—
证券事务代表	吴学书	2017.02—2018.12
	沈迪利	2019.02—
吉华房产总经理	邵伯万	2009.02—2011.12
进出口公司经理	应海军	2000.10—2011.01
	应海军	2011.01—2014.10（兼）
	邵　辉	2014.11—2015.02（兼）
	谢飞红	2015.02—2017.02（兼）
副经理	李永英	2018.02—（主持）
办公室副主任	丁　峰	2008.03—2014.04
	鲁　敏	2008.03—2010.12
财务科副科长	杨春梅	2008.03—2009.02
	沈海燕	2009.02—2010.12
业务一科科长	李永英	2008.03—2017.12
副科长	李永英	2004.10—2008.03
	高　忠	2019.02—
业务二科科长	张文娟	2008.03—2014.12
副科长	张文娟	2004.10—2008.03
	缪冬红	2016.02—

续表 3-3

职务	姓名	任职时间
业务三科科长	吕凤飞	2008.03—2018.12
副科长	许　莉	2019.02—
业务综合科科长	王齐兵	2016.02—2017.12
杭州创丽聚氨酯有限公司（杭州萧山吉华聚氨酯染化有限公司）		
总经理	庞明良	2008.03—2012.12
	殷　健	2015.02—2022.12
副总经理	杨国友	2001.06—2002.01
	庞明良	2012.12—2013.12
	殷　健	2014.01—2014.12
	庞友谊	2018.02—
供销科科长	汪亚铭	2001.07—2003.12
	殷　健	2006.03—2014.12
	庞友谊	2015.02—
财务副科长	俞尧忠	2008.03—2013.12
	沈海燕	2014.01—2015.12
	唐冬香	2016.02—
生技科科长	杨国友	2002.01—2020.12
副科长	庞友谊	2004.07—2004.12
101 车间主任	王勤伟	2001.07—2010.03
	杨国友	2010.05—2020.12（兼）
副主任	蒲光俊	2011.01—2022.12
	毛真春	2018.02—
102 车间主任	杨国友	2008.03—2010.12（兼）
杭州吉华高分子材料股份有限公司（杭州吉华高分子材料有限公司）		
董事长	杨泉明	2008.05—
总经理	刘海兵	2008.03—

续表 3-3

职务	姓名	任职时间
供销科科长	刘海兵	2008.03—2014.12（兼）
销售科副科长	许　锋	2014.02—
综合科副科长	周静侃	2014.02—
财务科副科长	沈海燕	2014.02—2015.12
	唐冬香	2016.02—2020.12
	徐晓莉	2021.02—
开发部经理	钱　涛	2018.02—
501 车间主任	秦　华	2014.02—
副主任	秦　华	2008.02—2013.12
杭州萧山染料化工有限公司		
总经理	邵伯万	2002.12—2003.08
	朱国祥	2003.08—2004.01
	张小康	2004.01—2005.01
	周火良	2005.02—2006.04
	徐远程	2006.04—2009.07
副总经理	茅伯先	2005.08—2008.03
车间主任	罗庆华	2004.07—2005.08
	茅伯先	2008.03—2009.02
副主任	高志云	2005.08—2007.02
杭州吉华江东化工有限公司		
总经理	邵伯万	2003.08—2009.02
	周火良	2009.02—2009.11
	邵　辉	2009.11—2014.12
	陈才良	2015.02—2020.12
	张叶青	2022.02—
常务副总经理	周火良	2009.11—2012.12

续表 3-3

职务	姓名	任职时间
常务副总经理	陈才良	2012.12—2014.12
	张叶青	2021.02—2021.12
副总经理	胡柏忠	2004.07—2008.03
	应海军	2004.07—2008.03（兼）
	胡柏忠	2008.03—2018.02
	胡柏忠	2008.07—2009.02（全面主持工作）
	朱建龙	2018.02—2021.01
	廖正修	2011.01—2012.12
	朱建龙	2008.07—2009.02
	盛学斌	2021.02—2021.12
	苑青青	2022.02—2022.12
安全总监	高尔方	2021.02—2022.07
副总工程师	朱建龙	2009.02—2017.12
办公室副主任	滕志林	2004.07—2008.12
	陆荣宝	2009.02—2010.12
财务科科长	杨春梅	2015.02—
副科长	唐冬香	2008.03—2009.02
	杨春梅	2009.02—2014.12
技术科科长	朱建龙	2007.02—2018.12（兼）
	陆洪汇	2021.02—
副科长	陆洪汇	2012.06—2012.12
	韩恩良	2019.02—
生产科长	胡柏忠	2003.07—2004.07
设备科科长	杨玉生	2008.03—2010.12（兼）
副科长	李月根	2011.01—2014.12
	易　聪	2020.02—（主持工作）
	倪建军	2014.11—
安全环保科科长	陆荣宝	2008.03—（兼）

续表 3-3

职务	姓名	任职时间
副科长	张军成	2009.03—2010.12
	李月根	2014.01—
	陈红红	2023.02—
质检科科长	韩国贤	2008.03—
副科长	韩国贤	2004.07—2008.03（主持工作）
	王志芬	2009.02—2018.07
人力资源科副科长	朱晓飞	2008.03—2013.12
601 车间主任	朱海江	2008.03—2009.02
	朱海江	2011.01—2019.01
	高　忠	2021.02—
副主任	朱海江	2004.07—2008.03（主持工作）
	朱海江	2009.02—2010.12（主持工作）
	冯沛龙	2009.02—2015.12
	汪水根	2009.02—2021.12
	邵金瑞	2008.03—2022.12
	高　忠	2019.02—2020.12（主持工作）
	陈观松	2022.02—
602 车间主任	缪利海	2008.03—（兼）
副主任	宋天涛	2011.01—2014.12
	黄邦膜	2008.03—2010.12
	冯沛龙	2016.02—2018.12
	王　凡	2022.02—
604 车间副主任	冯仁荣	2004.07—2005.08（副科级）
	俞云锁	2008.03—2013.12
605 车间主任	沈钊明	2008.03—2020.12
	李荔丹	2023.02—
副主任	汤闰新	2004.07—2008.03（主持工作）
	蒋金岳	2007.02—2009.07

续表 3-3

职务	姓名	任职时间
副主任	汤闰新	2008.03—2020.12
	李志强	2020.02—2020.12
	李荔丹	2021.02—2022.12
607 车间主任	陶燕青	2004.07—2008.03
	蔡来生	2008.03—2009.02
	蔡来生	2011.01—2019.12
副主任	金水明	2008.03—2013.12
	蔡来生	2009.02—2010.12（主持工作）
	张　强	2015.02—2019.12
	杨水年	2021.02—2022.12（主持工作）
608 车间主任	缪利海	2003.03—
副主任	宋天涛	2007.02—2010.12
	胡瑞峰	2015.02—
609 车间主任	陶燕青	2008.03—2022.12
副主任	周海军	2004.07—2005.08（主持工作）
	缪利海	2004.07—2007.02
	张立富	2008.03—2013.12
	王斌斌	2015.02—
	高东风	2019.02—2022.12
610 车间主任	陆洪汇	2011.01—2012.12
	陈观松	2009.02—2009.11
	陈观松	2012.06—2020.12
	周宝华	2022.02—
副主任	陈观松	2008.03—2009.02（主持工作）
	罗庆华	2008.03—2009.11
	陆洪汇	2009.11—2010.12（主持工作）
	陈伟强	2020.02—
	陈观松	2011.01—2012.06

续表 3-3

职务	姓名	任职时间
副主任	周宝华	2012.06—2020.12
615 车间主任	刘锦强	2020.02—
副主任	洪术光	2019.02—2022.12
	张　强	2020.02—
江苏吉华化工有限公司（江苏吉然化工有限公司）		
江苏吉然总经理	陈才良	2005.08—2008.03
副总经理	王惠乔	2005.08—2008.03
	顾林建	2005.08—2008.03
	徐江勇	2006.03—2009.02
	朱国祥	2008.03—2009.02
江苏吉华总监	陈小勇	2008.03—2021.12（兼）
	周火良	2022.02—（兼）
总经理	陈小勇	2008.03—2009.02（兼）
	徐江勇	2009.02—2019.12
	周火良	2020.02—2020.12（兼）
	张立富	2021.02—
常务副总经理	张立富	2019.02—2020.12（兼七分厂厂长）
副总经理	顾林建	2008.03—2008.12
	朱国祥	2009.02—2019.12
	茅伯先	2009.09—2012.12
	俞振华	2012.02—2015.12（九分厂主持工作）
	邵伯万	2012.05—2019.12
	茅伯先	2016.02—2020.07（九分厂主持工作）
	张立富	2016.02—2018.12
	周海军	2020.02—
	李洪明	2022.02—
总工程师	於印章	2005.10—2008.03

续表 3-3

职务	姓名	任职时间
总工程师	张劲松	2008.03—2010.12
副总工程师	屠国锋	2018.02—
总经理助理	徐培友	2005.10—2008.03（正科级）
	顾林建	2009.02—2013.12（副科级）
	张立富	2014.01—2015.12
	茅伯先	2015.02—2015.12
总监助理	王惠乔	2008.03—2009.02
综合办主任	徐培友	2011.01—2012.12
	张文华	2013.03—2018.05
副主任	康淑秋	2005.10—2010.12
	徐培友	2012.12—2013.12
	李海军	2021.02—
财务部科长	王　见	2005.10—2007.04
	蒋海波	2017.02—2019.02
副科长	姚艳艳	2008.03—2012.12
	蒋海波	2014.02—2017.12
	蒋海波	2019.02—2019.12
	徐以秀	2017.02—
生产技术科科长	汪妙根	2007.02—2008.03
	朱国祥	2020.02—2022.12
副科长	陈新为	2007.02—2008.03
技术科科长	屠国锋	2008.03—
	陆洪汇	2013.03—2018.12
设备科科长	汪妙根	2008.03—2020.07
	张晓红	2021.02—
副科长	韩　锋	2009.02—2021.12
	张晓红	2017.02—2020.12
	孙　伟	2021.02—

续表 3-3

职务	姓名	任职时间
供销科副科长	康淑秋	2013.03—
	庞友谊	2008.03—2011.12
销售科科长	徐培友	2008.03—2010.12
	康淑秋	2011.01—2012.12
安全环保科科长	王惠乔	2008.03—2009.02（兼）
	王惠乔	2009.02—2012.12
	蔡　杰	2016.02—
副科长	程永海	2009.02—2010.12
	蔡　杰	2012.02—2015.12
	罗庆华	2013.03—2015.12
	高志云	2015.03—2019.12
	李　超	2016.02—
质检科科长	范岳均	2014.01—2021.12
副科长	段立矿	2007.02—2008.03（主持工作）
	范岳均	2007.02—2008.03
	段立矿	2008.03—
	辛彩云	2008.03—2022.12
	范岳均	2008.03—2013.12
701 车间主任	易　聪	2014.01—2019.12
	李洪明	2022.02—2022.12
副主任	易　聪	2012.02—2013.12
	王狄炯	2012.02—2015.12
	李荔丹	2014.01—2017.12
	张叶青	2015.02—2016.12
	李洪明	2017.02—2021.12
	康贵洋	2018.02—2022.12
801 车间副主任	郑益长	2008.03—2009.09
	郑益长	2007.02—2008.03

续表 3-3

职务	姓名	任职时间
802 车间副主任	李　超	2015.02—2015.03
	龚云龙	2018.02—2018.07
	刘金标	2019.02—2020.12
	吴献兵	2020.02—
803 车间主任	寿正潮	2008.03—2010.12
	黄邦膜	2011.01—2021.12
	范岳均	2022.02—
副主任	寿正潮	2006.03—2008.03（主持工作）
	吴建军	2007.02—2011.12
	寿正潮	2011.01—2013.12
	钟长先	2015.02—
	吴献兵	2021.02—
804 车间主任	洪　伟	2021.02—2022.12
副主任	贾文泉	2019.02—（主持工作）
	毕国军	2021.02—2021.12（兼）
	毕国军	2022.02—2022.12
	郑益长	2022.02—2022.12
805 车间主任	韩　锋	2006.03—
807 车间主任	茹国海	2008.03—
副主任	茹国海	2006.03—2008.03（主持工作）
	薛忠奋	2006.03—2009.09
	薛忠奋	2009.09—2009.12（主持工作）
	郑益长	2009.09—2020.12
	付　彬	2021.02—2022.12
808 车间主任	周海军	2006.03—2009.02
	朱国祥	2008.03—2013.12（兼）
	冯金伟	2016.02—
副主任	毕国军	2013.03—2021.12（主持）

续表 3-3

职务	姓名	任职时间
副主任	冯金伟	2013.03—2015.12（主持）
	冯金伟	2006.03—2012.12
	毕国军	2008.03—2012.12
	贾文泉	2015.02—2018.12
809 车间主任	周海军	2010.05—2021.12
	冯金伟	2021.02—
	薛忠奋	2011.01—2011.12
	刘锦强	2014.01—2019.12
	冯兴荣	2021.02—2022.12
	郑益长	2021.02—2021.12
901 车间主任	陈利军	2008.03—2010.12
	顾林建	2011.01—2012.12（兼）
	俞振华	2012.10—2017.12（兼）
	徐述林	2018.02—
副主任	丁佐龙	2007.02—2008.03
	王狄炯	2009.02—2010.12
	刘志勇	2012.10—2012.12
	徐述林	2012.02—2012.10
	徐述林	2014.01—2017.12
	杨海元	2019.02—
902 车间主任	高志云	2009.09—2015.02
	茅伯先	2009.02—2009.09
	茅伯先	2014.02—2020.07
副主任	高志云	2007.02—2009.09（主持工作）
	王狄炯	2007.02—2009.02
	吴献兵	2009.09—2019.12
	洪　伟	2016.02—2022.12

续表 3-3

职务	姓名	任职时间
杭州吉华房地产有限公司		
总经理	邵伯万	2009.02—2011.12
盐城市优化医药化工科技有限公司		
总经理	许水金	2020.02—2021.12
江苏康倍得药业股份有限公司		
董事长	吴爱军	2022.02—
总经理	吴苏敏	2020.02—
副总经理	张恩宏	2020.02—

注：2007 年 7 月 18 日，任职文件设总裁、常务副总裁、副总裁；2008 年 3 月 2 日，任职文件设总裁、副总裁、总监。

第三节 职工代表大会

职工代表大会是企业实行民主管理的基本形式，是职工行使民主管理的权力机构。吉华集团建立、完善职代会民主管理体系，职工代表参与民主管理，保障职工民主监督权利，发挥职代会在企业中的桥梁和纽带作用。

图 3-5 吉华化工 1998 年第二届职工代表大会召开（1998 年 2 月摄）

一、组织建设

1996 年 12 月 13 日，第一届职工代表大会召开，出席大会职工代表 38 人。

1998 年 2 月 12 日，第二届职工代表大会召开，出席大会职工代表44名。

2003年2月14日，第三届职工代表大会召开，出席大会职工代表59名。

2006年1月19日，第四届职工代表大会召开，出席大会职工代表55名。

2008年1月9日，第五届职工代表大会召开，出席大会职工代表67名。

2019年12月10日，第六届职工代表大会召开，出席大会职工代表100名。

二、历届职工代表大会成员

1996—2019年吉华集团历届职工代表大会成员一览表

表3-4

历届	成立时间	职工代表名单
第一届	1996年12月13日	张小康　陈小勇　陈才良　王勤伟　王志芬　冯国琴　陈冬梅　蔡雪花　金小英　邵伯金　徐远程　杨泉明　庞明良　陆荣宝　杨国友　徐春田　莫建军　傅伯坚　陆条芬　王庆芳　沈钊明　朱国祥　陈美芬　周火良　胡惠素　徐培良　杨再生　胡柏忠　张连木　袁其富　丁　峰　应海军　沈荷花　叶张林　朗志洪　陈观松　姚利惠　倪建美
第二届	1998年2月12日	邵金瑞　杨顺祥　庞明良　陆荣宝　邵仁国　王庆芳　杨国友　倪长荣　姚利惠　徐春田　王志芬　冯沛龙　冯国琴　朱国祥　陈才良　胡惠素　徐培良　张小康　王建文　陈美芬　叶建刚　朱海江　沈信常　张连木　袁其富　陈小勇　徐远程　沈钊明　邵伯万　沈立均　孙苗兴　陈冬梅　陆条芬　徐江勇　蔡来生　王勤伟　杨泉明　王幼龙　汤闰新　陈观松　张永芳　王惠乔　黄小于　邵伯金
第三届	2003年2月14日	邵伯金　杨泉明　徐远程　邵伯万　庞明良　周火良　陈才良　徐江勇　杨凤梅　倪建美　杨国友　汪亚铭　莫建军　张长荣　寿正潮　郎志洪　钟长先　张军成　石林全　高张生　王惠乔　姜春林　邵仁国　韩国贤　马杏仙　朱国祥　郑元贵　陆荣宝　赵小芳　胡柏忠　廖昌富　陈来法　董观兴　罗庆华　龙先坤　顾金仁　张永芳　陶燕青　罗嗣海　张庆保　王小康　沈钊明　郑东红　缪利海　沈建刚　王志芬　胡惠素　陈福先　陈美芬　楼明锋　杨再生　朱大江　陈小勇　应海军　李永英　杨春梅　朱晓飞　俞国军　陈文忠

续表 3-4

历届	成立时间	职工代表名单
第四届	2006 年 1 月 19 日	杨国友 高妙妙 陈成新 张典和 殷　健 沈建国 沈照员 姜春林 陈红红 吴旺明 石林全 郑元贵 钟长先 朱国祥 王志芬 王幼龙 龙先坤 江贤林 李月根 杨凤梅 陆荣宝 陈张荣 茅伯先 汪水根 郑东红 茹国海 罗庆华 徐江勇 薛忠好 滕志林 邵金瑞 毛义康 金水明 缪利海 陈月贵 丁　峰 叶张林 金小英 陈文忠 陈美芬 周水新 杨再生 杨秀芬 俞国军 徐远程 徐培良 姚利惠 商友芬 陈照龙 朱晓飞 易　力 徐文标 李火根 刘华成 薛忠奋
第五届	2008 年 1 月 9 日	汪凤尧 杨国友 张典和 蒲光俊 郑元贵 王宇红 高　忠 郎志洪 石林全 汪水根 陈观灿 邵金瑞 王华林 黄邦膜 钱九斤 沈永水 朱小红 姜小芳 蔡来生 张永芳 缪利海 冷　巍 陈观松 徐云纪 胡柏忠 唐冬香 蔡约道 钟长先 殷化欣 沈国飞 史学莲 余木金 盛以军 贾文泉 吴旺明 李加喜 罗童毅 卢忠厚 江泽玉 尹向民 高志云 徐术林 顾林建 杨再生 徐培良 金小英 陈文忠 邵　辉 俞国军 陆洪汇 陈美芬 吕凤飞 应海军 王建财 陈福先 邵伯金 杨泉明 徐远程 周火良 陈小勇 简　卫 庞明良 邵伯万 陈才良 徐江勇 朱晓飞 张新梅
第六届	2019 年 12 月 10 日	邵伯金 杨泉明 邵　辉 周火良 刘建新 陈小勇 吴爱军 殷　健 孙岩峰 张颖辉 陈治辉 刘海兵 陈才良 徐江勇 陈文忠 陆荣宝 杨国友 韩恩良 杨崇佳 富华栋 朱晓飞 杨玉米 杨春梅 屠国锋 郑佳佳 李志强 龚　卫 杨　磊 汪雪松 高玲丽 李永英 汤月红 徐培良 朱大江 蒲光俊 汪晓琳 俞国军 王　斌 周静侃 秦　华 张建全 靳九坤 王　军 朱建龙 黄雅萍 杨　勇 傅国连 陈烈华 李加民 邓仕强 陆文启 熊　芳 胡长斌 汪　涛 郑东红 沈钊明 朱小红 姜小芳 杨水年 朱林潮 王斌斌 张红华 沈柏万 洪德明 来小平 韩伟春 方致星 陈金彪 刘存义 王　星 张立富 胡理军 徐丽娟 姚大卫 张俊艳 蒋成金 杨　炳 于利荣 袁东波 董　进 付　彬 司振龙 倪　亮 陈　辉 林春花 颜双荣 王　成 高志云 刘长楼 何　虹 余木金 殷开伟 周　建 吴旺明 魏海军 谢晓明 陈　艳 江民生 覃　向 张红丽

第四节 工青妇组织

吉华集团工会、共青团、妇联组织在党组织的领导下，创新员工建功立业平台，保护员工权益，忠于职责，开展工作，促进了企业良好的经济效益、社会效益，企业得以持续发展。

一、工会组织

1. 组织建设

1996 年 12 月 13 日，成立并选举吉华化工第一届工会委员会。由张小康、陈小勇、陈才良、王勤伟、王志芬为该届工会委员，张小康担任工会主席，陈小勇担任工会副主席，经费审查委员会由冯国琴、陈冬梅、蔡雪花组成，冯国琴担任经费审查委员会主任。

1999 年 4 月 8 日，吉华化工工会成立工会妇女工作小组，冯国琴担任组长，组员为陈美芬、赵小芳。

图 3-6 浙江吉华集团有限公司工会第四届会员代表大会召开（2016 年 1 月摄）

2005 年 8 月 11 日，更名为吉华集团工会委员会，并组建吉华集团直属工会、杭州萧山吉华聚氨酯染化有限公司工会、红宝染化工会、吉华化工工会、吉华江东工会 5 个基层工会。

2009 年 3 月 18 日，吉华化工工会和红宝染化工会注销。

2012 年 4 月 21 日，更名为吉华集团工会委员会，并组建吉华集团后勤工会，创丽公司工会、吉华高分子工会、吉华江东工会、江苏吉华工会等。

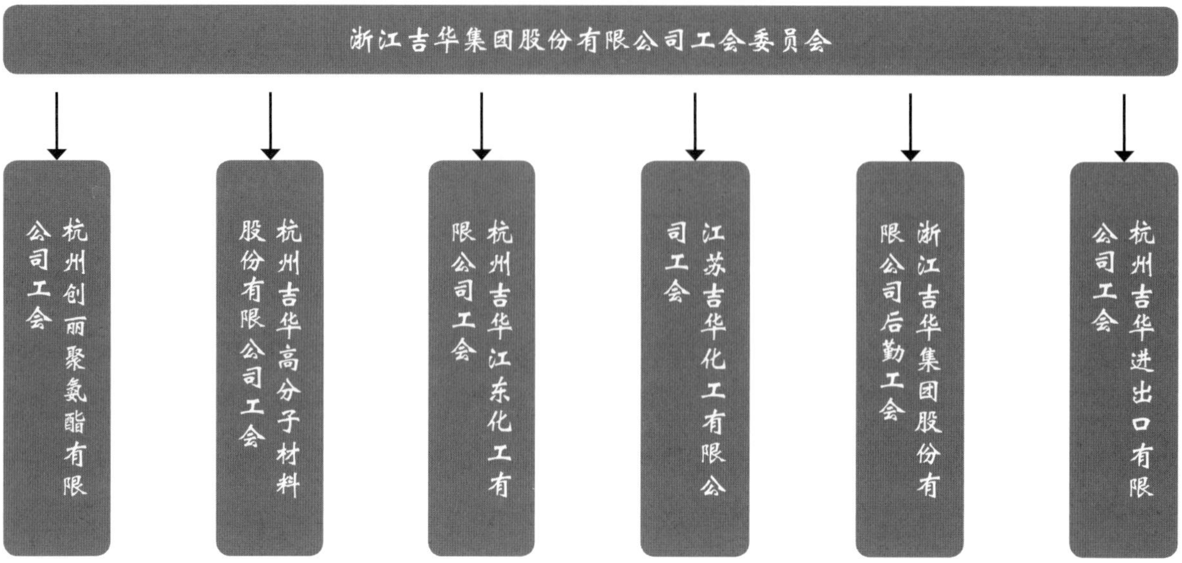

图 3-7　浙江吉华集团股份有限公司工会组织机构示意图

2. 工会委员会、经费审查委员会

1996—2022 年吉华集团历届工会委员一览表

表 3-5

历届	成立时间	工会委员	经费审查委员
第一届	1996 年 12 月 13 日	主　席：张小康 副主席：陈小勇 委　员：陈才良　王勤伟　王志芬	主　任：冯国琴 委　员：陈冬梅　蔡雪花
第二届	1999 年 12 月 25 日	副主席：陈小勇 委　员：王浩良　汪亚铭　陈才良 杨凤梅　陆荣宝　徐培良	主　任：冯国琴 委　员：陈冬梅　金小英
第三届	2003 年 1 月 19 日	主　席：徐远程 副主席：陈文忠 委　员：陆荣宝　杨凤梅　朱晓飞 汪亚铭　朱国祥	主　任：金小英 委　员：冯国琴　蔡雪花
第四届	2006 年 1 月 19 日	主　席：徐远程 副主席：陈文忠 委　员：陆荣宝　朱国祥　王惠乔 朱晓飞　杨国友　滕志林 易　力	主　任：金小英 委　员：杨凤梅　杨春梅

续表 3-5

历届	成立时间	工会委员	经费审查委员
第五届	2009 年 4 月 28 日	主　席：徐远程 副主席：陈文忠 委　员：陆荣宝　杨国友　王惠乔 朱晓飞　施秀英	主　任：金小英 委　员：杨春梅　姚艳艳
第六届	2012 年 4 月 21 日	主　席：徐远程 副主席：陈文忠 委　员：陈才良　陆荣宝　杨国友 王惠乔　姚利惠　詹云雷 蔡关夫	主　任：金小英 委　员：杨春梅　杨玉米
第七届	2019 年 12 月 28 日	主　席：陈文忠 副主席：陆荣宝 委　员：周静侃　富华栋　蒲光俊 韩恩良　杨崇佳	主　任：杨春梅 委　员：汪惠芳　徐晓莉

3. **主要活动**

1999 年 1 月开始，吉华集团对退休、伤残、困难职工开展送温暖活动，持续每年一次的慰问，代表吉华集团工会对他们把青春奉献给吉华表示感谢。该项活动一直持续至今。

2002 年起，高温期间向一线员工发放防暑药品，及时发放冷饮费。

2003 年起，开展技能岗位培训、技术比武、知识竞赛等活动。

2007 年起，为激励员工提升业务技术水平，增强技能才干，进行一年一度技能考评，对财务类、分析类、机修类、电工类、厂内机动车类、生产技工类人员进行理论知识考试，实践操作测试、平时工作业绩评定等一系列学习活动。

2007 年起，参加各类上级及其他单位组织的业余文体活动，如街道运动会、业余篮球赛、乒乓球比赛、歌咏比赛等。

2015 年至 2021 年，积极参与社会公益事业，慈善基金留本冠名 1150 万元。

2019 年至 2022 年，每年组织一次员工岗中健康检查；每年参与安全环保督察 11 次；围绕降本节支、安全环保、管理增效等重点，积极参与每年“合理化建议”征集活动；参与协调处理较大工伤事故和劳动纠纷；建立特困职工档案，近年来，扶贫帮困 120 户（人次）。

2021 年至 2022 年，组织“吉华工匠”“技术骨干”评选活动，共授予“一级吉华工匠”14 人、“二级吉华工匠”21 人、“一级技术骨干”4 人、“二级技术骨干”8 人。

2022 年，“春风行动”等捐款 50 万元。

通过一系列活动，丰富了职工业余文化生活，增强了工会的组织活力和凝聚力与向心力。

二、共青团组织

1. 组织建设

1991 年，成立共青团泡沫厂支部委员会，陆荣宝担任书记。

1993 年 3 月，成立共青团联营支部委员会，陆荣宝担任书记。

1998 年 4 月，成立共青团吉华化工支部委员会，姚利惠担任书记。

2005 年 1 月，成立共青团吉华集团支部委员会，易力担任书记。

2007 年 4 月，成立共青团吉华集团总支委员会，下设五个团支部，分别为进出口公司团支部、红宝染化团支部、吉华江东团支部、吉华化工团支部、吉华集团直属团支部。

2010 年 7 月，成立共青团浙江吉华集团股份有限公司总支委员会，下设五个团支部，分别为吉华集团直属团支部、创丽公司团支部、吉华高分子团支部、吉华江东团支部、进出口公司团支部。

2. 思想建设

1998 年，以提高团员青年政治思想素质为要求，结合企业改革，深化青年思想、兴趣、追求，大力加强政治经济理论学习和思想道德教育。

强化中共十五大精神和邓小平理论的学习，以科学的理论武装青年。开展学习贯彻中共十八大精神，成立中共十八大青年宣讲团为切入点，在各级团组织中广泛开展教育培训、讨论交流等活动，引导广大青年进一步坚定理想信念。开展“学习二十大、永远跟党走、奋进新征程”主题活动，组织动员广大团员青年激发建功新时代的信心和决心。

3. 共青团历届总支（支部）书记

1991—2022年吉华集团历届共青团总支（支部）书记一览表

表3-6

支　部	时　间	书　记
共青团泡沫厂支部	1991-1993.02	陆荣宝
共青团联营厂支部	1993.03-1995.02	陆荣宝
共青团联营厂支部	1995.03-1998.03	姚利惠
共青团联营厂支部	1995.03-1998.03	姚利惠
共青团吉华化工支部	1998.04-1999.03	姚利惠
共青团吉华化工支部	1999.04-2002.04	丁　峰
共青团吉华化工支部	2002.05-2003.10	倪建美
共青团吉华化工支部	2003.10-2005.01	丁丹红
共青团吉华集团总支委员会	2005.01-2006.12	易　力
共青团吉华集团总支委员会	2007.01-2007.08	楼礼飞
共青团吉华集团总支委员会	2007.09-2008.06	张新梅
共青团吉华集团总支委员会	2008.10-2010.07	施秀英
共青团吉华集团总支委员会	2010.07-2015.04	詹云雷
共青团吉华集团总支委员会	2015.04-2023.02	韩恩良

三、妇女组织

1. 机构沿革

1993年10月8日，成立联营厂妇女小组。

1996年8月13日，成立吉华化工妇代会。

1999年，吉华化工妇代会被中共萧山市红山农场委员会评为1998年度妇女工作先进单位。

2006年7月11日，杭州市萧山区妇女联合会批复升格为吉华集团妇女联合会至今。

2. 主要活动

宣传《中华人民共和国婚姻法》《中华人民共和国妇女权益保障法》《女职工劳动保护特别规定》《中华人民共和国未成年人保护法》《中华人民共和国反家庭暴力法》《中华人民共和国禁毒法》等法律法规。

2012年10月30日，成立“家长学校”，全面推进素质教育，培养德才兼备的跨世纪人才，帮助员工更新教育观念。每年开展一次培训活动，如心理健康讲座、交通安全培训、家庭教育的艺术讲座等。

图3-8　吉华集团妇联活动（2010年3月摄）

2012年10月30日，成立“巾帼文明岗”，提高女职工的争创意识和工作热情。由技术中心妇女团队组织每年的工作活动。

2013年3月母亲节之日，开展“做四自女性，创和谐家庭”知识讲座。6月，姜小芳、潘金金、伊传坛、张秀容参加临江街道举行的演讲比赛。9月，参加萧山区组织的女职工劳动保护知识答题。胡惠素参加了萧山区妇联组织的中国梦征文。

2013—2015年《妇女之声》杂志，对吉华集团财务部经理金小英进行专访。

2014年7月，参加了“新婚、孕期、0～3岁婴幼儿父母及看护人培训班”、“节约型家庭”评比、“廉政文化进家庭”评比，参加了征文《我的母亲》比赛活动。

2015年，参加“整洁庭院”活动、“学习型家庭”评比。

2016年，参加“寻找最美家庭”活动和“绿色家庭”评比。

2017年，进行人口与计生大巡查活动。

2018年，参加“平安家庭”评比。

每年“三八节”活动中，组织观看专题电影，组织羽毛球比赛、缝雨伞比赛、拔河比赛、丝网花制作比赛、卡拉OK歌曲比赛、广播操比赛等。

每年3月12日植树节之际，开展植树活动。

组织工青妇联合团建活动，参观塘栖古镇、安吉白草原、杭州湾海上花田、浙西大峡谷等。

3. 妇女组织

1993—2022年吉华集团妇女组织成员一览表

表3-7

组织名称	时　间	成　员
联营厂妇女小组	1993.10.08—1996.08.13	组长：陈树林
吉华化工妇代会	1996.08.13—1999.04.27	主任：陈树林
吉华化工妇代会	1999.04.27—2002.04.28	主任：杨凤梅
吉华化工妇代会	2002.04.28—2006.09.11	主任：朱晓飞
吉华集团妇联	2006.09.11—2011.12	主席：朱晓飞 委员：王美芳　胡惠素　杨秀芬 鲁　敏　杨春梅　杨凤梅
吉华集团妇联	2012.01—2012.04	主席：姚利惠 委员：王美芳　胡惠素　杨秀芬 鲁　敏　杨春梅
吉华集团妇联	2012.04—2012.06	主席：姚利惠 委员：王美芳　胡惠素　杨秀芬 鲁　敏　杨春梅　詹红艳 郑　容　康淑秋
吉华集团妇联	2012.06—2014.07	主席：詹红艳 委员：王美芳　胡惠素　郑　容 鲁　敏　杨春梅　杨崇佳
吉华集团妇联	2014.07—2019.09	主席：杨崇佳 委员：鲁　敏　杨春梅　王美芳 胡惠素　郑　容
吉华集团妇联	2019.09—	主席：杨崇佳 委员：鲁　敏　杨春梅　胡惠素 郑　容　徐晓莉

四、计划生育协会

2006年8月15日，浙江吉华集团有限公司成立计划生育协会。

2006年吉华集团计划生育协会成员一览表

表3-8

名誉会长	邵伯金	会长	杨泉明
常务副会长	徐远程	副会长	陈文忠
秘书长		朱晓飞	
理事	王美芳　胡惠素　杨凤梅　杨春梅　杨秀芬　鲁　敏　金小英 庞明良　朱国祥　陆荣宝　邵伯万　陈美芬　应海军　陈照龙		

第四章 公司简介

浙江吉华集团股份有限公司创始于1985年，经过30多年的发展，旗下有核心企业杭州创丽聚氨酯有限公司、杭州吉华高分子材料股份有限公司、杭州吉华江东化工有限公司、江苏吉华化工有限公司、杭州吉华进出口有限公司、江苏康倍得药业股份有限公司、杭州萧山吉华科技有限公司等。

为全面反映吉华集团走过的历程，保存资料，对曾经发挥过重大作用的已注销公司，亦单独设节分别予以简介。

第一节 吉华集团

吉华集团总部坐落在浙江省杭州市钱塘区临江国家高新园区新世纪大道1755号。经过30多年的发展，已成为精细化工领域的知名企业，系“中国染料工业协会副会长单位”“业内公认的全球三大染料生产基地”。拥有3家国家高新技术企业，设有国家级博士后科研工作站、浙江省省级企业技术中心、浙江省省级高新技术企业研究开发中心，先后取得国家授权专利115项，其中发明专利93项，主持起草国家、行业、团体标准35项。

吉华集团于2012年2月28日由省工商行政管理局核准登记。注册资金为2亿元，经4次转让，3次增资、转增，至2022年年底，注册资金为7亿元。2017年6月15日，首次公开发行A股在上海证券交易所上市（证券简称：“吉华集团”，股票代码：603980）；旗下吉华高分子于2014年5月30日在全国中小企业股权转让系统挂牌上市（证券简称：“吉华材料”，股票代码：830775）。

吉华集团旗下核心企业：创丽公司，由吉华集团100%控股；吉华高分子，由吉华集团控股68.89%；吉华江东，由吉华集团100%控股；江苏吉华，由吉华集团100%控股；进出口公司，由吉华集团 100% 控股；吉华医药，由江苏吉华 100% 控股；康倍得，由吉华医药持股 62.06%；吉华科技，由吉华江东 100% 控股。

吉华集团分别在杭州钱塘区临江国家高新园区、杭州临空经济示范区、江苏滨海沿海经济技术开发区、南京市江北新区智能制造产业园建有生产基地。

吉华集团主营：染料及染料中间体、涂料、海绵。主要产品产能：染料（分散、活性、酸性、硫化、直接等系列）10 万吨 / 年，H 酸 2 万吨 / 年（全球唯一的智能化生产线），工业硫酸 30 万吨 / 年及延伸产品，涂料 1 万吨 / 年，海绵 1 万吨 / 年。主导产品染料品种齐全，质量优良、性价比高，广泛应用于聚酯纤维和纤维素纤维的染色，“吉华”牌分散染料系列、活性染料系列产品获“浙江省名牌”“浙江省出口名牌”称号。2022 年年底，吉华集团拥有总资产近 50 亿元，占地面积 110 万平方米（1650 亩），建筑面积 65 万平方米，员工 1574 名，年销售收入 30 亿元以上，其中出口创汇 1.8 亿美元（因市场行情波动因素，各年数据存在差异）。

一、主导产品

吉华集团已有 30 余年的染料和海绵生产历史，染料年产能 10 万吨，生产规模名列国内前三名，系全球三大染料生产基地之一。自主研发应用于化纤、纯棉、皮革、毛用等系列分散、活性、酸性、直接染料 430 多个品种。

海绵年产能 1 万吨，开发 9 ～ 50 千克 / 立方米密度的高承载、高回弹、慢回弹、扬声器专用及阻燃型、车用型海绵，形成六大系列，108 个品种的生产规模。

涂料年产能 1 万吨，自主研发耐高温不粘涂料、水性工业用纳米涂料、水性聚四氟乙烯涂料、聚酯改性有机硅树脂四大系列，82 个品种，可应用于五金、电器、餐具、厨具等。

二、市场品牌

以构建国内外营销网络铸就品牌。在国内市场上，以灵活的营销策略，快速、便捷的营销通道，在国内主要省份、城市构建销售网点，着力提高产品的市场占有率，提升品牌的市场影响力。在国际市场上，通过多年自营进出口的运作与实践，产品质量处于国际领先水平，出口创汇居行业前列。“吉华牌”分散、活性染料系列产品先后获“浙江省名牌”“浙江省出口名牌”称号。

三、创新体系

吉华集团具有结构合理、专业齐全的研发团队，坚持以科技为先导，引进人才，引进技术，完善自主创新体系，引进多名国外资深专家，形成以博士团队为学术带头人，国内外专家组成的老、中、青科研人才梯队，不断研发国内外染料、涂料行业高、新、尖技术领域的高新产品，提高行业技术水平。发明专利、技术标准自主创新成果显著，并实施专利技术产业化，把发明专利技术和最新研究开发成果转化在相关产品技术标准中，形成专利技术标准化的“无缝对接”，巩固自主知识产权成果。先后被评为“浙江省优秀技术创新企业”“浙江省优秀省级企业技术中心”“浙江省优秀博士后科研工作站”等。

四、安全环保

吉华集团不断加大技改投入，提升工艺、装置、技术水平，保障安全环保运行。着力构建安全生产责任体系，规范安全生产管理行为，提升安全责任意识。对重点、关键装置采用 DCS 集成控制系统，进一步完善和提升智能中央控制中心、SIS 安全仪表系统、人员定位系统、应急救援体系等本质安全管控措施，获得“安全生产标准化二级企业”证书。同时积极实施节能减排、循环经济、资源综合利用等清洁生产工艺技术，从源头上控制环境污染源，重点实施废气综合治理，在实现达标排放的基础上努力减轻环境影响，得到上级管理部门的肯定。

五、理论与方针

吉华集团在发展过程中，形成了可贵的企业精神和一系列理念与方针。

企业精神：敬业、奉献、争一流。

企业文化：海纳百川，有容乃大。

经营理念：销售围绕市场转，生产围绕销售转，全厂围绕生产转。

营销理念：稳定的质量，合理的价格，良好的服务，诚实的经营。

质量理念：产品质量关系到企业形象和人格尊严。

用人理念：唯才是举，量才适用。

创新理念：自主创新、环保友好、循环经济。

安全理念：以人为本，本质安全。

质量方针：道道工序一丝不苟，件件产品不优不休，满足顾客追求一流。

安全环保方针：工作再忙、安全不忘，以人为本、生态发展。

第二节 旗下公司

吉华集团旗下7家企业，分别位于红山区块、临江区块和江苏区块，各自经历了艰难的发展历程，生产不同的产品，取得了较好的经营业绩。

一、杭州创丽聚氨酯有限公司

创丽公司前身为萧山聚氨酯泡沫厂，创建于1985年，专业生产海绵。1993年研制的“特黑软质聚氨酯泡沫塑料”，获杭州市人民政府1993年度科技进步三等奖、萧山市科技进步二等奖。1998年12月，萧山市计划委员会批复同意组建杭州萧山吉华聚氨酯染化有限公司。翌年7月，吉华化工收购萧山工艺化纤纺织有限公司所属萧山第三布厂作为泡沫厂生产区。2006年5月，在吉华化工活性车间筹办第二个发泡车间（102车间），12月，顺利试车成功，次年1月开始投产。2007年，泡沫厂产量近万吨，销售收入突破2亿元。2011年11月，变更为杭州创丽聚氨酯有限公司。2012年10月15日，“年产1.5万吨功能性新型特种聚氨酯海绵项目”备案并始建。2014年年初，整体搬迁到临江工业园区。2017年3月22日，“环切深加工8000吨环保型高端车用PU绵技改项目”备案并始建，2020年10月完成竣工验收。

图4-1 创丽公司、吉华高分子厂景（2022年12月摄）

创丽公司是中国聚氨酯协会副理事长单位。2022年年底，拥有总资产4600万元，占地面积2.21万平方米，建筑面积3.73万平方米，员工76人，年生产能力1万吨，销售收入6000万元以上。主要设备有德国宝马公司的环形切割机、南通牧野自动立（横）刀成型机、东莞恒生海绵机械等。专业研究和生产FM系列、FR防火系列、LS扬声器系列、FMCPDH复合系列、HFR高回弹系列、模塑系列海绵六大系列108个品种，可同时满足各种对不同密度、硬度、回弹性及防火要求的顾客需求，产品行销省内外，长期和国内知名制造企业合作。参与了高回弹软质聚氨酯泡沫塑料和慢回弹软质聚氨酯泡沫塑料等产品行业、国家标准的起草。

二、杭州吉华高分子材料股份有限公司

吉华高分子起始于2005年在一分厂内研发、生产和销售不粘涂料。翌年6月，搬迁至三分厂。2008年5月，杭州吉华高分子材料有限公司设立。2013年10月，临江工业园区工厂开始建设。2014年1月，吉华高分子股改，变更为杭州吉华高分子材料股份有限公司。2014年5月，在全国中小企业股份转让系统成功挂牌，股票简称为“吉华材料”，股票代码为830775。2016年6月，整体搬迁至临江工业园区新世纪大道1766号。

吉华高分子是全球特种不粘涂料行业龙头企业、国家高新技术企业、国家级专精特新“小巨人”企业、省隐形冠军企业、省专精特新中小企业、中国化工学会涂料涂装专业委员会的会员单位、中国五金产业技术创新战略联盟副理事长单位、省材料研究学会理事单位、省涂料工业协会会员，具有一定的行业影响力。

主要产品为耐高温不粘涂料、水性工业用纳米涂料、水性聚四氟乙烯不粘涂料、聚酯改性有机硅树脂四大类系列82个品种。为工业“六基”（核心基础零部件、核心基础元器件、关键软件、先进基础工艺、关键基础材料、产业技术基础）新材料领域产业技术基础先进复合材料及其应用技术；改性有机硅树脂属于工业“六基”新材料领域关键基础材料高性能树脂。具有产品档次高、质量优、成本低、性价比高的特点。耐高温不粘涂料可长期在250℃高温下工作并保持涂料漆膜无变化，以有机硅改性聚酯树脂为主要成膜树脂，配合颜、填料，经过研磨等涂料化工艺制成，主要用于炊具、小家电领域；水性聚四氟乙烯不粘涂料，结合了耐热性、化学惰性和优异的绝缘稳定性及低摩擦性，具有其他涂料无法抗衡的综合优势，主要用于炊具、小家电领域；水性不粘涂料，以无机纳米材料为主要成膜物质，结合耐热性和高硬度的特点，主要用于炊具、小家电领域。

吉华高分子拥有较强的科研力量，设有省级高新技术企业研发中心，与国内知名院校浙江大学、浙江工业大学、华南理工大学、浙江理工大学等保持着紧密的长期合作，常年聘请国内外知名专家进行技术指导，充分汲取国内外的科研精华，在精细化工领

域中有着较多的技术储备，以专利技术、自主创新技术作为产业化成果转化，保证产品研发走在行业前列。自创立以来，始终处于科技创新的前沿，在售产品均为自主研发，承担并完成省级新产品鉴定项目 44 项，其中，“环保型多功能氟硅防污树脂与涂层材料关键技术及其应用项目”获 2021 年度省科技进步二等奖，“改性有机硅耐高温防腐蚀树脂与涂层材料关键技术及产业化项目”获省技术发明三等奖。已取得国家授权发明专利 37 项，参与起草相关国家标准和行业标准 6 项。

2022 年年底，吉华高分子拥有总资产 1.77 亿元，占地面积 1.8 万平方米（27 亩），建筑面积 1.53 万平方米，员工 104 人，年销售收入近 2 亿元。

三、杭州吉华江东化工有限公司

吉华江东成立于 2003 年 7 月，是由吉华集团在浙江省杭州市钱塘区临江国家高新园区新世纪大道1766号投资的全资子公司，专门从事高性能、环保型染料及配套中间体，副产硫酸铵研发、生产、销售的科技型精细化工企业。2022年年底，拥有注册资金1亿元，总资产 16.98 亿元，占地面积 22.51 万平方米（337.6 亩），建筑面积 11.5 万平方米，员工近 1000 人，年销售收入近 20 亿元。

吉华江东设立时，注册资金 3000 万元。2004 年 12 月 23 日，变更为中外合资企业。2009 年 9 月 20 日，吸收合并吉华化工，合并后，注册资金增至 5876.4 万元。2018 年 7 月 10 日，企业类型由中外合资企业变更为有限责任公司，由吉华集团 100% 控股。2018 年 11 月 26 日，注册资金增资至 1 亿元。

吉华江东获得多项国家、省、区、市等奖励和荣誉称号，包括“国家级高新技术企业”“浙江省创新型培育企业”“浙江省级高新技术企业研究开发中心”“安全生产标准化二级企业”“浙江省专精特新企业”等。吉华江东以国家级博士后科研工作站为平台，发挥省级企业技术中心、省级高新技术企业研究开发中心的优势，通过国内外技术引进、产学研联合开发、企业自主创新等多种形式进行技术创新，已先后取得国家授权发明专利 37 项，主持起草染料产品相关的国家、行业（团体）标准 20 项，承担并完成省级新产品鉴定项目49项，获得省优秀新产品二等奖1项，并承担多项国家、省重大科技专项项目，技术实力行业领先。

吉华江东生产工艺技术成熟先进，集成了高效连续化重氮偶合技术、工艺废水分级综合利用技术、开发应用了废水母液资源化处理装置（以下简称 MVR）、活性炭再生循环技术等具有自主知识产权的染料清洁生产的关键共性技术，技术水平领先国内，对提升我国染料行业技术水平作出了贡献。

四、江苏吉华化工有限公司

江苏吉华是由吉华集团在江苏盐城投资的全资子公司，注册资金 2 亿元，专门从事染料、硫酸、H 酸等化工产品的研发、生产和销售的精细化工企业。位于江苏滨海沿海经济开发区（江苏省盐城市滨海县滨淮镇头罾社区）。

图 4-2　江苏吉华办公区（2019 年 12 月摄）

2004 年 12 月，吉华集团收购江苏山峪化工有限公司。翌年 1 月 4 日，更名为江苏吉然化工有限公司。2006 年 7 月 24 日，江苏吉华化工有限公司设立，注册资金 3000 万元。2007 年 11 月 20 日，江苏吉华与江苏吉然合并，注册资金增至 6000 万元。2017 年 3 月 2 日，注册资金增至 2 亿元。

江苏吉华先后建设分散染料生产线、硫酸和 H 酸生产装置，设计为中间体自行配套的染料产能 5 万吨 / 年、蒽醌产能 1 万吨 / 年、硫酸产能 33 万吨 / 年、H 酸产能 2 万吨 / 年。

江苏吉华有 5 个厂区（分别为二、七、八、九、十分厂）。其中，二分厂占地面积 30 万平方米（450.04 亩），建筑面积 2.9 万平方米；七分厂 2 万吨 / 年 H 酸技术改造项目占地面积 7.07 万平方米（106.03 亩），建筑面积 4.54 万平方米；八分厂占地面积 14.82 万平方米（222.34 亩），建筑面积 14.51 万平方米，主要生产分散染料、染料中间体及三废综合处理中心；九分厂占地面积 8.81 万平方米（132.2 亩），建筑面积 4.59 万平方米，建有 33 万吨 / 年硫磺制酸、3000 吨 / 年液体二氧化硫和对位酯系列产品项目；十分厂占地面积 1.36 万平方米（20.43 亩），建筑面积 7074 平方米，建有 1 万吨 / 年固废焚烧项目。

2022 年年底，江苏吉华拥有总资产 10.77 亿、职工 332 人（正常年份 1200 人左右）。建有省级博士后工作站、研究生工作站、工程技术研究中心、企业技术中心等研发机构，

图 4-3 江苏吉华外景（2019 年 12 月摄）

系国家级高新技术企业、省级创新型企业、省民营科技企业、科技型中小企业。年销售收入超 15 亿元、年入库税收超亿元，2016—2018 年连续三年被评为盐城市“五星级企业”。

江苏吉华拥有专利 14 项，主持或参与起草国家和行业标准 6 项，拥有江苏省名牌产品 1 个，盐城市名牌产品 3 个。先后通过质量管理体系、环境管理体系、计量管理体系、职业健康安全管理体系认证。“连续法制备 H 酸工艺技术与装备”分别于 2015 年、2016 年被工业和信息化部和中国染料工业协会鉴定为“国内领先”和“国际先进”。

五、江苏康倍得药业股份有限公司

康倍得公司位于江苏南京江北新区智能制造产业园，致力于创新透皮高端制剂、国内领先的透皮给药研发型制药企业，是当前全亚洲范围内在“透皮贴剂”领域构建完整价值链的首家企业。

2008 年 3 月，丙烯酸基黏合剂组合物及其药物组合物和透皮治疗系统获得核心基质技术中国发明专利授权（专利号：CN20041000394.7），核心基质技术专利获得香港授权（专利号：HK1080397），罗替戈汀透皮贴剂获中国发明专利授权（专利号：CN200710118491.X）和日本专利授权（专利号：JP4883220）。

吉华集团于 2019 年 10 月收购、控股康倍得，导入吉华集团相关管理体系，谋划康倍得新发展规划。2020 年，重建企业质量管理体系，完成整体规划设计、厂房及设备改造、新建质控中心。完成奥昔布宁 3 万贴及卡巴拉汀 10 万贴生产工艺放大研究。聚丙烯酸酯压敏胶、利斯的明透皮贴剂 CDE（国家药品监督管理局药品审评中心）注册申报；通过 MAH（药品上市许可持有人制度），申报马来酸阿法替尼片、枸橼酸托法替布 CDE 注册申报。利斯的明透皮贴剂（自有品种）、妥洛特罗透皮贴剂（自有品种）、氟比洛芬二乙胺盐贴剂（代工）、盐酸雷莫司琼贴剂（代工）4 个贴剂产品的设计产能各 800 万贴 / 年。2022 年年底，占地面积 2.6 万平方米（39 亩），建筑面积 1 万平方米，员工 48 人。

六、杭州吉华进出口有限公司

2000年10月27日，经对外贸易经济合作部〔2000〕外经贸发展审函字第2633号文《关于成立萧山吉华进出口有限公司的批复》批准，同意成立萧山吉华进出口有限公司并赋予进出口经营权。12月，萧山吉华进出口有限公司注册登记，注册资金为1000万元；2001年7月9日，变更为杭州吉华进出口有限公司。

进出口公司是吉华集团旗下的全资子公司，拥有员工30余名，进出口业务成熟，主要经营各类化工产品及技术的进出口业务，自营出口吉华集团下属子公司产品，构建国际销售网络，与国际知名公司合作，建立了长期贸易合作关系，年出口创汇1.8亿美元。出口额和出口量位居行业前列。

七、杭州萧山吉华科技有限公司

吉华科技成立于2017年10月10日，注册资金1000万元，由吉华江东全资控股，经营范围：批发：染料、染料中间体、医药及中间体、涂料及中间体、化工产品（以上除危险化学品及易制毒化学品）；研发：染料技术、医药技术、信息技术；生产、制造：智能机械、生物制药、电子产品、医疗器械；房屋租赁；其他无须审批的一切合法项目。

2017年3月6日，杭州市萧山区旧厂区（房）改造领导小组办公室文件（萧旧改〔2017〕5号）批复《关于杭州吉华江东化工有限公司旧厂区（房）改造专题会议纪要》，同意位于萧山区红山农场创业路1063号，占地面积6.46万平方米（96.96亩）的旧厂区实施改造。同年成立杭州萧山吉华科技有限公司，并将原吉华江东名下的土地、房产转让给吉华科技。2019年5月，旧厂区改造吉华仓储产业园开建，项目总投资8000万元，新建建筑面积2.5万平方米，旧厂房改造1.2万平方米，配套空港仓储物流产业。于2021年10月竣工并取得不动产权证。

2018年8月7日，杭州市萧山区旧厂区（房）改造领导小组办公室文件（萧旧改〔2018〕10号）批复《关于浙江吉华集团股份有限公司旧厂区（房）改造专题会议纪要》，同意位于萧山区红山农场红山大道513号（现萧清大道4026号），占地面积5.13万平方米（76.9亩）和位于萧山区红山农场红山大道550号（现萧清大道4139号），占地面积2.30万平方米（34.5亩）的旧厂区实施改造。同步，上述区块的土地、房产转让给吉华科技办理不动产登记手续。2020年，萧山区政府调整杭州市萧山区旧厂区(房)改造领导小组为杭州市萧山区存量工业用地有机更新领导小组，2020年11月18日，《杭州市萧山区存量工业用地有机更新领导小组办公室文件》(萧更新纪〔2020〕62号)批复《关于杭州萧山吉华科技有限公司存量工业用地有机更新项目专题会议纪要》；2021年3月17日，《杭州市萧山区存量工业用地有机更新领导小组办公室专题会议纪要》(萧更新〔2021〕17号)批复关于吉华(生物)创新产业园建筑设计方案适当调整事宜专题协调会议纪要，对项目的建筑设计，根据生物制药的功能作了相应调整。项目按照"楼宇工厂"的创新发展理念，一次规划，分期实施，项目产业契合临空经济规划产业的人工智能、电子信息、生物医药、医疗器械、研发设计等创新创业共享平台，建设环临空经济圈新兴产业孵化基地。吉华创新产业园一期项目于2020年7月开建，2022年10月竣工，并整体作为空港生物医药产业园(二期项目于2023年2月竣工)。

第三节 注销公司

本节录入以下4家厂(公司)均系吉华集团前身企业，是吉华集团发展史上的重要节点。虽然这些厂(公司)已注销，但很好地印证了吉华发展的足迹。

一、萧山聚氨酯泡沫厂

位于红山农场红山大道南侧，由红山农场于1985年2月投资120万元筹建，建设厂房5600平方米，购入1600毫米发泡机和切片机组1套，同年12月26日投产，年产海绵为600吨。1986年产值为162.31万元，利润25.39万元，职工25人。1987年至1990年，因为产品单一，市场低迷，年产量仅200吨左右，企业基本无效益甚至亏损。

1992年后，先后研制扬声器海绵、阻燃海绵等新产品，产量和产值骤增。1994年11月，萧山聚氨酯泡沫厂"特黑软质聚氨酯泡沫塑料"获杭州市人民政府1993年度科学技术进步奖三等奖。是年，阻燃海绵间接出口至美国、日本等国家和中国台湾地区，进入萧山市一级工业企业行列。

1995年6月，投资100万元，利用空置厂房，增购2200毫米发泡机组1套，当年产量增至1000吨。1995年，拥有固定资产401.96万元，员工134人。1997年6月21日，泡沫厂和联营厂改组吉华化工。1998年1月12日，泡沫厂注销歇业。

二、吉化萧山联营染料厂

位于红山农场红山大道南侧。由红山农场、吉化染料厂和江南工贸联营。1990年12月开始筹建，投资662万元，1991年10月底开始生产，主要产品为分散蓝S-3BG液体。当年实现产值395.65万元，有职工49人。1992年4月，第一台干燥塔投产，始生产分散艳蓝E-4R。后经扩建改造，产能从3000吨增至8000吨/年。

1992年9月，新建设计产能500吨/年的偶氮型合成车间，翌年5月，试生产成功后投入正常运行。是年，进入萧山市一级工业企业行列。1994年4月，江南化工厂建成投产。是年，进入萧山市特级工业企业行列。获萧山市人民政府“外向型经济增长速度奖”。1995年起，吉化染料厂不再参与联营厂的生产经营管理，实行不论盈亏按投资额固定返利。1996年组建中外合资杭州红宝染化有限公司。联营厂占地面积3.3万平方米，建筑面积2万平方米，拥有固定资产3000万元，员工268人，产品畅销浙江、广东、福建、江苏、上海、湖南、辽宁等省市，并销往日本、美国、印度、巴西等国家和中国香港、中国台湾等地区。1997年，吉化染料厂终止联营。是年，联营厂列入全省行业最大工业企业序列。1997年6月21日，联营厂与泡沫厂改组吉华化工，1998年1月12日，联营厂注销歇业。

三、杭州吉华化工有限公司

1997年6月21日，泡沫厂和联营厂召开了职工代表大会，决定改组成立杭州吉华化工有限公司。7月18日，获萧山市农场管理局批复同意。1998年1月登记注册。12月5日，吉华化工投资各方工作会议决定设立三个分厂，分别冠名为泡沫厂（一分厂）、联营厂（二分厂）、染化厂（三分厂）。1999年2月，获自营进出口经营权，收购萧山第三布厂。2002年，建设活性染料生产车间（315车间），2004—2009年，与韩国理禾公司开展活性染料技术合作。2002年，与杭州颜料化工厂合资建设杭州萧山染料化工有限公司生产H酸。2002年，染料产量达3.97万吨，销售收入达10.07亿元。是年，在“杭州市萧山区工业冲千亿活动”中获“突出贡献企业奖”。2003年，在临江工业园区始建“年产10万吨染料及染料中间体迁建项目”。

吉华化工在不断扩大生产规模的同时，向技术领域纵深发展。1998年10月初，成立技术中心。2002年，引进大连理工大学博士简卫。10月，被省人事厅授予“浙江省博士后科研工作站”称号。2003年12月，被人事部授予“博士后科研工作站”称号。是年，被萧山区人民政府认定为2003年度优秀企业技术中心。2006年，被认定为省级企业技术中心。“吉华牌”染料被认定为省名牌产品。

图4-4 吉华化工厂外景（2002年9月摄）

吉华化工经营期间，多年被评为“萧山区百强企业”；2002年“浙江省百强企业”；2004—2006年被列入“全国500强民营企业”。

2009年11月16日，被吉华江东吸收合并后注销。

四、杭州红宝染化有限公司

1995年12月20日，联营厂与宝宁合资组建中外合资杭州红宝染化有限公司，总投资180万美元，注册资金130万美元，联营厂以土地、设备、建筑厂房折价投入，占70%，宝宁美元出资占30%。合资经营分散染料及中间体，规模为年产分散染料2000吨，产品60%以上销往国外，合资年限为15年。

1999年8月7日，红宝染化注册资金由130万美元增至356万美元。其中，吉华化工276万美元，占75%；宝宁39万美元，占11%；香港居民魏天浩50万美元，占14%。2004年3月24日，宝宁11%股权和魏天浩的14%股权转让给吉利德（国际）投资有限公司。2006年3月10日，吉华化工将75%股权转让给吉华集团。股权转让后，吉华集团占75%，吉利德占25%。

红宝染化经营期间，多年获杭州市人民政府出口创汇先进企业“金龙奖”、杭州市外贸投资“双优”企业、杭州市外商投资企业自营出口前30位等荣誉称号与奖项。2007年，因红山农场区域染料停止生产，公司注销。

第五章　基地建设

浙江吉华集团股份有限公司先后建有红山区块、临江区块和江苏区块三大基地，总面积110万平方米（1650亩），其中红山区块208.4亩、临江区块471.3亩、江苏区块970.3亩。基地内建设厂房、设备及自控、水、电、汽等公用设施，配套办公、科研、生活、绿化等设施，为吉华集团发展奠定了坚实的基础。总部位于临江区块，临江区块是整个吉华集团发展的中心。

第一节　红山区块建设

红山区块建有一分厂、二分厂、三分厂、五分厂。红山区块是发源地，为吉华集团后续发展积累了资本与经验。随着企业的发展，先后向临江和江苏区块扩展，至2007年，红山区块生产工厂全部搬离。

一、一分厂

1985年初，由红山农场投资120万元，创建一分厂，建设厂房5600平方米，生产能力为600吨/年海绵。

1. 厂区建设

一分厂设有发泡、切割和沙发制作3个工段。2000年4月13日，更名为杭州萧山吉华聚氨酯染化有限公司，2011年11月，变更为杭州创丽聚氨酯有限公司。2014年年初，整体搬迁至临江工业园区。

图5-1　泡沫厂厂景（2002年9月摄）

主要有 HSLF-2200 型水平自动连续发泡、1500 型立式自动连续发泡生产线各 1 条。

主要生产品种：高回弹海绵、慢回弹海绵、普通家私海绵、扬声器海绵、沙发、枕头。

1985—2013 年一分厂主要设备表

表 5-1

序号	设备名称	型号、规格	材质	台数（台）
1	发泡机组	1600 毫米、2200 毫米、2400 毫米	碳钢	3
2	平切机	6000 毫米、厚度 3 毫米～20 毫米	碳钢	2
3	圆盘平切机	6000 毫米	碳钢	2
4	圆泡切割机	2～10 毫米	碳钢	2
5	立切机	2000 毫米、1500 毫米	碳钢	5
6	催化剂料罐	100～500 升	不锈钢	16
7	TDI 储罐	75 立方米	碳钢	2
8	聚醚罐	20 立方米、30 立方米、50 立方米	玻璃钢、碳钢	3
9	TDI 中间罐	2 立方米、5 立方米、8 立方米	搪玻璃、碳钢	7
10	液体二氧化碳	3 立方米	碳钢	1

2. 配套设施建设

供水：生活等用水接自市政自来水管网，供水口径为直径 100 毫米，日用水量 100 吨左右。生产、消防用水取自先锋河。

供电：从国网萧山供电公司 10 千伏红山变电站接入，配置容量 400 千伏安，后改造设置容量为 200 千伏安。

供热：接自红山热电厂，供汽压力为 0.8 兆帕，温度为 200℃。

办公生活设施：办公楼 1728 平方米，食堂 448 平方米，宿舍 2072 平方米，车位 1000 平方米。

3. 绿化美化

办公区绿化面积 1200 平方米，生产区绿化面积 1000 平方米，主要花木品种有樟树、桂花、罗汉松、雪松、紫薇、蜡梅等。投资 40 万元。

二、二分厂

1990 年 12 月，由红山农场、吉化染料厂和江南工贸三方联营，组建吉化萧山联营染料厂。1995 年 12 月，与宝宁合资组建中外合资杭州红宝染化有限公司。下设分散染料后处理车间（以下简称203车间）、偶氮型分散染料合成车间（以下简称204车间）、蒽醌型分散染料合成车间（以下简称205车间）、质检、化验室及配套公用设施。

图5-2 联营厂厂景（2002年9月摄）

1. 厂区建设

第一期建设203车间，投资662万元，建筑面积6000平方米。1994年，在车间西南面地坑、原砂磨岗位及三楼加料层增加砂磨锅、调料锅等设备，并对干燥塔进行改造，增加喷头，扩展雾化区，加装电加热提高热风入口温度。产能从原来的3000吨增至8000吨/年；1995年，在原锅炉房改造扩散剂MF生产线，产能3000吨/年，1997年增加木质素磺酸钠生产线，产能2000吨/年，与扩散剂MF复配使用。

主要有T101、T201、T301、T401、T501、T601干燥系统及分散染料液体系列、扩散剂MF、木质素磺酸钠生产线9条。

主要生产品种：分散蓝S-3BG，分散红S-5BL、2GH、S-3GL，分散橙S-4RL、SE-GL，分散艳蓝E-4R，分散黄E-3RL，扩散剂等。

1990—2007年二分厂（一期）203车间主要设备表

表5-2

序号	设备名称	型号、规格	材质	台数（台）
1	打浆锅	3000升	碳钢衬砖	6
2	打浆贮料锅	10000升	聚丙烯	6
3	砂磨锅	3000升	碳钢衬砖	54
4	立式砂磨机	80升	不锈钢	2
5	分级机	流量2吨/小时	不锈钢	4
6	高位槽	10000升	不锈钢	4
7	调料锅	12000～50000升	不锈钢	12
8	缓冲锅	20000升	不锈钢	6
9	干燥塔	直径2500～5000毫米	不锈钢	6
10	料仓	15立方米	碳钢	6
11	混合器	15立方米	碳钢	6

续表 5-2

序号	设备名称	型号、规格	材质	台数（台）
12	磺化釜	3000 升	搪瓷锅	4
13	中和釜	10000 升	碳钢衬砖	2
14	木质素磺化釜	50000 升	碳钢	1
15	压滤机	200 平方米	聚丙烯	2
16	原料储罐	30 ～ 300 立方米	碳钢、聚丙烯	8

第二期建设 204 车间，建筑面积 4500 平方米，1993 年 5 月建成投产；1996—2001 年，对车间进行 2 次扩产改造，新增酯化釜、醋酸回收釜、重氮釜、偶合釜、压滤机等设备，原染料产能从初建时的 500 吨 / 年提增至 3000 吨 / 年。2008 年，整体搬迁至临江区块。

主要有偶氮型分散染料合成及配套酯化、羟化生产线 12 条。

主要生产品种：C.I. 分散蓝 79、183，C.I. 分散红 167、50、54、153、152，C.I. 分散橙 30、29、61，C.I. 分散紫 93，C.I. 分散黄 23 等。

1993—2007 年二分厂（二期）204 车间主要设备表

表 5-3

序号	设备名称	型号、规格	材质	台数（台）
1	重氮釜	3000 ～ 5000 升	搪玻璃、不锈钢	15
2	偶合釜	5000 ～ 90000 升	玻璃钢、聚丙烯	12
3	溶解锅	5000 升	玻璃钢	2
4	酯化釜	1000 ～ 5000 升	不锈钢	4
5	稀释锅	3000 升	搪玻璃	1
6	醋酸回收锅	5000 升	不锈钢	1
7	转晶锅	40000 升	聚丙烯	2
8	压滤机	60 平方米、100 平方米、200 平方米、600 平方米	碳钢、聚丙烯	20
9	原料储罐	10 ～ 50 立方米	碳钢、聚丙烯、不锈钢	12

第三期建设 205 车间，1994 年 4 月建成投产，建筑面积 3000 平方米；1996 年，拆除 2 条偶氮型染料合成生产线，增加了一硝化釜、缩合釜、2，4- 二硝基苯酚回收等设备。1999 年，根据一硝化和二硝化的物料特性，扩大设备体积，改进工艺，简化生产流程，缩合物由纯硫酸溶解改为混酸溶解，减少了硫酸消耗。将耙式干燥换成气流干燥，

安全性得到提高。对硝化釜、精制锅、缩合釜、压滤机等设备进行扩大。经过二次改造，C.I.分散蓝 56 产能从 380 吨 / 年提高到 1650 吨 / 年。

主要由 2 条偶氮型、1 条蒽醌型调整为 C.I.分散蓝 56 一条生产线。

主要生产品种：C.I.分散蓝 56 原染料、1，8- 二硝基蒽醌；副产 2，4- 二硝基苯酚。

1994—2007 年二分厂（三期）205 车间主要设备表

表 5-4

序号	设备名称	型号、规格	材质	台数（台）
1	一硝化釜	15000 升	不锈钢	2
2	管式过滤器	12000 升	不锈钢	2
3	精制锅	40000 升	不锈钢	1
4	缩合釜	5000 升	碳钢	4
5	耙干机	2000 升	不锈钢	6
6	二硝化釜	25000 升	不锈钢	3
7	二硝化析出锅	40000 升	不锈钢	2
8	水解釜	40000 升	不锈钢	4
9	碱水配制锅	10000 升	不锈钢	1
10	2,4- 二硝基苯酚析出锅	40000 升	玻璃钢	1
11	还原釜	40000 升	不锈钢	2
12	气流干燥机	2000 升	不锈钢	1
13	溴化配制锅	5000 升	不锈钢	1
14	溴化釜	10000 升	搪瓷	4
15	压滤机	200 平方米、600 平方米	聚丙烯	20
16	亚胺釜	5000 升	不锈钢	2
17	153 硫脲釜	5000 升	搪瓷	1
18	153 缩合釜	5000 升	搪瓷	1

2. 配套设施建设

供水：自来水接自市政管网，主要供生活、化验室及各车间非生产用水。先锋河取水用于各车间工艺水，冷却水、压滤机用水。利用 203 车间冷却水，设 660 立方米石砌水池，满足全厂消防系统用水。

供电：由国网萧山供电公司供应，从 35 千伏红山变电站接入，分厂设 800 千伏安、630 千伏安变压器各 1 台，2 台并联运行。

供热：蒸汽由红山热电厂供给，压力为 0.8 兆帕，温度为 200℃，能满足全厂生产要求。

供冷、供冰：配有 10 万大卡螺杆机 2 台，25 万大卡螺杆机 2 台，可制冰 80 吨 / 日，-10℃～ -15℃的冷冻盐水 100 立方米 / 小时。

“三废”处理：配设 180 立方米高浓度废水混凝土防腐高位池 1 个，石砌 460 立方米低浓度集水池和 60 立方米排放池各 1 个。200 立方米 / 小时排污塑料泵 2 台（一开一备）。直径 250 毫米玻璃钢排污管道送至污水处理站集中处理。

办公生活设施：综合办公楼、招待所、食堂，建筑面积 2050 平方米。三层综合楼 1 幢，建筑面积 864 平方米，作为分厂产品开发、化验分析、车间办公等。四层技术中心楼 1 幢，建筑面积 2000 平方米（1997 年以前用于一、二分厂办公及质检、化验等，1998 年改为吉华化工技术中心）。配套职工宿舍 1 幢，建筑面积 2136 平方米。

3. 绿化美化

办公、生活区绿化面积 8750 平方米，生产区绿化面积 1000 平方米，主要花木品种有樟树、桂花、月季、紫薇、芙蓉、罗汉松、雪松等，投资 190 万元。

三、三分厂

1997 年初，收购杭州钱江制药厂，占地面积 6.46 万平方米，启动 5 个改造小组，齐头并进将原制药厂房、设备设施改造为染料及中间体的生产装置，建设分散染料后处理车间（以下简称 310 车间）、分散原染料合成车间（以下简称 311 车间）、染料中间体合成车间（以下简称 312 车间）、公用设施车间（以下简称 313 车间）、还原物生产车间（以下简称 317 车间）、活性染料合成车间（以下简称 315 车间）及质检化验室。

图 5-3 收购杭州钱江药厂时厂景（1997 年 5 月摄）

1. 厂区建设

310 车间

1997 年 1 月进行改造，同年 7 月改造完成试生产。2000 年后又增加打浆锅、砂磨锅、调料锅等设备，商品染料产能8000吨/年，同时配套4条扩散剂MF生产线，产能6000吨/年。2002年，扩建310-2工段，商品染料产能提高到2万吨/年。

主要有T701、 T801、T901、T1001、T1101、T1201、T1301、T1401、T1501、T1601、T1701、T1801干燥系统及分散液体、扩散剂MF14条生产线。

主要生产品种：分散黑EX-SFA系列、分散黑ECO系列、分散蓝S-3BG、分散红S-5BL、分散橙2RL、配套液体、扩散剂等。

1997—2007年三分厂310车间主要设备表

表5-5

序号	设备名称	型号、规格	材质	台数（台）
1	打浆锅	3000～8000升	碳钢衬砖	12
2	打浆贮料锅	10000升	碳钢、聚丙烯	12
3	砂磨锅	3000升	碳钢衬砖	48
4	砂磨锅	8000升	碳钢衬砖	32
5	立式砂磨机	250升	不锈钢	4
6	均质机	流量2吨/小时	不锈钢	12
7	高位槽	20000升	不锈钢	12
8	调料锅	12000～35000升	不锈钢	15
9	缓冲锅	30000～60000升	不锈钢	12
10	干燥塔	直径3000～5000毫米	不锈钢	12
11	料仓	10立方米	碳钢	16
12	混合器	10立方米	碳钢	8
13	隔膜泵	25～45型	不锈钢	12
14	磺化釜	12000升	搪瓷锅	4
15	中和釜	20000升	碳钢衬砖	2
16	压滤机	600平方米、100平方米	聚丙烯	2
17	木质素磺化锅	50000升	碳钢	1
18	压滤机	200平方米	聚丙烯	1
19	储罐	30～300立方米	碳钢、聚丙烯、不锈钢	10

311车间

1997年年初开始改造，同年6月改造完成试生产，原染料产能1万吨/年。

主要有偶氮型分散合成染料系列生产线10条。

主要生产品种：C.I. 分散蓝 291:1、79、291，C.I. 分散紫 93，C.I. 分散橙 29、30、288、61，C.I. 分散红 73、74、167、50、 54、153、152 等。

1997—2007 年三分厂 311 车间主要设备表

表 5-6

序号	设备名称	型号、规格	材质	台数（台）
1	重氮釜	1000 ~ 2000 升	搪瓷、不锈钢	16
2	偶合釜	20000 ~ 50000 升	玻璃钢、聚丙烯	10
3	溶解锅	5000 升	玻璃钢	2
4	酯化釜	5000 升	不锈钢	6
5	稀释锅	3000 升	搪瓷	2
6	醋酸回收锅	5000 升	不锈钢	1
7	苄基化釜	12000 升	钢衬砖	2
8	转晶锅	4000 升	不锈钢、聚丙烯	6
9	热水储罐	50 立方米	碳钢	2
10	压滤机	250 平方米	碳钢	25
11	原料储罐	10 ~ 50 立方米	碳钢、聚丙烯、不锈钢	15

312 车间

1997 年年初开始改造，同年 11 月改造完成试生产，染料中间体产能 1.5 万吨 / 年，部分产品送二分厂使用。

主要有羟化反应、酯化反应、烷基化反应、硫脲、亚硝酰硫酸、盐酸盐等生产线 10 条。

主要生产品种：N- 氰乙基苯胺、N- 氰乙基 -N- 羟乙基苯胺、N,N- 二乙酰氧乙基 -2- 甲氧基 -5- 乙酰氨基苯胺、N,N- 二乙酰氧乙基 -3- 乙酰氨基苯胺、N,N- 二烯丙基 -2- 甲氧基 -5- 乙酰氨基苯胺、N,N- 二乙基 -3- 乙酰氨基苯胺、4- 硝基苯基硫脲、2- 氨基 -5,6- 二氯苯并噻唑、亚硝酰硫酸、间氨基乙酰苯胺盐酸盐等。

1997—2007 年三分厂 312 车间主要设备表

表 5-7

序号	设备名称	型号、规格	材质	台数（台）
1	羟化釜	3000 升	不锈钢	2
2	氰化釜	10000 升	不锈钢	5

续表 5-7

序号	设备名称	型号、规格	材质	台数（台）
3	氰化析出锅	10000 升	搪瓷	2
4	酯化釜	3000 升	不锈钢	4
5	盐酸盐釜	20000 升	玻璃钢	1
6	析出锅	12500 升	搪瓷	1
7	盐酸盐反应釜	90000 升	玻璃钢	1
8	盐酸盐结晶釜	90000 升	玻璃钢	2
9	盐酸盐储存锅	100000 升	玻璃钢	2
10	291:1 反应釜	15000 升	不锈钢	4
11	291:1 析出锅	25000 升	碳钢	1
12	硫脲釜	8000 升	搪玻璃	3
13	配硫氰酸铵锅	8000 升	搪玻璃	1
14	配硫氰酸铵锅	3000 升	搪玻璃	1
15	亚硝酰硫酸反应釜	5000 升	不锈钢	6
16	93:4 反应釜	10000 升	搪瓷	3
17	93:4 打浆、析出锅	15000 升	玻璃钢	2
18	氰化母液罐	10 立方米	玻璃钢	5
19	储罐	10 立方米	铝	3
20	储罐	20 立方米	聚丙烯	2
21	储罐	15 立方米	碳钢	7
22	还原物储罐	40 立方米	不锈钢	1
23	亚硝酰硫酸成品槽	10 立方米	不锈钢	2

317 车间

1997 年 6 月开始建设，翌年 5 月试生产，还原物产能 4500 吨 / 年，配套 C.I.分散蓝 291:1、79 等中间体生产。

主要有酰化、硝化、还原反应生产线。

主要生产品种：还原物。

1997—2007年三分厂317车间主要设备表

表5-8

序号	设备名称	型号、规格	材质	台数（台）
1	酰化釜	20000升	不锈钢	3
2	硝化釜	10000升	不锈钢	4
3	还原釜	30000升	碳钢衬砖	4
4	析出锅	60000升	聚丙烯	2
5	吸滤槽	20000升	聚丙烯	12
6	结晶釜	10000升	不锈钢	12
7	导热油锅炉	2吨	碳钢	3

315车间

2002年开始建设，翌年5月试生产，活性染料产能5000吨/年，建筑面积2400平方米，分3个工段，一工段生产偶氮型活性染料，二工段生产蒽醌型活性染料，三工段为压滤机区域。

主要有偶氮、蒽醌型活性染料系列合成生产线6条。

主要生产品种：C.I.活性红239、C.I.活性黑5、C.I.活性黄160、C.I.活性黄72、C.I.活性黄176、C.I.活性橙56、C.I.活性橙131、C.I.活性蓝203、活性橙W、活性橙AW、活性橙NW等。

1997—2007年三分厂315车间主要设备表

表5-9

序号	设备名称	型号、规格	材质	数量（台）
1	高速打浆锅	5000升	不锈钢	1
2	溶解锅	10000升	聚丙烯	4
3	偶合釜	30000升	聚丙烯	5
4	缩合釜	20000升	聚丙烯	4
5	重氮釜	30000升	玻璃钢	5
6	分散锅	10000升	不锈钢	2
7	贮料锅	40000升	聚丙烯	9
8	压滤机	300平方米	碳钢	6

2.配套设施建设

供水：生活等用水接自市政自来水管网，供水口径为直径100毫米，日用水量

1000 吨左右。生产、消防用水，取自抢险湾，日取水量春冬季 6000 吨，秋季 8000 吨，夏季 1 万吨。

供电：分别从国网萧山供电公司的 35 千伏红山变红水线和 35 千伏左山变双潮线接入。总容量为 6400 千伏安（4 台 1600 千伏安变），配备 10 千伏供电 3 座。实行双路供电。

供热：接自红山热电厂，供汽压力为 0.8 兆帕，供热温度为 200℃。

供冷、供冰：配有 50 万大卡螺杆机 4 台，25 万大卡螺杆机 1 台，35 万大卡活塞机 3 台，总装机 330 万大卡，制冰 250 吨 / 日，-10℃～ -15℃的冷冻盐水 100 立方米 / 小时。

“三废”处理：1997 年，三分厂投资 500 万元建设污水处理站，新建原水调节池、澄清池、水解池、气浮塔、SBR 生化池、沉淀池、排放池等综合污水处理及水质监控系统。2005 年对生化系统升级改造，对 SBR 生化池的曝气设施更新和工艺流程进行了技术调整，把原来的并联改成串联方式，保证充足的停留时间，使生物处理更加充分，并投资 300 万元在二沉池前段新增了二氧化氯发生器等，确保系统稳定运行，达标接入政府污水处理厂。提升改造后处理能力达 5000 吨 / 日。

办公生活配套设施：办公楼 3000 平方米，食堂 500 平方米，宿舍 3300 平方米，车库 1799 平方米。

3. **绿化美化**

办公生活区绿化面积 4600 平方米，生产区绿化面积 1600 平方米，主要花木：樟树、桂花、龙柏、黄杨等，投资 125 万元。

四、五分厂

2005 年 5 月，租用一分厂 448 平方米空置的食堂厂房，投资 280 万元，建设生产线 1 条，可生产不粘涂料 500 吨 / 年。

2006 年 6 月搬迁至三分厂，投资 1500 万元，建筑面积 6000 平方米，可生产不粘涂料 2000 吨 / 年。

主要有元素有机氟类涂料、元素有机硅类涂料生产线各 1 条。

图 5-4　杭州吉华高分子材料公司外景（2006 年 10 月摄）

主要生产品种：水性工业用纳米涂料、水性聚四氟乙烯涂料、耐高温高固份不粘涂料。

2005—2013 年五分厂主要设备表

表 5-10

序号	设备名称	型号、规格	材质	台数（台）
1	搅拌锅	1000 升	不锈钢	10
2	卧式研磨机	30 升	不锈钢	2
3	篮式研磨机	500 升	不锈钢	2
4	调浆锅	1000 升	不锈钢	10
5	震动包装机	ZD400	不锈钢	2

五分厂生产、生活配套都使用原一分厂、三分厂的供电、供汽、供水及办公、住宿等辅助设施。

第二节 临江区块建设

2003 年始，吉华集团在临江区块建设杭州吉华江东化工有限公司。2012 年后一分厂、五分厂由红山区块整体搬入，临江区块成为吉华集团的重要发展基地。

一、一分厂

2012 年 10 月 15 日，一分厂“年产 1.5 万吨功能性新型特种软质聚氨酯泡沫塑料项目”备案并始建，2014 年年初由红山区块整体搬迁到临江区块。2017 年 3 月，“环切深加工 8000 吨环保型高端车用 PU 绵技改项目”备案并始建。2020 年 10 月，完成竣工验收。占地面积 2.21 万平方米（33.2 亩），建筑面积 3.73 万平方米。

主要有 HSLF-2400 型水平自动连续发泡生产线，1500 型立式自动连续发泡生产线各 1 条。

主要生产品种：高回弹海绵、慢回弹海绵、普通家私海绵、扬声器海绵、汽车内饰复合海绵、模塑定型海绵。

2014—2022年一分厂主要设备表

表 5-11

序号	设备名称	规格及型号	材质	台数(台)
1	半自动水平切割机	10×3×3.8米	碳钢	3
2	半自动圆盘切割机	直径8.0×2.4米	碳钢	1
3	立切机	3×3×2.5米	碳钢	4
4	横刀异形切割机	5 ×2.2 ×2.2米	碳钢	1
5	竖刀异形切割机	10×5.8×3.15米	碳钢	1
6	圆泡打孔机	4×1.5×1.6米	碳钢	1
7	转盘式模具定型海绵生产线	直径6×1.2米	碳钢	2
8	路轨切割机	90×4.2×2.3米	碳钢	2
9	TDI储罐	4.5立方米、5立方米、76立方米	碳钢	3
10	TDI中间罐	5立方米	搪玻璃	2
11	聚醚罐	100立方米、180立方米、200立方米	碳钢	4
12	聚醚罐	3立方米、5立方米、10立方米、20立方米	碳钢	9

二、五分厂

2012年8月，五分厂“年产2万吨环保型功能性特种涂料项目”备案并始建，一期于2014年5月开始建设，2016年9月始产。项目总投资2.4亿元，占地面积1.8万平方米（27亩），建筑面积1.53万平方米，年产能1万吨。

主要有元素有机氟类涂料和元素有机硅类涂料，聚酯改性有机硅树脂生产线各1条。

主要生产品种：水性工业用纳米涂料、水性聚四氟乙烯涂料、耐高温高固份不粘涂料、聚酯改性有机硅树脂。

2014—2022年五分厂主要设备表

表 5-12

序号	设备名称	型号、规格	材质	台数(台)
1	聚酯合成反应釜	1000升、1500升、3000升	不锈钢	6
2	调漆锅	6300升、3000升	不锈钢	5
3	搅拌滴加罐	2000升、1000升	不锈钢	2
4	有机硅反应釜	1500升	不锈钢	1
5	脱水、聚合、乳化釜	500～3000升	不锈钢	4
6	蒸馏脱溶釜	3000升	不锈钢	1

续表 5-12

序号	设备名称	型号、规格	材质	台数（台）
7	合成精馏塔	直径 273×2500 毫米	不锈钢	2
8	脱水冷凝器	BEM300-0/0.3-7-1.5/19-1	不锈钢	7
9	导热油换热器	BIU500-0.3/0.3-30-2/25	不锈钢	5
10	高位槽	1500 升、2500 升	不锈钢	7
11	搪玻璃釜	600 升	搪玻璃	2
12	高纯水装置	1.5 吨 / 小时	组合件	1
13	高速预分散机	FL11、FL2.2、FL3、FL5.5	组合件	31
14	冷水机	SPIW-10	组合件	1
15	水性、油性砂磨机	SWS-30、SPIW-10、ZFM-25	组合件	21
16	拉缸	350 ～ 1000 升	不锈钢	50
17	树脂罐	1 立方米	不锈钢	6
18	色浆罐	1 立方米	不锈钢	40
19	溶剂中间罐	2.5 立方米	不锈钢	6
20	原料储罐	30 ～ 50 立方米	不锈钢	12

三、六分厂

2003 年 3 月，在临江区块始建六分厂，总投资 16.98 亿元，占地面积 22.51 万平方米（337.6 亩），建筑面积 11.5 万平方米。下设：分散染料后处理车间（以下简称 601 车间）、活性染料后处理车间（以下简称 602 车间）、污水处理站（以下简称 604 车间）、公用设施车间（以下简称 605 车间）、分散染料合成车间（以下简称 607 车间）、活性染料合成车间(以下简称 608 车间)、小品种分散染料合成车间(以下简称 609 车间)、中间体合成车间（以下简称 610 车间）、综合性合成车间（以下简称 615 车间）及质检化验室。

1. 厂区建设

601 车间

601 车间由四个生产区域组成，分别为一、二、三工段和扩散剂工段。经过 10 多年的发展，具备生产粒状、液状、浆状三大类分散染料 200 多个品种，产能粒状 3.2 万吨 / 年， 液状、浆状 1.8 万吨 / 年（折百）。扩散剂 MF 产能 1.3 万吨 / 年、木质素磺酸钠产能 1.2 吨 / 年。一工段于 2004 年建成，二工段于 2015 年建成，三工段于

2019年建成，扩散剂MF工段于2004年建成。

主要有T2001、T2101、T2201、T2301、T2401、T2501干燥系统及浆、液状各档分散染料，扩散剂MF、木质素磺酸钠等生产线9条。

主要生产品种：分散红SE-GL、分散红S-5BL、分散红GS、分散橙S-4RL、分散橙SE-RFL、分散橙2RL、分散蓝S-3BG、分散蓝ECO-G、分散蓝SE-5R、分散黑EX-SFA等系列粒状分散染料和各色谱的浆、液状系列产品。

2003—2022年六分厂601车间主要设备表

表5-13

序号	设备名称	型号、规格	材质	台数（台）
1	打浆锅	10000升	不锈钢	13
2	打浆贮料锅	30000升	不锈钢	21
3	砂磨锅	8000升	不锈钢	95
4	前备锅	30000升	不锈钢	20
5	中质机	F2000	不锈钢	24
6	高位槽	15000升	不锈钢	35
7	调料锅	30000升	不锈钢	44
8	缓冲锅	90000升	不锈钢	6
9	干燥塔	直径6300×40500毫米	不锈钢	6
10	混合器	20立方米	不锈钢	10
11	包装机	LCS-25	不锈钢	2
12	砂磨机	WS400	不锈钢	6
13	成品锅	90000升	不锈钢	14
14	磺化釜	6000升	搪瓷	4
15	缩合釜	12000升	搪瓷	4
16	中和釜	20000升	钢衬砖	2
17	压滤机	200平方米	聚丙烯	2
18	储罐	30～700立方米	碳钢、聚丙烯、不锈钢	8

602车间

2005年1月建成始产，产能3万吨/年。2006年，增设10平方米薄膜蒸发器4套。2008年，将湿除尘改为布袋除尘。2015年，增设低温浓缩MVR系统一套，提高染料喷前含固量。

主要有 T2601、T2701、T2801、T2901、T3001、T3101、T3201、T3301 干燥系统生产线 8 条。

主要生产品种：活性红 3BFN、活性红 2BN、活性红 EP、活性红 6BL、活性红 SD、活性黄 3RFN、活性黄 RNL、活性黄 S-3R、活性黄 RGN、活性嫩黄 4GL、活性蓝 BF、活性蓝 RGN、活性蓝 GG、活性蓝 KNB、活性蓝 WNN、活性蓝 HG、活性蓝 WM、活性橙 2RH、活性橙 HE-R、活性橙 RGN 等。

2003—2022 年六分厂 602 车间主要设备表

表 5-14

序号	设备名称	型号、规格	材质	台数（台）
1	薄膜蒸发器	20 平方米	不锈钢	4
2	MVR 系统	3.5 立方米 / 小时	不锈钢	1
3	缓冲锅	50000 升	聚丙烯	4
4	缓冲锅	70000 升	不锈钢	4
5	干燥塔	直径 5000×45000 毫米	不锈钢	8
6	混合器	20 立方米	不锈钢	11
7	料仓	20 立方米	不锈钢	8

604 车间

为污水处理车间，2003 年投资 800 万元，建设设计能力为 5000 吨 / 日，具备收集、物化、生化等功能的综合污水处理系统。

2012 年，投资 650 万元，对生化系统进行升级改造，新建水解酸化池、接触氧化池、BAF 池等。

2018 年，投资 6000 万元，再次对整个污水处理系统、水处理污泥处理系统、废气吸收处理系统进行综合提升改造。新建一期、二期 DFMO 预氧化池 +BCGR 池、加药系统、BCGR 配套设备、污泥处理单元、A/O 单元曝气风机、臭氧发生单元、尾气处理单元、中控室、管架工程等设施。同时对原水均质池、BAF 池、污泥浓缩池、BCGR 生物培育池、A/O 池、固废仓库进行提升改造，由第三方苏州清然环保科技公司进行 BOT 运营，确保稳定达标运行，污水站提升改造后，污水处理能力达 5000 吨 / 日。

2. 配套设施建设

六分厂生产区办公面积 488 平方米。设副总经理（生产副厂长）及各车间办公室、会议室等。

吉华集团有11层办公楼1幢，建筑面积1.05万平方米。一楼为食堂及安全环保部、人力资源部；二楼为六分厂和集团供、销等部门行政办公；三楼为一、五分厂行政办公；七楼为吉华集团行政办公；八、九楼为干部值班用房。二层技术中心1幢，建筑面积5096.8平方米。

宿舍配置：临江区块有宿舍3幢，建筑面积2.26万平方米，设房间500个，配有线电视、网络入室。生活区设有便民超市、员工浴室、便民饭店。设汽车位70个，电动、摩托车停车区1700平方米。

3.绿化美化

六分厂建设时根据临江工业园区管委会花园式工厂的要求、厂区绿化面积4.16万平方米，其中办公生活区绿化1.56万平方米，一、五、六分厂生产区绿化2.60万平方米。种植的主要花木有罗汉松、樟树、白杨、雪松、水杉、桂花、月季、夹竹桃、芙蓉、茶梅、茶花等，一年四季有绿有花，投入资金800万元。

605车间

2003年投入运行，为六分厂的公用设施车间，由水、电、气、仪表、冷冻水、制冰、罐区、导热油锅炉组成。有罐区3处，存储各种液体原料的40个储罐总计库容量8850立方米。2021年，建设5万立方米/小时的RTO焚烧炉，接入各车间有机废气焚烧处理，达标排放。

自动化：实行控制中心和车间二级控制组成，配置视频监控投屏，DCS、SIS、FGS，人员定位，可燃有毒气体GDS系统。

供水：分生活与生产用水，生活用水由市政管网供水，生产用水由厂泵站输送至各车间。消防系统由电力、柴油双动力供能及泡沫消防装置、集中消防控制系统等组成，能够满足消防的使用要求。

供电：由国网浙江综合能源服务有限公司提供，由35千伏东梅变电站和10千伏勤业变电站（安保电源）分别接入吉华35千伏变电站，变压为10千伏后输送至生产区的1号、2号、3号、4号变电站变压后供各车间使用。

供热：蒸汽由杭州临江环保热电有限公司提供，供汽压力为0.8兆帕，供热温度为200℃。

供冷、供冰：提供 -15℃冷冻盐水、7℃循环冷却水，能满足各生产车间的使用要求。配套 5 条制冰生产线日制冰 160 吨，能满足车间用冰要求。

一分厂、五分厂的电、水、汽、冷冻都由六分厂提供配套。

2003—2022 年六分厂 605 车间主要设备表

表 5-15

序号	设备名称	型号、规格	材质	台数（台）
1	冷冻盐水机组	RWK11-100BCEACBY3335	碳钢	2
2	氨螺杆压缩机组	LG20CAB	碳钢	2
3	氨螺杆压缩机组	KA25CBMYZ	碳钢	5
4	薄膜蒸发器	直径 710×4160 毫米	碳钢	7
5	蒸发式冷凝器	L6000×W3200×H4700	碳钢	8
6	干式蒸发器	直径 830×8770 毫米	碳钢	2
7	闭式冷却塔	FB-450F	不锈钢	8
8	液氨输送泵	流量 6.2 立方米 / 小时，扬程 40 米	碳钢	6
9	冷冻盐水槽	100000 ～ 280000 升	玻璃钢、碳钢	6
10	冷水机组	LG16F、LSC150B1A	碳钢	2
11	低温水槽	190000 升	玻璃钢	1
12	循环水泵	流量 50 立方米 / 小时，扬程 45 米	不锈钢	2
13	内循环水泵	流量立方米 / 小时，扬程 18 米	不锈钢	2
14	外循环水泵	流量立方米 / 小时，扬程 35 米	不锈钢	3
15	循环水槽	190000 升	玻璃钢	1
16	循环水膨胀槽	10000 升	不锈钢	2
17	空压机	SVA110W、HJN-250M、VSC55W	碳钢	7
18	冷冻式干燥器	VSD-250WC	碳钢	6
19	变压吸附式干燥机	WXF-20Y	碳钢	2
20	微热吸附式干燥机	JYXW-20	碳钢	2
21	变压吸附制氮装置	DPD-80-99.9%-7	碳钢	2

607 车间

2003 年开始建造，2004 年 6 月投入生产，产能 1. 7 万吨 / 年。2015 年，增设 C.I. 分散蓝 60 配套的隐色体生产线，同年新增逆流梯度水洗系统和在车间楼顶安装管式制冰机三套。2017 年，淘汰开式压滤机，全部更新为隔膜压滤机。2020 年，完成自动化改造，新增中水回用系统。2021 年，对废气吸收设施进行改造，将有机废气接入 RTO 焚烧系统。

主要有偶氮型分散合成配套苄基化、卤化等生产线 15 条。

主要生产品种：C.I. 分散橙 30、C.I. 分散橙 61、C.I. 分散橙 73、C.I. 分散橙 288、C.I. 分散橙 30-3、C.I. 分散蓝 291:3、C.I. 分散蓝 79、C.I. 分散蓝 79:1、C.I. 分散蓝 183、C.I. 分散紫 94:4、C.I. 分散紫 93、C.I. 分散红 73 等系列品种。

2003—2022 年六分厂 607 车间主要设备表

表 5-16

序号	设备名称	型号、规格	材质	台数（台）
1	重氮釜	6500 升	不锈钢	12
2	偶组溶解锅	16000 升	玻璃钢	4
3	对硝溶解锅	10000 升	玻璃钢	1
4	酰化釜	3000 升	搪玻璃	2
5	溴化釜	3000 升	搪玻璃	2
6	重氮釜	6000 升	搪玻璃	7
7	苄基化釜	20000 升	碳钢衬砖	2
8	偶合釜	65000 升	玻璃钢	15
9	分散锅	20000 升	不锈钢	1
10	打浆锅	12000 升	不锈钢	14
11	转型锅	30000 升	聚丙烯	3
12	水洗槽	20000 升	聚丙烯	50
13	压滤机	XAGZ560/1600-U	聚丙烯	15
14	原料贮槽	60000 升	碳钢	3
15	亚胺槽	60000 升	不锈钢	1
16	盐酸槽	60000 升	玻璃钢	1
17	氢溴酸槽	20000 升	聚丙烯	1
18	氯化苄槽	30000 升	聚丙烯	1
19	醋酸槽	20000 升	不锈钢	1
20	稀酸槽	60000 升	钢衬四氟	1
21	酯化液槽	20000 升	聚丙烯	2
22	亚胺槽	15000 升	不锈钢	1
23	管式制冰机	T500W129	组合件	3

608 车间

2005 年 1 月建成始产，主要生产活性及酸性、直接染料。2016 年进行设备改造，增设反渗透膜等设备，与亨斯迈合作生产活性超级黑 G 等产品。2018 年，完成自动化改造。

主要有活性、酸性、直接系列染料生产线 10 条。

主要生产品种：C.I. 活性红 239、C.I. 活性红 194、C.I. 活性红 198、C.I. 活性红 278、C.I. 活性红 111、C.I. 活性黄 176、C.I. 活性黄 131、C.I. 活性黄 72、C.I. 活性黄 205、C.I. 活性黄 160、C.I. 活性蓝 222、C.I. 活性蓝 203、C.I. 活性黑 5、C.I. 活性橙 127、C.I. 活性橙 201、C.I. 活性橙 84 等。

2003—2022 年六分厂 608 车间主要设备表

表 5-17

序号	设备名称	规格、型号	材质	台数（台）
1	偶合釜	19000 ~ 72000 升	聚丙烯	26
2	偶合釜	26000 升	不锈钢	2
3	偶合釜	65000 升	玻璃钢	2
4	重氮釜	45000 升	玻璃钢	2
5	重氮釜	6000 ~ 15000 升	聚丙烯	11
6	重氮釜	10000 升、17000 升	碳钢	2
7	重氮釜	4000 ~ 17000 升	不锈钢	2
8	高速打浆锅	5000 ~ 19000 升	不锈钢	8
9	溶解锅	5000 ~ 36000 升	聚丙烯	7
10	溶解锅	3000 ~ 8000 升	不锈钢	6
11	溶解锅	3000 ~ 5000 升	搪玻璃	3
12	调色锅	55000 ~ 100000 升	玻璃钢	17
13	贮料锅	25000 ~ 48000 升	玻璃钢	5
14	贮料锅	24000 ~ 135000 升	聚丙烯	31
15	脱水锅	7000 升	搪玻璃	4
16	碱偶釜	50000 升	聚丙烯	4
17	转型锅	50000 升	聚丙烯	2
18	酸偶釜	38000 ~ 42500 升	聚丙烯	5
19	对位酯打浆锅	36000 升	聚丙烯	1

续表 5-17

序号	设备名称	规格、型号	材质	台数（台）
20	RO 膜机	2000 型	不锈钢	4
21	精密过滤器	20 平方米	不锈钢	8

609 车间

2008 年 5 月建成投产，由小品种分散原染料合成与废水母液资化处理装置（以下简称 MVR）两个生产区域组成。2010 年，改造配套 C.I. 分散蓝 60 中间体生产。2013 年，增设逆流梯度水洗系统、完成废气吸收系统、车间自动化、制冰系统等改造。

2013 年 11 月，完成 MVR 工段设备安装并运行，2018 年 6 月、2019 年 8 月先后增加三效、四效蒸发器各一套。

主要有分散原染料偶氮类、杂环类、氰化类、烷基化反应生产线 16 条。

主要生产品种：C.I.分散红 145、C.I.分散红 177、C.I.分散红 153、C.I.分散红 343、C.I. 分散蓝 291、C.I. 分散蓝 291:1、C.I. 分散蓝 367:1、C.I. 分散蓝 165、C.I. 分散蓝 366、C.I. 分散紫 97:2、C.I. 分散紫 93 等。

2003—2022 年六分厂 609 车间主要设备表

表 5-18

序号	设备名称	型号、规格	材质	台数（台）
1	打浆锅	6000 升	不锈钢	9
2	重氮釜	6000 升	搪玻璃	6
3	混合锅	4000 升	搪玻璃	7
4	重氮釜	8000 升	不锈钢	14
5	配酸锅	6500 升	搪玻璃	2
6	磺化釜	6500 升	搪玻璃	5
7	中和釜	12000 升	搪玻璃	4
8	溶解锅	3000 升	不锈钢	1
9	转晶釜	3000 升	不锈钢	8
10	偶合釜	50000 升	玻璃钢、聚丙烯	16
11	酸析釜	3000 升	搪玻璃	1
12	烷基化釜	6500 升	不锈钢	2
13	卤代烷釜	6000 升	搪玻璃	2

续表 5-18

序号	设备名称	型号、规格	材质	台数（台）
14	析出锅	15000 升	搪玻璃	2
15	储存锅	15000 升	搪玻璃、不锈钢	9
16	初蒸锅	7800 升	不锈钢	4
17	冷凝器	100 平方米、200 平方米	不锈钢	8
18	初蒸储罐	14 立方米	不锈钢	2
19	精蒸搪瓷釜	6000 升	搪玻璃	1
20	初蒸不锈钢锅	3000 升	不锈钢	2
21	氰化釜	6000 升	搪玻璃	4
22	逆流水洗罐	9 立方米	聚丙烯	69
23	储罐	30 立方米	聚丙烯、铝、不锈钢	14
24	压滤机	600 平方米	聚丙烯	20
25	一段一效气液分离器	直径 1800 毫米	不锈钢	3
26	一段二效气液分离器	1000×1000×6 毫米	不锈钢	3
27	一段三效结晶蒸发器	直径 5000×8000 毫米	不锈钢	6
28	程控隔膜压滤机	XMGZ200/1500-U	组合件	4+2+2
29	一效降膜蒸发器	F=1666 平方米	不锈钢	1+1
30	二效降膜蒸发器	F=1666 平方米	不锈钢	1+1
31	三效换热器	F=1041 平方米	不锈钢	1+1
32	三效换热器	F=1041 平方米	不锈钢	1+1
33	一脱吸附塔	3500×17500 毫米	玻璃钢	4
34	脱酸罐	20000 升	衬四氟	3
35	四效蒸发器	—	钛材	2+1
36	刮板蒸发器	—	钛材	1
37	离心机	LWL450	不锈钢	7
38	卧式螺旋过滤离心机	LLW450Y	组合件	6+1

610 车间

有 610 和 618 两个生产区域。其中前者于 2007 年 10 月开始生产，后者于 2009 年开始生产，生产各类中间体 5 万吨 / 年。2013 年，盐酸盐岗位实行离心机替代压滤机改造。2014 年，在原 13 号仓库洗滤房及盐酸盐压滤机处新增 4 台密闭式“三合一”

过滤机及配套设备，在13号仓库北安装闪蒸烘干机，用于还原物烘干。2015年对缩合岗位、烷基化岗位进行翻建改造。2019年，在西面楼顶新增氯丙烯挥发性有机化合物(VOC_S)吸附装置。

主要有羟化反应、酯化反应、烷基化反应、硫脲、亚硝酰硫酸、醋酸蒸馏等8条生产线。

主要生产品种：N,N-二乙酰氧乙基-2-甲氧基-5-乙酰氨基苯胺，3-乙酰氨基-N,N-二乙酰氧乙基苯胺，N,N-二烯丙基-2-甲氧基-5-乙酰氨基苯胺，N,N-二乙基-3-乙酰氨基苯胺、4-硝基苯基硫脲、2-氨基-5,6-二氯苯并噻唑、亚硝酰硫酸、间氨基乙酰苯胺盐酸盐等。

2003—2022年六分厂610车间主要设备表

表5-19

序号	设备名称	型号、规格	材质	台数（台）
1	羟化釜	3000升	不锈钢	5
2	氰化釜	12500升	搪瓷、不锈钢	7
3	氰化析出锅	10000升	搪瓷	2
4	酯化釜	3000升	不锈钢	1
5	酯化釜	5000升	搪瓷	12
6	盐酸盐精制锅	20000升	玻璃钢	1
7	析出锅	12500升	搪瓷	1
8	盐酸盐反应釜	90000升	玻璃钢	1
9	盐酸盐结晶锅	90000升	玻璃钢	2
10	盐酸盐储存锅	100000升	玻璃钢	2
11	间苯二胺储存锅	10000升	搪玻璃	1
12	盐酸盐母液浓缩锅	15000升	搪瓷	2
13	291:1反应釜	15000升	不锈钢	4
14	291:1析出锅	25000升	碳钢	1
15	硫脲釜	8000～12500升	搪玻璃	7
16	配硫氰酸铵锅	3000～8000升	搪玻璃	3
17	亚胺酰硫酸	5000升	不锈钢	8
18	93:4反应釜	10000升	搪瓷	5
19	93:4打浆、析出锅	15000升	玻璃钢	4

续表 5-19

序号	设备名称	型号、规格	材质	台数（台）
20	储罐	6 ~ 95 立方米	玻璃钢	8
21	醋酸、醋酐储罐	19.6 立方米	铝	2
22	原料储罐	19 ~ 94 立方米	碳钢、不锈钢	14
23	硝酸储罐	19000 升	铝	1
24	盐酸储罐	30000 升	聚丙烯	1
25	母液储罐	32000 升	玻璃钢	1
26	亚胺成品槽	8000 升	不锈钢	3
27	三合一密闭过滤器	M2000	不锈钢	12
28	离心机	L450	钛	4
29	VOC 分子筛装置	—	不锈钢	1
30	蒸馏锅	6000 升	不锈钢	2

615 车间

主要由合成南区、合成北区和干燥工段 3 个生产区域组成。2019 年 10 月建成，2020 年 1 月 3 日始产。

合成南区为分散染料生产，北区为蒽醌染料和中间体生产线。2020 年 8 月，完成了丙烯腈自动分层回收装置的安装；10 月底，在合成南区完成了溴化生产线的安装；2022 年 8 月，完成了氯化生产线的改造安装工作，拥有氯化生产线 4 条，氯化产品的产能达到 150 吨 / 月。

主要有偶氮类、蒽醌类原染料合成，烷基化反应、卤化反应等生产线 16 条。

主要生产品种：C.I.分散红 86、C.I.分散红 92、C.I.分散红 343、C.I.分散蓝 77、C.I.分散蓝 60、N- 乙基 -3- 氰基 -4- 甲基 -6- 羟基 -2- 吡啶酮（简称吡啶酮）、3- 乙酰氨基 -N、N- 二甲氧基羰基乙基苯胺、N, N- 二氰乙基苯胺、N- 氰乙基苯胺、C.I. 分散紫 93:4、C.I. 分散蓝 291:3、C.I. 分散橙 30、C.I. 分散橙 61 等。

2013—2022 年六分厂 615 车间主要设备表

表 5-20

序号	设备名称	型号、规格	材质	台数（台）
1	醚化釜	8000 升	不锈钢	2
2	醚化析出锅	12500 升	不锈钢	1

续表 5-20

序号	设备名称	型号、规格	材质	台数（台）
3	氯磺化釜	3000 升	合金	1
4	酸析釜	30000 升	玻璃钢	1
5	缩合釜	12500 升	不锈钢	2
6	缩合析出锅	25000 升	不锈钢	1
7	滤饼转型锅	30000 升	玻璃钢	1
8	AQ 缩合釜	8000 升	合金	4
9	AQ 水解釜	40000 升	玻璃钢	2
10	AQ 氨化釜	10000 升	不锈钢	3
11	60# 磺化釜	6300 升	合金	6
12	60# 中和釜	12500 升	不锈钢	6
13	60# 酸析釜	12500 升	搪瓷	3
14	60# 氧化釜	6300 升	不锈钢	2
15	60# 水解釜	16000 升	不锈钢	5
16	60# 缩合釜	10000 升	不锈钢	2
17	60# 缩合母液析出锅	12500 升	不锈钢	1
18	磺酰化釜	8000 升	不锈钢	1
19	丙基化釜	5000 升	不锈钢	1
20	乙基化釜	5000 升	不锈钢	1
21	吡啶酮酰化釜	3000 升	不锈钢	1
22	吡啶酮缩合釜	12500 升	不锈钢	1
23	吡啶酮蒸馏锅	12500 升	不锈钢	1
24	吡啶酮酸析釜	30000 升	玻璃钢	1
25	氯代烷反应釜	5000 升	合金	2
26	烷基化反应釜	8000 升	不锈钢	2
27	压滤机	200 平方米、300 平方米、400 平方米	聚丙烯	15
28	盐酸盐打浆锅	15000 升	玻璃钢	2
29	93:4 烷基化反应釜	16000 升	合金	3
30	93:4 烷基化析出釜	20000 升	玻璃钢	2
31	93:4 密闭过滤器	9600 升	不锈钢	2
32	153# 缩合锅	10000 升	合金	3

续表 5-20

序号	设备名称	型号、规格	材质	台数（台）
33	双氰氰化反应釜	5000 升	合金	1
34	双氰析出釜	15000 升	合金	1
35	双腈密闭过滤器	过滤面积：9.6 平方米	不锈钢	1
36	N-β 氰化反应釜	10000 升	不锈钢	5
37	N-β 析出釜	10000 升	合金	2
38	N-β 密闭过滤器	过滤面积：9.6 平方米	不锈钢	1
39	重氮锅	5000 升	不锈钢	4
40	溴化重氮釜	8000 升	合金	2
41	偶合釜	48000 升	玻璃钢	5
42	打浆锅	13000 升	不锈钢	2
43	转晶锅	32000 升	聚丙烯	2

第三节　江苏区块建设

2005 年始，吉华集团跨省向江苏发展，在江苏盐城建设江苏吉华化工有限公司、江苏南京建设江苏康倍得药业股份有限公司，为吉华集团发展拓展了空间。

一、江苏吉华

2013 年 11 月，江苏吉华吸收合并江苏吉然，总投资 16.61 亿元，占地面积 64.7 万平方米（970.3 亩），建筑面积 30 万平方米。下设七、八、九、十分厂，2016 年收购盐城蓝色星球树脂材料有限公司，增设二分厂（红山区块二分厂 2007 年停产后，内称作调整）。

图 5-5 建设中的江苏吉华七分厂（2012 年 9 月摄）

主要生产染料及配套中间体和H酸、硫酸，余热发电等相关车间。

1. 厂区建设

七分厂

2011年，筹划建设H酸连续化生产装置。总投资3亿元，设计产能2万吨/年。项目（一期）工程于2012年3月动工建设，2014年7月，建成试生产。建设主要内容：主生产车间、“三废”处理、生产辅助用房、原材料、成品仓库、质检、自控综合楼，江苏吉华办公楼、宿舍楼等生产及办公生活配套设施，总建筑面积4.54万平方米。

2014—2022年七分厂主要设备表

表5-21

序号	设备名称	型号、规格	材质	台数（台）
1	磺化釜	12000升	搪玻璃	1
2	B板式反应塔	直径800×6600毫米、 直径1200×11659毫米	钢衬四氟	2
3	E板式反应塔	直径1200×11659毫米	钢衬氟塑料	2
4	硝化环形反应器	8300升	不锈钢	1
5	反应换热器	换热面积：150平方米	不锈钢	2
6	脱硝塔	填料塔直径1000×9518毫米	钢衬四氟	1
7	萃取剂加热器	换热面积：10平方米	不锈钢	2
8	反萃取反应釜	6000升	不锈钢	1
9	离心机	转筒直径1000毫米	碳钢	1
10	催化剂中转加料釜	10000升	不锈钢	1
11	磁式转鼓分离器	永磁筒式磁选器 处理能力：20~25立方米/小时	不锈钢	2
12	悬液分离器	24立方米	不锈钢	1
13	一效烧碱浓缩器	直径550×9820毫米	不锈钢	1
14	二效烧碱浓缩器	直径550×9820毫米	不锈钢	1
15	高压釜	12000升	碳钢复合镍	4
16	碱熔物闪蒸釜	20000升	碳钢	2
17	离析釜	25000升	碳钢、钛	1
18	离析釜冷凝器	换热面积：90平方米	钛、不锈钢	1
19	一次结晶釜	25000升	碳钢、钛	1
20	闪蒸干燥主机	脱水能力：800千克/小时	不锈钢	1
21	溶解釜	25000升	玻璃钢	1

续表 5-21

序号	设备名称	型号、规格	材质	台数（台）
22	吸附塔	吸附段高度 4.15 米	碳钢	5
23	氢气压缩机	四列对称平衡水冷往复活塞式压缩机，流量：1.22 立方米 / 分	组合件	2
24	自动包装机	称量能力：25 千克 / 包、40 千克 / 包、50 千克 / 包 称量速度：400 包 / 小时	组合件	1
25	储罐	立式椭圆封头 300 立方米、400 立方米	不锈钢、玻璃钢	20
26	萘储罐	立式固定顶罐 250 立方米	碳钢	1
27	甲醇储罐	立式内浮顶罐 200 立方米	碳钢	1
28	制氮机	压缩空气耗量：17 标准立方米 / 分	组合件	1

自动化：由控制中心和车间现场控制组成，设置视频监控投屏、DCS、SIS，人员定位、可燃有毒气体 GDS、消防控制系统。

供水：生活、化验室等非生产用自来水由九分厂提供。生产、消防用水在中山河取水。

供电：由园区 110 千伏头罾变电站接入吉华，35 千伏配电房为主供电源；110 千伏悦海线 10 千伏为备用电源。

图 5-6　2004 年收购时的山峪公司

供热：低压蒸汽由九分厂硫酸装置提供，中压蒸汽由园区森达热电厂供给。自备导热油炉甲醇制氢，天然气由滨海汇通燃气有限公司通过管道输送到现场。

供冷：配置 140 万大卡冷水机提供 -7℃冷冻水，能满足生产工艺的需求。

八分厂

下设“三废”预处理车间（以下简称 801 车间）、对硝基苯胺生产车间（以下简称 802 车间）、染料后处理车间（以下简称 803 车间）、三废综合处理车间（以下简称 804 车间）、公用设施车间（以下简称 805 车间）、合成蒽醌、染料中间体综合生产车间（以下简称 807 车间）、C.I. 分散蓝 56 原染料生产工段（以下简称 808-1 车间）、偶氮型分散染料生产工段（以下简称 808-2 车间）、C.I. 分散红 60、扩散剂 MF、偶氮型小品种综合车间（以下简称 809 车间）及质检化验室。

801 车间

2016 年 12 月开始建设，2017 年 12 月建成，为 C.I. 分散蓝 56 生产配套的特种污染因子废水的预处理装置。

主要有 C.I. 分散蓝 56 生产中的精制、还原、2,4- 二硝基苯酚、溴化、缩合废水预处理设施各一套。

主要生产品种：副产硫酸钾。

2016—2022 年八分厂 801 车间主要设备表

表 5-22

序号	设备名称	型号、规格	材质	台数（台）
1	芬顿釜	72000 升	聚丙烯	4
2	酸析釜 R106	72000 升	聚丙烯	4
3	脱色锅 R112	72000 升	聚丙烯	2
4	母液池	316 立方米	混凝土结构	4
5	压滤机	200 平方米	聚丙烯	8
6	冷凝器	40000 升	钛	6
7	铁碳釜、芬顿釜、絮凝釜	72000 升	聚丙烯	4
8	双硝酚废水釜	145000 升	聚丙烯	1
9	双硝酚母液池 M806	316 立方米	混凝土结构	2
10	芬顿釜冷凝器 E116	40000 升	钛	1
11	溴化废水锅 V101B	145 立方米	聚丙烯	1
12	溴化母液池	316 立方米	混凝土结构	1
13	离心机	450 升	不锈钢	1
14	酸析釜 R118-1	72000 升	聚丙烯	1
15	酸析釜 R118-2	72000 升	玻璃钢	1
16	芬顿釜 R110-1	72000 升	聚丙烯	2
17	硫酸钾蒸发系统 X001	10 吨 / 小时	不锈钢	1
18	缩合母液池 V05	316 立方米	混凝土结构	1
19	酸析、芬顿压滤机	200 平方米	聚丙烯	2
20	硫酸钾 MVR 母液罐	2000 升	不锈钢	1
21	钾盐池	316 立方米	混凝土结构	1
22	酸析釜冷凝器	40000 升	钛	3

续表 5-22

序号	设备名称	型号、规格	材质	台数（台）
23	芬顿釜冷凝器	40000 升	钛	2
24	废气吸收塔	直径 2000×7500 毫米	聚丙烯	4
25	活性炭配制锅	58000 升	聚丙烯	2
26	液碱槽	6500 升	不锈钢	1
27	硫酸亚铁配制锅	6500 升	聚丙烯	2
28	三叶型罗茨风机	3L41WC13723	碳钢	2
29	冷却水冷凝器	40000 升	钛	2

802 车间

2014 年 6 月开始建设，同年 10 月建成试产，对硝基苯胺产能 5000 吨 / 年。

主要有对硝基苯胺生产线 1 条。

主要生产品种：对硝基苯胺。

2014—2022 年八分厂 802 车间主要设备表

表 5-23

序号	设备名称	型号、规格	材质	台数（台）
1	配氨锅	15000 升	碳钢	2
2	氨化釜	15000 升	不锈钢 / 碳钢	6
3	结晶釜	15000 升	碳钢	2
4	母液蒸氨罐	15000 升	碳钢	1
5	对硝氯化苯储罐	30000 升	碳钢	1
6	对硝氯化苯计量槽	3000 升	碳钢	1
7	氯化苯放空罐	3500 升	碳钢	1
8	尾气回收罐	15000 升	碳钢	4
9	集水槽	20000 升	碳钢	1
10	液氨缓冲罐	3000 升	碳钢	1
11	离心机	1600 升	不锈钢	2
12	离心机液压站	直径 800 型、直径 1600 型	碳钢	2
13	高压冷凝器	20 平方米	碳钢	1
14	污水应急罐	8000 升	搪瓷	1
15	应急冷却水罐	10000 升	不锈钢	1

803 车间

2005 年开始建设，2006 年 10 月建成试生产，设计后处理染料产能 5 万吨 / 年。2007 年对干燥塔进行节能改造。2016 年新增自动化码垛包装线，2020 年投资 600 万元进行复产改造。

主要有 T8301、T8302 、T8303、T8304 、T8305 、T8306、T8307、T8308 干燥系统及液状染料后处理生产线 9 条。

主要生产品种：分散黑 ECO 系列、分散黑 EX-SFA 系列、分散橙 2RL、分散橙 SE-RFL、分散橙 SE-GL、分散蓝 S-3BG、分散蓝 ECO 系列、分散艳蓝 E-4R、分散红 3B、分散红 FB、分散黑液体系列等。

2005—2022 年八分厂 803 车间主要设备表

表 5-24

序号	设备名称	型号、规格	材质	台数（台）
1	打浆锅	12000 升	不锈钢	8
2	砂磨锅	3000 ～ 5000 升	钢衬砖	115
3	砂磨锅	8000 升	不锈钢	78
4	砂磨储料锅	8000 升	碳钢	34
5	分级机	F2000	不锈钢	16
6	标准化计量槽	40000 升	不锈钢	2
7	标准化计量槽	12000 升	不锈钢	15
8	调料锅	45000 升	玻璃钢、不锈钢	34
9	缓冲锅	90000 升	不锈钢	8
10	喷雾干燥塔	直径 7000×50000 毫米	不锈钢、碳钢	2
11	喷雾干燥塔	直径 6000×50000 毫米	不锈钢、碳钢	3
12	喷雾干燥塔	直径 6000×50000 毫米	碳钢	3
13	料仓	20 立方米	不锈钢	4
14	混合器	20 立方米	不锈钢、碳钢	12
15	料库	150 立方米	碳钢	4
16	膜处理装置	JNF8040-440	不锈钢	1
17	打浆储料锅	35000 升	不锈钢	16

804 车间

为三废综合处理车间。下设废水处理工段、MVR 工段、活性炭再生工段、湿氧工段。

2005 年投资 1800 万元，建设设计能力为 5000 吨 / 日，具备收集、物化、生化等功能的综合污水处理装置。

2012—2016 年投入 3000 万元进行提升改造，达园区纳管标准，接入政府综合污水处理管网。

2005—2022 年 804 废水处理工段主要设备表

表 5-25

序号	设备名称	型号、规格	材质	台数（台）
1	均质池	5652 立方米	混凝土	1
2	2 级 A/O 池	5652 立方米	混凝土	1
3	应急池	5652 立方米	混凝土	1
4	铁碳微电解锅	15000 升	聚丙烯	16
5	芬顿氧化池	1850 立方米	混凝土	1
6	芬顿塔	67000 立方米	不锈钢	1
7	中和反应池	69000 立方米	混凝土	1
8	中和沉淀池	1519 立方米	混凝土	1
9	加药池	127 立方米	混凝土	1
10	中和沉淀池	1519 立方米	混凝土	1
11	气浮池	968 立方米	混凝土	1
12	提升池	226 立方米	混凝土	1
13	厌氧池	6554 立方米	混凝土	1
14	1#、2# 一级 A/O 池	6400 立方米	混凝土	2
15	一级 A/O 沉淀池	703 立方米	混凝土	1
16	污泥浓缩池	392 立方米	混凝土	1
17	终沉池	5000 立方米	混凝土	1
18	二氧化氯消毒池	176 立方米	玻璃钢	1
19	澄清池	70 立方米	玻璃钢	1
20	排放池	453 立方米	混凝土	1
21	中水回用池	392 立方米	混凝土	1
22	废水收集罐	30000 升	聚丙烯	1
23	石灰乳配制锅	25000 升	碳钢	2
24	二氧化氯发生器	HTF-1000010	组合件	1

续表 5-25

序号	设备名称	型号、规格	材质	台数（台）
25	臭氧发生器	NLO-OA-300200	组合件	1
26	紫外反应器	4500×2000 毫米	不锈钢	1
27	磁悬浮离心鼓风机	CG/B7560	碳钢	1
28	磁悬浮离心鼓风机	CG/B75-60M-A60	碳钢	2
30	污泥压滤机	536 平方米	组合件	3
31	螺杆式空气压缩机	APK-15A，11 千瓦	碳钢	1

804 车间 MVR 工段

第一套于 2013 年 11 月建设，设计产能 40 吨 / 小时废水母液资源化处理装置，2014 年 6 月建成试生产。第二套于 2015 年 5 月建设，9 月试生产，并配套建设仓库等附属设施 1.17 万平方米。

主要生产品种：副产硫酸铵、硫酸钠、氯化铵。

2013—2022 年 804 车间 MVR 工段主要设备表

表 5-26

序号	设备名称	型号、规格	材质	台数（台）
1	硫酸铵蒸发浓缩器	40 吨 / 小时	不锈钢	1
2	中和釜	150000 升	玻璃钢	4
3	脱色锅	150000 升	玻璃钢	4
4	打浆锅	22000 升	不锈钢	4
5	压滤机	250 平方米	聚丙烯	3
6	成品槽	150000 升	玻璃钢	1
7	中转槽	150000 升	玻璃钢	1
8	离心机	450 升	钛材	12
9	风机	640 千瓦 ,49.71 立方米 / 秒	不锈钢	2
10	硫酸钠蒸发浓缩器	30 吨 / 小时	不锈钢	1
11	脱色锅	22000 升	聚丙烯	3
12	成品锅	22000 升	聚丙烯	1
13	自动包装线	B50	组合件	2
14	氯化铵蒸发浓缩器	40 吨 / 小时	不锈钢	1

续表 5-26

序号	设备名称	型号、规格	材质	台数（台）
15	中和釜	150000 升	玻璃钢	4
16	脱色釜	150000 升	玻璃钢	4
17	成品槽	150000 升	玻璃钢	1
18	压滤机	250 平方米	聚丙烯	3
19	三效循环泵	6000 立方米 / 小时	钛材	1
20	二效循环泵	800 立方米 / 小时	钛材	1
21	一效循环泵	800 立方米 / 小时	钛材	1
22	中和锅	100 立方米	聚丙烯	2
23	中转釜	100 立方米	聚丙烯	2

804 车间活性炭再生工段

2017 年 6 月，投资 1146.2 万元，为 MVR 配套建设再生能力为 30 吨 / 日活性炭再生循环利用装置。2018 年 1 月建成运行。

2017—2022 年 804 车间活性炭再生工段主要设备表

表 5-27

序号	设备名称	型号、规格	材质	数量（台）
1	一脱吸附塔	110 立方米	玻璃钢	2
2	二脱吸附塔	60 立方米	玻璃钢	2
3	废炭槽	45000 升	玻璃钢	1
4	废炭吹送槽	12000 升	碳钢衬	1
5	新炭槽	45000 升	玻璃钢	1
6	新炭吹送槽	12000 升	碳钢衬	1
7	废炭进料槽	22000 升	玻璃钢	1
8	去水螺旋机	4 吨 / 小时，5.5 千瓦	钛	1
9	再生炉	30 吨 / 天，7.5 千瓦 直径 4080 毫米 ×12000 毫米	组合件	1
10	二次炉	110 立方米	组合件	1
11	余热锅炉	4.4 吨 / 小时	组合件	1
12	进料槽	25000 升	聚丙烯	8
13	布袋除尘器	635 平方米	不锈钢	1

804 车间湿氧工段

2016 年建设湿式催化氧化法处理高浓度化工废水项目，投资 3685.4 万元。设计 H 酸母液处理能力为 30 立方米 / 小时，建筑面积 3435.2 平方米，2018 年 9 月建成运行。副产硫酸钠 8.7 万吨 / 年。

2016—2022 年八分厂 804 车间湿氧工段主要设备表

表 5-28

序号	设备名称	型号、规格	材质	台数（台）
1	氧化塔	70 立方米	钛、碳钢	2
2	脱色锅	140000 升	聚丙烯	1
3	催化剂回收锅	140000 升	聚丙烯	2
4	氧气压缩机	ZW-34/60	碳钢	2
5	吸附塔	60 立方米	碳钢	2
6	氧气缓冲罐	80000 升	碳钢	1
7	催化剂配制锅	12000 升	聚丙烯	1
8	催化剂中间槽	20 立方米	聚丙烯	1
9	液碱槽	30 立方米	碳钢	1
10	稀酸洗液储槽	42 立方米	不锈钢	2
11	储槽	42 立方米	不锈钢、玻璃钢	3
12	循环罐	2.6 立方米	碳钢	1
13	碱洗、酸洗、水洗吸收塔	直径 5100×2200 毫米	聚丙烯	3
14	处理后氧化液槽	24 立方米	聚丙烯	2
15	氧化液中转槽	140 立方米	聚丙烯	3
16	脱色压滤机	200 平方米	聚丙烯	1
17	原水池	300 立方米	混凝土结构	1

805 车间

2006 年投入运行，为八分厂公用设施车间。由水、电、气、汽、制冷（制冰）、罐区组成，设存储液体原料罐区二处，总容量 2353 立方米。

自动化：由控制中心（七分厂合用）及车间二级控制组成，设置视频监控投屏，自动化控制系统（DCS），安全仪表系统（SIS），人员定位系统，可燃、有毒气体报警系统（GDS），消防控制系统。

图 5-7 八分厂厂景（2022 年 12 月摄）

供水：生活用水由九分厂自制自来水供给，市政自来水管网备用补充，生产和消防用水取自中山河。

供电：由滨海县供电公司提供，35 千伏福泰变电站和 10 千伏东港线(安保电源)接入，供八分厂各车间使用。

供热：蒸汽由九分厂硫酸装置供给，园区森达热电厂补充。活性炭再生装置使用天然气，由滨海汇通燃气有限公司通过管道输送到现场。

供冷、供冰：冷冻供应，提供 -10℃～ -15℃冷冻盐水，满足各车间。制冰 300 吨 / 日，满足各车间生产用冰需求。

2006—2022 年八分厂 805 车间主要设备表

表 5-29

序号	设备名称	型号、规格	材质	数量（台）
1	管冰机	FMK-55	组合件	6
2	螺杆式制冷压缩机	JJC2LG25	组合件	4
3	螺杆式制冷压缩机	LG20、KA20CBY	组合件	6
4	低压循环桶	2000 升	碳钢	9
5	蒸发式冷凝器	SPLZN-2600	碳钢	4
6	片冰机	F6003	碳钢	10
7	蒸发式冷凝器	SPLZN-2245	碳钢	3
8	螺旋式蒸发器	100 立方米、150 立方米	碳钢	42
9	导热油炉	YY（Q）4600YQ	组合件	1
10	原料储罐	22 ～ 102 立方米	铝、聚丙烯、不锈钢、碳钢	10

807 车间

2005 年开始建设，蒽醌设计产能为 1 万吨 / 年；为 808、809 原染料生产配套的各种中间体。2006 年 11 月份建成试生产。

主要有合成蒽醌生产线，分散染料中间体羟化反应、酯化反应、烷基化反应、亚硝酰硫酸、盐酸盐等生产线 8 条。

主要生产品种：N-氰乙基苯胺、N-氰乙基-N-乙酰氧乙基苯胺、N,N-二乙酰氧乙基-2-甲氧基-5-乙酰氨基苯胺、N,N-二乙酰氧乙基-3-乙酰氨基苯胺、N,N-二烯丙基-2-甲氧基-5-乙酰氨基苯胺、N,N-二乙基-3-乙酰氨基苯胺、亚硝酰硫酸、间氨基乙酰苯胺盐酸盐等。

2005—2022 年八分厂 807 车间主要设备表

表 5-30

序号	设备名称	型号、规格	材质	台数（台）
1	缩合釜	10000 升	搪瓷	3
2	分解釜	20000 升	搪瓷	3
3	闭环釜	10000 升	搪瓷	3
4	析出釜	20000 升	不锈钢	4
5	羟化釜	3000 升	不锈钢	3
6	酯化釜	5000 升	不锈钢	6
7	脱水锅	3000 升	不锈钢	1
8	亚胺反应釜	5000 升	不锈钢	6
9	亚胺储罐	10000 升	不锈钢	1
10	HZA 变压吸附制氮机	100 立方米	碳钢	1
11	氰乙基化釜	10000 升	搪瓷	5
12	N-β 析出锅	10000 升	搪瓷	1
13	盐酸盐反应釜	94000 升	玻璃钢	1
14	间苯二胺溶解锅	10000 升	碳钢	1
15	93:4 反应釜	15000 升	搪瓷	2
16	93:4 析出锅	22000 升	聚丙烯	1
17	打浆锅	15000 升	不锈钢	1
18	291 反应釜	15000 升	不锈钢	3
19	291 析出锅	18000 升	不锈钢	1
20	离心机	PGZ1600	衬塑	2

808-1 车间

2006 年 7 月建成生产，设计产能 2000 吨 / 年。2015 年投资 1900 多万元进行提升改造，为全球 C.I. 分散蓝 56 系列产品的最大生产装置。

主要生产品种：C.I. 分散蓝 56 原染料、1,8-二羟基-4,5-二硝基蒽醌、1,8-二硝基蒽醌、副产 2,4-二硝基苯酚。

2006—2022年八分厂808-1车间主要设备表

表5-31

序号	设备名称	型号、规格	材质	台数（台）
1	一硝化反应釜	18000升	不锈钢	2
2	一硝化析出锅	50000升	不锈钢	1
3	精制锅	62000升	不锈钢	1
4	缩合反应釜	12500升	碳钢	3
5	二硝化反应釜	25000升	不锈钢	3
6	二硝化析出锅	80000升	不锈钢	1
7	水解反应釜	60000升	不锈钢	3
8	还原釜	60000升	不锈钢	2
9	溴化反应釜	12500升	搪瓷	4
10	溴化配制反应釜	15000升	不锈钢	1
11	溴化析出锅	87000升	聚丙烯	1
12	2,4-回收锅	60000升	聚丙烯	1
13	一硝化配酸锅	14000升	不锈钢	1
14	缩合配碱锅	9000升	碳钢	1
15	密闭式过滤器	6平方米	不锈钢	1
16	苯酚回流锅	3000升	碳钢	1
17	缩合物耙干机	3000升	碳钢	3
18	二硝化打浆锅	23000升	不锈钢	2
19	二硝化母液罐	30000升	聚丙烯	2
20	水解打浆锅	23000升	不锈钢	1
21	压滤机	200～580平方米	聚丙烯	17
22	水解回收打浆锅	23000升	不锈钢	1
23	硫化碱溶解锅	40000升	聚丙烯	1
24	还原闪蒸干燥机	3立方米	不锈钢	2
25	挤压锅	40000升	不锈钢	1

808-2车间

2005年开始建设，2006年11月试生产。2014年，投资800万元对设备、管道、压滤机提升改造。

主要有偶氮类分散原染料合成、烷化反应、卤化反应生产线15条。

主要生产品种：C.I.分散橙 288、C.I.分散橙 61、C.I.分散橙 30、C.I.分散橙 44、C.I.分散蓝 291∶1、C.I.分散蓝 291∶4、C.I.分散蓝 79∶1、C.I.分散蓝 183、C.I.分散紫 93、C.I.分散紫 93∶4、C.I.分散红 167、C.I.分散红 50、C.I.分散红 82 等。

2005—2022 年八分厂 808-2 车间主要设备表

表 5—32

序号	设备名称	型号、规格	材质	台数（台）
1	苄基化釜	12500 升	不锈钢	3
2	缓冲锅	16900 升	不锈钢	1
3	打浆锅	13000 升	不锈钢	13
4	洗水罐	28000 升	聚丙烯	8
5	盐酸储罐	40000 升	聚丙烯	1
6	重氮釜	5000 升、8000 升	搪玻璃	12
7	重氮釜	4000 升	不锈钢	5
8	偶合釜	65000 升	玻璃钢	15
9	溶解锅	15000 升	玻璃钢	4
10	转型锅	45000 升	聚丙烯	1
11	洗水罐	28000 升	聚丙烯	9
12	溶解锅	5000 升、15000 升	不锈钢 / 玻璃钢	5
13	洗水罐	28000 升、38000 升	聚丙烯	17
14	压滤机	560 立方米	聚丙烯	14
15	氰乙基储罐	38 立方米	碳钢	1
16	79# 酯化液储罐	26.5 立方米	碳钢	1
17	重氮泄压罐	10 立方米	不锈钢	1
18	液碱储罐	21 立方米	碳钢	1
19	重氮锅应急放料罐	28 立方米	不锈钢	2
20	亚硝酰硫酸罐	38 立方米	不锈钢	1

809 车间

2009 年开始建设，设计 C.I.分散红 60 产能 2800 吨 / 年；扩散剂 MF 产能 1.5 万吨 / 年；小品种系列偶氮型分散原染料产能 4000 吨 / 年。扩散剂 MF 于 2010 年 9 月投产，C.I.分散红 60 于 2010 年 12 月试生产，2011 年 10 月停产，小品种系列于 2013 年 4 月试生产。（扩散剂 MF、C.I.分散红 60 生产线为原 808 车间搬迁至此。）

主要有 C.I.分散红 60、扩散剂 MF 及偶氮型分散原染料生产线 6 条。

主要生产品种：C.I.分散红 60、C.I.分散红 145、C.I.分散红 153、C.I.分散红 167、C.I.分散红 50、C.I.分散红 54、C.I.分散红 73、C.I.分散红 13、C.I.分散橙 29、C.I.分散橙 73、C.I.分散橙 25、C.I. 分散蓝 291、C.I. 分散蓝 183、扩散剂 MF 等。

2009—2022 年八分厂 809 车间主要设备表

表 5-33

序号	设备名称	型号、规格	材质	台数（台）
1	溴化釜	5000 升	搪玻璃	4
2	水解釜	8000 升	搪玻璃	3
3	缩合釜	12500 升	不锈钢	3
4	水解析出锅	20000 升	聚丙烯	2
5	压滤机	100 平方米	聚丙烯	3
6	缩合中转锅	12000 升	不锈钢	1
7	缩合中转锅	8000 升	不锈钢	1
8	溴化中转罐	4200 升	不锈钢	3
9	带式过滤机	200 立方米	碳钢	1
10	母液中转槽	13000 升	不锈钢	2
11	母液中转槽	13000 升	聚丙烯	2
12	苯酚溶解槽	11000 升	碳钢	1
13	碱吸收锅	5000 升	组合件	3
14	氯化釜	40000 升	聚丙烯	2

九分厂

设 901 车间、902 车间。

901 车间

2005 年 6 月动工建设，设计产能为 33 万吨 / 年硫磺制酸，5000 吨 / 年二氧化硫项目。项目总投资 1.7 亿元。硫酸生产线于 2007 年 3 月建成试生产，二氧化硫装置于 2009 年 3 月建成试生产。

图 5-8 九分厂厂景（2022 年 12 月摄）

主要有硫磺制酸、液体二氧化硫生产线各 1 条。

主要生产品种：93%、98%、100% 硫酸，20%、65% 规格发烟硫酸。

2005—2022 年九分厂 901 车间主要设备表

表 5-34

序号	设备名称	型号、规格	材质	台数（台）
1	焚硫炉	直径 4200×12980 毫米	钢衬耐火砖	1
2	升温风机	W9-19-12.5D	不锈钢	1
3	高温过热器	SOPOHJ-2018-031 换热面积：1325 平方米	不锈钢	1
4	转化器	直径 8200×17500 毫米	组合件	1
5	热热换热器	换热面积：1102 平方米	碳钢	1
6	冷热换热器	换热面积：2817 平方米	碳钢	1
7	干燥塔	直径 5244×14265 毫米	钢衬砖	1
8	二吸塔	直径 5244×14285 毫米	钢衬砖	1
9	一吸塔	直径 5244×18385 毫米	钢衬砖	1
10	干燥塔酸冷却器	530 平方米	不锈钢	1
11	30 烟酸冷却器	270 平方米	不锈钢	1
12	65 烟酸塔	直径 2000×7320 毫米	碳钢	1
13	HRS 锅炉	热管式 直径 1753×9899 毫米	碳钢	1
14	气体冷却器	134.2 平方米	碳钢	1
15	RO 膜装置	BRO-30	玻璃钢	2
16	尾气冷却器 E131	YKC60	碳钢、石墨	2
17	二氧化硫冷却器	180 平方米	不锈钢	1
18	解析塔	DN1500×4380 毫米	不锈钢	1
19	贫富液换热器	16-101C-2	不锈钢	2
20	贫液冷却器	200 平方米	不锈钢	1
21	硫酸吸收塔	DN1500×11498 毫米	钢衬砖	1
22	干燥塔	DN1500×10175 毫米	钢衬瓷砖	1
23	二氧化硫回收干燥塔	直径 2500×11000 毫米	钢衬砖	1
24	储罐	200 ~ 2000 立方米	碳钢、不锈钢	8

902 车间

2005 年建设，2006 年 5 月试生产，设计产能为 1 万吨 / 年的 H 酸项目，于 2016 年 7 月停产。2016 年 8 月投资 1.2 亿元，进行对位酯生产线改造，设计产能 2.3 万吨 / 年。2017 年 6 月，4 条对位酯生产线改造完成。

主要生产品种：对位酯、磺化对位酯、克力西丁对位酯等。

2005—2022 年九分厂 902 车间主要设备表

表 5-35

序号	设备名称	型号、规格	材质	台数（台）
1	磺化釜	12500 升	不锈钢、搪玻璃	5
2	氯磺化釜	12500 升	不锈钢	7
3	水解釜	20000 升	不锈钢、搪玻璃	6
4	冰析锅	15000 升	玻璃钢	5
5	酸水配制锅	40000 升	玻璃钢	1
6	冰析中转罐	20000 升	玻璃钢	5
7	还原釜	45000 升	不锈钢	3
8	还原吸附锅	55000 升	不锈钢	3
9	还原液中转锅	40000 升	玻璃钢	3
10	缩合釜	40000 升	不锈钢	12
11	DASA 中和釜	35000 升	玻璃钢	2
12	缩合中转锅	22000 升	不锈钢	6
13	耙干机	直径 1200×5400 毫米	碳钢	13
14	搪瓷溶解锅	V6300 升	不锈钢、搪玻璃	1
15	50% 酸配置锅	V6300 升	不锈钢、搪玻璃	1
16	磺化对位酯磺化釜	12500 升	不锈钢、搪玻璃	2
17	磺化对位酯析出釜	30000 升	不锈钢	2
18	甲基釜	5000 升	不锈钢、搪玻璃	1
19	搪瓷还原釜	5000 升	不锈钢、搪玻璃	1
20	蒸馏釜	5000 升	不锈钢、搪玻璃	1
21	酰化釜	5000 升	不锈钢、搪玻璃	1
22	退热冰 1# 酰化釜	5000 升	不锈钢	4

续表 5—35

序号	设备名称	型号、规格	材质	台数（台）
23	原料储罐	60 ～ 150 立方米	不锈钢、聚丙烯、碳钢、玻璃钢	9
24	二氧化硫吸收塔	直径 1500×6000 毫米	玻璃钢	3
25	活性炭吸收塔	直径 1600×4500 毫米	聚丙烯	6
26	压滤机	120 平方米、150 平方米	组合件	3
27	带式过滤机	200 立方米	组合件	5
28	离心机	L450	组合件	13
29	石墨换热器	直径 800×3200 毫米	石墨	10
30	环氧乙烷储罐	40 立方米	不锈钢	2
31	酰化釜	25000 升	不锈钢	4
32	缩合釜	35000 升	不锈钢	12

车间配套设施

自动化：由控制中心和车间现场二级控制组成，设置视频监控投屏、DCS、SIS，人员定位、可燃有毒气体 GDS、消防控制系统。

供水：自制自来水、纯净水，供九分厂和七、八分厂用水。生产消防用水直接取自中山河。

供电：由 901 车间硫酸装置供给，余缺由国网调节。

供热：901 车间自产蒸汽。供七、八、九分厂。

十分厂

2015 年投入 5100 万元建设设计能力为 1 万吨 / 年的固废焚烧项目（简称十分厂）。为江苏吉华和园区企业固废处理配套项目。

主要为焚烧固体废物。

图 5-9　十分厂厂景（2022 年 12 月摄）

2015—2022年十分厂主要设备表

表 5-36

序号	设备名称	型号、规格	材质	台数（台）
1	D425 螺旋输送机	D425 L1800/990	碳钢	2
2	干固废提升机	1 吨上煤机	碳钢	1
3	干固废进料绞龙	直径 426 毫米	不锈钢	2
4	桨叶干燥机	SY-JDJ-D-40	碳钢	2
5	冷却塔	100 立方米 / 小时	玻璃钢	1
6	二燃室	直径 4400 毫米	耐火砖砌筑	1
7	窑头燃烧器	GIB2579	碳钢	1
8	回转窑 F001	直径 3700 毫米	不锈钢	1
9	二燃室燃烧器	GIB2579	碳钢	2
10	余热导热油炉 F0	SQCY160.0	组合件	1
11	污水储罐	500 立方米	玻璃钢	3
12	消防水罐	500 立方米	不锈钢	2
13	干式脱酸塔	直径 1100 毫米	不锈钢	1
14	布袋除尘器	1000 平方米	不锈钢	1

2. 配套设施建设

江苏吉华配套（综合）楼 1 幢，面积 6015.6 平方米。一楼为员工食堂和行政办公用房，二楼为技术中心和行政办公用房，三楼全部为行政办公区，四楼为档案室和职教中心，五楼、六楼为干部值班用房。各分厂生产区设生产厂长、各车间办公室。

七、八分厂建宿舍楼 3 幢，建筑面积 1.47 万平方米，共有房间 1228 间。因江苏地区化工行业整顿，厂区禁止住人，外租 12 层员工宿舍 1 幢，设置 356 个房间。

九分厂配套食堂及干部值班综合楼 1 幢，面积 1744 平方米；三层宿舍楼 2 幢，面积 4410 平方米，设置 105 个房间。

十分厂配套办公、宿舍综合楼 1 幢，面积 1485.4 平方米。

3. 绿化美化

七分厂绿化面积 7000 平方米，其中办公生活区 3000 平方米、生产区 4000 平方米。主要花木品种有小叶黄杨、海桐、夹竹桃、龙柏、冬青、白杨等，投入资金 105 万元。

八分厂绿化面积 1.23 万平方米，其中办公生活区 4000 平方米、生产区 8300 平方米。主要花木品种有小叶黄杨、夹竹桃、龙柏、白杨等。投入资金 180 万元。

九分厂绿化面积 9000 平方米，其中办公生活区 5000 平方米、生产区 4000 平方米。主要花木品种有小叶黄杨、夹竹桃、龙柏、白杨树等。投入资金 135 万元。

二、江苏康倍得

1. 厂区建设

2019 年，吉华集团收购康倍得，总占地面积 2.6 万平方米（39 亩），建筑面积 1 万平方米。2020 年 6 月，投资 800 万元，建设面积 2760 平方米质量控制中心，同年 12 月 20 日竣工。通过厂房改造和装备提升，有利斯的明透皮贴剂、妥洛特罗透皮贴剂、氟比洛芬二乙胺盐贴剂（代工）、盐酸雷莫司琼贴剂（代工）4 个产品，产能各 800 万贴 / 年。

凝胶贴膏工段

主要有 CMO/CDMO 生产线 1 条。

主要生产品种：CMO/CDMO。

2019—2022 年康倍得凝胶贴膏工段主要设备表

表 5-37

序号	设备名称	型号、规格	材质	台数（台）
1	热风循环烘箱	CT-C-0	不锈钢	1
2	热缩机	BS4535	不锈钢	1
3	折纸机	ZE-8B/4	不锈钢	1
4	多功能薄膜连续封口机	FR-900	不锈钢	1
5	玻璃反应釜	YZF-90L	玻璃	1
6	涂布机	HD-S50	不锈钢	1
7	密封测试仪	C-955 型	不锈钢	1
8	激光雕刻机	1080 型	不锈钢	1
9	平板式铝塑泡罩包装机	DPP-150 型	不锈钢	1
10	自动塑料薄膜连续封口机	SF-150	不锈钢	1

透皮贴剂工段

主要有利斯的明透皮贴剂生产线 1 条。

主要生产品种：利斯的明透皮贴剂。

2019—2022 年康倍得透皮贴剂工段主要设备表

表 5-38

序号	设备名称	型号、规格	材质	台数（台）
1	涂布机	PA460-8.5m	不锈钢	1
3	分切机	GJ-F500	不锈钢	1
4	热风循环烘箱	CT-C-O	不锈钢	1
5	真空乳化搅拌机	KRGRS-50L-D	不锈钢	1
6	反应釜	ExF-10L、ExF-20L	不锈钢	2
7	密封测试仪	C-955	不锈钢	1
8	双层玻璃反应釜	EXS212-50L	玻璃	2
9	高低温循环装置一体机	EX-WGDX50	不锈钢	1
10	调速型蠕动计量泵	BR8000Y353	不锈钢	1

药用辅料工段

主要有聚丙烯酸酯压敏胶生产线 1 条。

主要生产品种：聚丙烯酸酯压敏胶。

2019—2022 年康倍得药用辅料工段主要设备表

表 5-39

序号	设备名称	型号、规格	材质	台数（台）
1	高温恒温循环槽	GSC-30L	不锈钢	2
2	低温冷却循环泵	DLSB-20/30℃	不锈钢	2
3	双层玻璃反应釜	S212-30LEX	玻璃	2
4	精密鼓风干燥箱	BPG-9140A	不锈钢	1
5	电热鼓风干燥箱	101-3	不锈钢	2
6	通风柜	N/A	不锈钢	3
7	传递窗	N/A	不锈钢	2
8	蠕动泵	Labs3	不锈钢	2

2. 配套设施

供水：接入市政自来水管网。满足生活、生产、消防用水。

供电：由国网南京供电公司提供。康倍得配置400千伏安、250千伏安变压器各一台，满足生产用电。

配置空压、干燥、冷水、纯化水、污水处理系统，满足生产所需。

废水处理：建有处理能力6770吨/年的厌氧生物法污水处理装置，进行裂解、分解、氧化、还原、沉淀等处理，达标进入市政污水管网，

行政办公设在质量控制中心四楼。三楼为质量控制中心。

3. 绿化美化

绿化面积3000平方米，其中办公区2000平方米、生产区1000平方米。种植的主要花木品种有玉兰、黄杨木、香樟、银杏等，总投入资金60万元。

附：

吉华集团生产基地建筑平面图

一. 红山区块

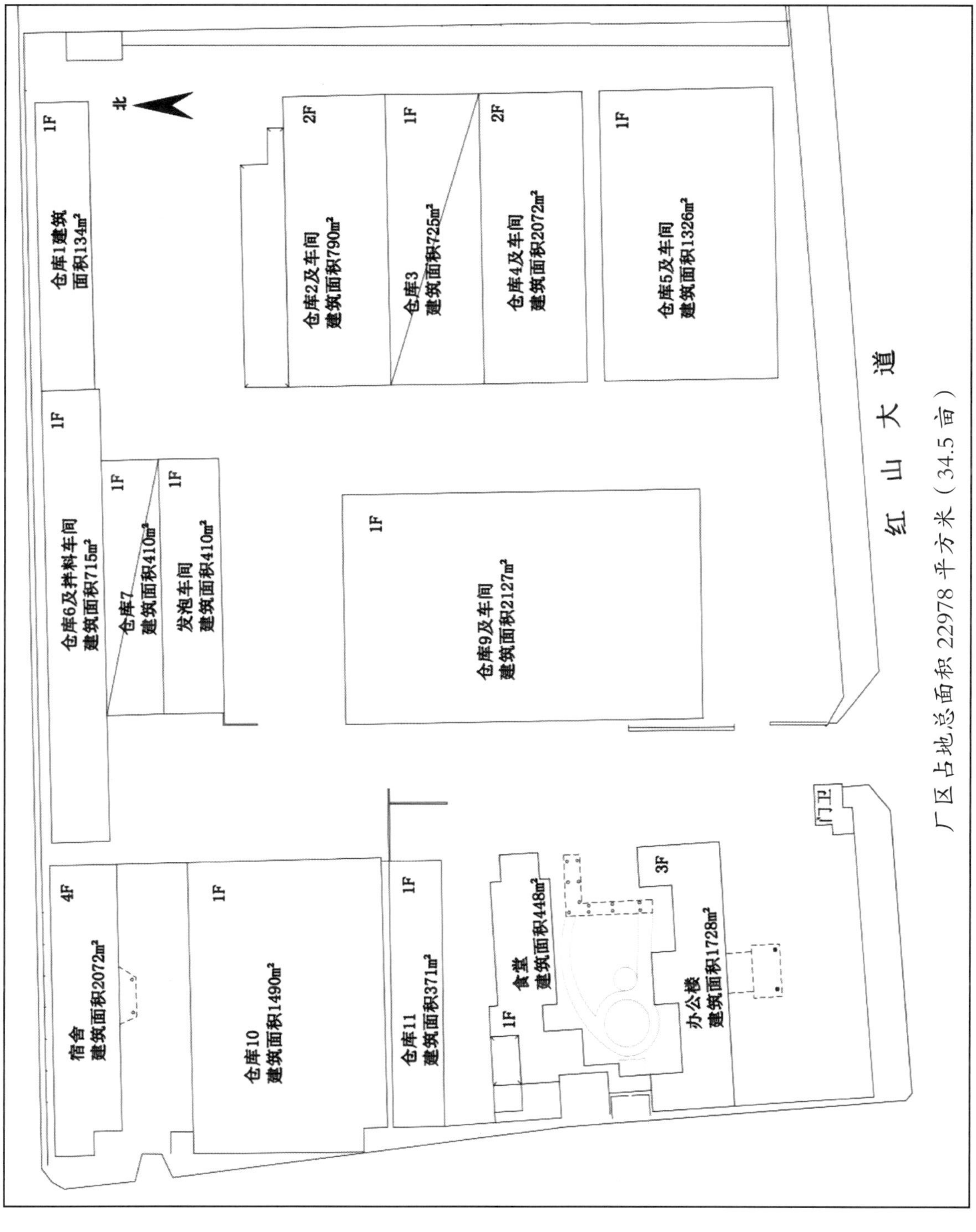

图5-10 原一分厂平面图

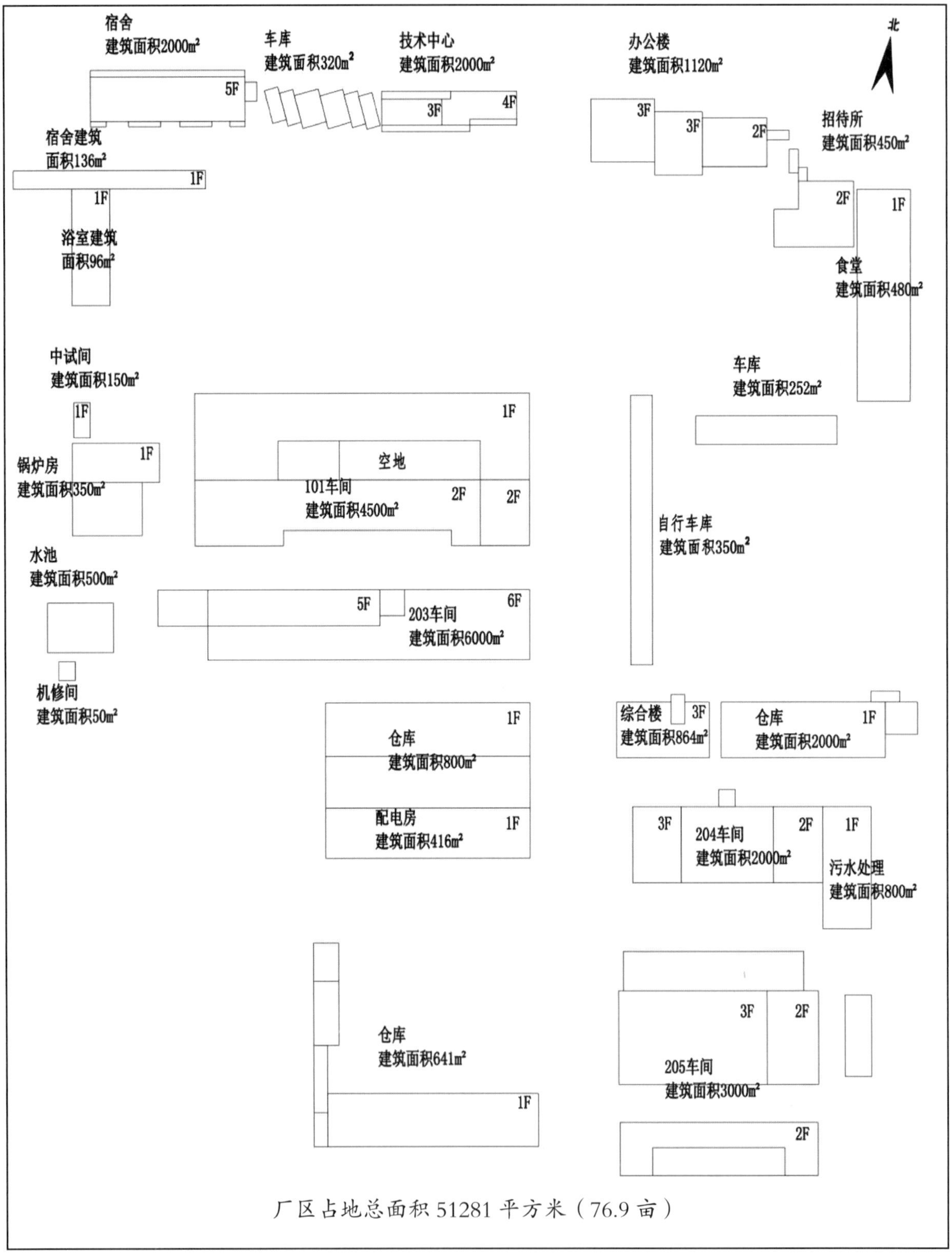

图 5-11 原二分厂平面图

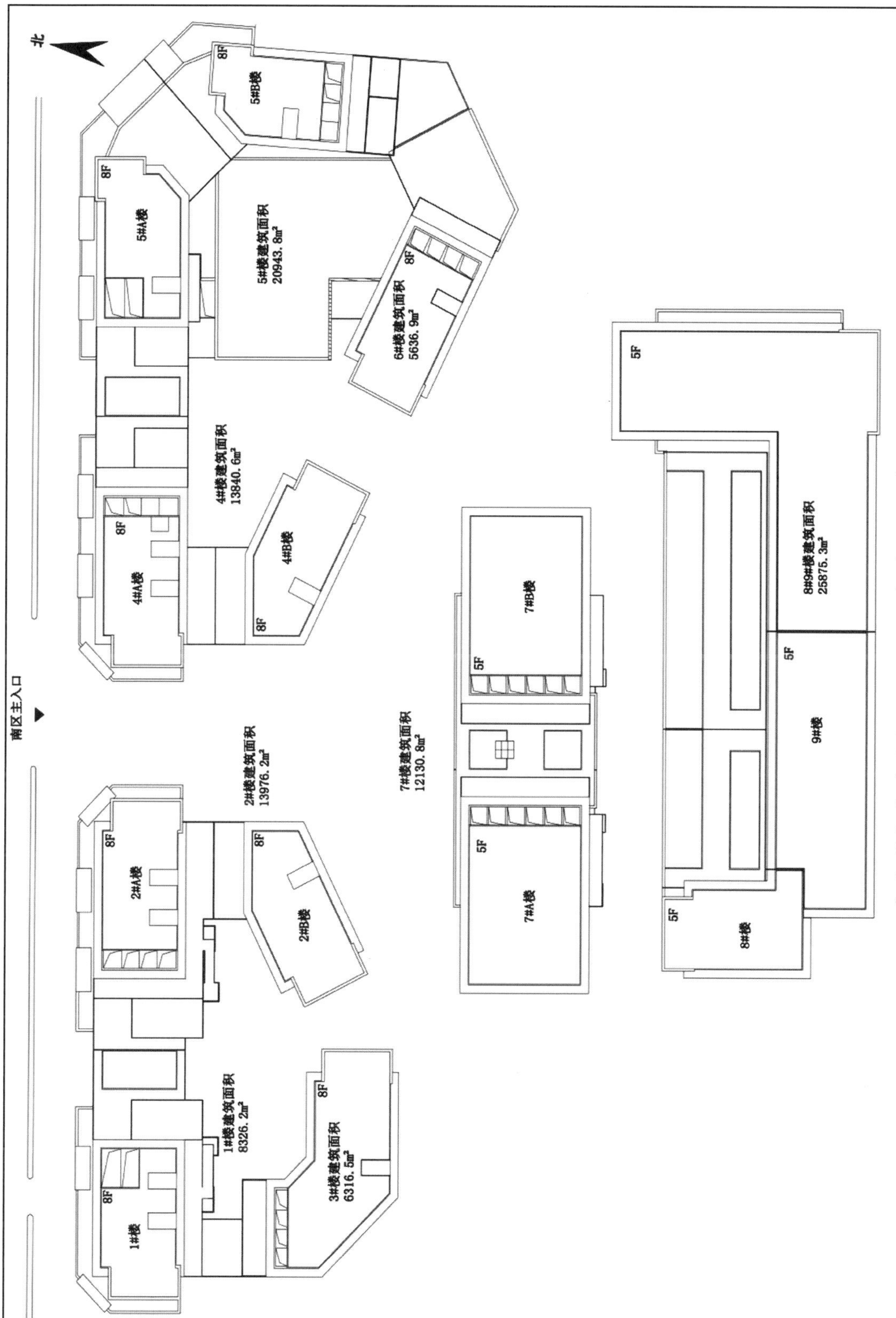

产业园占地总面积 51281 平方米（76.9 亩）

图 5-12　现吉华创新产业园平面图

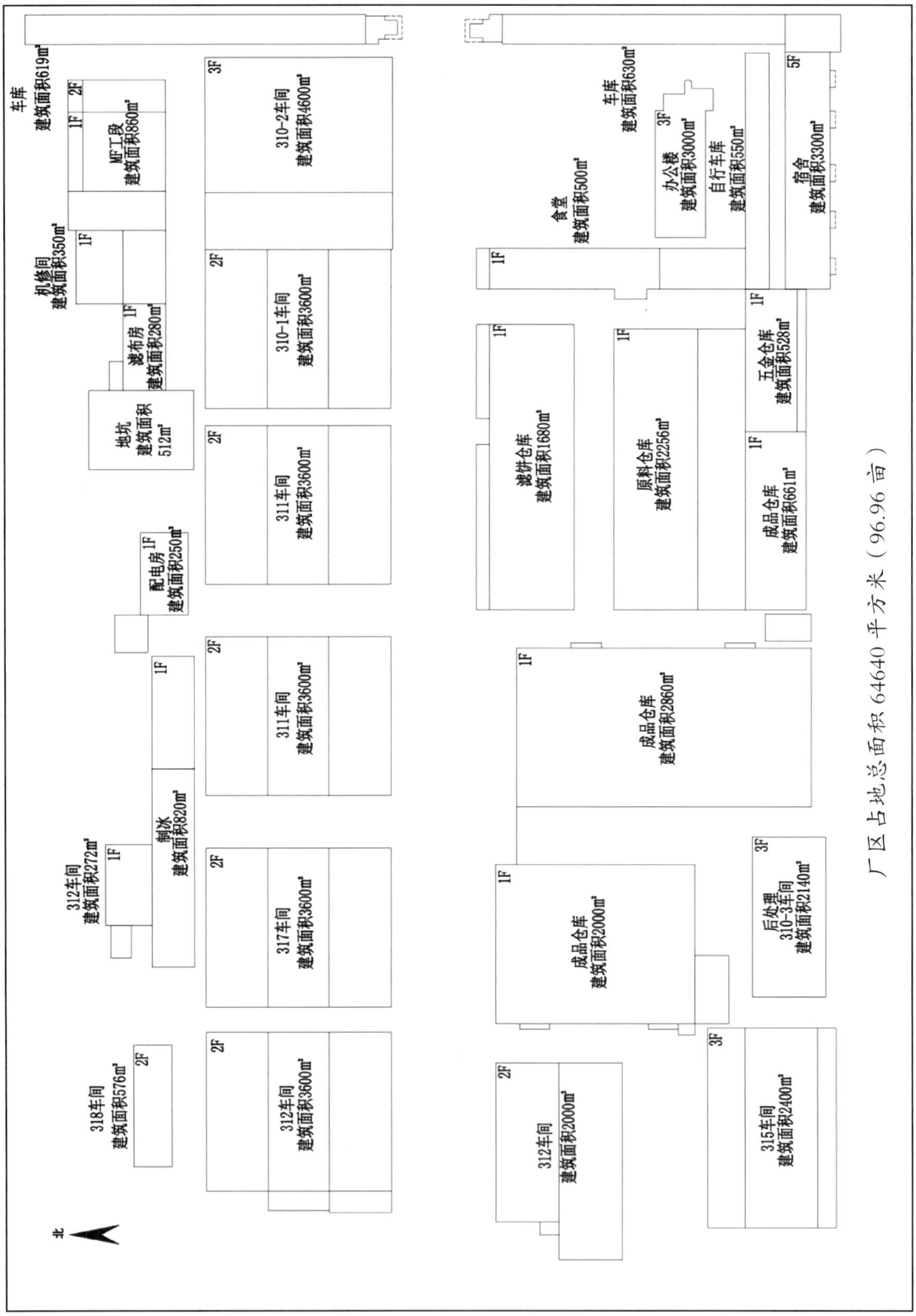

图5-13 原三分厂平面图

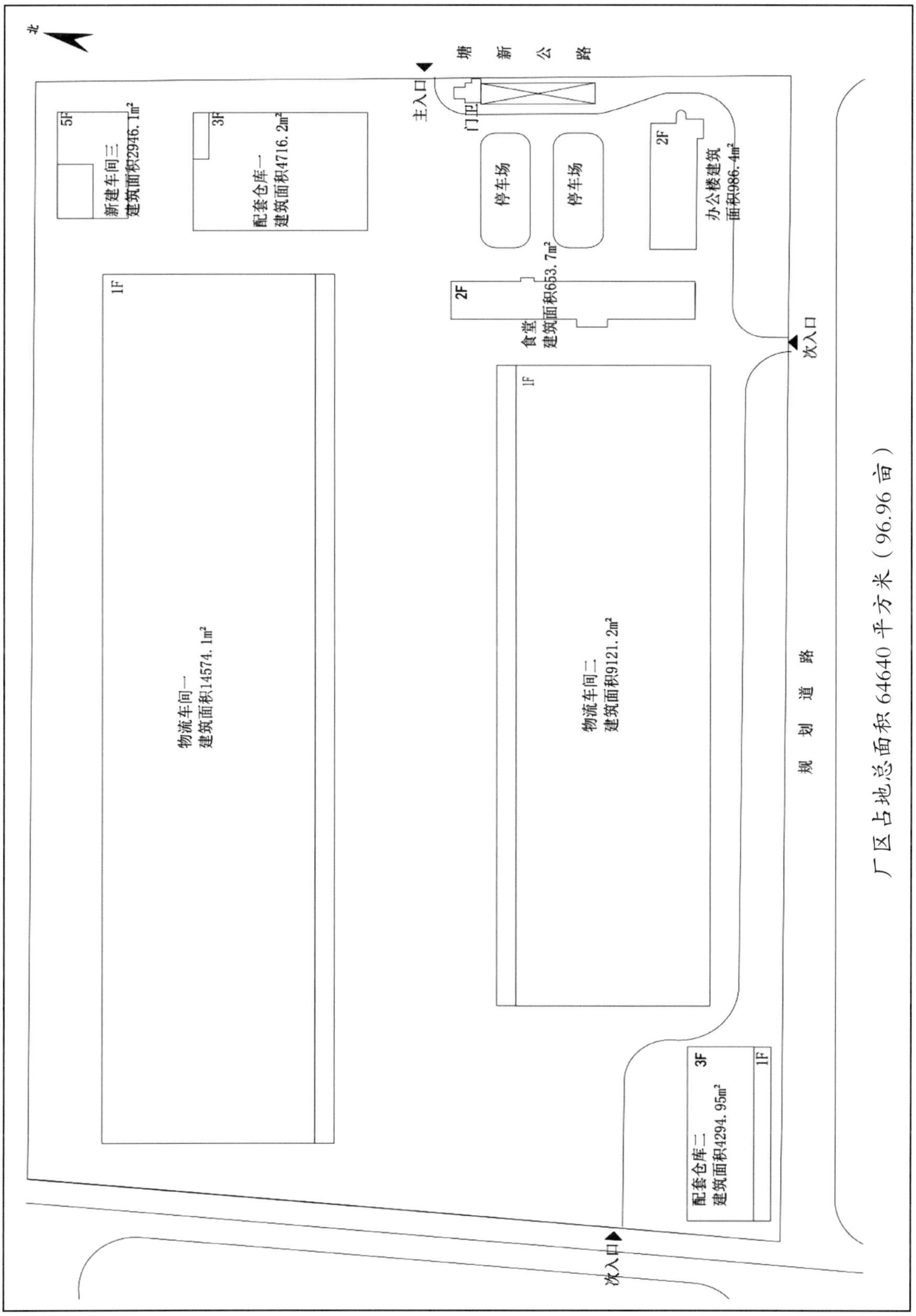

图 5-14 现吉华仓储产业园平面图

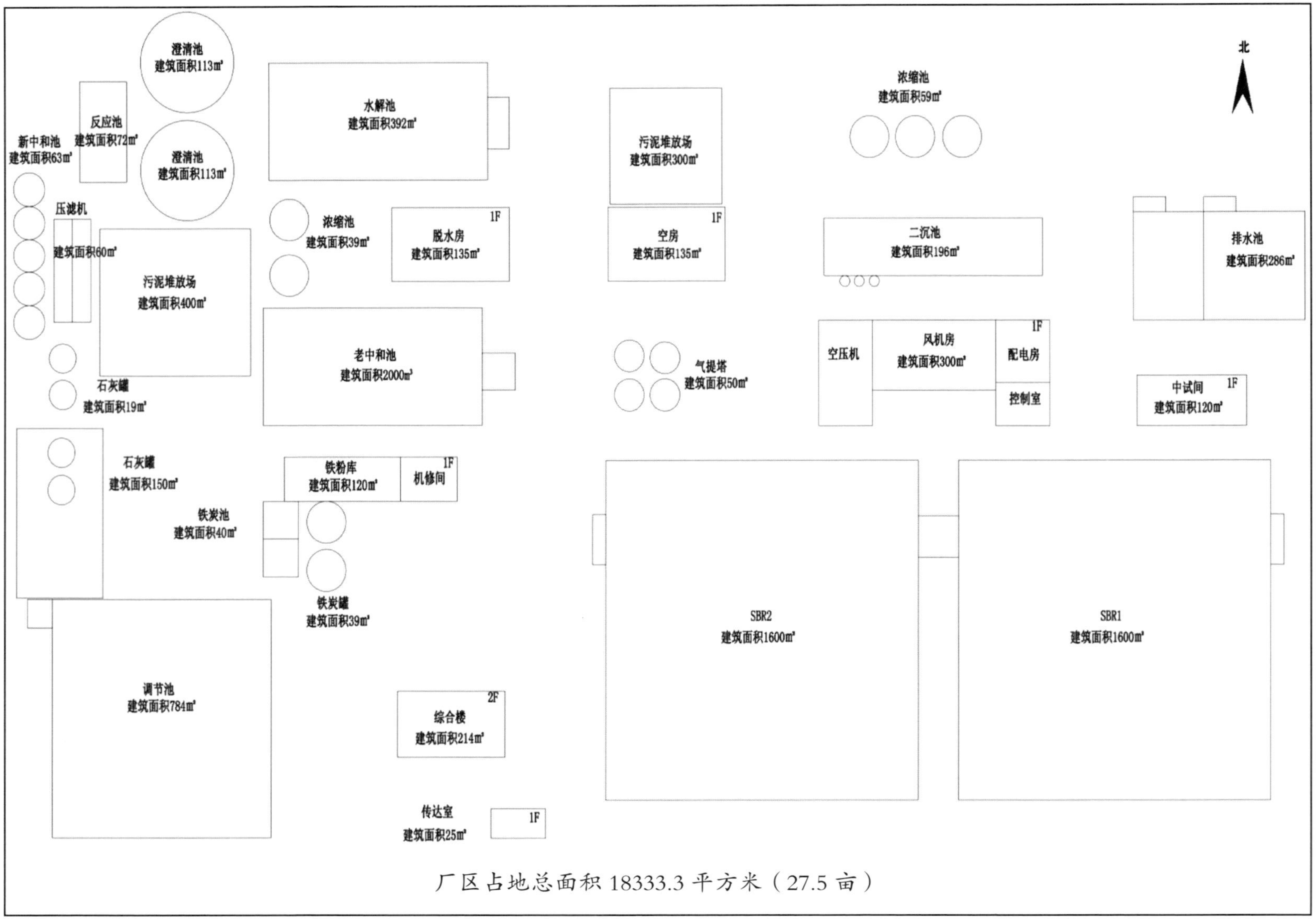

图5-15 红山污水处理厂平面图

二．临江区块

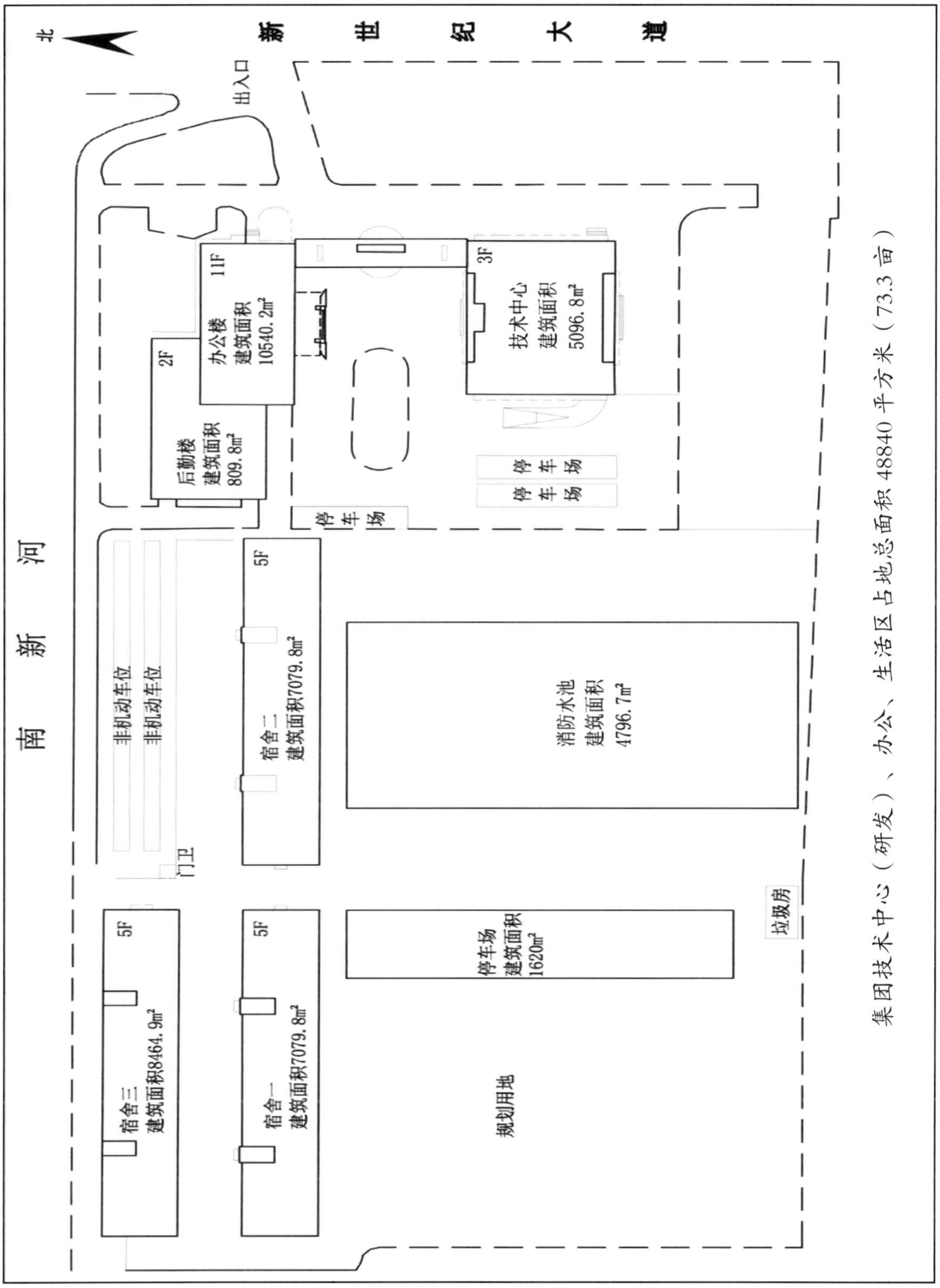

图 5-16 吉华集团技术中心（研发）、办公、生活区平面图

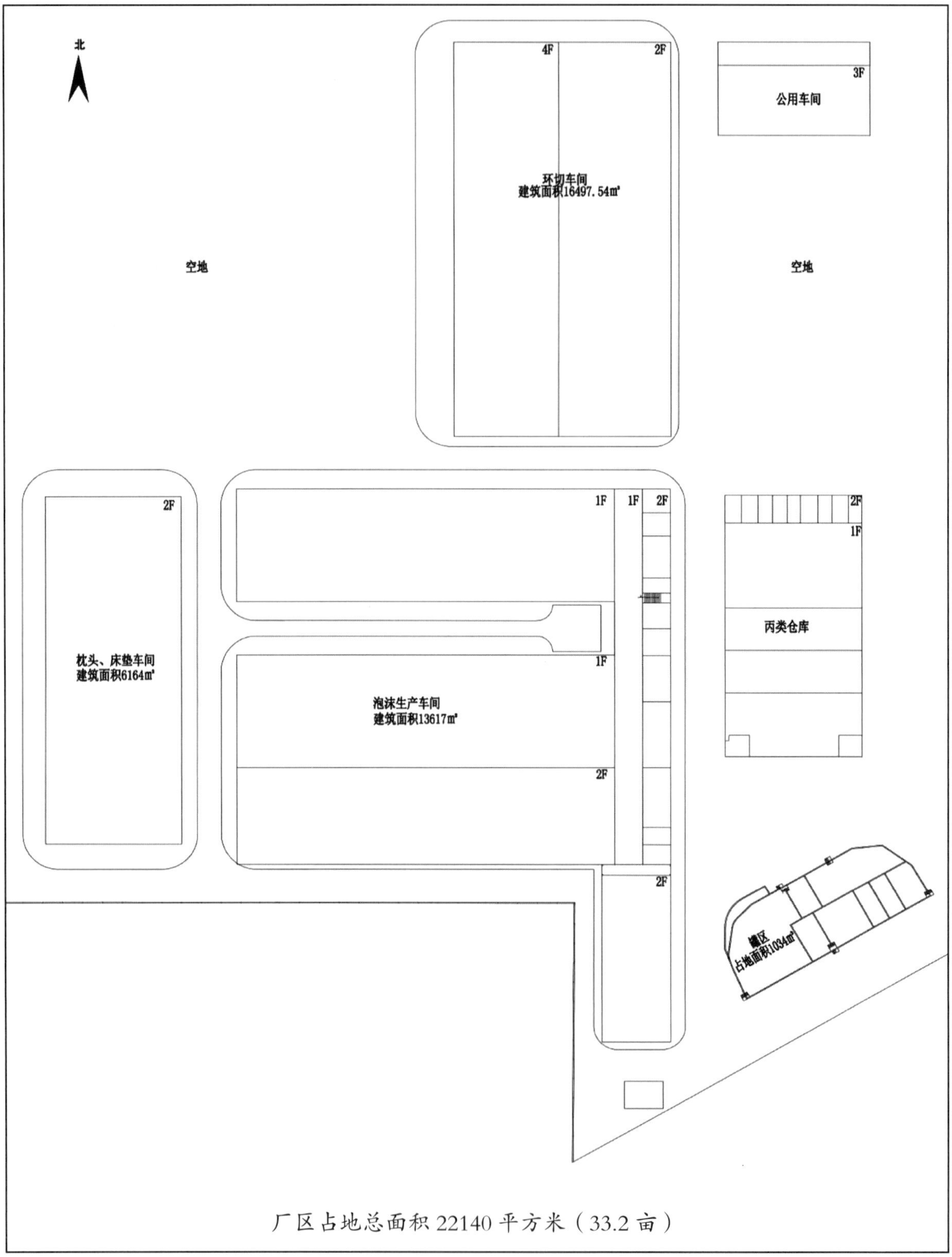

图 5-17 现一分厂平面图

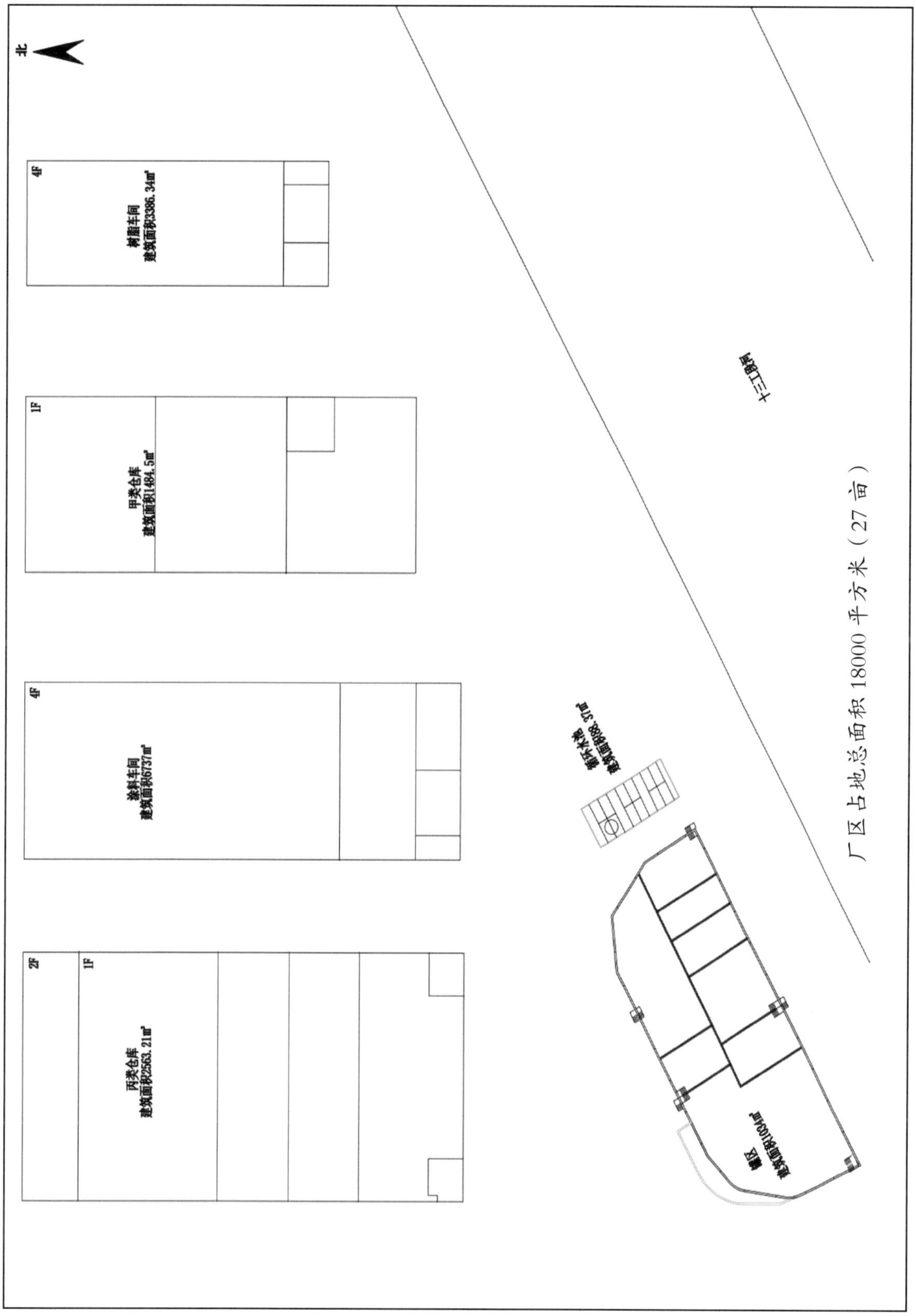

图 5-18　现五分厂平面图

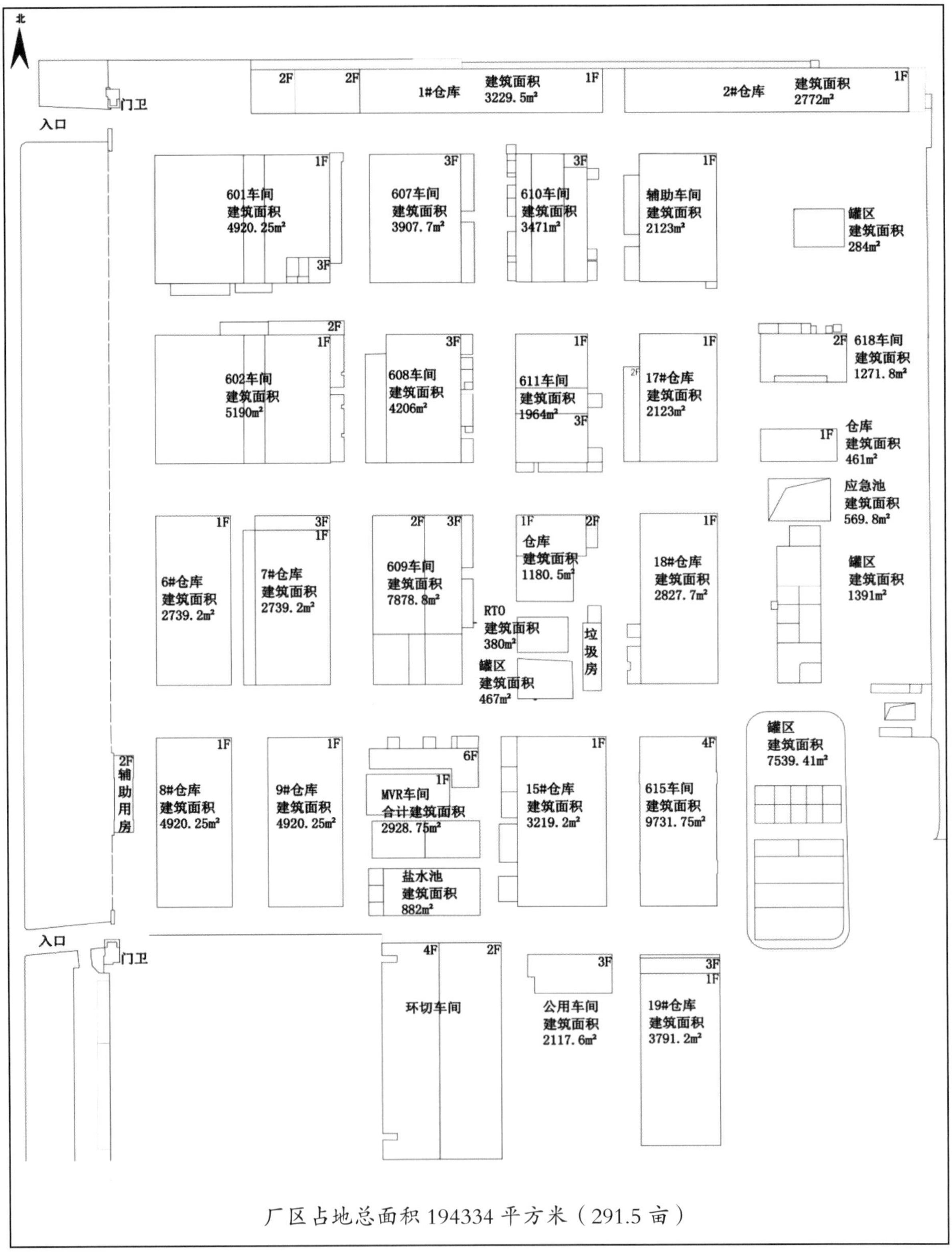

图5-19 现六分厂平面图

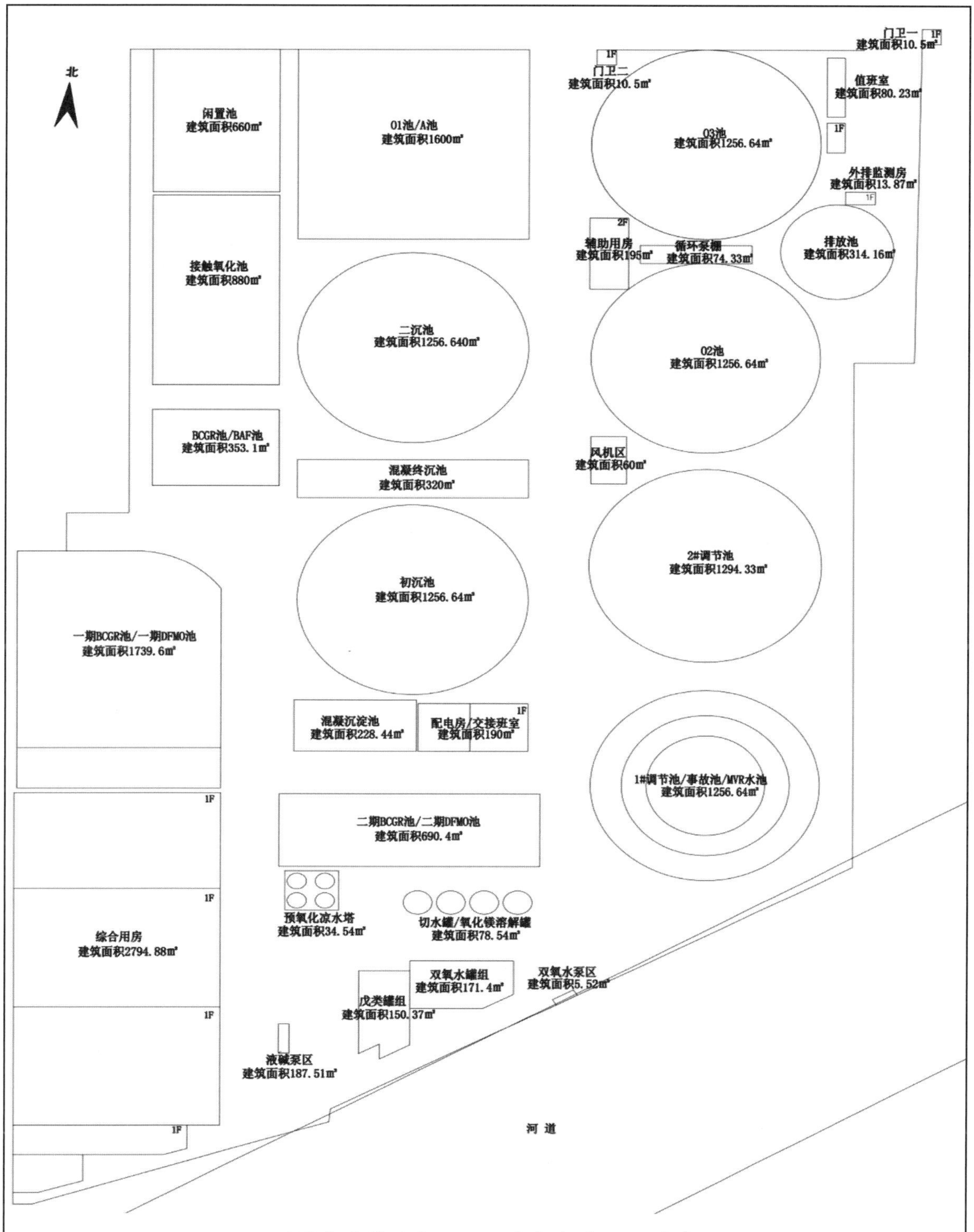

厂区占地总面积 30873 平方米（46.31 亩）

图 5-20　临江污水厂平面图

三. 江苏滨海区块

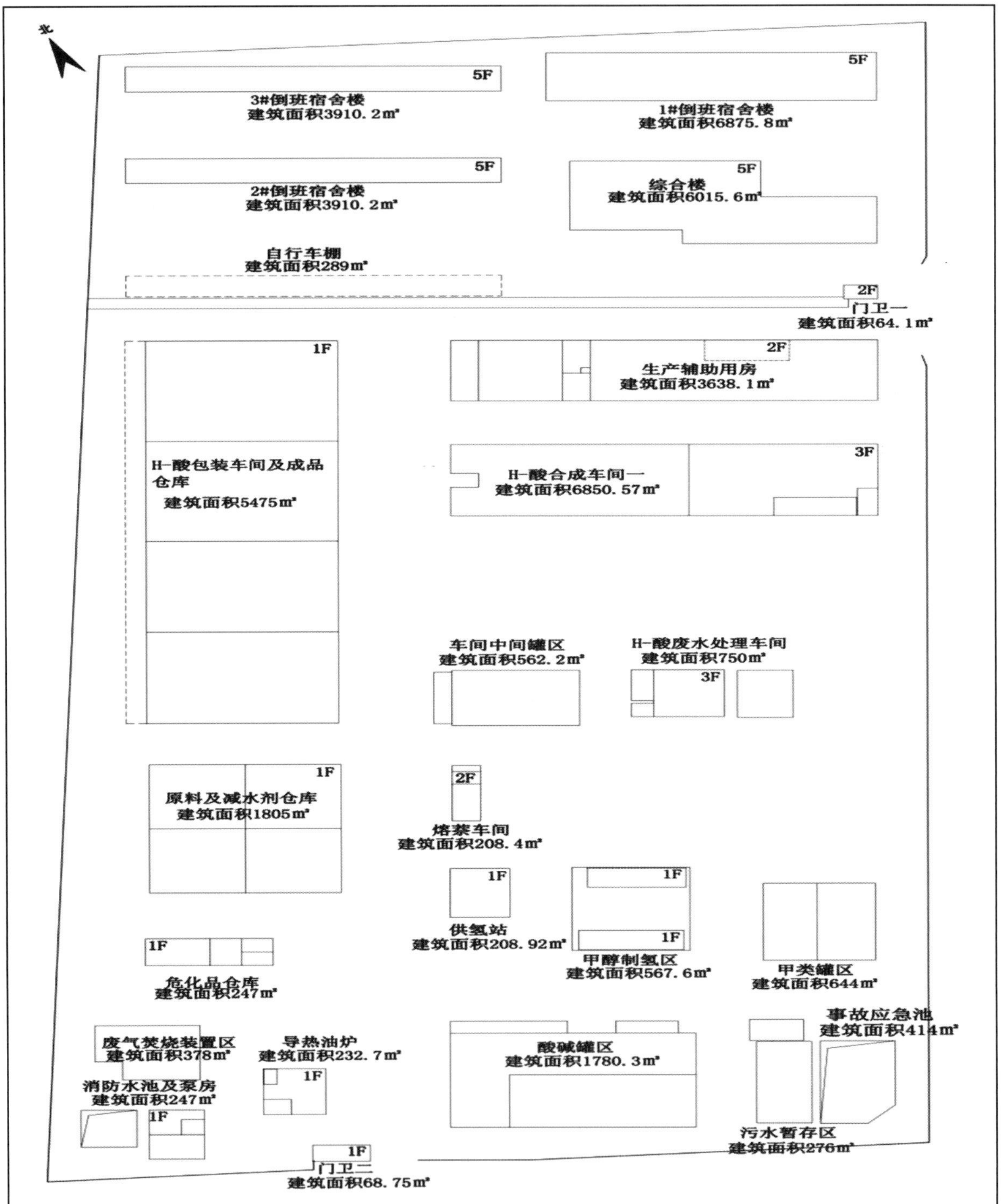

厂区占地总面积70687.3平方米（106.3亩）

图5-21 七分厂平面图图

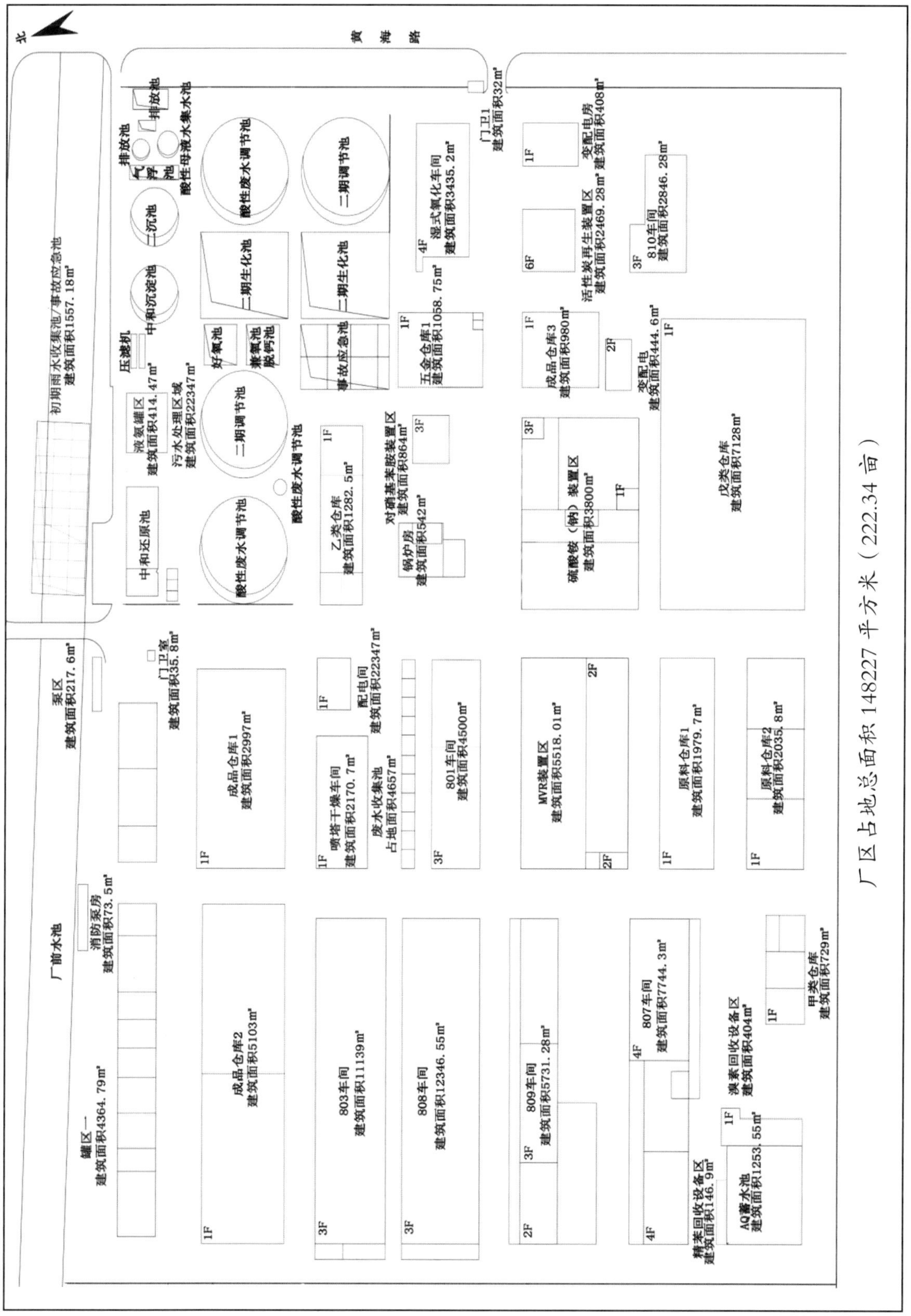

厂区占地总面积 148227 平方米（222.34 亩）

图 5-22 八分厂平面图

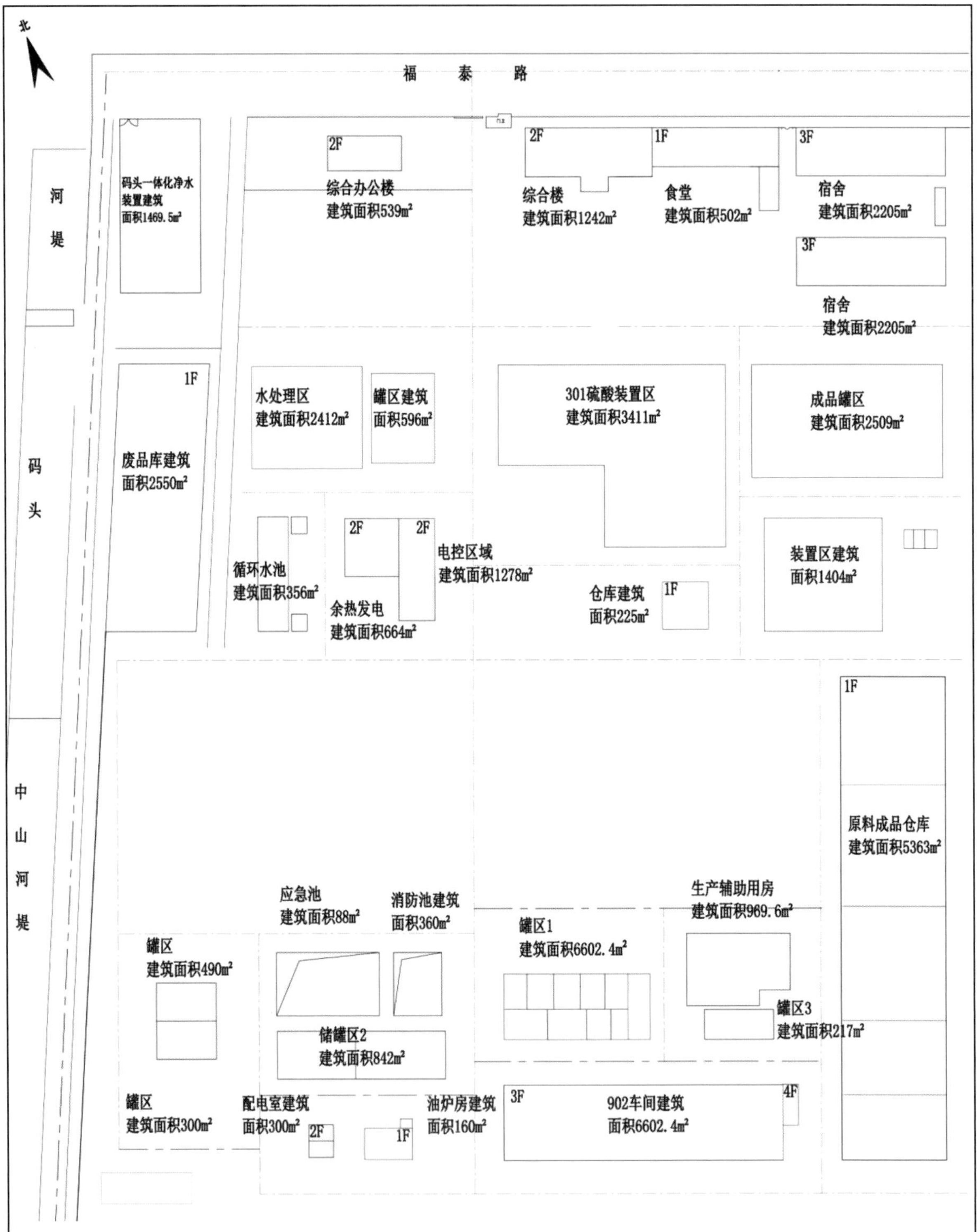

厂区占地总面积 88133 平方米（132.2 亩）

图 5-23 九分厂平面图

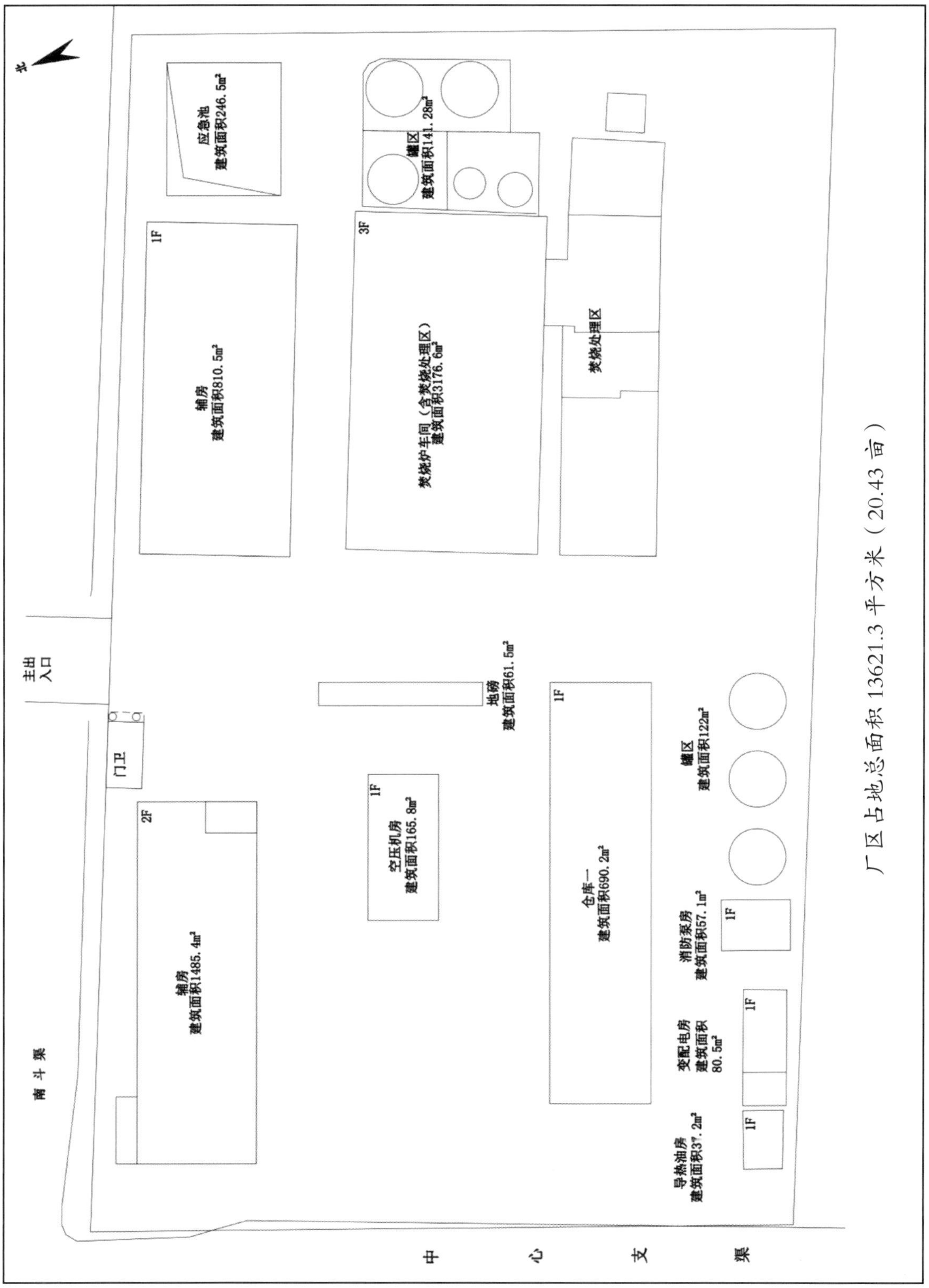
北
主出入口
门卫
南斗渠
中心支渠
应急池
建筑面积246.5m²
罐区
建筑面积141.28m²
1F
辅房
建筑面积810.5m²
3F
焚烧炉车间（含焚烧处理区）
建筑面积3176.6m²
焚烧处理区
地磅
建筑面积61.5m²
2F
辅房
建筑面积1485.4m²
空压机房
建筑面积165.8m²
仓库一
建筑面积690.2m²
罐区
建筑面积122m²
消防泵房
建筑面积57.1m²
变配电房
建筑面积
80.5m²
导热油房
建筑面积37.2m²
厂区占地总面积13621.3平方米（20.43亩）

图5-24　十分厂平面图

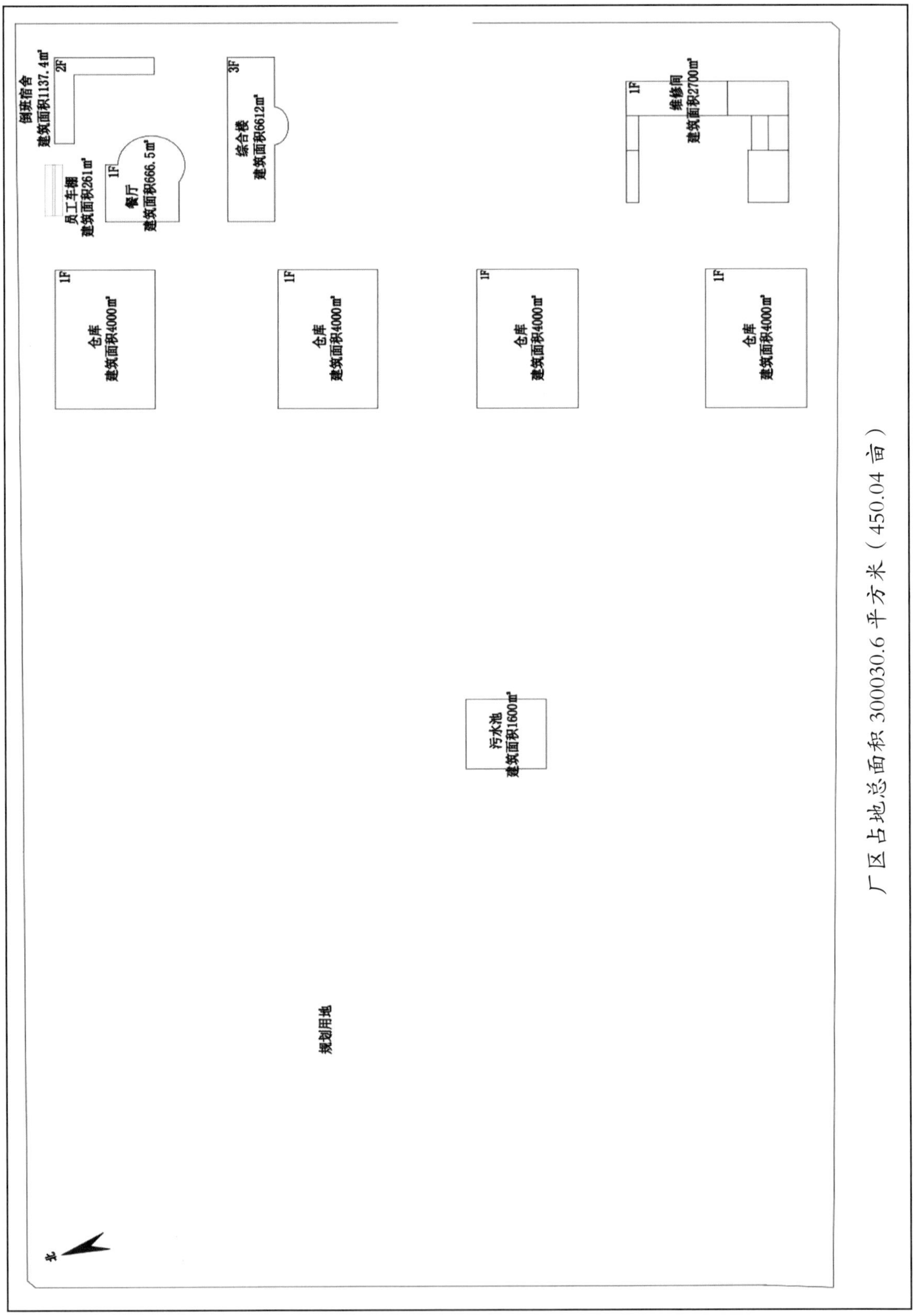
2F
倒班宿舍
建筑面积1137.4㎡
员工车棚
建筑面积261㎡
1F
餐厅
建筑面积666.5㎡
3F
综合楼
建筑面积6612㎡
1F
维修间
建筑面积2700㎡
1F
仓库
建筑面积4000㎡
1F
仓库
建筑面积4000㎡
1F
仓库
建筑面积4000㎡
1F
仓库
建筑面积4000㎡
污水池
建筑面积1600㎡
规划用地
北
厂区占地总面积 300030.6 平方米（450.04 亩）

图 5-25　二分厂平面图

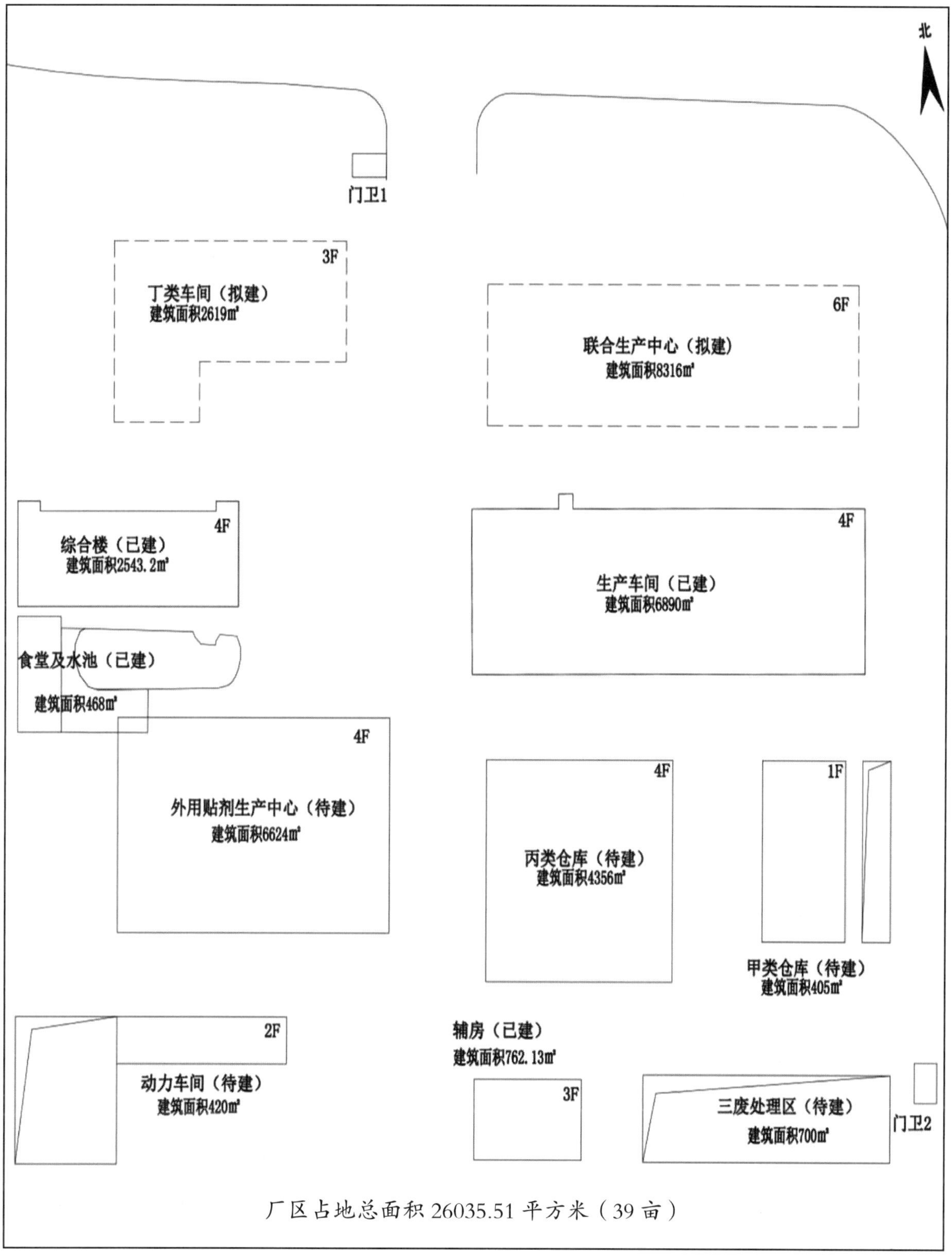
北
门卫1
3F
丁类车间（拟建）
建筑面积2619㎡
6F
联合生产中心（拟建）
建筑面积8316㎡
4F
综合楼（已建）
建筑面积2543.2㎡
4F
生产车间（已建）
建筑面积6890㎡
食堂及水池（已建）
建筑面积468㎡
4F
外用贴剂生产中心（待建）
建筑面积6624㎡
4F
丙类仓库（待建）
建筑面积4356㎡
1F
甲类仓库（待建）
建筑面积405㎡
2F
动力车间（待建）
建筑面积420㎡
辅房（已建）
建筑面积762.13㎡
3F
三废处理区（待建）
建筑面积700㎡
门卫2
厂区占地总面积26035.51平方米（39亩）

图5–26 康倍得平面图

第六章　科技研发

浙江吉华集团股份有限公司的科技研发，伴随着企业的发展而成长，从初创时期的技术引进、工艺消化、企业联营、定向加工，到后来建立技术中心，引进博士后团队，开展结构剖析，研发创新，与国内外知名染料企业和科研院校合作研发，不断创新发展，提档升级，打造了一支集产品研发、技术攻关、应用服务于一体的专业团队。

第一节　工艺技术

吉华集团拥有染料及中间体、海绵、涂料、医药 4 个产业板块，均有专门的研发团队。

一、海绵技术

1985 年，海绵的一步法生产工艺技术由上海塑料制品六厂提供，为适应市场需求，发泡机从开始的 4 组份 1600 毫米门幅，逐步升级至 1996 年的 12 组份 2200 毫米门幅、2006 年的 24 组份 2400 毫米门幅，再到 2022 年增加到 39 组份的双混合头发泡机。

1.FM 系列海绵生产

1985 年年底，依靠上塑六厂技术支持，以 3000 分子量三羟基聚醚（PPG）为主要原料，成功生产出四款 FM 系列海绵产品。

2.LS 系列扬声器海绵研发

1992 年 8 月 28 日，成功研发了以 3000 分子量 PPG 为主要原料，炭黑和颜料为主要着色剂，经发泡制得的扬声器海绵。该产品填补了省内空白，并获杭州市 1993 年度科技进步三等奖。

3. 阻燃系列海绵研发

1992—1998 年，成功研发了多款符合美国加州 CAL-117 标准（以下简称美标）的 FR 系列阻燃型海绵。

4. 圆泡系列海绵研发

2006 年，成功研发了多款符合 REACH 要求的 FMCPD 和 FRCPD（防火型）复合专用圆泡系列海绵。

5. 高回弹系列以及特种性能的海绵研发

2006—2013 年，成功研发了多款符合美标和英国 BS 5852 标准要求的 HFR 和 HFRT 系列高回弹阻燃型海绵。

2014—2022 年，成功研发了 FR-18T、FR-25T 等多款符合欧盟 EN 71-1、EN 71-2、EN 71-3 标准要求的婴幼儿安全座椅、汽车内饰用的阻燃型（火焰复合型）海绵。

6. 模具发泡研发

2014—2022 年，成功研发了模具发泡工艺，包括符合 GB/T 22796—2021 要求的 FM 系列胀气海绵等 3 个系列 15 个新品种。符合 GB 17927.2—2011 防火要求的 HR 系列各种高回弹定型海绵，符合 GB/T 22843 要求的 LM 系列慢回弹枕、垫类定型产品。

二、涂料技术

涂料技术由刘海兵为核心的团队自主研发，主要产品有水性工业用纳米涂料、耐高温不粘涂料、水性聚四氟乙烯不粘涂料、聚酯改性有机硅树脂四大系列。

1. 有机硅改性超支化聚酯涂料生产技术

2008—2018 年研发成功，利用聚合物共混性能互补增强原理，通过添加具有可反应性官能团的有机硅树脂，提高了聚酯树脂的耐候性、耐热性、热硬度、不黏性等性能，此项技术广泛应用于烤盘、炊具、家电等领域的耐高温不粘涂料。

2. 水性工业用纳米涂料产品技术

2013 年研发成功，利用化学改性及杂化技术，以纳米硅溶胶为基体，通过添加不同的硅烷偶联剂，制备具有耐高温、高硬度、不燃无烟、超耐候、超耐磨、环保无毒的水性工业用纳米涂料。

3. 共混改性技术

2014—2015 年研发成功，通过特定的工艺方法将聚醚砜等工程塑料添加到聚四氟乙烯乳液中，解决聚四氟乙烯本身附着力差、机械强度低、硬度不高等问题，制备高性能的水性聚四氟乙烯不粘涂料。

三、染料技术

1991年，染料生产初始阶段为分散染料的后处理。1993年，根据“三方联营协议”，开始生产C.I.分散黄23，C.I.分散红74、167，C.I.分散橙30，C.I.分散蓝79等原染料，技术由吉化染料厂有偿提供。1994年开始生产的C.I.分散蓝56的技术通过於印章等获得。

1.新产品与新技术开发

分散染料：利用染料贸易接触中国台湾地区及韩国、日本客商，通过定向委托加工的合作方式，引进分散原染料技术，品种有C.I.分散红54、C.I.分散红73及用于分散黑系列拼色的C.I.分散橙61、C.I.分散橙76、C.I.分散蓝291、C.I.分散蓝291∶1、C.I.分散紫93等；利用自有的技术研发团队进行吸收、消化，经小试、中试验证，成功开发生产出满足合作客户需求的分散黑EX-SFA系列、醋酸纤维、快速染色系列分散染料。

活性染料：主要技术来源是韩国理禾、德司达、日本专家和上海染化八厂等。2003年，聘请上海染化八厂专家陈小同、李雷逊先后成功开发C.I.活性黑5、C.I.活性橙56、C.I.活性黄72与高温型C.I.活性黄84、C.I.活性橙84及活性三原色ELE等品种；2004年，通过与韩国理禾技术贸易合作引进活性染料生产技术。按德司达提供的生产工艺以贸易加工（简称OEM）的方式进行合作，取长补短，择优确定了吉华标准的活性染料的工艺技术。

其他染料及中间体：主要是通过引进人才和与沈阳化工研究院、上海染料研究所、大连理工大学、浙江工业大学等科研机构及吉化染料厂等知名染料企业合作开发取得，聘请国内外知名染料企业的专业技术人员进行结构剖析、合成研究、小试验证，扩大分散染料的系列品种。

酸性染料：在日本专家太田清二的指导下，2001年，C.I.酸性红138、C.I.酸性蓝138、C.I.酸性黄72、C.I.酸性黑172等品种小试开发成功；2012年，技术中心储国军工程师开发了酸性染料C.I.酸性黑194、C.I.酸性蓝193、C.I.酸性橙72、C.I.酸性红88、C.I.酸性黑210等产品，并投入大生产。

直接染料：2003年，聘请上海染化九厂专家周国梁，结合日本专家太田清二和吉华集团已有的技术信息，开发出C.I.直接红227、C.I.直接红224、C.I.直接蓝297等品种的工艺技术，投入大生产的有C.I.直接耐酸大红35、C.I.直接黑19、C.I.直接黑22。

2005年后，先后开发了偶氮型、蒽醌型、杂环型等多个品种，攻克了重氮偶合工艺、氰化工艺、烷基化工艺、酯化工艺及溴化重氮化一步法等先进的工艺技术；2010年，自主开发出C.I.分散蓝60；2011年在德国专家别罗的指导下，开发了苯并双呋喃酮结构的C.I.分散红356等。

2.关键技术突破

新结构发明专利技术：专利“一种分散染料混合物及其应用”（专利号：CN20130018535.7），以2,4-二硝基苯胺结构制成的偶氮染料牢度性能优异，色光鲜艳，具有极高的深色配伍性能；使用该专利技术生产的分散黑EX-SFB系列产品全面替代了有贸易壁垒的黑色产品，截至2022年底，累计销量达77000吨；该专利中的分散紫H-2RF新结构产品，获浙江省2016年度优秀工业新产品二等奖，该专利技术获2017年度中国专利优秀奖。

一步法重氮化清洁生产关键共性技术：2010—2015年，由简卫博士领衔研发成功一步法重氮化清洁生产的关键共性技术，实现了一步法重氮化反应，缩短了工艺流程、降低排放、节约能耗、提高收率。突破行业瓶颈，对提升行业绿色制造具有示范意义。该技术已在多个染料品种合成中得到应用，拥有国家授权发明专利4项。

逆流梯度洗涤技术：为了减少用水量、降低排放，成功开发了原染料逆流梯度洗涤技术。洗涤水多次套用，循环梯度使用（图6-1），减少废水排放量约60%。

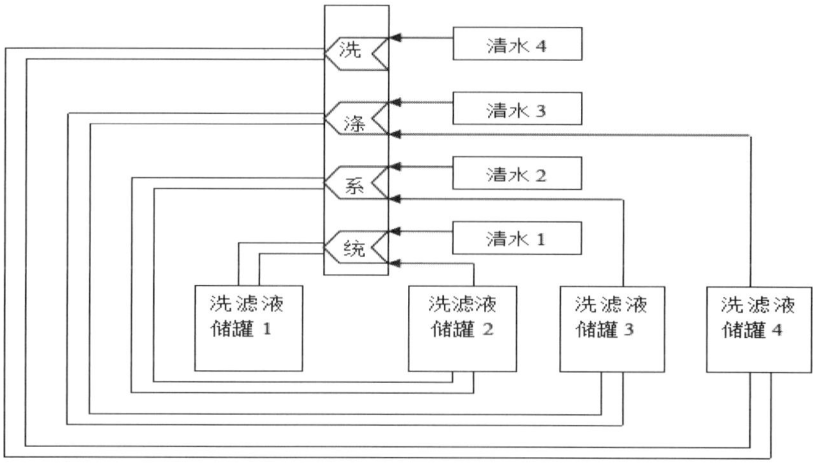

图6-1　逆流梯度洗涤工艺流程图

醋酸循环利用技术：由吉华集团自主研发。采用醋酐在酯化反应后生成的醋酸进行回收，利用薄膜蒸发和精馏技术脱出酯化液中的醋酸，结合 DCS 自动控制技术，将脱出的醋酸循环用于同类产品的酯化反应中；该技术应用于生产后，降低了原料消耗，减少了废水排放。

染料母液资源化综合利用技术：染料母液是染料行业污水治理的重点和难点，遵循“源头控制、清污分流、回收套用、减量减排”的绿色制造理念，与某环境公司联合开发了染料酸性母液废水资源化清洁处理技术（发明专利“一种染料及中间体生产过程中含硫酸的废水处理方法”，专利号：CN201310251367.6），通过废水脱色、中和、MVR 浓缩、分离等措施，得到副产硫酸铵可制作复合肥；吉华集团作为第一起草单位制定行业标准 HG/T 5907—2021《染料副产硫酸铵》，2021 年 5 月 17 日发布，同年 10 月 1 日实施。

活性炭再生技术：采用多段炉颗粒活性炭再生方法，利用一体化装置将吸附后的颗粒活性炭干燥、再生循环使用，新炭补加量小于 8%，降低活性炭消耗 90%，大幅削减吸附处理后的废炭产生。

四、医药技术

自主研发三大透皮核心技术平台，即组合基质型平台 CMC-TTS、膜控型平台 M-TTS、水溶基质型平台 H-TTS 。

第二节　研发团队和平台

吉华集团建有博士后科研工作站，重视研发团队和平台的建设，注重技术人才的引进、培养、合作、交流。

一、研发团队

吉华集团建有自主研发团队，以优厚的待遇，优越的工作条件引进优秀人才，培育研发团队，并通过对博士后科研工作站联合培养，出站后留在吉华工作的博士后给予 60 万元住房补贴等；通过“请进来、走出去”，先后派送多名优秀管理、技术人员到国内外优秀企业进行考察，培训学习、学术交流，邀请欧洲、日本、韩国、中国台湾地区等专业技术人士进行技术指导，成功开发EX二醋纤系列、HRD快速染色系列、HACE系列、高水洗HXF系列、HXW系列、HWT系列、高日晒HLF系列等染料新品种和新工艺技术。

图6-2 2002年10月，博士后科研工作站授牌仪式举行

1998年，由周龙珠、王恩柱、赵铿、朱建龙、陆洪汇等人组建研发团队，成立自主开发实验室，从事小试研究及工艺开发；1999年，经萧山市科学技术委员会批复成立杭州吉华化工研究所。

图6-3 2002年5月，瑞士汽巴专家与吉华技术团队合影

2002年，吉华化工引进大连理工大学简卫博士。是年，由浙江省人事厅授予“浙江省博士后科研工作站”称号；2003年，经人事部批准设立染料行业首家企业博士后科研工作站。之后又先后引进何亮、孙岩峰、赵雪、钱涛、盛学斌5位博士进站从事染料与涂料的博士后研究工作；通过技术中心的人才培养，为生产一线输送一批高学历专业技术人才。

图6-4 2008年3月，染料专家团队指导研发技术

2002—2018 年吉华集团博士后研究人员一览表

表 6-1

序号	姓名	研 究 课 题	进站时间	出站时间	留站情况
1	简　卫	新型杂环偶氮分散染料和喷射打印用分散染料色浆的研究	2002.09	2005.02	留站
2	何　亮	抗紫外线辐射活性染料的研究	2009.02	2011.03	
3	孙岩峰	抗紫外线辐射分散染料的研究	2009.11	2012.05	留站
4	赵　雪	活性染料复配技术的研究	2011.07	2013.04	
5	钱　涛	氟硅改性不粘污型陶瓷涂料的制备与性能研究	2013.05	2016.08	留站
6	盛学斌	聚铁絮体吸附苯酚苯胺的性能研究	2018.09	2020.09	留站

1998—2022 年吉华集团聘请的国内外技术人员一览表

表 6-2

序号	姓　名	性别	称谓 / 职称	原工作单位
1	太田清二	男	外籍专家	日本化药公司
2	松尾正美	男	外籍专家	日本纪和公司
3	儿岛利员	男	外籍专家	日本纪和公司
4	滨崎友博	男	外籍专家	日本三凌公司
5	别罗 (Buehler Ulrich)	男	外籍专家	德国德司达公司
6	史蒂芬（Steffen)	男	外籍专家	德国拜耳公司
7	鲁泽 (Loeser)	男	外籍专家	德国拜耳公司
8	斯罗德（Schroede）	男	外籍专家	德国拜耳公司
9	帕舍（Paasche)	男	外籍专家	德国拜耳公司
10	赵国俊	男	教授级高工	吉化公司
11	王恩柱	男	高级工程师	吉化公司
12	王佳峰	男	教授级高工	上海染料研究所
13	谢　锐	男	教授级高工	吉化公司
14	曾维新	男	高级工程师	吉化公司
15	孙贵荣	男	教授级高工	吉化公司
16	程侣柏	男	教　授	大连理工大学
17	商友芬	女	高级工程师	沈阳化工研究院

续表 6-2

序号	姓　名	性别	称谓 / 职称	原工作单位
18	刁文忠	男	高级工程师	沈阳化工研究院
19	李崇仁	男	高级工程师	沈阳化工研究院
20	洪 威	男	教授级高工	吉化公司
21	韩志良	男	高级工程师	沈阳化工研究院
22	吴家康	男	高级工程师	苏州染料厂
23	陈小同	男	高级工程师	上海染化八厂
24	李雷逊	女	高级工程师	上海染化八厂
25	周国梁	男	高级工程师	上海染化十厂
26	赵德丰	男	教 授	大连理工大学
27	廖正修	男	专家	台湾永光公司

二、研发平台

吉华集团技术中心设有研发部、应用服务部和品管部 3 个部门，中心面积 4000 平方米，研发部负责承担分散、活性、直接、酸性染料及配套中间体和涂料等新产品研制和开发，老品种的工艺改进和客户委托产品的定向开发，企业技术文件管理、工艺执行情况的监督考核及知识产权申请保护和对外协作；品管部负责抽检各子公司的质量分析准确性，承担分析方法的确立，产品企业标准备案；应用部负责承担新产品的应用性能研究和客户服务，新产品的推广以及市场信息收集、研究。

图 6-5　2001 年 8 月，吉华化工向日本纪和公司专家松尾正美赠送书法作品

技术中心拥有代表当今国际先进水平的美国 Datacolor 公司的测色配色仪和戴安公司的离子色谱仪，瑞士 Mathis 公司的高温测试仪，英国 Malvern 公司的激光粒度分布仪、氙灯光照色牢度测试仪，日本岛津公司的紫外分光光度计、气相和液相色谱仪等精密仪器 60 余台（套），常规试验仪器 100 余台；2014 年又新增气相质谱仪 3 台、高效液相质谱仪、等离子体发射光谱仪等一批高端检测仪器；2019 年斥资 500 余

万元购入瑞士梅特勒—托利多生产的全自动实验室反应量热系统 RC1、差式扫描量热仪 DSC 和赫尔生产的绝热加速量热仪 ARC 3 台国际先进热分析设备，建设反应全流程的安全风险评估实验室；将生产、改造、建设与反应风险评估紧密结合，全流程评估原料、中间体、产品、残渣等的热反应安全性，切实践行本质安全。至 2022 年年底，共完成反应安全风险评估报告 170 份。2022 年 8 月 31 日，技术中心检测实验室通过了中国合格评定国家委员会实验室认可（注册号：CNAS L16998）。

图 6-6　2003 年 3 月，台湾专家廖正修在技术中心工作

第三节　专利技术

吉华集团重视知识产权的申请和保护，2014 年建立了《专利管理制度》，2019 年进行第一次修订。至 2022 年年底，拥有有效授权专利 115 项，其中发明专利 93 项，实用新型专利 17 项，外观设计专利 5 项；其中发明专利“一种分散染料混合物及其应用”（专利号：CN20130018535.7），突出染料新结构、合成新工艺、复配新技术，应用专利生产的分散黑 EX-SFB 系列产品投产后，不仅增加了效益，而且进一步提升了行业的影响力，获 2017 年度中国专利优秀奖。

图 6-7　“一种分散染料混合物及其应用”获 2017 年度中国专利优秀奖

一、涂料

吉华集团涂料技术获国家专利授权 45 项，其中发明专利 40 项，外观设计专利 5 项。

2010—2022年吉华集团涂料技术获国家专利授权一览表

表6-3

序号	标　题	专利号	状态	发明人
1	一种耐高温不粘涂料	CN201010567017.7	授权	刘海兵
2	一种聚酯改性有机硅树脂的制备方法及含有该树脂的涂料	CN201110342058.0	授权	刘海兵
3	一种超支化聚酯改性有机硅树脂的制备方法及含有该树脂的涂料	CN201110342179.5	授权	刘海兵
4	一种超支化聚酯改性有机硅树脂的制备方法	CN201110342377.1	授权	刘海兵
5	一种改性的端羧基超枝化聚酯树脂的制备方法及含有该树脂的涂料	CN201210492761.4	授权	刘海兵　李　希
6	一种改性的聚酯树脂的制备方法及含该聚酯树脂的涂料	CN201210492771.8	授权	刘海兵　李　希
7	一种改性的聚酯树脂的制备方法及含该方法所得聚酯树脂的涂料	CN201210493157.3	授权	刘海兵　李　希
8	一种不粘涂料及其制备方法	CN201310720150.5	授权	刘海兵　钱　涛　朱海军　李　希　孙金燕　刘海清
9	一种改性硅溶胶的制备方法与应用	CN201310720151.X	授权	刘海兵　朱海军　钱　涛　李　希　郑　成　刘海清
10	一种不粘陶瓷涂料及其制备方法	CN201310720152.4	授权	刘海兵　朱海军　钱　涛　李　希　卜亚鹏　刘海清
11	一种改性聚酯树脂的制备方法与应用	CN201410029526.2	授权	刘海兵　李　希　钱　涛　朱海军　彭珠明　卜亚鹏
12	一种改性环氧树脂的制备方法与应用	CN201410031096.8	授权	刘海兵　李　希　钱　涛　朱海军　彭珠明　卜亚鹏
13	一种无机纳米复合的防涂鸦树脂及其制备方法	CN201410763937.4	授权	钱　涛　刘海龙　刘海兵
14	一种纳米氧化铝复合有机硅改性超支化聚酯树脂的制备方法及含该树脂的涂料	CN201410764930.4	授权	钱　涛　李　希　刘海兵
15	一种纳米二氧化硅复合有机硅改性超支化聚酯树脂的制备方法及含该树脂的涂料	CN201410766043.0	授权	钱　涛　王晓莉　刘海兵

续表 6-3

序号	标　题	专利号	状态	发明人
16	一种纳米氧化锌复合有机硅改性超支化聚酯树脂的制备方法及含该树脂的涂料	CN201410766131.0	授权	钱　涛　王　利　刘海兵
17	一种有机硅改性热塑性聚氨酯弹性体及其制备方法	CN201510740025.X	授权	钱　涛　刘海龙　刘海兵
18	一种水溶性有机硅改性聚酯树脂及其制备方法与应用	CN201510998485.2	授权	钱　涛　邓庆芝　刘海龙　刘海兵
19	一种水性防涂鸦涂料及其制备方法	CN201510999686.4	授权	钱　涛　刘海龙　刘海兵
20	一种有机改性硅溶胶的制备方法与应用	CN201511000444.6	授权	钱　涛　徐　凯　刘海龙　刘海兵
21	一种高导热高耐磨不粘涂料	CN201610035103.0	授权	钱　涛　李　希　卜亚鹏　刘海兵
22	一种耐高温防腐涂料	CN201610035691.8	授权	钱　涛　李　希　刘海兵
23	一种高韧性陶瓷涂料及其制备方法	CN201610435837.8	授权	钱　涛　徐　凯　刘海兵
24	一种石墨烯改性水性聚氨酯的制备方法	CN201610446463.X	授权	钱　涛　刘海龙　郎伟敏　刘海兵
25	一种含氟聚硅氧烷不粘助剂及其制备方法与应用	CN201610577950.X	授权	钱　涛　徐　凯　刘海兵
26	一种红外辐射散热水性耐磨不粘涂料及其制备方法	CN201610618618.3	授权	钱　涛　徐　凯　刘海兵
27	一种疏水耐热的有机硅改性聚酯树脂及其制备方法	CN201610761264.8	授权	钱　涛　刘海龙　李　希　刘海兵
28	一种用于炊具的水性真彩仿石不粘涂料及其制备方法	CN201710567983.0	授权	钱　涛　罗文秀　刘海龙
29	一种基于吡啶的 RAFT 试剂及其制备方法与应用	CN201711177496.X	授权	钱　涛　刘海龙
30	一种专用于炊具的高耐磨不粘涂料及其制备方法	CN201810799729.8	授权	钱　涛　罗文秀　刘海龙
31	不粘锅（JH-1)	CN201830166772.1	授权	钱　涛　刘海龙
32	不粘锅（JH-2)	CN201830166366.5	授权	钱　涛　刘海龙
33	不粘锅（JH-3)	CN201830166771.7	授权	钱　涛　刘海龙
34	不粘锅（JH-4)	CN201830165997.5	授权	钱　涛　刘海龙

续表 6-3

序号	标题	专利号	状态	发明人
35	一种可用于铁质炊具的石墨烯改性水性不粘涂料的制备方法	CN201911390079.2	授权	钱涛 刘海龙
36	一种碳纳米管复合陶瓷网络改性水性不粘涂料的制备方法	CN201911399361.7	授权	钱涛 刘海龙
37	一种抗菌纳米银树脂的制备方法及含有该树脂的不粘涂料	CN201911425822.3	授权	钱涛 刘海龙
38	一种抗菌改性水性聚氨酯的制备方法	CN201911425875.5	授权	钱涛 刘海龙
39	不粘锅（牛油果）	CN201930687087.8	授权	钱涛 刘海龙
40	一种水性聚酰胺酰亚胺防腐蚀不粘涂料及其制备方法	CN202011585535.1	授权	钱涛 刘海龙
41	一种用于炊具涂料的有机硅改性聚酰胺酰亚胺及其制备方法	CN202011586328.8	授权	钱涛 刘海龙
42	一种含原位聚合绝缘涂层的石墨烯电热膜的制备方法	CN202011643339.5	授权	刘海龙 钱涛 马迪
43	一种具有导磁功能的水性耐热防腐涂料及其制备方法	CN202111680718.6	授权	钱涛 刘海龙
44	一种反应型环氧改性有机硅树脂及无溶剂耐高温涂料	CN202111683399.4	授权	钱涛 刘海龙
45	一种水性聚四氟乙烯防聚热导磁不粘涂料及其制备方法	CN202210021180.6	授权	刘海龙 钱涛

二、染料

吉华集团染料及中间体技术获国家专利授权 59 项，其中发明专利 51 项、实用新型专利 8 项。

2005—2022 年吉华集团染料及中间体技术获国家专利授权一览表

表 6-4

序号	标题	专利号	状态	发明人
1	分散染料混合物及其染料制品	CN200510060932.6	授权	简卫 陈美芬
2	催化加氢法生产 H 酸工艺	CN200510062386.X	授权	樊军 简卫 陈美芬

续表 6-4

序号	标　题	专 利 号	状态	发 明 人
3	一种红色分散染料混合物	CN200610050295.9	授权	陆洪汇　简　卫　陈美芬　樊　军
4	一种分散染料的混合物及其制品	CN200610052851.6	授权	屠国峰　简　卫　陈美芬　樊　军
5	高湿处理牢度的分散染料混合物及其制品	CN200610053797.7	授权	汪雪松　简　卫　陈美芬　樊　军
6	一种硝化酸的循环使用方法	CN200810242895.4	授权	屠国锋　张劲松　陈才良　刘志伟　时　晓
7	1,5(1,8)- 二硝基蒽醌的生产方法	CN200810243188.7	授权	张劲松　屠国锋　陈小勇　时　晓　冯全振
8	一种邻氯对硝基苯胺重氮盐的制备方法	CN200910303793.3	授权	简　卫　周火良　张立富　陈美芬　陆洪汇
9	一种 2,6- 二溴 -4- 硝基苯胺重氮盐的合成方法	CN200910304352.5	授权	简　卫　陈星海　陈美芬　陆洪汇
10	一种 2- 氰基 -4- 硝基 -6- 溴苯胺重氮盐的合成方法	CN200910304353.X	授权	简　卫　陈美芬　陆洪汇
11	一种耐碱性分散染料复配物	CN201010240844.5	授权	陈美芬　胡惠素　李　萍　简　卫
12	同时分析染料中多种微量金属离子的离子色谱法	CN201010273180.2	授权	付燕珍　陈美芬　简　卫
13	一种偶氮类分散染料混合物及其染料制品	CN201010577085.1	授权	杨泉明　陈美芬
14	一种 3- 氨基 -5- 硝基 -2,1- 苯并异噻唑及其重氮盐的制备方法	CN201010602662.8	授权	简　卫　陈美芬　汪雪松
15	一种中温型分散染料化合物及其制备方法与应用	CN201110439482.7	授权	简　卫　孙岩峰　陈美芬
16	一种分散偶氮染料混合物及其应用	CN201110439483.1	授权	李　萍　简　卫　孙岩峰　陈美芬
17	一种含苯基吲哚的偶氮化合物及其制备方法与应用	CN201210011694.X	授权	孙岩峰　刘　伟　简　卫　陈美芬
18	一种单偶氮化合物及其制备方法与应用	CN201210013541.9	授权	孙岩峰　徐黎灿　简　卫　陈美芬
19	一种分散染料混合物及其应用	CN201210176987.3	授权	孙岩峰　史　超　简　卫　陈美芬

续表 6-4

序号	标　题	专利号	状态	发明人
20	一种分散染料混合物及其应用	CN201210193829.9	授权	孙岩峰　詹云雷　简　卫　陈美芬
21	一种红色环保型分散染料混合物及其应用	CN201210347559.2	授权	陈美芬　李　萍　简　卫　孙岩峰
22	一种分散染料混合物及其应用	CN201210545272.0 CN201310018535.7	授权	孙岩峰　陈美芬　简　卫　汪雪松
23	一种环保型复合分散黄染料	CN201310073497.5	授权	陈美芬　冯国仁　简　卫　孙岩峰
24	一种染料及中间体生产过程中含硫酸的废水处理方法	CN201310251367.6	授权	孙岩峰　韩立峰　简　卫　周火良
25	一种磺酸基类染料以及其染料中间体生产废水的处理方法	CN201310331672.6	授权	孙岩峰　刘　伟　简　卫　陈美芬
26	一种偶氮型分散染料组合物的合成方法	CN201310399838.8	授权	孙岩峰　陈美芬　汪雪松　简　卫
27	一种中温型偶氮分散染料及其制备方法与应用	CN201310710455.8	授权	孙岩峰　冯国仁　陈美芬　简　卫
28	一种分散染料	CN201310751123.4	授权	陈小勇　屠国锋　杨福良
29	一种分散染料混合物	CN201310753296.X	授权	陈小勇　屠国锋　杨福良
30	一种分散红染料组合物	CN201310754316.5	授权	陈小勇　屠国锋　杨福良
31	一种偶氮分散染料的合成方法	CN201410233610.6	授权	冯国仁　孙岩峰　陈美芬　简　卫
32	一种活性染料混合物	CN201410244157.9	发明	陈美芬　商李金　孙岩峰　简　卫
33	一种分散艳蓝 E-4R 缩合母液中苯酚的回收方法	CN201410264331.6	授权	孙岩峰　冯国仁　储国军　陈美芬
34	一种萘醌型棕色活性分散染料及其制备方法	CN201410293545.6	授权	杨福良　陈小勇　屠国锋
35	一种深色分散染料组合物	CN201410592342.7	授权	孙岩峰　徐黎灿　陈美芬
36	一种 N 氰乙基苯胺零排放生产工艺	CN201510355367.X	授权	陆洪汇　屠国锋　周洪斌　刘道明
37	一种深色分散染料组合物与应用	CN201510445548.1	授权	邵　辉　孙岩峰　徐黎灿　陈美芬

续表 6-4

序号	标　题	专 利 号	状态	发 明 人
38	一种高水洗牢度复合分散黑蓝染料	CN201510447231.1	授权	邵　辉　孙岩峰　冯国仁　陈美芬
39	一种制备 H 酸的装置	CN201610111696.4	授权	陈小勇　陈九亦
40	利用制备 H 酸产生的副产物制备的减水剂及制备方法	CN201610112230.6	授权	陈小勇　陈九亦
41	一种具有节能功效的 H 酸制备装置	CN201610113728.4	授权	陈小勇　陈九亦
42	一种活性黑染料混合物与应用	CN201610339879.1	授权	邵　辉　商李金　孙岩峰　陈美芬
43	一种分散黑染料混合物及其染料制品	CN201611197746.1	授权	邵　辉　郭嫣娜　陈美芬　孙岩峰
44	一种 H- 酸制备中用于制备碱熔物的稀释装置	CN201620160757.1	授权	陈小勇　陈九亦
45	一种用于制备 H- 酸的离析和过滤装置	CN201620161367.6	授权	陈小勇　陈九亦
46	一种用于提高回收盐酸中二氧化硫去除率的装置及其方法	CN201710010529.5	授权	陆洪汇　周海军　屠国锋　范岳均　王魁雨
47	一种高日晒分散黑染料混合物及其应用	CN201710387589.9	授权	邵　辉　叶绪兵　陈美芬　孙岩峰
48	一种同色异谱指数较小的 C.I. 分散红 167 染料替代物	CN201710887054.8	授权	邵　辉　商礼金　陈美芬　孙岩峰
49	一种含硝酸废水处理装置及处理方法	CN201711462726.7	授权	屠国锋　王　刚　储魏彬
50	一种含有吡啶酮结构分散染料的制备工艺与应用	CN201810571571.9	授权	孙岩峰　沈师悦　邵　辉　陈美芬
51	一种分散染料混合物及其应用	CN201811179095.2	授权	商礼金　邵　辉　陈美芬　孙岩峰
52	一种环保型高牢度分散黑蓝染料混合物、包含其的制品及应用	CN201811489872.3	授权	商礼金　邵　辉　陈美芬　孙岩峰
53	一种染料组合物、包含其的分散染料制品及其应用	CN201910539266.6	授权	盛学斌　孙岩峰　龚天方
54	一种高牢度分散黑蓝染料混合物及其应用	CN202011147267.5	授权	邵　辉　孙岩峰　商李金　陈美芬
55	一种活性黑 W 拼色增效的生产方法	CN202011603493.X	授权	邵　辉　孙岩峰　陆洪汇　俞超

续表 6-4

序号	标　　题	专 利 号	状态	发 明 人
56	一种H酸生产中催化剂回收设备	CN202022981718.7	授权	张立富　李洪明　康贵洋　董　进
57	一种化工物料离心分离输送装置	CN202122071412.2	授权	张立富
58	一种用于制备化工原料的冷却夹套	CN202122071508.9	授权	张立富
59	一种化工材料搅拌过滤器	CN202122071510.6	授权	张立富

三、医药

吉华集团医药技术获专利授权 15 项，其中发明专利 6 项（含国际发明专利 2 项）、实用新型专利 9 项。

2004—2018 年吉华集团医药技术获国际、国家专利授权一览表

表 6-5

序号	标　　题	专利号	状态
1	丙烯酸基粘合剂组合物及其药物组合物和透皮治疗系统	CN200410000394.7	授权
		HK1080397	授权
2	含罗替戈汀的组合物及其制药用途以及含该组合物的透皮贴剂	CN200710118491.X	授权
		JP4883220	授权
		US9265752	授权
		EU08773014.9	授权
		HK 10109224.7	授权
3	妥洛特罗透皮贴剂及其制备方法	CN201310013030.1	授权
4	奥昔布宁药物组合物及其应用	CN201310013027.X	授权
5	一种药物透皮贴剂	CN201210570790.8	授权
6	含雌二醇的药物组合物及其制备与应用	CN201210570806.5	授权
7	新型高精密浮游菌采样装置	CN2018215634164	授权
8	应用于透皮贴剂胶浆制备的均质乳化装置	CN2018215634198	授权
9	应用于透皮贴剂胶浆制备的反应装置	CN2018215634179	授权
10	药用胶体辅料制备用高温恒温槽	CN2018215634268	授权

续表 6-5

序号	标　题	专利号	状态
11	原料药合成转换吸入式过滤装置	CN2018215634287	授权
12	一种新贴剂及原料药药品稳定性的试验装置	CN2018215634412	授权
13	用于透皮贴剂药物释放的检测装置	CN2018215747321	授权
14	用于透皮贴剂生产的内包装检测结构	CN2018215747393	授权
15	透皮贴剂生产用分切机	CN2018216110664	授权

第四节　技术标准

为提升产品和服务质量，促进技术创新，提高行业地位，吉华集团于 1999 年参与国家及行业标准起草工作，至 2022 年年底，共主持或参与起草海绵、涂料、染料及中间体技术标准 35 个，其中国家标准 23 个、行业（团体）标准 12 个；陈美芬于 2009 年成为全国染料标准化技术委员会委员，2019 年、2021 年两次获中国石油和化工联合会授予的全国石油和化工行业标准化突出贡献个人称号，为行业标准化建设作出了贡献。

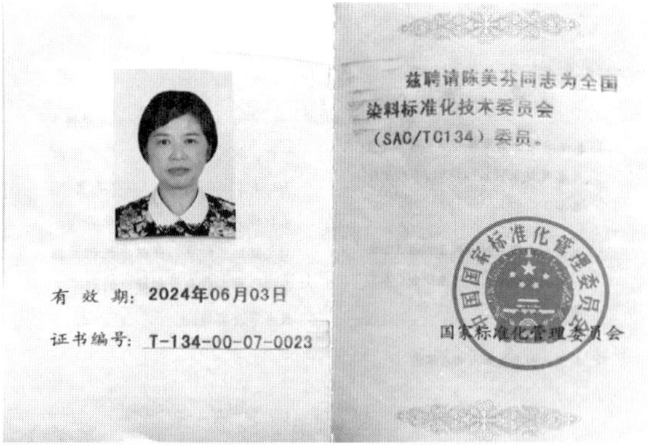

图 6-8　2019 年 6 月，集团公司陈美芬被聘为全国染料标准化技术委员会委员

图 6-9　2014 年 2 月，吉华高分子材料股份有限公司为国家标准起草单位

一、海绵

参与起草海绵技术标准 4 个，其中国家标准 3 个、行业标准 1 个。

2017—2020 年吉华集团参与起草海绵技术标准一览表

表 6-6

序号	标准号	标准名称	标准类型	颁布时间	参与起草人
1	GB/T 33609—2017	软质泡沫聚合材料 滞后损失试验方法	国家标准	2017.05.12	殷健（第四）
2	GB/T 33622—2017	软质泡沫聚合材料 低温柔性试验方法	国家标准	2017.05.12	殷健（第五）
3	QB/T 2080—2018	高回弹软质聚氨酯泡沫塑料	行业标准	2018.12.21	殷健（第四）
4	GB/T 24451—2020	慢回弹软质聚氨酯泡沫塑料	国家标准	2020.07.21	殷健（第三）

二、涂料

参与起草涂料技术国家标准 6 个。

2015—2021 年吉华集团参与起草涂料技术标准一览表

表 6-7

序号	标准号	标准名称	标准类型	颁布时间	参与起草人
1	GB/T 32095.1—2015	家用食品金属烹饪器具不粘表面性能及测试规范第 1 部分：性能通用要求	国家标准	2015.10.09	刘海兵（第九）
2	GB/T 32095.2—2015	家用食品金属烹饪器具不粘表面性能及测试规范第 2 部分：不粘性及耐磨性测试规范	国家标准	2015.10.09	刘海兵（第九）
3	GB/T 32095.4—2015	家用食品金属烹饪器具不粘表面性能及测试规范第 4 部分：食物模拟测试规范及评价方法	国家标准	2015.10.09	刘海兵（第九）
4	GB/T 32095.3—2015	家用食品金属烹饪器具不粘表面性能及测试规范第 3 部分：耐腐蚀性测试规范	国家标准	2015.10.09	刘海兵（第九）
5	GB/T 32388—2015	铝及铝合金不粘锅	国家标准	2015.12.31	刘海兵（第十）
6	GB/T 40354—2021	铁质不粘锅	国家标准	2021.08.20	刘海兵（第十三）

三、染料

主持或参与起草染料及中间体标准25个，其中国家标准14个、行业标准（团体标准）11个。

2013—2021年吉华集团主持或参与起草染料及中间体标准一览表

表6-8

序号	标准号	标准名称	标准类型	颁布时间	参与起草人
1	GB/T 2405—2013	蒽醌	国家标准	2013.07.19	陈美芬（第一）
2	GB/T 1648—2013	H酸单钠盐（1-萘胺-8-羟基-3、6-二磺酸单钠盐）	国家标准	2013.12.31	陈美芬（第四）
3	GB/T 534—2014	工业硫酸	国家标准	2014.07.08	顾林建（第七）
4	GB/T 10662—2016	分散深蓝S-3BG 200%（C.I.分散蓝79）	国家标准	2016.10.13	陈美芬（第一）
5	GB/T 33075—2016	反应染料直接性的测定	国家标准	2016.10.13	陈美芬（第二）
6	GB/T 23668—2016	2，6-二氯-4-硝基苯胺	国家标准	2016.12.30	陈美芬（第一）
7	GB/T 23669—2016	2，6-二溴-4-硝基苯胺	国家标准	2016.12.30	孙岩峰（第二）
8	GB/T 25786—2016	2-氨基-4-乙酰氨基苯甲醚	国家标准	2016.12.30	胡惠素（第一）
9	GB/T 33789—2017	磺化对位酯	国家标准	2017.05.31	韩国贤（第二）
10	GB/T 33792—2017	2，4二氨基苯磺酸钠	国家标准	2017.05.31	朱建龙（第一）
11	GB/T 25802—2017	分散艳蓝E-4R（C.I.分散蓝56）	国家标准	2017.11.01	陈美芬（第二）
12	GB/T 36907—2018	染料产品中苯胺类化合物的测定	国家标准	2018.12.28	陈小勇（第二）
13	GB/T 25801—2020	C.I.分散橙30（分散橙S-4RL）	国家标准	2020.11.19	陈才良（第一）
14	GB/T 41071—2021	染料产品中多环芳烃的测定	国家标准	2021.12.31	孙岩峰（第一）
15	HG/T 4559—2013	超净高纯硫酸	行业标准	2013.10.17	顾林建（第二）
16	HG/T 30009—2012	分散蓝2BLN（C.I.分散蓝56）生产安全技术规范	行业标准	2012.05.24	屠国锋（第一） 简　卫（第二）
17	HG/T 3773—2012	分散黑EX-SF 300%	行业标准	2012.12.28	陈美芬（第一）

续表 6-8

序号	标准号	标准名称	标准类型	颁布时间	参与起草人
18	HG/T 3806—2012	分散红 S-G 200%（C.I. 分散红 153 200%）	行业标准	2012.12.28	陈美芬（第一）
19	HG/T 3807—2012	分散深红 SE-4RL 200%（分散红玉 SE-GFL 200%）	行业标准	2012.12.28	陈美芬（第二）
20	HG/T 3601—2014	分散橙 SE-5GL 200%（C.I. 分散橙 29）	行业标准	2014.05.06	陈美芬（第二）
21	HG/T 3899—2014	分散蓝 SE-2R 200%（C.I. 分散蓝 183）	行业标准	2014.05.06	陈美芬（第一）
22	HG/T 3428—2016	分散红 S-R（C.I. 分散红 74）	行业标准	2016.10.22	陈美芬（第二）
23	HG/T 3429—2016	分散红 S-5BL（C.I. 分散红 167:1）	行业标准	2016.10.22	陈美芬（第一）
24	HG/T 5907—2021	染料副产硫酸铵	行业标准	2021.05.17	陈美芬（第一）
25	HG/T 5943—2021	C.I. 分散红 152	行业标准	2021.12.02	陆洪汇（第一）

第五节 产品商标

1999 年 8 月，与吉化染料厂终止联营后，停止使用吉化染料厂“牡丹牌”商标，注册并启用吉华化工的商标。2012 年，吉华集团注册并使用新商标吉华集团 JIHUA GROUP。同时将该商标转让给吉华高分子使用。至 2022 年年底，吉华集团拥有有效商标 36 个。

2022 年底吉华集团拥有有效商标一览表

表 6-9

序号	证书名称	日 期
1	注册证第 1300530 号商标，使用产品第 2 类	1999.08.07
2	注册证第 5050845 号吉华集团 JIHUA GROUP 商标，使用商品第 7 类	2008.12.07

续表 6-9

序号	证书名称	日期
3	注册证第 5050855 号 吉华集团 JIHUA GROUP 商标，使用商品第 35 类	2009.03.14
4	注册证第 5050844 号 吉华集团 JIHUA GROUP 商标，使用商品第 16 类	2009.04.28
5	注册证第 5050856 号 吉华集团 JIHUA GROUP 商标，使用商品第 32 类	2009.05.7
6	注册证第 5050823 号商标，使用商品第 1 类	2009.05.07
7	注册证第 5050838 号商标，使用商品第 2 类	2009.05.07
8	注册证第 5050832 号商标，使用商品第 4 类	2009.05.07
9	注册证第 5050858 号 吉华集团 JIHUA GROUP 商标，使用商品第 27 类	2009.05.14
10	注册证第 5050841 号 吉华集团 JIHUA GROUP 商标，使用商品第 24 类	2009.05.21
11	注册证第 5050851 号 吉华集团 JIHUA GROUP 商标，使用商品第 42 类	2009.05.28
12	注册证第 5050834 号 吉华集团 JIHUA GROUP 商标，使用商品第 3 类	2009.05.28
13	注册证第 5050835 号 JIHUA 商标，使用商品第 3 类	2009.05.28
14	注册证第 5050836 号商标，使用商品第 3 类	2009.05.28
15	注册证第 5050837 号商标，使用商品第 3 类	2009.05.28
16	注册证第 5050839 号 吉华集团 JIHUA GROUP 商标，使用商品第 26 类	2009.08.07
17	注册证第 5050842 号 吉华集团 JIHUA GROUP 商标，使用商品第 22 类	2009.08.14
18	注册证第 5050854 号 吉华集团 JIHUA GROUP 商标，使用商品第 37 类	2009.08.28
19	注册证第 5050852 号 吉华集团 JIHUA GROUP 商标，使用商品第 40 类	2009.08.28
20	注册证第 5050847 号商标，使用商品第 5 类	2009.09.07
21	注册证第 5050857 号 吉华集团 JIHUA GROUP 商标，使用商品第 30 类	2009.09.21
22	注册证第 5050853 号 吉华集团 JIHUA GROUP 商标，使用商品第 39 类	2009.10.07
23	注册证第 5050824 号 JIHUA 商标，使用商品第 2 类	2009.10.07
24	注册证第 5050843 号 吉华集团 JIHUA GROUP 商标，使用商品第 19 类	2009.10.14
25	注册证第 5050850 号 吉华集团 JIHUA GROUP 商标，使用商品第 43 类	2009.10.28
26	注册证第 5050833 号 吉华集团 JIHUA GROUP 商标，使用商品第 4 类	2009.11.07
27	注册证第 5050831 号商标，使用商品第 4 类	2009.11.07

续表 6-9

序号	证书名称	日 期
28	注册证第 5050830 号商标，使用商品第 4 类	2009.11.07
29	注册证第 5050846 号商标，使用商品第 5 类	2009.11.14
30	注册证第 5050829 号商标，使用商品第 5 类	2009.11.14
31	注册证第 5050822 号商标，使用商品第 1 类	2009.12.21
32	注册证第 5050825 号商标，使用商品第 1 类	2009.12.21
33	注册证第 5050848 号商标，使用商品第 5 类	2009.12.21
34	注册证第 5050820 号商标，使用商品第 2 类	2010.01.14
35	注册证第 5050821 号商标，使用商品第 3 类	2010.03.21
36	注册证第 5050840 号商标，使用商品第 25 类	2010.04.28

第六节 科研论文

2003 年 12 月，陈美芬、简卫撰写的《分散翠蓝 S-GL 复配增效的研究》一文，在《染料与染色》杂志社发表。之后，孙岩峰、张彬浩、 胡惠素、商李金、钱涛等人陆续在《染料与染色》等杂志上发表科研论文。至 2022 年年底，吉华集团研发团队与合作单位的研发成果在国内外行业核心期刊发表各类论文共 34 篇。

2003—2022 年吉华集团与合作单位发表论文一览表

表 6-10

序号	论文（著）名称	刊物名称	刊号及刊期	发表时间	作者排名
1	分散翠蓝 S-GL 复配增效的研究	染料与染色	ISSN：1672-1179	2003.12	陈美芬 简 卫
2	含杂环芳胺的吡啶酮偶氮分散染料的研究	染料与染色	ISSN：1672-1179	2004.06	简 卫 程侣柏 陈美芬
3	离子色谱测定水溶性染料中的微量钙镁离子	染料与染色	ISSN：1672-1179	2011.06	陈美芬

续表 6-10

序号	论文（著）名称	刊物名称	刊号及刊期	发表时间	作者排名
4	低盐活性染料单体的选择	针织工业	ISSN：1000−4033	2012.05	简　卫　陈美芬等
5	低盐染色活性染料深三原色的研究	染料与染色	ISSN：1672−1179	2012.06	陈美芬第四
6	低盐活性染料深三原色的复配研究	国际纺织导报	ISSN：1007−6867	2012.08	陈美芬第二
7	低盐复合活性黑染料的对比研究	国际纺织导报	ISSN：1007−6867	2012.09	陈美芬第三
8	低盐染色活性染料深三原色的对比研究	染整技术	ISSN：1005−9350	2012.11	陈美芬第二
9	低盐复合活性黑染料的染色性能研究	染料与染色	ISSN：1672−1179	2013.08	赵　雪 陈美芬 简　卫 赵德丰
10	分散橙 AUL 的合成工艺研究	染料与染色	ISSN：1672−1179	2014.10	徐黎灿 陈美芬 孙岩峰
11	蒽醌型分散染料的应用性能	印染	ISSN：1000−4017	2014.11	张彬浩 胡惠素 商李金
12	N，N−二（甲氧基羰基甲基）取代苯胺类染料中间体的合成研究	染料与染色	ISSN：1672−1179	2014.12	冯国仁　汪雪松 孙岩峰
13	对硝基苯胺一步法合成分散红 2GH 新工艺	染料与染色	ISSN：1672−1179	2015.10	汪雪松　冯国仁 孙岩峰
14	分散蓝 WF−PTS 的合成工艺研究	染料与染色	ISSN：1672−1179	2015.10	徐黎灿　陈美芬 孙岩峰
15	低盐活性染料	印染	ISSN：1000−4017	2016.01	商李金　胡惠素 张彬浩
16	环保染料 C.I. 酸性棕 75 的合成工艺研究	染料与染色	ISSN：1672−1179	2016.12	沈师悦　陈美芬 孙岩峰
17	杯芳烃衍生物与碱金属离子、碱土金属离子配合的研究进展	浙江化工	ISSN：1006−4184	2017.01	苑青青　付荣荣 刘建新
18	对 C.I. 分散黄 211 检测中对氯苯胺呈假阳性结果的探讨	染料与染色	ISSN：1672−1179	2017.02	李赵炆　胡惠素 商李金　孙岩峰

续表 6-10

序号	论文（著）名称	刊物名称	刊号及刊期	发表时间	作者排名
19	尼龙固色斑成因分析及解决	印染	ISSN：1000-4017	2017.12	张彬浩　胡惠素 商李金　郭嫣娜
20	可碱洗羧酸酯型分散染料的可循环性	浙江理工大学学报（自然科学版）	ISSN：1673-3851	2021.01	钱　涛第四
21	聚铁絮体吸附脱除水中苯酚的研究	当代化工	ISSN：1671-0460	2021.01	盛学斌　沈海明 孙岩峰　赵德丰
22	C.I. 活性黑 5 染色棉织物的光汗复合褪色机理	浙江理工大学学报（自然科学版）	ISSN：1673-3851	2021.07	钱　涛第二
23	木质素基炭气凝胶的制备及其性能	大连工业大学学报	ISSN：1674-1404	2021.11	陈永利　孙岩峰
24	分散黑 S-PN 染料有害芳香胺假阳性溯源分析	印染助剂	ISSN：1004-0439	2022.01	沈海明　孙岩峰 商李金
25	柱前衍生 GC-MS 法测定纺织品中丙烯酰胺和甲基丙烯酰胺	印染助剂	ISSN：1004-0439	2022.06	茅文良　孙岩峰 等
26	纳米 SiO_2 表面引发接枝含短全氟碳侧链嵌段共聚物 P（MMA-b-C6SA）的合成及其性能研究	高分子学报	2016(07)	2016.07	钱　涛
27	*A Novel Block Copolymer with Excellent Amphiphobicity Synthesized via ARGET ATRP*	*Journal of Polymer Science Part A: Polymer Chemistry*	2016(54)	2016	钱　涛
28	*Heat Resistance and Surface Properties of Polyester Resin Modified with Fluorosilicone*	*Surface and Coatings Technology*	2016,304(25)	2016	钱　涛
29	C.I. 活性黑 5 染色棉织物的光汗复合褪色机理	浙江理工大学学报	2021,45(06)	2021	钱　涛

续表 6-10

序号	论文（著）名称	刊物名称	刊号及刊期	发表时间	作者排名
30	可碱洗羧酸酯型分散染料的可循环性	浙江理工大学学报	2021,45(02)	2021	钱　涛
31	氟改性水性聚氨酯复合乳液的合成及其性能研究	涂料工业	2022,52(07)	2022	钱　涛
32	季铵化卟啉光敏剂的合成与细胞毒性评价	浙江理工大学学报	2022,47(04)	2022	钱　涛
33	*Durable Hydrate-phobic Coating with In Situ Self-Replenishing Hydrocarbon Barrier Films for Low Clathrate Hydrate Adhesion*	*Langmuir*	2022, 38(38)	2022	钱　涛
34	*Synthesis, Application, and Recovery of Alkali-Clearable Disperse Dyes Containing Azo Pyridone Structure*	*Fibers and Polymers*	2022, 23(04)	2022	钱　涛

第七节　省级新产品及奖项

吉华集团每年都按照计划开展省级新产品立项、备案和鉴定工作。2010 年，环保型功能性、差异性不粘涂料被认定为省级新产品。2017 年，被认定省级新产品 12 项，创历史纪录。至 2022 年年底，吉华集团拥有省级新产品 103 项，其中涂料新产品 44 项，染料及中间体新产品、新技术 49 项，染料高新技术产品 10 项，获市级以上研发成果奖 9 项。

一、涂料

涂料拥有省级新产品、新技术项目 44 项。

2010—2022年吉华集团涂料省级新产品、新技术项目一览表

表6-11

序号	项 目 名 称	开发时间	类 别
1	环保型功能性、差异性不粘涂料	2010	新产品
2	纳米级水溶性透明陶瓷涂料	2012	新产品
3	无机纳米复合成膜防粘附绿色环保涂料	2013	新产品
4	多羟基聚酯改性有机硅涂料	2013	新产品
5	环氧改性有机硅树脂	2014	新产品
6	不含全氟辛酸胺的环保型水性聚四氟乙烯涂料	2014	新产品
7	柔韧性有机硅树脂及涂料	2014	新产品
8	水溶性聚芳醚砜酮不粘涂料	2014	新产品
9	拒水拒油防涂鸦水性聚氨酯	2015	新产品
10	高固体分有机硅改性聚酯环保涂料	2015	新产品
11	耐温防水型线性有机硅改性热塑性聚氨酯弹性体	2015	新产品
12	水性超支化聚酯改性有机硅树脂	2016	新产品
13	纳米二氧化硅改性水性聚氨酯	2016	新产品
14	无机粒子—有机硅—聚酯分子层面复合树脂	2016	新产品
15	石墨烯改性水性聚氨酯	2016	新产品
16	新型高韧性陶瓷涂料	2016	新产品
17	不含有机锡的水性聚氨酯	2017	新产品
18	防聚热水性不粘涂料	2017	新产品
19	耐高温水性聚氨酯涂料	2017	新产品
20	不粘锅用持久不粘陶瓷涂料	2017	新产品
21	有机硅改性脂肪族超支化聚酯树脂	2017	新产品
22	水性不粘功能化的真彩仿石涂料	2017	新产品
23	专用于铁质炊具的水性耐腐蚀不粘涂料	2017	新产品
24	不含双酚A的有机硅耐高温涂料	2018	新产品
25	用于炊具外涂的水性有机硅耐高温涂料	2018	新产品
26	专用于铁质炊具的有机硅可剥离涂料	2018	新产品
27	新型水性聚氨酯缔合型增稠剂	2018	新产品
28	抗菌型多功能水性超支化聚酯及涂料	2019	新产品

续表 6-11

序号	项 目 名 称	开发时间	类 别
29	基于微胶囊的自修复水性有机硅不粘涂料	2019	新产品
30	高固体份水性有机硅改性聚酯树脂及涂料	2019	新产品
31	复合耐磨水性聚四氟乙烯不粘涂料	2019	新产品
32	先进陶瓷复合碳基纳米材料改性水性不粘涂料	2019	新产品
33	具有反应性官能基的多支化聚氨酯缔合型增稠剂	2020	新产品
34	具有冰裂纹外观效果的耐高温不粘涂料	2020	新产品
35	水性防腐耐高温不粘涂料	2020	新产品
36	具有高导热高耐磨性能的水性有机硅不粘涂料	2020	新产品
37	炊具复底片用水性有机硅耐热防腐涂料	2021	新产品
38	耐高温高固低黏有机硅改性聚酯树脂及涂料	2021	新产品
39	复合消光有机硅改性聚酯涂料	2021	新产品
40	有机硅改性聚酰胺酰亚胺耐热防腐涂料	2021	新产品
41	无溶剂反应型有机硅树脂及耐高温涂料	2022	新产品
42	活性氟硅多功能助剂及长效陶瓷不粘涂料	2022	新产品
43	水性稳储型超细粉体聚氨酯超分散剂	2022	新产品
44	有机复合改性增韧柔性陶瓷涂料	2022	新产品

二、染料

拥有染料及中间体省级新产品、新技术项目 49 项。

2003—2022 年吉华集团染料及中间体省级新产品、新技术项目一览表

表 6-12

序号	项 目 名 称	开发时间	类 别
1	分散蓝 S-2RF	2003	新产品
2	分散黄 HRD-4GRL	2003	新产品
3	新型杂环偶氮类染料及中间体—硝基噻吩系列	2003	新产品
4	新型分散蓝 H-BGLL	2003	新产品
5	酸性蓝 BW	2003	新产品
6	苯并噻唑类分散红 GS	2007	新产品
7	分散红 HXF RED TBS	2007	新产品

续表 6-12

序号	项　目　名　称	开发时间	类　别
8	活性红 GA	2007	新产品
9	印花用高耐汗牢度环保型活性蓝 P-2RS 染料	2010	新产品
10	印花用高水洗牢度环保型活性红 P-4B 染料	2010	新产品
11	印花用耐日晒环保型活性黄 P-R 染料	2010	新产品
12	耐碱系列分散染料	2011	新产品
13	喷墨冷堆印花用活性染料	2011	新产品
14	高日晒牢度分散橙 AUL	2013	新产品
15	苯并异噻唑分散蓝染料	2013	新产品
16	一种配伍性能优异的高牢度分散蓝 H-RF 制备工艺	2014	新产品
17	一种配伍性能优异的高牢度分散紫 H-2RF 制备工艺	2014	新产品
18	EHB 环保系列分散染料	2014	新产品
19	新型低盐深三原色活性染料	2014	新产品
20	氯化与重氮化一步法制备分散红系列新工艺	2015	新技术
21	一种改良酸工艺生产分散橙 73	2015	新产品
22	一种活性黑 KN-B 低盐生产工艺	2015	新产品
23	阴离子分散剂 MF 清洁化生产工艺	2015	新产品
24	复配型环保系列红色分散染料	2016	新产品
25	高提升力分散紫 N-2R 同步合成新技术及其在分散黑制品中的应用	2016	新技术
26	稀酸回用制备亚硝酰硫酸的新工艺	2016	新技术
27	分散染料 HLF 高日晒牢度新工艺及拼混配方的研究	2017	新技术
28	高性能、复配型商品分散黑 EX-SFB 配方研究	2017	新产品
29	活性、酸性染料生产工艺废水节能、高效、绿色处理方法的研究及应用	2017	新技术
30	中温、新型分散橙 S-2RFL 环保型产品工艺研究	2017	新产品
31	活性锦棉一浴法染色 H-MG 产品开发	2018	新产品
32	氰化染料氰化工艺的研究	2018	新产品
33	新型高水洗牢度分散染料的研制	2018	新产品
34	分散黄 118 清洁生产工艺开发	2019	新技术
35	分散蓝 291：4 绿色工艺开发	2019	新技术
36	新型高环保型分散棕 HXF BS 的研制	2019	新产品

续表 6-12

序号	项　目　名　称	开发时间	类　别
37	新型高日晒牢度分散蓝 54 生产工艺的研制	2019	新技术
38	分散无水印花 HAP 系列染料的研究和应用	2020	新技术
39	分散艳蓝 BRN 新染料的研制与应用	2020	新产品
40	绿色安全分散红 145 新工艺研究	2020	新技术
41	新工艺生产分散红 HXW-FBS 研究	2020	新技术
42	低酸、高乳化方式制备分散紫 090606 技术	2021	新技术
43	低有机氯环保型分散橙 SE-RFL	2021	新产品
44	高浓度分散红 SE-3BL	2021	新产品
45	低浓度亚硝酰硫酸重氮化技术	2021	新技术
46	经济环保型分散黑系列染料	2022	新产品
47	环保型高日晒分散橙 AUL 合成新技术	2022	新技术
48	高品质分散红 167# 染料	2022	新产品
49	分散染料溴化、重氮一步法合成技术	2022	新技术

2. 染料高新技术产品 10 个。

2010—2021 年吉华集团染料高新技术产品一览表

表 6-13

序号	产品名称	首次取证产品编号	发证单位	首次取证时间	有效期
1	分散蓝 E-4R（粉粒状）	100922G0058N	江苏省科学技术厅	2010.08	5 年
2	分散蓝 ECO（粉粒状）	100922G0059N	江苏省科学技术厅	2010.08	5 年
3	H 酸单钠盐	100922G0060N	江苏省科学技术厅	2010.08	5 年
4	分散黑 ECO（粉粒状）	100922G0057N	江苏省科学技术厅	2010.08	5 年
5	分散红 FB（粉粒状）	130922G0272N	江苏省科学技术厅	2013.09	5 年
6	分散黑 ECT（粉粒状）	130922G0271N	江苏省科学技术厅	2013.09	5 年
7	分散黑 EX-SFA（粉粒状）	130922G0270N	江苏省科学技术厅	2013.09	5 年
8	分散橙 2RL（粉粒状）	150922G0555N	江苏省科学技术厅	2015.12	5 年
9	分散深蓝 S-3BG（粉粒状）	150922G0554N	江苏省科学技术厅	2015.12	5 年
10	分散黑 EX-NT（粉粒状）	110922G0029N	江苏省科学技术厅	2021.05	5 年

三、获奖情况

1993 年，“特黑软质聚氨酯泡沫塑料”项目获杭州市科技进步三等奖，主要获奖人员为邵伯金、徐春田、杨国友。至 2022 年年底，集团共获市级以上科研成果奖共 9 项。

1993—2022 年吉华集团获市级以上科研成果奖一览表

表 6-14

序号	项目名称	获奖类别	获奖年度	获奖人员
1	特黑软质聚氨酯泡沫塑料	杭州市科技进步三等奖	1993	邵伯金 徐春田 杨国友等
2	新颖分散蓝 H-BGLL	杭州优秀新产品三等奖	2002	楼明锋 朱建龙 陈美芬等
3	环保型功能差异化不粘涂料	杭州优秀新产品三等奖	2012	刘海兵 刘瑞源
4	一种配伍性能优异的高牢度分散紫 H-RF 制备工艺	浙江省省级优秀工业新产品二等奖	2016	冯国仁 胡惠素 余 杨
5	高提升力分散紫 N-2R 同步合成新技术及其在分散黑制品中的应用	浙江省省级优秀工业新产品三等奖	2017	汪雪松 胡煜锋 田 斌
6	一种分散染料混合物及其应用	中国优秀专利奖	2017	孙岩峰 陈美芬等
7	高性反应（活性）染料系列标准开发	化工部科技进步三等奖	2019	杭州吉华江东化工有限公司
8	环保型多功能氟硅防污树脂	浙江省科技进步二等奖	2021	杭州吉华高分子材料股份有限公司
9	改性有机硅耐高温防腐蚀树脂与涂层材料关键技术及产业革命化	浙江省技术发明三等奖	2022	杭州吉华高分子材料股份有限公司

第七章　产业　产品

浙江吉华集团股份有限公司经过30多年的发展，形成以染料产业为主，海绵、涂料为辅的产业结构。2018年开始涉足医药产业及仓储、创新产业园。以“确保省级名牌，争创国家名牌，跻身国际一流品牌”为目标，加强质量管控，树立品牌形象。至2022年底，拥有商标36个，染料四大系列430余个产品，海绵六大系列108个产品，涂料四大系列82个产品。产品质量及售后服务受到用户广泛好评。

第一节　产业布局

吉华集团的产业布局以染料为主，海绵、涂料为辅，后涉足医药产业及仓储、创新产业园。

一、染料产业

1990年12月，红山农场、吉化染料厂、江南工贸3家企业合资在红山农场建设分散染料生产经营项目，1992年5月冠名为吉化萧山联营染料厂。

1997年2月，萧山聚氨酯泡沫厂收购杭州钱江制药厂。改造建设分散染料中间体车间、原染料合成车间、染料后处理等9个车间，生产系列分散染料及配套中间体。

1998年，组建杭州吉华化工有限公司，下设一、二、三分厂。2007年12月停产，搬迁至萧山临江化工印染园区（以下简称临江园区）。

2003年3月，吉华化工董事会决定在临江园区建设“年产10万吨环保型染料及中间体迁建项目”，设立杭州吉华江东化工有限公司。2004年6月，分散原染料合成车间、染料后处理车间相继建成投产。随后又陆续建成活性染料合成车间、配套中间体车间、小特品种分散原染料合成车间，扩散剂MF及木质素磺酸钠生产线，后又逐步增加酸性、直接染料的生产，同时配套建设污水处理站、高压变电所等公用设施。2022 年，生产分散染料 6 万吨，活性、酸性、直接染料 1 万吨。

2004 年，适逢国家对园区整顿，临江园区列入整顿范围，生产经营受到影响，吉华集团开拓新的生产基地，收购滨海化工园区生产还原靛蓝的江苏山峪化工有限公司，后成立江苏吉华化工有限公司。建设染料后处理、原染料合成、合成蒽醌等车间，并配套硫酸、H 酸、还原物、对硝基苯胺等中间体生产车间，同步配套冷冻、变配电、“三废”处理等公用设施。产能分散染料 5 万吨 / 年、硫酸 30 万吨 / 年、二氧化硫 0.5 万吨 / 年、H 酸 2 万吨 / 年。

二、海绵产业

1985 年，创办泡沫厂，专业生产海绵。历经技改、搬迁扩产、研发创新，截至 2022 年年底形成六大系列，108 个品种，产能 1.5 万吨 / 年的生产规模。

三、涂料产业

2005 年，在一分厂增设涂料生产经营内容，开始涂料产品研发、生产和销售。2008 年 5 月，成立杭州吉华高分子材料有限公司。至 2022 年年底，形成耐高温高固份不粘涂料、水性工业用纳米涂料、水性聚四氟乙烯不粘涂料、聚酯改性有机硅树脂四大类系列，82 个品种，产能 1 万吨 / 年的生产规模。

四、医药产业

2019 年 10 月，吉华集团收购江苏康倍得药业股份有限公司，通过重新规划、厂房及设备改造、办公质检楼建造等措施，已步入轨道。至 2022 年年底，拥有利斯的明透皮贴剂、妥洛特罗透皮贴剂、氟比洛芬二乙胺盐贴剂（代工）、盐酸雷莫司琼贴剂（代工）4 个贴剂产品，单个产品产能分别为 800 万贴 / 年。

五、产业园

分为仓储产业园和创新产业园 2 个板块。

仓储产业园位于红山农场创业路 1063 号，用地面积 6.46 万平方米，项目总投资 8000 万元，新建建筑面积 2.5 万平方米，旧厂房改造 1.2 万平方米，配套空港仓储物流产业。2019 年 5 月开建，2021 年 10 月取得不动产权证并整体出租给蔚东智联，租期 10 年。

创新产业园位于红山农场萧清大道 4206 号，用地面积 5.13 万平方米，项目总投资

5亿元，建筑面积10.7万平方米。按照“楼宇工厂”的创新发展理念，一次规划，分期实施，项目产业契合临空经济规划产业的人工智能、电子信息、生物医药、医疗器械、研发设计等创新创业共享平台，建设环临空经济圈新兴产业孵化基地。一期项目于2020年7月开建，2022年10月竣工并整体作为空港生物医药产业园（2023年2月二期竣工）。

第二节　生产流程

吉华集团不论海绵、涂料、染料及染料中间体生产，都有严格的、科学的生产流程。

一、海绵生产流程

海绵的生产原理是三羟基聚醚（PPG）和甲苯二异氰酸酯（TDI）在有机锡催化剂的作用下快速发生凝胶反应（软段），然后在三乙烯二胺催化剂作用下TDI与水同步进行发气扩链反应，并在有机硅消泡剂的作用下，聚合物在不断膨胀之间的链被产生的二氧化碳气体冲破，形成网状聚合材料。生产流程主要有以下步骤：

根据制造指令单设定配方，控制主要原料PPG和TDI的工艺温度范围，按配方精准加料；高速搅拌混合均匀后开始反应，并通过管道输送到发泡箱成连续状聚氨酯泡沫体，逐步形成固态；在发泡线尾端设置有同步切割机，将海绵按制造指令单规格长度进行裁断，再用行车吊运到熟化区域定型。成型的大块海绵按客户订单要求切割成不同规格的成品，检验合格后出厂。

二、涂料生产流程

耐高温不粘涂料的配制：按制造指令单将颜料、填料、溶剂投入拌合罐，搅拌均匀后，加入砂磨机进行研磨，测试细度合格后，得到色浆半成品，出料到色浆罐备用；在调漆罐中加入聚酯改性有机硅树脂和溶剂，开启搅拌加入色浆、助剂、树脂促进剂后搅拌规定时间后，用稀释剂调节黏度。取样检测（涂料样品喷涂在铝板上，经280℃加热10分钟固化成膜，干膜厚度控制在10～15微米），确认黏度、含固量、颜色、光泽等，产品质量符合要求后，过滤包装，出厂。

三、染料及染料中间体主要产品生产流程

1. 分散染料后处理生产流程

分散染料商品化生产在后处理车间进行，主要包括滤饼的预分散、砂磨、均质、拼色／标准化、喷雾干燥、粒状混合标准化、包装、入库、出厂等工序。

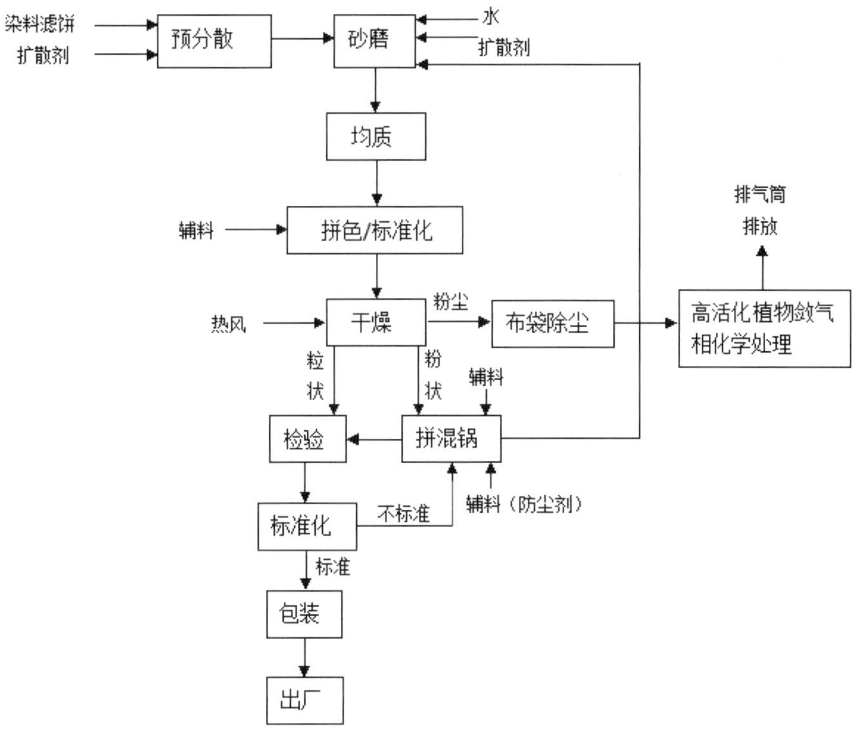

图 7-1 分散染料后处理生产流程图

2. 分散染料原染料生产流程

C.I. 分散红 167 原染料生产流程

C.I. 分散红 167 属于偶氮型分散染料，已有 30 多年生产历史。合成以邻氯对硝基苯胺和N,N-二乙酰氧乙基-4-乙酰氨基苯胺为起始原料，经过重氮化、偶合等工序制得。

经上述反应制得的 C.I. 分散红 167 原染料经商品化制得，产品名称为分散红 S-5BL，规格分为 95%、100%、120%、150% 等不同强度，销量 3500 吨／年左右。

C.I. 分散蓝 56 原染料生产流程

C.I. 分散蓝 56 属于蒽醌型分散染料，1994 年开始生产。该产品生产工艺流程长，反应步骤多、副产物多，过程控制是关键。合成以蒽醌为起始原料，经一硝化、苯氧基化、二硝化、水解、还原、溴化而得。

经上述反应制得的C.I.分散蓝56原染料经商品化制得，产品名称为分散艳蓝 E-4R，规格分为95%、100%、150%等不同强度。该产品色泽鲜艳，日晒牢度较好，较多地应用于高档汽车内饰等工业用布染色。销量3600吨/年左右。

C.I.分散红153原染料生产流程

C.I.分散红 153属于杂环型分散染料，该染料具有色泽艳丽、原染料发色强度高、牢度好等特点。合成以3,4-二氯苯胺为起始原料，经硫氰化反应后在浓硫酸中闭环、缩合制得2-氨基-5，6-二氯苯并噻唑硫酸溶液，后经亚硝酰硫酸重氮化反应与N-乙基-N-氰乙基苯胺偶合反应而得。

经上述反应制得的C.I.分散红153原染料经商品化制得，产品名称为分散大红GS，规格分为180%、200%等不同强度，该产品是色泽鲜艳的大红色，主要应用于国旗面料与广告标识布等的染色。销量2500吨/年左右。

3.活性染料生产流程

C.I.活性黑5生产流程

C.I.活性黑5是活性染料中用量最大的品种，为双偶氮、乙烯砜型活性染料，主要原料为H酸。

C.I.活性黑5通过对位酯重氮化、与H酸进行酸性偶合和碱性偶合3个工序制得染料的浆液，经原浆喷干制得各类规格的成品，生产过程中无废水产生，属环境友好型活性染料。

该产品应用范围广，可以单色产品销售，也是拼混各种黑色产品的主要组份，除盐后可制作喷墨打印墨水。生产的C.I.活性黑5占活性染料产量的70%，产量5500吨/年，规格有活性黑B 133%、150%、165%等不同强度以及各类拼混产品。

4.酸性染料生产流程

C.I.酸性黑210生产流程

C.I.酸性黑210是三偶氮型酸性染料，主要原料为对硝基苯胺、4,4-二氨基苯磺酰替苯胺（以下简称DASA）、间苯二胺和H酸。

C.I.酸性黑210合成通过对硝基苯胺重氮化与H酸进行一次偶合，再与DASA重氮液进行二次偶合，最后将偶合液与间苯二胺进行三次偶合制得染料浆液，经原浆喷干制得，产品名称为酸性黑NT，规格分为180%、200%等不同强度，该产品主要应用于皮革制品的染色，产量 500 吨 / 年。

5. 直接染料生产流程

C.I. 直接黑 19 生产流程

C.I. 直接黑 19 是四偶氮型直接染料，主要原料为对硝基苯胺、间苯二胺和 H 酸。

C.I. 直接黑 19 合成是通过对硝基苯胺重氮化与 H 酸进行酸性偶合和碱性偶合，将得到的偶合液进行还原、重氮化后再与间苯二胺进行三次偶合制得染料浆液，经原浆喷干制得，产品名称为直接耐晒黑 G，规格分为 100%、180%，该产品主要用于人造纤维与棉织物的染色，产量 500 吨 / 年。

6. 染料中间体产品生产流程

N,N- 二乙酰氧乙基 -4- 乙酰氨基苯胺生产工艺由间苯二胺为起始原料，经选择性酰化、环氧乙烷羟化和醋酐酯化等工艺制得。主要用于生产 C.I. 分散红 167、74 原染料。

1- 萘胺 -8- 羟基 -3,6- 二磺酸单钠盐（H 酸）生产流程：以精萘为起始原料，通过连续磺化、硝化、脱硝分离、中和、催化加氢、氨解等工序制得。主要用于活性、酸性、直接染料，产能 2 万吨 / 年，部分自用，其余外销。

7. 染料母液资源化处理流程

染料生产过程中产生的酸性废水采用活性炭脱色，液氨中和、浓缩回收硫酸铵、硫酸钠的废水治理技术，有效处理酸性废水。浓缩过程采用 MVR 技术，利用离心式蒸汽压缩机对浓缩蒸发的蒸汽压缩，提高热焓循环使用，浓缩的能耗比传统三效真空浓缩降低 80%，节约了废水处理成本，提高废水处理效率。

第三节 质量管控

吉华集团树立“产品质量关系到企业形象和人格尊严”的质量理念，确立“道道工序一丝不苟，件件产品不优不休，满足顾客追求一流”的质量方针，制定“确保省级名牌，争创国家名牌，跻身国际一流品牌”的质量目标，树立“下道工序就是用户”为管理观念。于 1998 年建立符合 GB/T 19002—1994 和 ISO 9002：1994 标准要求的质量体系，2002年又导入GB/T 19001—2000和ISO 9001：2000的质量管理体系，2018年依据《质量管理体系要求》，按“持续改进”的要求不断完善。吉华集团拥有强大的检测分析能力，形成全员、全方位、全过程的质量监督管理体系。2004年7月“吉华牌”分散染料获“浙江省名牌”称号；2007年9月“吉华牌”分散、活性系列染料获“浙江省名牌”称号；2011年12月“吉华牌”染料获“浙江省出口名牌”称号。

一、强化检测

1.海绵检测

1985年，泡沫厂创建初期，派汪国良到上海塑料制品六厂进行原料化验分析实习后，设立80平方米化验室，对进厂原料和出厂产品进行质量把控。

2002年6月，增加了手动硬度、拉力、抗撕裂一体试验机和回弹仪等检测仪器。2014年搬迁至临江区块后，设立海绵质量检测室，增加测试硬度、拉伸、撕裂等全自动一体机，2018年新增海绵透气性测试仪和恒定3万次抗疲劳压陷试验机；具备了能满足市场对产品质量要求的各种检测能力。

2.涂料检测

2005年，项目投产之初，只有烘箱等设备，对涂料的理化性质和涂层的机械性能进行测试；2008年，设立独立的检测室；2014年，选派专门的检测检验人员王利、王晓莉学习质量管理体系相关内容，建立相应的检测标准和检测规程，购入多角度光泽仪、测厚仪、炉温跟踪仪等设备；2016年，增设应用检测室，增加了洗碗机、往复式耐磨仪、涂层杯突试验机、数显震动摇床、电磁炉等设备，全面开展不黏性、耐磨性、煮盐水、耐洗碗机、硬度、附着力、柔韧性等不粘涂料的相应测试，顺利通过苏泊尔、九阳等行业龙头企业的认可；2020年，增购了涂层测色仪和自动涂布机等设备，确保了产品的批次稳定性，满足了市场的需求。

3.染料检测

1991年6月，陈美芬、胡惠素、王建文、李春卫等前往吉化染料厂培训学习染料成品检验。同年10月，在泡沫厂办公楼一层设立面积约200平方米化验室，按质量检测要求设置打样间、称样间、看样间，主要仪器有高温高压染色机、半自动电光天平等。先后聘请吉化染料厂庄兆茹、张金花担任技术指导。1997年成立质检科，陈美芬担任科长，王志芬、韩国贤任副科长，1998年归口技术中心，设品管部，陈美芬任品管部

图 7-2 1991 年 7 月，联营厂员工在吉化染料厂培训期间与指导老师合影

经理，下设分厂质检科，王志芬、韩国贤、胡惠素先后任分厂质检科副科长，2004 年后江苏吉华投产，先后增设范岳均、辛翠云、段立矿三人为副科长。

1993 年 5 月，随着染料合成生产项目建成投产，分析检测的内容增多、范围扩大，化验室搬迁至综合楼一、二楼，面积约 450 平方米，设中控分析室，成品打样室，天平室、原料分析室、仪器室、小试实验室、办公室等。具备了从原料分析、过程控制、成品分析及产品开发、改进小试的能力。1995 年购入第一台测色配色仪，对产品的色光与强度有了仪器判别数据，染料的打样结果由目测改用仪器测定。1996 年购入第一台高效液相色谱仪，开始对中间控制和进厂原料进行 HPLC 控制。先由韩国贤任质检科副科长，因六分厂投产韩国贤调至六分厂任质检科副科长后，由胡惠素任二分厂质检科副科长。

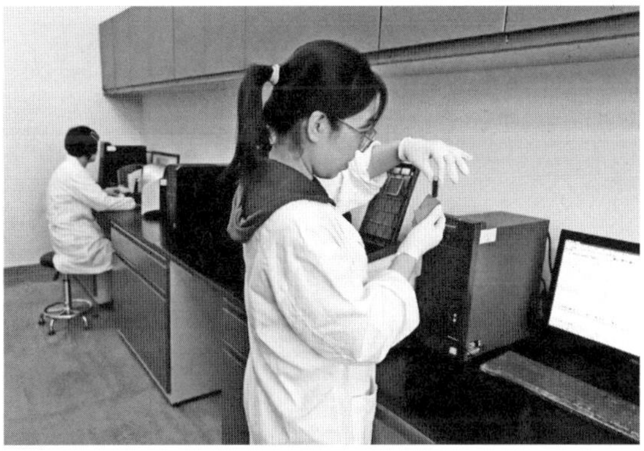

图 7-3 1999 年 2 月，检测人员在检测产品

1997 年，收购三分厂后，在办公楼改造 500 平方米的质检、分析化验室，增补检测仪器设备，负责对进厂原料、生产中间控制、原染料、成品的分析检测把关。分析人员从开始的 28 人逐渐增加至 40 人，由王志芬任质检科副科长。设立了小试实验室，在保证日常生产的同时，开发了 C.I. 分散黄 54、亚硝酰硫酸等产品，2000 年并入技术中心。

2003 年，随着六分厂的成立，建设 400 平方米的质检、分析化验室，设成品分析、原料分析、中间控制分析、仪器分析、留样室、办公室等，配备了相应的仪器设备。后经改造、扩建面积达 530 平方米，分析人员从原来的 16 人增加到 49 人。韩国贤任质检科副科长。

2004 年底，收购山峪公司后，组建八分厂，在山峪公司化验室基础上组建质检科，新建面积 550 平方米，按照当时最新标准布置了质检、分析化验室。设有化学分析室、仪器分析室、生产控制分析室、原料（中间体）分析室、成品分析室、水处理分析室等，在充分利用山峪公司和二、三分厂仪器设备的基础上，添加液相、气相色谱等，分析人员从最初的 8 人增加到 41 人，范岳均任质检科副科长。

2006 年 7 月，九分厂的硫酸和 H 酸相继投产，建立专门的质检科，面积约 180 平方米，购置液相、气相色谱等分析、检测仪器设备，化验分析人员从 8 人增加至 15 人，辛翠云任质检科副科长。

2014 年 3 月，国际领先的七分厂 H 酸车间建成，设立面积为 120 平方米的质检、分析化验室，购置液相、气相色谱等分析、检测仪器设备，化验分析人员 11 人，段立矿任质检科副科长。

2019 年江苏响水天嘉宜“3·21”特别重大爆炸事故发生后，苏北地区开展化工行业整治，监管要求全面升级。七、八分厂的质检、分析化验室搬至七分厂办公楼，八分厂保留的生产控制、中间分析、成品检测等与污水站化验室合用。

二、技术中心

1998 年，为强化产品品质管理，增强自主创新能力，提升产品服务水准，将原一分厂办公楼改造成吉华技术中心，面积为 1100 平方米，设成品检测室、应用实验室、化学分析室、仪器分析室及 6 个产品开发实验室。配置高效液相色谱仪 6 台、气相色谱仪 2 台、染料粒径分布仪 2 台以及测色配色仪等先进仪器设备。定期对各分厂质检科的分析、检测结果进行抽样督查，配合销售做好应用服务。至 2022 年底，技术中心具备了产品结构剖析、新产品开发、老品种改进、反应安全风险评估、“三废”处理优化、产品安全检测评估等功能。为产品开发、工艺改进、质量提升、安全环保等作出了重要的贡献。

图 7-4　1998 年吉华技术中心

1999 年 4 月至 2002 年 5 月，日本纪和化学公司先后派出松尾真美与儿岛利员两名资深专家对吉华化工的染料生产工艺技术与产品质量控制进行为期三年的现场指导，他们深入车间现场传授生产过程控制技术。对染料母液套用，稀酸合成工艺，“三废”处理技术，优化生产流程和设备设施的布置及染料后处理的细度控制，助剂的选用、配比，分散稳定性改善等方面提出了切实可行的方案并指导实施。使吉华化工的生产管理，工艺技术和产品品质直接与国际接轨，为快速融入国际高端染料市场起到了积极的推进作用。

2000年，与日本江守公司战略合作，陈美芬前往日本江守与日华化学二公司考察、实习，交流染料复配与应用技术和日本公司的质量管理模式，促使吉华化工生产染料品质符合日本标准。

2002年，与汽巴公司进行分散染料的贸易加工（以下简称OEM）合作，汽巴公司派专家按汽巴的质量管控体系进行现场培训。2003年4月，陈美芬赴汽巴瑞士总部进行质量管控培训，学习现场管理与分析检测方法，后按汽巴的要求配备相应的仪器设备，匹配测色系统，达到产品分析数据的完全对接，吉华化工的产品检验报告单（简称COA）可直供汽巴全球的分散染料销售网络。

2005年，与德司达公司开展分散染料的OEM合作，有了前期与汽巴合作的经验，与德司达合作数据对接很快，两大欧洲公司在分析方法上差异不大。对高温分散性要求，德司达采用筒子纱染色仪做染料高温凝聚性，为此购入了Mathis筒子纱染色仪器1台，在中国染料企业中首次使用筒子纱染色仪分析染料高温凝聚性，分析结果与德司达一致。对扩大国际贸易，直销国际市场起到一定作用。

通过汽巴、德司达两家世界顶级染料公司的OEM合作，使吉华化工的产品质量控制、管理能力与国际高端市场接轨，产品质量达到了国际一流水平。

三、染料绿色生态组织蓝标（Bluesign®）和Inditex认证

为开拓染料产品绿色通道，提高产品国际市场竞争力，对产品进行蓝标（Bluesign®）和Inditex认证。

瑞士蓝标科技有限公司推行的蓝标体系是极为严格的纺织品环保标准，代表整个生产链环保安全，包括对消费者、生产工人、“三废”排放的全过程绿色认证，认证组织对产品的有毒有害物质有明确的限量指标，把控严格，获得蓝标认证是进入国际高端纺织品市场的通行证。执行该体系的企业所生产的纺织品，完全不含有毒、有害物质及重金属成分。2016年，吉华集团组建生态环保分析实验室，进行染料的生态环保数据检测工作，经历3年，从原材料、原染料、成品染料3个环节进行管控，检测原

料中是否有有机氯、含氯苯酚、多环芳烃，生产过程中是否带入重金属、有害芳香胺等，并与第三方检测机构同类物质分析数据进行比对，建立了原材料、原染料、成品染料的环保检测数据库，提供的成品染料各项指标分析报告满足蓝标组织的审查要求。于2017年获得蓝标认证证书，至2022年年底，可供销售的蓝标认证产品达98个。

Inditex是西班牙的大型服装品牌，对原材料有独特的生态环保指标，其品牌下所有购入的原材料需要通过认可才能应用。2018年，吉华集团进行Inditex认证，至2022年年底，通过Inditex认证的产品达95个。

四、检测中心（CNAS认可实验室）

2020年，吉华集团检测中心首次向中国合格评定国家认可委员会（China National Accreditation Service for Conformity Assessment，CNAS，以下简称认可委）提交CNAS资质认可申请。经过系统严格的材料审查后，2022年6月，认可委组织评审组对检测中心进行现场评审，认为吉华集团检测中心在质量保证、技术能力等方面符合CNAS资质要求并能够确保体系的有效运行。8月31日，认可委对吉华集团检测中心申请项目给予能力认可，并授予CNAS实验室认可证书（注册号：CNAS L16998），标志着吉华集团检测中心在检测硬件设施、检测能力和管理水平方面均达到国际先进水平，取得了染料分析检测和反应安全风险评估的资质。

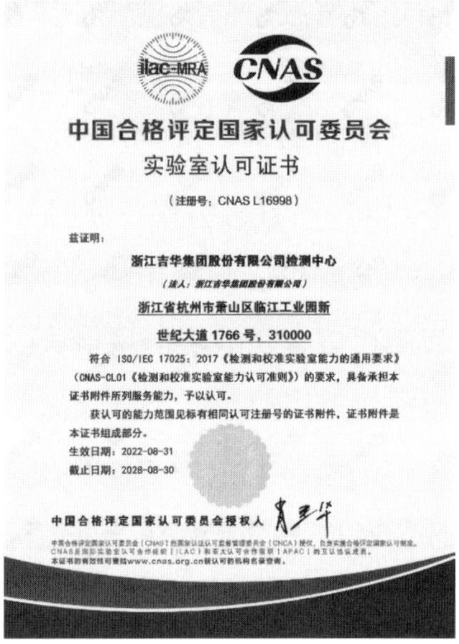
ilac-MRA
CNAS
中国合格评定国家认可委员会
实验室认可证书
（注册号：CNAS L16998）
兹证明：
浙江吉华集团股份有限公司检测中心
（法人：浙江吉华集团股份有限公司）
浙江省杭州市萧山区临江工业园新
世纪大道1766号，310000
符合ISO/IEC 17025：2017《检测和校准实验室能力的通用要求》（CNAS-CL01《检测和校准实验室能力认可准则》）的要求，具备承担本证书附件所列服务能力，予以认可。
获认可的能力范围见标有相同认可注册号的证书附件，证书附件是本证书组成部分。
生效日期：2022-08-31
截止日期：2028-08-30
中国合格评定国家认可委员会授权人
中国合格评定国家认可委员会（CNAS）经国家认证认可监督管理委员会（CNCA）授权，负责实施合格评定国家认可制度。
CNAS是国际实验室认可合作组织（ILAC）和亚太认可合作组织（APAC）的互认协议成员。
本证书的有效性可登陆www.cnas.org.cn获认可的机构名录查询。

图7-5　2022年，吉华集团检测中心获CNAS实验室认可证书

五、质量控制模式

吉华集团有质量管理人员100余名（包括各子公司分析检验人员）。质量管控模式为：子公司质检科负责对原材料、生产过程、最终产品的质量检测和管理；吉华集团技术中心对各子公司的质量控制情况进行监督监管，对原材料进厂与产品出厂检验的结果进行抽查比对，负责产品标准制定，原材料及中间过程控制分析方法确定，协助质检科解决技术难题等。

六、品牌维护

历年来国家行业监管部门对吉华集团产品的飞行检查，均为合格。为保障企业产品质量，维护“吉华”品牌在市场中的形象，整顿随意生产低强度产品的乱象，规范产品规格、型号等，规定不得生产“用户要求”的低强度产品。对假冒伪劣产品进行有力打击，使假冒“吉华牌”产品的不法人员受到了经济与刑事处罚，保障了客户利益，维护了品牌形象。

第四节　产品选介

吉华集团生产产品众多，主要有海绵、涂料、染料、医药产品四大系列，其下又分为不同性能的具体产品，以满足客户各种应用要求。

一、海绵产品

1985 年投产，至 2022 年年底，可生产满足不同密度（10 ～ 50 千克 / 立方米）、硬度、回弹性及防火等要求的海绵产品六大系列 108 品种。产品具体分类如下。

FM 系列海绵：适用于家纺、户外家具、体育、休闲用品，沙发、床上用品等。

FR 防火特殊系列海绵：适用于家具、沙发、床上用品等，阻燃效果达到 FR- 美标阻燃（CA117 标准）、FRT- 英标阻燃（BS5852 标准）。

LS 扬声器系列海绵：适用于扬声器喇叭圈、汽车、空调等。

FMCPDH 复合系列海绵：适用于家纺类、帽鞋、玩具等。

HFR 高回弹系列海绵：适用于家具、沙发、床上用品等，具有高回弹、高承载、高压陷比、高舒适性等特性。

模塑系列海绵：适用于头枕、腰靠、坐垫、颈椎枕头等。

二、涂料产品

2005 年开始研发、生产，主要产品为耐高温不粘涂料、水性工业用纳米涂料、水性聚四氟乙烯不粘涂料、聚酯改性有机硅树脂四大类。主要产品如下。

耐高温不粘涂料：具有优良的耐候性、耐热性、抗污性、化学稳定性、耐溶剂性以及机械强度高等优点，产品经过SGS检测认证，安全性能符合ROHS指令要求；主要应用在三明治烤盘、华夫饼烤盘、咖啡壶、炉具表面、蛋糕模、烧烤架、电熨斗、炊具内外壁等领域。特别是一些长时间在高温、强腐蚀环境中工作的工件。

水性工业用纳米涂料：是一款水溶性绿色环保产品，对人体和环境无害；主要应用在铝素材、不锈钢及一些合金表面，如平底煎盘、电饭煲内胆、蛋糕盘、电熨斗等，表面涂覆纳米陶瓷涂层能最大限度地延长工件的使用寿命。

水性聚四氟乙烯涂料：具有优异的不粘性、耐热性、机械性能、金属附着力和耐化学腐蚀性，且环保、无毒符合食品卫生标准；主要适用于厨房用具、化学防腐器及工业用脱模器等，形成的涂层具有良好的延展性，可用于拉伸锅和一些小部件的仪器设备上。

聚酯改性有机硅树脂：具有优异的耐候性、耐热性、热硬度、不粘性等性能，是耐高温高固份不粘涂料的主要组分，起到成膜树脂的作用，用于煎炒锅、烤盘、电熨斗及电发夹等，还可用于发动机外壳、锅炉、烘箱、烟囱等表面的耐高温保护涂料。

三、染料产品

染料产品分通用型与功能型，其中分散原染料97个、品种321个，活性染料原粉50个、品种98个，酸性原粉7个、品种9个，直接染料3个。

1.分散染料

分散染料是一类非水溶性的染料，在染色时借助分散剂的分散增溶作用而对疏水性纤维进行染色。主要用于聚酯纤维或聚酯纤维混纺织物，该类染料用量在染料中占比较大，具体产品按不同应用分类如下。

通用型分散染料：有148个品种，品名基本上有国际通用的染料索引号，产品名称与行业接轨，品种互通性强。

高牢度型分散染料：有38个品种，产品具有较高的日晒牢度与水洗牢度，能满足纺织品特定牢度的要求，高日晒牢度HLF系列，主要用于汽车内饰、户外帐篷、窗帘等工业用布染色；高水洗牢度产品主要用于运动服面料、高档内衣及特定功能性面料的染色，能提供满足不同客户需求的HXF、HWT、HXW 3个系列品种，产品色谱齐全，应用范围广。

快速型分散染料：有26个品种，产品选用特殊结构染料复配而得，该系列产品具有上染时间短，上色快，降低印染能耗，提高生产效率等优点。配套的产品有浅、中、深色谱，用户有较大的选择空间。

耐碱型分散染料：有 11 个品种，产品选用耐碱结构染料进行复配组合。产品色谱齐全，由于结构特殊，可解决在印染工艺中因前处理碱减量清洗不净带来的染色不稳定问题。可以在 pH 值 8 ～ 9 进行染色，提高了染浴中纤维带来低聚物的水溶性，达到不做还原清洗仍可保证印染面料的质量。

环保系列分散染料：有 72 个品种，产品选用环保结构染料与合成工艺的控制，达到管控有害物质限量的目的，使产品符合各类环保组织的要求。产品可满足 Bluesign® 与 Inditex、国际纺织品 Oeko-Tex 100 和有毒有害化学物质零排放组织 ZDHC 等生态环保要求，该系列品种丰富，色谱齐全，可以满足客户对各种环保指标应用性能的不同需求。

图 7-6　产品自动化包装（2022 年 12 月摄）

高浓度浆状分散染料：有 15 个品种，产品采用独特成品加工工艺，在阴离子与非离子助剂的作用下，用少量助剂对染料微粒进行保护，制成高浓度分散悬浮稠状液体染料，强度是传统液体染料一倍以上（与常规粒状染料相同），染色性能不变。无须喷雾干燥，减少印染加工过程中废水、废气的排放，尤其在直接印花工艺中可达到免水洗或少水洗，是一款低碳、节能、环保、高浓度分散染料，产品色谱齐全。

印花型分散染料：有 11 个品种，直接印花是染整加工的一种重要工艺，由于工艺的特殊性，需要升华牢度好的染料，保证印花的花纹轮廓清晰，色泽鲜艳，这类染料属于高温分散染料，印花时的发色温度在 200℃～ 210℃不升华，可满足特定染整工艺要求。

2. **活性染料**

活性染料也称反应染料，其结构由母体与活性基两大部分组成。母体染料是发色体的主要部分，基本上决定了染料的颜色与其对纤维的直接性，染料母体一般都含有水溶性基团如磺酸基，也有用小分子酸性染料作为母体。活性基则主要决定了染料的反应性能和染料类型。活性染料染色过程通过吸色与固色两步骤，利用染料结构中的活性基与纤维反应，使染料与纤维以化学键结合，因此具有较好的染色牢度。

活性染料有单色品种50余个，其余为拼混复配的产品。至2022年年底，不同系列活性染料产品98个，其中通用型62个、特深色10个、可与分散同浴染色的高温型6个、喷墨印花型6个、可用于冷轧堆工艺染色7个、符合Bluesign®要求的7个，产品品种齐全，可满足客户对各种应用性能的要求。

3. 酸性染料

酸性染料是一类在酸性介质中上染蛋白质纤维或锦纶纤维的染料，其结构特征是染料分子相对较小，至少有一个水溶性基团，也可将两个小分子染料用金属络合工艺制成金属络合染料。至2022年年底，有酸性染料单色品种7个，可销售品种9个（含复配品种），主要品种以金属络合染料和应用于皮革制品的酸性黑NR。

4. 直接染料

直接染料的结构具有线型、共平面的特征，有较长共轭系统，化学结构上主要是双偶氮、三偶氮等具有若干磺酸基的多偶氮染料。在应用时可溶于水，直接进行纤维素纤维染色，也可用于纸张和喷墨印花染色。至2022年年底，有直接染料品种3个，产品名称为直接耐晒黑G、直接耐晒黑VSF、直接耐酸大红4BS。

图7-7　产品发送（2022年10月摄）

四、医药产品

康倍得致力于创新透皮高端制剂和国内领先的透皮给药研发型制药企业，是亚洲范围内在“透皮贴剂”领域构建完整价值链的首家企业。已自主研发关键药用胶体辅料和自主研发三大透皮核心技术平台。

已销售的品种“郎目”护眼贴，产品功能为快速缓解视疲劳，保护眼睛明亮，湿润眼部皮肤，缓解眼部细纹，产品设计用眼部镂空，不影响日常工作、学习、上网、驾车。折叠式包装，携带方便。

计划上市的有：妥洛特罗透皮贴剂、氟比洛芬二乙胺盐贴剂（代工）、盐酸雷莫司琼贴剂（代工）3 个贴剂产品。

附：产品名录

2022 年底吉华集团海绵产品一览表

表 7-1

序号	产品名称	序号	产品名称
1	FM 系列	4	FMCPDH 复合系列
2	FR 防火特殊系列	5	HFR 高回弹系列
3	LS 扬声器系列	6	模塑系列

2022 年底吉华集团涂料产品一览表

表 7-2

序号	产品名称	序号	产品名称
1	耐高温高固份不粘涂料	3	水性聚四氟乙烯涂料
2	水性工业用纳米涂料	4	聚酯改性有机硅树脂

2022 年底吉华集团分散原染料产品一览表

表 7-3

序号	产品名称	序号	产品名称
1	C.I. 分散黄 114	9	C.I. 分散橙 44
2	C.I. 分散黄 118	10	C.I. 分散橙 61
3	C.I. 分散黄 163	11	C.I. 分散橙 62
4	C.I. 分散橙 25	12	C.I. 分散橙 73
5	C.I. 分散橙 29	13	C.I. 分散橙 80
6	C.I. 分散橙 30	14	C.I. 分散橙 143
7	C.I. 分散橙 31	15	C.I. 分散橙 155
8	C.I. 分散橙 288	16	C.I. 分散橙 246

续表 7-3

序号	产品名称	序号	产品名称
17	C.I. 分散红 1	45	C.I. 分散红 74
18	C.I. 分散红 13	46	C.I. 分散红 82
19	C.I. 分散棕 8	47	C.I. 分散红 86
20	C.I. 分散棕 19	48	C.I. 分散红 143
21	C.I. 分散棕 19:1	49	C.I. 分散红 145
22	C.I. 分散蓝 54	50	C.I. 分散红 152
23	C.I. 分散蓝 56	51	C.I. 分散红 153
24	C.I. 分散蓝 60	52	C.I. 分散红 153:1
25	C.I. 分散蓝 60:1	53	C.I. 分散红 167
26	C.I. 分散蓝 73:1	54	C.I. 分散红 177
27	C.I. 分散蓝 73	55	C.I. 分散红 179
28	C.I. 分散红 54	56	C.I. 分散红 258
29	C.I. 分散蓝 79	57	C.I. 分散红 311
30	C.I. 分散蓝 79:1	58	C.I. 分散红 343:1
31	C.I. 分散蓝 148	59	C.I. 分散红 343
32	C.I. 分散蓝 165:1	60	C.I. 分散红 154
33	C.I. 分散蓝 165	61	C.I. 分散红 323
34	C.I. 分散蓝 183:1	62	C.I. 分散红 376
35	C.I. 分散蓝 183	63	分散橙 091001
36	C.I. 分散蓝 257	64	分散橙 091001:1
37	C.I. 分散红 50	65	分散红 HXW-TBS
38	C.I. 分散红 54	66	分散红 KB-SF
39	C.I. 分散红 60	67	分散红 SD
40	C.I. 分散红 65	68	分散红 CS
41	C.I. 分散红 73:3	69	分散蓝 BR
42	C.I. 分散红 73	70	C.I. 分散蓝 281
43	C.I. 分散蓝 284	71	C.I. 分散紫 93:4
44	C.I. 分散蓝 291:1	72	C.I. 溶剂黄 163

续表 7-3

序号	产品名称	序号	产品名称
73	C.I. 分散蓝 291:3	86	分散紫 97:2
74	C.I. 分散蓝 291:4	87	分散紫 145
75	C.I. 分散蓝 291	88	分散紫 152
76	C.I. 分散蓝 301	89	分散紫 090606:2
77	C.I. 分散蓝 366	90	分散紫 090606
78	C.I. 分散蓝 367:1	91	分散紫 190811
79	C.I. 分散蓝 367	92	分散紫 H-2RF
80	C.I. 分散蓝 341	93	分散紫 HXW-2RS
81	C.I. 分散蓝 266	94	分散蓝 1104001
82	C.I. 分散蓝 340	95	分散蓝 1104002
83	C.I. 分散紫 33	96	分散蓝 BRN
84	C.I. 分散紫 63	97	分散蓝 HXW-GGS
85	C.I. 分散紫 93		

2022 年底吉华集团活性染料原粉产品一览表

表 7-4

序号	产品名称	序号	产品名称
1	C.I. 活性嫩黄 160	12	C.I. 活性橙 131
2	C.I. 活性黄 176	13	C.I. 活性橙 16
3	C.I. 活性黄 84	14	C.I. 活性橙 84
4	C.I. 活性黄 105	15	C.I. 活性橙 201
5	C.I. 活性黄 107	16	C.I. 活性橙 72
6	C.I. 活性黄 127	17	C.I. 活性橙 56
7	C.I. 活性黄 205	18	C.I. 活性蓝 194
8	C.I. 活性黄 181	19	C.I. 活性蓝 171
9	C.I. 活性红 120	20	C.I. 活性蓝 203
10	C.I. 活性红 141	21	C.I. 活性蓝 222
11	C.I. 活性红 194	22	C.I. 活性蓝 250

续表 7-4

序号	产品名称	序号	产品名称
23	C.I. 活性红 223	37	C.I. 活性紫 45
24	C.I. 活性红 198	38	C.I. 活性黑 5
25	C.I. 活性红 198:1	39	C.I. 活性黑 39
26	C.I. 活性红 239	40	活性黄 HW
27	C.I. 活性红 278	41	活性黄 HD-S
28	C.I. 活性红 111	42	活性黄 HD-8G
29	C.I. 活性红 218	43	活性嫩黄 5GN
30	C.I. 活性红 24:1	44	活性嫩黄 8GS
31	活性橙 W	45	活性黄 P-2RN
32	活性橙 CP-3R	46	活性黄 4GR
33	活性橙 NW	47	活性红玉 HD
34	活性橙 AW	48	活性红 HD-S
35	活性蓝 P-2RS	49	活性红 ED-R
36	活性蓝 SBN	50	活性黑 G

2022 年底吉华集团酸性、直接染料原粉产品一览表

表 7-5

序号	酸性产品名称	序号	直接染料产品名称
1	C.I. 酸性黑 194	1	C.I. 直接耐酸大红 35
2	C.I. 酸性红 88	2	C.I. 直接黑耐晒黑 19
3	C.I. 酸性深蓝 193	3	C.I. 直接耐晒黑 22
4	C.I. 酸性深红 90		
5	C.I. 酸性橙 7		
6	C.I. 酸性黑 1		
7	C.I. 酸性黑 210		

第八章 供 应

原辅材料采购是生产经营的重要环节。加强管理，能降本增效，提高盈利水平和竞争优势。浙江吉华集团股份有限公司在供应机制上进行了三次大的改革，从各单位根据需求无计划临时采购到形成完整的供应链体系，不断完善、不断进步、不断开拓。有完整的供应组织和队伍，有系统的供应策略，有严密的原辅材料管理制度。二十世纪八九十年代，是计划经济转向市场经济的过渡时期，部分物资由国家掌控，随着国家经济体制改革的深化，生产力得到释放，进入 90 年代末市场基本放开，物资供应由紧缺转向宽松。

第一节 供应机制

1997 年以前，原材料按需采购，有简单制度，但创新不够，因循守旧。时物资的供求关系已发生变化，特别是染料生产所需原料等精细化工产品，由于环保管理宽松，安全生产要求不高，乡镇、个私企业遍地开花，生产厂家众多，原材料供应相对丰富，产品质量优劣纷杂。而企业缺乏合理的采购机制，导致价格不透明，采购工作基本上是按主管领导的意见执行，工作不主动，不积极，虽是买方市场，但不深入了解产品质量及市场行情，导致采购的原材料质量良莠不齐，价格虚高，个别供应人员还从中谋取私利。为发挥供应人员主观积极性，增强责任意识，提高原材料的“性价比”，在供应体制和管理上与时俱进，先后 3 次对供应体制进行了改革，使管理日趋完善。

一、第一次改革（1997 年 2 月至 2004 年 1 月）

1997 年，杭州吉华化工有限公司在供应科的基础上成立供销公司，供应人员采购由实报实供应制改为比价制。供销公司作为吉华化工的独立部门，不享受公司薪酬，不报销电话、差旅、用餐等费用。与供应科并列参与物资采购，以低价部分的20%作为个人薪酬，凭本事吃饭，在年度考核时，供销公司个人考核最高年薪达12万元，而少的只有几千元，个别人还因薪酬倒挂而被淘汰。

实施公开、公平的比价制度，激发了供应人员的工作积极性，避免了损害企业利益的发生，提高了企业的经济效益，提升了商品市场竞争的话语权，为后续的供应改制起到了很好的启迪作用。

二、第二次改革（2004年2月至2008年3月）

2004年，由于染料生产规模扩大，产品销售量提升，原材料需求增长，供销公司与供应科的比价常因“性价比”等方面发生矛盾。因此，吉华集团决定把供销公司人员并入供应科，对一些主要原材料进行定点加工，提供技术、质控等服务，提高原材料质量，同时对比价制度进行改革。各分厂设立专职供应人员，薪酬改为基本报酬加比价所得利润分成。分厂有原料需求计划时，对应专职供应人员进行全部原料的报价，不负责对应分厂的供应人员也同时进行报价，以报价最低为中标者，中标者按差价的20%计入个人薪酬。对应分厂责任人若没中标，按中标原料差价10%进行扣款，至年底考核兑现。比价制度的调整，改善了只看价格忽视质量的局面，对提升产品质量奠定了基础，当时染料界有“龙盛的产量、吉华的质量”之誉。

三、第三次改革（2008年4月—2022年）

随着临江基地、江苏基地的相继建立，内销与外贸市场的持续扩张，产品需求猛增，原材料的需求量也水涨船高，大幅增长。同时随着国家对环保、安全从严管控，一些规模小、不规范的原材料企业被淘汰或停产整顿，部分产品从买方市场转为卖方市场。在这样的背景下，2008年对供应体制进行了第3次改革，吉华集团成立供应部，各子公司不再设立专职供应员，原有的比价体系调整为集中采购比价。对一些重要原材料、体量大、生产厂家少的如间苯二胺、3-氨基-4-甲氧基乙酰苯胺（还原物）、对硝基苯胺（对硝）、2.4,二硝基-6-氯苯胺（六氯）等由专人负责对接，以付款优先、供货优先、价格优惠等原则进行合作。为保证采购物资的“性价比”，增加供应工作的透明度，简化工作程序，利用吉华集团诚实经营、良好付款的信誉，经层层把关，择优滚动选择供应商，实施定点供应（详见第三节《供应策略》）。

第二节　供应组织及队伍

随着吉华集团的发展，供应管理不仅仅体现在原材料降本节支的运营效果上，更注重长期的可持续性，在发展过程中，通过优化供应组织及人员配置，对提高采购效率，减少库存积压，降低生产成本，及时了解市场信息，调整战略库存起到关键作用。

一、吉华集团供应组织机构及人员配备

1991—1993 年，吉化萧山联营染料厂设立供销科。

负责人：滕木泉

成　员：五金材料采购方关明，原料采购杨明月。

1994—1996 年

负责人：杨再生

成　员：五金材料采购方关明，原料采购杨明月、李仁荣，液体原料采购孙小娟。

1997—2002 年 3 月，吉华化工设立供销公司，与供销科并行。

负责人：张连木、徐远程（张连木离职后任负责人）

成　员：原料采购杨柏华、庞友谊、袁建伟，二分厂五金采购周国璋，三分厂五金采购俞毛虎。

2002 年 3 月—2004 年 1 月

负责人：徐远程

成　员：原料采购杨明月、庞友谊、袁建伟、李仁荣、杨柏华、姚利惠、孙小娟、郁燕飞，二分厂五金采购周国璋，三分厂五金采购俞毛虎。

2004 年 1 月撤销供销公司，成立供应科。

负责人：徐远程

副科长：庞友谊

成　员：原料采购杨柏华、庞友谊、袁建伟、李仁荣、姚利惠、郁燕飞，二分厂五金采购周国璋，三分厂五金采购俞毛虎，六分厂五金采购王柏春。

2008年3月—2018年2月，2008年设立吉华集团供应部。

经　理：邵　辉　（2014.11—2020.2副总裁，主管供应、销售）

副经理：詹云雷、康淑秋（江苏吉华）

成　员：原料采购庞友谊、詹云雷、康淑秋、袁建伟、陈波、任剑龙、姚利惠、郁燕飞，五金采购周国璋（江苏吉华）、龚卫（浙江区块）。

2018年2月—2022年

副经理（主持）：胡柏忠

副经理：詹云雷 康淑秋（江苏吉华）

成　员：原料采购袁建伟、陈波、任剑龙、邵国金，五金采购龚卫（江苏吉华）、任剑龙（浙江区块）。

二、分厂或子公司采购供应组织及人员

杭州创丽聚氨酯有限公司

1985年成立，设供销科，自行负责采购生产所需主辅原料及五金配件。

1985—1990年，宋春艳、滕木泉、寿正林、汪国良负责原材料采购，方关明负责五金材料采购。

1991—1997年，滕木泉负责原材料采购，周国璋兼职泡沫厂五金材料采购。

1997—2005年 ，汪亚铭负责原材料采购，周国璋兼职泡沫厂五金材料采购。

2005—2013年，殷健负责原材料采购，杨国友负责五金材料采购。

2014—2022年，庞友谊负责原材料采购，杨国友负责五金材料采购。

杭州吉华高分子材料股份有限公司

2008年5月成立，原料采购和五金采购由吉华集团供应部统一采购。

2014年，因“新三板”上市，原材料采购由子公司自主采购，胡春钧负责原材料采购，五金采购仍由集团供应部负责采购。

杭州吉华江东化工有限公司

2003-2005年，王柏春负责五金采购。

2006-2014年，龚卫负责五金采购。

2015-2016年，王惠乔负责五金采购。

2017-2018年，周国璋退休后返聘，负责五金采购。

2019-2022 年，任剑龙负责五金采购工作（兼）。

江苏吉华化工有限公司

2006—2007 年，徐培友负责五金采购。

2007—2011 年，庞友谊负责原料供应。

2007—2017 年，周国璋负责五金采购。

2011—2015 年，袁建伟负责原料供应。

2013—2022 年，康淑秋任供销副科长，主管原料采购比价及硫酸、硫酸铵等销售。

2014—2017 年，集团派龚卫去协助周国璋五金采购。

2015—2022 年，陈波负责原料供应。

2017—2022 年，龚卫负责五金采购。

三、原材料供应领导小组

2019 年 3 月 1 日，为提高供应部工作效率，有效平衡原材料的质量与价格的合理性，努力实现成本可控，原材料交货正常及时，吉华集团成立供应领导小组。由邵辉任组长，吴爱军任副组长，张叶青、胡柏忠、杨春梅为组员，胡柏忠为办公室主任。

供应领导小组按照吉华集团产品质量控制要求，根据质优价廉的原则，全面收集符合供货条件的供应商信息、资质等资料，并对所收集的供应商资料进行初步筛选。各相关人员对筛选的供应商资质、产品质量、保障能力及诚信度等进行全面分析考察、评估，确定符合条件的供应商，填写“定点单位评审表”，将筛选定点的合格供应商书面报总裁审核，通过总裁审批的供应商录入《合格供应商名单》之中，归入档案，妥善保存。

供应部严格在定点供应商内进行采购，对合格供应商的服务、信用进行跟踪。对同类五金产品，选择多家合格供应商，再根据价格原则选择最佳供应商。当入选的供应商出现质量不稳，信誉、能力一般时，随时进行评审、整改，及时更换。同时实施年度复评，对供应能力、质量信誉较差的供应商经综合评定后剔除。不合格供应商因特殊情况需留用的，须报总裁批准。

第一次定点的供应商除提供完整的书面材料外，还需经小批量试用，检测、试用合格才能批量供货，不合格则取消供货资格。定点供应商产品如出现严重质量问题，供应部及时向供应商发出《质量投诉通知单》限期整改，如两次发出通知单，但质量仍没有明显改观的，经相关部门评审后取消其供应商资格。

四、定点采购评审小组

2019年3月1日，为进一步规范定点采购程序，提高采购工作的效率与透明度，确保定点采购工作公开、公平、合理、规范，吉华集团成立定点采购评审小组。由吴爱军任组长，周火良任副组长，张叶青、易聪、韩国贤、陈治辉、孙岩峰、胡柏忠为组员。

定点采购评审小组负责定品牌、定价格、定服务好坏，并以合同形式定供应商单位；价格变动按原材料价格上下浮动超过3%进行调整，每月一次，由供应部负责向各子公司相关人员以OA形式发放到人；子公司有采购需求时，编制计划确定采购品名、型号、数量、交货时间等，并由总经理审核确认，有技术要求的由设备科与车间确认技术参数，再与定点单位进行沟通，双方签字确认；有些产品虽录入定点供应商名录，但平时不经常采购，采购时间跨度又较长的，要重新比价，同品牌、同质量情况下根据最低价成交，同样的价格优先选择定点供应商；对定点供应商进行不定期抽检产品质量，确保供应产品质优价廉；子公司不定期对购入的产品进行抽检，若抽到不合格商家，从严从重处罚，情节严重的，经综合评审后取消定点供应商资格；对优质供应商任何人都可以推荐，但需通过程序评定；被录入的定点供应商，没签订合同的，要求定点供应商提交质量承诺书，出现一次质量问题罚款2万～10万元，承担因质量原因造成的全部损失，在签订的合同上体现；特殊情况需要选择使用其他品牌，必须由生产总监及总裁审批，列入定点供应商为贸易性质的，产品必须选用一、二线品牌；定点供应商的选择必须由子公司设备科、技术科、吉华集团工程部一起进行考察定点供应商的企业资信程度、生产能力、生产设备的施工水平、质量保证体系的建立和运行情况、检验机构及设施、仓储条件、售后服务等情况；已转为正式定点供货商，但产品出现技术指标不合格或质量多次不稳定的供货商由定点采购评审小组综合评估后取消其定点供应商资格；若平时采购不多，未列入定点供应需采购的零星物品，由供应部进行比价后择优购入。

第三节　供应策略

原辅材料的采购事关企业的产品成本和盈利能力，吉华集团对供应工作十分重视，先后采取比价采购、集中比价和定点采购等多种策略，及时发现采购过程中发生的问题及原因，采取相应的对策。为保证供应商有效合作，在每年底主动邀请所有供应商进行货款对账结算、结清货款是吉华集团的特色。此举在业内赢得良好信誉。

一、集中采购比价

2004 年开始，对原材料进行比价购入，在总结供应工作利弊的基础上，完善了采购制度，建立 ERP 系统采购流程。2011 年后，对供应工作又进行了梳理，供应体制又进行了调整，在原有的基础上进行集中比价采购体制，一些常规用品、体量大、生产厂家少的原料由专人负责对接，其他原料供应单位分划到各供应人员，各子公司上报的原料由各供应人员在规定时间内上报给计划信息部，由计划信息部人员整理后交给供应部负责人审核，供应部负责人按价低、质优要求选定购入。总薪酬在吉华集团年初经济政策框定的基础上，各供应人员按部门责任进行考核，年底按各所得的考核分进行薪酬分配。集中采购的好处是比价体系完善，优质供应商面扩大，供货商的信誉度提升，容易获得优质低价的原材料，采购要求与规则统一，实施容易。采购集中，减少了人力浪费，也便于对采购人员的培养。推行分工比价，专人对接，使采购的原料价格低、质量好、服务优；统筹供需原材料数量，信息透明，为上层决策提供依据，避免盲目采购产生库存积压。

二、定点采购供应

2015 年，随着吉华集团的发展壮大，供应部历经多次变革，对五金采购、设备制作进行定点采购供应，综合考虑产品质量、价格和售后服务等因素，通过招投标等方式，择优确定一家或几家定点供应商，签署采购合同，根据合同要求供货。定点采购期限原则上一年一审，滚动选定，在定点时间内，所确定的采购设备、货物和服务能按合同执行的可以一直定点为合格供应商，但如果出现质量问题，按问题大小进行警告、处罚、终止定点供商资格等处理。与原采购方式相比，定点采购的优势是减轻了频繁的比价工作量，采购效率较高，因采购原材料的延后付款，供应商就不敢提供假冒伪劣产品，产品质量稳定，可避免采购腐败。但定点采购在具体执行过程中，也产生了许多问题，如一时难以适应采购模式改变；过于压价采购，造成质量不稳、无法保证定点单位的服务到位等。而随着工作的深入，机制的完善，产品择优选用，违规处罚的严格执行，定点供应的好处明显：采购流程更加规范，过程更加公开透明，规格或标准相对统一，产品品牌选定，采购效率较高，取得了良好的效果。

三、及时查处采购中暴露的问题

1. 问题的发生

定点采购前期，国内较大的一家纸箱厂，未按合同规定执行，擅自减轻双方约定的纸张克重，被抽查确认后，按合同约定予以10万元的处罚。此事件发生后，对所有定点供应商合同处罚条款进行了完善；因重价轻质、把关不严，导致不良供应商以劣质盐酸充当正常副产品卖给子公司，致使车间设备损坏，造成直接经济损失100余万元，事件发生后，对进厂检验、比价要求、合同签订都进行了调整，并对供应部负责人进行降薪处理；定点采购前，五金配件购入混乱，很多五金配件以车间喜好而认购，存在严重的采购漏洞，一泵厂卖给子公司泵的实际流量与合同约定严重不符，查实后，对该供应商罚款10万元，并删除供应商名录，同时明确规定五金配件实行“用者不买，买者不用”的采购原则。

2. 问题主要原因

重价格轻质量，对供应商资格审核不严谨，品质管控把关不严，造成供应商为了进入吉华集团定点供应商名录，恶意压低价格，进入名录后，便擅自变更产品质量要求，偷工减料，造成质量问题的发生；在采购过程中，劣质供应商为达到中标目的，弄虚作假用假冒伪劣产品以次充好，造成产品质量事故的发生；采购人员不负责任，盲目相信供应商的承诺，供应商对产品质量问题敷衍搪塞，推脱责任或置之不理，把责任推到使用不当和其他原料上；采购人员责任意识淡薄，专业知识欠缺，听之任之；采购程序执行不规范，车间不按程序申报计划，先买再补报计划，应付监管，采购方式随意性大，因采购需编计划、审批，有些人以手续烦琐，花费时间为借口，不执行定点供应制度要求，造成采购混乱，价格高，质量差等问题。

四、定点采购管控措施

1. **建立相应组织机构**　本着厉行降本增效、科学合理的原则，建立定点采购评审小组及原材料供应领导小组，对产品质量好，价格优、服务好的供应商优先纳入定点供应商名录，在采购程序上首先由车间申报计划，子公司或部门主管进行审核，对采购原料计划的必要性、符合性，进行认真评定，提出审核意见。无计划、无领导签字的一律不予购入。

2. **严格评审定点供应商**　做到管理规范，跟踪监督，建立长期的合作关系，对违法违规的供应商建立“黑名单”制度，不是重大原则性质量问题的供应商对其提出整改要求，整改期间禁止参与比价，整改完成确认后方可重新参与。对造成重大事故或者构成犯罪的供应商，除追究其经济、刑事责任外，终身禁入定点供应商名录。

3. **推行采购信息公开化**　采购比价方式、程序、内容等信息向社会供应商全公开，欢迎参与比价及自荐，确保采购工作公平、公正、合法、透明。同时加强采购业务的培训，采购人员不仅要有扎实的专业知识和业务操作能力，还要具备法律、贸易、谈判等方面的知识。

4. **确保供应产品质量关**　合格的原材料、成熟的工艺、精良的设备、严格的生产管控与质量检验、完善的合同要求、优秀的售后服务，从制度上确保产品质量。加强供应商参与比价的竞争力，使供需双方充分了解产品的质量信息，技术要求，以便更好地、有针对性地实施采购计划，达到供需双方合作共赢，互惠互利。

五、战略储备和原料库存

制定出正确的库存管理策略，持有一定数量的战略储备和原料周转库存，有利于选择低价位进货，保证正常生产，平抑原料价格，避免缺、断货带来的经济损失。战略储备一般都是原材料价格低位时进货，高位时使用。合理的储备能给企业带来利益，但过度的库存会占用资金，造成积压、变质、贬值和安全隐患，所以库存必须加以有效管控。

成立战略储备和原料库存工作小组，应对原材料厂家的突然停产或其他意外情况的发生，平时有计划地建立一定数量的原料储备，在非常时期保障生产正常运行和销售需求。供应部随时了解市场货源情况和原料价格波动情况，达到原料储备条件时，由供应部提出意向，工作小组讨论可行性及必要性，确定价格、数量等，由组长向董事长汇报后决定执行，对最重要60多个品种设置安全库存，确保正常生产。经营性采购由供应部负责采购，并协同质检、仓库等相关部门做好供应商监控，保证所采购的物资适质、适量、适时、适价。子公司主要原材料库存控制在满足一个月的生产需求水平上，对市场供应充足、价格趋于稳定的原材料，一般不备库存，按需采购，但原材料供应厂家整个行业内少于3家时，必须增加库存量。

六、战略合作

供应链战略合作是为了双方互利共赢，利用合作的整体优势，提升产品质量、规模，开拓市场，为企业发展带来潜力。吉华集团从泡沫厂创办起，就与有关企业进行战略合作。

2003年，与海宁华蔚化工有限公司合作生产2-甲氧基-5-乙酰氨基-N，N二烯丙基苯胺，吉华化工提供技术和主要原料进行加工，缓解了C.I.分散蓝291:1原染料生产的偶合组份紧缺问题，但也为其获取吉华集团工艺技术提供了方便。

2004—2009年，与韩国理禾公司合作生产活性染料系列产品，同时把产品销售给理禾公司。

2004年泡沫厂与上海江守贸易有限公司和韩国东亚制铁化学进行TDI的供需战略合作。

2007年泡沫厂与巴斯夫（上海）有限公司进行战略合作，成为巴斯夫的直供客户。以降低海绵生产成本、稳定产品质量。

2015年与宁夏明盛染化有限公司通过在资金、供货等方面以“补偿贸易”方式战略合作，维稳原料厂家生产，保证了原材料的供给。

2016年与国际染料原巨头亨斯迈合作生产活性超级黑G，强强联合，优势互补，提高产品质量，拓展系列产品，提升产品知名度。

2018年与河南洛染股份有限公司签订战略合作协议。原料供应以价格比市场低、质量比市场好、供货比市场快为合作核心，实现供应链优势互补、资源共享、合作共赢。

第四节　原材料采购流程及管理

吉华集团对采购要求作了明确规定，制定了相应的流程。对原料的入库、发放、盘存等管理作了详尽的规定。

一、原材料采购

1. 海绵原材料采购

1985年，泡沫厂建立后，按生产需求进行采购，采购数量基本上是备一个月的生产需用量。1995年起，三羟基聚醚（以下简称PPG），由上海高化三厂以免除运费、最优出厂价、保证供应三大优惠供货，与泡沫厂达成长期供货战略合作，直至2016年上海高化三厂停产而终止。2017年起，根据生产需求，结合市场供求关系的变化情况，在较低价时适时满仓采购，市场涨价时使用库存。

2. 染料原材料采购

1991年10月，联营厂投产运行，依靠吉化染料厂供应原染料滤饼，其他研磨材料、扩散剂MF、木质素磺酸钠等辅料自行采购。1993年5月，分散染料合成车间建成投产，合成生产所需原材料、中间体向社会采购。1997年1月收购杭州钱江制药厂，改建染料及中间体生产后，中间体、原料基本能满足生产，没有配套的原料继续向社会采购。

3. 涂料原材料采购

吉华高分子所需的有机硅树脂、颜料、PTFE乳液、助剂、溶剂等原材料自主采购。

二、采购流程

1. 原料采购

车间计划上报仓库→仓库按采购数量、规格等要求上报所需原料采购计划ERP采购申请单→子公司总经理审批→供应员报价→供应部比价→计划信息部录入采购订单→根据订单采购。各子公司的同类产品、原料由吉华集团统一供销，不同类产品、原料根据实际情况由各子公司自行供销。

2. 五金采购

车间计划上报仓库→仓库按采购数量、规格等要求上报所需五金采购计划ERP

采购申请单→供应员比价→子公司总经理审批→计划信息部录入采购订单→根据订单采购。

三、原料管理

为加强存货（产成品和构成产品实体过程中所消耗的各种直接原料、辅料、外购或自制的半成品、燃料、及为构成实体在生产经营中所消耗的其他材料、物资，包括机物料、机配件、办公用品、劳动保护用品等材料物资）管理，做到责任到人、管理到位，按照《财务管理制度》《物资采购管理制度》《销售管理制度》规定，制定原料、辅助材料、五金物资、产成品、半成品及生产车间在制品的管理制度，使各类物资入库、领用、出库、保管、退库、盘存、报表等工作规范有序。各类外购物资均由吉华集团供应部负责采购，并严格执行《物资采购管理制度》，子公司按《物资采购管理制度》负责各自零星物资采购，负责所属产成品和所用物资的仓储管理。

1. 仓库管理

进库物资验收：五金仓库保管员验收货物的数量、重量并检查配件的规格、型号必须和各子公司生产需要下达的采购计划单一致，大型的货物需计量的应开出过磅单。

原料、辅助材料、半成品验收：保管员在验收数量、重量并开过磅单，计量抽检不低于10%，桶与桶之间与袋与袋之间的重量是否一致，并检查外包装的标识是否清楚；需质检科检验的，保管员填写好原材料检验通知单通知质检科，由质检科抽样分析。

验收时发现质量问题、短斤缺两，仓库保管员有权拒绝签收，并将信息及时传递给子公司分管领导及供应部，在征得同意后，方可办理入库手续，数量差异(超出正常范围）按实际收到的数量作为入库数，并做好台账记录，待下次送货补足后，予以调整。

2. 物资入库

仓库保管员在物资入库时，认真核对供货有关凭证，如：请购单、送货单、过磅单、质检单、发票等有关进货凭证，发现原料物资不符或多采购应报告部门领导，经领导同意方可进仓。验收合格后，仓库保管员在送货单上盖上验收章，开具入库单。

做好入库账，办理入库手续，开具一式四联入库单（存根联、成本核算联、财务核对联、财务付款联）；存根联仓库用于ERP入库凭证，分月装订；成本核算联、财务核对联作为每月收、付、存报表的附件；将有发票、无发票的分别装订，作为销售会计、材料会计核算的依据。

3. 物资保管

各种物资存放要求按类分区、标识明显，账账相符、账卡物相符，质量完好。有条件的仓库要做到“四号定位”“五五堆放”分层计量。

五金配件、劳保用品等物资进库按不同标识、规格、性能等，做到分区分类，摆放整齐，便于盘点。

对易燃、易爆、剧毒品、贵重品化学品等采取不同的保管办法，不准与其他物资混放，配备必要的消防器材，保管员做好日常维护保养，使之在有效期内不变质，并实行“双人双锁”管理，堆放时应放在干燥、通风、阴凉的地方。

化验类试剂摆放在干燥、通风、阴凉的地方，防止试剂变质。

不同品种的油，分开摆放，并且有专用的油枪，防止油类的混乱。

原料堆放，按不同品种、规格、批次分开堆放，做好标识并保持一定的距离。

仓库保管员发现有不安全因素及时向主管领导汇报，采取措施，予以解决。

库存物资，必须做到产地、品种、质量、进厂（生产）日期分批标牌，标识明晰，设卡记录完整，无丢失、无损坏、无霉变、无锈蚀。

4. 物资发放

物资、材料的领用必须由各单位科室、车间开出领料单，并由所在科室、车间负责人签字。仓库保管员严格按照领料单内容进行发货，其他人员或车间统计员代签的，仓库保管员有权拒绝发货。

原料、半成品在领用前，必须经质检合格后方可领用。领用须按车间配货单或申领单，由指定领用人领料。仓库保管员凭领料单发货，并及时登记入账，ERP 数据输入。领用人应及时将领料单交给车间统计员，及时入账，正确核算，以便仓库核对。

五金配件及机物料根据维修及保养要求，使用部门指定专人领用，对工具类的领用以旧换新，新建项目按需领用新件。仓库保管员凭领料单发货，并及时记账。基建及技改项目和生产及维修领用的机物料必须严格区分，不得串用或混用。

旧设备处理根据设备管理部门主管及生产、财务等部门主管会签，并报生产总监批准，仓库保管员方可办理出库手续（出库手续按照设备管理制度有关规定及表单处理）。

劳保用品的发放，必须严格按劳保用品发放规定发放。

企业的物资一般不对外供应，如有特殊情况须经生产总监或子公司总经理批准，由财务开票，收款后方可由仓库保管员办理发货、出门手续。

委托外加工材料，必须由所在单位科室、车间负责人开具材料领用单，仓库保管员方可发货。入库时同样由所在单位科室、车间负责人签字，方可入库。

做好出库台账，仓库保管员以卡代账，做好入库、出库数量记录，便于盘点。

5. 物料退库

凡出库的物资，因规格、质量不符，错发和领用后剩余等需退库的，由领料单位到仓库办理退库手续，开具红字领料单，仓库保管员应及时建好台账。

6. 存货盘存

原料仓库、五金配件仓库、在制品、半成品、外加工产品、产成品库的保管员和有关部门人员，每月对所存的货物盘点一次，盘点时各子公司财会人员分工参与各仓库的盘点，财务部派员督查，盘存时必须实地查点。

各仓库的核算人员事先准备好仓库盘点表（事先打印表式），按仓库编号及各类物资编号、名称顺序排列。仓库保管员做好“卡”上记录、结出余额。

各子公司财务科做好车间盘点表，车间盘点时，车间主任或副主任、车间统计员参加，按生产线顺序进行实地盘点。盘点做到账盘与实盘相结合。

盘点表的基本格式能正确反映期初结存、本月收入、本月发出、期末结存；车间盘点表基本格式能正确反映期初结存、本月收入、本月耗用、期末结存，车间统计员对本月耗用的各种原辅材料编制完工产品原料耗用分配表。

每月盘点时间必须按财务部规定的日期进行，盘点结束后参加盘点人员必须签名，并对盘点负责。

各仓库的盘点表由仓库核算人员、车间统计员负责整理，输入ERP信息系统或账务系统，报表打印成册，按规定日期上交子公司财务科，季度报表应上报一份到财务部；财务部对报表负有审核责任，根据审计制度规定，审计部根据报表进行存货审计。

7. 价格管理

各仓库核算人员在核算各类物资时，不但要核算数量，而且要核算物资的价格，仓库保管员、车间统计员单核算数量，不核算金额。

由于价格变动因素，为了统一核算口径，规定统一按实际价格计算（采用加权平均法）。

暂估入账物资的价格采用同样方法，为做到账账相符，各子公司财务科必须进行账务处理，存货报表上不允许出现红字。

8. 存货分析

各仓库核算员、车间统计员每月做出报表后，应对报表中反映的数据，对存货、原料消耗作出分析，提出合理化建议，书面报告本单位领导及财务科，列入财务分析的重要内容。

仓库分析：物资动态（周转天数）；资金占用变化情况（与定额资金比）；采购价格的变化情况、质量情况。供方单位信誉分析，包括供货及时性、包装质量、短缺情况、弥补上次短缺、价格变化等内容。供应部负责采购人员服务质量、问题处理及时性等。客户产品退货情况及原因、车间产品入库中发现的问题、返工重新加工情况等。仓库安全情况。

车间分析：产量完成情况，包括计划完成率，当月完工产品产量。质量指标完成情况，包括一次交验合格率、合格率及检验中反映的主要问题。消耗定额完成情况，包括单位产品重点分析原料消耗，实际与定额比、班组生产过程中消耗记录是否符合要求、造成浪费损失数量并分析其原因。在制品库存情况，分析其是否合理。

子公司财务科分析：存货总的趋势分析，包括库存分析、价格分析、定额流动资金占用情况分析等。盘盈、盘亏情况及原因分析，进货原料、物资价格的变动情况，短缺情况，质量情况；生产过程中对原料、物资使用过程中反映问题等。应付账款情况。

2000—2022 年杭州创丽聚氨酯有限公司主要原材料采购量表

表 8-1 单位：吨

序号	原料名称	2000 年	2001 年	2002 年	2003 年	2004 年	2005 年	2006 年	2007 年	2008 年	2010 年	2011 年
1	聚醚 560S	877.67	1330.88	1691.14	2981.47	4011.23	5023.13	4585.58	5395.12	3239.49	2595.39	2080
2	聚醚 CPOP-H45	—	—	—	—	—	—	—	—	5.40	21	—
3	聚醚 2045	—	—	—	—	—	—	—	—	—	—	28.40
4	聚醚 2043	—	—	—	—	—	—	—	—	28.14	152.20	4.62
5	聚醚 330N	—	—	—	—	—	—	—	—	23.06	77.98	43.84
6	聚醚 G2000	—	—	—	—	—	—	—	—	—	—	148
7	TDI（异氰酸酯）	512.25	813.50	1017.75	1415	1932	2296.75	2437	2539	1758.14	1584.64	1561
8	合计	1389.92	2144.38	2708.89	4396.47	5943.23	7319.88	7022.58	7934.12	5054.23	4431.21	3865.86
序号	原料名称	2012 年	2013 年	2014 年	2015 年	2016 年	2017 年	2018 年	2019 年	2020 年	2021 年	2022 年
1	聚醚 560S	2145.35	1885.61	1969.22	2105.24	2317.16	2548.83	2184	2239.82	1428.50	1675.07	888.97
2	聚醚 CPOP-H45	—	9.45	8.61	5.25	—	—	68.10	80	47	112.60	79.50
3	聚醚 2045	—	—	—	20	—	—	—	—	—	59.74	250.37
4	聚醚 2043	185.22	234.57	192.15	150.57	95.55	126	101.85	120.75	169.68	252	61.80
5	聚醚 330N	32.62	54.66	25.44	61.26	137.02	79.20	152.20	221	87.32	243.32	209.26
6	聚醚 G2000	10.92	2	—	—	37.88	10	5	20	—	—	—
7	TDI（异氰酸酯）	1510.10	1307.97	1218.49	1205.95	1282.14	1474.72	1269.44	1360.52	871.14	1081.57	723.86
8	合计	3884.21	3494.26	3413.91	3548.27	3869.75	4238.75	3780.59	4042.09	2603.64	3424.3	2213.76

2005—2022年杭州吉华江东化工有限公司主要原材料采购量表

表 8-2 单位：吨

序号	原料名称	2005年	2006年	2007年	2008年	2009年	2010年	2011年	2012年	2013年	2014年	2015年	2016年	2017年	2018年	2019年	2020年	2021年	2022年
1	2,6-二氯-4-硝基苯胺	—	—	250	615	1200	1097	1156	1221	332	609	449	581	790	1125	1459	1818	2292	2567
2	2,4-二硝基-6-氯苯胺	676	1263	1257	633	1040	1055	937	1358	60	52	85	432	671	966	954	907	930	835
3	2,4-二硝基-6-溴苯胺	728	674	1864	986	2146	2489	2519	2131	94	1031	1034	1352	355	1439	3704	3322	3613	3926
4	3-氨基-4-甲氧基乙酰苯胺	841	3156	2680	1218	826	148	56	36	—	155	169	568	144	423	736	932	858	90
5	3,4-二氯苯胺	—	—	164	1718	1766	2495	1466	1989	457	1159	529	579	909	1837	2817	2670	2575	2915
6	2,6-二溴-4-硝基苯胺	—	—	19	262	394	410	285	432	351	557	351	448	674	550	703	662	644	607
7	2,6-二氯-4-硝基苯胺	406	914	959	807	610	266	345	298	—	—	214	391	286	682	667	506	541	801
8	间苯二胺	59	60	—	162	822	954	1344	300	812	1280	974	432	340	757	1535	973	1906	1409
9	邻氯对硝基苯胺	210	314	431	434	800	674	726	143	96	82	30	180	146	308	387	606	731	503
10	对硝基苯胺	246	771	788	—	1634	965	1736	2136	468	942	722	720	124	1042	2821	2830	3518	3815
11	2-氰基-4-硝基苯胺	—	27	66	301	500	350	241	523	90	428	60	270	285	384	430	431	424	228
12	扩散剂 MF	2125	6924	7527	5061	1183	934	450	620	410	1620	902	663	617	317	16840	27344	28924	25345
13	环氧乙烷	—	—	189	776	1189	414	1034	1211	393	414	538	387	573	798	1115	1035	1074	1084
14	N-乙基-N-氰乙基苯胺	502	757	1405	1143	1611	838	1026	1298	279	829	100	—	—	—	—	1701	1752	1829
15	对位酯	805	1565	3304	1727	1663	4300	887	1302	—	5453	5799	2982	5856	4419	3170	2298	361	323
16	H-酸单钠盐	411	660	1914	1221	904	2482	555	645	1195	2490	2616	2721	3293	1760	2047	1170	172	602
17	醋 酸	—	—	564	1857	3000	1365	2754	2372	900	1400	1116	807	1299	2064	2907	2600	2835	2524

续表 8-2

序号	原料名称	2005年	2006年	2007年	2008年	2009年	2010年	2011年	2012年	2013年	2014年	2015年	2016年	2017年	2018年	2019年	2020年	2021年	2022年
18	醋酐	14	—	340	1166	1708	948	1556	2296	769	722	931	675	1071	1567	2021	1895	2081	2092
19	氯丙烯	—	—	63	888	701	516	782	735	178	567	505	480	712	1137	1685	1352	1963	1801
20	丙烯腈	—	—	189	446	898	312	801	894	213	420	313	375	519	709	946	1126	1451	1542
21	氯化苄	—	430	552	703	785	184	886	734	—	84	184	127	329	400	1158	1638	1910	1897
22	二氧化硫	—	—	456	—	1948	1032	1701	1877	—	1146	1021	1127	1093	1752	2455	2515	2688	2721
23	液氨	502	7	15	25	31	3753	7	17	694	4406	3753	4580	4795	7294	10802	11547	10085	9552
24	硫酸	2374	12570	11778	25199	34329	15035	21261	21959	6147	15150	14106	18467	18098	27959	39543	44314	47373	40561
25	氢氧化钠 30%	1501	4447	9401	11849	20197	17146	15761	14629	9070	2123		20547	24395	31896	32384	26611	30241	6754
26	盐酸	1037	3762	5666	7175	9224	2141	1588	4573	1790	15989	3842	4891	5751	6816	7252	6091	6905	2953
27	氯乙烷	—	—	—	—	667	600	438	537	611	912	600	276	—	—	91	425	430	627
28	三聚氯氰	104	277	332	225	162	285	71	113	168	270	272	290	275	220	165	136	105	45
29	氯磺酸	—	—	—	—	—	162	176	—	—	136	162	—	31	—	—	1270	613	—
30	氯化亚砜	—	—	—	—	—	40	68	67	—	74	23	67	24	38	51	156	50	63
31	硝酸	—	—	33	2208	2306	1224	1903	2045	560	1343	1224	1406	1289	2071	2886	2948	3259	3276
32	氨水	—	—	25	241	744	630	996	528	183	691	630	115	356	644	868	4400	3184	651
33	洗油	1156	3170	4809	4984	11174	5600	6856	7385	-	6232	5303	5578	6125	6335	1543	—	—	—
34	甲醛	444	1616	2984	2655	4112	2027	3270	3067	1924	2198	2027	1918	2256	2417	573	—	40	203
35	磺化对位酯	—	—	47	—	—	591	60	105	218	-	537	457	579	259	505	161	-	108
36	J 酸	35	73	138	—	114	191	47	76	104	216	231	130	153	58	113	59	54	34
37	2- 甲氧基 -5- 乙酰氨基 -N,N 二烯丙基苯胺	756	1388	1481	—	—	247	157	141	232	215	50	53	162	588	258	—	457	—
38	合计	14932	44825	61690	76685	110388	73900	75902	79793	28798	71395	51402	75072	84375	111031	147591	158449	166039	124283

2005—2022 年江苏吉华化工有限公司主要原材料采购量表

表 8-3 单位：吨

序号	原料名称	2005年	2006年	2007年	2008年	2009年	2010年	2011年	2012年	2013年	2014年	2015年	2016年	2017年	2018年	2019年	2020年	2021年	2022年
1	苯 胺	1523	1481	1301	797	772	950	843	956	1280	1285	1202	858	1067	596	210	—	—	—
2	2,6- 二氯 -4- 硝基苯胺	—	—	289	210	150	85	96	110	711	449	30	6	6	—	—	—	—	—
3	2,4- 二硝基 -6- 氯苯胺	—	—	2096	1621	2989	2856	3022	2571	4447	3549	2718	2777	3573	1560	785	—	664	888
4	2,4- 二硝基 -6 溴苯胺	—	39	720	369	256	309	30	275	379	424	337	812	669	434	90	—	93	132
5	3- 氨基 -4- 甲氧基乙酰苯胺	—	25	376	1184	1420	1230	1025	1421	2505	1873	1438	670	2401	900	908	—	—	—
6	2,6- 二溴 -4- 硝基苯胺	—	199	421	533	390	241	184	156	558	724	396	358	581	718	120	—	15	15
7	间苯二胺	—	—	553	659	825	772	529	400	792	891	934	476	1014	318	58	—	—	—
8	对硝基氯化苯	—	—	—	—	—	—	—	—	—	1059	2650	3198	4658	2357	1133	—	—	—
9	对硝基苯胺	—	30	619	842	1251	1287	1191	1545	1949	2017	678	1	—	192	—	—	413	618
10	2- 氰基 -4- 硝基苯胺	—	—	166	3	—	—	5	44	285	130	45	205	264	220	35	—	60	20
11	扩散剂 MF	70	737	2116	2205	689	35	225	222	227	64	531	745	1983	4301	2411	—	2533	4029
12	环氧乙烷	—	—	—	—	—	—	—	28	606	726	691	1030	2253	479	126	—	—	—
13	醋 酸	—	—	672	710	905	638	548	707	1205	1624	2010	2775	1957	1097	300	—	—	—
14	醋 酐	—	—	—	—	—	—	—	44	978	1128	962	763	1546	563	86	—	—	—
15	氯丙烯	—	—	213	1087	1479	1301	1174	1317	1401	1274	1376	1420	1886	582	298	—	—	—
16	丙烯腈	—	26	282	738	516	575	508	559	735	757	784	514	711	413	116	—	—	—
17	氯化苄	—	50	971	746	1281	1327	1216	1430	1312	1120	1155	956	1317	915	207	—	355	560
18	二氧化硫	—	—	782	1047	192	—	—	18	233	119	228	251	—	478	—	—	—	—
19	硫 酸	61	7397	16669	24696	44	804	—	1068	783	1638	389	1648	—	2938	—	120	—	—
20	氢氧化钠 30%	—	2722	21370	22006	40166	43171	32822	31694	32722	40986	36637	62867	63621	20253	11014	—	502	—

续表 8-3

序号	原料名称	2005年	2006年	2007年	2008年	2009年	2010年	2011年	2012年	2013年	2014年	2015年	2016年	2017年	2018年	2019年	2020年	2021年	2022年
21	盐 酸	1490	270	3316	5560	6880	5115	5380	1157	—	—	2823	7489	1197	—	—	—	—	7
22	液 氯	—	—	—	286	413	392	262	276	308	515	683	117	229	—	—	—	—	—
23	溴 素	—	25	487	69	—	70	252	448	544	693	171	133	203	126	—	—	—	—
24	硫 磺	—	—	46848	55548	88675	91062	85693	82977	99996	86949	87929	87247	87450	34698	15579	—	10808	14448
25	氯乙烷	—	—	47	55	153	189	584	1053	801	981	905	894	1001	503	109	—	—	—
26	精 萘	1364	4656	3615	5096	5291	4843	5344	1364	6687	5528	1957	3735	—	1	224	—	—	—
27	硝 酸	—	514	2601	2220	3097	3345	2794	3335	—	4238	5703	4619	3943	778	638	—	—	—
28	苯 酐	—	—	—	—	210	1878	1070	1299	1573	727	90	—	—	—	—	—	—	—
29	纯 苯	—	—	—	—	401	1152	475	771	910	474	94	—	—	—	—	—	—	—
30	三氯化氯	—	—	—	330	3653	2059	2632	—	3114	1476	174	17	31	24	14	—	—	—
31	1-氨基蒽醌	—	203	110	10	130	391	477	—	487	642	368	—	—	—	—	—	—	—
32	蒽 醌	—	175	1455	1198	1530	374	90	—	—	1074	74	595	983	440	—	—	2	—
33	氨 水	—	6938	5930	15575	23302	42703	36002	39873	45720	71179	63091	28071	2025	709	230	19	—	—
34	氢氧化钠 50%	—	—	—	—	—	—	—	3740	13879	13902	91300	4277	—	—	—	—	—	—
35	氢氧化钠 98%	—	1170	4871	4179	1612	—	421	3197	3013	9620	9592	4281	—	—	—	—	—	—
36	苯 酚	—	50	2026	1146	1530	1955	1619	1730	1832	2375	511	734	891	440	24	—	—	—
37	甲 醇	—	255	1105	652	861	1111	805	901	—	228	726	1527	2833	219	249	—	—	—
38	洗 油	—	257	4508	6022	9352	8656	7457	9039	9096	8729	8035	7559	9900	1646	—	—	—	—
39	甲 醛	—	85	1796	2245	3319	2962	2874	3267	3040	3219	2653	2718	3087	864	—	—	—	—
40	液体硫化钠	—	—	—	—	1919	4685	3732	3326	4331	4884	187	1044	1747	1554	—	—	—	—
41	苛性钾	334	216	835	590	828	831	611	686	734	955	38	310	421	301	—	—	—	—
42	碳酸钾	—	—	130	49	—	64	205	231	272	247	220	—	—	—	—	—	272	—
43	2-甲氧基-5-乙酰氨基-N，N二丙烯基苯胺胺	—	44	1094	100	7	247	157	141	232	38	10	14	129	546	146	—	457	591
44	3-乙酰氨基-N，N二乙基苯胺	—	—	472	6	108	285	336	1511	554	386	215	111	251	223	71	—	292	426
45	合 计	4842	27564	130862	160389	206596	229950	202690	204887	250231	280896	332740	237822	205828	82386	35181	139	16466	21734

2008—2022 年杭州吉华高分子材料股份有限公司主要原材料采购量表

表 8-4　　单位：吨

品名	2008年	2009年	2010年	2011年	2012年	2013年	2014年	2015年	2016年	2017年	2018年	2019年	2020年	2021年	2022年	合计
乙酸正丁酯	49.69	130.86	204.66	297.30	413.82	419.98	441.15	410.40	392.96	367.62	353.69	355.29	383.35	435.78	266.9	4923.45
丙二醇甲醚醋酸酯（PMA）	14.73	25.60	30.40	69	80	112	72	52	131.35	199.11	231.21	446.16	389.64	342.66	266.7	2462.56
改性聚酯有机硅树脂	—	—	—	—	—	—	—	—	—	—	—	—	590.89	858.40	618.4	2067.69
有机硅变性饱和聚酯树脂 RT-SIPO-31%	—	—	—	—	—	—	283	274	216	208	224	144	128	144	144	1765
饱和聚酯树脂 1430-60	—	—	—	—	—	—	320	288	192	176	176	176	162.40	192	80	1762.4
丁酮	52.51	114.53	171.84	154.88	143.68	144.64	153.92	147.20	121.05	86.39	72.18	73.94	87.72	131.20	73.3	1728.98
二甲基乙酰胺	16.41	31.16	45.42	70.11	68.40	102.60	102.60	86.07	70.30	66.50	60.80	62.70	61.60	90.04	54	988.71
间苯二甲酸（韩国）	—	—	—	—	—	—	—	—	—	—	103	224	148	210	133.01	818.01
二甲苯	15	34.17	44.37	52.02	49.30	51	43.18	27.20	39.09	49.34	35.74	30.57	101.41	134.11	87.68	794.18
钛白粉 R706	8.56	18	25.88	37.50	30	42	71.40	60.20	62	60	58	59	71	93.50	69.01	766.05
合计	156.9	354.32	522.57	680.81	785.20	872.22	1487.25	1345.07	1224.75	1212.96	1314.62	1571.66	2124.01	2631.69	1793	18077.03

第九章　营　销

市场营销在社会生产与需求之间的平衡中起着重要作用，能实现商品或服务的价值和增值，保障再生产和扩大再生产，意义重大。浙江吉华集团股份有限公司对此十分重视，组建专门的营销团队，采取各种有效的营销策略。销售的产品丰富、质量上乘、有口皆碑，主要为染料及染料中间体、海绵、涂料、硫酸等相关产品。营销历经由小到大、由近及远，由内到外，内外销并举，拓展国内国际市场。同时，加强售前、售后应用服务，强调客户忠诚度和市场壁垒构建，得到社会的赞誉。

第一节　营销机构与团队

吉华集团的营销机构和团队在市场营销中扮演着重要的角色。负责收集和分析客户需求、竞争对手动态以及市场趋势等信息，为制定合适的市场营销策略提供依据。负责构建和维护吉华集团的品牌形象，开展广告和宣传活动，通过各种渠道传播价值观念和品牌理念。

一、海绵营销机构与团队

萧山聚氨酯泡沫厂供销科为营销管理机构。历年组成人员为：

1985—1996年，销售工作由滕木泉、金建华、杨再生负责，业务员有柏月芳、管校忠、李德根、李雪根、金建华、黄文胜、潘钊根、傅伯坚等。

1996—2004年，供销科长汪亚铭，业务员新增了徐国庆、林长先、陆条芬、徐鹏庆、汪凤尧、杨顺祥等。

2004—2015年，供销科长殷健，新增业务员张如国、王美芳、陈福兴、陈燕娟、詹一勤、金鑫等。

2015 年至今，供销科长庞友谊，新增业务员高林丰、王海云等。

1. **直销团队**

1986—1990 年，没有制定有效的销售考核政策。1991 年至 2015 年，制定了切实的销售考核责任制，业务员负责产品销售、货款回收，收入与业务量、货款回收率挂钩，多销收款好者多得。此团队至 2015 年后发展成经销团队，业务量占总量的六成以上。

2. **直销业务**

2015 年后，由供销科长直接接洽，跟单员操作具体业务，业务量占总量的 40% 左右。有关人员的报酬按岗位责任制考核。

3. **区域设点销售**

针对嵊州市场等地用户分散、点多量小的实际情况，为更好地服务用户，扩大市场份额，与当地经销商合作设点，由其负责送货和收款，价格由泡沫厂确定，按销量及货款回收考核计酬。

二、染料营销机构与团队

从海绵销售到染料销售，起始营销业务人选基本为萧山本地人，业务开拓受到地域限制较为明显。1991 年，入职第一批业务员：徐培良、陆关铨、陈大根。此时吉化萧山联营染料厂刚刚建立，整体生产处于起步阶段，销售处于摸索阶段。1994—1998 年，金国庆等 9 名业务员入职。1996 年初张文娟、应海军、丁峰等开展外贸业务，营销业务团队初现雏形，产品在市场上初显山水。业务拓展经历了出市、出省的销售尝试，整体销售向外延展。1998—2005 年，又增加赵卫淼等 30 余名业务员，吉华集团营销业务团队成为较为完整的形态。

图 9-1　1993 年 9 月，联营厂董事长朱瑞炳（中）指导营销

1. **办事处**

为加强与客户之间的沟通，更好地了解当地市场需求和客户反馈，及时调整产品和服务以满足客户需求；更直接地接触市场，与客户建立联系，减少中间环节，降低运

营成本，染料办事处以及代理商应运而生。经过谨慎选择，把“讲信誉、踏实做业务”作为重要的标准，在江苏、山东、福建、广东等地设立20余个办事处。其人选采用萧山本地派遣和选择当地优质染料经销商合作相结合形式。优秀代理商广东顺德容奇化工有限公司（以下简称容奇化工）、普宁华盛隆化工有限公司、广州万泓隆贸易有限公司等为吉华开拓当地市场发挥了较大作用。

在业务拓展过程中，为鼓励业务员深入外地市场设立办事处，开始阶段面对业务员不愿意出去，采用以双倍业务费及承担50%开办费用的优惠政策，鼓励业务员陆续出市、出省开展营销工作。

1997年，张连木、邵辉前往容奇化工合作建立第一个合作办事处，走出吉华染料直面广东市场第一步。1998年，张益飞在广东佛山设立办事处，这是吉华集团染料的第一个自设办事处。时张益飞在销售科长杨再生的带领下前往广东考察市场，起先是在容奇化工住了2个月，后续定点佛山设立办事处。跑客户、设仓储、配送货都自己完成，顺利开发东莞荣庆、佛山魔力克等一批客户，第二年王建东作为司机前往协助，业务开始初具规模。

同年，赵卫淼前往辽宁海城设立办事处，张益飞在广东广州设立其第二个办事处，翁礼文前往福建石狮设立办事处。1999年，庞志利前往武汉汉口设立办事处，方水平在江苏平望设立办事处，包海峰在山东昌邑设立办事处，金国庆在江苏常熟设立办事处。2000年，广东当地人陆祥洛在佛山设立办事处，与佛山市顺德区百泉染料有限公司（刘伟）以及广东伟华化工有限公司（龙泽华）合作设立顺德办事处；杨再先在江苏无锡设立办事处，徐培良在江苏盛泽设立办事处，鲍金法在浙江绍兴设立办事处，黄建东在广东东莞设立办事处。同年山东昌邑办事处包海峰去世，调辽宁办事处赵卫淼至山东办事处，泡沫厂业务员李德根调往辽宁办事处工作。2001年，孙伯海在福建石狮设立办事处。2002年，黄加平在广东普宁设立办事处，而后又与广东人陈克楠联合在广东潮阳设立办事处，谢正福和杨建荣在江苏常州设立办事处，庞志利在河北高阳设立其第二个办事处，金国庆在福建石狮设立其第二个办事处。2004年，庞志利又在山东即墨设立其第三个办事处。2005年，姚官良在广东佛山设立办事处。2007年，南通当地人龚惠娟在南通设立办事处。

办事处的设立，开启吉华染料销售新的模式。随着想设立办事处人员越来越多，

2005年后驻外办事处先后由直销转为经销。至2022年年底，吉华染料在广东、福建、江苏、河北、山东、浙江等地共设立有20余个办事处，为减少中间环节，降低营销成本，扩大品牌影响，提升应用服务奠定了扎实的基础，为拓展国内业务作出了较大的贡献。

2. 进出口公司

自1992年业务员徐培良通过第三方完成第一票出口订单给日本丸红公司，开启了吉华染料的出口之路。刚开始的出口外销没有专门的团队对应，是由内销业务员在业务发展过程中通过浙江省化工，中化宁波及上海、广东等各地进出口公司间接销售。

图9-2　1994年9月，德国德司达公司访问联营厂

1996年初，吉华开始自行进出口探索。张文娟在萧山市对外经济贸易委员会金萍经理的帮助下，利用杭州红宝染化有限公司的自产产品出口权开始尝试进出口业务（1996年9月1日，张文娟到北京化工管理干部学院外语系培训，并于1997年7月返回从事外贸业务）。1996年4月26日，应海军任供销科副科长主管外贸，丁峰入职进出口业务。1998年，李永英转入进出口业务。同时招收外贸专业销售人才，外销业务团队初成雏形。

2000年10月27日，经中华人民共和国对外贸易经济合作部〔2000〕外经贸发展函字第2633号文批准同意，成立萧山吉华进出口有限公司并赋予进出口经营权。进出口公司单证部与业务部分离，李永英管理业务一组，张文娟管理业务二组。自此，出口业务主要是以直销为主。2000年10月，应海军任命为进出口公司经理，舒景林为副经理；2004年10月，李永英任命为一科副科长，张文娟为二科副科长；2008年3月，任命李永英为业务一科科长，张文娟为业务二科科长，并扩充业务三科，任命吕凤飞为科长。2016年，合并内销直销团队成立业务综合科，任命王齐兵为科长，同时缪冬红接替离职的张文娟为业务二科副科长；李永英升任副总经理后，2019年2月，任命高忠为业务一科副科长，吕凤飞去世后任命许莉为业务三科副科长。2011年1月至2014年10月，应海军任副总裁兼任进出口公司总经理；2014年11月，邵辉副总裁

图 9-3 1998 年吉华化工考察韩国保税仓库

兼任进出口公司总经理；2015 年 2 月至 2017 年 2 月，谢飞红副总裁兼任进出口公司总经理；2018 年 2 月后，李永英任进出口公司副总经理。

至今吉华进出口已趋成熟，主要经营各类化工产品及技术的进出口业务，与世界 100 余个国家和地区的相关企业建立贸易合作关系，2016 年出口创汇 2.5 亿美元，出口额和出口量位居行业前茅。

3. **直销团队**

吉华营销团队成立初期，都是采用对业务员落实经济责任考核的方式直销，2001 年年底，面对销售人员对绍兴市场出现收款难，纷纷退出的现状，审时度势，成立销售二科，由陈小勇任科长，带领梁建中等人在 8 个月时间内开拓绍兴客户 20 多家，实现销售额 8000 多万元，打破了绍兴市场不敢进入的现状。

直至 2004 年，业务员徐立刚开设第一个与吉华集团为买卖业务关系的经营公司后，老一批直销业务员随着年龄的增长、资本的积累，销售激情开始下降，陆续开设经营公司，由直销转为经销。经营公司开始走向市场化，不再只是单纯地经销吉华的产品。

图 9-4 2000 年 9 月，考察吉华染料国外客商仓储

为保持吉华营销团队的活力，2013 年 2 月开始建立吉华集团直销团队，招聘年轻、有知识、有活力，有志于营销工作的人员充实营销队伍。针对年轻人缺乏资金实力作为营销抵押、抗风险能力差等问题，直销团队采取“抱团取暖”。考核政策为“基本工资 + 业务提成 + 内部考核”的模式，按照多劳多得的原则，每年底吉华集团按政策考核到团队的业务费，从中提留部分作为共同风险准备金用于收款等风险抵扣，降低直销业务员的风险承受

压力。营销人员为开始时的2人逐渐发展为13人。营销员均为“80后”“90后”，有激情、能吃苦，2016年业务量超1.7万吨，销售额超5亿元，为吉华染料营销队伍后继有人开拓了新的途径。

4. 市场部

按照“同类产品销售统一”的营销模式，吉华集团2008年3月设立市场部，由杨再生任经理。主要职能：制订年度营销目标计划，负责营销信息的收集、处理，对客户购买心理和行为进行调查，对同行的产品性能、价格、促销手段等进行收集、整理和分析；对竞争品牌广告策略、竞争手段进行分析；做出销售预测，分析未来市场的趋势、发展方向和规划，制定产品企划及价格等；进行品牌推广、销售支持、业务培训、广告投放、文宣制定等。

市场部设立直销团队、经销团队、进出口团队三个部分。有国内销售业务员50余名，销售足迹遍布浙江、江苏、广东、福建、山东、湖北、四川等省，年销售染料6万余吨，年销售额在20亿元左右。有进出口业务人员30余名，主要经营吉华集团生产的各类产品，2016年出口创汇2.5亿美元，客户遍布欧洲、美洲、亚洲、非洲各地，产品销往韩国、日本、菲律宾、孟加拉国、土耳其、越南、印度尼西亚、巴基斯坦、美国、印度、伊朗、意大利等国家。海绵、涂料、硫酸产品由分厂独立销售。

三、涂料营销机构与团队

2005年，不粘涂料行业资深从业者刘海兵从广东抵达杭州，拜访时任吉华集团总工程师简卫，其间与时任吉华集团董事长邵伯金会面时，与邵董素来怀揣的“涂料梦”产生共鸣，双方一拍即合。不久之后，在吉华集团下属杭州萧山吉华聚氨酯染化有限公司空置厂房诞生了吉华不粘涂料（以下简称吉华涂料）。该类产品和吉华集团主业染料业务虽同属行业大类，但市场与客户截然不同，无法利用吉华集团成熟的营销资源。

2005—2008年，吉华涂料的主要创始人刘海兵，身兼销售、生产、研发等职能于一身，亲自跑市场、谈客户、打样品、做生产，在各地开展产品推广和技术服务。业务从无到有、从小到大，用两年不到时间在不粘涂料行业获得了一席之地，营销机构开始形成，有了3～5人的营销及技术支持团队。

2008年5月，杭州吉华高分子材料有限公司设立，从此步入公司化发展的阶段。同期，设立了吉华高分子销售科。2008—2013年，刘海兵担任总经理兼销售负责人，在不粘炊具的聚集地区金华和宁波设立常驻销售、服务机构，王细华与熊艳平为常驻代表。

2013年，刘海兵辞去兼任的销售负责人职务，任命许锋为销售经理（任职至今），许锋具有炊具行业大型集团公司的任职经验，与总经理刘海兵一起，开拓了国内华东、华中、华南、华北市场。2015年起，将业务延伸至海外的越南、印度尼西亚、伊朗、埃及、美国、俄罗斯等市场，与东南亚、中东、欧美客户建立长期战略合作伙伴关系。

吉华高分子的营销机构与团队从无到有，稳健发展，至2022年年底，营销团队协同人员达20余人，销售额从0元到2亿元，市场占有率国内第一。

第二节　营销策略

市场竞争好比同行间的“战争”，“性价比”是决胜的法宝。树立“销售围绕市场转，生产围绕销售转，全厂围绕生产转，竞争在市场，决胜在工厂”的经营理念。认真分析市场，密切关注、精准把握市场行情，灵敏反应及时对策。积极推动行业协调，维护大局，紧盯市场，灵活促销，确保市场份额。以“稳定的质量，合理的价格，良好的服务，诚实的经营”为理念，根据不同的产品制定针对性的营销策略。通过与国际先进公司的战略合作，“用他们的技术武装自己，用他们的品牌包装自己，用他们的网络推销自己”，逐步形成稳固的国际、国内市场营销网络。

一、海绵营销策略

海绵产品属于轻抛货，销售过程中运费占比较大，故销售半径受限制。在销售过程中主要抓住周边的海宁沙发市场、嵊州和宁波扬声器材市场、杭州及周边家私市场、安吉转椅及家私市场、宁波复合海绵市场等几大市场做文章。

1. 销售政策激励机制

创建初期因品种单一、政策偏“大锅饭”形式，造成多年销量在100吨～200吨，销售额在200万～400万元徘徊，企业处于十分困难境地。1991年后开始制定有效的销售激励政策，鼓励销得多回款好者多得、上不封顶、下不保底，极大地调动了业务人员的积极性，市场快速突破、连续多年高速增长，2007年销售额突破2亿元。

2. 市场份额为先的销售理念

在销售量与效益的关系中，同样的效益选择更大的销量。这样一方面有利于占有更大的市场份额，以量摊薄固定成本；另一方面可增加原辅材料的用量，有利于吸引供应商，压低原料进价，降低成本，增强市场竞争力，实行良性循环。

3. 品种多样化增强核心竞争力

在品种上，从开始单一的白色家私海绵发展到扬声器海绵、阻燃海绵、汽车用海绵等，以满足市场的各类用途；在设备上，由最初的国产 1600 型四组份平流式发泡机配 6500 毫米平切机，到能生产多品种、多规格产品的 2400 型 39 组份平流式发泡机和直径 1500 毫米的 8 组份立式发泡机，配备往复式、地轨式、圆盘式、卷式和异型切割机。引进德国亨纳基二氧化碳（CO_2）高压发泡机组、德国宝马环切设备等（浙江最早），以满足高要求客户需求；配置碎海绵、夹花、数码切割等小品种生产配套设备，以满足各种不同需求客户，增强核心竞争力。

4. 抓住核心客户，以点带面销售

核心客户主要分两类：一类是行业龙头企业，如海宁市场中做美国白宫沙发品牌的卡森，电声市场中做健伍等高级音响的宁波向阳等。对此类客户的策略是让利多销，始终占据其主供应商地位，以此带动同类市场其他客户；一类是行业中对质量要求极高的企业，如台资企业华邦家私、上海力普等。对此类企业的策略是啃硬骨头，坚决攻关，一方面以此锻炼自身提高质量管控能力；另一方面形成良好口碑营造品牌优势。

二、染料营销策略

染料的销售历经由小到大、由近及远，由内到外，内外销并举，拓展国内国际市场，逐步形成同类产品统一销售的模式，创造了良好的业绩。

1. 由近及远

持续发力市场攻坚，奋力开拓市场新局面，由近及远逐步打开营销局面。1991 年 10 月 2 日，将生产的第一批分散蓝 S-3BG 液体 100%，由业务员徐培良销售给萧山红山纺织印染厂。红山农场外第一家用吉华染料的是萧山昭东印染厂，随后扩展到红山农场其他两家和萧山市内其他印染厂。一路奋进，从 1992 年 4 月 14 日起走出浙江，进入江苏市场，开发了江苏的平望、盛泽等印染企业。后又陆续进入上海、广东、福建等省，在国内市场开出一片天地。此后，不断开拓前行，至今已贯通山东、福建、四川、安徽、辽宁、河北、广西等省、自治区等全国印染市场，做到有印染的地方就有吉华染料。

2. 直销终端

市场竞争不是单独的企业之间的竞争，而是整条供应链之间竞争。企业与供应商、分销商之间以共同利益为纽带建立起长期的、彼此信任的互利关系，对企业的生存与发展有至关重要的作用，经多年磨合吉华集团建立起一个稳定的合作共赢经营组合。

1991—1996年，因未取得自主出口权，吉华染料通过如浙江化工，上海中包、中化宁波、杭州佳园（海南注册的私营企业）的公（私）营等第三方进出口公司出口国外。

1995年12月20日，联营厂与宝宁合资组建红宝染化，取得自产产品出口权，并享受合资企业“三来一补”（来料加工、来件装配、来样加工和补偿贸易）政策。吉华染料自1996年4月开始通过红宝染化自行出口。

图9-5　2004年7月，与日本外商洽谈业务

图9-6　2003年6月，与外商业务交流

2000年10月27日，经中华人民共和国对外贸易经济合作部〔2000〕外经贸发展函字第2633号文批准，成立萧山吉华进出口有限公司，赋予进出口经营权。自此，吉华拥有了进出口公司，走上了国际贸易之路。

自第一票订单通过丸红公司出口日本开始，到2016年进出口公司实现出口创汇2.5亿美元，稳居同行前列。客户遍布欧洲、美洲、亚洲、非洲各地，产品销往韩国、日本、菲律宾、孟加拉国、土耳其、越南、印度尼西亚、巴基斯坦、美国、印度、伊朗、意大利等上百个国家与地区的相关企业，成功打开了国际市场。

经营初期，因对染料市场的认识不足，与绍兴兰亭公司等不良中间商合作，被骗去染料两批，虽然官司打赢了，只拿回了一批劣质的衬衫，实际损失30余万元。吸取前车之鉴后，销售重点转向开拓如航民集团、萧山印染三厂（后来的三元集团）、吴江三联、盛虹集团、圣山集团、绍兴柏林等优质终端客户为主，以直销的模式规避风险。

3. 全员营销

为了拓展销售，对有激情、敢担当、肯吃苦的业务员实行高风险、高收益的激励机制。销售人员相对其他岗位人员有着较好的薪酬机制。相比传统专职人员营销，全员营销能够调动更多资源，发掘更多的营销能力，实现业绩突破，给企业带来更多收益。对于员工来说，一方面，可以借此增加求职机遇，做爱做的工作发挥自己特长；另一方面，全员营销特有的激励机制能使员工发挥能量，带来更多收益。对吉华集团而言，有利于整合资源发现营销人才。既解决了业务人员需求问题，让有才之人有用武之地，也为员工之间减少嫉妒心理，加强企业凝聚力，为公平公正竞争提供政策基础。

1994 年 12 月 30 日，在中层以上干部会议上提出公开办事、公平竞争、公正计酬，实行全员供销，能者多得，实施全员销售模式，让想做销售的人员都可以在同等条件下开展业务。

2000 年 2 月，年度销售政策制定会上对销售策略作出了重大调整。

直接出口销售全部归口到进出口公司。对客户实行分片，原则上谁开发的业务单位归谁，但针对连续 3 个月以上不做业务的，其他人员可参与竞争；对所有销售人员实行风险抵押和费用包干，做销售业务必须交 50 万元的风险抵押金或由吉华集团有股权的中层以上干部担保，出现货款收不回等经济问题，在扣除业务费不够的情况下必须扣除抵押金或担保人员的分红或股本金。抵押销售属高要求、高风险工作，实行高报酬配套；对驻外地销售点的业务费实行高于本地的倾斜政策，对销售新产品实行倾斜政策，提高业务费；以物抵债的物资由业务员自行处理，由吉华集团配合处理的差额部分由相关业务员承担。人员不分内外，一样的政策均势竞争。

对业务员进行法律和业务的专业培训，设立应用服务和法务部门。加强营销领导力量，设立海绵、涂料、染料外销、染料内销、销售点管理 5 个部门，配套应用和法律咨询服务。

4. 打假保牌

脚踏实地的发展以及实实在在的品控，在市场上形成了良好的口碑，使“吉华”商标产品在受欢迎的同时也能卖出相对高的价格。不法商贩觊觎吉华多年积累的口碑，通过仿冒包装，用劣质产品冒充“吉华牌”产品，谋取利益，对吉华产生较大的社会负面影响。

从2016开始，致力打击假冒“吉华”品牌及产品的行为，成立由总裁、技术中心副主任、法务、销售经理、成品仓管主任组成专门的打假工作小组，联合杭州大江东产业集聚区市场、经侦部门，制定了打假工作流程，对全国各地的仿冒“吉华”品牌现象进行调查，对市场上的假冒伪劣产品进行客访和鉴别。并出台政策对举报人员给予奖励，对违规违法人员予以严惩。

2019年3月，查获海宁荡湾印染公司有假冒“吉华牌”分散蓝S-3BG及分散红S-5BL等产品，经调查制假人员为原吉华业务员。2019年6月，查获江苏江阴康平纳印染公司仓库里有较多假冒“吉华牌”分散黑ECT及分散橙SE-RFL，顺藤摸瓜查处制假团伙绍兴永德利染料化工有限公司。依法依规端掉多个制假窝点，对制假人员实施依规开除、罚款、移交司法处理等严惩，同时重奖举报人员。

随着打假行动的延续，违法制假的不法分子受到了震慑，仿冒“吉华”商标的现象得到遏制。

5. **多重推介**

实行“走出去”策略，与行业内优秀的企业进行沟通交流，提增行业正气。在国际和国内的重要染料展览会上展示“吉华牌”产品，扩大影响力，树立形象，展现竞争力。

同行业之间不但存在竞争也应有“三分亲”，采用“营销竞合”“营销共享”的方式，与同行团结协作、优势互补，避免恶性竞争，实现“共赢”。充分调动销售商、供应商等上下游产业链的积极性，寻求营销业绩和效益的最大化。

1997年12月12日，邵伯金随化工部信息中心参加在印度国际会展中心举办的“1997印度国际化工产品展览会”，此次展览会世界各地有很多人参加，到中国摊位来的人很多，得排队接待，忙得4个翻译顾此失彼。通过参展广泛地接触了全球染料界、纺织界以及从事贸易活动的人士，对印度的染料工业和国际染料市场有了更深的认识，对印度染料工业的发展趋势以及与中国染料工业的关系有了进一步的了解。此次印度参展不但开了眼界，为打开国际市场收获不小，对于吉华集团的发展有着积极的意义。

1998年6月15—24日，邵伯金带队访问韩国染料、印染界，先后访问了LG、理禾、泰兴、大荣、程佑、大晴等31家公司，参观了大邱印染工业园和三邦公司的保税仓库。该次访问不但打开了韩国市场，和韩国同行的工艺技术交流也受益匪浅，在以后吉华的工厂布局、设备、设施排布和仓储管理等方面起了很大作用。其中雄进贸易有限公司的金英变部长为加强双方合作在吉华集团招待所住了一个多月，成为负责进出口业务应海军的“英语及业务老师”，对吉华的进出口业务拓展帮助较大。韩国大邱印染工业园对水、电、汽和“三废”处理配套，原材料供应，生活设施齐全，招工、法律、银行、医院等一应俱全。这对当时乡镇、私营企业遍地开花，环境治理刚起步的中国企业来说启发很大。

1999年4月开始，由应海军带队连续3届参加了由美国纺织化学家与染料师协会（AATCC）主办的国际染料展览会。该展会会聚了来自全球的染料制造商、经营商和买家，吉华集团在该展会上展示了染料技术和产品，为后期开展大规模的染料出口业务奠定了良好的基础。

吉华集团系中国染料工业协会副理事长（副会长）单位，自 2001年4月开始参加第一届在杭州世贸中心举办的染料展览会，后每年均参加“中国国际染料工业暨有机颜料、纺织化学品展览会”，除2022年由于疫情原因地点改为杭州博览中心以外，其余每年均在上海世博馆举办。该展览会吸引了来自17个国家和地区的600余家企业踊跃参展，展品涵盖各类先进的环保型染料、有机颜料、纺织化学品、中间体、仪器仪表、环保设备、数码印花设备、印染自动化技术及印花材料等。展览会的规模和海内外影响力与日俱增。

吉华染料连续参加在广州举办的“中国进出口商品交易会”。通过参会向世界展示了吉华集团多样化的产品，展现了行业龙头的风采。

6. 紧随市场

密切关注国家政策，市场产品及原料的行情。实行“涨要涨在同行之前，跌要跌在同行前头”掌握市场主动权，“以量取胜占领市场份额”的营销策略。2008年，染料价格大涨，时吉华集团为了保持合同信誉，没有与同行一起跟涨，而在后续市场价格下滑时已签订的合同客户根本没有信守承诺执行合同约定价格，在3个月时间比同行少赚了5000余万元。2014年，因印度的“环保风暴”，H酸供应趋紧。进出口公司在收到异于往常的连续大批量订单时，敏锐察觉，果断停止接单。弄清事情起因是印度因洪水和环保问题，H 酸厂家全面停产之后，启动涨价模式，在短短 4 个月时间内，H 酸市场价格从 30 元 / 千克涨到了 150 元 / 千克。当后续 H 酸价格恢复正常后，又先于同行下调活性染料价格，抢得了市场先机，出空了由高价 H 酸生产的高成本库存，避免了亏损。

进入 21 世纪，国家采取严格的环保政策，关停淘汰了一大批小、散、乱、污的染料化工企业。生存下来的企业在“三废”处理、产品价格等方面采取了行业自律行动。如 2013 年分散染料行业自律，所有分散染料先后不同程度涨价。由于全球的分散染料集中在中国，其中龙盛、闰土、吉华 3 家的销量占全球的 60% 左右，染料用户特别是国外用户对涨价从不适应到适应，对价格从不接受到接受。通过行业自律、合理的市场价格，染料生产企业实现了应有的利润，为企业的生产装置、环保设施提升改造提供了资金保障。

三、涂料营销策略

吉华高分子不粘涂料客户群主要为炊具行业，而主业染料主要供应对象是印染行业，两者的客户与市场及营销模式、营销服务有相似点，也有区别处。相似点是产业分布都具有地域聚集特点，尤其在省内呈鲜明的地域产业集聚特色；区别在于染料产品整体市场体量相较于不粘涂料行业要庞大得多，且染料产品是以静态为主，固定产品参数、锁定产品牌号，可以由厂家决定生产计划，以预生产后仓储备货为主，而不粘涂料面对的炊具行业是以市场定制为主，无论品质、颜色、性能、批量等，都无从预估确定，按单生产是营销最主要的形式，因而响应速度和营销灵活性要求远高于染料行业。

营销策略在“由近及远、直销终端、全员营销、打假保牌、多重推介、紧随市场”的营销原则的基础上，根据炊具行业生产地域集聚化和销售分布广域化的行业特色，将不粘涂料的营销凝聚于“全面撒网，重点培养，形成根据地市场”的策略，并有针对性地用创新技术和产品定向培养特殊客户。

不粘涂料行业的整体体量只有不到 50 亿元，因而全球不粘涂料生产企业以中小微企业为主，涂料企业所服务的炊具行业同样存在着生产企业数量庞大而规模普遍中小微的特点，全球只有极少数的头部炊具企业能达到数 10 亿元的营销规模。

吉华高分子创业之初只有数人的团队，销售额不足百万元，“全面撒网”就成为营销的第一个关键阶段。时刘海兵频繁、长期往来于金华、宁波、杭州，挨家挨户拜访炊具企业，用快速响应的生产、贴心的技术服务、优质可靠的产品质量，迅速赢得了客户青睐，和客户建立了“先交友再做生意”的伙伴关系，用不到一年的时间，建立起初始营销网络和稳定客户群，与近400家炊具生产企业建立了销售关系。其间，销售额从无到有，迅速增长，不到三年时间，实现了销售额超千万元的目标，“车间式”作坊蜕变为公司化经营的时机已经成熟。是年营业收入超1500万元。

第二阶段进入“重点培养”路线。身处小微企业时期的吉华高分子实力有限，人力短缺，不可能使所有客户得到充分照顾（仅仅金华地区的炊具生产企业就有近千家），在维持广泛客户关系的基础上，通过在客户中寻找好苗子与自身共同成长，寻找那些潜力大的客户，进行重点培养。通过重点培养，形成一些“高产田”以保障良性发展。2008—2010年，通过三年的择企重点培养，收获了数十家高品质客户，其中重点服务的客户具有丰富的市场资源和广泛稳定的销售渠道，提供了厚实的市场回报。

至2014年，吉华涂料用5年时间的“全面撒网，重点培养”营销策略，实现了营业收入从千万元到过亿元的跨越。2010年开始跨境销售到越南市场，实现了出口创汇，迈出了国际化的第一步。为进一步深化“全面撒网”方针，吉华涂料开始通过在大型专业化、综合性交易展览会设置展台的方式来展现自己和吸引新老客户，拓宽交流媒介和途径：

2011年11月，吉华高分子赴上海布展中国国际表面处理及涂料涂装展览会，吸引了众多国内外客户的目光；

2012年10月，吉华涂料首次赴“广州参加第112届中国进出口商品交易会”后，每年都会布展春秋两届的“广交会”二期餐厨用具展，至2022年年底，已经参展22届（2020—2022年疫情时期改为线上参展）；

2016年2月起，赴德国参加法兰克福春季消费品展览会；

2016年3月起，赴美国参加芝加哥家庭用品展（Housewares Show）。

国内外大型展销会的布展与参展，吸引了众多的国内外客户，搭建与国内外客商直接沟通的桥梁，展现了吉华涂料最新的产品技术和产销实力，赢得了可观的订单和良好的客户美誉度。

第三阶段，“形成根据地市场”，并有针对性地用创新技术和产品定向培养特殊客户。经过第二阶段对客户的“重点培养”，储备了盈利的“高产田”，当培育到一定程度，出现连片的“高产田”后，吉华高分子获得了具备循环产出能力的“高产田”区域。对此时的吉华高分子来说，有了稳定的“高产田”作为根据地市场。

2014 年，已经建成初步根据地市场的吉华高分子，实现了亿元营收目标。2013 年年底，进行了股份制改革。同时吸纳销售、研发、生产等部门的核心员工为股东，形成核心员工的主人翁观念，打造稳固可靠的研发、生产和营销团队。翌年 5 月，在“全国中小企业股份转让系统”挂牌上市，从此步入股份制资本化运营的新阶段。这基于“根据地市场”，并有针对性地用创新技术和产品定向培养特殊客户，为吉华高分子打造产品“防火墙”和市场“护城河”提供了体制基础。

2014 年 12 月，刘海兵参与全国金属餐饮及烹饪器具标准化委员会，作为主要参与的起草人之一制定一系列国家标准：《家用食品金属烹饪器具不粘表面性能通用要求》《家用食品金属烹饪器具不粘表面不粘性及耐磨性测试规范》《家用食品金属烹饪器具不粘表面耐腐蚀性测试规范》《家用食品金属烹饪器具不粘表面食物模拟测试规范及评价方法》。国标的制定，提高了在行业中的话语权，为市场销售证明了产品实力。

重点培养客户，意味着对局部市场的聚焦，打造出根据地市场，是进行重点培养的根本目的所在。2021 年，吉华高分子的根据地市场集中于金华和宁波地区，辐射台州、温州等地区，分别派销售及技术服务负责人王细华和熊艳平在两地常驻，是年完成营业收入近 2 亿元。

以上三个阶段并非去此弃彼的相互独立，不是一成不变的墨守成规，而是根据市场发展的不同情况和客户经营状态、理念等演变而动态决策。通过广泛撒网，获得有价值的目标客户；通过对高价值的目标客户进行重点培养，形成企业的根据地市场，完成了企业成长根基的塑造。

“全面撒网，重点培养，形成根据地市场”的营销策略，有针对性地用创新技术和产品定向培养特殊客户的方针，作为战略指导思想一直伴随吉华高分子发展过程中，通过根据地市场的打造，培养出了成功样板，形成自己的经营要素，锻炼培养了相关营销团队。有了稳固的根据地市场，吉华涂料就可以在得到滋养的同时，开始更大突破。从点的占有，到线的获取，从线的获取到面的占据。随着点线面的布局形成，销量的持续增长，公司逐步发展壮大。

第三节　营销网络

经过在国内外寻找“战略伙伴”或“同盟者”，并与他们结合起来，获得了更广泛、更有效的地区市场，形成了营销网络。营销网络的建立，为吉华在世界各地的市场上同时推出同一新产品提供了可能，也减少了由于种种原因的限制，使产品在进入其他国家和地区市场时间上的延误，而导致被仿制者夺走市场的风险。

一、海绵销售网络

至 2022 年年底，吉华集团海绵国内市场网点、知名公司合作如下。

1. 海绵销量在国内主要市场网点

浙江：杭州、宁波、嘉兴、湖州、绍兴、金华、温州、台州；江苏：无锡、苏州、南通；上海：松江区、青浦区；山东：威海；天津。

2. 知名合作公司

与国内知名品牌顾家家居、圣奥集团、浙江卡森、宁波向阳、嵊县电声、安吉科教等进行战略合作。

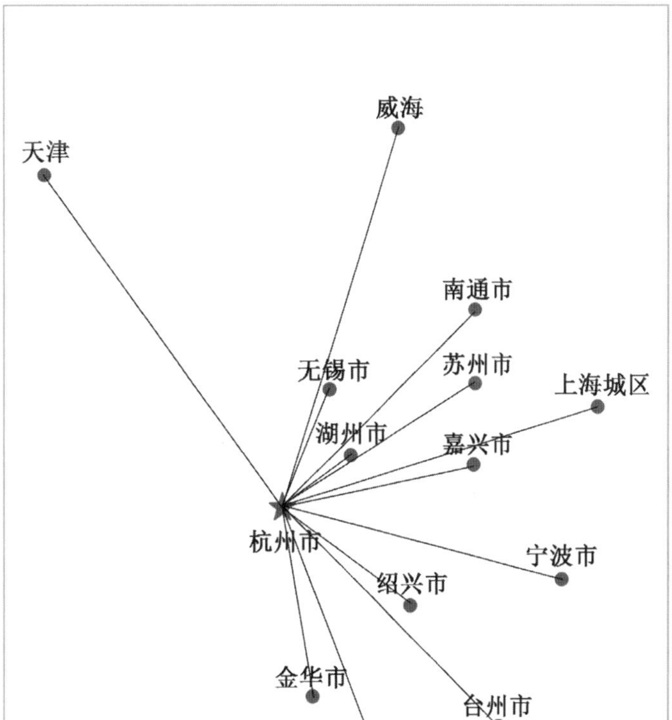

图 9-7　2022 年海绵销售网络示意图

二、染料销售网络

至 2022 年年底，吉华染料的国内、国际销售网点，国际知名公司合作如下。

1. 染料销量在国内主要市场网点

浙江杭州、宁波、嘉兴、湖州、绍兴、丽水；江苏：无锡、常州、苏州、南通、盐城、宿迁；广东：汕头、佛山、揭阳、惠州、肇庆、东莞、中山；山东：青岛、淄博、潍坊、临沂、德州；辽宁：凌河、营口、辽阳；河北：邢台、新河、高阳、石家庄；四川：绵阳、遂宁、乐山；福建：福州、泉州、长乐、莆田、三明；安徽：芜湖、郎溪、蚌埠、阜阳；湖北：荆州、黄冈、武汉、宜昌；港澳台地区等。

2. 染料销量在国际主要销售网点

日本、韩国、土耳其、巴基斯塔、越南、孟加拉国、印度尼西亚、印度、美国、意大利、秘鲁、厄瓜多尔、阿根廷、伊朗、澳大利亚、巴西、埃塞俄比亚等。

3. 国际重点合作公司

德国的德司达，美国的亨斯迈，瑞士的科莱蒽、昂高，日本的化药、江守商事、几何化学，韩国的京仁洋行。

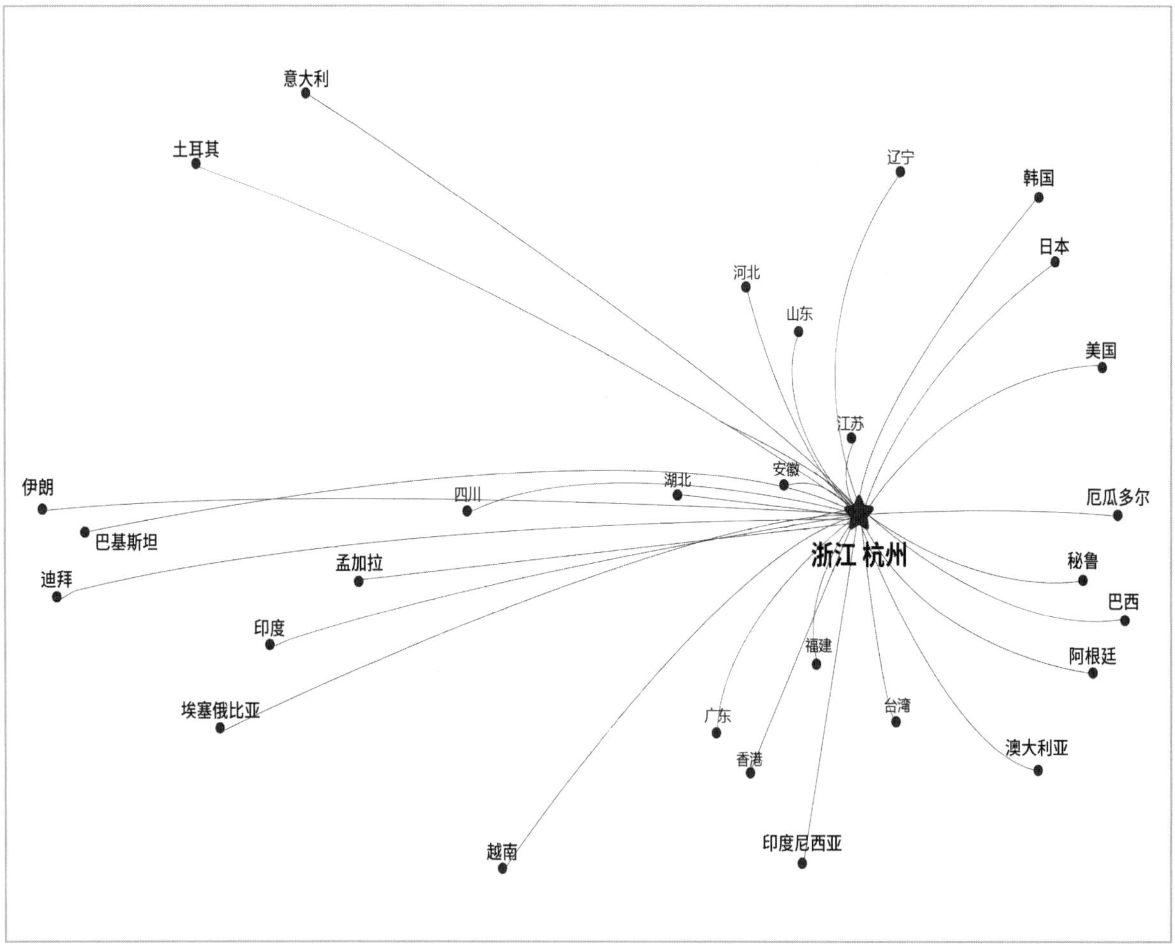

图 9-8　2022 年染料销售网络示意图

三、涂料销售网络

吉华涂料在国内采取与客户直接对接的销售模式。客户涵盖浙江、上海、福建、湖北、河南、江西、江苏等地。出口采取“技术输出，协同合作”模式，实现涂料产品进口国“本土化”。至 2022 年年底，进入越南等东南亚国家。

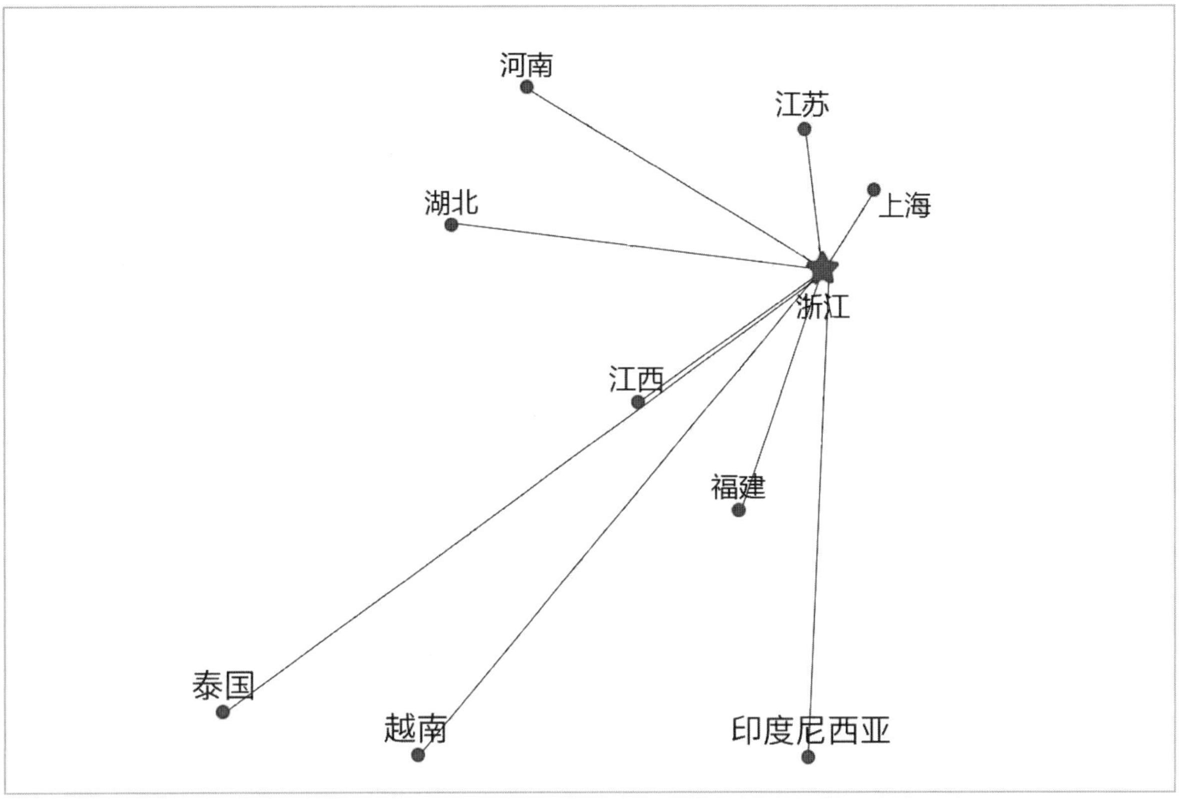

图 9-9　2022 年涂料销售网络示意图

第四节　营销成果

营销业绩能帮助、指引企业创造竞争优势，为企业成长提供一整套竞争策略，帮助形成自己的经营特色，保障企业的市场地位，实现企业的可持续发展。根据吉华发展历程，以下按时间顺序，产品海绵、染料及中间体、涂料，分列各厂、公司、集团各年段营业收入、销售数量业绩情况。

一、海绵

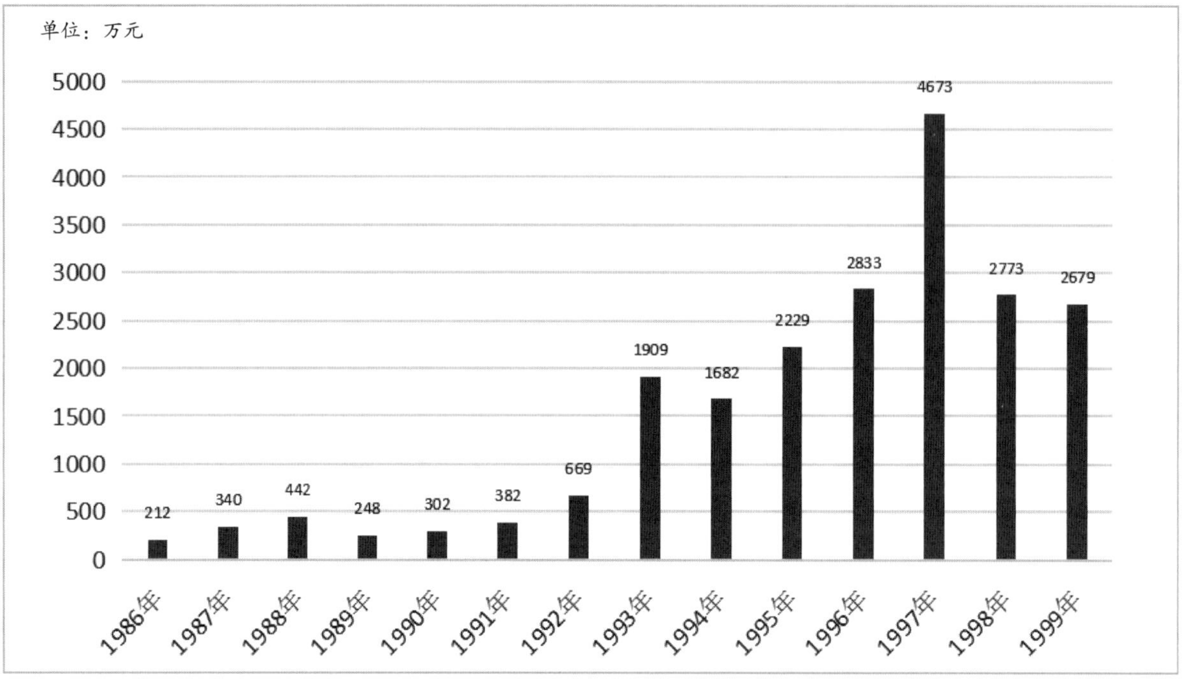

图 9-10　1986—1999 年萧山聚氨酯泡沫厂营业收入

注：此厂为吉华集团前身。1985 年年底投产，1999 年歇业。

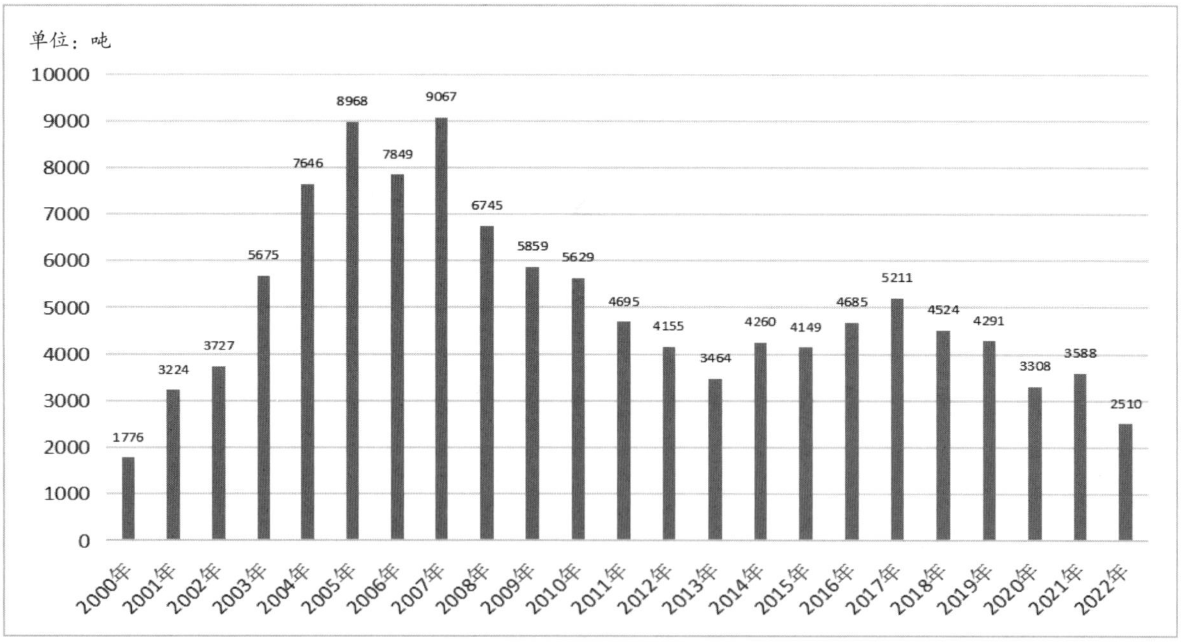

图 9-11　2000—2022 年杭州萧山吉华聚氨酯染化有限公司
（杭州创丽聚氨酯有限公司）海绵销售数量

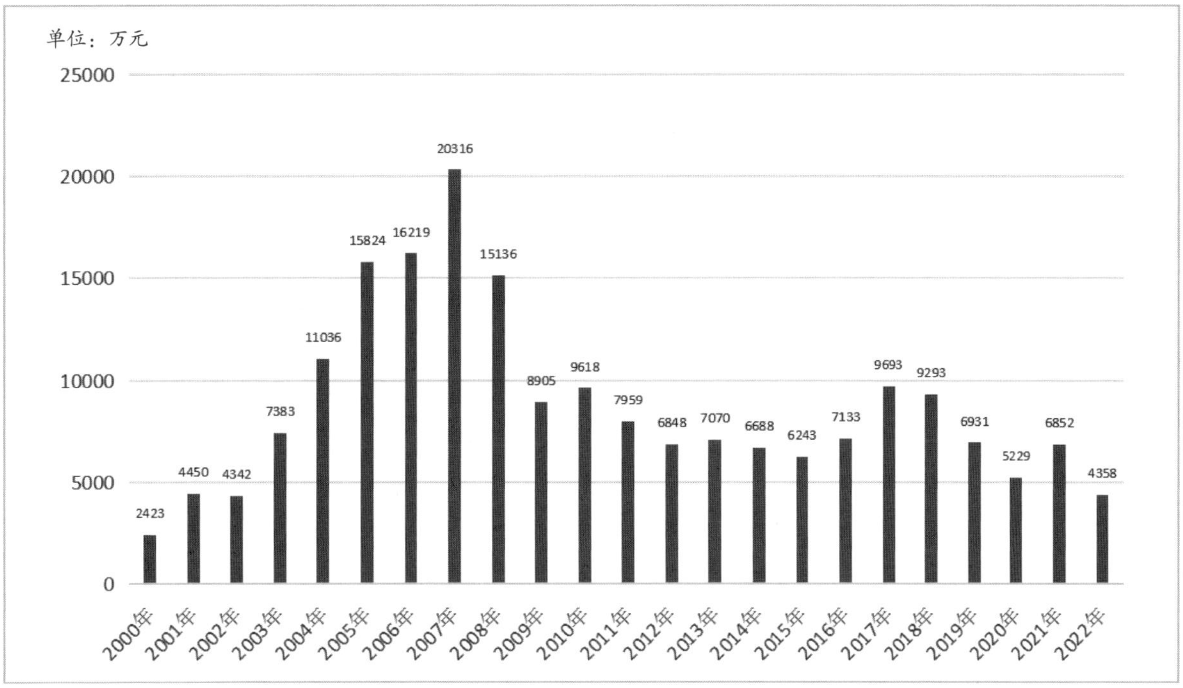

图 9-12　2000—2022 年杭州萧山吉华聚氨酯染化有限公司（杭州创丽聚氨酯有限公司）营业收入

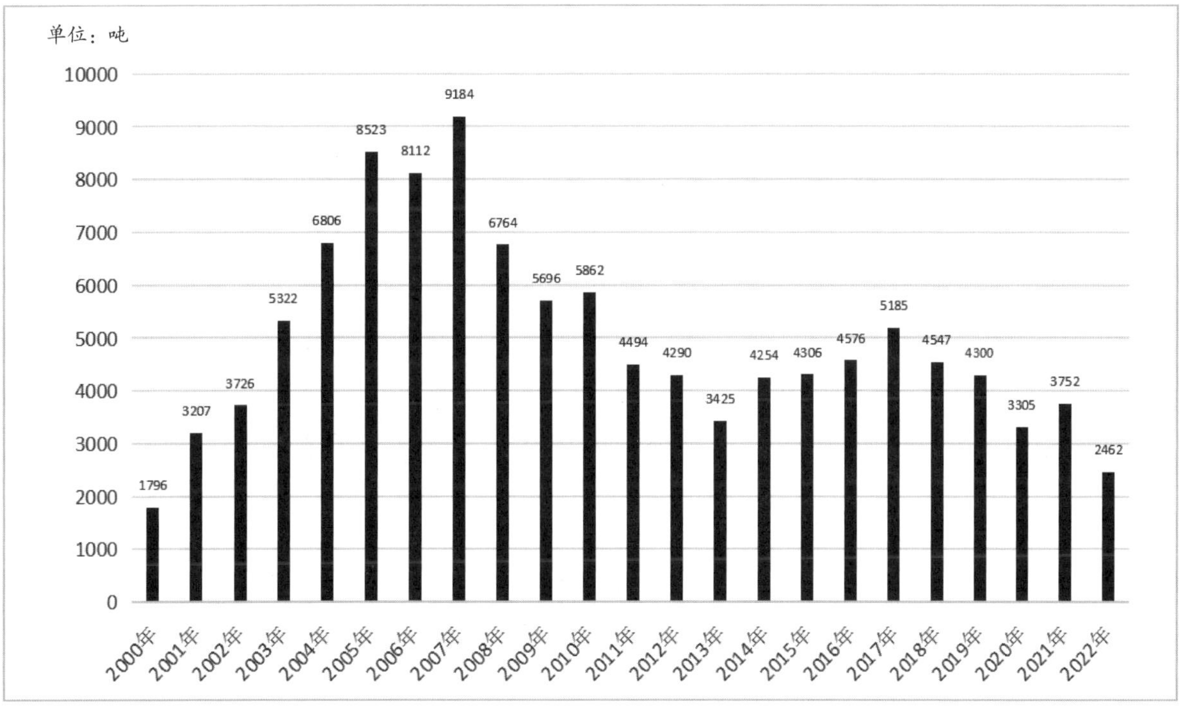

图 9-13　2000—2022 年杭州萧山吉华聚氨酯染化有限公司（杭州创丽聚氨酯有限公司）海绵产量

二、染料

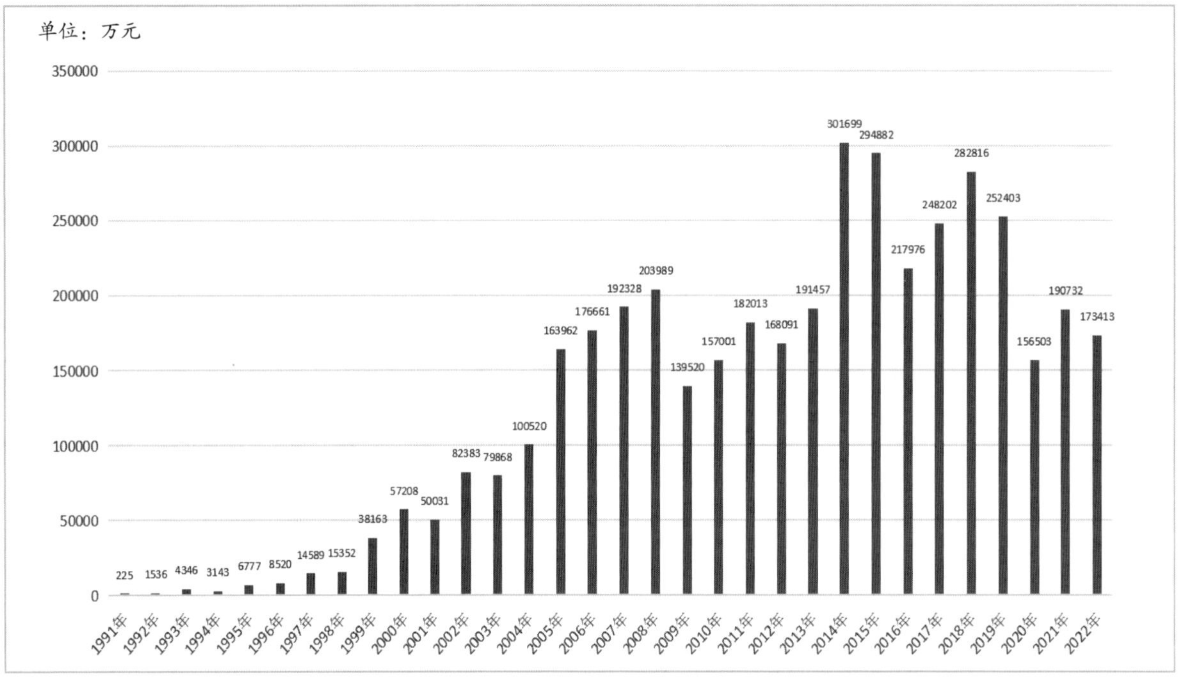

图 9-14　1991—2022 年浙江吉华集团股份有限公司营业收入

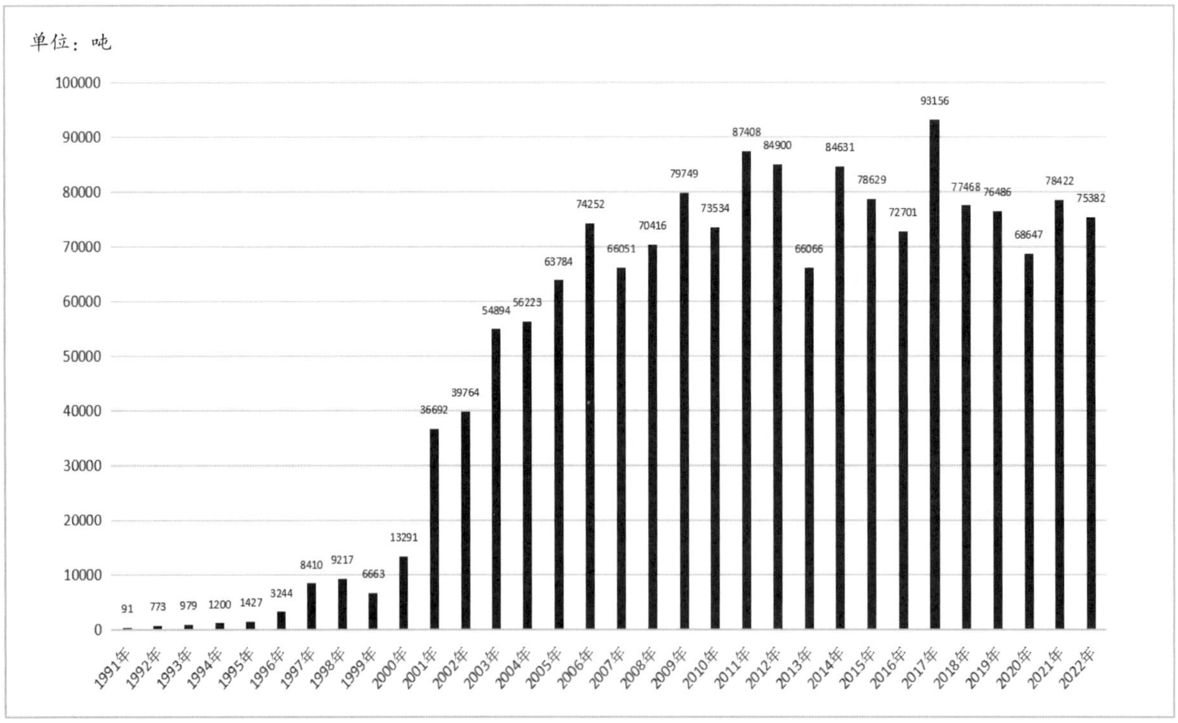

图 9-15　1991—2022 年浙江吉华集团股份有限公司产量

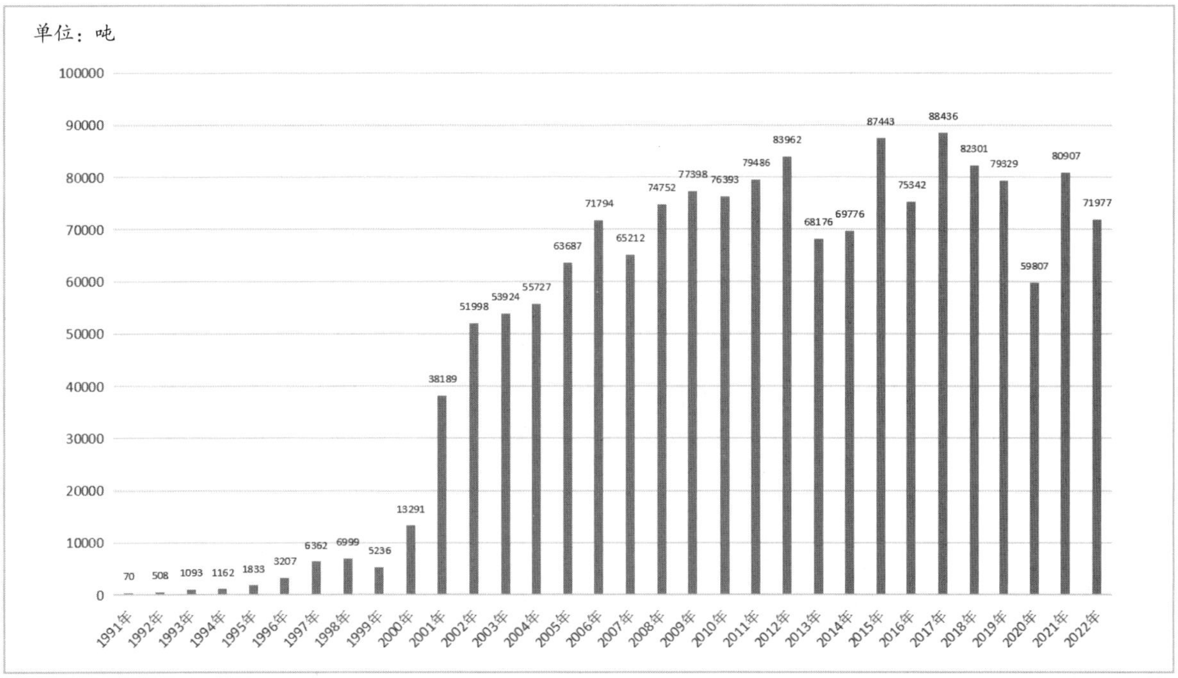

图 9-16　1991—2022 年浙江吉华集团股份有限公司销售量

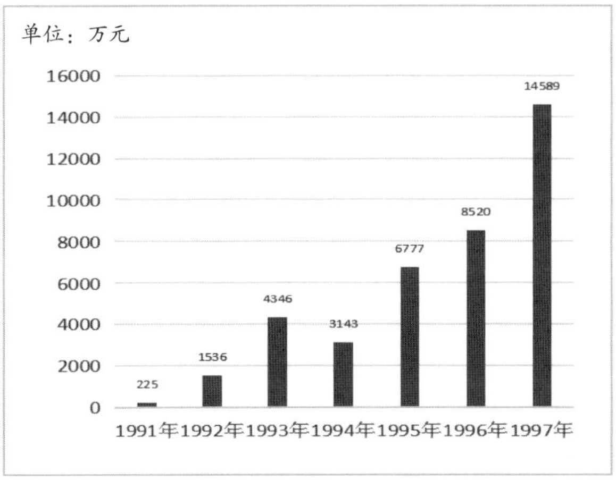

图 9-17　1991—1997 年其中吉化萧山联营染料厂营业收入

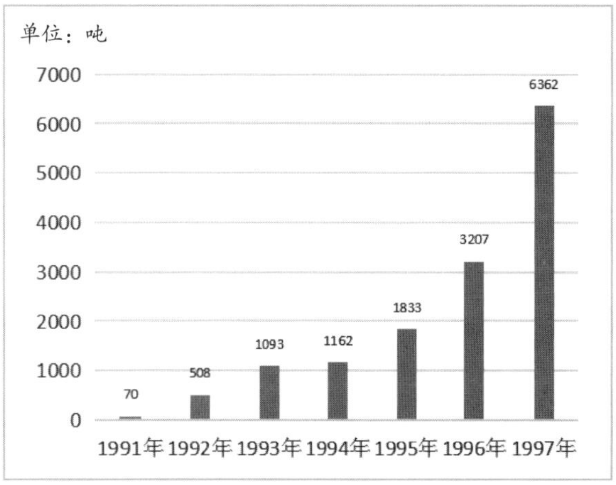

图 9-18　1991—1997 年其中吉化萧山联营染料厂染料销售数量

注：该厂 1991 年 10 月底投产，1997 年 6 月该厂与萧山聚氨酯泡沫厂改组为杭州吉华化工有限公司。故图 9-17、图 9-18 为 1991—1997 年业绩。

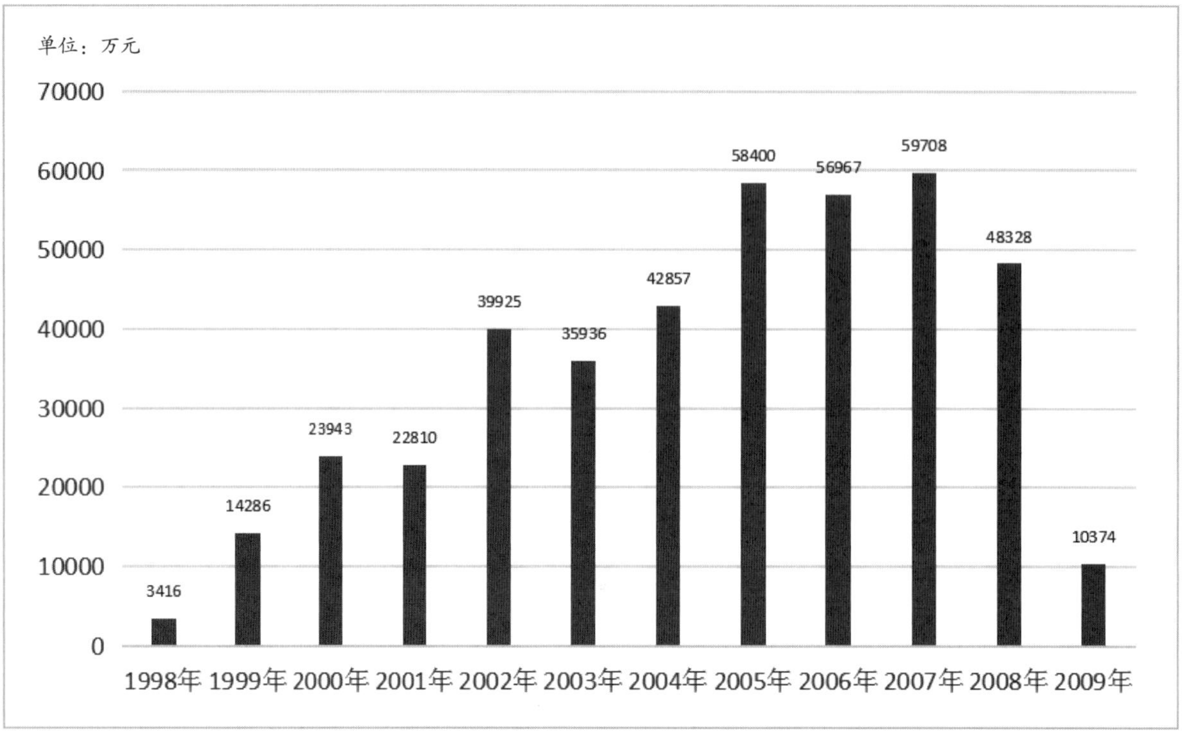

图 9-19　1998—2009 年杭州红宝染化有限公司营业收入

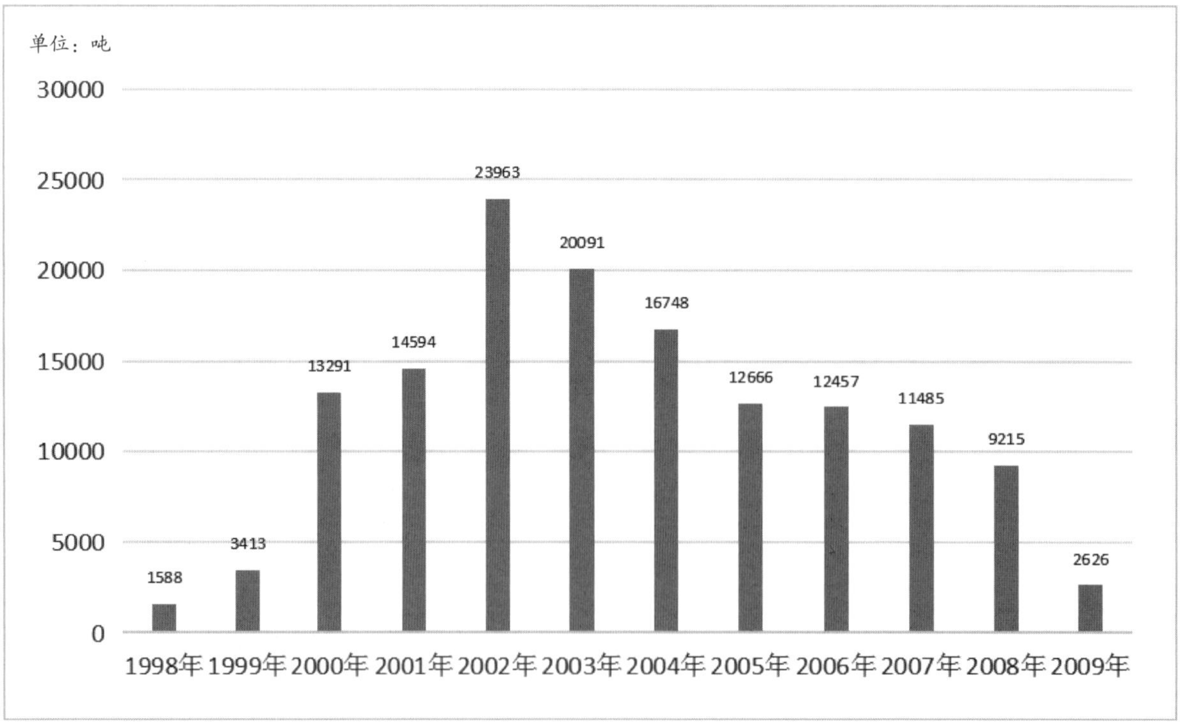

图 9-20　1998—2009 年杭州红宝染化有限公司染料销售数量

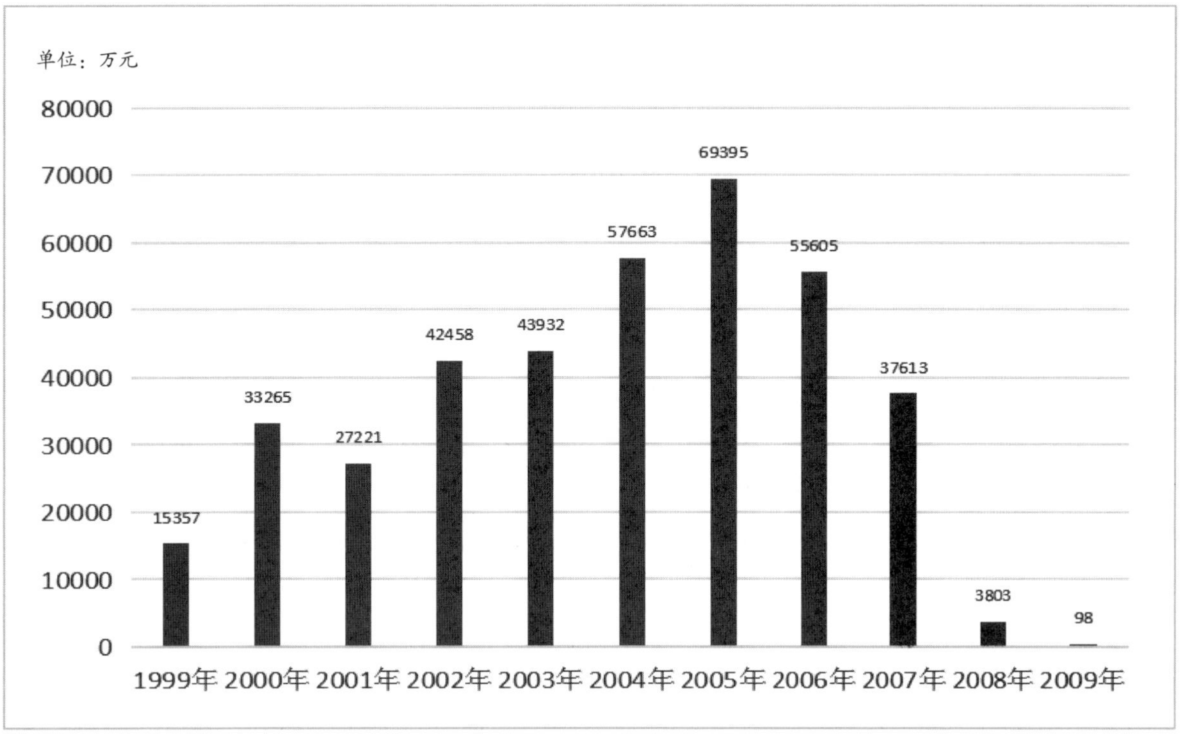

图 9-21 1999—2009 年杭州吉华化工有限公司营业收入

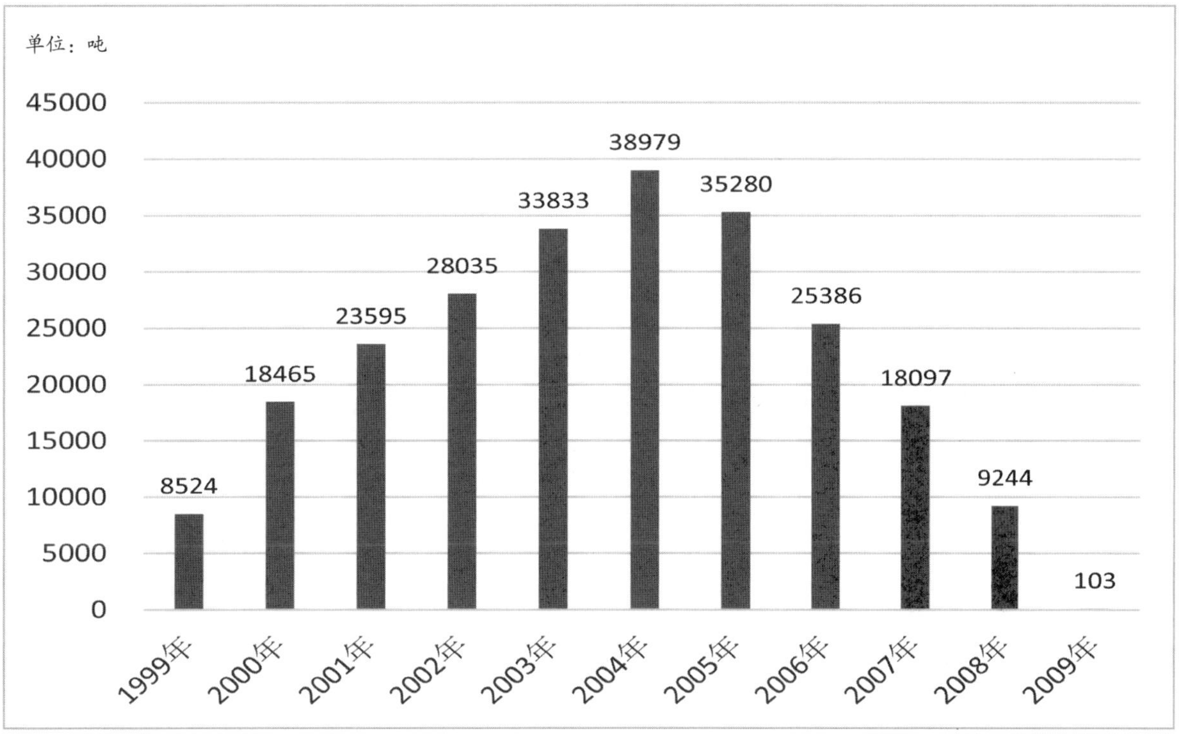

图 9-22 2001—2009 年杭州吉华化工有限公司染料销售数量

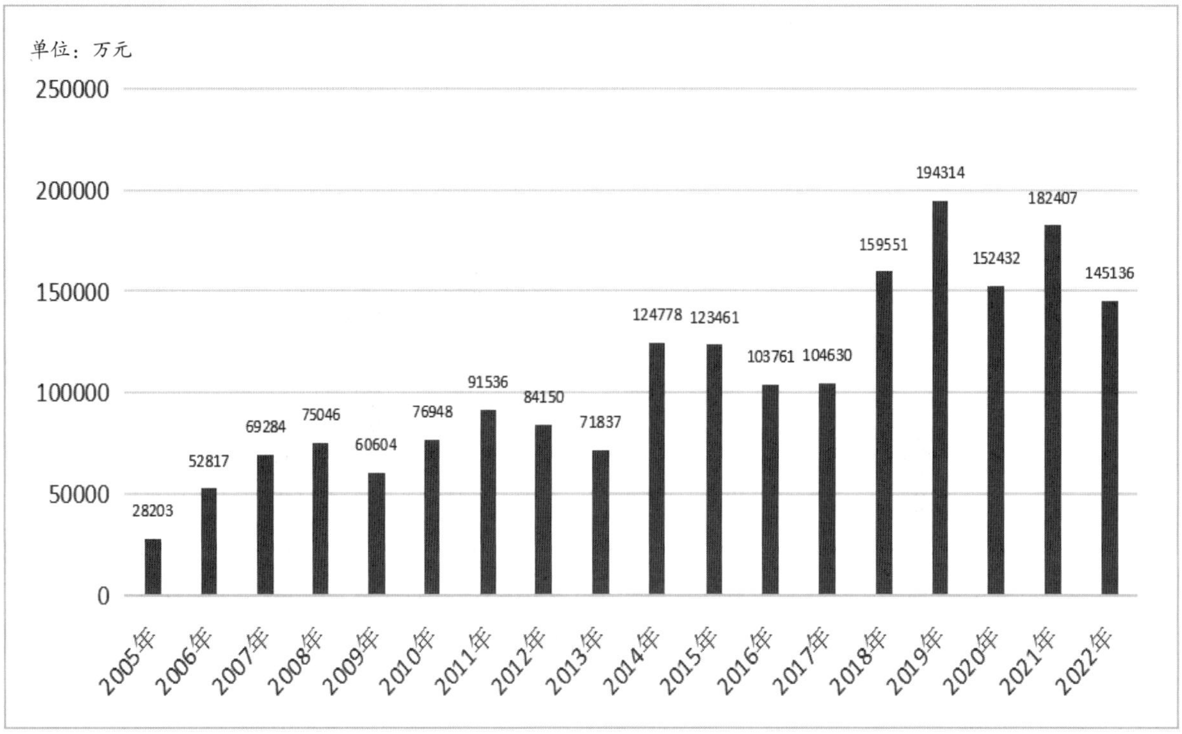

图 9-23　2005—2022 年杭州吉华江东化工有限公司营业收入

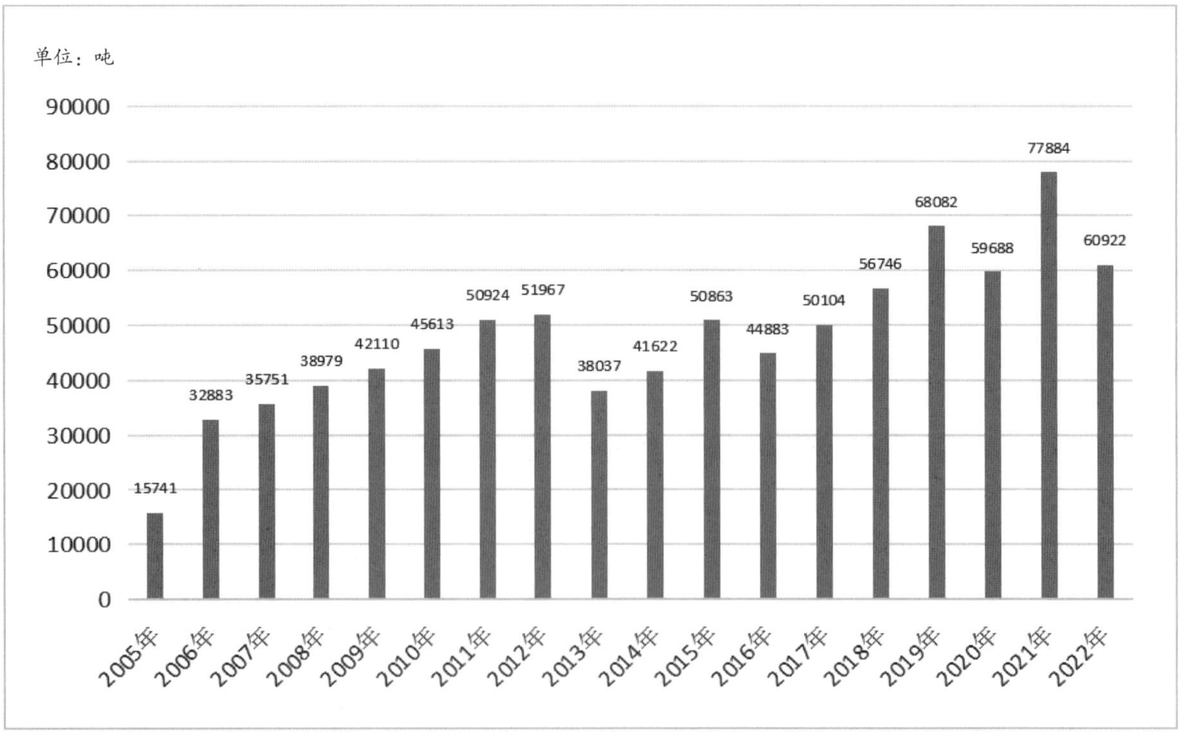

图 9-24　2005—2022 年杭州吉华江东化工有限公司染料销售数量

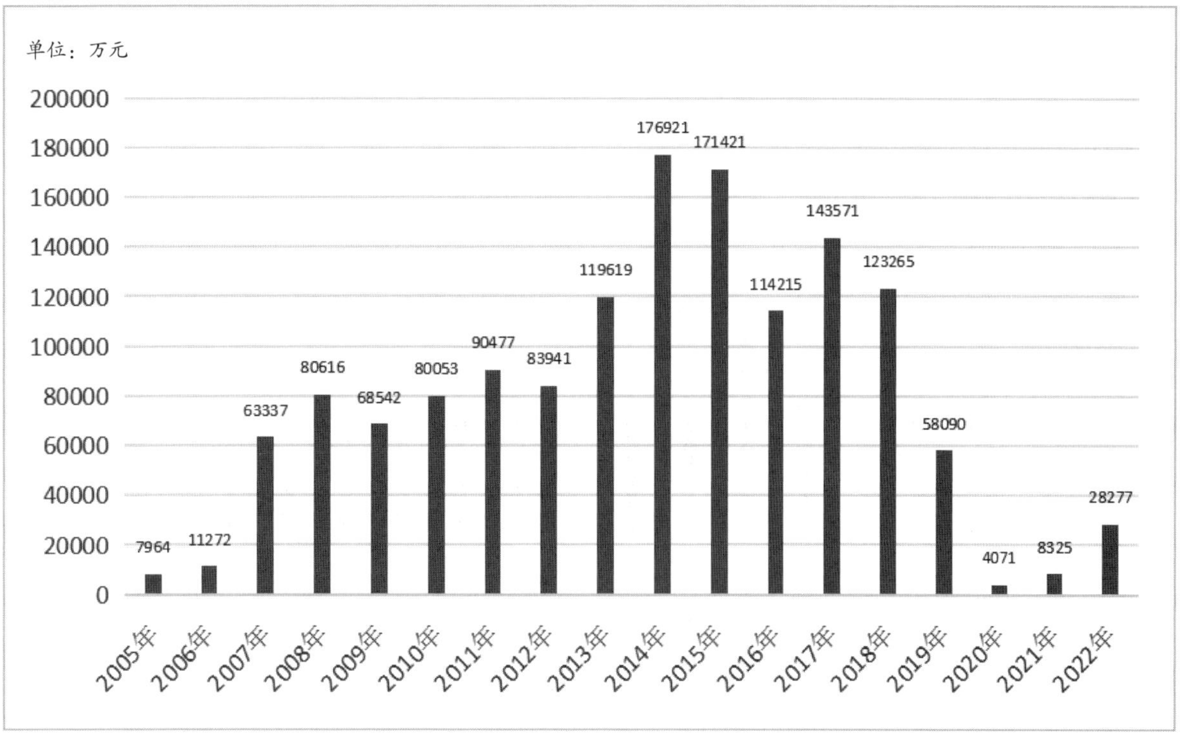

图 9-25　2005—2022 年江苏吉华化工有限公司营业收入

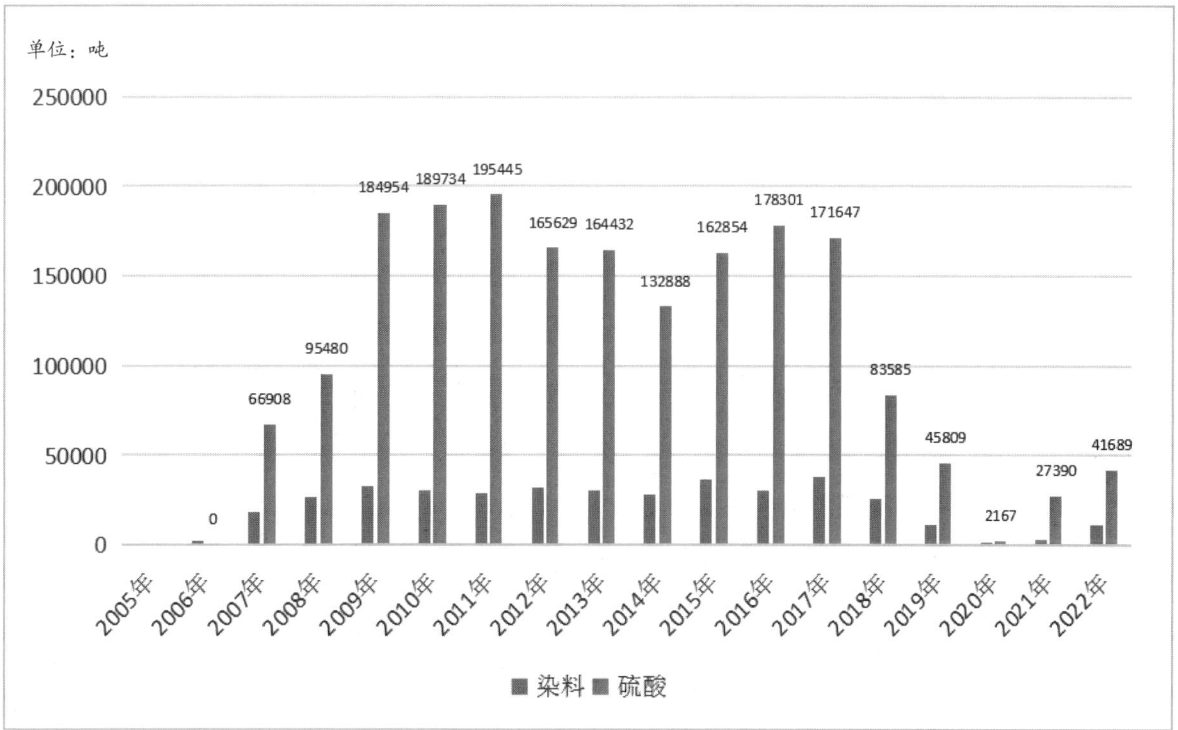

图 9-26　2005—2022 年江苏吉华化工有限公司染料及硫酸销售数量

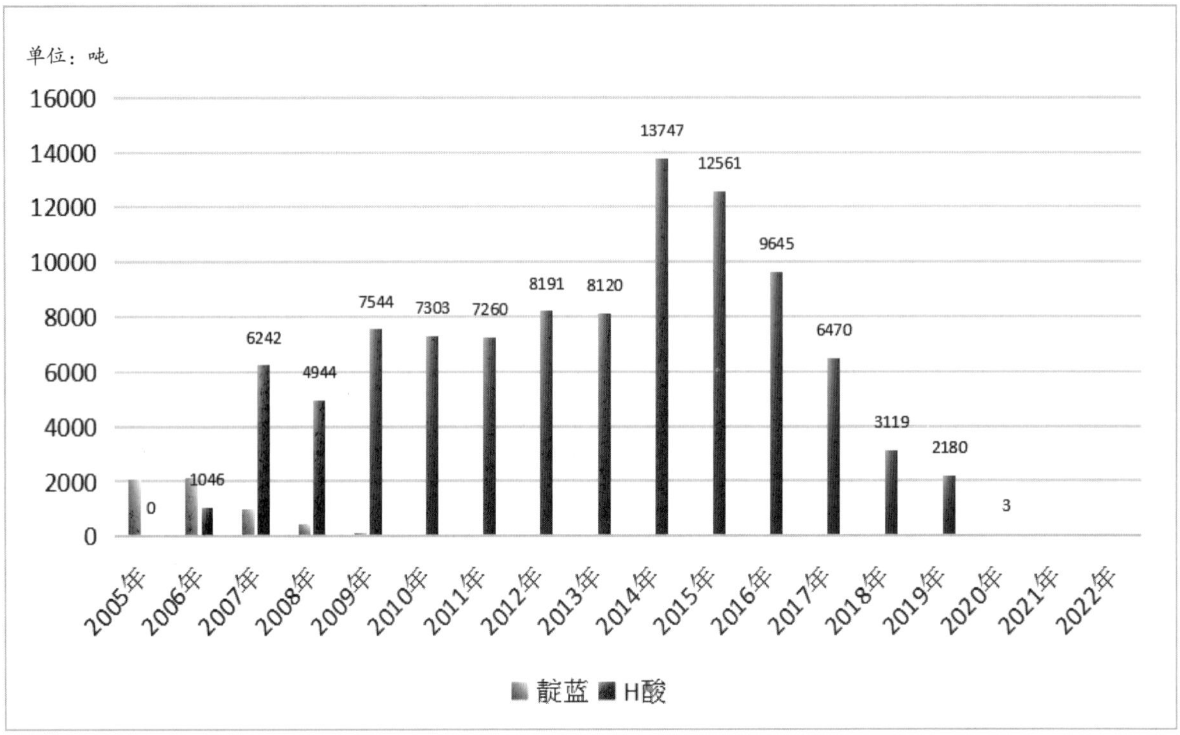

图 9-27　2005—2022 年江苏吉华化工有限公司靛蓝及 H 酸销售数量

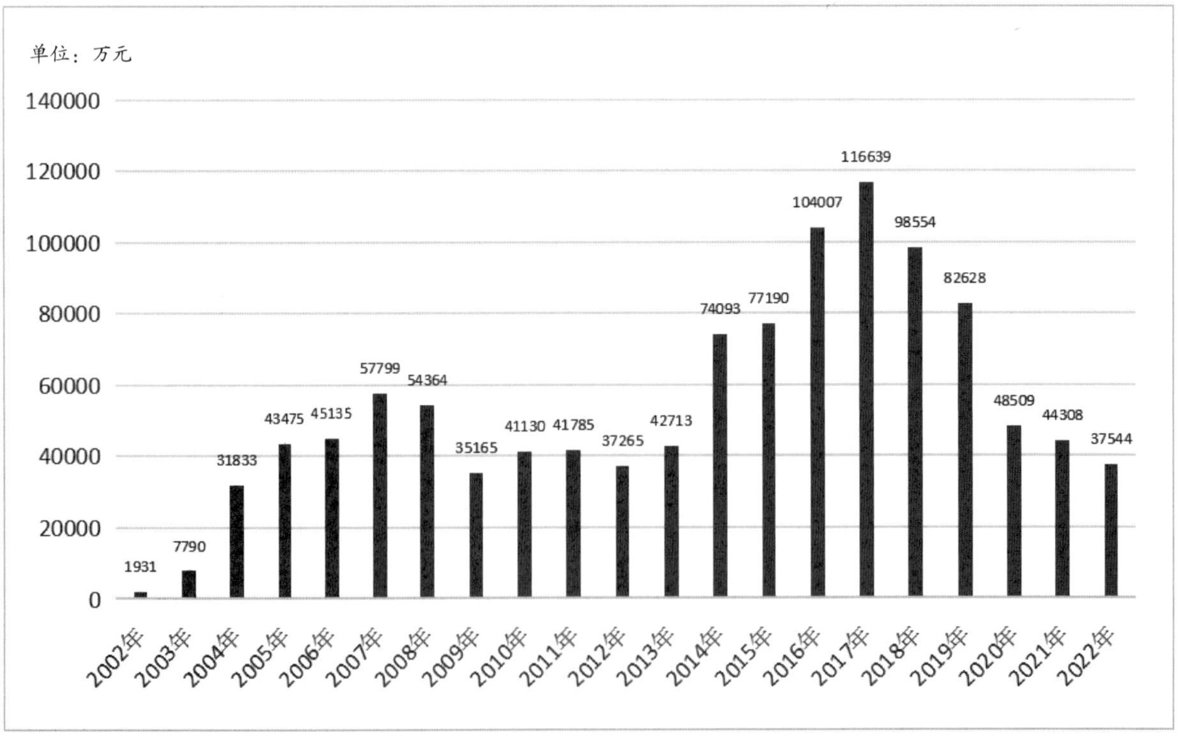

图 9-28　2008—2022 年杭州吉华进出口有限公司营业收入

三、涂料

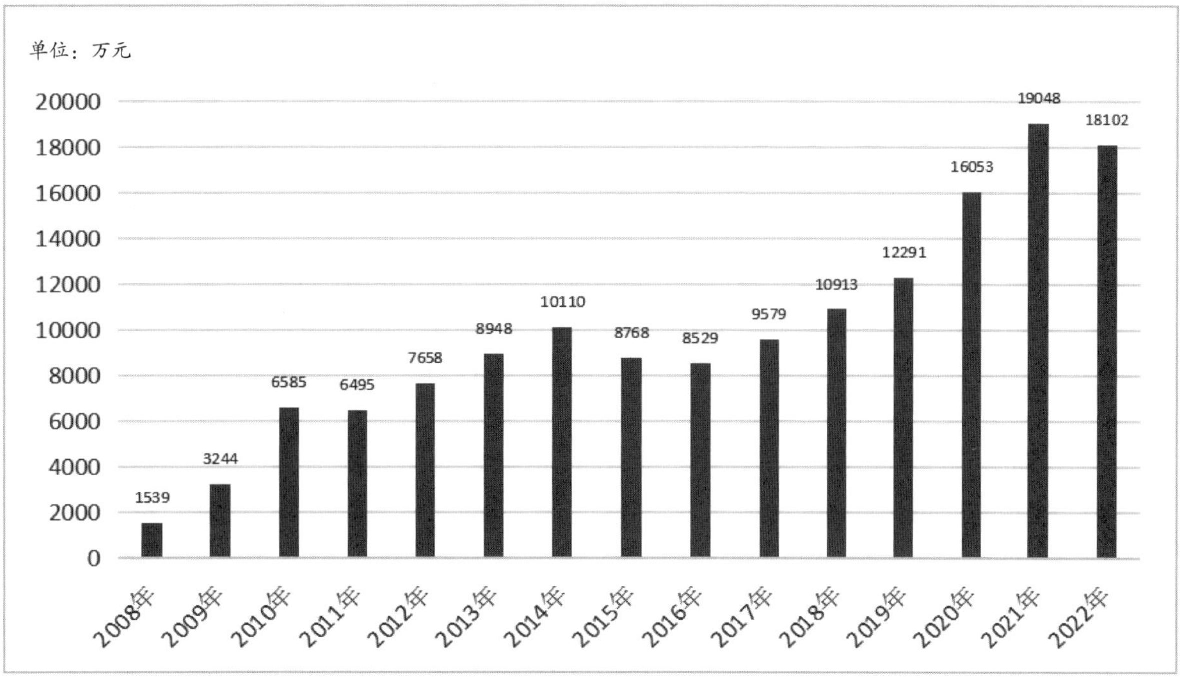

图 9-29　2008—2022 年杭州吉华高分子材料股份有限公司营业收入

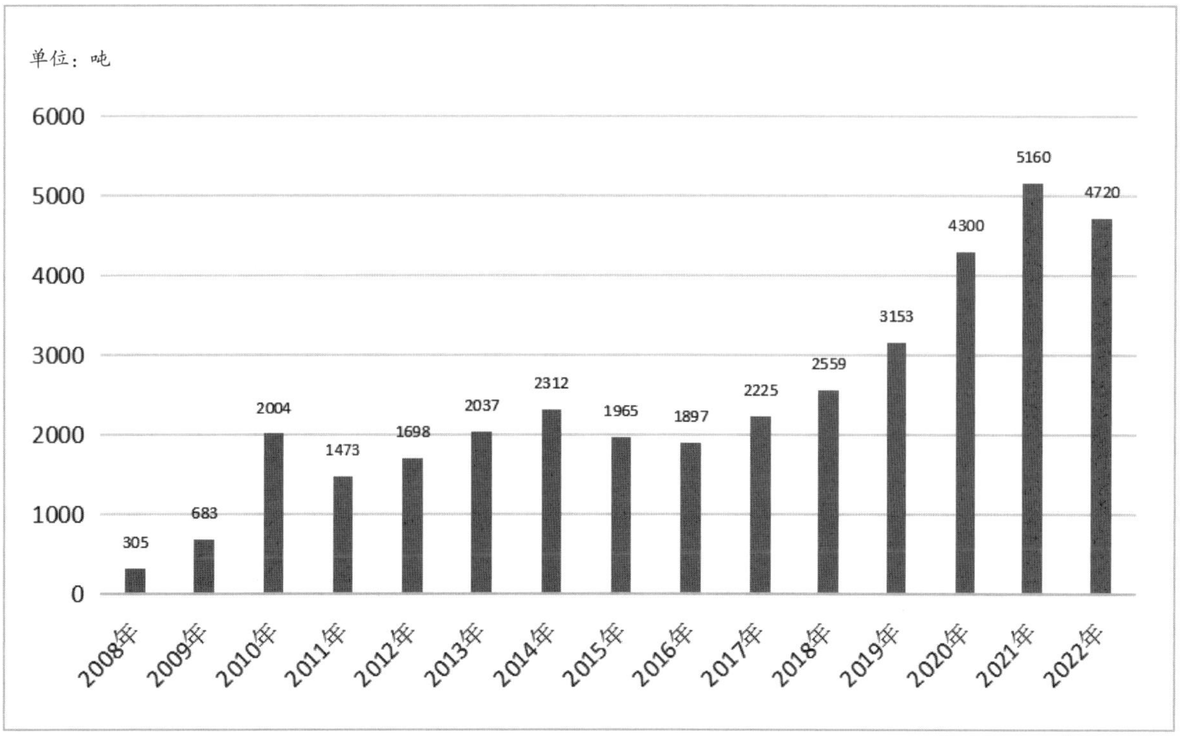

图 9-30　2008—2022 年杭州吉华高分子材料股份有限公司涂料销售数量

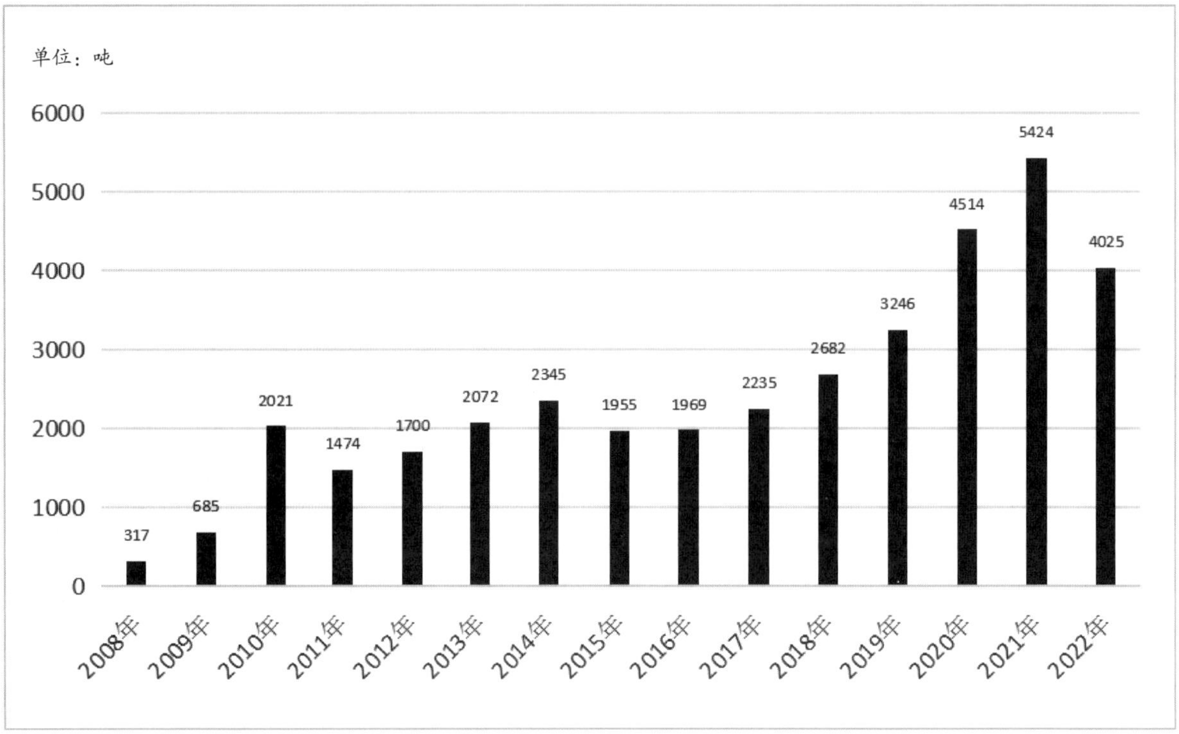

图 9-31　2008—2022 年杭州吉华高分子材料股份有限公司涂料产量

四、集团公司

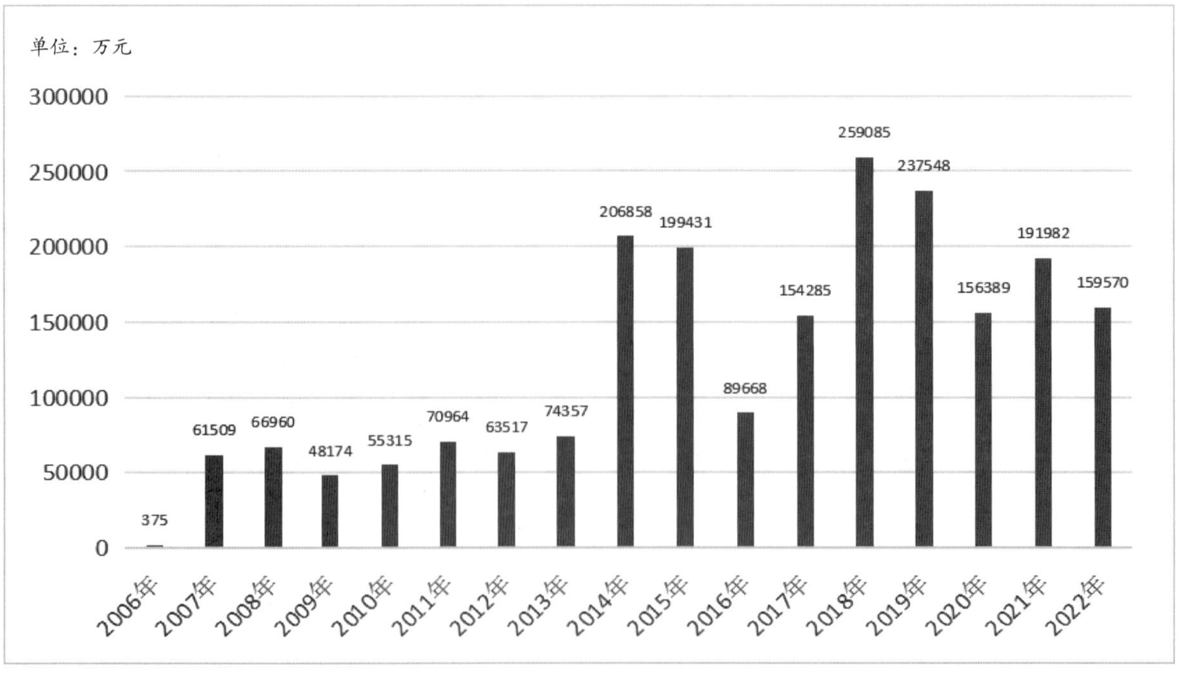

图 9-32　2006—2022 年浙江吉华集团股份有限公司（单体）营业收入

第五节　应用服务

从深入了解客户需求，优化服务流程，培养专业团队，提供高质量的产品和服务入手，为客户提供针对性的解决方案；深入了解市场和行业动态，选择合适的产品和服务，满足客户；积极与客户沟通，及时处理客户投诉，了解和反馈客户的需求，建立长期稳定的合作关系；提高服务响应速度，不断改进和优化服务流程，适应市场和客户需求的变化，满足客户；建立一支高素质、专业化的团队，培养技术精湛、业务熟悉、沟通能力强的专业人才，为客户提供高效、专业的服务。

一、染料应用服务人员

开始阶段没有专门的应用服务部门和专业人员，当客户提出应用服务需求和产品出现投诉时，由化验室兼职进行现场服务和质量分析评估，必要时请印染厂技术人员进行现场问题的排查与处理。

1993 年聘请吉化染料厂退休工程师李淑贞应对应用服务工作，1998 年聘请上海第九印染厂有丰富印染工作经验的工程师谷家宝，专职应用服务工作。2003 年再聘请上海染料研究所工程师刘忠义，任命谷家宝为应用服务部经理，组建应用服务实验室，对开发的产品进行应用性能分析。2008 年增加应用服务部副经理胡惠素，2009 年聘请台湾永光公司活性染料应用专家严子修，2013 年 12 月谷家宝退休后，聘请应用工程师房廷华。2014 年聘请应用工程师张彬浩，2016 年任命张彬浩为应用服务部经理主持工作。2022 年聘请亨斯迈退休的应用工程师何红燕为应用服务专家。

二、应用服务流程

应用服务流程分售前服务：主要是协同销售业务员、代理商走访用户、开拓市场，宣传和介绍吉华集团概况及产品应用性能、各系列品种的适用范围、并根据用户不同要求推荐相适应的品种。售后服务：当用户在使用产品的过程中出现疑问时，详细了解现场情况后与其进行有效的交流沟通，准确掌握客户在使用过程中的有关信息，以便做出有效的判断和结论。收集市场有价值的样品，了解市场最新需求。

1. 海绵

海绵产品主要为半成品出厂，服务以定制满足客户需求的产品为主。应用服务工作与染料和涂料比相对简单。

2. 染料

由吉华集团统一销售，市场应用服务由技术中心的应用服务部承担，根据国际国内染料市场需求，对染料在国际市场用量较大的客商派应用专家进行现场培训，并根据需要派员定驻以便快速应对。国内市场以不同地区进行定期协同销售走访。

3. 涂料

涂料应用服务以“反应迅速”之特点，采取了“当地派驻，吉华高分子支持”的应用服务模式，在涂料市场集中的金华和宁波地区，直接派驻应用服务人员，快速提供技术支持。

三、典型选介

染料销售中比较典型的一次质量投诉是分散黑 EX-SFA 液体 150% 染色后出现摩擦牢度差，造成服装企业投诉。这次投诉的主要原因是染色时染料用量过于饱和，还原清洗不充分，再加上定型时加入多种助剂，导致织物表面大量浮色，造成摩擦牢度下降，由于印染厂没有正常的出厂检验，将面料销售给服装厂进行成衣加工。此次质量问题历时长达一年的质量官司，经杭州市中级人民法院与浙江省高级人民法院通过司法处理方式解决。这是 30 多年染料销售中唯一一次质量官司，影响深刻。

部门名称		流程名称	顾客质量抱怨处理流程
层次	2	概要	顾客质量抱怨处理

部门	分管总监	销售公司	技术中心 （应用服务部）		相关部门、子公司	顾客
节点	A	B	C	D	E	F

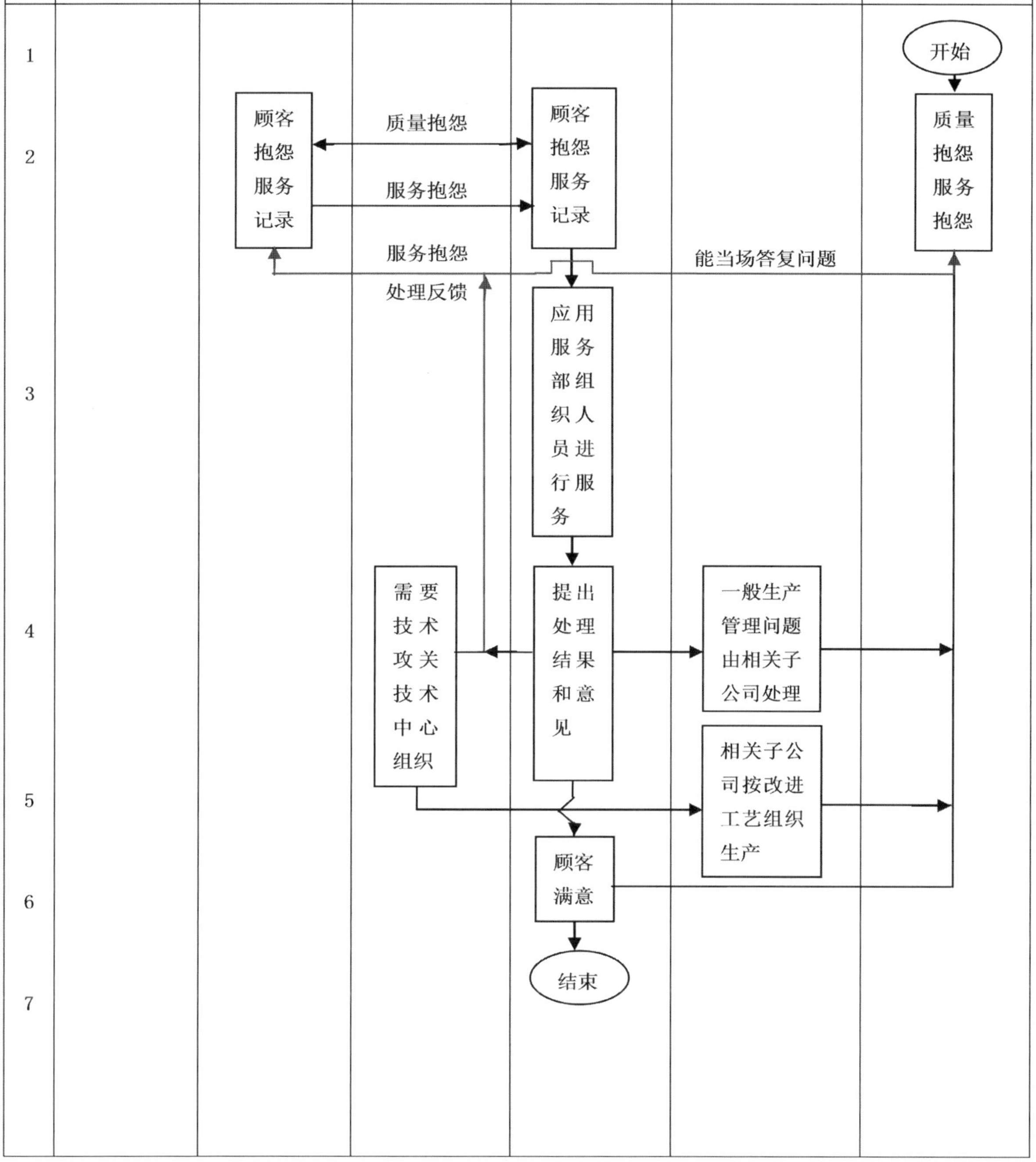

图 9-33 吉华集团应用服务流程图

第十章　经济责任制

1985 年始，实施评分计酬。为调动员工的积极性，改变干多干少一个样、干好干坏一个样、干与不干一个样的“吃大锅饭”现象，打破分配上的平均主义。1992 年后建立经济责任制考核制度，并在实践中不断完善。至 2022 年，浙江吉华集团股份有限公司对经济责任制考核政策作了五次较大改革，并严格按经济责任制考核兑现，员工积极性得到有效的调动，企业得到快速发展。

第一节　经济责任制改革

吉华集团经济责任考核始于 1985 年的评分计酬制。1992 年，实施中层干部百分考核系数、生产员工定额工时考核。在初始评分计酬、全员考核体系基本形成的基础上，根据企业发展实际，不断改革和完善经济责任制。

一、评分计酬（1985—1991 年）

1991 年前，萧山聚氨酯泡沫厂没有完整的经济责任政策，只有部分岗位责任制，主要以红山农场对场属企业考核为主，考核的对象是副厂长以上企业领导。员工都是在年底由班组长以上人员进行工资底分评定，按分计酬，实际是“吃大锅饭”，员工的工作积极性受到影响，企业产销量低、效益差，完不成农场下达的经济指标，员工收入在全场 20 余家企业中，总是排在最后。

二、考核初始（1992—1996 年）

1992 年初，为了改变“吃大锅饭”的现象，对泡沫厂、联营厂两个分管副厂长实行目标利润考核，中层干部采用百分系数责任考核，生产员工实行定额工时考核，初步形成全员考核政策体系。1993 年起，对全员考核政策进行完善：副厂长以上按农场考核计酬的基础上，对泡沫厂、联营厂实行分线目标利润考核；中层干部以产量、吨产量用工、产品质量、生产费用、成品转化率、安全文明等实行百分制考核；员工实行以车间为单位的定产量工时、产品质量、安全文明等工资总额考核，再由车间按员工工作业绩考核分配到人；销售实行按业务总量提成业务费及货款回收、运费、旧桶回收、费用开支等考核和超定价分成考核；运输货车实行单车承包，利润分成考核；对江南化工厂基建项目建设实行建设时间、建设质量专项考核。

根据市场及生产经营情况，每年在年初制定经济考核政策基础上，必要时设定临时激励政策。如 1992 年的临时激励政策，年内最后 2 个月，海绵销量大于 90 吨奖 500 元，应收款小于 45 万元奖 1000 元，6 个月以上应收款小于 5 万元奖 500 元，结算利润大于 25 万元奖 1000 元；染料销售额大于 400 万元奖 500 元，应收款小于 500 万元奖 1000 元，9 月份以前应收款全部收回奖 500 元，利润大于 50 万元奖 1000 元。

员工人均年收入为 6000 元左右，只对其中的 150 元 / 月工资实行按定额考核，虽然浮动比例不到 1/3，但有效调动了干部员工的积极性，企业经济效益得到明显的提高。

三、第一次改革（1997—1999 年）

1997 年，杭州吉华化工有限公司组建，下设 3 家单独工商注册的子公司（一分厂、二分厂、三分厂），在根据当年的经济效益及工作业绩对分配总额进行调控的前提下，实施第一次改革。实行一、二、三分厂主体考核，并对各分厂正副厂长及吉华化工中层以上干部实行职能百分制考核。并按“控而不死、放而不乱”的原则，新增对各车间、部门的非生产性支出考核。

吉华化工对各分厂进行以经济指标为主的定量考核，并有每年不少于 312 天的出勤要求，安全环保及非生产性支出费用实行定额包干考核。供销工作，同类产品实行统购统销。按考核结果，核定分厂员工工资总额。各分厂分别制定内部考核政策，对分厂干部、员工进行考核。

对吉华化工直属部门进行定性为主的考评，在明确部门（科室）工作量和要求的前提下，框定总底分，人员配置和考评下放到相关部门（科室）。

四、第二次改革（2000—2002 年）

根据萧山市政府到 2000 年年底乡、镇（场）集体企业要全部转制到位的精神，农场把企业所有资产转让给企业主要经营者。为调动积极性，根据职工的意愿，主要经营者分次把 28.38% 的股份量化给吉华化工中层以上等人员，企业真正转制到位。原有的经济政策已不符合企业发展的实际需要，2000年起，在第一次改革的基础上，对经济政策作了改进、完善。工作好、贡献大的员工报酬可超过总经理，打破论资排辈、按“位置”分配问题；干部、员工的报酬根据分厂效益高低、贡献大小、工作好坏的考核结果，水涨船高。

对分厂以综合效益及产品质量、安全环保工作、非生产性支出、综合治理等指标进行考核。

确定分厂厂长、副厂长报酬及中层干部职能工资、岗位底分。分厂厂长的平均报酬以吉华化工总经理报酬的80%为基础，按分厂考核得分高低结算，副厂长报酬为所在分厂厂长的80%计酬。中层干部确定职能底分，50%以各分厂对中层干部的责任制考核，50%依据降本节支业绩考核，确定目标职能分值为380元/分。

2001年，分厂厂长报酬改为以分厂考核实得分，按750元/分计酬，加本分厂人均报酬为年总报酬，副厂长报酬为分厂考核实得分，按575元/分计酬，加本分厂人均报酬为年总报酬。

2002年，分厂正、副厂长及吉华化工所有中层干部定年薪制，各分厂超目标利润部分以8%奖励，减少部分以4%减所在分厂中层以上人员报酬。开始增加对分厂实行定额流动资金考核。新增确系产品质量问题发生的质量赔偿，以赔偿额的30%由责任单位中层以上干部承担。新增办公室安全环保罚款基数6万元，各分厂发生10万元以上的重大安全环保事故扣5万元/次。分厂员工实行吨产量工时，根据核定的可分配总额，由分厂具体考核分配。销售实行风险抵押、费用包干，以定单位、不分区域的原则，分别确定销售员、销售点的销售业务基数，业务费按销售额计算。

五、第三次改革（2003—2006年）

为避免盲目投资，解决重投入、轻产出的弊端，在发挥各厂投资积极性的同时，力求效益最大化。在第二次改革的基础上，对经济政策作了优化和调整。

以核定的固定资产回报率确定分厂综合效益指标。分厂目标效益增减部分采取分成奖励或扣减所在分厂中层以上人员报酬，最低的直至分厂人均收入。分厂员工报酬在以产量工资计酬基础上，新增与分厂效益挂钩。

对国际、国内销售各块单独制定政策，按销量等相关指标考核确定业务费总额，业务员之间实行公平竞争，争同一块“蛋糕”，所有业务员的最终报酬，按吉华化工经济政策考核到各科的总额为基础，严格按内部经济责任考核到人。

2004 年，新增杭州萧山染料化工有限公司承包、杭州吉华江东化工有限公司（以下简称六分厂）的建设期政策。直属职能部门中层以上干部报酬 70% 按职能考核，30% 与吉华化工总效益挂钩，以缩小各厂之间的分配差距。

安全、环保考核新增发生人员伤亡或 25 万元以上重特大事故的有关中层以上主要责任人，在按经济考核政策处罚的同时，再降职降薪；质量责任考核，新增质量投诉而无赔偿的，染料扣 1000 元 / 次、海绵扣 100 元 / 次，由责任单位班组长以上干部承担。

2005 年，新增江苏吉然化工有限公司（2006 年 7 月成立江苏吉华化工有限公司，2007 年 11 月合并江苏吉然化工有限公司，下设七、八、九分厂）的建设期考核；六分厂活性染料承包、扩散剂项目独立核算政策。

2006 年，新增杭州吉华高分子材料有限公司（以下简称五分厂）、九分厂的建设期考核政策。

六、第四次改革（2007—2013 年）

随着国家经济体制改革工作的深化，极大地调动了民众生产的积极性，各类物资从供不应求到供过于求，市场行情对各行业的经济效益起到举足轻重甚至决定性因素。按固定资产利润率制定经济政策进行考核，已不适应实际情况，在第三次改革的基础上，吉华集团对政策的考核内容作重大调整。

中层及以上干部定年基础报酬 3 万元。超基础利润部分分成作为中层及以上干部浮动报酬。中层及以上干部根据职能确定相应系数，集团直属职能部门按各分厂平均打 9.5 折核定。

安全、环保发生重大事故，根据损失程度，承担相应的额度。

定额流动资金（超额部分计息减效益）：统销产品截至发货日，分厂自销产品截至货款汇拢日，超出部分全额计息减效益。

2008 年，随着染料项目逐渐搬迁至六、八分厂；红山二、三分厂留守部分合并为一个考核单位，2009 年并入六分厂考核，二、三分厂歇业。

从 2008 年起，原在吉华集团任职的中层及以上干部，因工作需要调到江苏吉华工作的，每年给予工作补贴；新增节能减排、降本节支考核；中层以下员工报酬吉华集团不再额定，由分厂自定；综合效益考核，统一按 25%（剔除折旧后的考核利润）计提所得税。

2009 年起，新设定中层及以上干部职能考核系数；新增集团直属部门年经营费支出定额；确定新增固定资产额度标准；新设定产品合格率、送检产品合格率、原料抽样合格率考核；江苏吉华合并考核。

2009 年 2 月，颁布实施《新产品、新工艺、新技术及合理化建议奖励办法》。

2010 年起，重新核定流动资金指标，按固定资产的 20% 确定；降本节支的降本部分 10% 奖励中层及以上干部和相关人员；中层及以上干部基础报酬改为 5 万元，超基础利润分成向江苏公司倾斜，取消在江苏吉华工作的中层以上干部补贴。

2011 年起，八、九分厂分别考核；新增新闻媒体曝光事件处罚。

2012 年起，新增七分厂建设期政策；中层及以上干部基础年报酬改为 6 万元；发生 15 万元（含）至 30 万元重大安全、环保、经济（除难收款以外）等责任事故改为：一次性（下同）扣 10 万元；发生 30 万元以上至 60 万元的事故扣 20 万元；发生 60 万元以上至 120 万元或死亡 1 人事故的扣 30 万元；发生 120 万元以上（含）或死亡 1 人以上事故的扣 50 万元。其中分厂级领导承担 50%，车间（科室）负责人承担 35%，发生部门班组长及相关责任人员承担 15%。

2013 年起，中层及以上干部基础年报酬按职能定级（6 级），对具有专业技术职称及大专以上文凭人员进行薪酬体制改革，按其实际工作业绩和能力进行考评。

七、第五次改革（2014—2022 年）

2014 年，在第四次改革的基础上，根据行业、市场形势变动实际情况，对经济政策作了较大的调整。

综合效益以市场行情、生产能力确定。增设各分厂产量、销售额考核。

按销售额配套定额流动资金，多用计息减利润。

全面改制中层及以上干部报酬，基础报酬（基本工资）实行分级定薪。

2015 起，中层及以上干部根据职能分级定职能系数分。

2016 年起，用于生产线改造、设备更换等技术改造费用根据分厂大小设定额度。按经济政策定额在事前向工程总监报告，经批准的，可按固定资产结算。新增进出口公司考核政策。

2017 年起，自主销售的分厂一年以上难收款减去当年的考核利润。

2017 年 4 月，对 2009 年 2 月颁布实施的《新产品、新工艺、新技术及合理化建议奖励办法》进行了第一次修订。

2018 年起，新增江东、江苏两区块主要负责人“三废”处理总成本考核。

2019 年起，目标成本考核奖励条件不变，增设亏损部分按 3% 扣取中层以上干部及相关人员的报酬。

2019 年 3 月，对 2017 年 4 月修订的《新产品、新工艺、新技术及合理化建议奖励办法》进行第二次修订、完善。

2020 年起，中层及以上干部基础年报酬按职能等级改为 8 级。

2021 年起，吉华集团总（副总）裁及市场总监、内外销经理根据单独经济政策，职能系数分按经济政策确定值考核，以基本报酬加职能系数分值的总额计酬。

2022 年起，经济政策考核体系内的所有考核指标，上限超过 50%（江苏公司综合效益超过 100%）的，报董事会“一事一议”决定。中层及以上所有管理干部工资总额，以董事会考核工资总额为基准，按经济政策体系考核核算，根据核算总额与董事会考核可分配的工资总额差异，进行同比例升降。

2022 年 3 月，对 2019 年 3 月修订的《新产品、新工艺、新技术及合理化建议奖励办法》进行了第三次修订、完善。

附录一：

1993 年吉化萧山联营染料厂经济政策（摘要）

染料销售政策

1. 销售任务：全年场内有联系单位定为 400 万元，其余人员 250 万元，作为基础任务（货款收回为准）。完成全年基础任务可得全厂员工人均报酬，增加或减少按政策奖扣，以此类推。

2. 业务费：完成基础内任务每万元业务费 50 元，超出基础任务的部分每万元 70

元。所有的业务单位须领导走访或工作需要出面联系，发生的费用由厂和销售员各承担50%。

3. 货款回收：自发货之日起，省内或出口定为45天，省外内销定为75天，超过每万元/天扣2元，减少每万元/天奖3元。凡1992年12月25日以前发生的销货款，应全额收回，否则在1993年报酬中全额扣回，1993年6月底以前发生的销售款应全额收回，否则到年底扣回50%。直至扣清止；以上所扣的货款，在收回时全额冲还给本人。

4. 超价奖：按厂定最低价格，如超出最低价部分按50%作为奖励。未经厂级领导签批许可，自作主张，低于厂定价出售的，不足部分由销售员自负（财务、仓库拒绝开票、发货）。

5. 促销奖：凡按厂定价销售分散蓝S-3BG固体商品的，每吨奖励150元。

6. 运输费：凡发生的所有产品运输费，列入染料销售成本中，由销售员承担50%；小车因工作或送货需用，也同等计算，遇特殊情况需外单位租用小车的，经领导同意后，才可使用，否则费用全额由本人承担。

7. 旧桶回收：装用液体染料塑料桶，回收率为90%，超或减按10元/只作为奖、赔；内外桶盖回收率为85%（须桶配套），超或减按外桶盖1元/只、内桶盖0.5元/只作为奖、赔；经厂领导同意，不能收回的按25元/只计入销售成本价格，凭车间主任或仓管员验收手续结算。

8. 退货处理：凡货物发运到对方单位以后，发现款难收，允许退还本厂产品，货款从发出之日起到产品退回止计应收款利息考核。以物资抵货款，须经领导同意，并由销售员自己处理，损失部分销售员承担，资金占用时间按发货之日起至物资退还止计。

9. 因工作需要所发生的差旅费，按上级有关规定报批。如工作急需乘坐飞机、租用汽车，须经领导事先同意后方可报销，否则费用自负。

染料车间主任考核政策

一、职责范围：负责染料车间的生产、质量、消耗及安全文明生产工作，做到优质、高产、低消耗（月平均得100分以上），报酬可得分管厂长的七折。

二、考核要求：

1. 工时：生产液体 8 工 / 吨，固体 18 工 / 吨 (包括各类装卸、开会、搞卫生等) 超减每工 / 吨，奖扣 5 分。

2. 质量：所有产品出厂都要符合国家 (部) 标准，强度控制在 99 ～ 102 分，超过或不到扣 2 分 / 吨。发现质量问题，赔偿每 1000 元扣 2 分 (按实际赔付计算)。

3. 重量：凡装桶、箱 (液体 50 千克 , 固体 25 千克) 净重量要求达到 100%±0.1 千克，多、缺每桶、箱扣 0.3 分。

4. 计量：凡进仓原辅材料，必须每批抽检重量和含固量，不计量一个批号扣 0.1 分，最高扣 10 分。

5. 成品率：原染料强度以化验为准，出厂成品率必须达到 99%, 超减每个百分点奖扣 2 分。

6. 定费用：电耗以 1992 年度为基础，增减一个百分点，奖扣 2 分。修理费：生产液体 38 元 / 吨，固体 58 元 / 吨，超减每 1000 元奖扣 2 分。

7. 安全文明：车间要求每月检查一次，厂组织每季抽查一次，得一等奖 5 分，二等不奖不扣，三等扣 5 分，发生直接损失在 500 ～ 1000 元的工伤医药费、设备失窃、火灾等事故扣 3 ～ 10 分 / 次。

海绵销售政策

1. 销售任务：全年各销售员以 25 吨为基本任务，多销多得，实行业务费包干，具体政策如下：

全年销售数量 25 吨以下，350 元 / 吨；25 ～ 35 吨以下，450 元 / 吨；35 ～ 55 吨以下，550 元 / 吨；55 ～ 120 吨以下，700 元 / 吨；120 吨以上 1000 元 / 吨；以上业务费包括差旅费、工资、奖金等一切费用（7—9 月份差旅费由厂负担）。

2. 货款回收：自发货之日起，以 25 天为基础，增、减每万元 / 天，奖、扣 3 元。凡 1992 年以前所发生的销货款应全额收回，否则在 1993 年报酬中全额扣回，1993 年 6 月底前发生的销货款应全额收回，否则到年底扣回 50%, 直至扣完为止。以上所扣的货款到收回时全额冲还给本人。

3. 超价奖：超出厂定最低价部分的 20% 作为奖励。未经许可，自作主张低于厂定价出售（未经厂级领导批准），不足部分由销售员自负（财务、仓管员拒绝开票、发货）。

4.运输费：凡发生所有的产品运输费，由销售员承担25%，在计算销售员报酬中扣除。因工作或送货需用的小车也同等计算，遇特殊情况需外单位租用小车的，经领导同意后方可使用，否则费用全额由本人承付。

5.损失规定：运送产品原则上销售员自己负责，在途中坠落、损坏或缺少应由销售员（押运者）、驾驶员各承担50%。以物资抵债货款，须经领导同意，本人负责处理，其损失部分由销售员承担。

6.费用开销：所有的业务单位须领导走访或工作需要出面联系的，发生的费用由厂和销售员各承担50%。

海绵供销科长兼车间主任考核政策

一、工作职责：负责海绵产、供、销及货款汇拢工作，达到考核要求（月平均得到100分以上），最高报酬可得分管厂长的七折。

二、考核要求：

1.销售数量：全年销售数量以520吨为基础，增、减每吨奖、扣0.3分；其中厂部接业务40吨，增、减每吨奖、扣0.8分（以货款收进为准）。

2.应收款：年平均销售货款余额以80万元/月为基础，增、减每万元奖、扣0.4分，到年末销售货款余额为60万元，增、减每万元奖、扣1分。

3.原料供应：1993年度海绵原料以1992年平均价格为基础，增、减每个百分点奖、扣3分。

4.资金占用：全年平均占用流动资金125万元（包括应收款），增、减每5万元奖、扣2分。

5.管理责任：业务员中发生与本厂无关的业务或挪用公款等，损害本厂利益的违纪违法行为，由场、厂及其他部门查处的扣5～15分/次。

6.信息反馈：要掌握市场动向，了解价格变化情况，正确、及时提出合理化建议，供厂部决策。

海绵车间副主任考核政策

一、工作职责：负责海绵车间的生产及现场管理工作。做到安全、优质、高产、低耗（月平均得 100 分以上），报酬可得分管厂长的五折。

二、考核要求：

1. 用工：全年平均生产海绵用工以 9.5 工 / 吨为基础（包括卸、上车、参加各类会议、搞好厂容卫生等一切用工），减、增每工 / 吨，奖、扣 5 分。

2. 成材率：家私海绵成材率要求达到 96%，扬声海绵成材率要求达到 93%，增、减一个百分点奖、扣 5 分。

3. 产品质量：成品海绵一等品率为 85.5%；二、三等品率为 5.5%；等外品率为 0.5%；次品率为 8.5%，每上、下一个品级的一个百分点奖、扣 1.5 分。

4. 生产费用：全年所需费用（电、机械、电器配件、工杂用具、塑料袋等），以 1992 年为基础，增、减每百元扣、奖 2 分。

5. 管理责任：发生直接损失在 500 ～ 1000 元的工伤医药费、设备、失窃、火灾事故的扣 3 ～ 10 分 / 次。

6. 文明生产：车间所涉及的范围，应物资堆放整齐，现场保持清洁，每季厂部检查一次，得一等奖 5 分，二等不奖不扣，三等扣 5 分。

办公室副主任考核政策

一、职责范围：负责全厂后勤，治安保卫（安全）、汽车调度、土建、行政事务等工作，做到认真、及时、高效（得月平均 100 分以上），报酬可得分管厂长的五折。

二、考核要求：

1. 认真检查全厂人员上、下班制度和厂部人员（食堂、门卫）违反厂纪厂规的考核每月不少于一次，无考核扣 2 分 / 次。

2. 负责厂部的（办公室、食堂、寝室、厂区马路、绿化、堆放）卫生检查工作每月不少于一次，无检查扣 2 分 / 次。

3. 车间现场管理每季牵头检查一次，评出一、二、 三等各一个，书面提出检查结果及整改意见，达不到扣 3 分 / 次。

4. 汽车调度要求做到准确及时，提高运输率，出车时路程需填实，如有变动按主管厂长签批调整；外协单位需用车（无运费可收），要由主要领导同意，否则财务不给入账，并扣2分/次。全年无交通事故奖6分。

5. 土建：保证质量的前提下按合同规定的竣工时间，完不成每工程扣3分，提前每个工程奖6分，如工程量有改动应及时出具联系单，发现质量问题应及时开出罚款单，并督促整改，发现未出证件的每次扣2分。

财务副科长考核政策

一、职责范围：负责全厂的财务管理、财务分析、资金统筹安排、政策考核（月平均得100分以上），报酬可得一、二分厂分管副厂长平均的五折。

二、考核要求：

1. 财务分析：按月进行财务分析，次月10日前报厂级领导及有关部门，缺少或延期扣2分/月。

2. 负责全厂政策、厂纪考核和奖金核算发放，在次月20日前发出，缺少或延期扣2分/月。

3. 按期上报各类统计报表，缺少扣2分/期，应付、应收款在次月8日报出，缺少一样扣2分。

4. 应收款：应及时催讨应收款，到年底以染料550万元、海绵60万元为基础，减、增每万元奖、扣0.2分。

5. 物资管理：督促有关人员加强仓库管理，因管理不善造成200～500元经济损失扣2分/次；500元以上按每200元加扣1分，类推增加。

6. 税费筹划：减免税（增值、所得税）达到50%加奖5分，达到100%的加奖15分。

7. 引进6个月以上银行利率资金每100万元加5分，以此类推。

8. 原辅材料及产品每月盘仓一次，五金材料每季盘点一次，达不到每次扣2分。

驾驶员政策报酬

驾驶员必须做到安全第一、服务第一，努力完成厂下达各项运输任务和利润指标。

1. 所有汽车有厂统一调度，驾驶员必须绝对服从，违者罚款50元/次，情节严重的交出汽车钥匙、开除出厂或另外安排工作。

2. 必须凭调拨单出车，完成任务后必须由经办人签字确认，否则财务不予结算。

3. 必须按月结清路程，按季结算兑现 50%，年终结清（外单位出车由厂统一结账），违者发现后按收款额加倍处罚。

4. 所有车辆的路程统一按省级公路里程表和厂确定的路程为准计算；未固定的路线和未规定的路程按实计算；场内按 16 千米计程（来回程）。

5. 装海绵按每个吨位 180 千克计算，表、底皮按 400 千克计算，（东风车）不足 900 千克按 4 吨计算，（跃进车）按 4 吨计算，不足 540 千克按 3 吨计算，超过部分按实计算；装染料按东风车不足 5 吨，按 5 吨计算，（跃进 4 吨）超过部分按实计算；回程时随带空桶，塑料桶省内 0.5 元 / 只，外省 1.5 元 / 只，铁桶 0.3 元 / 只。

6. 定运价：萧山市内单程 0.51 元 / 吨 · 千米，来回程 0.34 元 / 吨 · 千米，市外单程 0.45 元 / 吨 · 千米，来回程 0.3 元 / 吨 · 千米。

7. 定油价：所需油料由厂供应，汽油（柴油）按 2500 元 / 吨，不变价计入成本，高于此价按发票计算，弄虚作假的一经查实加倍处罚。

8. 定报酬：工资每月按 150 元 / 人预提，东风车全年上交折旧费 1 万元 / 辆，超额部分固定工得 50%，合同工得 47.5%，其余部分交厂；跃进车全年以保本为基础，盈利部分得 60%，其余 40% 交厂（含出车补贴）；本政策以全厂固定员工人均收入 5000 元 / 年为基础，承包者的收入随人均收入的增减而增减。

9. 定费用：大修理费按产值 8% 提取；差旅、过桥、保险、停车、罚款等一切费用按规定批报计入生产成本；0082 号车按 8%、2575 号车按 6%、2751 号车按 5%、3156 号车按 4%、7876 号车按 5%、7416 号车按 8% 的修理费实行包干使用；严格遵守交通规则，坚持安全行车，如发生事故的一切费用均摊入生产成本；所有物资装运过程中发生的破损、丢失，由驾驶员和供销员各负 50% 的经济损失。

10. 工具车：定报酬：路程以省级公路里程表及本厂有关规定为准，每千米定合同工驾驶员报酬为 0.14 元 / 千米，固定工 0.15 元 / 千米（含出车补贴）；定费用：油料、修理、过桥、停车、罚款、保险及一切费用，定五十铃为 0.34 元 / 千米，奇观车为 0.42 元 / 千米，增减部分以 50% 作奖、赔；定运价：五十铃为 1.2 元 / 千米，奇观车为 1 元 / 千米，承包驾驶员在厂内外必须严格遵守厂纪厂规，违者按厂奖惩条例有关条款严肃处理。

染料供应员经济政策

1. 工作职责：主要负责争取吉化染料厂的货源，托、发、运原染料等工作。

2. 任务：以全年采办 C.I. 分散蓝 56 原染料 60 吨（折干）为基础任务。

3. 报酬：完成全年基础任务得全厂员工人均报酬，超出基础任务每 5 吨，加奖 10 分。

4. 业务费：每采办 1 吨原染料，定业务费为 100 元，凭发票批报。超过基础采办量部分奖励 500 元 / 吨。

5. 要装足车皮，做到均匀发货，积极完成领导指派的其他工作。

（资料来源：《1993 年吉化萧山联营染料厂、萧山聚氨酯泡沫厂经济政策》）

附录二：

2019 年吉华集团经济政策（摘要）

以有利于提高吉华集团经济效益，有利于可持续发展；切合实际，形式多样，不保护落后，不鞭打快牛；奖要奖得眼红，罚要罚得心痛，允许像销售一样拉大差距；为有能力、想作为、敢担当的人提供施展的舞台；做平常事，干平常活，做平庸人的只能给平常薪酬为原则，特制定本政策。

一、考核指标：

1. 综合效益：目标 8 亿元，其中：

一分厂 1200 万元，五分厂 1300 万元，六分厂 3.45 亿元，七分厂 3000 万元，八分厂 3.8 亿元，九分厂 2000 万元。半年以上的库存原材料，一年以上的备品配件、产品，分厂自行销售的一年以上难收款减去当年的考核利润。

2. 产量：

分散染料按 3250 吨 / 月原染料配套，并满足销售所需品种齐全，其中，六分厂以小品种为主，年产量1.45万吨；八分厂年产量1.8万吨。

按6500吨/月商品染料计，其中：六分厂年产量3.6万吨，八分厂年产量4.2万吨。C.I.分散蓝56中间体销售按1：1折原染料，外调中间体（固体）按2：1折原染料，酯化液、分散（含浆状）、活性、酸性、直接商品染料按3：1折原染料，常规液体按6：1折原染料。

六分厂活性、酸性、直接染料系列，年产量2万吨；七分厂H酸年产量1万吨；九分厂各档硫酸（折百）24.1万吨及试剂酸5000吨，二氧化硫5000吨；对位酯系列按实际生产时间考核，每月500吨。

3. 销售收入：目标42亿元（含税），其中：

一分厂1.2亿元，五分厂1.4亿元，六分厂17.7亿元，七分厂3亿元，八分厂17.7亿元，九分厂1亿元。

4. 流动资金：以吉华集团内部银行形式统一调度资金（包括江苏公司等贷款），根据吉华集团统销、分厂自销和行业不同，按销售额配套定额流动资金，多用计息，基础定额资金比例，其中：

一分厂为销售额的16%，五分厂为销售额的20%，六分厂为销售额的8%，七分厂为销售额的9%，八分厂为销售额的8%，九分厂硫酸类产品为销售额的13%，对位酯产品为销售额的10%。

吉华集团集中销售的产品，各分厂计息日期截至发货日，因销售原因引起的延迟或不交货而造成积压的利息由销售等有关部门（人员）负责；由分厂自行销售的硫酸、副产品、海绵、涂料等产品按资金收回日期全额计息；新投入项目，不享受利益的不计息，享受利益要计息。

以上流动资金按实际使用额以承兑汇票4‰、现款5‰月息计入成本。

5. 目标成本（具体以目标成本政策为准）：

以吉华集团2019年重新核定的定额成本为基础，降本部分以5%奖励中层以上干部及相关人员（其中：中层以上干部（不含分厂级领导）奖励80%，余20%由车间、部门支配奖励给相关人员），亏损部分按3%扣取中层以上干部及相关人员的报酬（中层干部承担80%，余20%由车间、部门分解到相关人员），以上奖、扣按月核清，年底结算兑现。

各项费用的规定：根据财务部提出的制造费用与管理费用规定科目，各分厂统一按此科目（可剔除的科目有：制造和管理费用中的折旧、已在车间产品成本中列支的包装物、技术研发费中已作考核部分、地方税金、五险一金）进行考核。

6.报酬计算及考核办法：

基础报酬（基本工资）实行分级定薪，中层及以上干部基础年报酬按职能定级（8级）为基础，定1级（董事长、总裁）基本年报酬为17.6万元；2级（集团副总裁、大子公司总经理）基本年报酬为16万元；3级（小子公司总经理、主持工作的副总经理）基本年报酬为14.5万元；4级（总助、总监、子公司副总）基本年报酬为13.2万元；5级（主任、部经理）基本年报酬为11.9万元；6级（科长、副部、主持工作副主任、小车间主任）基本年报酬为10.8万元；7级（主持工作科长、车间副主任）基本年报酬为9.7万元；8级（副科长、副部、新任车间副主任）基本年报酬为8.9万元。

安排到江苏公司工作的萧山籍（夫妻双方同住在萧山并有房产的）中层以上职能人员，每人每年补贴5万元，其他地区人员，每人每年补贴3万元，苏北范围内人员，不作补贴。

定职能系数分值报酬3500元/分，年底根据实际情况可作适当调整；完成目标成本、综合效益、产量、销售收入的基础上（六、七、八、九分厂不考核销售收入），各分厂主要负责人得年定级基本报酬加职能系数报酬总额。

综合效益增、减1%，职能系数报酬加、减0.8%（其中六、七、八、九分厂增、减1%，加、减0.3%）；按目标成本考核政策所定指标，工厂总成本增、减1%，职能系数报酬一、五、七分厂减、加5%，六、八、九分厂减、加12%；产量：染料产品折成原染料，增、减1%，职能系数报酬加、减0.6%，七、九分厂增、减1%，职能系数报酬加、减0.3%，一、五分厂不考核产量；销售收入增、减1%，职能系数报酬加、减0.6%，六、七、八、九分厂不考核销售收入。

按销售部门提出的月度平衡计划，每缺一个品种，六、八分厂负责人分别减月职能系数报酬2%、3.5%，未达到计划量的（按品种差25%以上的），六、八分厂负责人分别减月职能系数报酬1%、1.75%；六分厂三废处理总成本以1.15亿元为基数，增、减1%，职能系数报酬减、加0.5%（固废以2018年底盘存数量为前提，多扣少补；污水厂大修费和清池费按2.5元/吨原水计提；处理药剂以2018年平均价格为基数；实际产量与目标产量增减，三废处理总成本相应增减）。

副厂长按基础报酬 + 职能系数（浮动报酬）计酬；各分厂车间、科室中层干部，按主要负责人考核（二项主要指标：一、五分厂为综合效益+销售收入；六、七、八、九分厂为产量、综合效益）总报酬减基础报酬后的职能系数分值，对应子公司中层职能系数总分，按内部政策考核分解落实到人；其他职能指标考核，在总报酬外直接加、减；总裁（副总裁）根据经济政策，按基本报酬加职能系数分值报酬的总额考核计酬；吉华集团直属的其他中层及以上干部，以总裁（副总裁）及分厂主要负责人的考核（三项指标：一、五分厂为综合效益、销售收入、目标成本；六、七、八、九分厂为目标成本、产量、综合效益）总报酬减基础报酬后的职能系数分值对照实施。

中层以上干部基础报酬经绩效考核后按月发放，工作业绩差、完不成任务的，年底考核最低总报酬减至基础报酬为止；财务科长、副科长全额由吉华集团财务部统一考核落实到人。

一般员工年薪，按 2 万～25 万元进行分级，对具有技术特长、专业职称及大专以上人员按工作业绩和能力实行分级计酬。技术中心员工报酬，由部门负责对原薪酬体系进行调整，经总裁审定后实施。生产一线按考核值 ×1.05 结算。

除吉华集团任命的中层及以上干部外，年总报酬超过 12 万元的人员需报总裁审核批准，技术中心、进出口公司、财务部等无定量考核的部门，由本部门拟定薪酬方案，报集团总裁审定，企管中心备案。

7. 鼓励薪酬体制改革：

对进行薪酬分配方式实行改革，经审定 50% 以上按定量考核实行浮动的部门，在 2018 年的工作量、用人同等前提下总额提升 10%，对未实施改革的部门薪酬提升总额不超过 5%。

二、经费提留、经营费以及非生产性支出范围及审批权限

1. 经费提留：

各分厂自销产品萧山按 0.75%、江苏按 0.50%，由吉华集团统销的产品萧山按 4.50%、江苏按 4.25% 计提缴，作吉华集团经营费、业务费和直属部门人员的工资和财产的添置、改造之用；不产生销售费用的内转产品如 H 酸、原染料等中间体和酸、汽、电、水不计提管理费。

2. 经营费（非生产性支出）范围：

凡是与生产无关的运费、空调、电脑及小车、差旅、招待、礼品、通信、纸张、传真，印刷（唛头除外）、文具等上述设施的添置、维修费用按部门（人员）单列考核，非生产性购置 3000 元以上需经总裁或董事长批准，1 万元以上需经办公会议批准，差旅费报销按有关规定执行，特殊情况需事前经总裁或董事长同意。

非本职范围的受指派用车、招待等费用和因事故、突发事件邀请有关部门处理等费用由事发部门主管领导核实，办公会议审定，在事故费中列支；各单位非生产性改造、修理、装修、办公用具购置等添置的设施按批准额度由吉华集团或所在部门生产费列支，超额部分在使用部门经营费（非生产性支出）列支；工、青、妇活动经费按规定在工会经费和工、青、妇组织自创经费中开支。

3. 非生产支出基数：包括医药、新增项目等，不再剔除，所有费用全部进笼子。

一分厂 36 万元，五分厂为 60 万元，六分厂为 150 万元，七、八、九分厂合并为 380 万元；

以上超出部分承担 40%，其中分厂主要负责人承担 70%，其余由相关人员分担。

三、安全环保、精神文明、质量责任

1. 安全环保事故费用（含罚款）基数：

各分厂按定额基数，减、增部分以 40% 作奖、扣，其中分厂级领导承担 50%，责任部门和分厂职能部门承担 50%。总额定 100.8 万元，其中：

一分厂 2.1 万元，五分厂 2.6 万元，六分厂 38.6 万元，七分厂 9.7 万元，八分厂 40 万元，九分厂 7.8 万元。

安全环保部定安全、环保罚款基数：萧山 25 万元、滨海 50 万元，减、增部分以 30% 作奖、扣。发生 20 万元以上重大事故的，责任分厂及相关安环部门（人员）不再享受安全环保节支和无罚款奖励，取消报酬升级和评优（先进）资格。

吉华集团直属部门发生安全事故和环保罚款的，主管副总裁或总助、总监和部门负责人各承担 35%；各分厂发生因安全、环保事故引起的新闻媒体曝光事件，地市级每次扣 6 万元，省级以上每次扣 8 万元，由分厂级领导、责任部门负责人、职能部门负责人承担。

发生 5 万元（不含）以下的一般安全、环保等责任事故，按损失额的 20% 扣款；发生5万元（含）至15万元（不含）的安全、环保等责任事故，按损失额的25%扣款；发生性质严重、影响较大的火灾或爆炸等事故，按损失额升一级处理，其中分厂级领导承担50%，余50%由分厂负责人落实到责任和职能部门（人员）；发生重大安全、环保、经济（除销售难收款以外）等责任事故的，一次性扣：15万元（含）至30万元扣9万元；30万元以上至60万元的扣18万元；60万元以上至120万元或死亡1人的扣26万元；120万元以上（含）或死亡1人以上的扣43万元。其中分厂级领导承担60%，发生的车间（科室）负责人承担40%，发生部门班组长及相关责任人员按吉华集团规章制度相关条款处罚。

发生人员死亡或一次性直接损失在60万元以上的安全（火灾）、质量、环保等特大事故的有关分厂、科室、车间的责任人除按以上有关条款处罚外，根据责任大小，再降薪或降职降薪。

安全环保直接经济损失计算（审计）范围：

人身伤亡的抢救、医疗、护理费用，交通费、误工费、伙食费、住宿费、经济补偿费、丧葬及抚恤费、补助及救济费、后事处理费、停工工资和其他费用等；处理事故的事务性费用、清理现场费用、事故罚款和赔偿费用等；报废的固定资产按照净值减残值计算，报废后能修复的固定资产，按实际损坏修复费用计算；原料、燃料、辅助材料按照账面值减残值计算；成品、半成品、在制品等按企业实际成本减残值计算。

2. 精神文明：

（1）计划生育：

有违反计划生育现象的，扣计生负责人和分管副总或总助、总监职能系数报酬的2%，所属人员子公司扣正、副总经理，集团直属部门扣主管副总和部门负责人职能系数报酬的2%；被上级计生部门查处的扣职能系数报酬的3%；出现计划外生育的上述人员加扣10000元/次。

（2）治安管理：

各子公司所属部门和集团直属部门发生打架斗殴、赌博、偷窃（贪污）等违法、违纪现象，由集团处理的扣2000元/次（治安事件已破获的，不再作扣款），由上一级警务室处理的扣5000元/次，被公安机关处理的扣8000元/次。上述扣款子公司级领导、主管副总或总助、总监负责40%，余60%由子公司、主管副总或总助、总监落实到班长以上有关人员。

3. 质量责任：

经核实确系产品质量问题发生的质量投诉，有赔偿的以赔偿额的50%承担，赔偿额不足8000元的，按承担4000元计。无赔偿的，染料、硫酸、H酸等中间体扣4000元／次，海绵扣1000元／次。由责任分厂、部门班长以上干部承担，其中：分厂级领导承担40%、车间（科室）负责人承担40%，发生部门班组长及相关责任人员承担20%；发生质量投诉统一由应用服务部归口管理并处理，分厂（车间）擅自处理的，经查实，按实际损失额的5倍进行处罚，由相关责任人承担。

品管部对各分厂的一次性产品送检抽样合格率，常规品以99%为基数、精品以96%为基数，加权平均，增、减1%，所属分厂质检科长年职能系数报酬增、减1%；技术中心抽检各分厂不少于10%的进厂原料对比样，抽样合格率以99%为基数，增减1%，所属分厂质检科科长年职能系数报酬增减2%；分厂质检科科长进厂原料随机抽样率不少于3%，减1%，减职能系数1%；染料一等品加权平均合格率（必须斑点测试），增、减1%，分厂正、副厂长年职能系数报酬增、减0.5%。

四、部分吉华集团直属部门负责人考核政策：

对总裁、副总裁、总工程师、总监及进出口公司、销售公司、供应部经理等，根据职务、责任分别制定单独考核政策。

1. 总裁：

（1）基础利润（综合效益）：8亿为基础，效益增、减1%，职能系数报酬增、减0.5%。

（2）销售收入（含税）：以42亿为基础，增、减1%，职能系数报酬增、减0.3%。

（3）安全环保：发生30万元以上至60万元重大安全、环保、经济（除难收款以外）等责任事故一次性（下同）的事故扣3万元；发生60万元以上至120万元或死亡1人事故的扣6万元；发生120万元以上或死亡1人以上事故的扣12万元。

定安全、环保等罚款费用75万元为基数，减、增部分以2%作奖、扣。

被新闻媒体曝光，市级扣5000元／次，省级及以上扣1万元／次。

发生停产整顿等恶性事故，每次扣5万元。

（4）非生产性支出以1050万元为基数（含直属各部办、各子公司），增、减1%，扣、奖职能系数报酬0.3%。

其他人员的政策（略）。

五、鼓励引进医药、农药及中间体，染料、颜料及中间体，印染助剂及中间体等适合本公司生产的精细化工产业项目及产品，引进建成投产后，以第一年利润的 2%、第二年利润的 1% 作为奖励。

六、其他

1. 各分厂之间相互调剂的中间体、原染料均按市场价下浮 2% 结算，没有市场价的按集团核价体系中车间成本上升 20% 结算，由计划信息部按月核定价格，书面报送各分厂执行。商品染料和 H 酸按月平均销售价下浮 2% 结算，运费由供货方负担。各分厂自产自用的中间体不计产量。

2. 六分厂供给八分厂的中间体用于生产原染料后返回给六分厂的，车间成本上升 20% 部分返回给八分厂，月底由八分厂提出金额，经计划信息部核实，在年底考核时返回。车间成本以计划信息部每月月初核准的价格为准。C.I. 分散蓝 54、77、溶剂型 C.I. 分散黄 163 中间体按成本价结转，利润八分厂与六分厂 5：5 分成。

3. 所得税统一按 25% 计提。由各分厂争取得到的政策性补贴，计入利润。

4. 用足用好上级对节能减排、高新技术、税收减免等方面的政策，其中，奖励或补贴部分的 10% 可作为费用开支，节约部分的 8% 可奖励有关人员。

5. 技术中心老产品降本结算部分，以对挖潜人员进行奖励计算额为基础，受益的分厂按实际受益额承担技术中心结算额的 1/2（减利润）。

6. 上一考核年度冲减的存货超时与存货现价的差额，在本年度考核时已清理部分结算利润。

7. 新增固定资产及改造维修费用：

用于生产线改造、设备更换等技术改造费用，六、七、八、九分厂在 20 万元以下，一、五分厂在 5 万元以下的，在当月生产费用中开支；六、七、八、九分厂在 20 万～60 万元的，一、五分厂在 5 万～20 万元的，按 12 个月分摊计入生产费用中；六、七、八、九分厂在 60 万元以上，一、五分厂在 20 万元以上的，事前向工程部报告，可作为固定资产按规定要求申报核准进账。没有事前报告的一律计入生产成本，削减当年利润，报后 5 天内未反馈意见的，扣工程部相关人员 1000 元 / 天次，由工程部经理分解到相关责任人员。固定资产增加、报损减少和新增、技改等投入必须事前报告，经工程部核准后，凭批准手续或总裁办公会议纪要结算转入固定资产。

8. 驾驶员考核：

定萧山区块汽车驾驶员共10人年总报酬72万元、江苏区块驾驶员5人年总报酬35万元，每月补贴电话费100元/人，违章罚款每辆车5000元/年，由综合办落实，考核到人；未经正常调度公车私用的，经查实，驾驶员按1000元/次处罚；除保险、折旧外，由综合办核定各车辆每千米费用，落实考核细则。

9. 分厂间费用结算：七、八、九分厂间结算：自来水按园区价的70%计，纯净水按18元/吨计，硫酸按当月销售平均价下浮3%计，蒸汽按森达热电厂当月税后均价的90%计；污水处理运行费用按七、八、九分厂实际排放量及浓度值分担费用；一、五分厂排入六分厂污水系统的污水装表计量，按六分厂污水处理厂平均处理成本加纳管排放费的50%计收。

10. 六分厂的硫酸铵由销售公司和进出口公司负责销售，九分厂的硫酸制品、八分厂的染料中间体、硫酸铵、2,4–二硝基酚等副产物和废旧物资由江苏吉华供销科负责销售；进出口公司代为各分厂做进、出口设备、产品、原料业务的，按进出口总值的1%提取手续费，作为进出口公司的经营费用。

七、承包、包干政策

为充分激发员工的积极性，增强责任心，实行奖优罚劣，给有能力、敢担当、想做事者提供条件。

由各分厂（部门）提出适合利润包干单元的方案，报吉华集团审定。吉华集团内中层及以上干部和社会上有能力、敢担当、想做事的人士均可申请，同等条件现任的部门主管优先。

八、销售政策

为调动广大销售人员的积极性，强化营销占市场，完成销售任务，保证各项经济指标的实现，特制订本政策（在此政策框架范围内，由销售公司、进出口公司、各分厂制定具体实施细则，考核落实到人）。

1. 实行风险抵押，费用包干：

每位销售人员和每个销售点，应缴纳不少于50万元风险金或财产、房产等不动产抵押、吉华集团中层及以上干部担保，方具备销售资格。无抵押、无担保的不予产品发货额度授信。

2. 业务费：

染料内销块：以 7 万吨年总销售量为基础，按销售额的 2.5% 计业务费，超目标基础量，外加 1.5%；为有利于淡、旺季进行调节，对业务员实行百分系数考核；在上述政策范围内，根据行业规则，对竞价促销、染厂直销等经主管副总裁批准，采取业务费浮动等特殊政策。

海绵块：定业务费（含厂、科部分业务费、运杂费）销售额在 1.1 亿元以下按 4.2% 计，超 1.1 亿元部分按 4.6% 计。

涂料块：定业务费（含厂、科部分业务费、运杂费）销售额在 1.2 亿元（含）以下按 3.6% 计，超 1.2 亿元按 3.9% 计。

3. 价格：

具体以吉华集团下达的文件为准。超价部分业务员得 35%（有特殊规定的除外）。对数量大、但价格需低于定价或收款期较长、运输费需由吉华集团承担的染料直销等特殊客户，需有关人员申请，经集团分管领导批准，并在集团有限层面 OA 中公布，业务费按 50% ~ 80% 浮动计算，未经审批的，差价由业务员、经销商承担；凡特殊情况需支付佣金的由集团直接支付，不计超价，批价后作高价销售的，一经查实以差额部分的 10 倍处罚，并在一年内不予批价。

4. 货款回收：

自发货之日起，收回期为：染料承兑 45 天，现款 60 天（福建承兑 60 天、现款 75 天；广东承兑 50 天、现款 65 天）；涂料承兑 65 天，现款 80 天；海绵承兑 45 天，现款 60 天；按上述规定回收期限提前每万元奖 1.2 元 / 天，延迟每万元扣 1.8 元 / 天。利息奖励天数上限为 60 天。

5. 难收款：

（1）2018 年遗留下来的难收款，必须全额收回。未收回部分在 2019 年业务费中扣除。

（2）2019 年发生的难收款，超过 6 个月的全额扣除。

（3）以物抵款的由销售人员自行处理。

（4）公司制直销产生的难收款，未收回部分先在业务风险金中扣除，剩余部分在

2019 年业务费中扣除。

（5）在催讨难收款时，需集团出面协助的，产生的费用由销售人员承担。

（6）销售人员经全力催讨而无法收回的难收款，在年终结算报酬（按先扣超价后业务费冲抵）及风险金、抵押财产作赔偿，不足部分由销售人员或担保人用现金（资产）补足。

（7）业务费若出现红字，必须交清后再予发货。

（8）对于难收款数额大于年销售总额 5% 的业务人员，必须集中精力收款，除现款交易外，一般不予发货，特殊情况需发货的，须由业务员提出书面申请，经总裁办公会议确定。

6. 销售方式：

实行定单位、不分区域的原则。已与吉华集团经销商或销售公司、进出口公司发生业务关系并完成额定量的单位，其他销售人员不得报价和再销售同种产品。否则，根据情节轻重作 1 万～10 万元 / 次的罚款。如发生业务关系，除作上述罚款外，不计业务量和业务费，并负责收回前者的货款。原销售员和销售公司超过三个月不发生业务关系的，经主管副总裁批准，其他销售人员可推销。

经销其他厂家的吉华集团同类产品，一经查实，按 20 万～50 万元 / 次处罚，对盗用吉华品牌进行高混低等偷工减料的，一经查实作 30 万～60 万元的经济处罚，根据情节追究经济、刑事责任，并重新审定业务员经销商资格。

7. 质量争议：

在销售过程中发生质量争议，销售人员必须立即用书面（手机微信、短信、邮件）形式通知生产厂，集团配合处理，如查实属产品质量问题，所有费用由生产厂承担。否则产生的费用由业务员承担。如业务员对质量裁定有异议，可请资质部门仲裁；非产品质量问题造成退货，销售人员需承担差价及全部费用和利息。

8. 送货押运：在运输等过程中发生的损失、损坏等全部由销售人员自行负责。

9. 直销业务：

做直销业务者不得做个人业务，本人及直系亲属、关联人员中有同业竞争类的业务人员必须脱离直销业务。

按经营性业务员同等考核结算的业务费额（应收款、难收款同等考核），所提取的

30% 业务风险金，相关人员可提出书面申请，经主管副总裁及以上领导批准可用于业务拓展。所联系的业务单位业务量（液体按 2：1 折算）连续两年下降的，取消业务员资格，辞退或另行安排工作。

10. 进出口公司：

以出口外销业务为主，努力扩大经营范围，在不形成吉华集团内部冲突的前提下，可以同时做国内业务。

各类染料、中间体总销量以达到 3 万吨为基数，所属员工（除负责人、财务人员以外）的总报酬以 280 万元为基础，每增 100 吨，总报酬增 2 万元，降 100 吨，总报酬减 1 万元。

以下部分作为进出口公司收入、利润，实行绩效考核。

价格：以吉华集团最低控制价（含佣金）为基数，累计加权平均（财务按月核实，年底加权平均），平衡后超额部分作为超价（利润）；经营利润：经营吉华集团以外的产品盈利部分；按内销政策同等提取业务费；难收款和以物抵款物资与内销同等冲减利润，总额中提取 30% 作为风险金的准备金。

上述三项收入合计在减去陆运费、海运费、佣金、银行扣费、财产保险、报关办证费、码头仓储费、手续费、包装差价费用、差旅招待费、通信费、办公费、营销、运杂、邮寄、班车、小车、房租、水电、物业、接待、礼品、绿化等所有费用后（房租、物业费按实际发生额的 50% 计），作为进出口公司核算利润，按超奖 5%、降扣 2% 增减相应人员的总报酬。

（资料来源：《2019 年浙江吉华集团股份有限公司经济政策》）

第二节 分厂（子公司）考核

1997 年，吉华化工组建后，为适应发展趋势，便于管理，发挥下属分厂的主观能动性，对一、二、三分厂落实经济责任制考核，考核的主要项目有综合效益、产量、销售额、工资总额、流动资金等。根据当年经济效益及工作业绩，在分配总额进行调控的前提下，实行以 3 个分厂为主体考核。

2000年，随着集体资产转制，主体结构的改变，在第一次改革的基础上，对分厂政策作了改进、完善，以综合效益及产品质量、安全环保工作、非生产性支出、综合治理等指标进行考核。

2003年，在第二次改革的基础上，对政策作了调整和完善，以核定的固定资产回报率确定分厂综合效益指标。分厂目标效益增减部分采取分成奖励、扣减所在分厂中层及以上干部报酬，最低的直至该厂人均收入。分厂员工报酬以产量工资计酬基础上，新增与分厂效益挂钩。

2007年，在第三次改革的基础上，对分厂（子公司）经济政策的考核内容作了较大调整，考核政策新增定额流动资金，超额部分计息减效益；吉华集团统销产品截至发货日，分厂自销产品截至货款回笼日，超出部分全额计息减效益；安全环保发生重大事故，根据损失程度，承担相应的额度。

2008年起，新增节能减排、降本节支考核；综合效益考核，统一按25%（剔除折旧后的考核利润）计提所得税。

2009年起，新增固定资产额度标准；新设定产品合格率、送检产品合格率、原料抽样合格率考核。

2010年起，重新核定流动资金指标，按固定资产的20%确定；降本节支的降本部分10%奖励中层及以上干部和相关人员。

2012年起，新增发生15万元（含）至30万元重大安全、环保、经济（除难收款以外）等责任事故，改为一次性（下同）扣10万元；发生30万元以上至60万元的事故扣20万元；发生60万元以上至120万元或死亡1人事故的扣30万元；发生120万元以上（含）或死亡1人以上事故的扣50万元。其中子公司级领导承担50%，车间（科室）负责人承担35%，发生部门班组长及相关责任人员承担15%。

2014年起，在第四次改革的基础上，根据行业、市场形势变动实际情况，对子公司政策作了较大的调整，综合效益以市场行情、生产能力确定。增设各分厂产量、销售额考核；按实现的销售额配套定额流动资金，多用计息。

2016年起，用于生产线改造、设备更换等技术改造费用，根据分厂规模大小设定额度，按规定在事前向工程总监报告，经批准的，可按新增固定资产结算。

2017年起，自主销售的分厂一年以上难收款减去当年的考核利润。

2019年起，目标成本考核奖励部分不变，亏损部分按3%扣取中层及以上干部及相关人员的报酬。

根据吉华集团制定的经济政策，各分厂（子公司）、部门对工作目标和任务进行分解落实，分别制定内部经济考核政策。

附录三：

一分厂2019年经济政策（摘要）

围绕吉华集团下达的2019年工作目标：销售收入1.2亿元，综合效益1200万元；以及年度工作报告中分厂7项重点工作，具体分解如下：

1. 目标分解

销售收入1.2亿元：常规海绵销售1亿元（其中沙发海绵7500万元、长泡海绵1200万元、立泡海绵300万元、高回弹海绵500万元、其他海绵500万元）；枕头产品海绵300万元，座椅、床垫产品海绵700万元、扬声器海绵1000万元。今年因考虑价格因素，完成目标至少需比去年增量25%。需挖掘新客户和老客户新品种增量。

综合效益1200万元：分厂目标1400万元（除可变因素实际需增效500万元），常规海绵毛利率增加2个百分点，增效180万元；滞销产品处理增效130万元；枕头、座椅、床垫产品海绵比去年增效50万元；扬声器海绵增效20万元；开源节流、降本节支增效100万元；资金占用利息预计降30万元（政策支持、价格因素）。

2. 重点工作分解

开拓新市场，保证销售任务完成，力争达到1.2亿元。新增加潜力客户2个以上，力争增加销售额800万元；开发宁波婴儿座椅市场增量300万元；12#房产品力争突破600万元；海宁慕容世家、万盛增量500万元；嵊州市场扬声器海绵增量100万元；宁波复合绵市场增量200万元；顾家家居增量200万元以上。汽车用复合产品市场需有实质接触。

成立3个攻坚组，配套激励考核政策。争取成功2个项目，增量500万元以上。

发泡合格率平泡96%、立泡94%。完善目标成本考核，优化配方挖潜，原料经营挖潜，吨产品综合成本在2018年基础上下降1%。

环切项目力争7月底完成设备安装，进行试生产。

2019年海绵销售政策

为调动广大销售人员的积极性，强化营销，开拓市场，完成和超额完成1.2亿元销售任务，根据吉华集团2019年销售政策，具体分解细化如下：

1. 风险抵押

销售人员（点）必须提供50万元或相应的财产作抵押，签订“业务员担保书”。承认公司有关政策、制度，方具备销售资格。

2. 任务基数

根据厂下达的任务目标，结合海绵销售实际，核定各销售员销售任务基数。具体各销售员年销售额任务基数如下：汪凤尧1150万元、金鑫600万元、傅伯坚1100万元、陈燕娟1150万元、杨顺祥500万元、潘柏锦1300万元、王美芳500万元、厂部6000万元。完成任务基数得基础报酬，超、减基数按比例增减。

3. 报酬及费用结算

基础报酬：全年完成1600万元以上得7.5万元、1300万～1600万元得6.2万元、1000万～1300万元得5.1万元、600万～1000万元得3.2万元，低于600吨，按50元/吨结算并从下一年度起取消业务员资格。

业务费：按每万元销售额170元计提业务费（其中：模泡产品按每万元销售额250元计提业务费，2018年未发生业务的新增客户和老客户经认定为新增品种的业务按每万元销售额210元计提业务费）。销售过程中发生的运费、卸货、电话、邮寄、食宿、交通、待客、佣金、接送客人的小车等一切费用自负。由领导出面的待客费负担50%。

业务员必须按销售实物的品种、数量、价格如实向客户开具海绵增值税发票，不得虚开、转移开票，如有产生，后果自负。

需支付佣金的由厂部直接支付，同时该业务不再计差价。特殊情况须低于厂定价的，须经厂主管领导批准，按90%计算业务费，未按规定审批的差价全额由销售员承担。

成型产品价格，按规定划分，经厂部核定后确定。

4. 运费

运费由销售员直接结算。结算标准为密度在20千克/立方米（含）以下的轻泡按120%计算；立泡按130%计算。

退货运费：凡出现退货，查实属产品质量问题的，全额由厂承担，否则全额由销售员承担。

5. 价格

为促进销售，将根据市场行情等不同情况，对不同产品的销售价格作适当调整。超厂定价部分可冲抵运费，剩余部分的30%奖励给销售人员，奖励按季考核（以货款收回为准）。

6. 货款回收

自发货之日起，货款回收期为承兑45天，现款60天。提前每万元奖1.2元/天，延迟每万元扣1.8元/天。除一等品外，其他等级产品无运费、无收款期，自发货之日起，延期收款的每万元扣利息1.2元/天，直至收回；承兑汇票到期无法兑现使用的，按未收回货款处理，由销售员负责。

7. 难收款

上年遗留和当年超过6个月的难收款，在当年业务费中全额扣除；以物抵款的由销售人员自行处理；销售员经全力催讨而无法收回的难收款，凭判决书，在当年超价中冲抵，不足部分在年终报酬中全额扣除。特殊情况由分厂办公会讨论后报吉华集团审定。

各销售员货款回收（含上年结存及超价奖励部分中冲减的难收款后），年末考核截至2020年1月7日，收款率为97%，超奖200元/万元、减扣150元/万元，按实考核。

8. 销售方式

实行定单位、不分区域的原则。已与销售人员或厂部直销发生业务关系的单位，其他销售人员不得报价和再销售同品种产品。否则，根据情节轻重作5000～1万元/次的罚款。如发生业务关系，除作上述罚款外，不计业务量和业务费并负责收回前者发生的应收款。原销售人员或厂部在12个月以上不发生业务关系的单位经主管领导批准，其他销售员可以销售；由于销售员工作失职等情况，造成加工好的产品滞留仓库一个月以上或退货的，按销售额的30%承担经济责任。

9. 送货及押运

送货及押运由销售员自行负责，产品出厂后在运输等过程中发生的遗失、损坏等，由相关销售员承担。

10. 销售人员在职期间，涉及到违纪违法等现象，按吉华集团有关政策处置，处理到分厂或部门转由涉及人员承担。情节严重者，加倍处罚，直至辞退出厂、移交司法机关。

（资料来源：《2019 年杭州创丽聚氨酯有限公司经济政策》）

附录四：

2019 年度销售公司经济政策（摘要）

为调动广大销售人员的积极性，强化营销，开拓市场，完成和超额完成销售任务，根据吉华集团 2019 年染料销售政策，具体分解细化如下：

1. 风险抵押

销售人员（点）必须提供 50 万元或相应的财产作担保，签订“业务员担保书”。承认吉华集团有关政策制度，方具备销售资格。

2. 业务费及销售价格

美金折人民币销售额按 1：6.7 折算。各类染料的基础业务费按销售额的 2.5% 计，H 酸、对位酯、蒽醌等业务费按照 400 元 / 吨计。为促进销售，在以上政策范围内，根据行业内有关做法，对竞价促销采取业务费浮动特殊政策。销售价格低于定价的，经主管领导审核批准后方可销售，如审批价低于当时最低限价的，基础业务费相应调整为规定的 70%。以上业务费包含在销售过程中发生的运费、装卸、通信、邮寄、食宿、交通、接送客人的小车费等一切费用。

经签批后低价销售的染料，销售员（点）作加价销售的，一经发现查实，以差额部分的 10 倍进行处罚，并在一年内不予批价；销售员（点）必须按销售实物的品种、数量、价格如实向客户开具增值税发票，不得虚开、转移开票。

3. 销售任务

确定2019年销售人员（点）销售目标任务：以2016年、2017年、2018年三年平均量作为基础，以吉华集团下达任务的90%作为目标考核总量进行分配。无法完成基础考核量的，业务费按80%计算。完成或超额完成目标考核量的根据以下方式计奖：

目标考核销售量在500吨以下的，在完成目标考核量基础上增加50吨（含）以上的，全部销售额享受0.5%的奖励；目标考核量在500吨（含）以上的，完成目标考核量，全部销售额享受0.5%的奖励。超出目标考核量的根据以下方式计奖：500吨（含）～1000吨目标考核量的，超出40%部分；1000吨（含）～2000吨目标考核量的，超出30%部分；2000吨（含）～4000吨目标考核量的，超出20%部分；4000吨（含）以上目标考核量的，超出10%部分，按销售额的1%奖励。

4. 效益贡献奖

偶氮类分散染料前10大品种、蒽醌类分散染料及活性、酸性染料全部品种，分13个类别。以13类品种加权平均的利润贡献率为基础，超出平均利润贡献率的业务员全额享受0.6%的业务费奖励，该类奖励的总额上限为800万元。目标考核量完成奖、超量奖以及利润贡献奖叠加享受。

年业务额低于800万元的取消业务员资格。

5. 业务费结算

财务部门根据销售员（点）实绩，按季考核，产品销售实际发生的运输、装卸费用由销售员直接签单结算，经吉华集团主管领导审批，可予垫付，最高垫付额不超过业务费总额的70%，年底在业务费结算中扣取。

6. 超价处理

具体以吉华集团下达文件为准，销售按实际单品种开票，超价部分销售人员享受35%奖励。特殊情况需支付佣金的，由领导出面直接支付，不再计超价；对数量大、低价现款等竞价促销或收款期较长、运输费用需单位承担的直销等特殊客户，由销售经理提出申请，经吉华集团领导集体（三人以上商定）批准并在集团相对层面OA公布。

7. 货款回收期限

印染厂直接销售业务，货款回收时间统一为承兑60天，现汇75天；非印染厂直接销售业务，货款回收时间统一为承兑45天，现汇60天；H酸、对位酯、蒽醌等中间体货款回收时间为承兑15天，现汇25天。

按上述规定回收期限提前每万元奖1.2元/天，延迟每万元扣1.8元/天。利息奖励上限为60天。按“业务员担保书”上确定的年度最高额借款和内部信用受控额，对应收款额度实行控制，超额的将限制、停止发货。

8. 收款率及难收款处理

对各销售员（点）年末货款回收考核时间截至本年12月31日，收款率应达到：销售额在1亿元以上的为96%；1亿（含）～5000万元以上的为96.5%；5000万（含）～2000万元以上的为97%；2000元（含）～1000万元以上的为98%；1000万元（含）以下的为99%，上述收款率未达到的，每万元扣150元。

上年遗留下来和当年发生超过6个月的难收款必须全额收回，未收回部分需在当年超价和业务费中冲抵，不足部分用风险抵押金抵扣。待现款（或承兑）入账后再予以发放业务费、返还抵押金；难收款收回后15天内不交单位的，按收款额的50%处罚；销售员年终考核业务费若出现红字，必须先交清后再予发货；难收款数额大于年销售总额5%的销售员，须集中精力收款，除现款交易外，一般不予发货，特殊情况需发货的，由销售员提出申请，吉华集团有关领导讨论后确定；在催讨难收款时，需集团出面协助的，所产生的费用由销售人员承担。以物抵款的由销售人员自行处理。

9. 销售方式

实行定单位、不分区域的原则，已与吉华集团内销售人员发生业务关系的单位，其他销售人员不得再穿插销售。否则，根据情节轻重，作1万～3万元/次的罚款，已发生业务关系的不计业务量，前者发生的应收款，由后者负责收回。原销售员和直销团队超过三个月不发生业务关系和没有做的产品，经主管副总裁批准、其他人员可以销售；销售员（点）替同行厂家销售与本公司有关的同类产品，一经查实，按销售额的1倍处罚；对冒充吉华包装销售非吉华标准产品的一经查实，根据情节轻重采取最少罚款20万、取消业务员资格、追究法律责任等措施。对举报者（根据提供情报重要性）奖励罚款金额的20%～50%，无罚款的单次最高奖励10万。

10. 质量争议

在销售过程中发生的产品质量争议，销售人员必须立即用书面形式通知应用服务部，由吉华集团配合处理，经查实属产品质量问题的，所有费用由吉华集团承担；否则，产生的费用除交通、住宿外，其余部分费用由败诉方承担。如销售人员或业务单位对质量处置产生分歧，可请权威部门仲裁；非产品的质量问题造成退货的，销售人员须承担差价及全部费用和利息。

产品出厂后在运输等过程中发生的遗失、损坏等全部由销售人员自行负责；销售员（点）无论以何种形式在外销售（设办事处，设立公司等），均要严格遵守国家及当地有关法律法规，必须按税务、工商等部门的要求，申报、开票、入账、注册登记，有违法、违规经营的，承担由此引起的一切法律、经济责任，与集团无涉。

（资料来源：《2019年浙江吉华集团股份有限公司销售公司经济政策》）

1997—2002年吉华化工各分厂（子公司）产量、销售收入、综合效益、工资总额、流动资金考核情况表

表 10-1

考核单位	考核指标	考核年度					
		1997	1998	1999	2000	2001	2002
一分厂	产　量（吨）	1600.00	2000.00	2500.00	3500.00	3600.00	—
	销售收入（万元）	3000.00	3200.00	3200.00	—	—	—
	综合效益（万元）	—	300.00	300.00	600.00	600.00	362.00
	工资总额（万元）	—	50.00	—	—	—	—
	流动资金（万元）	—	—	—	—	—	815.00
二分厂	产量（折算）（吨）	12540.00	14000.00	16400.00	10000.00	—	—
	销售收入（万元）	18000.00	18000.00	18900.00	—	—	—
	综合效益（万元）	—	1200.00	1150.00	1600.00	1800.00	1877.00
	工资总额（万元）	468.00	550.00	464.00	—	—	—
	流动资金（万元）	—	—	—	—	—	1267.00
三分厂	产量（折算）（吨）	—	16500.00	23350.00	20000.00	—	—
	销售收入（万元）	—	21000.00	21100.00	—	—	—
	综合效益（万元）	200.00	1500.00	1150.00	2000.00	2200.00	2959.00
	工资总额（人均）（万元）	1.30	700.00	603.00	—	—	—
	流动资金（万元）	—	—	—	—	—	1775.00

2003—2013年吉华集团各分厂（子公司）综合效益、流动资金考核情况表

表 10-2　　　　单位：万元

考核单位	考核指标	年度										
		2003	2004	2005	2006	2007	2008	2009	2010	2011	2012	2013
一分厂	综合效益	372.41	375.06	607.70	810.00	1035.95	484.81	249.66	200.00	300.00	300.00	200.00
	流动资金	841.00	844.00	1367.00	1822.00	—	—	—	400.00	400.00	400.00	400.00
五分厂	综合效益	—	—	—	360.00	—	—	72.23	150.12	115.89	127.14	500.00
	流动资金	—	—	—	810.00	—	—	—	150.12	154.52	169.52	400.00
二分厂	综合效益	1961.70	1972.80	1796.52	1870.54	662.71	636.96	—	—	—	—	—
	流动资金	1212.00	1184.00	1185.00	1122.00	—	—	—	—	—	—	—
三分厂	综合效益	3647.88	3623.88	8790.06	2748.68	1054.44	—	—	—	—	—	—
	流动资金	2180.00	2174.00	2109.00	1650.00	—	—	—	—	—	—	—
六分厂	综合效益	—	—	1352.73	4000.00	3065.30	3771.48	2310.29	3967.04	4055.31	4229.45	4260.10
	流动资金	—	1500.00	1229.00	2400.00	—	—	—	5289.38	5407.09	5639.27	5680.13
八分厂	综合效益	—	—	959.20	1480.00	1893.71	3298.43	2999.08	4612.71	3046.26	3341.48	4116.93
	流动资金	—	—	575.00	1184.00	—	—	—	6150.27	4061.68	4455.31	4116.93
九分厂	综合效益	—	—	—	800.00	2012.44	2688.41	—	—	2228.93	2580.75	1767.91
	流动资金	—	—	—	1500.00	—	—	—	—	2971.9	3441.00	3535.81

2014—2022 年吉华集团各分厂（子公司）综合效益、产量、销售收入考核情况表

表 10-3

考核单位	考核指标	年度								
		2014	2015	2016	2017	2018	2019	2020	2021	2022
一分厂	综合效益（万元）	600	720	850	1200	1300	1200	1300	850	760
	销售收入（万元）	10000	9000	8000	10000	13000	12000	10500	9000	9000
五分厂	综合效益（万元）	1300	1380	1000	1000	1350	1300	1500	1900	1800
	销售收入（万元）	13000	13000	10000	12000	14000	14000	16000	20000	20000
六分厂	综合效益（万元）	13000	39500	1400	20000	30000	30045	32000	25000	21160
	产　量（吨）	81000	79900	80000	82270	92000	99500	154000	157000	65000
	销售收入（万元）	110000	142000	100000	130000	177000	177000	220000	200000	200000
七分厂	综合效益（万元）	8000	14450	3000	2500	2250	3000	—	—	—
	产　量（吨）	11000	8500	7500	11000	9000	10000	5000	—	—
	销售收入（万元）	54000	36000	16000	30000	30000	30000	—	—	—
八分厂	综合效益（万元）	24600	55000	12000	30000	45000	38000	13450	5000	280
	产　量（吨）	98500	103000	80500	83730	103500	96000	41000	—	20000
	销售收入（万元）	135000	155000	7800	115000	192000	177000	78500	45000	56000
九分厂	综合效益（万元）	13000	25000	8000	8000	3900	2000	—	—	—
	产　量（吨）	38700	38900	38800	33800	31100	25100	17000	—	16000
	销售收入（万元）	78000	60000	38000	23000	24000	10000	—	—	—

注：1. 根据产量、效益年初额定员工工资总额。2. 与第一次改革比，员工工资采用吨产量工时制结算，各分厂增加流动资金使用考核。3. 与第二次改革比，新增五、六、八、九分厂考核。4. 与第三次改革比，二、三分厂并入六分厂考核。5. 综合效益以市场行情、生产能力确定

2006—2013年吉华集团各分厂（子公司）销售收入、综合效益考核情况表

表 10-4　　　　单位：万元

考核单位	考核指标	年度							
		2006	2007	2008	2009	2010	2011	2012	2013
一分厂	销售收入	15334.00	18497.00	16039.00	10385.00	11246.00	9302.00	7957.00	8264.00
	综合效益	979.66	945.32	723.01	400.89	570.60	382.34	348.71	406.06
二分厂	销售收入	28161.00	30277.00	28272.00	—	—	—	—	—
	综合效益	2629.45	1368.45	820.10	—	—	—	—	—
三分厂	销售收入	45871.00	37613.00	2434.00	—	—	—	—	—
	综合效益	2822.94	1754.40	828.25	—	—	—	—	—
五分厂	销售收入	—	—	3407.00	3791.00	5273.00	7599.00	8954.00	10448.00
	综合效益	54.71	185.37	231.37	500.77	427.33	586.13	1080.71	953.94
六分厂	销售收入	52862.00	68600.00	118509.00	70906.00	93162.00	110567.00	98455.00	91759.00
	综合效益	3291.58	6224.93	7259.14	8064.29	7929.27	11289.52	9299.64	5365.00
八分厂	销售收入	7517.00	36534.00	63969.00	79208.00	93622.00	70267.00	64113.00	100617.00
	综合效益	−1173.72	2873.65	797.18	6967.13	6837.54	7807.21	3461.79	12271.56
九分厂	销售收入	3654.00	26565.00	28322.00	—	—	34423.00	32791.00	39337.00
	综合效益	317.32	3361.74	−2091.29	—	—	2298.60	2421.14	10794.02

2014—2022年吉华集团各分厂（子公司）销售收入、综合效益考核情况表

表 10-5

考核单位	考核指标	年度								
		2014	2015	2016	2017	2018	2019	2020	2021	2022
一分厂	销售收入（万元）	7748.00	7304.00	8342.00	11337.00	10873.00	8239.00	5904.00	7740.00	4938.21
	综合效益（万元）	567.13	744.22	1115.67	1442.21	1157.44	1264.94	523.38	459.68	131.17
五分厂	销售收入（万元）	11829.00	10258.00	10122.00	11441.00	12647.00	13864.00	18006.00	21429.00	18400.00
	综合效益（万元）	1034.94	773.31	903.40	964.93	1203.39	1271.39	1693.00	1692.44	933.08
六分厂	销售收入（万元）	152174.00	159477.00	121400.00	131495.00	193677.00	224638.00	174261.00	214912.00	163900.00
	产量（吨）	—	71814.00	63281.00	78751.00	97636.00	136178.00	132456.00	152517.00	63090.00
	综合效益（万元）	27416.91	13493.48	18144.44	14455.38	36739.71	41276.71	21020.19	21917.25	5456.78
七分厂	销售收入（万元）	—	2499.00	12497.00	20471.00	12144.00	7577.00	—	—	—
	产量（吨）	—	931.00	5317.00	7401.00	1401.00	1527.00	—	—	—
	综合效益（万元）	—	625.24	−879.47	−367.68	−500.99	−746.81	—	—	—
八分厂	销售收入（万元）	136191.00	150637.00	99220.00	134037.00	126802.00	57476.00	—	8325.00	36110.00
	产量（吨）	—	79895.00	74324.00	99776.00	57179.00	16514.00	—	11632.00	7174.48
	综合效益（万元）	48674.47	4903.57	24589.22	31836.57	31967.58	8855.12	—	−7104.22	−4561.71
九分厂	销售收入（万元）	96182.00	58433.00	21914.00	13470.00	4377.00	1642.00	—	—	—
	产量（吨）	—	38622.00	31971.00	28778.00	11020.00	4792.00	—	3188.00	—
	综合效益（万元）	37375.72	13926.03	3888.38	−67.96	1817.32	−915.59	—	—	—

2006—2022 年吉华集团主要领导、中层干部报酬分配情况表

表 10-6　　单位：元

考核单位	人员	年度																
		2006	2007	2008	2009	2010	2011	2012	2013	2014	2015	2016	2017	2018	2019	2020	2021	2022
一分厂	主要领导	161550	30000	110517	58708	380300	109900	123700	194063	312642	591367	597544	737405	836558	914224	829226	935778	441400
	中层干部	260325	90000	241924	130909	449700	163300	218400	295783	366482	867957	902240	1069003	1069003	916993	673343	532144	611100
二分厂	主要领导	201345	—	—	—	—	—	—	—	—	—	—	—	—	—	—	—	—
	中层干部	305374	—	—	—	—	—	—	—	—	—	—	—	—	—	—	—	—
三分厂	主要领导	96845	—	—	—	—	—	—	—	—	—	—	—	—	—	—	—	—
	中层干部	437675	—	—	—	—	—	—	—	—	—	—	—	—	—	—	—	—
五分厂	主要领导	—	—	105191	168891	179800	271600	583700	267221	310222	527937	485298	440296	598553	652787	796587	640435	546300
	中层干部	—	—	—	76297	93300	123900	288100	141871	425828	617085	635254	660004	660004	1199969	1501979	1286091	1057200
六分厂	主要领导	184968	489202	231300	395874	745900	732200	1109800	631171	1381482	987170	950011	928972	935064	900016	1039485	1223900	553100
	中层干部	385891	2688453	2403366	2854006	2976500	3261000	4416850	1939749	4106132	3934187	3788684	4047062	4047062	5892647	6673784	6948322	6102200
江苏分厂	主要领导	—	—	—	—	—	—	—	—	1730293	2042122	2308503	2624334	1666380	1445841	516561	775789	343000
	中层干部	—	—	—	—	—	—	—	—	1092144	1364524	1148796	1522607	814024	1364023	3839214	3751625	3966600
七分厂	主要领导	—	—	—	—	—	—	—	—	—	—	—	—	—	—	—	—	—
	中层干部	—	—	—	—	—	—	—	—	952827	929866	977546	889165	263771	596094	—	—	—
八分厂	主要领导	114431	122176	90000	679861	588000	834600	501800	1638132	—	—	—	—	—	—	—	—	—
	中层干部	396389	575713	647400	2849957	2649200	2259650	1958900	3295541	2443382	2742299	2937766	3552336	1782076	3310615	—	—	—
九分厂	主要领导	88507	185452	—	—	—	65000	130000	446075	—	—	—	—	—	—	—	—	—
	中层干部	65784	683188	—	—	—	275000	800800	1648490	1573170	832101	883769	565683	520400	587719	—	—	—
集团公司中层及以上干部合计		1507511	2491145	2332691	3813078	3889272	4388632	5343533	6698833	9638419	9918770	8960394	9923046	10534140	10218876	11656619	10453776	9298500

第三节 中层及以上干部职能定级

2013 年，吉华集团为充分调动各级管理人员积极性，对中层及以上干部年报酬实行职能定级制。职能定级原则：根据工作能力、管理范围、责任大小、技术（学历）高低、环境差别、贡献大小。职能定级分为 6 级，一级为董事长、总裁，二级为副总裁、厂长（总经理），三级为副厂长（副总经理），四级为部门经理，五级为科长（主任），六级为副科长（副主任）。一至五级均分为 3 档。六级分为 5 档。各档划定职能系数，作为定级参考依据。最高为一级，年报酬为 15.5 万元；最低为六级，年报酬为 8 万元。2012 年年底前，原在萧山任职调江苏吉华和现有萧山籍中层及以上职能人员在江苏工作的（2013 年以后新任职的不计），年报酬升一档。

2014 年，根据实施情况，对职能定级稍作调整，基础年报酬按职能定级改为 8 级，董事长、总裁为一级，副总裁、厂长（总经理）为二级，小公司总经理为三级，总监、总助、大公司副总、顾问为四级，大车间主任、正部、小公司副总为五级，小车间主任、大车间副主任、副部为六级，正科、副部、副车间主任为七级，副科（享受副科的副部、副主任）为八级。每级均分为 3 档，确定职能系数和定级参考依据。一级年报酬为 16 万元，八级 8.1 万元。原在萧山任职，调江苏工作的中层及以上职能人员，每人每年补贴 2.5 万元。

2019 年，对职能定级作第三次调整，基础年报酬按职能定级仍为 8 级，各级仍分为 3 档，职能系数、参考依据有所调整。最高为一级，年报酬为 17.6 万元，最低为八级，年报酬为 8.9 万元。安排到江苏吉华工作的萧山籍（夫妻双方同住在萧山并有房产的）中层及以上干部，每人每年补贴 5 万元；其他地区人员，每人每年补贴 3 万元；苏北范围内人员，不作补贴。

2020 年，对职能定级作第四次调整，基础年报酬按职能定级仍为 8 级，最高为一级，年报酬为 31.7 万元，最低为八级，年报酬 10 万元。详见《2020 年吉华集团岗位职能系数定级表》。

2020年吉华集团岗位职能系数定级表

表10-7

岗位名称	等级		职能系数	定级参考依据
董事长 总　裁	1级	A	260	管理范围大、责任重、能力强的董事长、总裁
		B	240	能适应工作的董事长、总裁
		C	220	新任或管理范围相对小的总裁
副总裁、大公司总经理	2级	A	172	管理范围大、责任重、能力（技术）强的副总裁、子公司总经理
		B	157	能力（技术）较强、责任重、难度大的副总裁、子公司总经理
		C	142	新任或管理范围相对小的副总裁、子公司总经理
小公司总经理	3级	A	137	能力强、管理复杂的总经理、主持工作的大公司副总等
		B	126	责任心强、能独当一面总经理、主持工作的公司副总等
		C	115	新任，管理范围相对小的总经理等
总监、总助、大公司副总、顾问	4级	A	110	管理范围大、责任重、难度大的总监、总助、副总经理等
		B	100	能力较强、责任心强的总监、总助、副总经理、能力强的顾问等
		C	89	新任或管理范围小的总监、子公司总助、副总经理、顾问等
大车间主任、正部、小公司副总	5级	A	86	管理范围大、工作难度高的车间主任、部门经理、副总等
		B	77	能力强、责任重的车间主任、部门经理、副总等
		C	68	大车间主任或管理范围小部门经理、副总等
小车间主任、大车间副主任、副部	6级	A	65	责任、管理范围小、能力强的车间主任等
		B	55	责任、管理范围大的车间副车间主任、副部等
		C	46	新任小车间或管理范围较大的车间副主任等
正科、副部、副车间主任	7级	A	43	责任、管理范围大的正科长、副车间主任、副部经理等
		B	35	能力较强的科长、副车间主任、部门副经理等
		C	27	新任或管理范围小和工作责任相对轻的科长、副车间主任、副部经理、主持工作的副科长等
副科、（享受副科的副部、副主任）	8级	A	25	责任、管理范围大的副科长、享受副科的副主任、副部经理等
		B	20	能力较强的副科长、享受副科的副部经理、副主任等
		C	15	新任或管理范围小和工作责任相对轻的副科长、享受副科的副部、副主任等

第四节　管理、科技创新激励政策

为提高广大员工的主人翁意识，激发工作热情，广泛发动，积极开展全员新产品、新工艺、新技术（“三新产品”）及合理化建议活动，为企业发展献计献策。2009 年初首次制定出台了《新产品、新工艺、新技术及合理化建议奖励办法》，同时成立科技创新专家组。对各类上报项目，进行严谨、周详的评审，按规定程序积极推进落实，严格考核兑现。

一、奖励办法制定

2009 年 2 月，吉华集团出台《新产品、新工艺、新技术及合理化建议奖励办法》（以下简称《奖励办法》）。后于 2017 年 4 月、2019 年 3 月、2022 年 3 月进行 3 次修订。经过 3 次修订，适用范围包括开发新产品、实施新工艺、应用和推广新技术，改进和提升产品质量，节能降耗，企业管理、设备设施的革新改造等提出建议及构思方案。

《奖励办法》规定，由销售公司、进出口公司和应用服务部负责收集市场适销产品、产品品质、产品竞争力等市场信息；由技术中心负责新产品、新工艺、新技术收集、开发的管理；生产部门负责各子公司“四小”活动信息收集；企管中心负责合理化建议收集、整理、汇总。

二、奖励内容

1. 完善工艺，提高性能，降本增效，根据原料中间体市场情况，选用多种工艺路线生产各种产品（染料、中间体、海绵、涂料等），以求产品性能提高、成本下降；成本不提高或略有提高，质量性能有较大提高。

2. 设备（设施）改进、革新工作。对现有设备（设施）进行技术革新，改良工艺条件，减少“三废”产生，提高工作效率和产品收率等。

3. “三废”利用、变废为宝、实行清洁生产。

4. 在改进企业管理、提高经济效益方面有创新和合理化建议。

5. 在营销、应用服务方面提出改进意见有突出贡献的。

6. 在安全生产、环保治理、改善工作环境、劳动条件等方面提出整改措施成效明显的。

7. 新产品开发为企业取得效益。

8. 对吉华集团现行的管理结构、管理制度，提出切实可行的改革（改进）方案，取得成效的。

9. 其他方面的合理化建议。

三、奖励办法

1. 提出的建议被采纳实施，并取得应用效果的，以一年获取实际经济效益的 5% ～ 10% 作为奖励。提出的合理化建议等，被采纳但不能直接产生经济效益的，对取得效果评价后，分别以 100 ～ 5000 元酌情奖励。在当年度多次提交并被采纳的，累计叠加计奖。合理化建议将记入个人档案，作为今后嘉奖，评先进、晋职的依据。

2. 新产品开发方面，需结构剖析后作合成设计的染料品种，为原创性开发。提供结构，但没有资料的产品且合成较为复杂的，为基础性开发。品种有结构又有资料，但合成较为复杂的，为技术性开发。产品有结构，又有资料的，而合成较为简单的，为复制性开发。

3. 老产品改进方面，在质量性能不降低的前提下，对吉华集团生产的各产品通过工艺、工程改进降本增效的，根据总降本额大小，按不同比例奖励；废物合理利用得到的效益，按年创造效益的相应比例 10% ～ 20% 进行奖励。

四、实施步骤

1. 提出合理化建议需用书面形式，并进行可行性分析，建议的类别分为：生产、技术方面，安全、环保方面，经营管理或其他方面等。编制目前的现状、存在的缺陷、具体实施措施，预期目标（目的）及效益估算，投入情况，投资结算。

2. 对老产品改进和新产品开发的验收，分小试、中试与试生产。新产品开发小试、中试完成后，提交报告，由技术中心统一安排试生产，达到连续 5 批中试稳定符合小试数据的为合格；不符合或不能达到小试稳定数据的需重做小试，如对中试存在问题不能提出有效改进措施的扣开发奖的 10%；试生产完成并提交试生产总结报告、工艺规程和操作方法；应用与检测要提供该产品的应用性能对比报告与生产过程中控制检验方法报告。

产品报告齐全符合要求时，申请部门（科室）负责人提出项目鉴定申请，由部门（科室）根据规定提交报告及 PPT 等申请材料报技术中心；技术中心为牵头单位，由吉华集团领导与相关子公司负责人等组成评审小组进行材料与效益的评审。

五、检查考核

1. 吉华集团成立专门的科技创新专家组，专家组由集团领导、技术中心科研开发工程师和建议所在部门负责人组成，每月对提交的合理化建议进行筛选、评定，无论采纳与否，都需认真对待，并予以答复。

2. 对被采纳的合理化建议，由实施部门实行专人负责，跟踪实施进度、效果情况，达到提出的要求（达不到建议提出的要求，需说明情况，写出书面报告，经所在部门、子公司或技术中心领导签署意见后，反馈到工作小组），审定后核准奖励标准发放。

3. 项目奖金按附录实施细则要求考核，对协助人员按项目分类划定。

4. 所开发改进的项目（含未获奖的）均按吉华集团《技术创新与商业秘密的奖惩办法》严格保密，泄密按上述办法追究相关的责任。

5. 其他考核要求按附录细则中的规定实施。

六、成果奖励

2007—2022 年，吉华集团科技人员研发主要新产品、新工艺、新技术 32 项，创收效益 4226.58 万元，按规定实施奖励，发放奖金 298.89 万元。

2007—2022 年吉华集团主要新产品、新工艺、新技术奖励情况表

表 10-8

序号	项 目 名 称	技术类别	创收效益（万元）	奖金发放（元）	实施年份
1	分散紫 93 偶组合成的试生产	氯乙烷工艺	285.99	52312	2007
2	分散橙 30 分散紫酯化液回收醋酸	新工艺	123.12	29161	2007
3	分散红 167 盐酸工艺改进	新工艺	51.46	13133	2007
4	分散紫 090606	新产品		15000	2009
5	分散橙 091001	新产品		15000	2009
6	分散剂 MF 工艺改进	新工艺	711.88	355940	2009
7	分散橙 73:1	新工艺	155.41	85476	2009
8	六溴邻氰苯胺	新产品	112.57	61914	2010

续表 10-8

序号	项　目　名　称	技术类别	创收效益（万元）	奖金发放（元）	实施年份
9	分散蓝 291 偶组烷化剂降本	新工艺	43.45	34759	2010
10	分散红 167 一步法合成降本	新工艺	120.81	66446	2010
11	分散紫 33 酯化液自产降本	新工艺	31.79	25431	2010
12	活性黑 B 工艺改降本	新工艺	227.03	158922	2017
13	活性橙 090301 工艺改进	新工艺	16.39	24584	2017
14	盐酸盐精制替代间氨	新工艺	319.35	255481	2018
15	分散橙 091001:1	新工艺	—	15000	2018
16	分散黑 HWT-02	新技术	259.59	259596	2018
17	分散浆状染料系列	新技术	480.00	240041	2019
18	精制盐酸盐母液套用	新工艺	46.24	69369	2019
19	甲基吡啶酮工艺改进	新工艺	14.58	21869	2019
20	分散红 258 工艺改进	新工艺	34.68	52016	2019
21	分散蓝 EB400 工艺改进	新工艺	11.44	17164	2019
22	分散蓝 60 双氰工艺改进	新工艺	59.59	69594	2021
23	分散红 343 新产品	新产品	135.80	60000	2021
24	分散紫 90606 偶组工艺改进	新工艺	67.56	101350	2021
25	分散红 1 工艺改进	新工艺	34.18	51257	2021
26	分散红 177 工艺改进	新工艺	62.37	66694	2021
27	分散橙 288	新工艺	70.37	70369	2021
28	分散红 153 缩合液工艺改进	新工艺	79.37	119011	2021
29	分散橙 091001 偶组及偶合工艺改进	新工艺	134.75	154754	2022
30	分散蓝 291:3 减少偶组	新工艺	104.90	83945	2022
31	分散红 145 减酸	新工艺	398.80	293589	2022
32	分散蓝 1104001 工艺改进	新工艺	33.11	49675	2022
合计			4226.58	2988851	

附录五:

新产品、新工艺、新技术及合理化建议奖励办法实施细则

1. 新产品开发奖励办法

按市场推广取得效益的5%作为新产品市场推广奖,享受三年;新产品开发完成当年,每个品种按以下要求评定奖励:

(1)需结构剖析后作合成设计的染料品种,开发奖为4万~8万元。

(2)开发提供结构,但没有资料的品种,开发奖为3.5万~6万元。

(3)开发品种有结构又有资料,但不成熟的,开发奖金2.5万~3万元。

(4)开发产品有成熟资料的,开发奖为1万~2万元。

2. 工艺、工程、产品质量、“三废”处理工艺改进等奖励办法

第一年按下述奖励办法奖励,第二年按下述奖励办法的30%奖励,第三年按下述奖励办法的15%奖励。

(1)老产品工艺、工程改进奖励

在质量性能不降低的前提下,对生产的扩散剂、中间体、染料、海绵、涂料等产品,通过工艺、工程改进降本增效的:年降本额为0~50万元,奖励额为降本额的15%;年降本额为51万~100万元,奖励额为降本额的10%;年降本额为101万~200万元,奖励额为降本额的8%;年降本额为201万~400万元,奖励额为降本额的7%;年降本额为大于401万元,奖励额为降本额的6%。

(2)老产品质量改进奖励

对吉华集团范围内生产的各种产品(染料、中间体、海绵、涂料等)进行质量改进,在原产品质量基础上提高质量的(以国家标准对各项指标的分档考核,具体质量指标是色光、高温分散性、斑点),每个指标提高一个等级各奖励1.5万元作为基础奖励。在此基础上,按产量再另外进行奖励:产量大于1000吨/年,按基础奖的100%奖励;

产量 1000（不含）～ 500 吨 / 年，按基础奖的 80% 奖励；产量 500（不含）～ 100 吨 / 年，按基础奖的 50% 奖励；产量 100（不含）～ 50 吨 / 年，按基础奖的 30% 奖励；产量小于 50 吨 / 年，仅为基础奖。质量验收以改进后的大生产累计质量合格率计。

（3）“三废”减少或改进处理工艺的奖励

对吉华集团现有生产的“三废”处理进行工艺或工程改进取得降本的：年降本额为 0 ～ 50 万元，奖励额为降本额的 15%；年降本额为 51 万～ 100 万元，奖励额为降本额的 10%；年降本额为 101 万～ 200 万元，奖励额为降本额的 8%；年降本额为 201 万～ 400 万元，奖励额为降本额的 7%；年降本额为大于 401 万元，奖励额为降本额的 6%。

新开发的“三废”处理工艺，已工业化并取得降本的（按 COD 减排情况对照已有品种核算降本额）参照上段条款奖励，未工业化的项目奖金按 5000 元计。

对通过工艺改进减少单位产品排水量（考虑降低 MVR 负荷）、COD 或减少废水中难处理成分取得降本的（按改进前后实际测得指标值，结合实际运行中成本价核算降本额）：年降本额为 0 ～ 50 万元，奖励额为降本额的 18%；年降本额为 51 万～ 100 万元，奖励额为降本额的 13%；年降本额为 101 万～ 200 万元，奖励额为降本额的 11%；年降本额为 201 万～ 400 万元，奖励额为降本额的 10%；年降本额为大于 401 万元，奖励额为降本额的 9%。

3. 其他

（1）老产品改进、新产品开发等成本计算均以吉华集团定不变价为基础，未定不变价的以市场价为准，对市场价格变动特别大的原料，须有关单位（人员）提出，经技术中心会议讨论认定后报集团批准。

（2）所有产品开发与改进，开发人员均须提交相关的开发报告（材料），并由应用服务部提交检测与应用报告。提交报告有缺项或所交报告（材料）不齐全的，不计开发奖金。

（3）所开发的产品有专利的每个专利奖外加奖励 1 万元（以取得专利证书为准）：提交专利申请发 5000 元，取得专利证书后再发 5000 元（未取得证书无此项奖励）；属国家或省市级新产品，并取得鉴定证书的，再外加奖金 0.5 万～ 1 万元。

（4）试验过程中因工作失误造成损失的，按损失额的 10% ～ 20% 扣除奖金（最高不超过奖金额的 50%）。

（5）降本项目所得奖金总额的 30% 奖励有关协配人员，开发人员得 70%（其中，有合同工资与职能分的得开发人员所得奖金的 30%）。

（6）新产品享受效益是以新开发产品所取得销售利润（除所得税后）作奖励，所得奖金总额的 70% 奖励相关服务人员，开发人员得 30%。

（7）老产品工艺改进结算，以改进前为目标，与改进后稳定试验消耗对比取得降本计；第二年与第三年以改进后生产实际消耗与目标相比取得降本计。

（资料来源：《浙江吉华集团股份有限公司新产品、新工艺、新技术及合理化建议奖励办法实施细则》）

第十一章　安全生产

精细化工染料、涂料行业，生产过程大多采用高温高压，许多反应单元还涉及重氮、偶氮、烷基化、磺化、氯化、氨化、硝化、加氢、裂解等危险工艺，使用的环氧乙烷、二氧化硫、液氨、氰化钠、丙烯腈、苯胺、苯酚、硝基苯、甲醇、氯酸钠、氢、氯、苯、硫酸二甲酯等原料均为重点监管危险化学品，稍有不慎就会发生事故。

浙江吉华集团股份有限公司坚持安全第一，始终把安全生产视作高压线，不断完善机构设置，1993 年 7 月，成立吉化萧山联营染料厂安全生产领导小组；1997 年 2 月，在安全生产领导小组的基础上，设立安环科；2004 年杭州吉华化工有限公司、杭州红宝染化有限公司启动第一轮危险化学品生产企业安全现状评价报告，2006 年实施第二轮现状评价报告，并取得“危险化学品定点生产、储存批准证书”和“危险化学品安全生产许可证”，安全生产管理逐趋规范。吉华集团成立后，统筹谋划，设立安全环保部，各子公司设立相关安全环保科。同时明确职责，注重制度建设、培训教育、安全活动等，把抓好安全生产作为企业求生存、谋发展的头等大事。

第一节　机构与职责

建厂初期，企业安全生产由生产副厂长兼管，之后，相继成立安全生产领导小组、安全环保科、安全环保部，配有专职人员，并有明确的工作职责。

一、机构设置

1985 年，企业起步时，未设置专门的安全管理机构，安全工作由生产副厂长和车间主任兼管。随着企业的发展需要，政府对安全生产要求的提高，1993 年 7 月，成立联营厂安全生产领导小组；1997 年 2 月，收购杭州钱江制药厂后，在联营厂安全环保领导小组的基础上，设立安环科，陈小勇兼首任安环科副科长。2004年，吉华化工、红宝染化启动第一轮危险化学品生产企业安全现状评价报告，调整安全生产管理机构，2006年，实施第二轮现状评价报告，并于2006年12月取得“危险化学品定点生产、储存批准证书”和“危险化学品安全生产许可证”。2005年9月，江苏吉然化工有限公司，2009年5月，江苏吉华化工有限公司取得“危险化学品安全生产许可证”。2010年6月，杭州吉华江东化工有限公司取得“危险化学品安全生产许可证”。2017年7月，杭州吉华高分子材料股份有限公司取得“危险化学品安全生产许可证”。2017年8月，杭州创丽聚氨酯有限公司取得“危险化学品安全使用许可证”。

2008年3月，吉华集团推进规范化管理，调整直属管理机构，成立以总裁为组长的集团安全生产领导小组，首次设立安全环保部，由陆荣宝任安全环保部副经理，同时设立吉华江东、江苏吉华安全环保科。

2011年2月，安全生产领导小组组长调整为杨泉明；2022年2月，设立安全环保总监，陈文忠为安全环保总监；2022年3月，集团安全生产领导小组组长调整为吴爱军。

至2022年底，在吉华集团设置安全环保总监的基础上，创丽公司、吉华高分子、吉华江东、江苏吉华、江苏康倍得药业股份有限公司五个子公司均配设安环总监及安全环保科，配备专职安全管理员45人，并对23个车间配备了专（兼）职安全管理员。

二、机构职责

安全环保部是吉华集团安全生产归口管理部门，是吉华集团安全生产领导小组的日常工作管理机构，各子公司下设安环总监和安全环保科，负责子公司安全生产日常工作，贯彻执行安全生产的法规、制度和标准，在安全生产领导小组领导下负责企业的安全生产管理工作。

安全环保部负责安全生产的监督、指导、服务，组织检查、考核、奖惩。组织或参与安全事故的调查、处理；负责各类事故汇总统计上报工作，并建立健全事故档案，对在安全生产中有突出贡献者或事故责任者，提出奖惩意见；负责组织制订、修订安全管理制度；研究推广现代安全管理方法和技术；组织安全生产教育和培训，如实记录安全生产教育和培训情况；参与安全技术规程修订；参与编制安全技术措施计划，提出安全技术措施方案，并监督执行情况；督促落实重大危险源的安全管理措施；督促落实安全生产整改措施；督促有关部门、单位共同搞好安全装备的维护保养和管理工作；检查安全生产状况，及时排查生产安全事故隐患，提出改进安全生产管理的建议；深入现场监督检查，督促并协助解决有关安全问题，制止和纠正“三违”行为；遇有危及安全生产的紧急情况，有权责令其停止作业，并立即报告有关领导处理；建立健全管理网络，指导基层安全工作，加强安全基础建设，定期召开安全例会，不断提高基层安全员的技术素质；负责对各部门、车间的安全考核评比工作；组织应急救援预案的修订、演练、总结，并持续改进；维护“五位一体”系统，并及时提醒相关部门、车间及时更新数据；维护安全网站，如实填报数据；完成每日风险研判并上报；会同有关部门搞好企业职业健康及劳动保护工作，不断改善劳动条件和劳动环境。

第二节　制度建设

吉华集团为加强对安全生产的领导和管理，制订了系列的管理制度和岗位安全操作规程，层层落实安全生产责任制，并作为重要的考核内容，实行安全生产一票否决制。

一、制度制定与完善

1993 年 7 月，编制了《规章制度汇编》，其中有《安全生产管理制度》，共 5 节。同时编制了易燃、易爆、有毒品管理制度，危险作业安全规程和消防安全管理办法。1997 年，为进一步强化安全生产管理，强化主体责任，对《安全生产管理制度》进行完善，共 13 章 64 条。2002 年、2004 年 12 月、2006 年 11 月根据申请安全生产许可证要求，进一步完善安全生产机构，编制《安全生产规章制度汇编》包括安全生产责任制等 21 个管理制度，《化工生产安全技术规程汇编》共八章 87 条。吉华集团根据国家相关的安全生产法律、法规及安全生产标准化要求，结合企业实际，于 2008 年 7 月、2011 年 9 月等多次修订、补充、完善各类安全生产管理制度、岗位安全操作规程。至 2022 年底，共修订完成安全管理制度 131 个（其中 1 ～ 39 项安全管理制度是在第十四章《综合管理》第一节管理制度 2009 年“吉华集团规章制度汇总表”安全环保类第 1 ～ 25、27 ～ 39、41 项的基础上作补充完善），岗位安全操作规程 211 个，把制度建设作为抓好安全生产的依据和标准，定期检查、整改。

2022 年吉华集团安全生产管理制度清单

表 11-1

序号	制度名称	序号	制度名称
1	安全生产责任制管理制度	25	仓库、罐区安全管理制度
2	安全生产会议管理制度	26	生产设施安全拆除和报废管理制度
3	安全培训教育管理制度	27	安全标准化自评管理制度
4	安全生产管理岗位风险津贴制度	28	安全检修管理制度
5	事故和未遂事件管理制度	29	动火作业安全管理制度
6	安全技术措施管理制度	30	受限空间作业安全管理制度
7	防火、防爆、防尘、防毒、防泄漏管理制度	31	高处作业安全管理制度
8	关键装置、重点部位安全管理制度	32	盲板抽堵作业安全管理制度
9	劳动保护用品和防护器具管理制度	33	动土作业安全管理制度
10	危险化学品管理制度	34	临时用电作业安全管理制度
11	消防管理制度	35	断路作业安全管理制度
12	安全生产督查管理制度	36	吊装作业安全管理制度
13	承包商检查维修作业安全管理制度	37	压缩、液化气体钢瓶安全管理制度
14	变更管理制度	38	剧毒、易制毒、易制爆化学品安全管理制度
15	安全投入保障管理制度	39	职业健康管理制度
16	识别和获取适用的安全生产法律、法规、标准管理制度	40	VOCs 污染防治管理制度
17	风险评价与控制管理制度	41	气体检测仪管理制度
18	重大危险源管理制度	42	监视和测量设备管理制度
19	供应商管理制度	43	安全生产台账管理制度
20	员工工伤管理制度	44	可燃（有毒）气体泄漏检测报警设施安全管理制度
21	职工健康检查与监护诊疗制度	45	安全设施设备管理制度
22	职业病防护设施维护管理制度	46	职业病危害告知制度
23	职业病防治责任制度	47	职业危害申报制度
24	特种作业人员管理制度	48	职业危害因素定期检测评价制度

续表 11-1

序号	制度名称	序号	制度名称
49	职业健康检查与考核制度	74	管理制度评审和修订制度
50	职业健康教育培训制度	75	安全生产责任制考核制度
51	安全风险隐患排查治理管理制度	76	雨水排放管理制度
52	高温作业安全管理制度	77	联锁管理制度
53	机动车进入厂区管理制度	78	自动化安全控制及安全仪表系统管理制度
54	交接班管理制度	79	监控化学品数据统计申报制度
55	安全标准化检查绩效考核制度	80	监控化学品储运管理制度
56	工艺、设备、电气仪表、公用工程安全管理制度	81	安全管理制度执行情况检查制度
57	设备设施、自动化安全控制系统的维护、保养、检测管理制度	82	危险作业管理制度
58	装置开停车安全管理制度	83	废气管道清理制度
59	重点监管危险化学品管理制度	84	门卫管理制度
60	危险化学品管道定期巡线及安全管理制度	85	宿舍管理制度
61	安全生产领导小组管理制度	86	应急救援器材使用、检查、维护制度
62	应急预案管理制度	87	SIS 安全仪表系统安全管理制度
63	仪表及自动控制系统管理岗位巡检制度	88	安全消防检查和隐患整改管理制度
64	下水管网管理制度	89	仪表自动化控制系统日常维护保养制度
65	试生产安全风险管理制度	90	设备管理制度
66	危险化学品卸车管理制度	91	应急预案定期评估制度
67	安全风险研判和承诺公告制度	92	原材料仓库管理制度
68	安全生产信息管理制度	93	操作规程管理制度
69	安全帽管理制度	94	安全生产管理制度
70	重大危险源安全包保责任制管理制度	95	异常工况情况下决策授权管理制度
71	涉爆粉尘作业场所定期清扫制度	96	DCS 控制系统管理制度
72	承包商事故管理制度	97	急救箱管理制度
73	领导干部现场带班制度	98	智能二道门管理制度

续表 11-1

序号	制度名称	序号	制度名称
99	手机使用管理规定	116	防雷、防静电安全管理制度
100	漏电保护装置管理制度	117	文件档案管理制度
101	安全生产奖惩管理制度	118	厂区交通安全管理制度
102	双重预防系统建设培训教育制度	119	通用设备管理制度
103	双重预防体系考核奖惩管理制度	120	危险源评估管理制度
104	危险化学品仓库安全管理制度	121	职业病防护用品管理制度
105	应急值班制度	122	职业健康防护设施维护管理制度
106	人车分流管理制度	123	建设项目职业健康“三同时”管理制度
107	突发环境隐患排查和治理制度	124	劳动者职业健康监护及其档案管理制度
108	土壤污染隐患排查治理制度	125	职业病危害事故与报告制度
109	设备检维修作业安全管理制度	126	职业病危害应急救援与管理制度
110	部门、班组安全活动管理制度	127	有关机动车辆进入生产装置区、罐区现场的管理规定
111	建（构）筑物管理制度	128	大型机组管理制度
112	微型消防站管理制度	129	不间断电源装置 UPS 使用维护管理制度
113	装卸作业时接口连接可靠性确认管理制度	130	设备防腐保温润滑管理制度
114	防雷工作安全责任制度	131	电气安全管理制度
115	危险化学品建设项目“三同时”管理制度		

2022 年吉华集团岗位安全操作规程清单

表 11-2

序号	操作规程名称	序号	操作规程名称
1	薄膜蒸发器岗位安全操作规程	5	磨光机安全操作规程
2	粉尘检测岗位安全操作规程	6	切割机安全操作规程
3	干燥岗位安全操作规程	7	砂轮机安全操作规程
4	锅炉岗位安全操作规程	8	手提冲击钻安全操作规程

续表 11-2

序号	操作规程名称	序号	操作规程名称
9	机修岗位安全操作规程	37	台钻安全操作规程
10	车间液体岗位安全操作规程	38	空气压缩机操作规程
11	成品仓库岗位安全操作规程	39	吊篮安全操作规程
12	喷雾干燥自控室岗位安全操作规程	40	叉车安全操作规程
13	卸料岗位安全操作规程	41	计量槽安全操作规程
14	液体原料输送岗位安全操作规程	42	储罐安全操作规程
15	MF 岗位安全操作规程	43	缓冲锅安全操作规程
16	技术科实验员岗位安全操作规程	44	反应釜安全操作规程
17	备料岗位安全操作规程	45	离心泵安全操作规程
18	应急处置岗位安全操作规程	46	热溶胶机安全操作规程
19	消防岗位安全操作规程	47	混合器安全操作规程
20	使用环氧乙烷岗位安全操作规程	48	空压机安全操作规程
21	硫脲岗位安全操作规程	49	冷冻安全操作规程
22	亚胺岗位安全操作规程	50	压滤机电滚筒安全操作规程
23	盐酸盐岗位安全操作规程	51	离心机安全操作规程
24	C.I. 分散蓝 291:1 偶合组分岗位安全操作规程	52	水环式真空泵安全操作规程
25	C.I. 分散紫 93:4 偶合组分岗位安全操作规程	53	废气吸收装置安全操作规程
26	C.I. 分散蓝 93 偶合组分岗位安全操作规程	54	反应压力容器类设备安全操作规程
27	C.I. 分散红 153 硫脲干燥岗位安全操作规程	55	电动葫芦安全操作规程
28	C.I. 分散红 145 硫脲干燥岗位安全操作规程	56	片冰机安全操作规程
29	重氮岗位安全操作规程	57	升降机（货梯）安全操作规程
30	偶合岗位安全操作规程	58	分级机安全操作规程
31	压滤打浆岗位安全操作规程	59	烘箱安全操作规程
32	防爆岗位安全操作规程	60	余热锅炉安全操作规程
33	C.I. 分散蓝 291 岗位安全操作规程	61	应急氮气搅拌安全操作规程
34	磺化岗位安全操作规程	62	纳滤膜设备工艺安全操作规程
35	氰化防毒岗位安全操作规程	63	机器人码垛机操作规程
36	溶剂回收（精馏）岗位安全操作规程	64	C.I. 分散蓝 291:1 废气吸收安全操作规程

续表 11-2

序号	操作规程名称	序号	操作规程名称
65	C.I. 分散红 145、153 缩合岗位安全操作规程	91	C.I. 分散红 145、153 缩合液及硫脲废气处理安全操作规程
66	MVR 中和岗位安全操作规程	92	三合一多功能过滤机安全操作规程
67	MVR 脱色岗位安全操作规程	93	压滤机安全操作规程（污水站）
68	MVR 自控、蒸发岗位安全操作规程	94	单轨移动式电动葫芦安全操作规程
69	污水处理安全操作规程	95	手拉葫芦安全操作规程
70	氰乙基化岗位安全操作规程	96	旋流剪切式超重力旋转床岗位安全操作规程
71	烷基化岗位安全操作规程	97	臭氧发生器岗位安全操作规程
72	C.I. 分散蓝 60 酸析岗位安全操作规程	98	污泥干化机岗位安全操作规程
73	C.I. 分散蓝 60 氧化岗位安全操作规程	99	风机岗位安全操作规程
74	C.I. 分散蓝 60 离析岗位安全操作规程	100	605–2 冷冻机组操作规程
75	C.I. 分散蓝 60 缩合岗位安全操作规程	101	液氨岗位操作规程
76	废气吸收岗位安全操作规程	102	试压站岗位安全操作规程
77	机修工岗位操作安全操作规程	103	制氮安全操作规程
78	原料罐区安全操作规程	104	615 车间回收盐酸操作规程
79	电气焊工安全操作规程	105	RTO 岗位操作规程
80	配电值班运行安全操作规程	106	2,4– 二硝基氯化苯使用安全操作规程
81	停送电安全操作规程	107	丙烯腈使用安全操作规程
82	实验室 ph 计安全操作规程	108	氯乙酸甲酯使用安全操作规程
83	实验室电子秤安全操作规程	109	氰化钠使用安全操作规程
84	实验室搅拌机安全操作规程	110	重铬酸钠（红矾钠）使用安全操作规程
85	实验室真空泵安全操作规程	111	氰化钠分析安全操作规程
86	加料放料安全操作规程	112	对氯苯酚打料安全操作规程
87	升温降温安全操作规程	113	雨排水操作规程
88	压料打料安全操作规程	114	气密性试验岗位安全操作规程
89	配电设施的安全操作规程	115	可燃气体废气凝结液排放岗位安全操作规程
90	甲苯二异氰酸酯储罐安全使用操作规程	116	发泡尾气处理装置操作规程

续表 11-2

序号	操作规程名称	序号	操作规程名称
117	甲苯二异氰酸酯卸料作业安全操作规程	143	机电维修安全操作规程
118	甲苯二异氰酸酯加料作业安全操作规程	144	环切液压升降平台安全操作规程
119	装卸作业安全操作规程	145	环形切割机安全操作规程
120	发泡机组使用安全操作规程	146	环切设备设施安全操作规程
121	移动式液压升降平台安全操作规程	147	发泡作业安全操作规程
122	加料作业安全操作规程	148	输送设备设施（含葫芦）安全操作规程
123	切片作业安全操作规程（包括平切、园切、旋切、剖切机、立切机等）	149	压缩包装机安全操作规程
124	环刀异型切割机安全操作规程	150	过胶机安全操作规程
125	轧花机安全操作规程	151	海绵接合机安全操作规程
126	圆泡打孔机作业安全操作规程	152	蓄电池叉车安全操作规程
127	轧泡机安全操作规程	153	真空压缩机安全操作规程
128	打包机安全操作规程	154	脉冲布袋除尘器安全操作规程
129	输送带、传动链条运行安全操作规程	155	垂直裁断机安全操作规程
130	消防活动安全操作规程	156	卷绵包装机安全操作规程
131	滑梯使用安全操作规程	157	圆盘切割机安全操作规程
132	行车、电动葫芦、夹具安全操作规程	158	永磁变频空压机安全操作规程
133	PU 发泡安全操作规程	159	聚醚多元醇卸、加料作业安全操作规程
134	平（立）泡小泡试验规程	160	手动液压搬运车安全操作规程
135	溶剂进罐安全操作规程	161	树脂合成岗位安全操作规程
136	涂料车间拌合岗位安全操作规程	162	涂料车间调漆岗位安全操作规程
137	涂料车间研磨岗位安全操作规程	163	陶瓷涂料熟化岗位安全操作规程
138	树脂车间原料配料工岗位安全操作规程	164	树脂车间普工岗位安全操作规程
139	加料工岗位安全操作规程	165	电工岗位安全操作规程
140	原料管理岗位安全操作规程	166	配电房管理岗位安全操作规程
141	电气焊岗位安全操作规程	167	配料、分散机岗位安全操作规程
142	易燃、易爆等危险化学品存放安全操作规程	168	仓库岗位安全操作规程

续表 11-2

序号	操作规程名称	序号	操作规程名称
169	蒸汽烘箱操作规程	191	运输驾驶员安全操作规程
170	磅秤操作规程	192	分析（化验）室岗位安全操作规程
171	设备检修作业安全操作规程	193	受限空间安全操作规程
172	动土作业安全操作规程	194	光泽度计操作规程
173	动火作业安全操作规程	195	刮板细度计操作规程
174	断路作业安全操作规程	196	高处作业安全操作规程
175	吊装作业安全操作规程	197	临时用电安全操作规程
176	电子天平安全操作规程	198	盲板抽堵作业安全操作规程
177	电子秤安全操作规程	199	液压升降平台安全操作规程
178	可燃气体报警仪使用和养护安全操作规程	200	旋转黏度计操作规程
179	高速分散机安全操作规程	201	消防器材使用安全操作规程
180	废气排放检测操作规程	202	废气处理设备安全操作规程
181	磁力驱动泵操作规程	203	纯水设备安全操作规程
182	导热油炉及炼油操作规程	204	烤箱安全操作规程
183	高黏度齿轮油泵操作规程	205	喷漆柜安全操作规程
184	空压制氮机组操作规程	206	三辊研磨机安全操作规程
185	球磨机操作规程	207	卧式砂磨机安全操作规程
186	三级高剪切乳化泵操作规程	208	无油立式真空泵安全操作规程
187	污水自吸泵操作规程	209	压力容器安全操作规程
188	循环水泵安全操作规程	210	有机硅改性聚酯树脂合成工艺操作规程
189	包装岗位安全操作规程	211	车间岗位开停车操作规程
190	门卫岗位安全操作规程	212	

二、安全生产责任制

吉华集团建立安全生产领导小组后，编制安全生产责任制。

由总裁主持吉华集团安全生产领导小组的工作。认真贯彻执行安全生产法律法规、政策、制度，推动企业职工安全健康。按年度编制安全工作计划，督促有关部门按期完成。

建立健全安全管理规章制度和安全操作规程，监督检查执行情况。定期召开安全生产领导小组会议，听取有关部门工作汇报，研究解决安全管理体系运行存在的重大问题。组织开展多种形式的安全大检查和安全活动，督促隐患整改，消除事故隐患。参加重大人身、设备、生产事故的调查处理，落实预防措施。严格执行国家有关女性职工保护的规定，做好女性职工特殊保护工作。严格控制加班加点，切实保护职工的身体健康。研究提出安全生产重大方针政策和重要措施的建议，参与研究有关部门在工艺改进等工作中涉及安全生产的相关工作。总结推广安全生产的先进经验，促进企业安全生产工作的开展。监督检查、指导、协调有关部门的安全生产工作。监督检查全员安全教育和安全培训，组织有关部门开展职业病防治技术、安全技术的研究工作。建立健全全员安全生产责任制，加大对安全生产资金、物资、人员的投入保障力度。推进安全生产标准化建设，构建安全风险分级管控和隐患排查治理双重预防机制等安全职责。建立健全安全网络组织架构，提升安全综合管理水平。组织开展风险辨识，监督管控措施落实。

同时，根据国家相关的安全生产法律法规，为切实履行主体责任，对法定代表人、总裁（主要负责人）、安全总监、安全环保部和各子公司、各部门制定多级的“党政同责、一岗双责”的安全生产责任制，各子公司也同步建立各级安全生产责任制，对标执行，落实到位。至2022年年底，建立安全生产责任制24个，各级人员安全生产责任制222个。

2022年吉华集团安全生产责任制清单

表11-3

序号	责任制名称	序号	责任制名称
1	党总支安全生产责任制	8	技术中心安全生产责任制
2	工会安全生产责任制	9	企管中心安全生产责任制
3	安全生产领导小组安全生产责任制	10	供应部安全生产责任制
4	安全环保部安全生产责任制	11	计划信息部安全生产责任制
5	综合办安全生产责任制	12	市场部安全生产责任制
6	财务部安全生产责任制	13	人力资源部安全生产责任制
7	工程部安全生产责任制	14	证券事务部安全生产责任制

续表 11-3

序号	责任制名称	序号	责任制名称
15	审计部安全生产责任制	22	中间体车间安全生产责任制
16	发泡车间安全生产责任制	23	染料母液资源化车间安全生产责任制
17	涂料车间安全生产责任制	24	公用工程车间安全生产责任制
18	贴剂车间安全生产责任制	25	机修车间安全生产责任制
19	分散染料后处理车间安全生产责任制	26	原料五金仓库安全生产责任制
20	活性染料后处理车间安全生产责任制	27	成品仓库安全生产责任制
21	分散染料合成车间安全生产责任制	28	污水站安全生产责任制

注：吉华集团把安全生产工作列入各子公司年度经济政策考核，在经济政策中把安全生产作为重要的考核内容，考核对象为中层以上干部，如发生亡人事故，一次性扣款60万元，其中50%由子公司领导承担，50%由车间负责人承担，集团归口管理部门也要承担相应责任，实行安全生产一票否决制

第三节　安全管理

吉华集团高度重视事故预防和应急管理，重点落实应急预案的编制、演练、总结、持续改进，不断完善应急设施，加强员工应急能力的培训，协调周边及社会应急救援力量。

一、风险管理

吉华集团对设备变更、工艺变更、管理变更，按照变更申请—变更审批—变更实施—变更验收的程序严格执行。对于变更后产生新的风险进行分析评价，有效管控，实现了动态管理。

2016 年 7 月，吉华集团编制了《风险辨识、评价与管控管理制度》，每年对企业范围内的各类风险采用工作危害分析、安全检查表分析、危险与可操作性分析等方法进行辨识，并依据《化工企业安全风险分区分级规则》编制风险等级评估报告，共辨识重大风险 28 处、较大风险 246 处、一般风险 491 处，低风险 332 处。并根据风险等级，

落实风险管控措施，确保各风险处于可控范围内。

二、事故应急管理

吉华集团自创立以来，曾发生多起火灾、伤亡等安全生产事故，如：1996年3月1日，红宝染化205车间酸溶锅搅拌损坏，焊工进入锅内焊接，因时间较长，使得锅内温度升高，焊接溅出的火星引起油污工作服和垫锅的废滤布霉燃，造成锅内工作人员呼吸困难，锅外监护人往锅内通氧气以置换锅内的烟气，致使锅内火星突遇氧气助燃而剧烈燃烧，气体膨胀而爆燃，造成作业者全身大面积严重烧伤。1998年11月9日，泡沫厂发泡结束后，因没有安排人员进行值班巡回检查和检测温度，导致泡头在熟化过程中放热自燃，引发火灾事故。2006年7月24日，江苏吉华八分厂建设中的C.I.分散蓝56生产装置发生一起因选材不当而发生火灾事故。2012年1月7日吉华江东609车间正在停产检修的压滤工段因动火切割下来的螺丝等残留物没有清理干净而引发火灾事故等。

图 11-1　吉华集团应急救援演练（2016年6月摄）

图 11-2　“滨海-2010”化学事故应急救援军地联合演习

吉华集团从中吸取教训，举一反三，根据风险分级管控和历年事故教训，从2004年始，根据危险化学品生产安全事故应急救援预案导则要求，各子公司编制《生产安全事故应急救援预案》并每三年修订备案，成立了以子公司总经理为组长的“生产安全事故应急救援小组”，设立相应的应急处置技术组、抢险救援组、安全警戒组、后勤保障组、医疗救护组、善后处理组，明确各小组成员及职责；每半年根据应急救援预案进行一次应急救援演练，并对演练效果进行总结评价。同时对生产安全事故应急救援预案进行评审、修订，不断完善，事故发生率明显下降。吉华集团已编制综合性应急救援预案1个，专项应急预案7个，现场处置方案16个，应急处置卡110份。

吉华集团不断加大安全投入，按规定足额提取安全生产费用，并每年制订安全生产费用使用计划和实际使用总结。集团及下属子公司已购置消防车3辆，每个子公司均建有微型消防站，配置空气呼吸机等应急装备350余件（套）。2013年，吉华江东组建了临江工业园区危险化学品第一应急救援队。

三、教育培训

根据国家相关要求，按照吉华集团《安全教育培训制度》，严格按照制度规定落实安全生产教育培训工作，在对全员实行进厂“三级教育”的基础上，按规范要求，每年进行再教育，主要内容包含安全管理制度、岗位安全操作规程、安全生产责任制、安全风险辨识、新员工（转岗）安全教育、应急救援预案培训等方面内容；同时利用班前班后会，根据内部发生的事故及同行的事故案例进行针对性的学习和讨论，吸取事故教训，按照“制度规程、作业环境、人员教育”三个方面进行对照梳理，举一反三，记录存档，做好培训效果评估和改进工作，不断提高员工的安全生产意识和标准化作业执行力度，以保证正确的安全导向。

1997年4月25日，第一期《安全、综治简报》编制，对每月检查情况、整改封闭情况及下阶段工作要求，以简报形式公告，促进各子公司、车间（部门）相互借鉴学习、举一反三。至2022年年底，已编制296期。

2004年，吉华集团收集内部历年来的事故和国内外同行发生的事故案例，汇编《血的教训》一书，收录各类事故272个，作为全体员工的培训教材，警钟长鸣。其后，根据历年事故案例，先后于2008年、2010年、2016年3次增补修编，共印刷2500余册。

2010年，由安环部牵头，成立专门班子，修编了《吉华集团安全生产教育读本》，专门用于新员工上岗前“三级教育”和老员工复训教育。

2022年，吉华集团全年开展13场次专项培训，6550人次接受培训、考核。在内培的基础上，对主要负责人、安全管理人员、特种作业人员进行资质外培取证，2022年共取证618人，危化工艺作业人员按要求进行学历提升，87人取得大专文凭。

四、检查整改

2020年始，根据上级《企业安全风险管控体系建设实施指南（试行）的通知》和“关于加强企业安全风险管控体系建设，全面推行双重预防机制运行的通知”等要求，各子公司积极推进安全风险分级管控和隐患排查治理体系（以下简称双重预防体系）建设，通过事先分析、评价，制定风险控制措施，使安全管理关口前移，事前预防，控制风险，遏制事故，实现安全生产。根据《安全风险隐患排查治理管理制度》规定，吉华集团每月一次、各子公司每月两次、车间每周一次、班组每班一次的频次，实行检查，同时，按特定的时间、季节的变换、节假日、事故案例等开展专项排查，建立隐患排查治理台账，检查出的隐患按照“五定”原则进行整改，跟踪管理，保证安全隐患整改闭环；各子公司、部门发动全员的力量，开展全员安全管理，专项安全隐患排查工作，对员工排查情况进行汇总，制订专项整改计划；对员工的不安全行为，按要求及时督促，落实考核，实行闭环。2022 年，共开展各类专项隐患排查 24 次，查出各类安全隐患 542 条，全部有效整改封闭，整改率 100%。

各子公司定期开展重大危险源责任制巡查，按时登录省“危险化学品全生命周期”平台，并将检查隐患内容及整改结果上传至“五位一体”平台及园区智慧平台，与政府应急管理部门联网。各子公司积极配合政府及危险化学品协会等部门生产现场安全管理专项检查，每年不少于 20 次。

五、作业安全

各子公司均制定完善的岗位安全操作规程，特殊岗位和特种设备都有相对应的安全操作规程，实行“一岗一规程”，根据岗位实际情况，针对每项作业规定了具体作业步骤、技术要求、设备管理要求及安全环保要求，定期开展岗位安全操作规程的修订和评审。通过事故案例学习、安全隐患排查、现场悬挂安全警示标志等，以多种方式不断强化标准化作业意识，推进标准化作业，提高作业安全度，2013 年 3 月，吉华江东通过危险化学品安全标准化达标二级企业认定并每三年通过复审持续有效；2015 年 4 月，江苏吉华通过危险化学品安全标准化达标二级企业认定并每三年通过复审持续有效；2014 年 11 月，创丽公司

图 11-3 2021 年 2 月吉华江东化工有限公司被评为安全生产标准化二级企业

通过安全标准化达标三级企业认定并每三年通过复审持续有效；2021 年 12 月，吉华高分子通过安全生产标准化达标三级企业认定。

对危险性较高的特殊作业，每日开展风险研判，做好危险风险因素辨识，提出合理可行的控制措施，实行严格的审批手续。2022 年，共审批并开展特种作业 3669 次，其中动火作业 2405 次，受限空间 15 次，登高作业 1249 次。

六、设施安全

各子公司均建立生产设施台账，各种安全设施由专人负责管理，定期检查，维护保养，落实到人，至 2022 年年底，吉华集团下属子公司共有特种设备压力容器 239 台，厂内机动车 40 辆，压力管道 47494 米，防雷防静电设施 33 套，起重设备 13 台。特种设备台账、档案齐全，压力容器、厂内机动车、压力管道、防雷防静电设施、起重设备等特种设备及安全设施委托第三方有资质单位进行定期检测，证照齐全。

根据编制的工艺操作规程文件，对生产工艺及配套辅助、公用设施等进行 HAZOP 分析，根据 HAZOP 分析报告内的建议措施落实整改，生产现场采用 DCS、PLC、FGS、GDS、SIS 自动化控制系统，对关键工艺参数设置联锁，岗位操作人员均持证上岗。

吉华江东于 2019 年 11 月完成智慧安全生产管理平台建设；江苏吉华于 2020 年 12 月，完成安全信息化平台“五位一体”建设。

七、职业健康

在职业健康方面，各子公司建立了职业健康安全管理制度，对从业人员每年进行“三岗”（岗前、岗中、离岗）健康检查，配备相应的劳动防护用品。定期实施职业场所危害评价，每年进行职业危害因素的检测，并建立职业健康档案，在职业病危害严重场所设置职业危害告知牌。

2013 年 10 月，吉华集团引入职业健康安全管理体系，通过第三方认证审核，取得吉华集团及 4 家子公司（创丽公司、吉华高分子、吉华江东、杭州吉华进出口有限公司）的职业健康安全管理体系认证证书。江苏吉华职业健康安全管理体系独立运行，也取得了职业健康安全管理体系认证证书。

八、本质安全

1.“二重点一重大”监管

吉华江东、江苏吉华涉及“二重点一重大”（重点监管危险工艺、重点监管危险化学品，重大危险源），创丽公司、吉华高分子未涉及“二重点一重大”。

涉及的重点监管危险工艺有重氮化工艺、偶氮化工艺、烷基化工艺、磺化工艺、氯化工艺、氨化工艺、硝化工艺、加氢工艺、裂解工艺。危险工艺全部采用DCS集散控制系统，辅以PLC、FGS、GDS、SIS自动化控制保护系统。

涉及的重点监控危险化学品有环氧乙烷、二氧化硫、液氨、氰化钠、丙烯腈、苯胺、苯酚、硝基苯、甲醇、氯酸钠、氢、氯、苯、硫酸二甲酯等。重点监控危险化学品的储存和重大危险源全部采用DCS集散控制系统，辅以PLC、FGS、GDS、SIS自动化控制系统保护，并对压力、温度、液位、流量实施联锁控制。在上述自动化控制的基础上，对氯化、重氮化、偶氮化、磺化、硝化、加氢、裂解工艺进行了上下游全流程自动化的提升。

各子公司根据相关规定，全面开展危险源辨识、评价和控制措施的完善工作。吉华江东液氨罐区、甲类液体小罐区、甲类危化品仓库涉及三级重大危险源；江苏吉华八分厂液氨罐区、809车间，甲类仓库、九分厂硫磺制酸装置区、罐区四涉及三级重大危险源；七分厂危化品仓库，八分厂807车间、808车间，溴素回收装置、对硝基苯胺装置、罐区一，九分厂液体二氧化硫装置区、902车间、二氧化硫堆场涉及四级重大危险源。各重大危险源每年依据现场条件变化及时修订、补充和更新有关内容，实行动态管理。吉华江东、江苏吉华均按规定进行了重大危险源登记备案。

除“二重点一重大”自动控制系统外，还对后处理商品化喷雾干燥系统、废气治理设施、原料大罐区实行自动化控制。吉华江东、江苏吉华分别建有“智能中央控制中心”。

各子公司均建立了危险化学品档案。对危险化学品安全技术说明书和安全标签进行收集，落实危险化学品事故应急咨询电话，加强危害告知，按国家标准进行危险化学品登记工作；各子公司均通过国家危险化学品登记中心审核，取得“危险化学品登记证书”。

2. 反应安全风险评估

建立反应安全风险评估重点实验室，保障生产本质安全。2019年，吉华集团斥资500多万元购入瑞士梅特勒—托利多生产的全自动实验室反应量热系统RC1、差式扫描量热仪DSC和赫尔生产的绝热加速量热仪ARC等3台国际先进热分析设备，进行染料生产反应单元全流程的安全风险评估；将生产、改造、建设与反应风险评估紧密结合，全流程评估原料、中间体、产品、精馏等的热反应安全性，切实践行本质安全准则。2022年8月31日，吉华集团检测中心通过了中国合格评定国家委员会实验室认可（CNAS认证）。至2022年底，已完成吉华集团下属子公司反应安全风险评估报告170份。

2022年10月，完成创丽公司、吉华高分子、吉华江东“三年本质安全提升”整治提升。

第四节　安全月活动

1980年5月，经国务院批准，由国家经委、国家建委、国防工办、国务院财贸小组、全国总工会和中央广播事业局等十个部门共同作出决定，在全国开展安全生产周活动。

从2002年开始，国家将安全生产周改为安全生产月，确定2002年6月开展首次安全生产月活动，将安全生产周活动的形式和内容进行了延伸。吉华集团围绕全国安全生产月活动要求，每年制定《安全生产月活动实施方案》，方案分组织保障、活动内容、实施方案及时间安排和实施要求四大方面。安全生产月期间，组织开展系列活动，营造安全氛围，提升员工安全素质，倡导企业安全文化，对企业安全生产管理提升起到了重要的作用。

图11-4　1998年5月，质量安全效益知识竞赛

通过开展“安全生产月”系列活动，增强企业员工的安全生产责任意识，提高安全生产突发事件应急处置能力。通过安全隐患排查巡查，消除安全隐患，排除不安全因素，及时纠正错误行为，改进安全生产措施，培养良好的安全生产企业文化，塑造良好的安全生产工作环境。

附录：

浙江吉华集团股份有限公司
“全国第21个安全生产月活动实施方案”

一、组织保障

1. 安全生产月活动领导小组

组　长：吴爱军

副组长：周火良、陈文忠

组　员：殷　健、刘海兵、张叶青、张立富、刘建新、陆荣宝、高尔方、蔡　杰

2. 安全生产月活动工作小组

组　长：陈文忠

副组长：陆荣宝、高尔方、蔡　杰

组　员：孙岩峰、陈治辉、蒲光俊、周静侃、苑青青、周海军、胡兴旭、张军成、陈红红、曹　祥

二、活动内容

1. 开展一次以“遵守安全生产法，当好第一责任人”为主题的安全宣传教育活动；

2. 开展一次以“我是第一责任人，严把安全生产关”为要求的专项隐患整治活动；

3. 开展一次以“安全事关你我他、时刻敲响安全钟”为要点的全员安全培训活动；

4. 开展一次以“你知我知谁更知、我会你会谁更会”为重点的综合知识竞赛活动；

5. 开展一次以“违章行为随手拍，血的教训不能忘”为特征的视频制作征集活动；

6. 开展一次以“应急技能掌手中，危急之时显身手”为中心的应急技能比武活动；

7. 开展一次以“构建应急防火墙、筑牢安全生命线”为宗旨的应急救援演练活动。

三、实施方案及时间安排

（一）开展一次以“遵守安全生产法，当好第一责任人”为主题的安全宣传教育活动

由综合办牵头，企管中心配合，各子公司落实责任人员，在6月初利用电子屏、横幅、板报、简报、宣传窗、图片展等形式全面开展宣传教育活动。

（1）各子公司在本单位显眼位置悬挂、张贴各类宣传品，营造“全国第21个安全生产月”的活动氛围。

（2）各项目外协施工单位在施工现场悬挂横幅，张贴安全标语、警示标识等。

（二）开展一次以“我是第一责任人，严把安全生产关”为要求的专项隐患整治活动

（1）由安环部牵头，以各子公司为责任主体，由各子公司主要负责人组织，针对本单位实际现状，对照相关法规标准，结合钱塘区本质安全提升要求，在6月15日前对本辖区进行专项隐患排查整治，落实有效的整改措施，层层检查，层层整改，举一反三；对排查出的隐患和问题严格按照“五定”原则进行整改封闭，并将排查和整改封闭情况在6月25日前报安环部。

（2）由工程部牵头，在6月15日前对各子公司项目外协施工单位开展一次专项隐患排查整治工作，并将检查和整改封闭情况在6月25日前报安环部。

（三）开展一次以“安全事关你我他、时刻敲响安全钟”为要点的全员安全培训活动

（1）由安环部负责，督导各子公司、部门在6月份组织以“安全事关你我他、时刻敲响安全钟”为要点的全员专业组合培训，通过培训，增强职工的安全生产意识和遵章守纪意识，熟知八大类危险作业的流程和要求，掌握并提升安全生产自我保护能力，了解作业场所可能产生的危险有害因素，提高预防事故、控制事故和应急处置的能力。时刻牢记“我不被伤害，你不被伤害，我不伤害他人”的安全底线。

（2）具体培训安排另行通知，江苏子公司培训自行安排。

（四）开展一次以“你知我知谁更知、我会你会谁更会”为重点的综合知识竞赛活动

（1）由安环部牵头，综合办、企管中心配合，在6月下旬组织以法律法规、规章制度、应知应会等为主的“知识竞赛”活动。

（2）知识竞赛由创丽子公司、高分子公司、江东子公司一队、江东子公司二队、江苏子公司、集团后勤（技术中心）共6个单位组队参赛，每队2男1女，其中1人

为中层干部，各参赛代表队于6月12日前将参赛名单报安环部（报名表见附件）。

（3）知识竞赛内容以下发的竞赛复习提纲为主，竞赛规则在赛前公布。

（4）知识竞赛设一等奖1名，二等奖2名，三等奖3名。

同时，由企管中心负责，安环部配合，在6月中下旬组织各子公司中层及中层以上干部“应知应会”测试，重点围绕“应知应会”“遵守安全生产法，当好第一责任人”主体责任要求，对如何保障安全生产、环境保护等进行测试，并将测试情况纳入中层及中层以上干部职能等级考核范围。

（五）开展一次以“违章行为随手拍，血的教训不能忘”为特征的视频制作征集活动

（1）由安环部负责，综合办、企管中心配合，开展“违章行为随手拍，血的教训不能忘”为特征的反“三违”（违章指挥、违章操作、违反劳动纪律）视频制作征集活动。

（2）活动要求集团范围内各部门（车间）至少出一组作品，鼓励个人积极参与，在6月20日前报安环部，经初评，取前十名（组）经修正后，在6月30日前由集团公司统一在OA公示，最终评定一等奖1名，二等奖2名，三等奖3名，优胜奖4名，其余为鼓励奖。

（3）对入选作品涉及的违章现象按责任区域、有关制度予以处罚。

（六）开展一次以“应急技能掌手中，危急之时显身手”为中心的应急技能比武活动

（1）由安环部负责，以集团公司组建的应急救援站（应急救援队）为基础，在6月下旬开展一次以“应急技能掌手中，危急之时显身手”为中心的应急处置技能比武活动。

（2）应急处置技能比武活动参赛队伍组建要求：集团后勤1个、创丽子公司1～2个、高分子公司1～2个，江东子公司7～8个，江苏子公司1个。

（3）应急处置技能比武活动设集体奖前六名，个人单项奖前六名，具体方案另行通知。

（七）开展一次以“构建应急防火墙、筑牢安全生命线”为宗旨的应急救援演练活动

（1）由安环部牵头，集团公司主办，高分子公司承办，在6月下旬开展一次“构建应急防火墙、筑牢安全生命线”为宗旨的生产安全环保事故应急救援演练活动（具体应急救援演练方案另行通知）。

（2）由各子公司自行负责，在6月底前，结合本单位《应急救援演练预案》要求，组织开展“安全环保事故应急救援演练”，应急救援演练方案在6月10日前报安环部，总结在7月5日前报安环部。

四、实施要求

（1）各子公司、部门在“安全生产月活动”期间，要进一步强化安全日常管理，紧绷安全生产之弦，坚决筑牢安全防线。

（2）各子公司、职能部门要切实组织实施好“安全生产月活动”，建立健全安全活动组织机构，制定保障措施，落实目标责任，确保“安全生产月”各项活动顺利开展。

（3）各子公司要根据集团公司的实施方案，结合子公司实际，修正子公司分方案，在6月10日前报安环部备案；各子公司要对安全生产月活动进行总结，并于7月5日前将总结报安环部。

（4）各子公司、部门要积极鼓励员工参与“安全生产月”活动，营造企业安全文化，保障安全生产。集团安全生产领导小组将组织评议“安全生产月活动”先进集体和专项先进个人并予以表彰。“安全生产月”活动期间发生各类安全环保事故的加倍处罚并“一票否决”。

第十二章　环境保护

精细化工生产使用的原料涉及有毒有害有腐蚀的危险化学品，生产过程有产生影响环境的废水、废气、固废、噪声等污染源。做好环境保护，是企业赖以生存的底线。浙江吉华集团股份有限公司设立专门的环保管理机构，负责日常环境保护管理，制定和完善系列环保管理制度、规程和责任制，做到横向到边、纵向到底、全覆盖无死角。30余年来，吉华集团始终坚持环境治理行业领先的原则，积极探索环境治理的新技术、新方法，累计投入数亿元用于环境治理设施的升级改造，业内率先开发应用了化工废水资源化处理技术并主持起草行业标准，活性炭再生循环技术，连续法制备H酸工艺技术与装备，湿式催化氧化技术，经受了多轮行业整治、环保督察的考验，树立了行业标杆，得到了相关部门的肯定，有效保障企业健康发展。

2006年12月，杭州吉华江东化工有限公司通过第一轮清洁生产审核；2010年4月，江苏吉华化工有限公司通过第一轮清洁生产审核。至2022年，吉华江东、江苏吉华已分别通过五轮、三轮清洁生产审核。

第一节　机构与职责

吉华集团就环境保护机构而论，经历了无专门机构，至兼职机构，再至安全环保科，最后至安全环保部，下属子公司也建立相应机构，并规定相应职责，从而使吉华集团的环境保护大有起色，取得了瞩目的成绩。

一、机构设置

1985年至1992年年底，企业起步阶段，未设置专门的环保管理机构，由生产副厂长和车间主任兼管。随着企业的发展，人民对环境生活质量要求的提升，1993年7月，成立包含环境保护、安全文明生产工作在内的吉化萧山联营染料厂安全生产领导小组（兼管）；1997 年 2 月，在联营厂安全环保领导小组的基础上，设立专门机构安环科，陈小勇兼任安环科副科长。

2008 年 3 月，随着吉华集团运行并引入规范化管理专家团队，调整直属管理机构，成立以总裁为组长的环保工作领导小组，首次设立安全环保部，由陆荣宝任安全环保部副经理，同时设立吉华江东、江苏吉华安全环保科。

2011 年 2 月，吉华集团环境保护领导小组组长调整为杨泉明。2022 年 2 月，设立安全环保总监，陈文忠为安全环保总监；3 月，环保工作领导小组组长调整为吴爱军。

至 2022 年底，在吉华集团设置安环总监的基础上，吉华江东、江苏吉华、杭州创丽聚氨酯有限公司、杭州吉华高分子材料股份有限公司、江苏康倍得药业股份有限公司五个子公司均配设安环总监及安全环保科，配备专职安全环保管理员 45 人，并为 23 个车间配备了专（兼）职安全环保管理员。

二、工作职责

吉华集团环保部是环境保护领导小组的日常工作管理机构，负责企业的环境保护管理工作。各子公司下设安全环保科，负责子公司环境保护日常工作，贯彻执行环境保护的法规、制度和标准。主要职责是：

负责环境保护工作的监督、指导、服务，组织检查、考核、奖惩；建立健全管理网络，指导基层环境保护工作，加强环境保护基础建设，定期召开环境保护例会，不断提高基层环境保护员的技术素质；对各部门、子公司、车间的环境保护考核评比；组织制订、修订环境保护管理制度；编制环境保护工作的长远规划和污染物减排等计划，落实削减目标，并负责组织实施；检查污染防治设施设备的运转与处理等情况，检查污染物的排放情况等；日常环保工作的组织协调，确保环保工作的顺利开展；宣传和贯彻执行国家及地方环保相关的法律、法规、方针、政策，组织或者参与本单位环境保护教育和培训，如实记录；及时处置突发性环境污染事故；开展环保一体化考核，并对日常环保难点提出整改要求；负责“三废”处理和台账记录，定时检查，并按月汇总，确保台账完整、齐全、规范；编制废弃物产生报表上报、存档，规范危险废物转移处置；确保三废处理设施运行稳定，达标排放；组织环保事故的调查、处理；负责各类事故汇总统计上报工作，并建立健全事故档案，对在环境保护中有突出贡献者或事故责任者，提出奖惩意见；检查本部门的环境保护状况，及时排查隐患，提出改进环境保护管理的建议；深入现场监督检查，并协助解决有关环境保护问题。

第二节　制度建设

1998年，杭州吉华化工有限公司成立后下设3家分厂，环境保护管理工作难度增加，再加上政府监管体制的完善和监管要求的提高，为进一步规范环境保护管理，强化主体责任，制定了《环境保护管理制度》，共8章23条。之后根据国家规范要求，逐年进行修改、完善。

2002年11月5日，吉华化工三分厂310车间三工段，在干燥尾气湿捕集器改造试运行过程中，因循环水槽中无水致使循环水泵无法供水，导致水膜分散盘无法形成水膜，粉尘飞扬至大气中近半个小时，严重影响周边居民区的正常生活秩序，造成三分厂停产65天，新建四套直径6.3米的压力式喷雾干燥塔全部拆除；2007年7月7日，江苏吉华九分厂901车间在开车时，因处置不当导致二氧化硫气体泄漏并扩散到厂区西面，致使3000余亩农作物受损。为吸取教训，避免或减少类似事故，对照相关的环境保护法律、法规要求，结合吉华集团生产现状，持续完善、修订、补充各类环境保护管理制度。至2022年底，共有环境保护管理制度21个。

2022年吉华集团环境保护管理制度一览表

表12-1

序号	制度名称	修订年份
1	辐射防护和安全保卫制度	2019.12.01
2	辐射安全教育、培训制度	2019.12.01
3	放射源同位素使用登记、台账管理制度	2019.12.01
4	LDAR 检测管理制度	2020.12.01
5	危险废物识别标志制度	2020.12.01

续表 12-1

序号	制 度 名 称	修订年份
6	危险废物污染环境防治责任制度	2020.12.01
7	危险废物出入库管理制度	2020.12.01
8	危险固废场所管理制度	2020.12.01
9	环境安全隐患排查治理制度	2021.11.01
10	雨污分流管理制度	2021.11.01
11	下水管网管理制度	2021.11.01
12	清下水管理制度	2021.11.01
13	水污染防治管理制度	2021.11.01
14	污水处理站管理制度	2021.11.01
15	废气治理设施运行管理制度	2021.11.01
16	环境保护管理制度	2022.03.01
17	突发环境隐患排查和治理制度	2022.03.01
18	雨水排放管理制度	2022.03.01
19	废气管道清理制度	2022.03.01
20	危险废物管理制度	2022.03.01
21	废弃包装物处理管理制度	2022.03.01

第三节　“三废”治理

“三废”即废水、废气和固废。吉华集团下属吉华江东、江苏吉华均建有日处理能力 5000 吨的废水预处理厂，还建有 7 套化工母液资源化 MVR 废水处理系统，利用各子公司生产车间产生的高含盐废水制备副产硫酸铵、硫酸钠等，资源综合利用。其他子公司不设置废水处理设施，经分类分质收集后，由同一生产区块内废水处理厂代为处理。废气，按照“分质收集、应收尽收、焚烧处理”的原则，实现达标排放；固废，严格按国家法规及标准进行管理和处置。“三废”管治成效显著。

一、废水治理

联营厂建厂时同步建有污水收集池及简单的处理装置，利用红山农场工业废水外排钱塘江的专用管线排放。该废水处理工程是1991年萧山市环境目标任务三大工程之一，由红山农场负责实施，联营厂、萧山丝化印染厂、萧山红山纺织实验厂和萧山红山纺织厂4家企业各出资7.5万元，萧山市环保局拨款10万元，红山农场负责电机设备购买、清苗补偿等，总投资40余万元，全长2080米，于1992年3月验收合格，日排放量约4000吨。

1995年，联营厂投资98万余元，单独铺设专管外排钱塘江，为保持内河水质，改善红山农场全场生产、生活环境作出了贡献。

1997年，吉华化工委托北京环境科学研究院王凯军博士，设计染料废水处理系统，征用土地1.31万平方米（19.7亩），建设污水收集池、中和调节池、曝气池、专设“三相流化床”处理高难度废水，预处理后外排钱塘江，后又增加“铁碳微电解”等设施，提高了处理效果。

1999年，经萧山市政府协调，同意吉华化工预处理后的废水铺设专管接入萧山城市污水处理厂（钱江农场）综合处理，该管道采用直径600毫米玻璃钢增强夹砂管，总投资约1500万元，2001年底建成并投入使用，实现了纳管排放。

2003年，临江基地建设，由于当时临江工业园区刚开始筹建，无专门的废水处理设施和排水系统，经萧山区政府和临江工业园区管委会协调，由吉华江东建设废水处理厂并承担外排钱塘江管线的铺设。2003年下半年开建，外排管线全长10余千米，总投资2500余万元，采用直径700毫米玻璃钢增强夹砂管，外排钱塘江22工段，沿途经过6个乡镇垦区、2个农场、穿越6条河、7段围垦大堤，通过地埋、倒虹、翻堤等方法施工，历时5个月建成，不仅满足吉华江东自身的排放需要，还承担了临江工业园区部分企业的外排任务。

2005年初，江苏基地建设，江苏吉华积极参与滨海沿海化工园区的废水处理、排放系统建设。2008年，投资1500万元（占比32.64%）参与园区达标废水深海排放工程，2016年，依托“国家发改委京津冀及重点地区污染治理工程”2010万元专项资金，投资2100万元（占比35%）参与园区江苏北华环保科技有限公司污水厂建设、运行。

吉华江东、江苏吉华各建有处理能力5000吨/日的废水预处理厂，按照“清污分流、雨污分流、分类收集、分质处理”的原则，建立完善的收集、预处理、排放系统，根据废水源强分门别类，分别接入配套的废水预处理厂，通过均质、中和、物化、生化及强氧化等处理工艺，出水水质符合纳管标准后分别排入园区（政府）污水处理厂；其中创丽公司、吉华高分子不单独设废水处理设施，建有废水收集池经收集后排入吉华江东废水预处理厂合并处理；康倍得建有处理能力20吨/日的一体化废水处理设施，处理达标后排入市政管网；各子公司的生活污水、初期雨水等废水直接进入废水预处理厂生化系统。

吉华江东、江苏吉华还积极探索废水综合处理、回收利用、变废为宝等节能减排新技术。建有7套MVR废水处理装置，通过液氨中和、活性炭脱色、MVR浓缩回收副产硫酸铵、硫酸钠、氯化铵、氯化钠、硫酸钾等，年可副产硫酸铵等10万余吨；还分别建有1套活性炭再生装置，采用多段炉颗粒活性炭再生方法，利用一体化装置将吸附后的颗粒活性炭干燥、再生循环使用，新炭补加量小于8%，减少90%的危废产生量；应用原染料逆流梯度洗涤技术，洗涤水多次套用，循环梯度使用，削减用水量，排水总量减少约60%，处于行业领先地位。

图12-1　江苏吉华湿式催化氧化装置（2021年10月摄）

吉华江东、江苏吉华先后多次进行提标改造，满足环保部门对排放标准逐步提高的要求。

吉华江东废水预处理厂于2003年投资800万元，建设综合水池及水质监控系统，在对水池进行防腐处理的基础上，于2012年对生化系统再次升级改造，新建水解酸化池、接触氧化池、BAF池等，投资650万元。2018年再次对整个废水处理系统、水处理污泥处理系统、废气吸收处理系统进行综合提升技术改造。建设一期、二期DFMO预氧化池+BCGR池、加药系统、BCGR配套设备、污泥处理单元、A/O单元曝气风机、臭氧发生单元、尾气处理单元、中控室、管架工程等设施；同时对原水均质池、BAF池、污泥浓缩池、BCGR 生物培育池、A/O 池、固废仓库等系统进行提升改造，总投资 6000 万元。并由第三方环境科技公司进行 BOT 运营，确保稳定达标运行。

江苏吉华废水预处理厂在 2006 年投资 350 万元，建设综合水池，对水池进行防腐处理的基础上，于 2010 年投资 100 万元建设污水处理监控系统。2012 年投资 1000 余万元进行提升改造，2014 年投资约 550 万元对生化系统再次升级改造，建设污水处理控制室、管架工程等设施，确保稳定达标运行。2015 年投资 500 万元，对污水池进行密闭化改造，并建设事故应急池等。2016 年投资 650 万元，进行厌氧池改造、好氧池改造、应急池抗浮加固、芬顿塔改造等。2017 年投资 100 万元，建设污泥浓缩池及好氧池改造工程。2018 年，由于园区污水处理厂接管标准的提高再次进行提标改造。2019 年投资 360 万元，对污水处理出水的总氮、氨氮、苯胺类等特种污染因子进行提标升级、改造，并设置厂界在线监测。2020 年投资 150 万元，对污泥浓缩池及压滤机进行拆除重建，完成提标改造，确保稳定达标运行。

二、废气治理

1. 各子公司收集和排放

各子公司根据废气源，分别确定收集路径和处理方法，达标排放。

吉华江东：2009 年起，每年编制废气专项整治及环境综合整治提升方案并实施工程及管理提升。2010 年 10 月，完成 10 吨以上非热电燃煤锅炉脱硫除尘设施、锅炉烟气在线监测及 DCS 控制改造（至 2020 年 6 月，吉华江东淘汰 2 台 800 万大卡燃煤热载油锅炉）。2018 年起，合成工艺废气及储罐区废气均采用多级碱洗（酸洗）喷淋吸收 + 活性炭吸附处理后达标高空排放。2020 年起，有机废气采用碱喷淋 + 水洗 +RTO 焚烧 + 冷却 + 碱洗达标后，通过排气筒高空排放。同年 10 月，浙江省生态环境科学设计研究院对吉华江东进行了第一轮“环境医院”诊断。2021 年起，商品后处理喷雾干燥塔废气采用旋风 + 布袋除尘 +

图 12-2　废气处理装置（2021 年 10 月摄）

纳米生态除臭 + 生物降解处理达标后，通过排气筒高空排放，环境质量有了质的提升。2022 年 11 月，“环境医院”专家组对吉华江东进行第二轮检查诊断。诊断发现问题已全部得到有效整改，并得到杭州市、钱塘区生态环境局及专家组的肯定。

江苏吉华：七分厂生产工艺废气、储罐区呼吸废气、车间废水储罐呼吸废气、RTO 焚烧炉尾气进行了分类收集后，酸性废气采用尿素吸收 + 碱吸收处理后通过排气筒高空排放，含有机废气的碱性废气采用水吸收 + 稀硫酸吸收 +RTO 炉焚烧 + 碱吸收达标后通过排气筒高空排放。八分厂生产工艺废气、储罐区废气、废水处理装置废气、危废暂存库废气等，采用管道收集、集气罩收集等方式分类收集后，采用多级尿素吸收 + 多级碱吸收处理达标后通过排气筒高空排放。九分厂二氧化硫废气，在管道收集后，采用多级碱吸收处理达标后通过排气筒高空排放。十分厂焚烧炉焚烧尾气、危废暂存库及配料间废气等，在管道收集、仓库密闭收集等方式收集后，采用 SNCR 脱硝 + 急冷 +CFB 干法脱酸 + 活性炭喷射 + 布袋除尘 + 碱喷淋 + 除雾器处理达标后通过排气筒高空排放。

图 12-3　固废回转窑焚烧装置（2021 年 10 月摄）

创丽公司：投料过程产生的粉尘采用微负压加脉冲布袋除尘器收集，尾气高空排放；发泡过程产生有机废气、发泡区排放的废气及储罐逸出废气，经吸风系统收集后，送至废气处理系统经水喷淋、活性炭吸附、蒸汽脱附、冷凝回收，废气达标后高空排放。

吉华高分子：涂料车间、树脂车间工艺废气及储罐区废气均采用布袋除尘 + 水喷淋 + 活性炭吸附处理达标后高空排放。

康倍得：车间工艺废气和实验室废气均采用水喷淋 + 活性炭吸附处理达标后高空排放。

2. 执行标准

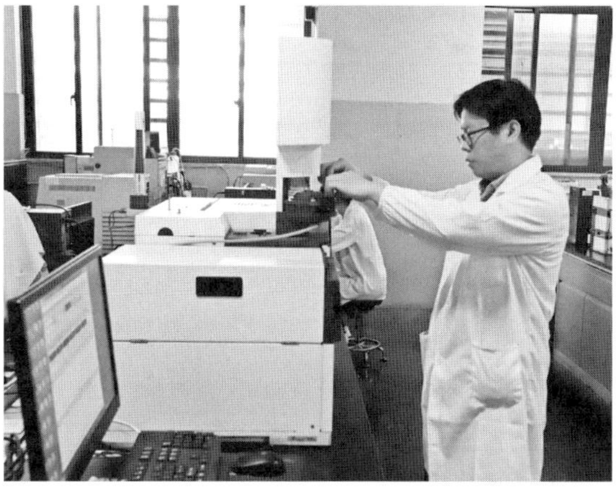

图 12-4 “三废”检测（2022 年 10 月摄）

废气排放执行《大气污染物综合排放标准》、《恶臭污染物排放标准》、《挥发性有机物无组织排放控制标准》、《涂料、油墨及胶粘剂工业大气污染物排放标准》、《工业涂装工序大气污染物排放标准》、《危险废物焚烧污染控制标准》、《挥发性有机物无组织排放控制标准》、《工作场所有害因素职业接触限值》等排放标准，严格控制二氧化硫、氮氧化物、氯化氢、臭气浓度、硫化氢、硫酸雾、氨、苯系物、乙酸丁酯、颗粒物及挥发性有机物的排放指标。

有组织废气排放限值表

表 12-2

序号	名称	排放限值
1	二氧化硫	≤ 550
2	氮氧化物	≤ 240
3	臭气浓度	≤ 2000
4	氯化氢	≤ 100
5	硫酸雾	≤ 45
6	有组织挥发性有机物	≤ 120
7	颗粒物	≤ 120
8	苯系物	≤ 40mg
9	乙酸丁酯	≤ 60mg

无组织排放限值表

表 12-3

序号	名称	排放限值
1	挥发性有机物	≤ 4
2	氯化氢	≤ 0.2
3	硫酸雾	≤ 1.2

续表 12-3

序号	名称	排放限值
4	硫化氢	≤ 0.06
5	氨	≤ 1.5
6	二氧化硫	≤ 0.4
7	氮氧化物	≤ 0.12
8	臭气浓度	≤ 20
9	颗粒物	≤ 1
10	乙酸丁酯	≤ 0.5
11	二甲苯	≤ 1.2

各子公司均按照要求取得排污许可证，并根据排污许可证排放浓度限值，在规范运行、严格管控、实时监测的基础上，每年定期委托第三方检测单位按照排污许可证规定的检测频次，对有组织废气和无组织废气进行取样检测，检测结果均为合格，并在属地监管系统环境信息公开。

三、固废处置

各子公司严格按国家法规及标准，规范管理、合法处置各类危险废弃物和一般工业固体废弃物。

吉华江东产生固废主要有废活性炭、染料废水处理污泥、废包装材料、废矿物油、蒸馏残渣、过滤残渣和生活垃圾等。至 2022 年年底，建有三处规范的危险废物暂存库，按标准做好“三防”措施，暂存库内还安装了视频监控系统，并与生态环境部门的“生态智卫系统”联网，安全存放，定期定量委托有资质的第三方单位规范转移处置。一般固废生活垃圾，由属地环卫部门统一处置。

江苏吉华产生的废膜、废活性炭、过滤残渣、废水处理污泥、废矿物油、废滤袋、废包装物等危险废物送至十分厂焚烧炉进行焚烧处理；废镍催化剂、废触媒、废耐火材料、压滤残渣、焚烧残渣及飞灰以及超出焚烧炉处置能力的工艺废活性炭、废水处理污泥等危险废物委托有资质的第三方规范转移处置；废岩棉作为一般固废委外综合利用；生活垃圾交由园区环卫部门进行清运处理。八分厂建有一处按标准要求建设的一般工业固废暂存库，用于暂存厂内产生的一般工业固废废物。2015 年，江苏吉华投

图 12-5　2016 年，集团公司精细化工产业转型提升项目为国家级园区循环化改造重点项目

资 5600 万元建设处理能力 1 万吨 / 年的回转窑危废焚烧装置，占地 1.36 万平方米（20.43 亩）。至 2022 年年底，七分厂、八分厂、十分厂各建有一处规范的危废暂存库，按标准做好“三防”措施，用于安全暂存各分厂的危险废物。

创丽公司产生的固废主要有废塑料薄膜、海绵边角料、生活垃圾、废原料桶、废活性炭。建有一处规范的危废暂存库，按标准做好“三防”措施，用于安全暂存废原料桶及废活性炭等危险废物。定期定量委托有资质的第三方单位规范转移处置。一般固废的废塑料薄膜、海绵边角料综合利用。一般固废生活垃圾，由属地环卫部门统一处置。

吉华高分子产生的固废主要有废包装材料、喷涂测试样品、废溶剂、废活性炭和生活垃圾。建有一处规范的危废暂存库，按标准做好“三防”措施，用于安全暂存危险固废，定期定量委托有资质的第三方单位规范转移处置。一般固废生活垃圾，由属地环卫部门统一处置。

康倍得产生的固废主要有废包装材料、高浓度废液、边角料、压敏胶和生活垃圾。建有一处规范的危废暂存库，按标准做好“三防”措施，用于安全暂存危险固废，定期定量委托有资质的第三方规范转移处置。一般固废生活垃圾，由属地环卫部门统一处置。

第四节　噪声管理

噪声主要为生产设备运行时产生，各子公司严格执行《工业企业厂界环境噪声排放标准》中的三类标准。

为尽量降低噪声排放，各子公司均选用技术先进、性能质量良好、低噪声的机械设备；加强机械设备的定期维护保养，减少机械故障等原因造成的振动及声辐射；在厂区周围及道路两侧均种植树木、花木隔离带，降低噪声对环境的影响；对高噪声岗位配置隔音设施和耳塞等劳动保护用品。

第五节　清洁生产

实施清洁生产审核是实现清洁生产的有效措施。通过现场调查分析、物料衡算和全过程的审核，从原材料的采购、产品选型、过程控制、技术路线、设备维护、现场管理、“三废”处置等一系列环节上查找问题，并提出相应的对策措施，从而降低原材料的消耗、合理利用资源能源、削减废物及污染物的排放、资源循环利用，以提高企业的经济效益和环境效益。

2006 年 12 月，吉华江东实施第一轮清洁生产审核。2010 年 4 月，江苏吉华开展第一轮清洁生产审核。至 2022 年年底，吉华江东共开展五轮清洁生产审核，江苏吉华共开展三轮清洁生产审核，清洁生产审核的连续实施，提高了企业的经济效益和社会效益。

一、吉华江东五轮清洁生产审核

2006 年 12 月，实施第一轮清洁生产审核，共提出无 / 低费清洁生产方案 18 个，实施完成 18 个，实施完成率 100%；共提出中 / 高费清洁生产方案 3 个，实施完成 3 个，实施完成率 100%。年产生经济效益 227.74 万元。

2011 年 10 月，实施第二轮清洁生产审核，共提出无 / 低费清洁生产方案 28 个，实施完成 28 个，实施完成率 100%；共提出中 / 高费清洁生产方案 8 个，实施完成 8 个，实施完成率 100%。年产生经济效益 2239.50 万元。

2014 年 8 月，实施第三轮清洁生产审核，共提出无 / 低费清洁生产方案 17 个，实施完成 17 个，实施完成率 100%；共提出中 / 高费清洁生产方案 6 个，实施完成 4 个，实施完成率 66.67%。年产生经济效益 1678.18 万元。

2021 年 1 月，实施第四轮清洁生产审核，共提出无 / 低费清洁生产方案 11 个，实施完成 11 个，实施完成率 100%；共提出中 / 高费清洁生产方案 2 个，实施完成 2 个，实施完成率 100%。年产生经济效益 11.67 万元。

2022 年 3 月，实施第五轮清洁生产审核，共提出无 / 低费清洁生产方案 6 个，实施完成 6 个，实施率 100%；共提出中 / 高费方案 2 个，实施完成 2 个，实施率 100%。年产生经济效益 1.01 万元。

二、江苏吉华三轮清洁生产审核

2010 年 4 月，开展第一轮清洁生产审核，共产生清洁生产方案 15 个，其中无低费方案 10 个，中、高费方案 5 个，年产生经济效益 6480.8 万元。

2015 年，开展了第二轮清洁生产审核，共实施方案 22 个，其中无 / 低费方案 19 个，中 / 高费方案 3 个，年产生经济效益 601.48 万元。

2022 年，开展第三轮清洁生产审核，实施方案 27 个，其中无 / 低费方案 24 个，中 / 高费方案 3 个，年产生经济效益 22.21 万元。

第六节　环保督察

2015 年 1 月 1 日，《中华人民共和国环境保护法》开始实施，2017 年 1 月 1 日，《最高人民法院、最高人民检察院关于办理环境污染刑事案件适用法律若干问题的解释》（以下简称“两高司法解释”）的出台，从中央到地方都加强了环境保护的督察力度，提高了排放标准，完善了环境污染犯罪的法律规定，特别是“两高司法解释”的出炉，中央环保督察全面展开，掀起了新一轮的环保督察。据不完全统计，2017—2020 年共有省、部级信访 20 余起，接受省、部级检查、督察达 30 余次，其中，2018 年 4 月“两灌”事件后，有举报称八分厂地下埋有大量危废，同年 8 月环境保护部华东督查中心责成江苏省环保厅现场核查，对八分厂厂区进行打孔探测，历时 22 天，打孔 500 余个，未发现危废填埋。其他信访经各级环保部门核查，均属不实举报。江苏吉华的环保工作得到了上级环保部门的肯定。

在历次环保督察过程中，虽未发现重大环保问题，但也暴露出了废气收集、治理不规范，危废外包装标识脱落，循环水池硬化改造进度滞后，热氧化焚烧炉未安装烟气在线检测设备等问题，有待进一步提高认识，加强管理。

第十三章　财务管理

财务管理是企业管理的基础，是企业内部管理的中枢，是企业实现和外部交往的桥梁。浙江吉华集团股份有限公司在发展过程中，充分认识其重要性，逐步走向规范、完善。从20世纪80年代中期，吉华集团前身萧山聚氨酯泡沫厂、吉化萧山联营染料厂、杭州红宝染化有限公司财务室设会计、出纳、助理会计。1998年杭州吉华化工有限公司成立，下设三个分厂并分设分厂财务室。至2004年吉华集团设立财务部，再至2012年，吉华集团改制为股份有限公司，财务部下设财务总监、财务部经理、总账会计、成本会计、费用会计、考核开票会计等，更趋规范。

财务部职责明确，制定了一系列制度。以企业经济为重心，在经营管理决策中履行预测、执行、监督等职责，为管理层决策提供依据；以资金管理为中心，实行积极的利润分配政策，重视对投资者的合理回报；规范注册资金和股本管理，保持吉华集团发展的持续性与稳定性。

第一节　管理机构与人员配备

财务部门对吉华集团发展起着至关重要的作用，对所有项目起到实时监控作用。吉华集团把财务管理机构放在重要位置，从建厂初期简单的管账、管钱两人，发展到财务部，岗位设置从会计、出纳增加到财务总监、财务部经理、总账会计、成本会计、费用会计、考核开票会计、资金会计等，人员配备齐全、规范。

一、管理机构

1985年，泡沫厂成立之初，设立财务室，设会计、出纳岗位。1991年，联营厂财务室设会计、出纳、助理会计、考核岗位。1996年，红宝染化财务岗位设置与联营厂相同。

1998年，吉华化工下设3个分厂财务室。2004年，吉华集团设立财务部，设财务部经理、会计、助理会计、出纳、考核会计、开票会计岗位。2008年，引入规范化管理团队进行机构重组，设置财务总监一职。2012年，吉华集团改制为股份有限公司，财务部进一步规范，下设财务总监、财务部经理、总账会计、成本会计、费用会计、考核开票会计、资金会计岗位。此后无重大变化。

财务部是吉华集团独立运营的部门。财务管理以企业经济为重心，在经营管理决策中履行预测、执行、监督等职责，为管理层决策提供依据。

财务部的工作职责与范围：负责吉华集团债务、资本、筹资管理工作；负责资金预算、决算的编制与执行；检查和分析资金预算执行情况；加强对各部门资金收支监管，严格审核各项资金收支的合理性、合法性；负责日常运营资金的使用与管理；指导全资及控股子公司财务部门的财务管理工作；负责对外投资财务管理的日常工作。

二、管理人员

财务管理人员由1985年2人增至2022年26人。

2008—2022年吉华集团财务总监人员表

表13-1

序号	时间	姓名	序号	时间	姓名
1	2008—2009	姜宇林	3	2016—2017.08	赵志伟
2	2010—2015	金小英	4	2017.09—	张颖辉

1985—2022年吉华集团主要财务人员表

表13-2

序号	时 间	单位名称	财务负责人	会 计	出 纳
1	1985—1987	萧山聚氨酯泡沫厂	章成俊	王凤根	陈树林
2	1988—1996	萧山聚氨酯泡沫厂	王德富	王德富	冯国琴
3	1997—2003	萧山聚氨酯泡沫厂	王德富	杨春梅	冯国琴
4	2004—2006	杭州萧山吉华聚氨酯染化有限公司	俞尧忠	杨玉米	王美芳
5	2007—2018	杭州创丽聚氨酯有限公司	俞尧忠	杨玉米	邵燕萍
6	2019—	杭州创丽聚氨酯有限公司	汪晓琳	杨玉米	邵燕萍
7	1991—1993	吉化萧山联营染料厂	王德富	魏条英	陈树林
8	1994—1996	吉化萧山联营染料厂	费向远	金小英	陈树林

续表 13-2

序号	时 间	单位名称	财务负责人	会 计	出 纳
9	1997—2005	杭州红宝染化有限公司	徐远程	金小英	沈海燕
10	2005—2011	杭州红宝染化有限公司	金小英	沈海燕	姚利惠
11	1998—2000	杭州吉华化工有限公司	金小英	戚国良	虞小燕
12	2000—2010	杭州吉华化工有限公司	金小英	杨凤美	赵小芳
13	2000—2002	杭州吉华进出口有限公司	金小英	陈静琼	姚利惠
14	2003—2006	杭州吉华进出口有限公司	金小英	唐冬香	俞兰芳
15	2007—2007	杭州吉华进出口有限公司	金小英	杨春梅	俞兰芳
16	2008—2008	杭州吉华进出口有限公司	金小英	沈海燕	俞兰芳
17	2009—2015	杭州吉华进出口有限公司	金小英	俞小园	俞兰芳
18	2016—	杭州吉华进出口有限公司	沈海燕	张 燕	俞兰芳
19	2003—2006	杭州吉华江东化工有限公司	金小英	杨春梅	励丽英
20	2007—2007	杭州吉华江东化工有限公司	金小英	俞小园	励丽英
21	2008—2013	杭州吉华江东化工有限公司	杨春梅	唐冬香	郑佳佳
22	2014—2015	杭州吉华江东化工有限公司	杨春梅	唐冬香	李静愉
23	2016—	杭州吉华江东化工有限公司	杨春梅	唐冬香	郑佳飞
24	2003—2003	浙江吉华集团有限公司	金小英	沈海燕	唐冬香
25	2004—2014	浙江吉华集团有限公司	金小英	沈海燕	俞兰芳
26	2014—2015	浙江吉华集团股份有限公司	金小英	沈海燕	郑佳佳
27	2016—2017	浙江吉华集团股份有限公司	赵志伟	沈海燕	郑佳佳
28	2017—	浙江吉华集团股份有限公司	张颖辉	汪惠芳	郑佳佳
29	2008—2012	杭州吉华高分子材料有限公司	俞尧忠	徐晓莉	邵燕萍
30	2013—2019	杭州吉华高分子材料股份有限公司	唐冬香	徐晓莉	汪晓琳
31	2019—2020	杭州吉华高分子材料股份有限公司	唐冬香	徐晓莉	江亦璇
32	2021—	杭州吉华高分子材料股份有限公司	徐晓莉	徐晓莉	马丽莎
33	2005—2006	江苏吉然化工有限公司	王 见	王 见	徐丽娟
34	2007	江苏吉华化工有限公司	王 见	姚艳艳	徐丽娟
35	2008—2009	江苏吉华化工有限公司	姚艳艳	欧阳杰	徐丽娟
36	2010—2011	江苏吉华化工有限公司	姚艳艳	蒋海波	徐丽娟
37	2012—2019	江苏吉华化工有限公司	蒋海波	徐以秀	徐丽娟

续表 13-2

序号	时 间	单位名称	财务负责人	会 计	出 纳
38	2020—2022	江苏吉华化工有限公司	徐以秀	张雪莉	徐丽娟
39	2019—2022	江苏盐城优化科技有限公司	徐以秀	张雪莉	张雪莉
40	2019—2020	江苏康倍得药业股份有限公司	王志婷	王志婷	王志婷
41	2020—2020	江苏康倍得药业股份有限公司	宋 凯	宋 凯	王志婷
42	2020—2021	江苏康倍得药业股份有限公司	宋 凯	宋 凯	任张荣
43	2021—2021	江苏康倍得药业股份有限公司	宋 凯	宋 凯	王曼青
44	2022—2022	江苏康倍得药业股份有限公司	何 伟	何 伟	王曼青
45	2022—	江苏康倍得药业股份有限公司	王曼青	王曼青	王曼青

第二节 管理制度

建厂之初，没有形成完整的管理制度。20 世纪 90 年代初，联营厂成立后，建立了财务管理制度。吉华化工、吉华集团建立后，财务管理制度经多次修订。2008 年，引入规范化管理团队后进一步规范、完善，后又经多次修订，特别是对物资采购制度、存货管理制度、固定资产管理制度、费用报销管理办法、内部审计制度、难收款管理办法等作出具体规定，财务管理制度更加系统化。

一、历史沿革

建厂伊始，财务管理就是简单的会计管账、出纳管钱，厂长审批，没有形成完整的管理制度。1991 年，联营厂成立后建立了财务管理制度。1998 年，吉华化工设 3 个分厂财务室，资金由吉华化工统筹使用，经分厂领导审批支付。2003 年成立吉华集团后，资金由吉华集团统一调度。

吉华集团的财务管理制度于 2008 年引入规范化管理团队后进一步规范、完善，经 2009 年、2011 年多次修订调整，不断完善提高。财务管理的基本任务和方法，是做好财务收支计划、控制、核算、分析和考核工作，依法合理筹集资金，有效利用企业的各项资源，提高企业经济效益。

财务管理实行吉华集团董事会领导下的总裁制，并自觉接受监事会财务监督。吉华集团及所属独立核算的子公司均设置单独的财务机构，配备财会人员。资金由吉华集团统一管理、统一筹措、统一调度。财务部门依法对企业经营活动进行会计核算并定期报告。所有财会人员由吉华集团统一任用。对下属子公司的财会人员实行统一、垂直管理；下属子公司财会人员报酬由吉华集团统一核定。各财会人员既接受所属单位的行政领导，同时接受财务部的业务指导及管理，具有双重属性。财会人员须履行认真核算、从严管理、搞好分析、遵纪守法、实事求是、廉洁奉公、严守秘密、钻研业务八项工作职责。

二、部分制度

1. 物资采购制度

原辅材料采购必须签订供货合同，原材料数量、名称、价格、交货期限等要素必须在合同中明确，并严格按照合同条款执行。采购流程：采购员提交请购单，子公司审核，编制采购计划（采购员询报价），比价供应部门经理审核，供方选定，签订采购合同，进货通知、过磅，仓库验收、质量检验、合格入库。供方选择和评定，采用多部门综合评审。供应部负责供方的管理工作，对供方的质量保证能力进行调查与评定。品管部参与供方能力的调查与评定，负责质量相关要素的跟踪评价及监督。品管部、财务部、子公司生产副总经理参与对供方能力的评定和合格供方的选择。

2. 存货管理制度

包括仓库管理、物资保管、物资发放、物料退库、车间在制品、半成品管理、产成品管理、废品管理、存货盘存、价格管理、存货分析等多项内容。

第三节　现金管理与账户管理

财务管理以资金管理为中心，根据国家相关文件精神，在规定范围内使用现金。严格按照规定开立银行账户，办理存款、取款和结算，在“新中大财务软件”（以下简称“新中大”）系统建立现金日记账；先后与中国银行、中国农业银行、萧山农村商业银行（原信用合作社）和杭州银行、中信银行、宁波银行等商业银行建立资金存贷关系。

一、现金管理

吉华集团库存现金人民币限额为 5 万元。如有特殊情况需保留外币库存现金， 限额为等值人民币 10 万元，超过部分须及时送存银行。根据国家《现金管理暂行条例》的规定，在规定范围内使用现金。

财务部在“新中大”系统中建立现金日记账，现金收付逐笔登记，日记账做到日清月结、账实相符。现金收入均须开具收款收据或发票。不准白条抵库，不准谎报用途套取现金，不准利用银行账户代其他单位和个人存取现金，严禁挪用现金，不准将单位收入以个人名义存储，不准保留账外公款，私设小金库。库存现金必须存入保险柜，出纳必须妥善保管。

出纳现金盘点分为每天自盘和每月盘点：出纳每日下班之前进行现金盘点，核对库存现金余额与现金日记账、财务总账是否相符。财务部每月至少一次进行现金抽盘，出纳盘点，形成“库存现金盘点表”，财务科长指定会计监盘，盘点表由出纳和会计双方签字确认，并由财务科科长复核。如有差异，查明原因并提交财务总监审定。

二、账户管理

吉华集团严格按照规定开立银行账户，办理存款、取款和结算。银行账户必须以单位名义开立，由财务部统一管理，其他部门不得以任何名义开立银行账户。严禁公款私存、出租或出借银行账户。财务部定期对银行账户进行清理，对于长期不使用、不需用的银行账户及时予以注销。在“新中大”系统中设置“银行存款日记账”，按照业务发生顺序逐笔登记。

1. 银行账户开立

需要开立银行账户时，财务部向银行提出书面申请，填写《银行开户申请书》等相关文件资料。开户申请经财务总监审批后由财务部办理开户手续。银行账户开立后，只有经授权的财务部人员可根据银行开户申请书和账户的详细信息在财务软件系统中建立银行账户明细科目。除工会经费账户、公积金专用账户等根据国家规定开立的特殊账户外，严禁财务部以外其他部门开设账户。

2. 银行账户变更及撤销

需要变更及撤销账户时，财务部根据银行要求填写相关账户变更及撤销文件，加盖单位公章。完成变更及撤销账户工作后，财务部在规定时间内将清户证明文件原件归档并做归档登记。

三、银行存贷

1991 年，联营厂成立后，即与中国农业银行红山支行、红山信用社建立资金存贷业务。是年银行存款 354 万元，银行贷款 441 万元，作为初始资金。随着业务的逐渐发展壮大，存款和贷款数额逐年增加。1991—2022 年，吉华集团先后与中国银行、中国农业银行、萧山农村商业银行、华夏银行、杭州银行、中信银行、宁波银行、广东发展银行等银行建立资金存贷款业务。2022 年底，吉华集团在各家银行的存款余额为 19.86 亿元，贷款余额 2.64 亿元。

1985—2022 年萧山聚氨酯泡沫厂、杭州创丽聚氨酯有限公司、杭州吉华高分子材料股份有限公司年末存贷款余额情况表

表 13-3　　单位：万元

序号	年份	萧山聚氨酯泡沫厂		杭州创丽聚氨酯有限公司		杭州吉华高分子材料（股份）有限公司	
		存款余额	贷款余额	存款余额	贷款余额	存款余额	贷款余额
1	1985	0.74	70.00	—	—	—	—
2	1986	14.55	95.00	—	—	—	—
3	1987	8.78	107.50	—	—	—	—
4	1988	3.12	88.50	—	—	—	—
5	1989	11.08	8.30	—	—	—	—
6	1990	7.04	—	—	—	—	—
7	1991	19.87	326.00	—	—	—	—
8	1992	8.24	270.00	—	—	—	—
9	1993	43.70	150.00	—	—	—	—
10	1994	64.25	556.00	—	—	—	—
11	1995	99.99	420.00	—	—	—	—
12	1996	108.64	410.00	—	—	—	—
13	1997	44.48	430.00	—	—	—	—

续表 13-3

序号	年份	萧山聚氨酯泡沫厂		杭州创丽聚氨酯有限公司		杭州吉华高分子材料（股份）有限公司	
		存款余额	贷款余额	存款余额	贷款余额	存款余额	贷款余额
14	1998	58.87	—	—	—	—	—
15	1999	117.26	—	—	—	—	—
16	2000	—	—	188.57	—	—	—
17	2001	—	—	269.00	—	—	—
18	2002	—	—	295.53	—	—	—
19	2003	—	—	618.68	—	—	—
20	2004	—	—	534.68	—	—	—
21	2005	—	—	1278.94	—	—	—
22	2006	—	—	2701.34	2000.00	—	—
23	2007	—	—	2555.10	—	—	—
24	2008	—	—	882.12	8950.00	232.32	—
25	2009	—	—	1476.00	10000.00	25.58	—
26	2010	—	—	1001.34	2300.00	151.89	—
27	2011	—	—	783.14	2300.00	199.97	—
28	2012	—	—	116.83	2300.00	106.12	—
29	2013	—	—	564.47	2300.00	48.60	—
30	2014	—	—	66.27	2300.00	214.58	1600.00
31	2015	—	—	28.49	—	398.38	—
32	2016	—	—	240.60	—	383.89	—
33	2017	—	—	2241.51	—	153.35	—
34	2018	—	—	552.06	—	385.45	—
35	2019	—	—	656.42	—	386.65	—
36	2020	—	—	167.19	—	1089.69	—
37	2021	—	—	894.66	—	1321.53	—
38	2022	—	—	245.26	—	1333.88	1601.71

1991—2022年吉化萧山联营染料厂、杭州红宝染化有限公司年末存贷款余额情况表

表 13-4 单位：万元

序号	年 份	吉化萧山联营染料厂		杭州红宝染化有限公司	
		存款余额	贷款余额	存款余额	贷款余额
1	1991	354.00	441.00	—	—
2	1992	96.00	230.00	—	—
3	1993	77.00	230.00	—	—
4	1994	545.00	—	—	—
5	1995	1181.00	400.00	—	—
6	1996	44.00	426.00	—	—
7	1997	688.00	1180.00	—	—
8	1998	1.00	400.00	—	—
9	1999	6337.00	1180.00	974.10	—
10	2000	—	—	820.98	—
11	2001	—	—	1844.42	1000.00
12	2002	—	—	2581.14	1990.00
13	2003	—	—	14523.55	3995.00
14	2004	—	—	6378.55	5500.00
15	2005	—	—	8103.69	11400.00
16	2006	—	—	6867.09	23080.00
17	2007	—	—	8753.57	21970.00
18	2008	—	—	2561.43	10980.00
19	2009	—	—	89.88	—
20	2010	—	—	35.06	—
21	2011	—	—	30.21	—

1999—2022年杭州吉华化工有限公司、杭州吉华江东化工有限公司、江苏吉华化工有限公司年末存贷款余额情况表

表13-5　　单位：万元

序号	年份	杭州吉华化工有限公司		杭州吉华江东化工有限公司		江苏吉华化工有限公司（江苏吉然化工有限公司）	
		存款余额	贷款余额	存款余额	贷款余额	存款余额	贷款余额
1	1999	208.11	—	—	—	—	—
2	2000	4456.96	2800.00	—	—	—	—
3	2001	3407.76	3100.00	—	—	—	—
4	2002	2891.21	2500.00	—	—	—	—
5	2003	7588.57	12700.00	63.04	—	—	—
6	2004	11192.67	23900.00	88.47	—	—	—
7	2005	10540.26	21000.00	11117.00	4500.00	233.29	—
8	2006	14712.88	25300.00	17507.24	16000.00	336.94	1000.00
9	2007	12041.62	24590.00	10122.82	53000.00	751.85	800.00
10	2008	930.42	4800.00	8568.45	41100.00	424.85	3200.00
11	2009	—	—	6049.23	46400.00	1606.29	7300.00
12	2010	—	—	2225.04	37100.00	7456.28	13800.00
13	2011	—	—	7392.50	45500.00	4821.76	19493.44
14	2012	—	—	8198.20	45800.00	455.73	17990.00
15	2013	—	—	14367.03	45900.00	1190.40	7500.00
16	2014	—	—	2506.03	24000.00	129.98	4000.00
17	2015	—	—	1642.98	—	275.22	—
18	2016	—	—	2249.43	—	487.84	—
19	2017	—	—	703.09	—	1110.61	—
20	2018	—	—	5982.56	—	91.55	—
21	2019	—	—	27503.55	—	56.20	—
22	2020	—	—	17096.36	—	69.04	—
23	2021	—	—	13941.49	9500.00	336.16	—
24	2022	—	—	3437.75	24750.00	273.49	—

2000 年—2022 年浙江吉华集团股份有限公司、杭州吉华进出口有限公司年末存贷款余额情况表

表 13-6　　　　单位：万元

序号	年 份	浙江吉华集团股份有限公司		杭州吉华进出口有限公司	
		存款余额	贷款余额	存款余额	贷款余额
1	2000	—	—	1353.23	—
2	2001	—	—	9887.55	—
3	2002	—	—	16479.59	—
4	2003	285.00	—	16683.38	—
5	2004	370.00	—	16975.00	—
6	2005	55.00	2400.00	27891.00	—
7	2006	1180.18	2400.00	51075.43	—
8	2007	61086.09	8400.00	49290.72	—
9	2008	65467.70	17350.00	32994.83	—
10	2009	70745.21	31730.00	34214.63	—
11	2010	44361.44	29730.00	42095.64	—
12	2011	34050.32	21880.00	27941.53	—
13	2012	21328.52	25080.00	18722.13	—
14	2013	21525.08	44730.00	11927.28	—
15	2014	4175.83	10050.00	3299.74	—
16	2015	10309.85	—	5104.63	—
17	2016	14788.03	—	22383.65	—
18	2017	128750.76	—	60851.89	—
19	2018	114196.55	—	44396.67	—
20	2019	156022.53	—	36162.95	—
21	2020	121157.34	7904.63	34596.87	—
22	2021	74691.83	—	25529.67	—
23	2022	104529.16	—	12041.33	—

第四节　分配管理

根据《吉华集团章程》规定，具备现金分红条件时优先选择现金分红方式。因此，吉华集团利润分配原则采取现金、股票或二者相结合的方式。同时，遵循相关利润分配政策，形成利润分配预案，通过系列步骤加以兑现。

一、分配形式

1. 利润分配原则

吉华集团实行积极的利润分配政策，重视对投资者的合理回报并兼顾企业的可持续发展，保持持续性及稳定性。在具备现金分红条件的情况下，优先选择现金分红方式，并保持现金分红政策的一致性、合理性及稳定性；利润分配不得超过累计可分配利润的范围，不得损害企业持续经营能力。

吉华集团连续12年进行现金分红。

2012—2022年浙江吉华集团股份有限公司利润分配情况表

表13-7　　　　单位：万元

序号	时　间	注册资本	利润分配
1	2012.08.01	20000.00	3000.00
2	2013.03.01	20000.00	5923.77
3	2014.07.01	20000.00	5000.00
4	2015.12.01	40000.00	2400.00
5	2016.03.01	40000.00	20000.00
6	2017.03.01	40000.00	10000.00
7	2017.04.01	40000.00	10000.00
8	2018.07.01	50000.00	12500.00
9	2019.06.01	70000.00	22500.00
10	2020.06.01	70000.00	31500.00
11	2021.05.01	70000.00	11550.00
12	2022.05.01	70000.00	10500.00

2. 利润分配政策

现金分红方式应当同时满足以下条件：吉华集团该年度或半年度实现的可分配利润为正值；审计机构对该年度或半年度的财务报告出具了标准无保留意见的审计报告；实施现金分红不会对正常经营及中长期发展产生不利影响。

吉华集团当年无重大资金支出安排或重大投资计划，当年以现金形式分配的利润不少于当年实现的可分配利润的15%。董事会在综合考虑行业特点、发展阶段、经营模式、盈利水平以及是否有重大资金支出安排等因素，区分情形，并按照《吉华集团章程》规定的程序，提出差异化的现金分红政策：发展阶段属成熟期且无重大资金支出安排的，进行利润分配时，现金分红在本次利润分配中所占比例最低应达到80%；发展阶段属成熟期且有重大资金支出安排的，进行利润分配时，现金分红在本次利润分配中所占比例最低应达40%；发展阶段属成长期且有重大资金支出安排的，进行利润分配时，现金分红在本次利润分配中所占比例最低应达到20%；发展阶段不易区分但有重大资金支出安排的，按照前项规定处理。

股票股利分配的条件及比例采用股票股利进行利润分配，董事会应综合考虑公司成长性、每股净资产的摊薄因素制定分配方案。采用股票股利方式进行利润分配，应当同时满足以下条件：经营状况良好，营业收入和净利润持续增长；董事会认为股票价格与股本规模不匹配，且发放股票股利有利于全体股东的利益；在进行股票股利分配后，应能保持业绩的同步增长。每次分配股票股利时，每10股股票分得的股票股利应不少于1股，否则不应进行股票股利分配。

二、利润分配方案

吉华集团拟进行利润分配时，由董事会提出利润分配方案。董事会在利润分配方案论证过程中，与独立董事充分讨论，在考虑对全体股东形成持续、稳定、科学回报的基础上，形成利润分配预案。独立董事和监事会应对利润分配预案进行审核，且独立董事应对利润分配预案发表明确的独立意见。经过半数独立董事同意和监事会审核通过后，利润分配预案提交董事会审议。经董事会审议通过后提交股东大会审议。该利润分配提案应由出席股东大会的股东（包括股东代理人）所持表决权的1/2以上表决通过。独立董事亦可以征集中小股东的意见，提出分红提案，并直接提交董事会审议。股东大会对现金分红具体方案进行审议前，应当通过网络投资者交流平台、电话、传真、电子邮箱、实地接待、邀请参会等方式充分听取中小股东的意见和诉求，并及时答复中小股东关心的问题；安排审议现金分红具体方案的股东大会会议时，当向股东提供网络投票平台，鼓励股东出席会议并行使表决权。

第五节　投资管理

吉华集团设立后，在聚焦主业的同时，积极探索投资主体多元化。2003—2022年，累计对外投资超5.8亿元人民币。主要经历了参股萧山区红山股份经济合作社、杭州临江环保热电有限公司、杭州高新区（滨江）中南小额贷款股份有限公司、江苏滨海农村商业银行股份有限公司等，取得了相关收益。

一、投资沿革

2003年8月15日，由杭州锦辉机电设备有限公司、浙江萧然工贸集团有限公司以货币资金出资5000万元，设立浙江吉华集团有限公司。经历四次增资后，2012年2月整体变更为股份有限公司，注册资金2亿元。2017年6月15日，吉华集团在上海证券交易所成功上市，募集资金16.42亿元。吉华集团在聚焦主业的同时，积极向投资主体多元化进行探索，2003—2022年累计对外投资5.8亿元。

2003—2022年浙江吉华集团股份有限公司对外投资情况表

表13-8　　　　单位：万元

序号	时　间	参股企业名称	投入资本
1	2003.12—2008.08	绍兴市大金聚氨酯有限公司	126.85
2	2004.07—2005.01	萧山区红山经济合作社	2250.53
3	2004.08—2009.07	杭州萧山染料化工有限公司	235.20
4	2005.04—2009.08	都邦财产保险股份有限公司	27657.08
5	2006.10—2008.05	山东大地盐化集团有限公司	300.00
6	2008.01—	杭州临江环保热电有限公司	4500.00
7	2008.04—	滨海宏博环境技术有限公司	1500.00

续表 13-8

序号	时　间	参股企业名称	投入资本
8	2008—2010	宁波辉创投资有限公司	7500.00
9	2009.12—	江苏滨海农村商业银行股份有限公司	1241.50
10	2010.01—2021.01	杭州高新区（滨江）中南小额贷款股份有限公司	2000.00
11	2017.02—	浙江染化通供应链管理有限公司	300.00
12	2019.03—	盐城市优化医药化工科技有限公司	2781.00
13	2020.03—	浙江容腾创业投资合伙企业有限公司	2000.00
14	2021.09—	上海路贸通集团实业有限公司	1000.00
15	2021.11—	天津远致合力企业管理咨询合伙企业	1584.56
16	2021.12—	青岛天自汇伦投资合伙企业有限公司	2000.00
17	2022.10—	中金佳泰三期（天津）创业投资母基金合伙企业	1000.00
合　计			57976.72

二、主要投资情况

1. 参股杭州市萧山区红山股份经济合作社

2004 年 7 月，吉华集团出资 1026.21 万元，参股杭州市萧山区红山股份经济合作社（杭州市萧山区红山股份经济合作社系杭州市萧山区红山农场根据《关于深化红山农场集体资产管理体制改革的请示的批复》和《关于深化红山农场集体资产管理体制改革的实施细则的通知》等文件而成立的综合性合作经济组织，其基本职能是资产和资本经营，搞好内部管理及收益分配等）持股 2250.53 万股，占红山股份经济合作社总股份的 11.21%。2015 年 8 月，红山股份经济合作社清算完成，吉华集团投资款返还。

2. 参股杭州临江环保热电有限公司

2008 年 1 月 29 日，杭州临江环保热电有限公司成立，注册资本 1.8 亿元，法定代表人为王九云，主要经营发电业务，蒸汽、灰渣综合利用，热电技术服务。经过历次变更后，法定代表人为郑自强。2008 年吉华集团出资 4500 万元，持股比率 25%。吉华集团临江区块所需蒸汽由其提供。

3. 参股杭州高新区（滨江）中南小额贷款股份有限公司

2010 年 1 月 28 日，杭州高新区（滨江）中南小额贷款股份有限公司成立，注册资本2亿元，法定代表人吴建荣，主要经营办理各项小额贷款、小企业发展、管理、财务等咨询业务。2010年1月，吉华集团投资2000万元，持股10%。2014年12月，吉华集团收回1000万元，2021年1月收回1000万元。

4.参股江苏滨海农村商业银行股份有限公司

2009年12月，江苏吉华投资500万元参股江苏滨海农村商业银行股份有限公司（江苏滨海农村商业银行股份有限公司前身为滨海县农村信用合作社联社。2012年4月16日经中国银行业监督管理委员会办公厅以银监复〔2012〕178号文批复同意，组建江苏滨海农村商业银行股份有限公司。江苏滨海农村商业银行股份有限公司法定代表人为许兵，现注册资本为39289.536万元，统一社会信用代码为91320900140423101A。以下简称滨海商业银行）。2015年11月，增资320.77万元。江苏吉华成为滨海商业银行法人股东之一。至2022年年底，江苏吉华持有滨海商业银行2.70%的股权。投资期间，现金红利677.87万元。

2009年12月至2011年1月，创丽公司投资256.73万元参股滨海商业银行。2015年12月，增资164万元。至2022年底，创丽公司持有滨海商业银行1.38%的股权。投资期间，现金红利346.59万元。

5.参股滨海宏博环境技术服务股份有限公司

2008年，江苏吉华投资1500万元参股滨海宏博环境技术服务股份有限公司（滨海宏博环境技术服务股份有限公司成立于2008年1月15日，法定代表人为沈最强，注册资本为500万元，统一社会信用代码为91320900670980757Q。主要经营范围包含环境保护方面的技术服务；环境保护设施投资。以下简称宏博环境），持有宏博环境32.64%的股权。至2022年年底，江苏吉华为宏博环境的主要股东。

6.控股盐城市优化医药化工科技有限公司

2019年2月26日，盐城优化（盐城市优化医药化工科技有限公司系由许水金、陈涛、杨微微、崔花堂、丁元爱、武永孝、吕军刚共同组建的有限责任公司，坐落于江苏滨海经济开发区沿海工业园悦海路8号，主营医药化工产品研发、化工产品、原料药生产。公司于2009年6月5日在滨海县市场监督管理局注册成立，原注册资本500万元，2017年9月，吸收合并盐城市舜宝化工有限公司，注册资本变更为1260万元）、江苏吉华、许水金三方签订股权转让及增资协议，其中江苏吉华出资2781万元，受让盐城优化 61.99% 的股权，注册资本 4486 万元。江苏吉华为盐城优化的主要股东。

第六节 固定资产及费用管理

吉华集团对固定资产实行诸多“固定”管理办法，如固定资产管理责任制、固定资产登记卡片和台账。若转让、移交、报废，须经核准后报告总裁批准方可。对预算管理、资本性费用支出、收益性费用支出，特别是最后者，包括差旅费报销、招待费报销等，管理相当精细。

一、固定资产管理

固定资产实行分级归口管理，统一领导，分工负责，专群结合体制。建立固定资产管理责任制，谁用谁管理。建立固定资产登记卡片和台账，每年盘点、核对一次，保证账、卡、物相符。新增固定资产列入年度计划，年度计划必须经工程部签署意见，由工程部统一上报工程总监，提请办公会议通过。价值 10 万元以上的固定资产购置必须签订合同，并报财务部备案。固定资产的新建、改造及其他资本性支出的维修，必须向工程部提交可行性报告及预算计划，由工程总监审核同意后提交办公会议讨论通过，方可立项。新增设备金额 10 万元以上，必须附可行性研究报告。自营、改建、扩建项目达到预计可使用状态，若发票和工程结算尚未到达，工程部必须先按项目预算或合同价进行验收，并填制验收单，财务部根据验收单转固定资产。固定资产转让、移交、报废，使用部门应书面报告工程部，经核准后报告总裁批准，方可处理。

二、费用管理报销办法

1. 费用管理范围

为了更好地贯彻开源节流的精神，本着既提高办事效率，又节约费用支出的原则，对吉华集团及下属子公司资本性费用支出及收益性费用支出报销进行管理。资本性费用支出包括固定资产投资、工程项目、对外投资、所形成的固定资产、长期待摊费用、长期投资、无形资产、递延资产的费用支出。收益性费用支出包括为组织生产经营活动所发生的制造费用、管理费用、财务费用、销售费用的支出。

2. 资本性费用支出管理办法

固定资产投资实行立项并报批制度。凡涉及固定资产投资，如增添设备、设备改造、建设项目、各子公司均应事先列出计划，书面向生产部提交可行性分析报告，由生产总监统一向总裁提交年度计划，经办公会议讨论通过，总裁批准，作为年度计划。未列入年度计划的，涉及固定资产投资必须专题报告，填写申请表报生产部，经生产总监审核后，由生产总监提请办公会议讨论通过，经总裁批准，可列入计划，未经批准的不予支出。完工后，由生产总监负责组织各单位有关部门人员参加竣工验收，参加人员负有验收责任。经办部门或子公司应在项目完成后，一个月内向生产部提交预决算报告，并经过审计后，方能结清全部费用。费用支出时，必须持有合法的报销凭证，经办人签字后，部门经理或子公司总经理审核签字后，交总裁或总裁授权副总裁审批同意后，财务部方能办理付款手续。

对外投资必须经董事会讨论通过，方能办理财务付款手续。对外投资后，财务部严格按投资合同掌握被投资企业的经营情况，关心投资收益与投资风险，并索取被投资企业的财务报表和审计报告。分管投资的经办部门，随时了解被投资企业的经营情况，定期派专人实地了解，沟通信息，发现问题应立即报告分管总裁，分管总裁在第一时间报告总裁。树立投资风险意识，在决策前，进行详细的可行性分析。投资额度在500万元以内，可由办公会议决定，同时告知董事会；投资在500万元以上由董事会决定。

3. 收益性费用支出管理办法

一般费用报销：申请人填写“付款（挂账）审批单”，包括详细付款（挂账）内容后由经办人申请，部门领导证明，分管副总审核，总经理审批后，提交财务部予以付款。

差旅费报销：由出差人员填写“出差申请单”，注明起止时间及地点、走访单位或部门、预计达成目标、预计费用明细及合计数，同时填写交通费、住宿费及招待费明细等，经上一级领导审批后方可出差，重大事项须由分管领导及以上领导批准。出差回来后，及时报销相关单据，填写“差旅费报销单”，出差费用仅限出差人员填写，无特殊情况不可代写。“差旅费报销单”上注明出差人、出差地点及事由、起止时间及地点、住宿费、交通费，按照实际情况填写交通工具及金额，并按照相关规定的出差补贴填写天数、出差津贴及住宿金额。出差人填写完毕后，提交“差旅费报销单”并附对应的报销单据，部门领导证明，分管副总审核，总裁审批后，提交财务部予以付款。

招待费报销：申请人填写“付款（挂账）审批单”，在内容处注明招待费，附对应的单据，部门领导证明，分管副总审核，总裁审批后，提交财务部予以付款。

采购资金：由集团供应部统一采购各子公司的原材料及各类物资，按Q/JH-4-03-002-2019《物资采购管理制度》办理付款手续，主要原料采购计划由计划信息部编制，有特殊情况，如要涨价或资源少的情况下，特殊计划由供应部编制。

零星费用支出：由各子公司负责采购的零星材料，使用科室或车间必须事先计划，报告子公司总经理同意后，方能采购，持合法的报销凭证，经子公司总经理审批签字后方能办理财务支付手续。

办公设施：各部门需用的办公用品（含文具）、电脑、空调及低值易耗品等，由各部门编制月度计划统一交综合办。综合办负责合同签订和定点采购，并办理入库手续。领用时办理领用手续。

低值易耗品：电器等不构成固定资产的物品，由使用部门书面报告，写明原因，报送综合办，由综合办统一报告给行政总监，经批准同意后，统一由综合办办理定点定价采购（江苏子公司由江苏总监审批；各子公司统一由办公室负责报告总经理，经总经理批准同意后，方能采购），采购入库后，使用部门办理领用手续；同时办理低值易耗品登记后，仓库方能予以办理，采购部门持合法的报销凭证经分管副总裁审批签字（子公司由总经理审批签字），财务方能办理支付手续。

计划预算费用：新品开发、房屋（道路）维修费用，环保支出费用、咨询费用支出等列出年度计划，由经办部门提出，报分管副总审批同意，经办公会议通过，列入费用支出计划，支出时经办部门持合法的报销凭证，由分管副总裁审批，各子公司由子公司总经理审批，财务方能办理支出手续。

销售费用：销售公司、进出口公司及有销售权的子公司编制年度销售费用计划，报市场总监（子公司总经理）审批同意，办公会议通过，并严格执行计划，支出时经办部门持合法的报销凭证经市场总监审批签字后，财务部门根据销量挂钩在额度控制内，方能予以支出。

履行合同：凡履行合同的费用支出，财务部及各子公司财务科严格执行合同条款，经办人经部门经理审核签字，经总裁或总裁授权的副总裁签字批准后，方能办理支付手续（子公司签署的合同，由子公司总经理审批）。合同副本应提交财务部。

管理费用、财务费用、税金支出：由财务总监编制年度预算计划，经办公会议通过后严格按计划控制。支出时须经总裁或总裁授权的副总裁审批签字后，方能支付款项。

社会保险费：根据年初、月底变动情况，由人力资源部上报并办理合法手续后，报地方税务局自动在银行账户中扣除；季度利息也同样，贷款利率在签订协议后，按季度由银行自动在账户中扣除；税金根据财务报表确定报出后自动在银行账户中扣除。各项应交费用与税金，在报表上传后按应交费率扣除。

党、工、团、妇费用：分别编制年度预算计划，经相应组织审核报请相应组织领导通过审定，在额度控制内由党总支书记、工会主席审批同意后方可支出。

4. **预算管理**

各部门及各子公司经办公会议通过的各类费用支出计划，交财务部，经分类后，分别由财务部、子公司财务科编制资金支出计划（具体按财务管理制度所附的资金计划管理流程操作）。资金预算经办公会议审议通过后，由财务部负责下达，并检查、考核。各级财务部门严格控制预算内费用支出，对预算外的费用支出、超预算支出必须由有关部门或子公司专题报告，经分管总监审核签字后，财务部视资金情况可提出调整建议，并报总裁批准。子公司由子总经理审核签字，并报财务部，方可予以列支。超预算支出的费用由财务部汇总，财务负责人在办公会议上报告。资金预算一般每半年调整一次，由财务部负责统计整理上报半年度资金使用状况，分管副总裁审核后提交总裁决定调整。各总监、子公司总经理对预算外未经批准的费用支出负责。

第七节　检查监督

吉华集团设有审计部，制定内部审计管理制度，配备专职审计人员，每年度开展内部抽检审计，年终聘请有审计资质的专业审计机构进行企业年度审计，保证财务管理的真实有效。

一、审计制度

审计部门在董事会直接领导下，依据国家法律法规、吉华集团规章制度，独立行使内部审计监督职能，对董事会负责并报告工作。

审计部门主要职责：对各子公司内部控制制度的完整性、合理性及其实施的有效性进行检查和评估；对各子公司的会计资料及其他有关经济资料，以及所反映的财务收支及有关的经济活动的合法性、合规性、真实性和完整性进行审计；协助建立健全反舞弊机制，确定反舞弊重点领域、关键环节和主要内容，并在内部审计过程中关注和检查可能存在的舞弊行为。每季度对各子公司进行交叉检查，检查的内容主要为发票费用的合规性、考核利润等。

1995年11月22日内审工作专题会议要求：审计款、物往来的真实性；票据、凭证、审批手续的规范性；清仓、清产、核资的完整性。做到认真、仔细、负责，谁查谁签字；统查1995年，抽查前几年，发现有问题的全面深查。

二、违规处理案例

2008年，江苏吉华财务科姚艳艳辞职，吉华集团财务部按月轮岗。在轮岗过程中，财务人员发现江苏吉华小车费用报销异常，汽车油耗量远高于吉华集团、吉华江东。后经询问，驾驶员承认将油卡放至加油站，并与加油站人员利益分成。针对上述情况，对相关人员进行了处理，后期也加强了日常监督，要求即时取得发票，取得充值明细，财务人员进行核对登记，以避免违规事项的发生。

2014年2月20日，对资金运行情况进行专项审计，发现5亿多元承兑放着不用，而向多家银行开户大额贷款问题。为此，对各家银行贷、存款额度、利率，承兑存量、到期时间，美元存量、结转汇率进行全面梳理，对融资理财作了妥善安排，落实专人，配套政策，做好正常运行所需的现金流测算，盘活承兑，压缩贷款。财务部制作资金日报表，并规定每日报送，由董事长牵头，财务部有关人员配合，根据协议存贷款利率，内外币结算汇率，保证金比率，资产抵押条件，择优选择中国、中信、农业3家银行合作，其余银行停止业务，注销账户。及时结汇防止汇率损失，避免资金呆滞。整合土地、房产证件，做好资产抵押和内部企业互保，做到贷款不用保证金。

2014年6月，对审计中发现江苏吉华新买的丰田专车维修等费用较大，财务部资金运行不当造成较大经济损失等问题进行逐一分析，并彻底整改；对有关规章制度进行修订完善，做到有章可循；对审计中发现的问题由企管中心按奖惩条例作出处理。此后每季度安排不同内容进行审计。

完善制度，规范管理机制，定期专项审计。明确规定："经办的人不批，批的人不经办。"董事长的支出由总裁审批，外出要与总裁打招呼。总裁的费用报销由董事长审批，外出要董事长批准。副总裁和子公司总经理的开支和请假由总裁审批。一级管一级，一级对一级负责，不串位，不越位，但要到位。

第八节 注册资金和股权管理

2012 年，吉华集团整体变更为股份有限公司后，注册资本和股权结构发生多次变更。至 2022 年年底，注册资本增至 7 亿元，锦辉机电持股 28%，其他自然人及机构持股 72%。

2003—2022 年浙江吉华集团股份有限公司
注册资本和股权结构变动情况表

表 13-9

序号	时间	事项	注册资本（万元）	股权结构
1	2003.08	吉华集团成立	5000.00	锦辉机电 53.41%，萧工集团 46.59%
2	2005.07	第一次增资及委托持股形成	12000.00	锦辉机电 33.74%，萧工集团 29.43%，其他自然人持股 36.83%
3	2006.01	第二次增资及委托持股变动	15033.26	锦辉机电 36.85%，萧工集团 32.14%，其他自然人持股 31.01%
4	2007.03—2011.05	股权转让及委托持股变动	15033.26	锦辉机电 36.85%，萧工集团 32.14%，其他自然人持股 31.01%
5	2011.11	第三次增资	16947.00	锦辉机电 38.26%，萧工集团 33.37%，其他自然人持股 28.37%
6	2011.11	委托持股转有限合伙	16947.00	锦辉机电 38.26%，萧工集团 33.37%，吉泉投资 10.41%，吉创投资 17.96%

续表 13-9

序号	时间	事项	注册资本（万元）	股权结构
7	2012.02	整体变更股份有限公司	20000.00	锦辉机电 38.26%，萧工集团 33.37% 吉泉投资 10.41%，吉创投资 17.96%
8	2014.12	股份公司股权转让	20000.00	锦辉机电 35%，萧工集团 26.37%， 辽通鼎能 7%，其他自然人 31.63%
9	2015.03	股份公司股权转让	20000.00	锦辉机电 35%，萧工集团 20.37%， 辽通鼎能 7%，上海大见 0.35%， 其他自然人 37.28%
10	2015.05	股份公司增资	40000.00	锦辉机电 35%，萧工集团 20.37%， 辽通鼎能 7%，上海大见 0.35%， 其他自然人持股 37.28%
11	2017.06	IPO 募资	50000.00	锦辉机电 28%，其他自然人及机构 72%
12	2019.06	资本公积转增	70000.00	锦辉机电 28%，其他自然人及机构 72%

第十四章　综合管理

随着浙江吉华集团股份有限公司的发展壮大，企业管理不断细化、完善，逐渐形成规范化、流程化、制度化的管理体系。本章综合管理包括管理制度、管理体系、人力资源、合同管理、能源管理、目标成本管理、现场管理、信息化管理、档案管理等方面。

第一节　管理制度

吉华集团初创时期，管理相对粗放，1992 年 11 月，吉化萧山联营染料厂第一批 14 个管理制度在职工大会进行宣传、贯彻，广泛发动群众，在全厂范围内开创一个依法治厂、依法经营的新氛围。随后管理制度不断完善，至 2006 年，形成 38 个管理制度汇编成册。2007 年，引入规范化管理团队，2009 年 2 月，完成企业管理制度汇编。2017 年 4 月，完成第二次修订。2019 年 3 月，完成第三修订。至 2022 年年底，共形成管理制度 94 个，其中技术质量管理类 6 个、财务物资管理类 7 个、销售计划管理类 4 个、生产能源管理类 2 个、设备项目管理类 4 个、人力资源管理类 10 个、安全环保管理类 41 个、行政事务类 20 个。

一、规范管理

随着吉华集团规模日渐壮大，企业管理的薄弱环节日渐暴露。2007 年，吉华集团董事会认真分析企业客观现状，认为企业从农场集体企业转制为民营企业，内部规范化管理水平和能力基础较差，诸如企业机构不够健全，体制不尽完善，执行力不很到位，薄弱环节较多。如果不消除这些差距，它将成为企业进一步做大、做强和持续发展的“瓶颈”。吉华集团正在由创业期向成长期、稳定期、增长期过渡，迫切需要通过加强“规范化、流程化、制度化”的管理，才能获得持续发展。

为了达到规范管理，吉华集团统一规划、循序渐进、分步实施，达到“五统一”，即发展规划统一、对外形象统一、管理制度统一、资金调度统一、同类产品销售统一。完善吉华集团 “五大管理职能”，即监督职能、指导职能、协调职能、考核职能、服务职能；企业管理创新，建立和健全现代化企业管理制度和管理体系，夯实管理基础、规范企业内部管理，为企业下一轮健康发展奠定基础。

二、管理目标

要求基本达到现代化企业管理目标，即“健全组织架构，理顺管理职能，规范管理行为，注重团队建设，落实人本管理”。高层管理者认为，这是民营企业自身成长的需要，是战略调整的需要，是管理升级的需要，更是吉华集团持续发展的需要。实现现代企业管理，能助力企业脱胎换骨，成为真正符合市场经济需求的现代企业，不仅能与国内企业竞争，更能直面国际“高手”，与跨国公司进行竞争。通过“规范化、流程化、制度化”管理，建立一个顺畅的内部沟通渠道，明确管理者的职、责、权，建立绩效考核激励机制，从而提高管理效率和执行力。构筑企业高素质经营管理平台，沉淀企业优秀文化，传承、积蓄“二次创业”发展动力。

三、管理方案

2007 年 11 月，吉华集团与浙江省企业管理咨询服务公司合作，引入规范化管理专家团队，提出实施指导的服务方案，即抓住一条主线，夯实 21 个支撑点，建立和完善企业文化。

1. 抓住“以人为本”的主线

企业管理目标是企业发展。企业发展核心是人力资源管理和人的管理。一切围绕塑造全员心态，规范全员行为，激励全员素质提升而展开。推行的每一项举措，均从培训教育入手，反复沟通，达成共识，付诸实施。

2. 夯实 21 个支撑点

基本面 8 个支撑点：企业文化、理念、价值观、形象、创新、特色、人才和信息。载体层 7 个支撑点：结构、机制、规模、制度、战略、品牌和关系。转换层 6 个支撑点：服务、质量、成本、营销、技术和能力。

3. 管理制度建立和完善

建立和完善管理制度：内涵包括企业发展规划、核心价值观、企业使命、企业愿景、企业精神、品牌建设、经营理念、人才观、企业格言、营销理念、品牌理念、质量方针、工作作风、广告语、企业之歌、旗帜等。

建立和完善管理制度：包括机构设置、制度体系、部门和岗位职责、员工守则、工艺文件、作业流程、关键岗位作业指导书、绩效考核等。

建立和完善管理制度：包括企业视觉形象识别管理、企业环境、规定、体系、文体、社会福利等。

同年12月，浙江省企业管理咨询服务公司规范化管理专家团队正式进驻吉华集团，服务共分为四个阶段：第一阶段为综合咨询，第二阶段为实施指导（一期），第三阶段为实施指导（二期），第四阶段为长效指导。通过为期2年的规范化管理现场服务，于2010年2月提交了《综合管理咨询报告》。

经多次修订，吉华集团管理制度汇编分技术质量管理、财务物资管理、销售计划管理、生产能源管理、设备项目管理、人力资源管理、安全环保管理、行政事务管理8个大类94个制度。

2022年吉华集团规章制度汇总表

表14-1

总序	类别	小序	制度编号	制度名称	归口部门
1	技术质量管理	1	Q/JH-4-02-001-2019	三新产品及合理化建议奖励制度	技术中心
2		2	Q/JH-4-02-002-2019	设计开发管理制度	技术中心
3		3	Q/JH-4-02-003-2019	工艺技术管理制度	技术中心
4		4	Q/JH-4-02-004-2019	计量器具管理制度	品管部
5		5	Q/JH-4-02-005-2019	应用服务管理制度	应用服务部
6		6	Q/JH-4-02-006-2019	专利管理制度	技术中心
7	财务物资管理	1	Q/JH-4-03-001-2019	财务管理制度	财务部
8		2	Q/JH-4-03-002-2019	物资采购制度	供应部
9		3	Q/JH-4-03-003-2019	存货管理制度	财务部
10		4	Q/JH-4-03-004-2019	固定资产管理制度	财务部
11		5	Q/JH-4-03-005-2019	费用报销管理办法	财务部

续表 14-1

总序	类 别	小序	制 度 编 号	制 度 名 称	归口部门
12	财务物资管理	6	Q/JH-4-03-006-2019	内部审计制度	审计部
13		7	Q/JH-4-03-007-2019	难收款管理办法	财务部
14	销售计划管理	1	Q/JH-4-04-001-2019	经营计划管理制度	计划信息部
15		2	Q/JH-4-04-002-2019	销售管理制度	销售公司
16		3	Q/JH-4-04-003-2019	计算机网络管理制度	计划信息部
17		4	Q/JH-4-04-004-2019	计划管理制度	计划信息部
18	生产能源管理	1	Q/JH-4-05-001-2019	能源管理规定	各子公司
19		2	Q/JH-4-05-003-2019	6S 管理制度	企管中心
20	设备项目管理	1	Q/JH-4-06-001-2019	设备管理制度	工程部
21		2	Q/JH-4-06-002-2019	基建工程项目管理制度	工程部
22		3	Q/JH-4-06-003-2019	零星工程管理办法	工程部
23		4	Q/JH-4-06-004-2019	零星工程过程管理细则	工程部
24	人力资源管理	1	Q/JH-4-07-001-2019	人力资源管理制度	人力资源部
25		2	Q/JH-4-07-002-2019	劳动合同管理办法	人力资源部
26		3	Q/JH-4-07-003-2019	技术、管理人员招聘管理办法	人力资源部
27		4	Q/JH-4-07-004-2019	绩效考核管理办法	人力资源部
28		5	Q/JH-4-07-005-2019	员工奖惩条例	人力资源部
29		6	Q/JH-4-07-006-2019	员工教育培训管理办法	人力资源部
30		7	Q/JH-4-07-007-2019	加班管理办法	人力资源部
31		8	Q/JH-4-07-008-2019	员工手册	人力资源部
32		9	Q/JH-4-07-009-2019	退休返聘、外聘人员管理办法	人力资源部
33		10	Q/JH-4-07-010-2019	员工薪酬管理体系	人力资源部
34	安全环保管理	1	Q/JH-4-08-001-2019	安全生产责任制管理制度	安全环保部
35		2	Q/JH-4-08-002-2019	安全生产会议管理制度	安全环保部
36		3	Q/JH-4-08-003-2019	安全培训教育管理制度	安全环保部
37		4	Q/JH-4-08-004-2019	安全消防检查和隐患整改管理制度	安全环保部

续表 14-1

总序	类 别	小序	制 度 编 号	制 度 名 称	归口部门
38	安全环保管理	5	Q/JH-4-08-005-2019	事故和未遂事故管理制度	安全环保部
39		6	Q/JH-4-08-006-2019	安全技术措施管理制度	安全环保部
40		7	Q/JH-4-08-007-2019	防火(禁火、禁烟)、防爆、防尘、防毒管理制度	安全环保部
41		8	Q/JH-4-08-008-2019	关键装置、重点部位安全管理制度	安全环保部
42		9	Q/JH-4-08-009-2019	劳动保护用品和防护器具管理制度	安全环保部
43		10	Q/JH-4-08-010-2019	危险化学品管理制度	安全环保部
44		11	Q/JH-4-08-011-2019	消防管理制度	安全环保部
45		12	Q/JH-4-08-012-2019	安全生产督查管理办法	安全环保部
46		13	Q/JH-4-08-013-2019	承包项目安全管理制度	安全环保部
47		14	Q/JH-4-08-014-2019	变更管理制度	安全环保部
48		15	Q/JH-4-08-015-2019	安全投入保障制度	安全环保部
49		16	Q/JH-4-08-016-2019	识别和获取适用的安全生产法律、法规、标准管理制度	安全环保部
50		17	Q/JH-4-08-017-2019	风险与控制管理制度	安全环保部
51		18	Q/JH-4-08-018-2019	重大危险源管理制度	安全环保部
52		19	Q/JH-4-08-019-2019	供应商管理制度	安全环保部
53		20	Q/JH-4-08-020-2019	特种作业人员管理制度	安全环保部
54		21	Q/JH-4-08-021-2019	仓库、罐区安全管理制度	安全环保部
55		22	Q/JH-4-08-022-2019	生产设施安全拆除和报废管理制度	安全环保部
56		23	Q/JH-4-08-023-2019	安全标准化检查自评管理制度	安全环保部
57		24	Q/JH-4-08-024-2019	安全检修管理制度	安全环保部
58		25	Q/JH-4-08-025-2019	动火作业安全管理制度	安全环保部
59		26	Q/JH-4-08-026-2019	环境保护管理制度	安全环保部
60		27	Q/JH-4-08-027-2019	有限空间作业安全管理制度	安全环保部

续表 14-1

总序	类别	小序	制度编号	制度名称	归口部门
61	安全环保管理	28	Q/JH-4-08-028-2019	高处作业安全管理制度	安全环保部
62		29	Q/JH-4-08-029-2019	抽堵盲板安全管理制度	安全环保部
63		30	Q/JH-4-08-030-2019	动土管理制度	安全环保部
64		31	Q/JH-4-08-031-2019	临时用电安全管理制度	安全环保部
65		32	Q/JH-4-08-032-2019	断路作业安全规定	安全环保部
66		33	Q/JH-4-08-033-2019	吊装作业安全管理制度	安全环保部
67		34	Q/JH-4-08-034-2019	压缩、液化气体钢瓶安全管理制度	安全环保部
68		35	Q/JH-4-08-035-2019	剧毒物品管理规定	安全环保部
69		36	Q/JH-4-08-036-2019	职业健康管理制度	安全环保部
70		37	Q/JH-4-08-037-2019	员工身体检查及健康监护管理办法	安全环保部
71		38	Q/JH-4-08-038-2019	气体检测仪管理制度	安全环保部
72		39	Q/JH-4-08-039-2019	员工工伤管理制度	安全环保部
73		40	Q/JH-4-08-040-2019	废弃包装物处理管理办法	安全环保部
74		41	Q/JH-4-08-041-2019	SDS 管理制度	安全环保部
75	行政事务管理	1	Q/JH-4-09-001-2019	规章制度管理办法	综合办
76		2	Q/JH-4-09-002-2019	文书处理管理办法	综合办
77		3	Q/JH-4-09-003-2019	企业标准编号规定	综合办
78		4	Q/JH-4-09-004-2019	档案管理制度	综合办
79		5	Q/JH-4-09-005-2019	合同管理办法	综合办
80		6	Q/JH-4-09-006-2019	VIS 管理制度	综合办
81		7	Q/JH-4-09-007-2019	会议活动管理制度	综合办
82		8	Q/JH-4-09-008-2019	职工代表大会条例	综合办
83		9	Q/JH-4-09-009-2019	证照印章管理制度	综合办
84		10	Q/JH-4-09-010-2019	非生产性房产管理制度	综合办
85		11	Q/JH-4-09-011-2019	公务用车管理制度	综合办
86		12	Q/JH-4-09-012-2019	运输管理制度	综合办

续表 14-1

总序	类 别	小序	制 度 编 号	制 度 名 称	归口部门
87	行政事务管理	13	Q/JH-4-09-013-2019	总务管理制度	综合办
88		14	Q/JH-4-09-014-2019	综合治理管理制度	综合办
89		15	Q/JH-4-09-015-2019	党组织管理制度	综合办
90		16	Q/JH-4-09-016-2019	工会管理制度	综合办
91		17	Q/JH-4-09-017-2019	团组织管理制度	综合办
92		18	Q/JH-4-09-018-2019	妇联工作条例	综合办
93		19	Q/JH-4-09-019-2019	空调用电管理办法	综合办
94		20	Q/JH-4-09-020-2019	商业秘密保护管理办法	综合办

第二节　管理体系

吉华集团自1998年引入GB/T 19002和ISO 9002质量管理体系，取得首份质量管理体系认证证书，随着管理体系的升级持续完善改进，先后导入环境管理体系、职业健康安全管理体系并形成“三合一”管理体系，取得认证证书并保持持续有效运行。

一、质量管理体系导入

1998年2月，杭州吉华化工有限公司引入GB/T 19002—1994和ISO 9002：1994质量管理体系，并成立领导小组，邵伯金为组长，聘请杭州电化集团质量管理体系专家王菁芳为GB/T 19002—1994和ISO 9002：1994质量管理体系辅导老师，质量手册，程序文件，生产工艺规程，产品进货、过程、最终产品的检验标准编写，确定质量指标，并对生产现场与质量控制工段的计量设备全面管控校验，确保生产管理全过程纳入有效的《程序文件》管控系统，保证生产过程与产品质量达到预期质量要求。

是年3月，任命周龙珠为质量管理体系管理者代表。通过半年培训与指导，体系持续运行后，组织管理体系内审、管理评审，12月顺利通过第三方认证，取得了首份GB/T 19002—1994和ISO 9002：1994质量管理体系认证证书。2002年7

月，GB/T 19002 质量管理体系换版，根据 GB/T 19001—2000 和 ISO 9001：2000 质量管理体系要求，建立了符合新标准的文件化质量管理体系，通过内部审核、管理评审及相应的纠正预防措施，形成了自我发现、自我完善、自我改进的机制，12 月顺利地通过了现场审核，取得了换版质量管理体系认证证书。之后持续保持和改进了质量管理体系的有效运行。

图 14-1 1998 年杭州吉华化工有限公司获质量体系认证证书

二、环境管理体系导入

2010 年 3 月，吉华集团导入环境管理体系，编制完成 GB/T 24001—2004 和 ISO 14001：2004 环境管理手册及程序文件，在保持体系有效运行的基础上，于 2010 年 10 月通过第三方认证审核。2010 年 11 月取得吉华集团及涵盖杭州创丽聚氨酯有限公司、杭州吉华高分子材料有限公司、杭州吉华江东化工有限公司、杭州吉华进出口有限公司 4 家子公司的环境管理体系认证证书。之后，每年一次监审，三年一次换版全覆盖审核换证。

三、职业健康安全管理体系导入

2013 年 4 月，吉华集团引入职业健康安全管理体系，编制完成 GB/T 28001—2011 职业健康安全手册及程序文件，在保持体系有效运行的基础上，于 2013 年 10 月通过第三方认证审核，并取得吉华集团及涵盖创丽公司、吉华高分子、吉华江东、进出口公司 4 家子公司的职业健康安全管理体系认证证书，之后，每年一次监审，三年一次换版全覆盖审核换证。

四、“三合一体系”导入

2018 年 1 月，吉华集团依据《质量管理体系要求》、《环境管理体系学要求及使用指南》、《职业健康安全管理体系要求》，编制《质量环境职业健康安全管理手册》。同时颁布吉华集团的质量环境职业健康安全方针、质量环境职业健康安全目标。通过“三合一”管理体系认证，之后持续保持和改进体系有效运行。

江苏吉华化工有限公司分别于2008年10月30日、2010年1月25日、2012年2月20日取得质量管理体系、环境管理体系和职业健康安全管理体系首次认证。2013年，质量管理体系、环境管理体系和职业健康安全管理体系三证合一，江苏吉华通过“三合一”管理体系的认证。之后江苏子公司持续保持和改进体系有效运行。2019年江苏响水天嘉宜“3·21”特别重大爆炸事故后，江苏吉华不能正常生产经营，体系暂停。

1.“三合一体系”的方针

质量、环境、职业健康安全方针：满足顾客，追求一流；节能减排，生态发展；以人为本，持续改进。

2.“三合一体系”原则

一是服务：保证吉华集团服务适用于最终的使用要求和满足合同规定的要求。二是技术：不断采用新的管理技术，以适宜的方法对管理技术状况进行评审，确定相应的培训需求并对要求掌握专业管理技能的人员进行相应培训。三是体系：保证管理方针、过程和程序与GB/T 19001—2016、GB/T 24001—2016、GB/T 45001—2020标准相一致的定义和操作，并要求“第一次即把事情做好”。四是人员：发扬团队精神，通过培训和发展规划，创造一个良好的工作环境，充分鼓励和发挥员工的积极性。五是采购：密切与供应商合作，选用绿色环保产品，确保采购的产品符合顾客要求。六是成本：在满足用户的需求和期望的前提下，尽量降低成本，但同时要符合安全健康和环境标准。七是发展：致力于缺陷的预防和持续的改进活动来进一步提高服务质量，保障员工健康安全，不断地改善环境表现和竞争力，确保可持续发展。

3.质量目标

创立国内名牌，力争国际一流，满足顾客要求。建立符合GB/T 19001—2016标准要求的质量管理体系，切实加以运行，并不断完善，确保产品质量稳定可靠，达到行业领先水平。根据年度方针、目标，在展开中确定不同品种的质量目标，并保证其实施。信守合同，为顾客提供满意的产品。顾客满意率95%以上。

4.环境目标

遵章守法，确保“三废”达标排放。持续改进，减排提标。降低环境风险，确保社会和顾客及相关方满意。指标：各类废弃物按规定处置率≥99%。

5. 职业健康安全目标

以人为本，安全第一，提升员工健康安全条件。消除或降低员工职业健康安全风险，杜绝重大伤亡、火灾、职业危害事故。职业病发生率指标为0。

附录一：

吉华集团程序文件
（基于Q/JH1-001-2020综合手册）01版

附表14-1

序号	标 题（文件名）	文件号
1	目　　录	Q/JH2-000-2020
2	文件控制程序	Q/JH2-002-2020
3	记录控制程序	Q/JH2-003-2020
4	环境因素的识别与评价程序	Q/JH2-004-2020
5	危险源辨识、风险评价和风险控制策划控制程序	Q/JH2-005-2020
6	法律法规和其他要求控制程序	Q/JH2-006-2020
7	合规性评价管理程序	Q/JH2-007-2020
8	方针、目标、指标和管理方案控制程序	Q/JH2-008-2020
9	协商和沟通控制程序	Q/JH2-009-2020
10	管理评审程序	Q/JH2-010-2020
11	人力资源管理程序	Q/JH2-011-2020
12	订单评审控制程序	Q/JH2-012-2020
13	设计和开发控制程序	Q/JH2-013-2020
14	采购控制程序	Q/JH2-014-2020
15	生产和服务提供控制程序	Q/JH2-015-2020
16	标识和可追溯性控制程序	Q/JH2-016-2020
17	产品防护和交付控制程序	Q/JH2-017-2020
18	监视和测量装置控制程序	Q/JH2-018-2020
19	环境、职业健康安全运行控制程序	Q/JH2-019-2020

续附表 14-1

序号	标题（文件名）	文件号
20	对相关方环境、职业健康安全施加影响管理程序	Q/JH2-020-2020
21	应急准备和响应控制程序	Q/JH2-021-2020
22	顾客满意度评价程序	Q/JH2-022-2020
23	内部管理体系审核程序	Q/JH2-023-2020
24	产品的监视和测量控制程序	Q/JH2-024-2020
25	绩效及法律法规符合性监视和测量控制程序	Q/JH2-025-2020
26	不合格品控制程序	Q/JH2-026-2020
27	事故（事件）报告、调查与管理程序	Q/JH2-027-2020
28	纠正和预防措施控制程序	Q/JH2-028-2020
29	风险和机遇的应对控制程序	Q/JH2-029-2020
30	程序文件会签表	Q/JH 办 -010
31	附记录清单	Q/JH 办 -001

附录二：

吉华集团管理手册《基于 Q/JH1-001-2020 质量环境职业健康安全管理手册》

附表 14-2　　单位：条

质量环境职业健康安全管理手册章节号	GB/T19001 标准对应条款	GB/T24001 标准对应条款	GB/T45001 标准对应条款
0 前言	—	—	—
0.1 公司简介	—	—	—
0.2 体系推行人、职业健康安全事务代表任命书	—	—	—
0.3 质量、环境职业健康安全管理手册的管理	—	—	—
0.4 质量环境职业健康安全方针和目标	—	—	—
1 适用范围	1	1	1
2 引用标准	2	2	2

续附表 14-2

质量环境职业健康安全管理手册章节号	GB/T19001 标准对应条款	GB/T24001 标准对应条款	GB/T45001 标准对应条款
3 术语和定义	3	3	3
4 公司环境	4	4	4
4.1 理解组织及其环境	4.1	4.1	4.1
4.2 理解相关方的需求和期望	4.2	4.2	4.2
4.3 确定质量环境职业健康安全管理体系的范围	4.3	4.3	4.3
4.4 质量环境职业健康安全管理体系及其过程	4.4	4.4	4.4
5 领导作用	5	5	5
5.1 领导作用和承诺	5.1	5.1	5.1
5.1.1 总则	5.1.1	5.1	5.1
5.1.2 以顾客为关注焦点	5.1.2	—	—
5.2 质量环境职业健康安全方针	5.2	5.2	5.2
5.2.1 制定质量环境职业健康安全方针	5.2.1	5.2	5.2
5.2.2 沟通质量环境职业健康安全方针	5.2.2	5.2	5.2
5.3 公司的岗位、职责和权限	5.3	5.3	5.3
6 策划	6	6	6
6.1 应对风险和机遇的措施	6.1	6.1	6.1
6.1.1 总则	6.1.1	6.1.1	6.1.1
6.1.2 环境因素、危险源	—	6.1.2	6.1.2
6.1.3 合规义务	—	6.1.3	6.1.3
6.1.4 措施的策划	6.1.2	6.1.4	6.1.4
6.2 质量环境职业健康安全目标和方案及其实现的策划	6.2	6.2	6.2
6.3 变更的策划	6.3	6.3	6.3
7 支持	7	7	7
7.1 资源	7.1	7.1	7.1
7.1.1 总则	7.1.1	7.1	7.1
7.1.2 人员	7.1.2	—	—
7.1.3 基础设施	7.1.3	—	—

续附表 14–2

质量环境职业健康安全管理手册章节号	GB/T19001 标准对应条款	GB/T24001 标准对应条款	GB/T45001 标准对应条款
7.1.4 过程运行环境	7.1.4	—	—
7.1.5 监视和测量资源	7.1.5	—	—
7.1.5.1 总则	7.1.5.1	—	—
7.1.5.2 测量溯源	7.1.5.2	—	—
7.1.6 组织的知识	7.1.6	—	—
7.2 能力	7.2	7.2	7.2
7.3 意识	7.3	7.3	7.3
7.4 信息交流	7.4	7.4	7.4
7.5 形成文件的信息	7.5	7.5	7.5
7.5.1 总则	7.5.1	7.5.1	7.5.1
7.5.2 创建和更新	7.5.2	7.5.2	7.5.2
7.5.3 形成文件的信息的控制	7.5.3	7.5.3	7.5.3
8 运行	8	8	8
8.1 运行策划和控制	8.1	8.1	8.1
8.2 产品和服务的要求	8.2	—	—
8.2.1 顾客沟通	8.2.1	—	—
8.2.2 与产品和服务有关的要求的确定	8.2.2	—	—
8.2.3 与产品和服务有关的要求的评审	8.2.3	—	—
8.2.4 服务要求的更改	8.2.4	—	—
8.3 产品的设计和开发	8.3	—	—
8.3.1 总则	8.3.1	—	—
8.3.2 设计和开发策划	8.3.2	—	—
8.3.3 设计和开发输入	8.3.3	—	—
8.3.4 设计和开发控制	8.3.4	—	—
8.3.5 设计和开发输出	8.3.5	—	—
8.3.6 设计和开发更改	8.3.6	—	—
8.4 外部提供过程、服务的控制	8.4	—	—
8.4.1 总则	8.4.1	—	—

续附表 14-2

质量环境职业健康安全管理手册章节号	GB/T19001 标准对应条款	GB/T24001 标准对应条款	GB/T45001 标准对应条款
8.4.2 控制类型和程度	8.4.2	—	—
8.4.3 外部供方的信息	8.4.3	—	—
8.5 产品和服务提供	8.5	—	—
8.5.1 产品和服务提供的控制	8.5.1	—	—
8.5.2 标识和可追溯性	8.5.2	—	—
8.5.3 顾客或外部供方的财产	8.5.3	—	—
8.5.4 防护	8.5.4	—	—
8.5.5 交付后的活动	8.5.5	—	—
8.5.6 更改控制	8.5.6	—	—
8.6 产品和服务的放行	8.6	—	—
8.7 不合格输出的控制	8.7	—	—
8.8 应急准备和响应	—	8.2	8.2
9 绩效评价	9	9	9
9.1 监视、测量、分析和评价	9.1	9.1	9.1
9.1.1 总则	9.1.1	9.1.1	9.1.1
9.1.2 顾客满意	9.1.2	—	—
9.1.3 分析与评价	9.1.3	—	—
9.1.4 合规性评价	—	9.1.4	9.1.4
9.2 内部审核	9.2	9.2	9.2
9.3 管理评审	9.3	9.3	9.3
9.3.1 总则	9.3.1	9.3	9.3
9.3.2 管理评审输入	9.3.2	9.3	9.3
9.3.3 管理评审输出	9.3.3	9.3	9.3
10 持续改进	10	—	—
10.1 总则	10.1	—	—
10.2 事件调查、不合格（不符合）、纠正措施和预防措施	10.2	10.2	10.2
10.3 持续改进	10.3	10.3	10.3

续附表 14-2

质量环境职业健康安全管理手册章节号	GB/T19001标准对应条款	GB/T24001标准对应条款	GB/T45001标准对应条款
附录	—	—	—
附录 1　质量环境职业健康安全管理网络图	—	—	—
附录 2　职能分配表	—	—	—
附录 3　相关人员的职责和权限	—	—	—
附录 4　工艺流程	—	—	—
附录 5　程序文件目录	—	—	—
附录 6　质量环境职业健康安全管理手册修改控制	—	—	—

五、标准化管理体系导入

2005 年 3 月，吉华化工根据企业发展需要，按 AA 级标准化良好行为，完善企业标准化体系建设。确定组织机构及人员，成立标准化管理委员会，由总经理邵伯金任组长，企业高层组成的标准化委员会，并设置标准化工作办公室，配置 2 名专职标准化人员，各分厂、部门、科室、车间设有 30 名兼职标准化人员，形成了一个较为完善的标准化管理网络。

制定《标准化管理标准》，明确管理原则，管理对象，标准制定、修订、审批、发布和复审，标准的贯彻实施，标准化审查，标准化培训与教育，标准资料管理等内容。收集适用行业的法律法规、国际标准、国家标准、行业标准。编制管理标准、工作标准，组织全员标准化培训教育，强化全体员工的标准化意识。通过全面实施标准化管理并保持体系有效运行，开展内部审核、管理评审、质量目标考核、标准执行情况检查、自我评价等方法加强对标准实施情况的监督检查，及时收集有关的信息，发现存在的问题，采取纠正和预防措施，使企业管理在标准化运行中不断提高。取得标准化良好行为 AA 级证书。

六、计量管理体系导入

随着 GB/T 19002—1994 和 ISO 9002：1994 质量管理体系的有效运行，2005 年，通过 AA 级标准化体系认证，已形成了良好的规范管理氛围。在此基础上，2005 年，建立健全计量管理体系，成立专门计量室，配套具备自行计量器具检测能力的设施，同年，取得计量体系认证证书。通过生产过程质量管理、标准化管理、计量管理等方面规范性运行，保障了产品质量，提升了产品品牌形象，使吉华牌产品在行业内享有较高的知名度。

2008 年 2 月，江苏吉华引入计量管理体系，12 月 25 日，取得由江苏省质量技术监督局颁发的计量保证确认证书。2014 年 1 月，经中启计量体系认证中心现场核查，通过测量管理体系的认证，并持续保持和改进体系的有效运行。

第三节　人力资源管理

一、管理机构

吉华集团初创时期，除生产车间外，管理层只有人员分工，无其他部门设置。1991 年吉化萧山联营厂成立后，设有生产、财务、技术、供销和办公室 5 个部门。1997 年，逐步完善机构，设置办公室、财务科、企管科（含人事管理）、技术中心、生产科、设备科、销售部、外贸部、供销公司等。成立吉华化工后，在完善部门机构的同时，下设 3 个分厂。2008 年引入规范化管理团队后，以集团管理模式调整机构设置，下设子公司，综合办、技术中心、财务部、供应部、市场部、企管中心、计划信息部、工程部、安全环保部、证券事务部、人力资源部、审计部等。

二、管理职责

1. 人力资源部职责

人力资源部是吉华集团人力资源管理的归口部门，负责组织各部门、子公司的社会保险、用工计划、人员招聘、劳动合同、定编定员、职位评价、薪酬、绩效、培训、员工奖惩调查、劳动争议、职业发展等的管理和制度建设，并对吉华集团内的人力资源管理实施监督、检查、考核。

2. 子公司职责

各子公司按照人力资源管理要求设置人力资源科室或专员，负责该公司员工招聘、培训计划编制、定员定额、签订劳动合同、社保名册、薪酬、绩效的管理。

3. 部门职责

部门经理负责落实薪酬绩效考核，按制度流程执行招聘、培训、劳动合同签订等。

三、员工招聘管理

初创时期，企业招收职工均由当地政府安排，主要为红山农场户籍的人员。企业党政负责人由红山农场党委任命或调动。随着20世纪90年代用工制度逐步开放，企业可以在人才市场、劳动力市场公开招聘。联营厂新职工招收以本地户籍为主，外地员工需要进行理论+实践考试择优录取。1998年始，每年到各大专院校招聘专业人才。新进单位的员工，一律采用合同制并实行试用期。进入21世纪以来，招聘员工重视学历、技能、职称、专业，广招人才。2003年12月1日起，新员工招聘实施《试用期管理暂行规定》。

2009年始，进一步规范员工招聘办法。各部门、子公司的普通工人招聘在年初制订人员需求计划，报人力资源部审核，经批准后统一在招聘网、劳动力市场或媒体招聘。需求计划批准后人力资源部可授权子公司或有关部门自行招聘普通工人，并按以下程序和要求办理。

应聘者（包括重复进厂的工人）须持本人身份证和属地职业病防治医院的职业健康检查报告；由各子公司用人部门初审合格后，在招工登记表上签署意见后到人力资源部（科）审核相关证件真实性和背景资料。

审核合格的应聘者（包括重复进厂的工人）凭相关手续到人力资源部（科）落实三级教育：子公司（厂级）教育，考试合格后凭成绩单到车间、班组再进行二级岗前教育；经三级教育考试（或复试、复查）合格者才能按程序办理录用手续，与人力资源部（科）签订劳动合同。招工登记表、报名的各类证件复印件、教育培训单等资料一并存入员工档案；合同期一般为3年，试用期为1～3个月。特殊人才或岗位同时签订聘用协议书。合同执行过程中途离职按《合同工中途离厂规定》执行。劳动合同到期继续工作的，需经双方重新商定另行续签劳动合同；不再续签的终止劳动合同并脱离一切关系。

1985年建厂初期，全厂仅有员工25人，至2017年年底，吉华集团员工达2430人，2019年江苏响水天嘉宜“3·21”特别重大爆炸事故后，江苏吉华员工逐年减少。至2022年底，吉华集团有员工1574人。

1985—2022年吉华集团员工情况表

表14-2　　单位：人

序号	年份	浙江人数	江苏人数	总人数
1	1985	25	—	25
2	1986	40	—	40
3	1987	41	—	41
4	1988	42	—	42
5	1989	78	—	78
6	1990	76	—	76
7	1991	99	—	99
8	1992	98	—	98
9	1993	125	—	125
10	1994	164	—	164
11	1995	430	—	430
12	1996	450	—	450
13	1997	697	—	697
14	1998	745	—	745
15	1999	860	—	860
16	2000	950	—	950
17	2001	1014	—	1014
18	2002	1058	—	1058
19	2003	1102	—	1102
20	2004	1150	—	1150
21	2005	1242	180	1422
22	2006	1308	561	1869
23	2007	1375	879	2254
24	2008	1179	838	2017
25	2009	1158	829	1987

续表 14-2

序号	年份	浙江人数	江苏人数	总人数
26	2010	1140	878	2018
27	2011	1149	809	1958
28	2012	1153	849	2002
29	2013	1029	1022	2051
30	2014	1046	1204	2250
31	2015	1174	1258	2432
32	2016	1192	1103	2295
33	2017	1223	1207	2430
34	2018	1197	980	2177
35	2019	1270	621	1891
36	2020	1285	477	1762
37	2021	1300	412	1712
38	2022	1190	384	1574

2022 年吉华集团员工年龄结构表

表 14-3　　单位：人

序号	部　门	30 周岁以下	31 ～ 40 周岁	41 ～ 50 周岁	51 ～ 55 周岁	56 ～ 60 周岁	60 周岁以上	小计
1	创丽公司	10	9	20	12	14	3	68
2	吉华高分子	7	35	38	8	10	0	98
3	吉华江东	72	153	267	220	170	19	901
4	江苏吉华	19	118	135	55	56	1	384
5	进出口公司	2	15	8	0	0	0	25
6	直属部门	19	33	24	10	10	2	98
小计		129	363	492	305	260	25	1574

2022年吉华集团员工学历、性别情况表

表14-4　　　　单位：人

序号	部门	初中及以下	高中及中专	大专	本科	硕士及以上	小计	性别		小计
								男	女	
1	创丽公司	43	12	4	9	0	68	49	19	68
2	吉华高分子	34	32	19	10	3	98	76	22	98
3	吉华江东	565	246	55	34	1	901	654	247	901
4	江苏吉华	22	232	80	45	5	384	268	116	384
5	进出口公司	0	4	8	13	0	25	3	22	25
6	直属部门	10	29	17	31	11	98	63	35	98
小计		674	555	183	142	20	1574	1113	461	1574

四、劳动合同管理

劳动合同管理按《劳动合同管理办法》执行。发生劳动争议的，按《劳动合同争议调解办法》执行。

五、社会保险、公积金管理

2001年始，吉华集团户籍在红山农场的员工全部参加社会保险。非红山农场户籍员工参保比率，因当时部分员工不愿参保，根据实际工作情况与国家政策相应作出统筹安排。2012年始，吉华集团为员工缴纳公积金，并逐步实现全覆盖。

2001—2022年吉华集团社会保险参保情况表

表14-5

序号	年份	上缴社会保险费（元）	累计参保人数（人）	序号	年份	上缴社会保险费（元）	累计参保人数（人）
1	2001	1090525.69	660	6	2006	889484.61	1032
2	2002	544198.36	670	7	2007	865753.49	1031
3	2003	1032138.41	705	8	2008	593991.76	1265
4	2004	1119692.72	845	9	2009	437881.50	1213
5	2005	896310.12	780	10	2010	589287.42	1195

续表 14-5

序号	年份	上缴社会保险费（元）	累计参保人数（人）	序号	年份	上缴社会保险费（元）	累计参保人数（人）
11	2011	1492330.71	1176	17	2017	11586413.70	1222
12	2012	2729552.92	1073	18	2018	12047746.54	1167
13	2013	4725732.32	1033	19	2019	10513354.45	1234
14	2014	4989712.11	980	20	2020	3456467.43	1235
15	2015	10036581.31	1183	21	2021	5288093.36	1240
16	2016	10669938.95	1193	22	2022	5796874.97	1150

2022 年吉华集团公积金缴纳情况表

表 14-6

序号	年份	缴纳公积金基数（元 / 人）	累计上缴金额（元）	累计缴纳数（人）
1	2012	147	97020	330
2	2013	147	97078	337
3	2014	176	147136	418
4	2015	198	192852	487
5	2016	223	533416	1196
6	2017	241	589486	1223
7	2018	241	562494	1167
8	2019	241	594306	1233
9	2020	241	592378	1229
10	2021	274	679520	1240
11	2022	274	630200	1150

六、员工奖励、惩戒管理

员工奖惩按吉华集团《员工奖惩条例》执行。为教育员工遵守国家法规，遵守社会公德和职业道德，更好地维护吉华集团规章制度的严肃性，保证规章制度的贯彻执行，充分调动员工的工作积极性、创造性，制定《员工奖惩条例》，奖优罚劣制度。奖惩原则有三：一是公平公开原则；二是精神激励和物质奖励相结合原则；三是教育为主、惩罚为辅。

员工奖励由各部门、车间、科室负责提名奖励对象，填报“奖励审核表”提交集团企管中心。由企管中心会同综合办等有关部门负责调查确认事实、奖励等级后，报分管总监或子公司总经理审核。分管总监或子公司总经理审核的奖励事项，经办公会议认定，报总裁批准后实施。特殊奖励由总裁指定相关部门（人员）组成调查组负责确认事实，提交专题报告，经办公会议认定，报总裁批准后实施。奖励分精神奖励和物质奖励，精神奖励分通报表扬、嘉奖、记功、晋级；物质奖励为个人发放 500 元～ 8 万元奖金，集体发放 1000 元～ 25 万元奖金。

员工有违反各种规章制度的行为；违背岗位职责和义务的行为；违反劳动合同和保密合同条款的行为；给企业造成经济损失的行为；损害企业形象的行为；违反社会公德的行为；干部失职、渎职和不作为的行为，根据情节轻重给予惩戒。惩戒分经济处罚和行政处分。经济处罚和行政处分根据情节轻重、损失大小确定。

七、员工福利管理

员工福利主要包括提供集体宿舍或公寓楼、特殊人员行政套房或住房补贴；普通工人健康检查；中高层干部每年一次常规体检；特种工种人员按需指定的体检；节假日实物福利；依实际需要提供各类培训学习教育活动。由人力资源部归口管理。

八、职称评聘管理

职称评聘管理由人力资源部归口管理。符合初评条件的人员，可向人力资源部提出申请，经对其德、能、勤、绩进行全面考核合格后，按相应等级、程序方可申报专业技术职称。

九、管理层任职资格和离退休返聘

为规范管理层任职、离职、退休、返聘任职工作，2013 年 12 月 4 日，吉华集团第一届董事会第八次会议对管理层任职资格及离职、退休、返聘任职等作出相关规定。2019 年 4 月 13 日又作了修改。

1. 干部任职

新聘吉华集团公司高管、子公司总经理须有本科以上学历，年龄在 50 周岁以下；新聘中层管理干部须有大专以上学历，年龄 48 周岁以下；中层以上正职管理干部原则上公开竞聘，择优录用；子公司总经理享受集团高管待遇。特殊情况的，报董事会批准。

中层以上管理人员任职，由所在子公司或部门申请，报总裁办公会议批准。

担任吉华集团总裁、副总裁；总工程师、总监、总助；子公司总经理、副总经理；吉华集团直属部门经理、主任、副经理、副主任；各子公司车间主任、副主任；各科室科长、副科长等中层以上干部任职年龄规定为：男性不超过 57 周岁，女性不超过 55 周岁。

担任吉华集团董事、监事的任职年龄不受限制，根据集团工作需要和其本人身体条件确定。

2. **干部退休、返聘**

干部退休年龄规定为：男性满 60 周岁，女性满 57 周岁。

对于未到退休年龄，但因身体原因，不能胜任正常工作的，经本人申请，人力资源部审核，报集团办公会议批准，可以按相关规定提前退职。

未到退休年龄退居二线的（包括当顾问和名誉职务的），不属于退休。由集团根据其本人身体状况安排可以担任的负有一定职责的顾问等职务。

对于已达到退休年龄，身体健康、有丰富的领导经验或专业知识高层管理人员，因年龄或名额限制不宜进入集团领导班子的，由集团安排从事某一方面的管理或调查研究、参谋咨询等工作。

对于已达到退休年龄，但确因工作需要，本人愿意，身体又可适应正常工作的中层管理人员，由人力资源部审核，报集团办公会议批准，可以返聘任职或以临时合同工的身份继续工作。

退居二线、退休返聘干部的待遇享受，最高不超过原岗位职务待遇的 80%。

干部退休返聘按规定签订返聘协议，协议期限最高为一年；继续返聘的应续签返聘协议，但返聘累计年限：男性、女性均不超过三年。

3. **一般员工退休、返聘**

一般员工退休年龄规定为：男性满 60 周岁，女性满 50 周岁。

对于未到退休年龄，但因身体原因，不能胜任正常工作的，经本人申请，人力资源部审核，报子公司批准，可以按相关规定提前办理退休手续。

对于已达到退休年龄，但确因工作需要，本人愿意，身体又可适应正常工作的员工，由车间或用工部门申请，报人力资源部审核，经子公司批准，可以返聘或以临时合同工的身份继续工作，返聘人员待遇最高不超过原岗位的80%。

退休返聘人员按规定签订返聘协议，协议期限最高为一年；继续返聘的应续签返聘协议，但返聘累计年限：男性不超过三年、女性不超过五年。

第四节　合同管理

合同管理在初始阶段不够规范，吉华化工供销公司曾发生空白合同盖章交由供货方填写的情况，造成不法供应商擅自增添合同违约条款提起诉讼，最终导致直接经济损失93万元的重大合同事件。2003年以后，为加强合同及合同专用章使用管理，聘请常年法律顾问重点对供应合同、销售合同编制了符合法律条款且相对保护自身合法权益的格式合同，进行合同源头管控。2009年2月，吉华集团制定《合同管理办法》，2011年5月，修订《合同管理办法》。并定期委托法律顾问，以合同案例开展合同管理的培训，逐步完善和规范合同管理。

综合办是合同管理的归口管理部门。主要职责：指导各签约部门的合同管理；负责各类经济、技术合同标准格式化的印制；法务负责合同法律条款的审查；财务部、审计部负责对各相关部门履行合同情况进行审计监督；人力资源部是劳动合同的归口管理部门，负责劳动合同的签订、指导、监督、考核；负责劳动合同标准格式化的印制或购置、发放、使用的管理。供应部负责各类采购合同。市场部负责对外的各类销售业务经济合同。各相关部门、子公司是本职业务合同签约履行的职能部门，负责办理业务合同的订立、履行等日常工作。

实行合同责任制度，明确合同的责任人和责任。合同责任人对合同的履行全面负责，对履行情况列入岗位绩效考核，且不得因岗位变动影响责任的承担。审计部对合同实施进行稽查。各签约部门严格控制合同签订、履行过程中的各个环节，以免失控。

设立合同评审组织，对涉及企业重大利益的合同进行评审。评审组织由合同提出部门、审计部、财务部、工程部、合同执行部门的负责人和相关领导参加。对产品销售合同的评审按《质量手册》“产品要求的评审程序”执行。对签约的重大合同立项时，须报总裁审批；一般的付款合同须报分管总裁或子公司总经理审批。

签订合同一律加盖合同专用章，特别合同（涉及对企业有特别影响的合同）经总裁批准。

各合同签约部门明确一名兼职人员统一管理本部门的合同台账和档案，各签约部门的正式合同文本及相关资料到年末统一转综合办归档。

具体管理要求，签订合同的审批权限，合同的签订，合同的履行、变更和终止，合同的管理，合同纠纷的处理等按《合同管理办法》执行。

第五节　能源管理

吉华集团重点能源消耗单位为吉华江东、江苏吉华，消耗的主要能源为自来水、地表水、电、蒸汽、天然气和柴油。能源消耗以汽耗、电耗为主。

一、能源管理体系

能源管理实行子公司、部门、车间、班组四级能源管理网络，按照《工业企业能源管理导则》相关要求，系统、全面地做好各项能源管理工作。子公司组建以总经理为组长，各车间主任为副组长的能源管理小组，对能源管理进行决策；各部门、车间、班组生产第一责任人为能源管理责任人，日常能源管理由各车间能管员负责，对地表水、自来水、电、蒸汽、天然气、柴油的日常使用进行统计，按月汇总，编制能源报表上报、存档。

图 14-2　2014 年 12 月，杭州吉华江东化工有限公司获能源管理体系认证证书

二、能源管理落实与完善

能源消耗目标考核到班组，通过落实计划用能及定额用能与奖惩挂钩的措施，对员工进行能耗细化管理，有效督促员工节约能源。子公司建立了“水、电、汽”日报制度，根据产品种类、规格、产量和能耗判断能源消耗是否正常，发现异常及时处理，建立节能考核目标。引进合同能源管理模式实施节能技改方案，进一步完善三级能源计量装置配备，细化能耗指标并分解到各个生产工序，同时加强节能知识和技术以及用能设备经济运行评价准则等标准的培训力度，增强节能降耗意识。

能源计量系统分水、电、蒸汽和天然气四部分，江东吉华605车间（江苏吉华805车间）负责能源计量器具的管理、维修，定期对用能情况进行统计、分析。建立能源三级计量体系，电和蒸汽一级、二级、三级能源计量器具齐备，计量体系满足GB 17167—2006《用能单位能源计量器具配备和管理通则》等相关要求。吉华江东和江苏吉华分别于2014年12月和2016年3月取得能源管理体系认证证书。

第六节　目标成本管理

吉华集团目标成本管理工作起步较早，在2000年经济政策考核时就已形成对分厂车间领导的报酬（中层干部）按50%降本节支列入责任考核。在2001年度总结表彰会上，总经理邵伯金作了题为“振奋精神　开拓进取　真抓实干　再上台阶”的工作报告，并以“依托降本节支，开源节流，弥补产品跌价因素，保证了企业效益”肯定了取得的成绩。之后，通过多年的实践，数据的积累，并利用ERP系统，对降本节支工作进行系统完善。2008年3月，吉华集团在各子公司全面推行目标成本管理工作，该项工作由技术中心牵头。目标成本管理是吉华集团控制生产成本、实现目标效益的主要抓手，是各子公司降本节支、挖潜增效的重心，通过目标成本管理来进一步夯实各子公司各项生产基础管理工作。

“目标成本”的制定原则是按品种的生产工序、工艺进行分类，积累历年的生产数据并吸收先进同行的相关数据，按先进、合理的原则制定目标消耗。它的主要组成部分包括原料成本、制造成本、公摊费用、管理费用，其中：制造成本为电、汽、工、车间维修费，公摊费用为质检科、公用车间、污水处理等制造成本和管理费用以外的所有支出费用，管理费用为子公司所产生的除折旧、税金、利息、统销产品难收款坏账损失以及子公司为吉华集团垫支的费用外的各类费用。近几年，吉华集团加大目标成本的经济考核政策力度，各子公司围绕“目标成本”，厘清了工作思路，确定目标、分解指标、落实责任，把各项成本分解到车间、细化到品种，将目标数据与生产实际有效结合。对有工艺改进的、设备更新的、技术进步的品种，及时修正消耗数据，更新目标成本。在目标成本管理工作中，强调数据准确、细节管理，抓细、抓实、抓到位，从而实现产品成本最佳化。

通过多年来的积累、完善、优化、巩固，吉华集团的目标成本管理工作实现了全覆盖、常态化，成为吉华集团经济责任制考核的重要组成部分，形成全体员工的自觉行动，有效控制了产品成本，提升了节能减排、降本节支工作，增强了产品的市场竞争力。

第七节　现场管理

企业的发展离不开优秀的管理，现场管理的好坏，直接关系到企业形象、产品质量、安全环保、生产消耗与效益的高低。“竞争在市场，决胜在工厂”是吉华集团经营理念之一。现场管理的根本在内部，生产现场干净整洁、标识分明、井然有序、生活环境优美、员工工作安心，其他工作便一顺百顺。

一、现场管理的提出

1991 年，在全厂员工大会上提出“抓好现场管理，优化工厂环境”的要求，实现台时产量比大厂（吉化染料厂）高，物料消耗比大厂低，产品质量比大厂稳，成本费用比大厂低，安全事故比大厂少，现场环境比大厂优的目标。

1992 年，引入“5S”管理［整理（SEIRI）、整顿（SEITON）、清扫（SEISO）、清洁（SEIKETSU）、素养（SHITSUKE）］。主要领导带领公司相关管理人员前往红山水泥厂参观学习，见识了“铁见本色，漆见光”的真实现场。同时成立“5S”现场管理小组，提出了“铁见本色漆见光，窗明几净现场清，定置管理摆放整，政策配套考核严”的工作要求。通过车间、部门交叉检查，有评分、有排名、有奖惩，现场管理有较大改观，环境、效率都得到了较大的提高。其间，以国际先进企业作为标杆，学习德司达、汽巴、科莱恩欧洲染料三巨头现场管理的先进经验。并以“七性”检查为常态化管理，成立“七性”检查工作领导小组，查生产工艺的完善性，查设备（设施）配套的合理性，查工作（工序）纪律的严肃性，查降本节支的广泛性，查账账（账实）的相符性，查安全、环保的可靠性，查整改工作的彻底性。通过“七性检查”，公司安全环保运行良好，生产质量稳定提升，经济效率稳步递增。

二、现场管理的实施

全面部署

按照“六个一”要求，全面实施，有效推进。

召开一次宣传动员大会　围绕“产品质量、现场管理”双提升主题，开展“三个是什么”大讨论：主要问题是什么？产生原因是什么？解决办法是什么？为全方位开展“双提升”活动营造氛围，强化领导管理意识，增强员工环境意识，落实全员质量责任，提升综合管理水平。

开展一次“6S”现场管理培训　为管理人员讲清楚“6S”[“6S”管理：整理（SEIRI）、整顿（SEITON）、清扫（SEISO）、清洁（SEIKETSU）、素养（SHITSUKE）、安全（SAFETY）]的概念，讲明白“6S”的管理目的，让管理人员理清思路，对生产现场进行有效管理。

制定一个“行之有效”的提升方案　明确提出质量和生产方面存在的问题、整改提升的具体方法措施、提升整改要达到的目标和考核奖惩办法等。

建立一套监督考评体系　各子公司成立督查小组，进行每周一次的例行检查，有记录、有整改，并对整改情况跟踪后形成报告。集团成立督查组，对各职能部门的月度综合检查进行复核抽查、评级，并对存在问题提出处罚意见和整改期限。

创建一个“现场管理”示范标杆单位　高标准、高要求打造车间“现场管理”示范单位，以点带面，营造直观、浓厚的“双提升”活动氛围，实现老车间美化、亮化、新化，进而在集团公司全面推广、学习。

组织一次总结表彰　制定《“双提升”活动考评办法》，公开、公平、公正评价工作成效，考评结果作为年度干部职务晋升、报酬晋级的重要依据。

目标分解

召开由中层及以上干部参加的动员会议，分解现场管理目标任务，落实具体责任和措施。

成立现场管理推进工作小组。由总经理任组长，副总经理任分管主抓，中层管理人员二人任副组长，其他中层为组员。负责现场管理提升工作的组织发动、推进落实及整改提高。

形成一张定置图。各车间、部门以及厂区绿化带严格按照“6S”管理要求形成一张定置定位图，全面清扫车间现场及周边卫生，确保现场环境整洁、安全、文明、规范。

打造一个现场管理提升示范样板车间，以点带面，全面推进。车间对岗位主体设备、管道进行油漆防腐，对旧地面进行凿除及清理，重新浇筑，并对新地面进行环氧砂浆防腐施工。完成车间楼层建筑结构涂料粉刷，包括楼梯间、设备基础等。完成管道标识、设备定制定位标识制定。

建立一套督查体系。“6S”检查小组和工作纪律督查小组，采取日常巡查、随机抽查和月度检查等形式，对标“6S”现场管理标准，对各车间、部门进行检查，评出优、差级，每月汇总通报。

成立夜间督查小组。对各车间、部门夜间工作的劳动纪律进行检查，并将检查问题汇总后发布至微信工作群，对问题进行整改及“回头看”。

三、现场管理的提升

目标提升

2020 年，先后下发《关于开展“染料产品质量、现场管理”双提升活动的通知》《关于下发“双提升活动”的考评办法》的通知，要求全面提升企业形象、管理水平和员工精神面貌，更好地实现企业管理科学化、制度化、规范化。活动成立领导小组，由集团总裁任组长，紧扣工作重点，采取扎实措施，细化工作，明确责任，有效推进。

2021 年 3 月，为进一步深化现场管理，下发《关于进一步推进“现场管理提升”的通知》，再次明确了“现场管理”提升的工作目标，制定了详细的考评标准。经过一年的不懈努力，公司各车间现场管理有质的提升，厂区面貌大幅改善，员工“6S”意识明显提高。是年底，活性车间获“现场管理”提升一等奖，601 车间获二等奖，创丽公司获三等奖。2022 年 3 月，集团公司下发《2022 年度“6S”现场管理提升工作方案》，要求各子公司、车间再接再厉，继续在现有基础上提升管理水平。14 个单位提交“6S”现场管理提升工作推进方案，有工作目标、实施标准、时间进度、责任人、考核办法等内容。全年开展 11 次现场管理检查，年末全面检查并进行评分考核。615 车间获一等奖，活性车间获二等奖，607 车间获三等奖，圆满完成了现场管理提升工作全面达标的目标任务。

管理常态化

常态化现场管理工作以车间为主，职能部门为辅。各子公司、车间自查问题和弱点，对重复性较高的问题和整改难度较大的问题认真梳理，及时整改。职能部门和“6S”检查组及时研讨解决问题的办法和措施，推进车间现场管理。

强化“七性检查”，进一步明确分工，明确责任，现场管理提升工作更实在、更有成效。尽管生产区域大、设备多、品种杂，现场管理难度大，困难多，但高层有决心，中层有信心，员工有恒心，群策群力，上下一心，现场管理稳中有进，消除了车间长期存在的盲区、死角等痼疾，生产现场面貌彻底改观，产量创历史之高，质量合格率创历年之最，企业形象、生产效率、产品质量和库存周转率提高，作业周期缩短，生产成本降低，故障和隐患减少，企业精神面貌改善，各项管理工作实现跨越式提升。

组建“随手拍”平台

为进一步提高管理效率，让干部员工更广泛地参与“6S”现场管理，2022 年 3 月 25 日，集团发布《浙江吉华集团股份有限公司“随手拍”平台实施方案（试行）》，由平台人员把日常工作中发现的“不规范、不文明、不符合 6S 现场管理要求”的现象和行为，及时拍摄下来，上传至“随手拍”平台。平台运维人员把接收到的“随手拍”分类汇总交给有关部门。凡属生产区问题，由企管中心负责发送给生产区联络员，再由生产区联络员负责发送给相关生产部门负责人督促整改；属后勤区问题，由综合办负责分类后，发送给后勤区联络员，再由后勤区联络员发送给相关负责人督促整改。

“随手拍”是创新管理平台。2022 年全年反馈各类生产和后勤问题 182 个，生产区涉及施工不安全、工作不规范、选材不当、跑冒滴漏、消防设施、现场管理不到位等问题，后勤区涉及食堂服务质量、停车管理、绿化管理、现场管理差等问题。通过“随手拍”平台的高效运作，整改问题 180 个，提升了公司的整体现场管理。

第八节 信息化管理

30年多来，信息化建设紧跟企业发展步伐，实现了“由无到有，从点到面”的发展过程，为企业管理提供强有力保障支持。

一、ERP建设

1998年始，与萧山计算机中心俞小涛团队合作开发信息化建设，但未取得理想效果。2006年2月，与杭州优时软件有限公司合作开发ERP系统一期项目，实施范围包括进销存管理、生产与成本管理、质量管理、财务管理等模块，逐步建立信息化管理平台，较为完整地反映吉华集团各类资源数据，实现信息集成后的高效和有序工作。通过ERP项目建设，不仅规范了企业业务流程，加强企业管理内控，而且达到了标准化统一管理，提升整体管理水平。10月，被杭州市工业企业信息化推进工作领导小组认定为“信息化应用试点企业”。

2008—2010年，继续与杭州优时软件有限公司合作完成了二期、三期项目，先后上线了办公自动化（OA）系统、财务接口、外贸业务管理，优化了数据库，整理和重建了相关数据结构，解决了系统性能“瓶颈”。

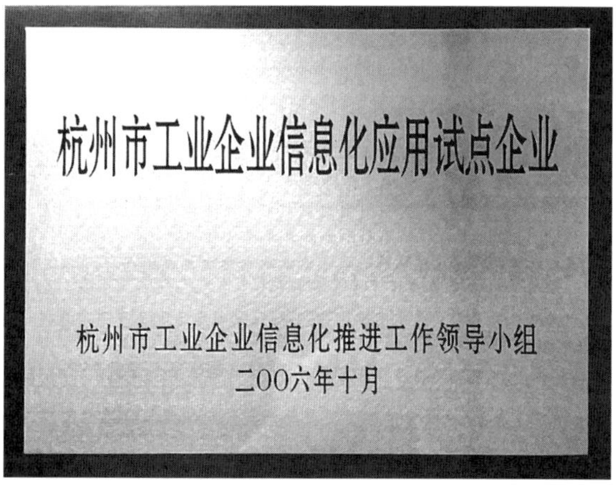

图14-3　2016年10月，吉华集团被认定为杭州市工业企业信息化应用试点企业

二、网络安全体系建设

2017年4月，在吉华集团总部、钱江世纪城、江苏吉华分别部署了边界防火墙，实现了吉华集团范围内IPSECVPN的互联互通，保证了数据传输安全性、稳定性，同时为终端软件的部署提供了环境。吉华集团总部部署数据库审计、Web应用防火墙、网络版防病毒软件等，建立了边界到数据中心、服务器到终端的立体化安全防护体系，加强了业务系统和数据库的安全，有效防止了黑客攻击、勒索病毒、数据丢失等问题，满足了网络安全和数据安全化的要求。

三、云数据中心构建

2018年8月，数据中心构建了服务器虚拟化平台，实现了业务的高可用、负载均衡，提升了硬件资源利用率，减少了后期因业务系统增加的硬件成本投入；基于数据安全的考虑，虚拟化平台部署了备份恢复系统，合理制定了备份策略及恢复机制，将业务宕机和数据丢失风险降至最低。

四、其他

2019年4月，建设了银企直连资金交易系统，并对系统架构进行调整，利用虚拟化备份系统，对虚拟化进行增量备份和业务的瞬时恢复。通过防火墙VPN设备配置，为资金交易平台建立单独的安全访问连接，实现了资金交易平台和其他业务系统的隔离，防止相互影响，提供了可靠的数据安全性和业务连续性。

第九节　档案管理

1993年，联营厂设立综合档案室，对企业的文书、经营管理、基建设备、干部职工等档案实行集中统一管理。1997年11月，成立档案管理工作领导小组，由邵伯金任组长，杨泉明任副组长，倪建美（档案室管理员兼文书档案）、王德富（兼财务档案）、李永英（兼统计档案）、陈美芬（兼产品档案）、王勤伟（兼一分厂设备档案）、朱国祥（兼二分厂设备档案）、王浩良（兼三分厂档案）、丁雪云（兼基建档案）、陈小勇（兼综合档案）为组员。是年，对历年来的各类资料、文件进行分类、鉴定、立卷、归档整理。1998年3月，吉华化工设综合档案室，档案室面积由30平方米增至100平方米，配置了除湿机、灭火器等“六防”设备。1998年，吉华

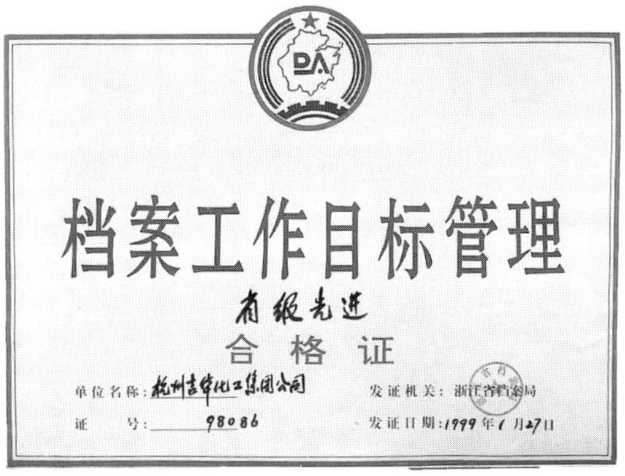

图14-4　1999年1月，吉华化工集团档案工作目标管理获省级先进

化工被评为杭州市级档案管理先进企业、萧山市档案工作先进集体。1999年，被评为杭州市级达标升级单位、杭州市档案工作先进集体。同年，经浙江省档案局组织专家考核验收，通过省级目标管理达标考评，被评为档案管理省级先进单位。2000年4月，调整档案管理领导小组成员，由邵伯金担任组长，陈小勇任副组长，倪建美、王德富、陈美芬、王勤伟、朱国祥、陆荣宝、丁雪云为组员。

2005年12月，吉华集团对档案管理领导小组进行调整。调整后档案管理领导小组由杨泉明、陈文忠、詹红艳、杨玉生、陈美芬、杨再生、应海军、邵辉、金小英等组成，组长杨泉明，副组长陈文忠。档案工作由综合办具体负责，并设立综合档案室。下设各兼职档案员，由殷健（兼创丽公司）、胡惠素（兼红宝染化）、陆荣宝（兼吉华化工）、滕志林（兼吉华江东）、许敏（兼绍兴市大金聚氨酯有限公司）、康淑秋（兼江苏吉然）、丁峰（兼进出口公司）、孙苗兴（兼设备部）、姚利惠（兼供应部）、陆银花（兼市场部）、汪惠芳（兼财务部）、陈美芬（兼技术中心）、陈照龙（兼综合办）等组成。同时江苏吉华设立综合档案室，档案室设置在九分厂，由康淑秋负责管理。

2010年，吉华集团综合档案室搬迁至临江区块新办公楼，档案柜更换成密集型档案架。2016年5月，江苏吉华办公大楼的建成，档案室迁至办公大楼，江苏吉华档案室先后被江苏省档案局评为二星及三星档案管理标准。

至2022年底，吉华集团综合档案室有文书档案1万余件、财务档案2943件、科技档案2717件、证书档案537件。江苏吉华综合档案室有文书档案1401件、财务档案5476件、科技档案1万余件、证书档案431件。从2005年开始保存数字档案，数字档案包括电子照片、各类红头文件、通知、各项项目电子文档等。

经多次修订的《档案管理制度》，对企业经营过程中形成的各种载体和类型的文件资料归档范围作出规定。并对档案员职责，文书档案管理，经营档案管理，会计档案管理，科技档案管理，档案保密，企业档案利用，档案室管理，档案借查阅，底图保管，晒制（复印）图纸，档案的鉴定、销毁，电子文件归档与管理等作了明确规定。

第十五章　企业文化

企业文化是企业灵魂，是推动企业发展的不竭动力。企业文化内涵丰富，包括企业发展规划、核心价值观、企业使命、企业愿景、企业精神、企业形象等诸多方面。浙江吉华集团股份有限公司建立和完善企业文化有诸多的具体措施，其核心是“吉华精神”的培育和弘扬。“吉华精神”是吉华集团在30多年生产经营实践中逐步形成并为全体员工认同和遵守的价值观念，是吉华人秉承钱塘江弄潮儿的拼搏精神，崇尚“海纳百川，有容乃大”的文化理念，弘扬“敬业、奉献、争一流”的“吉华精神”，造就了吉华集团宝贵的物质和精神财富。

第一节　企业精神

30年来，吉华集团全体干部、员工艰苦奋斗，奋力拼搏，不仅创造了较好的经济效益，还凝练了催人奋进的“吉华精神”，即“敬业、奉献、争一流”。

一、“吉华精神”形成

1985年，红山农场为贯彻党中央十一届三中全会精神，改变农场贫穷落后的面貌，在搞好农业基础产业的同时，创办了吉华集团前身萧山聚氨酯泡沫厂。1991年在一缺资金、二无设备、三无技术的情况下，联营合资创办了吉化萧山联营染料厂，历经联营启动、资本积累、迁建发展、跨区经营至稳固的精细化工行业骨干企业，从单家独户发展到集团公司，取得了良好的经济效益和社会效益，2017年6月15日，吉华集团A股股票在上海证券交易所上市交易，为社会主义现代化建设作出了贡献。30余年来，全体员工艰苦奋斗，奋力拼搏，敢闯敢干，改革创新，在建设物质文明的同时，创造了先进的企业文化，培育了催人奋进的企业精神——“吉华精神”。

图 15-1　立于吉华集团大门口的企业精神“敬业、奉献、争一流”（2022 年 12 月摄）

二、“吉华精神”内涵

“吉华精神”内容按发展阶段分为两个阶段，第一段是 2000 年企业转制前，企业精神为“致力于集体，奉献于事业”。第二段是 2002 年 6 月 30 日提出的“敬业、奉献、争一流”的企业精神。两个时段的表述方式虽然不同，但其本质一脉相承，只是不断升华而已。

“致力于集体”就要全心全意扑在集体的事业上，事事处处都要为集体出力。核心就是“奉献”。就是热爱自己从事的事业，把自己的心思和精力用在事业上，以奉献精神把从事的事业做好。企业转制后，把“敬业”作为吉华精神的首位。随着企业经营体制的转换，有人在观念上有点模糊，认为企业私有化了，在企业工作是为老板打工，因而认为“打一天工赚一天钱，做一天和尚撞一天钟，还要谈什么敬业”，为了纠正这种片面的、错误的认识，吉华集团及时进行疏导，开展了“你在给谁打工？”“谁要你打工？”“你为什么要打工”等大讨论，使员工明确是在为自己打工，并深刻领悟“今天工作不努力，明天努力找工作”的道理。从而认识到立足岗位，干一行、爱一行，学一行、专一行，认认真真，兢兢业业做好本职工作就是“敬业”；“敬业”是为了社会、为了企业、为了家庭，更为了自己。只有敬业，才能把“要我做”的思想升华至“我要做”的境界，才能把各项工作做得更出色。

“奉献于事业”与“奉献、争一流”，两者更是一致，而且后者比前者提出了更高的要求。作为奉献，是每个公民应尽的责任，每个公民都应有一点奉献精神。在吉华集团，老总应首当其冲，不断努力进取，运用现代科学管理技术管理好企业，使企业快速发展，为国家、为社会创造更多的财富，使吉华集团员工过上安居乐业的幸福生活。每一位员工更要爱岗敬业，保证完成企业的各项任务，增强企业的竞争能力，为企业的兴旺发达贡献自己的力量。企业兴旺发达了，不仅体现了员工的奉献精神，同时也保证了对员工奉献的回报，实现员工的自身社会价值。奉献和敬业是一对辩证关系，敬业是奉献的前提，奉献是敬业的体现。

“争一流”，是对敬业、奉献提出了更高的要求，只有争创一流，才能对国家、对社会作出更大的贡献，才是最大的奉献。“争一流”，就要敢为人先，敢于创新，奔竞不息，勇立潮头。

“吉华精神”，随着企业的发展和形势的要求，与时俱进，不断充实、不断完善其内在含义。2014 年对“吉华精神”作了新的阐述。

“敬业”：要忠诚为先，忠诚于吉华，忠诚于事业，敬业务实，尽责尽职，凝心聚力，共图发展。

“奉献”：要端正主人翁认识，摆正企业与个人或家庭的位置，清晰付出与回报的关系，坚持管理高要求、工作高效率、企业高效益、分配高报酬。

“争一流”：要争一流的工作激情，一流的工作作风，一流的工作业绩。始终保持争一流的工作激情，才能确保一流的业绩。

三、弘扬“吉华精神”

“吉华精神”是吉华集团全体员工的精神支柱，也是企业的支柱。企业上下以“吉华精神”为灵魂，合成一条心，拧成一股绳，就能攻无不克，战无不胜，实践证明了这一点。企业从无到有、从小到大、从弱到强，靠的是企业上下有“争一流”的雄心壮志和发展战略，靠的是企业一批具有“敬业、精业、专业”精神，经验丰富、责任心强的稳定的一流员工，靠的是“吉华精神”。

在建设中国特色社会主义的新征程中，吉华集团强调要继续坚持和发扬“吉华精神”，在成绩和荣誉面前不自满自足，不故步自封，做到精神不疲软，认识不模糊，工作不松懈，以一流的要求，一流的精神，培养一流的员工；以一流的工作，创一流的产品、一流的品质、一流的服务、一流的规模，创行业一流、国内一流、国际一流，创新世纪一流的企业。

第二节　企业视觉形象识别系统（VIS）

为了增加企业与外界的沟通能力，维护统一的企业形象，规范使用和推广企业视觉形象识别各类要素，2006 年，委托专业单位设计《吉华集团企业视觉识别系统规范手册》（以下简称《VIS 手册》），并制定《企业视觉形象识别系统（VIS）管理制度》，保持企业视觉形象的一致性和稳定性，形成吉华集团特色的视觉形象。

VIS 即 Visual　Identity，通译为企业视觉识别，即是将企业文化理念、精神等非可视内容转化为静态的视觉识别符号，以《VIS 手册》规定的标识和应用形式，在办公、建筑环境、运输工具、服饰、广告媒体等层面上，进行最直接的视觉传播。以此将标准化和系统化的视觉符号传达给大众，增加企业与外界沟通的传达能力，强化企业自身形象，VIS 是企业经营中的重要组成部分。

VIS 由标识的基本要素系统规范和企业形象的应用要素系统组成。

一、标识基本要素

1. 企业标识（LOGO），为企业标识最重要的核心部分，也是集团注册商标，受法律保护。

2. 标准字（中英文）。

3. 标准色。

4. 标识与标准字体组合应用。

5. 标识与标准色组合应用等。

标准字、标准色，以及标准字色组合是象征企业精神和文化的重要元素，在使用和制作时不得有色差或几何形状的失真。

二、应用要素

应用要素是将企业标识（LOGO）和标准字色组合（基本要素）规范应用在企业所涉

及的各形象领域。凡应用要素10个部分79个子项内容中的均为企业和精神的内在表现，不得擅自变更，应严格遵循《VIS手册》规范的使用方法，以维护完整统一的吉华集团形象。

应用要素内容包括10部分。

1. 办公用品：名片、工作证、出入证、参观证、公司便签、传真、介绍信、信封、文件袋、文件夹等。

2. 办公环境：接待前台、形象墙、户外指示牌、导向牌、会议室门牌、会议室内装饰、办公室等。

3. 生产环境：公司标识牌、户内警示牌、户外警示牌、车间岗位告示牌、厂区告示牌、厂区宣传牌、厂区宣传标语等。

4. 工作服装：管理人员（春季、夏季）服装、生产人员（春季、夏季）服装、领带和领带夹等、徽章等。

5. 交通运输：公司班车、搬运车、罐车、大货车、小货车、手推车等。

6. 产品包装：产品标签、产品包装桶、产品包装袋、槽车车体等。

7. 宣传用品：请柬、台历、礼品、接待用品、厂旗、彩旗、桌旗、礼品袋、广告、户外灯箱、产品打包封口等。

8. 旗帜：公司旗帜、直式挂旗、横式挂旗、小吊旗、桌旗等。

9. 户外招牌：路牌广告、直式招牌、横式招牌、悬挂式招牌等。

10. 其他用品：邀请函、圣诞卡、祝贺卡、年历、笔、打火机、礼品袋等。

三、企业标识（LOGO）释义

标识以吉华集团的第一个汉字“吉”，喜庆吉祥作为创意设计，汲取体现吉祥的图案这一中国传统文化元素，通过对设计元素的巧妙处理，使标识整体看似一张笑脸。标识巧妙揭示吉华集团的企业名称的同时，蕴藏了以优质产品带给人们美好生活，赢得满意笑脸的企业理念。标识正中一个红色的圆点，象征企业如红日般冉冉升起的发展态势和远大前景。

图15-2 吉华集团企业标识

标识以体现青春热情开放、富贵大气的红色为主色调，增强了标识视觉冲击力，同时体现吉华人热情开放的企业精神和服务。理念标识造型新颖独特，匠心别具，视觉感观强，给人一种祥和与美感，丰富的内涵使标识具有很强的耐看性。

第三节　文体活动

吉华集团一直以来十分重视员工文化体育活动，积极发挥工青妇组织的作用，组建业余足球队、篮球队、乒乓球队、羽毛球队等，并组织开展员工喜闻乐见的各类文体活动；同时积极组织参加红山农场、临江街道、空港经济示范区、钱塘区及上级组织的各类文体活动，如红山农场文化艺术节暨全民运动会、空港经济示范区足球邀请赛、临江街道3人制篮球、各级乒乓球团体、羽毛球团体、单项比赛等，取得较好成绩，丰富员工业余文化生活，增强员工的凝聚力。

一、体育活动

1998年3月，杭州吉华化工有限公司参加红山农场首届艺术节并取得团体总分第一名。

1999年，吉华化工参加红山农场“红申杯”青年篮球比赛荣获第一名。

2002年5月，吉华化工参加红山农场第二届文化艺术节暨第五届全民运动会荣获团体总分第一名和“最佳组织奖”。

2002年5月29日，吉华化工参加红山农场第二届艺术节暨第五届全民运动会荣获篮球比赛第一名。

2006年9月，吉华化工参加红山农场第六届全民运动会荣获团体总分第二。

2006年9月17日，吉华化工参加红山农场第六届全民运动会拔河比赛荣获第一名。

图15-3　2006年9月，吉华化工获农场第六届全民运动会拔河比赛第一名

2021 年 5 月，吉华集团参加临江街道全民运动会荣获 3 人制篮球比赛冠军。

二、文娱活动

2001 年 7 月，吉华化工参加中共红山农场委员会“庆祝建党八十周年文艺晚会”，快板《红山颂》荣获优胜奖。

2004 年 7 月，吉华集团参加中共萧山区红山农场委员会“爱祖国爱家乡”歌咏比赛荣获一等奖。

2005 年，吉华集团参加中共红山农场委员会“庆国庆暨纪念抗日战争胜利 60 周年歌咏比赛”荣获二等奖。

2006 年 7 月，吉华集团参加中共红山农场委员会“庆国庆·祖国永远在我心”歌咏比赛获二等奖。

2008 年，吉华荣获萧山区红山农场工会委员会“迎奥运”趣味运动蟠桃献寿比赛团体第一名。

第四节 知识竞赛

“知识竞赛”是吉华集团的传统活动之一，“知识竞赛”涵盖吉华集团安全、环保、质量、技术、管理、党群等综合性内容，通过“知识竞赛”，营造“学知识、学技能、提素质”的良好氛围，进一步推进吉华集团管理水平，提升全员综合素质。

图 15-4 1998 年 5 月，举办第一届“质量、安全、效益”知识竞赛。图为总经理邵伯金致辞

1998 年 5 月 5 日举办第一届“质量、安全、效益”知识竞赛，由一分厂、二分厂、三分厂、工会、共青团、妇代会 6 个代表队参赛。

图 15-5 2013 年“七一”建党节知识竞赛获二等奖

图 15-6 2013 年“七一”建党节知识竞赛现场

2013年7月，吉华集团荣获中共红山农场委员会“宣传贯彻十八大，喜庆七一建党节”知识竞赛二等奖。

2022 年 6 月 25 日，吉华集团举办以“你知我知谁更知、我会你会谁更会”为重点的第六届综合知识竞赛活动，参加此次综合知识竞赛的有杭州创丽聚氨酯有限公司、杭州吉华高分子材料股份有限公司、杭州吉华江东化工有限公司一队、吉华江东二队、江苏吉华化工有限公司、技术中心代表队共 6 支代表队。吉华高分子力压群雄，夺得综合知识竞赛活动一等奖。至 2022 年年底，吉华集团已成功举办 6 届“知识竞赛”活动。

2022 年 6 月吉华集团第六届综合知识竞赛活动获奖情况表

表 15-1

名次	代表队	参赛成员
一等奖	吉华高分子代表队	钱　涛　刘海龙　马　迪
二等奖	江苏吉华代表队	付　彬　潘　帆　吴　杰
	创丽公司代表队	蒲光俊　杨任陆　王海云
三等奖	吉华江东一队	王　凡　何军进　夏　添
	吉华江东二队	陈伟强　张庆国　王　江
	技术中心代表队	商李金　王景景　俞　超

第五节　慈善公益

吉华集团一直致力于弘扬中华民族的传统美德，倡导团结互助、关爱奉献的公益精神，增强社会责任感，激发社会活力，增进社会各界的理解、交流和合作，营造团结友爱、和谐相处的人际关系。积极参与社会慈善公益事业，以“做有社会责任感”的企业为宗旨，推动社会主义物质文明、精神文明、政治文明的共同进步，提高构建社会主义和谐社会的能力，为实现全面建设小康社会的目标而努力。

一、慈善捐赠

2015 年 12 月 13 日，吉华集团向杭州市萧山区慈善总会捐赠留本冠名基金 350 万元。

2019 年 9 月，吉华集团向临江街道教育卫生慈善基金捐赠留本冠名基金 200 万元。

2020 年 2 月，吉华集团向杭州市关爱警察基金会捐赠 50 万元。

2021 年 3 月，吉华集团向杭州钱塘新区慈善总会捐赠留本冠名基金 550 万元。

图 15-7　2021 年 3 月，杭州钱塘新区慈善总会捐赠纪念

二、“春风行动”

2015—2022 年，吉华集团多次获 “春风行动” 爱心奖。

图 15-8　被杭州大江东产业集聚区管委会评为 2016 年度“春风行动”爱心单位

三、无偿献血

吉华集团自成立以来，倡导“我为人人，人人为我”的无偿献血活动，多年获杭州市、萧山区无偿献血先进单位，至 2022 年底，共 18 次组织员工参加了无偿献血，累计参加无偿献血共 1000 人次以上，献血量达 25 万毫升，朱晓飞获得全国无偿献血奉献奖银奖，杨玉来、汪水根、王建财等获得全国无偿献血奉献奖

铜奖荣誉。

2004—2008 年，吉华化工多次被萧山区人民政府评为萧山区无偿献血先进单位。

2005 年，被杭州市人民政府评为 2004 年度无偿献血先进单位。

2008—2022 年，吉华集团被萧山区、钱塘区人民政府评为无偿献血先进单位。

图 15-9 被杭州市人民政府评为 2004 年度无偿献血先进单位

四、环境社会责任

吉华集团，致力于环境保护的不断提升，实现人与自然的和谐相处，获 2017 年度中国环境社会责任企业。

图 15-10 被中国环境报社评为 2017 年中国环境社会责任企业

第六节 年度报告

自 1996 年始，吉华集团每年召开年度总结表彰大会，总经理作年度工作报告，并将年度工作报告存入档案室，是一项具有吉华集团特色的持久性工作，作为企业文化的组成部分，企业历史回顾的重要资料。

1996—2022 年度吉华集团年度工作报告一览表

表 15-2

编号	年 度	报 告 标 题
1	1996	负重奋进求发展 把握机遇创新业
2	1997	务实进取争一流 继往开来展宏图
3	1998	励精图治 强化管理 夯实基础谋发展
4	1999	迈向新世纪，迎接新挑战，争创新业绩

续表 15-2

编号	年　度	报　告　标　题
5	2000	跨入新世纪，迎接新挑战，再创新业绩
6	2001	振奋精神　开拓进取　真抓实干　再上台阶
7	2002	与时俱进拓新业　安全环保求发展
8	2003	众志成城奠基业　再接再厉创新高
9	2004	坚持化工产业不动摇　立足基业　联动新业　稳健发展
10	2005	以总部经济为核心　科学规划　循环发展　三大基地齐头并进　扎扎实实开好吉华“十一五”规划新局面
11	2006	以创新为抓手　突出重点　强化规范　建设持续、高效、和谐发展的新吉华
12	2007	规范管理　理顺关系　真抓实干　提升素质　建设自主创新、团结高效、科学发展、和谐奋进的新吉华
13	2008	化危机为机遇　深化改革　励精图治　建设科学发展、稳健发展、和谐发展的新吉华
14	2009	精益求精抓过程　精细管理重执行　精打细算讲结果　全面推进吉华经济科学、稳健、和谐发展
15	2010	深化创新促转型　强化管理增内劲　注重学习提素质　为建设科学、稳健、和谐发展的新吉华而努力
16	2011	规范管理重执行　降本节支抓实效　整合资源促上市　全面推进吉华科学、稳健、和谐发展
17	2012	强实体稳基业　保稳定促转型　生增长添内劲　精管理提效益
18	2013	稳业稳定稳发展　再接再厉再创新
19	2014	坚固主业　稳固实力　蓄积后力　聚力拓业
20	2015	深化认识　强化创新　提质升级　管理增效
21	2016	稳中求进谋创新　励精图治谱新篇
22	2017	不忘初心砥砺行　同舟共济启新程
23	2018	守正创新重规范　稳中求进拓新业
24	2019	聚力实业　倾力专业　合力新业　推进高质量经济发展
25	2020	明确定位　深改到位　管理有为　促推提质提速发展
26	2021	整治提升　强基固本　励精图治　稳进提质
27	2022	扩主业促转型　推改革逼潜力　提效益共分享　抓难点守底线

第七节　吉华简报

倡导企业文化，有效记载吉华集团发展历程中的文化积淀，形成了富有吉华集团自身特色的工作简报。1997 年 2 月 27 日，编印第一期《吉萧染工作简报》，刊发了 1996 年联营厂总结表彰大会长篇通讯《负重奋进求发展，把握机遇创新业》，记述厂长邵伯金的工作报告（1996 年工作回顾和 1997 年工作部署）。至年末共编印三期。1998 年 2 月 8 日，更名为《吉华工作简报》，至 2008 年 6 月，共编印 65 期。2008 年 7 月 23 日，再更名为《规范化管理简报》，至 2022 年底编印 159 期。《安全综治简报》自 1997 年 4 月 25 日第一期编印，至 2022 年底编印 296 期。

图 15-11　吉华简报（2022 年 9 月摄）

附：2008年吉华集团《规范化管理简报》（第一期）

简　报

吉华集团 JIHUA GROUP

规范化管理简报编委会　　第一期　　2008年7月23日

拉开规范化管理的序幕

编者按语：我国存在一个非常严重的恶性现象：小企业长不大，大企业过不好，好企业又折腾垮，经济大舞台在上演着正剧、喜剧的同时，也上演着一出又一出的悲剧。原因在哪里？

原因就在管理工作不规范。经广泛调查，我国企业各级各类管理者的最大困扰是自己管理工作不规范，导致工作混乱无序，费力低效，不能做正确的事，不能正确地做事。他们普遍反映，睁开双眼，日理万机，工作得非常累，而结果却差强人意，甚至一败涂地。

吉华人为了改变这种现状，决定从2008年开始，拉开21世纪规范化管理的序幕，这个序幕拉得好，因为企业目前面临最大的挑战是如何提高管理者自身的管理素质。规范管理是生产力，通过规范管理才能有效增强企业内功，以“不变应万变”，将企业做强、做大，塑造企业形象。

为及时反映集团推进规范化管理进程，实现规范化管理互动，集团规范管理工作小组决定，从7月份开始将出版每月二期简报，为了丰富简报内容，希望吉华员工踊跃投稿，反映“一人、一事”，凡投稿者都将获得一份精美的纪念品，录用者到年底我们将评选出一、二、三等奖若干名，集团将给予一定的奖励。

总裁谈规范　邵伯金

指导思想

以规范化管理为核心，健全完善基础管理为目标，提高员工素质和管理能力为抓手，全面开展规范化管理系统的建设和改善工作。

今年的主要工作内容：

1. 完善和明晰的组织机构与各部门管理权限及其工作职责，编写和审定岗位说明书。
2. 确定集团与各子公司管控模式，明确职、权、利的关系。
3. 主要对各管理流程（核心业务流程及主营业务流程）进行流程再造或优化，基本达到管理流程化。
4. 制定、补充和完善企业各项管理制度及有关标准、作业规范以及各种操作流通凭证和表单。
5. 编制各级管理岗位、工种岗位的职责描述。
6. 建立部门和岗位的绩效考核体系，健全绩效考核管理办法及与之相适应的薪酬体系。
7. 推进“ERP”信息管理体系建设，进一步完善“ERP”项目管理的实施。
8. 推进“6S”现场管理。
9. 加强员工培训，提高员工素质和技能。
10. 推进企业文化建设，编制“员工手册”，通过员工行为规范将企业前景和经营理念达成共识并转变为实际行动，增强员工凝聚力。

突破现状　管理进步

规范化管理方兴未艾

——上半年规范化管理工作总结 规范化管理咨询组 莫仁法

在邵总的领导、关心和支持下，在规范化管理工作小组的组织和集团各部门的共同努力下，经过近五个月的工作，规范化管理工作进展比较顺利。

一、上半年规范化管理工作回顾

1. 确定、分解2008年方针目标；
2. 调整、完善集团和子公司的组织机构；
3. 划定集团各部办、子公司各科室工作职责和工作权限；
4. 制定、试行薪酬管理制度；
5. 制定、试行高层管理、部门经理以上岗位绩效考核；
6. 梳理集团、子公司岗位设置，统一规范岗位名称；
7. 编制集团本部管理、技术人员《岗位说明书》；
8. 设计了企业内部银行方案；
9. 开展了固定资产清查；
10. 制定、修订部分管理制度；
11. 开展员工培训；
12. 在江东公司新建成品仓库推行“6S”管理。

二、存在的主要问题

1. 固定资产清查计划6月10日前完成，至今尚未完成；业务流程再造或优化工作结合管理制度的制订刚开始起步；“6S”管理工作只在成品仓库试点还没有在生产现场开展等。
2. 目前管理机构和职责范围都已确定，由于部门内部职责的合理分工落实和人力资源等原因，部分管理职能尚未落实。
3. 工作相互推诿，扯皮等现象时有发生，与集团倡导的“过程跟踪、细节管理”的要求还有很大差距。
4. 规范化管理工作小组还欠进一步深入到各部门、子公司调研，对推动规范化管理项目的互动性还不够。
5. 对规范化管理工作的思想认识有待进一步提高，要从“要我规范管理”提升为“我要规范管理”的思想观念转变。

三、下半年规范化管理的主要工作

1. 制定、完善管理制度；
2. 开展“6S”管理；
3. 编制、设计主要和核心业务流程；
4. 编制《员工手册》；
5. 试行内部银行管理；
6. 加强督查和绩效考核。

什么叫规范化管理

规范化管理是指企业通过管理制度、业务流程、操作手册、考核办法等手段，将企业各方面工作程序化、制度化、标准化，核心是标准化和格式化，使各项工作有章可循，各个岗位责权明确，达到提高企业工作效率，提高管理水平的目的。

规范化管理的六大要素

一、人
二、组织机构
三、数据系统
四、流程及应用工具
五、企业文化环境
六、业绩评价系统

规范化管理体系的内容

1. 战略目标、经营理念
2. 程序管理、表格设计
3. 组织机构、功能模块
4. 部门岗位、职权价值
5. 规章制度、纪律规范
6. 管理体制、决策支持

规范化管理要长兴不衰

江苏子公司在推行规范化管理过程中，总监陈小勇深有体会地讲，要常兴不衰。今年上半年，江苏子公司围绕国家安监总局“百日安全督查”的要求，用了两个月的时间进行了现场环境整改，经检查不但受到了检查组领导和专家的肯定，而且有效地推动了规范化管理工作的开展，最近集团覆盖 ISO9000，由于与安全检查内容非常接近，开展起来就比较容易，也为推行“6S”管理创造了一定的条件，比如，仓库现场管理，堆放整齐，标识清楚。为使规范化管理工作跟上集团的进度，下一步我们将推行“6S”管理，先搞一个车间试点，然后全面推行。规范化管理吉华咨询组，已派出二位老师，于 7 月 22 日前往江苏子公司帮助指导。

通讯员　晓飞

企业不养不撞钟的和尚

企业不养不撞钟的和尚，创业者上、守业者下、败业者去

成功者的奥秘颇多，其中一绝是：冲破人际关系，从严管理，不养不撞钟的和尚。

吉华集团为推行规范化管理，规范化管理工作小组和集团各部门的共同努力下，经过近五个月的工作，以规范化管理为核心，健全完善基础管理为目标，确定、分解、落实了今年的方针目标；完善明晰了集团的组织机构；划定了各部办的管理权限和工作职责以及各子公司各科室的工作权限和工作职责；制定、试行了《薪酬管理制度》；进行了集团、子公司管理、技术人员的岗位梳理；编制了集团高层、部门经理、集团本部管理、技术人员《岗位说明书》；设计了集团高层、部门经理以上管理岗位的绩效考核方案；制定、修订了部分企业管理制度开展了对员工的培训工作，其真正的目的是为了使我们干部、员工明确各自的责、权、利，在不同的岗位上规范自己的管理行为，依靠自己的悟性，努力做好工作。

根据邵总的指示，自 6 月份以来，规范化工作小组成立了督查小组，对管理人员的岗位职责以及已经下发的管理制度，每月进行督查，严格绩效考核，督查结果将在简报中予以公布，希望全体干部、管理人员不要做不撞钟的和尚。

按照危险化学品生产（储存）单位安全标准化考核标准（试行）文件十项标准中，设备设施 100 分（占10%），其中生产设备设施管理 30 分，主要内容为：

1. 按照设备设施安全管理制度建立台账、记录、档案齐全、设备完好率达到 90% 以上。

2. 特种设备、安全装置、防护器材、防雷防静电、电气防爆等各种安全防护设施有专人负责管理，有定置管理图和设备管理牌，并定期检测、检查和维护保养有记录。

3. 安全设施（包括联锁装置）不得随意拆除、挪用或弃用。

江苏子公司固定资产台账日趋规范

江苏子公司在固定资产盘点后，围绕如何设置台账，召开了专门会议，根据行业特点及财税及集团财务部的要求，固定资产台账必须成台、成套，决定绘制设备成套生产现场定置图，并指定乔工负责，在中间体车间先搞试点，已经初步绘制出定置图示。

江苏子公司将通过努力，率先在现场管理中，运用“ABC”管理法，对车间设备进行定置管理，这样做，不但台账齐全，便于管理，而且生产现场区域划分清晰，相对位置准确，日趋规范门的方向、开口、走道、紧急疏散通道及出口明显，安全、环保、搬运、消防、交通、作业槽、储备槽、消除栓、排污口均采用标准信息符号。

这一招，使设备定置简明扼要，一目了然，十分便于管理。规范化管理工作小组，将在 9 月份赴江苏子公司检查，希望江苏子公司做好准备。

规范化管理工作组　王工

设套与规范

俗话说“没有规矩，不成方圆”，设套与规范是实现矛盾的统一。一个企业，必须要有一套严格的管理制度，并设计一套严格的考核办法，否则将难以实现企业的经营目标。

“众口难调”，作为规范化管理必须具备的六大要素及管理体系的内容中，可以明确地告诫我们的管理者，将来自“五湖四海”的全体员工，将她们的口味调成一个口味，就必须设计出一套符合规范化管理的办法来，有的人讲这是“设套”，我们认为设得好，只有这样，才能统一步骤、统一思想，否则各行其道，企业就没有竞争力。

比如，岗位责任制，就是给每个岗位按企业的要求，将其工作内容与规范要求设计在这个圈子内，而且该岗位人员必须这样去做，并严格考核，只有这样才能步调一致，产生一种强大驱动力，保证企业目标的实现。

设套与规范，必须先强调规范，设套只是一种方法与手段，按邵总所讲的，“先换思想后换人”强调了思想教育的重要性，这就要求我们各级干部转变思想观念，积极做好员工的思想工作。21 世纪是一个规范化管理的世纪，要运用先进的管理方法，“套”了更好些，“套”了符合时代的要求，“套”了符合企业的特点。

评论员　周工

倡导“情感管理”

情感管理，时代的要求，历史的必然，管理的进步，具有强大的生命力

惠普公司以员工为导向的管理，日本的许多公司以培养职工“家的意识”，作为企业兴旺的信条。一家公司，俨然倡导“情感管理”。

美国、日本的这些“情感管理”，都获得了成功。

是的，企业的每位职工都是生产的主体，企业里的主人。国内外成功企业的经验证明，一个企业的发展，很大程度上在于让全员有“归属感”。

情感管理，一条很重要的内容，就是让职工感到企业是自己的家，自己是这个家的成员，家里的事，我主动、积极、自觉地干是“心甘情愿”的，也是应该的。

情感管理，就是要真心实意地为职工排忧解难。企业的困难，就是每个职工的困难，职工的困难，企业要关心，帮助解决。

情感管理要从政治上、工作上、生活上尊重职工的主人翁地位，不能动不动就谩骂或训斥职工，而要以理服人，以疏导来说服职工，不仅让他们知道怎么去做，而且知道为什么要这样去做。

情感管理，企业要给职工“爱意”。同时，也要使职工感到爱意，这样职工就能“气顺”“和谐”地工作。

情感管理，在规范化管理中是一件方兴未艾的事情，我们要运用这种方法，不断深化。

情感管理，企业才具有强大的生命力。

动态

一、正在会签的管理制度

1. 物流管理制度；
2. 能源管理制度；
3. 安全事故报告与调查处理管理办法；
4. 劳动合同管理办法。

二、正在起草的管理制度

1. 子公司管理（技术）人员岗位责任制；
2. 财务审批流程；
3. 财务会计管理制度。

三、8月份重点工作

1. 江苏、江东“6S”管理；
2. 资金结算中心筹建；
3. 培训：物流管理制度宣讲与落实；
4. 绩效考核（考核7月份）；
5. 加强执行力的督查。

安全生产

安全生产人人抓，幸福千万家。
严是爱，松是害，搞好安全利三代。
质量是企业生命，安全是职工生命。
生产再忙，安全不忘。
事故不难防，重在守规章。
疏忽一时，痛苦一世。
你对违章讲人情、事故对你不讲情。
高高兴兴上班，平平安安回家。
特种设备，领证使用。
特种工种，持证上岗。

江东公司节能减排、2.5% 有戏

半年来江东公司围绕节能减排，降本 2.5% 有成效。

1. 进行了设备改造，增加产量，减少了固定费用的成本负担。
2. 加强了收、发料制度，成立了配送小组，控制了原料的消耗及原料严格验收制度。
3. 培训了车间、仓库统计、核算员，加强了成本核算。

通讯员 晓飞

再论企业内部银行——资金结算中心

一、代表集团进行筹措、协调、规划、调控资金

1. 真正做到有效调节资金流向；
2. 盘活集团沉淀资金；
3. 防止资金流失和体外循环；
4. 提高资金使用效率；
5. 降低财务费用。

二、目前公司资金管理现状

1. 统一筹措，统一调度，期末货币资金余额过大；
2. 有一个基本额度，有偿使用，但普遍存在周转时间长，占用不合理的状况；
3. 各子公司流动资金占用增加，主要反映在存货资金、生产资金、产成品；
4. 没有核定流动资金定额，也无资金规划，资金成本高，大约在 12% ；
5. 应收票据多，应付票据少，承兑成本高；
6. 各子公司物资进库验收把关不严，存在资金流失的现象；
7. 各子公司资金管理缺乏有效的控制措施；
8. 应收账款高位徘徊，应收票据与年初相比下降幅度在 70%，不排除是大量贴息承兑，资金成本在上升，应付票据在减少，原材料价格在上升，直接影响生产成本，所以加强资金管理。

组建集团内部银行（资金结算中心）十分必要。

通讯员　江乌

简报编委人员名单

主编：姜宇林

审稿：陈才良

编委：朱晓飞、咨询老师

总审：陈文忠

第十六章　荣　誉

自创业以来，浙江吉华集团股份有限公司及下属子公司获得了上级授予诸多荣誉。同时为总结经验，表彰先进，吉华集团每年对年度成绩突出的部门或个人进行表彰奖励。这些荣誉的获得，是吉华集团集体和员工个人付出心血和汗水的结晶，是吉华集团发展史上光辉历程的记载。

该章设集体荣誉和个体荣誉两节。集体荣誉包括省部级及以上直至吉华集团七个级别；个体荣誉分劳动模范、区（市）级以上荣誉和吉华集团级荣誉，分级按时间先后录入。

第一节　集体荣誉

集体荣誉分别设省部级及以上、杭州市级、区（市、县）级、园区级、局（街道）级、红山农场级、吉华集团级 7 个目，按时序录入。由于吉华集团三处基地分别位于浙江杭州市萧山区（市）、钱塘区（2021 年 4 月 9 日设立）和江苏省盐城市滨海县，故省部级及以上荣誉下设浙江省部级及以上荣誉、江苏省级荣誉两分目；市级荣誉设杭州市、盐城市两分目；区（县）荣誉设萧山区（市）、滨海县、钱塘区三个分目；园区级荣誉设杭州大江东产业集聚区（临江工业园区）和滨海园区两分目。

图 16-1　2005 年 2 月，萧山区政府授牌

一、省部级及以上荣誉

（一）浙江省及部级荣誉

1. 1997 年，吉化萧山联营染料厂被浙江省计划经济委员会、浙江经济体制改革委员会、浙江省统计局、浙江省企业评价中心列入全省行业最大工业企业序列。

2. 1999 年，杭州吉华化工有限公司被浙江省档案局评为档案工作目标管理省级先进单位。

3. 2001 年，杭州红宝染化有限公司被中国外商投资企业协会评为“双优”企业奖。

4. 2002 年，杭州吉华化工有限公司被浙江省企业联合会、企业家协会评为浙江省 2002 年度百强企业。

5. 2003 年 2 月，杭州吉华化工有限公司被浙江省人事厅授予“浙江省博士后科研工作站”称号。

6. 2003 年 12 月，杭州吉华化工有限公司被人事部授予“博士后科研工作站”称号。

7. 2003 年，杭州吉华化工有限公司被中国化工学会精细化工专业委员会授予“吉华”染料系列“质量过硬、优秀重点推荐产品”称号。

8. 2004 年、2005 年、2006 年，杭州吉华化工有限公司被全国工商业联合会评为全国 500 强民营企业。

9. 2004 年，杭州吉华化工有限公司被浙江名牌产品认定委员会认定“吉华”牌染料为浙江名牌。

10. 2006 年，杭州吉华化工有限公司被浙江省经济贸易委员会认定为浙江省省级企业技术中心。

11. 2007 年，杭州吉华化工有限公司被浙江省质量技术监督局认定“吉华”牌染料为浙江名牌产品。

12. 2008 年 12 月，杭州吉华江东化工有限公司被浙江省科技厅、浙江省财政厅、浙江省国家税务局、浙江省地方税务局认定为“国家高新技术企业”。至 2022 年年底，经多次重新认定，仍获“国家高新技术企业”称号。

13. 2009 年，杭州吉华化工有限公司被中国化工企业管理协会评为该年度中国化工企业 500 强。

14. 2010 年 9 月，杭州吉华化工有限公司获浙江省质量技术监督局颁发的浙江名牌产品证书（吉华牌染料）。

15. 2010 年 9 月，杭州吉华高分子材料有限公司被浙江省科技厅、浙江省财政厅、浙江省国家税务局、浙江省地方税务局认定为“国家高新技术企业”。至 2022 年年底，经多次重新认定，仍获“国家高新技术企业”称号。

图 16-2 2019 年 12 月，吉华江东获科技进步奖

16. 2011 年 8 月，浙江吉华集团有限公司获中国石油和化学工业联合会颁发的“十一五”全国石油和化工行业节能减排先进单位称号。

17. 2011 年 12 月，杭州吉华江东化工有限公司被浙江省科技厅认定为“吉华江东省级高新技术企业研究开发中心”称号。

18. 2011 年 12 月，浙江吉华集团有限公司获浙江省商务厅颁发的浙江出口名牌证书。

19. 2013 年 3 月，杭州吉华江东化工有限公司由浙江省安全生产监督管理局（国家安全生产监督管理总局监制）认定为安全生产标准化二级达标企业。至 2022 年年底，经多次复审，仍获安全生产标准化二级达标企业称号。

20. 2014 年 12 月，浙江吉华集团股份有限公司获浙江省商务厅颁发的浙江出口名牌证书（吉华牌染料）。

21. 2014 年，浙江吉华集团股份有限公司被中国石油和化学工业联合会评为 2014 年中国石油和化工民营企业百强企业。

22. 2015 年 12 月，杭州吉华江东化工有限公司被浙江省科技信息研究院、浙江省科技发展战略研究院评为 2015 年浙江省技术创新能力百强企业。

23. 2017 年 11 月，杭州吉华江东化工有限公司获浙江省高新技术企业协会颁发的 2016 年度浙江省高新技术企业百强企业荣誉。

24. 2018 年 4 月 10 日，浙江吉华集团股份有限公司获中国染料工业协会颁发的中国染料百年“优秀企业奖”。

25. 2019 年 12 月 5 日，杭州吉华江东化工有限公司获中国石油和化学工业联合会“高性能反应（活性）染料系列标准研究”科技进步奖。

26. 2021 年 12 月，杭州吉华高分子材料股份有限公司被浙江省科技厅认定为“浙江省吉华不粘新材料高新技术企业研究开发中心”。

27. 2022 年 1 月，杭州吉华高分子材料股份有限公司被浙江省经济和信息化厅认定为“浙江省隐形冠军”“浙江省专精特新中小企业”。

28. 2022 年 9 月，杭州吉华高分子材料股份有限公司《环保型多功能氟硅防污树脂与涂层材料关键技术及其应用项目》获 2021 年度浙江省科技进步二等奖。

29. 2022 年 9 月，杭州吉华高分子材料股份有限公司被工业和信息化部认定为“国家专精特新小巨人”企业。

30. 2022 年 12 月，杭州吉华江东化工有限公司获浙江省公安厅禁毒守信模范单位荣誉称号。

31. 2023 年 12 月，杭州吉华高分子材料股份有限公司《改性有机硅耐高温防腐蚀树脂与涂层材料关键技术及产业化项目》获浙江省技术发明三等奖。

图 16-3　2022 年 12 月，杭州吉华高分子材料股份有限公司获技术发明奖

（二）江苏省级荣誉

1. 2010 年 9 月，江苏吉华化工有限公司被江苏省科学技术厅、江苏省财政厅、江苏省国家税务局、江苏省地方税务局认定为“国家高新技术企业”。至 2022 年年底，经多次重新认定，仍获“国家高新技术企业”称号。

2. 2011 年 1 月，江苏吉华化工有限公司被江苏省质量技术监督局、江苏省经济和信息化委员会评为“2009—2010 年度江苏省能源计量示范单位”。

3. 2011 年 8 月，江苏吉华化工有限公司被江苏省人力资源和社会保障厅认定为“江苏省博士后创新实践基地”。

4. 2012 年 10 月，江苏吉华化工有限公司被江苏省档案局认定为“江苏省档案工作三星级标准”。

5. 2015 年 4 月，江苏吉华化工有限公司被江苏省安全生产监督管理局（国家安全生产监督管理总局监制）认定为安全生产标准化二级达标企业（危化）。

6. 2015 年 9 月，江苏吉华化工有限公司被江苏省经济和信息化委员会、江苏省应对气候变化及节能减排工作领导小组节约能源办公室授予“江苏省 2014 年度节能先进单位”称号。

7.2015年12月10日，江苏吉华化工有限公司被授予江苏省2015年度立信单位称号。

8.2016年4月，江苏吉华化工有限公司被中共江苏省委、江苏省人民政府授予江苏省优秀企业称号。

9.2016年9月，江苏吉华化工有限公司被江苏名牌事业促进会、江苏省环境保护委员会认定为江苏省绿色低碳环保企业。

10.2016年11月，江苏吉华化工有限公司被江苏名牌事业促进会、江苏省诚信建设宣传委员会认定为江苏省十大诚信标兵企业。

11.2016年12月，江苏吉华化工有限公司被江苏名牌事业促进会、江苏省社会信用体系建设委员会认定为江苏省AAAAA级诚信企业。

12.2016年，江苏吉华化工有限公司被江苏省质量技术监督局、江苏省社会信用体系建设领导小组办公室认定为江苏省AA级质量信誉企业。

13.2017年 2月，江苏吉华化工有限公司被江苏省质量技术监督局、江苏省经济和信息化委员会认定为2016年度江苏省能源计量示范单位。

14.2017年3月，江苏吉华化工有限公司被江苏省优秀民营企业评审委员会认定为江苏省优秀民营企业。

15.2017年11月，江苏吉华化工有限公司被江苏省品牌企业发展推进委员会认定为江苏省化工行业十大品牌单位。

16.2017年，江苏吉华化工有限公司被江苏省质量技术监督局、江苏省社会信用体系建设领导小组办公室认定为江苏省质量信用AAA级企业。

二、市级荣誉

（一）杭州市级荣誉

1.1993年，萧山聚氨酯泡沫厂生产的特黑软质聚氨酯泡沫塑料被杭州市人民政府评为科学技术进步三等奖（第930311号）。

2.1997年，杭州吉华化工有限公司被杭州市工商行政管理局授予1997—1998年度“重合同、守信用”单位称号。

3.1999年，杭州吉华化工有限公司被杭州市人民政府授予1998年度出口创汇先进企业“金龙奖”。

4. 1999 年、2000 年、2001 年、2002 年，杭州红宝染化有限公司被杭州市人民政府授予出口创汇先进企业“金龙奖”。

5. 2000 年，杭州红宝染化有限公司被杭州市外商投资企业协会评为 1999 年度杭州市外贸投资“双优”企业。

6. 2000 年、2001 年、2002 年，杭州红宝染化有限公司被杭州市人民政府授予位列杭州市外商投资企业自营出口前 30 位称号。

7. 2001 年，杭州吉华化工有限公司被杭州市社会治安综合治理委员会、杭州市公安局、中国人民保险公司杭州市分公司授予 2000 年度市级治安安全单位称号。

8. 2004 年，杭州吉华化工有限公司被杭州市企业联合会、杭州市企业家协会评为杭州市百强企业。

9. 2005 年，杭州吉华化工有限公司被杭州市人民政府授予 2004 年度杭州市外贸出口“金龙奖”。

10. 2005 年，杭州吉华化工有限公司被杭州市人民政府评为 2004 年度无偿献血先进单位。

11. 2005 年，杭州吉华化工有限公司被杭州市经济委员会、杭州市科学技术局、杭州市财政局评定为杭州市 2005 年优秀新产品新技术三等奖（新颖分散蓝 H-BGLL）。

12. 2006 年，杭州吉华化工有限公司被杭州市社会治安综合治理委员会评为 2005 年度市级治安安全示范单位。

13. 2006 年，杭州吉华化工有限公司被杭州市人事局评为杭州市优秀博士后科研工作站。

14. 2006 年、2007 年、2008 年、2009 年连续 4 年，杭州吉华化工有限公司被杭州市企业联合会、杭州市企业家协会评为杭州市百强企业。

15. 2009 年，杭州吉华进出口有限公司被杭州市人民政府评为 2008 年全市外贸进出口百强企业。

16. 2011 年，浙江吉华集团有限公司获杭州市人民政府授予杭州市工业行业龙头骨干企业称号。

17. 2012 年 11 月 28 日，浙江吉华集团有限公司获杭州市工商行政管理局颁发的杭州市著名商标证书（吉华商标）。

18. 2012 年 12 月，杭州吉华高分子材料有限公司被杭州市经济和信息化委员会、杭州市科学技术委员会、杭州市财政局联合评定为杭州市 2012 年优秀新产品新技术三等奖（环保型功能性差异化不粘涂料）。

19. 2015 年 4 月，浙江吉华集团股份有限公司获杭州市商务委员会 2014 年度杭州出口名牌称号。

20. 2021 年 11 月，杭州吉华江东化工有限公司被杭州市工业经济联合会、杭州市企业联合会、杭州市企业家协会联合评定为杭州市制造业（数字经济）百强企业。

（二）盐城市级荣誉

1. 2007 年 1 月，江苏吉华化工有限公司被盐城市人民政府授予盐城市 2006 年度三百工程建设优秀竣工企业称号。

2. 2009 年 5 月，江苏吉华化工有限公司被盐城市企业联合会、盐城市企业家协会、盐城市工业经济联合会评为 2008 年度盐城市优秀企业。

3. 2009 年 6 月，江苏吉华化工有限公司被盐城市人民政府评为盐城市 50 强工业企业。

4. 2011 年 6 月，江苏吉华化工有限公司被盐城市人民政府授予盐城市百强工业企业称号。

5. 2011 年 6 月，江苏吉华化工有限公司被盐城市企业联合会、盐城市企业家协会、盐城市工业经济联合会评定为盐城市优秀企业。

6. 2012 年 6 月，江苏吉华化工有限公司被盐城市企业联合会、盐城市企业家协会、盐城市工业经济联合会评定为第十四届盐城市优秀企业。

7. 2014 年 10 月，江苏吉华化工有限公司被盐城市经济和信息化委员会评定为 2014 年度盐城市管理创新优秀企业。

8. 2016 年、2017 年、2018 年，江苏吉华化工有限公司被盐城市人民政府评定为争星创优工业五星企业。

9. 2017 年 12 月，江苏吉华化工有限公司被盐城市精神文明建设委员会认定为盐城市文明单位。

10. 2019 年 2 月，江苏吉华化工有限公司获盐城市人民政府 2018 年度争星创优科技创新奖。

三、区（市、县）级荣誉

（一）萧山区（市）级荣誉

1.1993 年、1994 年，吉化萧山联营染料厂连续两年被萧山市人民政府命名为萧山市一级工业企业。

2.1995 年，吉化萧山联营染料厂被萧山市人民政府命名为 1994 年度萧山市特级工业企业。

3.1995 年，吉化萧山联营染料厂获萧山市人民政府发展外向型经济增长速度奖。

4.1995 年，吉化萧山联营染料厂被中共萧山市委员会、萧山市人民政府评为百强企业。1997 年，再次被中共萧山市委会、萧山市人民政府评为百强企业。

5.1998 年、1999 年，杭州吉华化工有限公司获萧山市人民政府授予出口创汇增长速度奖。

6.1998 年，杭州吉华化工有限公司获萧山市人民政府出口创汇标兵奖。

7.1999 年，杭州吉华化工有限公司被萧山档案局评为 1998 年度萧山市档案工作先进集体。

8.1999 年，杭州吉华化工有限公司被萧山市工商行政管理局授予 1997—1998 年度“重合同、守信用”单位称号。

9.2000 年、2001 年、2002 年、2003 年，杭州红宝染化有限公司被萧山区人民政府评为萧山区外商投资企业双优企业。

10.2001 年，杭州吉华化工有限公司被萧山区名牌产品管理委员会认定吉华牌染料为萧山名牌产品。

11.2001 年、2002 年、2003 年、2004 年、2005 年，杭州吉华化工有限公司被中共萧山区委员会、萧山区人民政府评为萧山区百强企业。

12.2002 年，杭州吉华化工有限公司被萧山区人民政府评为 2001 年度外贸出口十强企业。

13.2003 年，杭州吉华化工有限公司被萧山区劳动社会保障局评为劳动管理信得过单位。

14.2003 年，杭州吉华化工有限公司被中共萧山区委员会、萧山区人民政府评为萧山工业冲千亿突出贡献企业。

15. 2004 年，杭州吉华化工有限公司被萧山区人民政府评为 2003 年度优秀企业技术中心。

16. 2004 年，杭州吉华进出口有限公司、杭州红宝染化有限公司，被萧山区人民政府评为 2003 年度萧山区外贸出口先进企业。

17. 2004 年，杭州吉华化工有限公司被萧山区人民政府评为 2003 年度萧山区无偿献血先进单位。

18. 2005 年，杭州吉华化工有限公司被中共萧山区委组织部、萧山区总工会评为 2005 年度三级联创先进基层工会。

19. 2006 年，杭州吉华化工有限公司被萧山区劳动社会保障局评为 2005 年度劳动保障诚信单位。

20. 2006 年、2007 年、2008 年，杭州吉华化工有限公司又被中共萧山区委员会、萧山区人民政府评为萧山区百强企业。

21. 2007 年，杭州吉华化工有限公司获萧山区第六届艺术节组委会百强企业文艺会演表演二等奖。

22. 2008 年，浙江吉华集团有限公司被中共杭州市萧山区委、杭州市萧山区人民政府授予工业销售产值首次超 30 亿元百强企业称号。

23. 2008 年，杭州吉华化工有限公司被中共杭州市萧山区委评为 2007 年度萧山区先进基层党组织。

24. 2008 年，杭州吉华化工有限公司被萧山区人民政府评为 2007 年度无偿献血先进单位。

25. 2008 年，杭州萧山吉华聚氨酯染化有限公司被中共杭州市萧山区委员会、杭州市萧山区人民政府评为优势成长型工业企业。

26. 2009 年，杭州吉华江东化工有限公司被中共杭州市萧山区委、杭州市萧山区人民政府评为 2008 年度外贸出口 30 强。

27. 2009 年、2010 年、2011 年、2012 年、2013 年，浙江吉华集团有限公司被中共杭州市萧山区委、杭州市萧山区人民政府授予外贸出口 30 强企业称号。

28. 2010 年，浙江吉华集团有限公司被中共杭州市萧山区委、杭州市萧山区人民政府授予先进博士后科研工作站称号。

29. 2012 年 8 月，浙江吉华集团有限公司获杭州市工商行政管理萧山分局颁发的萧山区著名商标（第 2 类：染料，吉华商标）。

30. 2015 年 12 月 13 日，杭州吉华江东化工有限公司向杭州市萧山区慈善总会捐赠留本冠名基金 350 万元。

（二）滨海县级荣誉

1. 2007 年、2008 年、2011 年，江苏吉华化工有限公司获中共滨海县委员会、滨海县人民政府年度财税贡献奖。

2. 2008 年 2 月，江苏吉华化工有限公司获中共滨海县委员会、滨海县人民政府 2007 年度党建工作先进单位。

3. 2009 年 2 月，江苏吉华化工有限公司获中共滨海县委员会、滨海县人民政府 2008 年度环境保护工作先进单位。

4. 2009 年 2 月，江苏吉华化工有限公司获滨海县人民政府 2008 年度劳动保障和谐企业“创建工作”先进单位。

5. 2009 年 6 月，江苏吉华化工有限公司获中共滨海县委员会先进基层党组织称号。

6. 2009 年 6 月，江苏吉华化工有限公司被盐城市滨海县工商行政管理局评为滨海县重合同守信用企业。

7. 2009 年、2011 年，江苏吉华化工有限公司获滨海县人民政府年度工业纳税十强企业。

8. 2010 年 12 月，江苏吉华化工有限公司被滨海县协调劳动三方委员会评为滨海县和谐劳动关系先进企业。

9. 2011 年、2014 年，江苏吉华化工有限公司被盐城市滨海工商行政管理局、滨海县企业信用管理协会评为滨海县重合同守信用企业。

10. 2012 年 11 月，江苏吉华化工有限公司被中共滨海县委员会、滨海县人民政府授予滨海县关心下一代工作先进集体称号。

11. 2013 年 4 月，江苏吉华化工有限公司被滨海县浙江商会授予滨海县扶贫助学优秀浙商称号。

12. 2013 年 6 月，江苏吉华化工有限公司被盐城市滨海工商行政管理局、滨海县企业信用管理协会认为滨海县 2012 年度重合同守信用企业。

13. 2014 年 2 月，江苏吉华化工有限公司获滨海县总工会 2013 年度工会工作先进单位称号。

14. 2015 年，江苏吉华化工有限公司被滨海县精神文明建设委员会评为滨海县文明单位。

15. 2018 年 4 月，江苏吉华化工有限公司被滨海县总工会授予滨海县 2017 年度全县工会工作综合先进称号。

16. 2018 年 8 月，江苏吉华化工有限公司被滨海县妇女联合会评为滨海县“两新”妇联组织示范基地。

17. 2019 年 1 月，江苏吉华化工有限公司被滨海县消防大队授予滨海县 2018 年度消防安全管理工作先进单位称号。

18. 2019 年 2 月，江苏吉华化工有限公司被滨海县市场监督管理局评为滨海县 2018 年度诚信浙商企业。

（三）钱塘区级荣誉

1. 2021 年 2 月，中共浙江吉华集团股份有限公司总支委员会获中共杭州钱塘新区工作委员会新经济与新社会组织工作委员会颁发的“最强堡垒党组织”荣誉称号。

2. 2021 年 7 月，中共浙江吉华集团股份有限公司总支委员会获中共杭州市钱塘区委、杭州市钱塘区先进基层党组织称号。

四、园区级荣誉

（一）杭州大江东产业集聚区（临江工业园区）级荣誉

1. 2011 年 2 月，杭州吉华江东化工有限公司被杭州萧山临江工业园区（临江新城）管委会评为 2010 年度十强企业。

2. 2012 年 2 月，杭州吉华江东化工有限公司被萧山临江工业园区（临江新城）管委会评为 2011 年度十强企业和环境治理先进单位。

3. 2014 年 2 月，浙江吉华集团股份有限公司获杭州萧山临江工业园区（临江新城）管理委员会颁发的 2013 年度十强企业和纳税上规模荣誉称号。

4. 2015 年 4 月，浙江吉华集团股份有限公司获杭州大江东产业集聚区管理委员会 2014 年度财政贡献先进单位荣誉称号。

5. 2016 年 3 月，浙江吉华集团股份有限公司获杭州大江东产业集聚区管理委员会颁发的 2015 年度大江东 50 强工业企业和“春风行动”爱心奖荣誉称号。

6.2016 年 12 月，浙江吉华集团股份有限公司获杭州大江东产业集聚区反恐怖工作领导小组颁发的 G20 杭州峰会安保工作先进集体荣誉。

7.2016 年，浙江吉华集团股份有限公司被中共杭州大江东产业集聚区工作委员会、杭州大江东产业集聚区管理委员会评为杭州大江东产业集聚区服务保障 G20 杭州峰会工作先进集体。

8.2017 年 5 月，杭州吉华江东化工有限公司获杭州大江东产业集聚区管理委员会颁发的 2016 年度大江东 50 强工业企业和 2016 年度财政贡献先进单位。

9.2016 年、2017 年、2018 年，杭州吉华江东化工有限公司获中共杭州大江东产业集聚区工作委员会、杭州大江东产业集聚区管理委员会颁发的 2016 年度“春风行动”爱心奖荣誉。

10.2018 年 4 月，杭州吉华江东化工有限公司获杭州大江东产业集聚区管理委员会颁发的 2017 年度大江东十强企业荣誉。

（二）滨海园区级荣誉

1.2004 年、2005 年，江苏吉然化工有限公司被盐城市沿海化工园区管委会评为年度纳税贡献先进企业。

2.2006 年 3 月，江苏吉然化工有限公司被盐城市沿海化工园区管委会评为 2005 年度建设先进企业。

3.2006 年 3 月，江苏吉然化工有限公司被盐城市沿海化工园区管委会评为 2005 年度先进单位。

4.2008 年 1 月，江苏吉华化工有限公司被中共江苏滨海经济开发区化工园工作委员会、江苏滨海经济开发区化工园委员会评为 2007 年项目推进先进企业。

5.2008 年 1 月，江苏吉华化工有限公司被中共江苏滨海经济开发区化工园工作委员会、江苏滨海经济开发区化工园委员会评为 2007 年度开票销售十强企业。

6.2007 年、2008 年，江苏吉华化工有限公司被中共江苏滨海经济开发区化工园工作委员会、江苏滨海经济开发区化工园委员会评为年度非公党建、工会工作先进企业。

7.2008 年 1 月，江苏吉华化工有限公司被中共江苏滨海经济开发区化工园工作委员会、江苏滨海经济开发区化工园委员会评为 2007 年度亩产纳税十强企业。

8.2007 年、2008 年，江苏吉华化工有限公司被中共江苏滨海经济开发区化工园工作委员会、江苏滨海经济开发区化工园委员会评为年度纳税十强企业。

9.2008 年、2015 年，江苏吉华化工有限公司被中共江苏滨海经济开发区化工园工作委员会、江苏滨海经济开发区化工园委员会评为年度安全生产先进企业。

10.2009 年、2012 年，江苏吉华化工有限公司被中共江苏滨海经济开发区化工园工作委员会、江苏滨海经济开发区化工园委员会评为循环经济工作先进单位。

11.2009 年、2010 年、2011 年连续 3 年，江苏吉华化工有限公司被中共江苏滨海经济开发区化工园工作委员会、江苏滨海经济开发区化工园委员会评为年度纳税先进企业。

12.2011 年 2 月，江苏吉华化工有限公司被中共江苏滨海经济开发区化工园工作委员会、江苏滨海经济开发区化工园委员会评为 2010 年度科技与人才工作先进企业。

13.2010 年、2012 年、2017 年、2018 年，江苏吉华化工有限公司被中共江苏滨海经济开发区化工园工作委员会、江苏滨海经济开发区化工园委员会评为非公党建工作先进企业。

14.2010 年、2018 年，江苏吉华化工有限公司被中共江苏滨海经济开发区化工园工作委员会、江苏滨海经济开发区化工园委员会评为年度技改投入先进企业。

15.2012 年 2 月，江苏吉华化工有限公司被中共江苏滨海经济开发区化工园工作委员会、江苏滨海经济开发区化工园委员会评为 2011 年度工会工作先进单位。

16.2013 年 3 月，江苏吉华化工有限公司被中共江苏滨海经济开发区化工园工作委员会、江苏滨海经济开发区化工园委员会评为 2012 年度人才工作先进企业。

17.2013 年 3 月，江苏吉华化工有限公司被中共江苏滨海经济开发区化工园工作委员会、江苏滨海经济开发区化工园委员会评为 2012 年度品牌创新先进企业。

18.2012 年、2013 年、2015 年，江苏吉华化工有限公司被中共江苏滨海经济开发区化工园工作委员会、江苏滨海经济开发区化工园委员会评为年度项目建设会战工作先进企业。

19.2014 年、2015 年，江苏吉华化工有限公司被中共江苏滨海经济开发区化工园工作委员会、江苏滨海经济开发区化工园委员会评为年度综合先进企业。

20.2014 年、2015 年，江苏吉华化工有限公司被中共江苏滨海经济开发区化工园工作委员会、江苏滨海经济开发区化工园委员会评为绿色发展工作先进企业。

21. 2015 年 3 月，江苏吉华化工有限公司被中共江苏滨海经济开发区化工园工作委员会、江苏滨海经济开发区化工园委员会评为 2014 年度特别贡献奖企业。

22. 2016 年 3 月，江苏吉华化工有限公司被中共江苏滨海经济开发区化工园工作委员会、江苏滨海经济开发区化工园委员会评为 2015 年度党群工作先进企业。

23. 2016 年 3 月，江苏吉华化工有限公司被中共江苏滨海经济开发区化工园工作委员会、江苏滨海经济开发区化工园委员会评为 2015 年度外向型经济工作先进企业。

24. 2015 年、2017 年，江苏吉华化工有限公司被中共江苏滨海经济开发区化工园工作委员会、江苏滨海经济开发区化工园委员会评为年度科技创新和人才工作先进单位。

25. 2015 年、2017 年、2018 年，江苏吉华化工有限公司被中共江苏滨海经济开发区化工园工作委员会、江苏滨海经济开发区化工园委员会授予年度特别贡献奖称号。

26. 2016 年 3 月，江苏吉华化工有限公司被中共江苏滨海经济开发区化工园工作委员会、江苏滨海经济开发区化工园委员会评为 2015 年度财税工作先进企业。

27. 2016 年 3 月，江苏吉华化工有限公司被中共江苏滨海经济开发区化工园工作委员会、江苏滨海经济开发区化工园委员会评为 2015 年度重组合作工作先进企业。

28. 2018 年 3 月，江苏吉华化工有限公司被中共江苏滨海经济开发区化工园工作委员会、江苏滨海经济开发区化工园委员会授予 2017 年度综合先进一等奖称号。

29. 2018 年、2019 年，江苏吉华化工有限公司被中共江苏滨海经济开发区化工园工作委员会、江苏滨海经济开发区化工园委员会授予年度税收突出贡献奖称号。

30. 2019 年 2 月，江苏吉华化工有限公司被中共江苏滨海经济开发区化工园工作委员会、江苏滨海经济开发区化工园委员会评为 2018 年度转型升级工作先进企业。

五、局（街道）级荣誉

1. 1991 年，吉化联营染料厂被萧山市农场管理局评为农垦系统先进集体。

2. 1992 年、1993 年，萧山聚氨酯泡沫厂被中共萧山农场管理局委员会、萧山市农场管理局评为萧山市农垦系统先进集体。

3. 1994 年，吉化萧山联营染料厂被中共萧山市农场管理局委员会、萧山市农场管理局评为农垦系统工业先进集体。

4. 1996 年，吉化萧山联营染料厂被萧山市农场管理局评为农垦系统先进集体。

六、红山农场荣誉

1.1992年，吉化萧山联营染料厂被中共红山农场委员会、萧山市红山农场评为交通安全工作先进集体。

2.1992年，吉化萧山联营染料厂被中共红山农场委员会、萧山市红山农场评为安全生产工作先进集体。

3.1992年，吉化萧山联营染料厂被中共红山农场委员会、萧山市红山农场评为厂容建设先进集体。

4.1994年、1995年，吉化萧山联营染料厂被中共红山农场委员会、萧山市红山农场评为工业系统先进集体。

5.1994年、1995年、1997年，吉化萧山联营染料厂被中共红山农场委员会、萧山市红山农场评为综合治理先进单位。

6.1995年，吉化萧山联营染料厂被中共红山农场委员会、萧山市红山农场评为工业系统先进集体。

7.1996年，萧山聚氨酯泡沫厂被中共红山农场委员会、萧山市红山农场评为综合先进集体。

8.1996年，萧山聚氨酯泡沫厂被中共红山农场委员会、萧山市红山农场评为最佳领导班子。

9.1996年、1997年、2002年，吉华萧山联营染料厂被中共红山农场委员会、萧山市红山农场评为财务统计先进集体。

10.1997年，吉化萧山联营染料厂被中共红山农场委员会、萧山市红山农场评为综合先进集体。

11.1997年，中共吉化萧山联营染料厂支部被中共萧山市红山农场委员会评为先进党支部。

12.1997年，吉化萧山联营染料厂被中共红山农场委员会、萧山市红山农场评为计划生育先进单位。

13.1997年，吉化萧山联营染料厂工会被中共红山农场委员会评为工会工作先进单位。

14.1997年，共青团吉化萧山联营染料厂支部被中共红山农场委员会评为先进团支部。

15. 1998 年、1999 年、2005 年，杭州吉华化工有限公司被中共红山农场委员会、萧山市红山农场评为妇女工作先进单位。

16. 1998 年，杭州吉华化工有限公司获红山农场首届艺术节组委会团体总分第一名。

17. 1998 年、1999 年、2001 年、2003 年、2004 年、2005 年、2006 年，中共杭州吉华化工有限公司支部被中共红山农场委员会评为先进党支部。

18. 1999 年，杭州吉华化工有限公司被中共红山农场委员会、萧山红山农场评为工业系统先进集体。

19. 1999 年、2000 年、2001 年、2005 年、2006 年、2007 年，杭州吉华化工有限公司被中共红山农场委员会评为工会工作先进集体。

20. 1999 年、2005 年、2006 年、2008 年，杭州吉华化工有限公司被中共红山农场委员会、萧山红山农场评为安全生产工作先进集体。

21. 1999 年，杭州吉华化工有限公司获共青团红山农场委员会“红申杯”青年篮球比赛第一名。

22. 2000 年、2001 年，杭州吉华化工有限公司被中共红山农场委员会、萧山红山农场评为先进集体。

23. 2000 年、2002 年、2003 年、2004 年、2005 年、2006 年、2007 年、2008 年，杭州吉华化工有限公司被中共红山农场委员会、萧山红山农场评为人口和计划生育先进集体。

24. 2001 年，杭州吉华化工有限公司被中共萧山区红山农场委员会、萧山区红山农场授予产值超五亿元企业奖牌。

25. 2001 年，杭州吉华化工有限公司被中共红山农场委员会、萧山红山农场评为上交各项费用先进集体。

26. 2001 年、2003 年、2005 年、2006 年，杭州吉华化工有限公司先后被中共红山农场委员会、萧山红山农场评为综合治理先进集体。

27. 2001 年，杭州吉华化工有限公司被中共红山农场委员会、萧山红山农场评为民事调解先进集体。

28. 2002 年，杭州吉华化工有限公司被中共红山农场委员会、萧山区红山农场评为科技进步先进集体。

29. 2002年，杭州吉华化工有限公司获萧山区红山农场第二届文化艺术节暨第五届全民运动会团体总分第一名、最佳组织奖。

30. 2003年，杭州吉华化工有限公司被萧山区红山农场授予产值超十亿元企业奖牌。

31. 2003年、2005年，共青团杭州吉华化工有限公司支部被共青团红山农场委员会评为先进团支部。

32. 2004年，杭州吉华化工有限公司被萧山区红山农场授予销售收入超十亿元企业奖牌。

33. 2004年，杭州吉华化工有限公司获中共萧山区红山农场委员会“爱祖国爱家乡”歌咏比赛一等奖。

34. 2005年，杭州吉华化工有限公司被中共红山农场委员会、萧山区红山农场授予销售收入超十五亿元企业奖牌。

35. 2006年，杭州吉华化工有限公司被中共红山农场委员会、萧山红山农场评为工业企业优胜奖。

36. 2006年，杭州吉华化工有限公司获萧山区红山农场第六届全民运动会团体总分第二名。

37. 2007年度，杭州吉华化工有限公司被中共红山农场委员会、萧山区红山农场授予红山农场2007年度优胜企业奖。

38. 2008年，杭州吉华化工有限公司被中共萧山区红山农场委员会、萧山区红山农场评为规模优胜企业。

39. 2008年，杭州吉华化工有限公司获萧山区红山农场工会委员会“迎奥运”趣味运动蟠桃献寿比赛团体第一名。

40. 2009年，浙江吉华集团有限公司获红山农场科学发展观暨建场四十周年知识竞赛第二名。

41. 2010年，浙江吉华集团有限公司被中共萧山区红山农场委员会、萧山区红山农场授予2009年度经济规范优胜企业称号。

42. 2010年，浙江吉华集团有限公司被中共萧山区红山农场委员会、萧山区红山农场授予2009年纳税优胜企业称号。

七、吉华集团荣誉

1.1997年1月31日，吉化萧山联营染料厂、萧山聚氨酯泡沫厂、中共吉化萧山联营染料厂支部授予合成车间一班、203车间三班、泡沫车间黑泡沫切片组、生产科、化验室6班组为1996年度先进集体称号。

2.1999年2月22日，中共杭州吉华化工有限公司支部委员会、杭州吉华化工有限公司授予205车间、310车间、外贸科、一分厂供销科、204车间晒料科、317车间偶合班为1998年度先进集体称号。

3.2001年1月18日，中共杭州吉华化工有限公司支部委员会、杭州吉华化工有限公司授予外贸科、101车间发泡组、203车间、204车间机修班、316车间后处理分析班、312车间还原生产线、311车间为2000年度先进集体称号。

4.2003年2月8日，中共杭州吉华化工有限公司支部委员会、杭州吉华化工有限公司授予206车间、316车间、101车间装车班为2002年度先进集体称号。

5.2004年1月29日，中共杭州吉华化工有限公司支部委员会、杭州吉华化工有限公司授予203车间、一分厂发泡组、三分厂312车间溴素岗位为2003年度先进集体称号。

6.2005年2月18日，中共浙江吉华集团有限公司总支委员会、浙江吉华集团有限公司授予一分厂销售科、207车间电工班、312车间溴素班、五分厂干燥班、六分厂机修班5个单位2004年度先进集体称号。

7.2006年2月7日，中共浙江吉华集团有限公司总支委员会、浙江吉华集团有限公司授予吉华集团财务部、一分厂销售科、205车间回收组、310车间包装班、五分厂机修班、六分厂锅炉房、八分厂后处理车间7个单位2005年度先进集体称号。六分厂被评为“全员节约，共同行动”金点子创意奖先进集体。

8.2007年2月27日，中共浙江吉华集团有限公司总支委员会、浙江吉华集团有限公司授予吉华集团技术中心、一分厂装车班、二分厂205车间包装班、三分厂313制冰、五分厂机修班、六分厂制冰车间、八分厂806车间化验室、九分厂H酸车间机修班8个单位2006年度先进集体称号。

9.2008年2月16日，中共浙江吉华集团有限公司总支委员会、浙江吉华集团有限公司授予吉华集团销售部，一分厂101车间装车班，二、三分厂207车间电工组，五分厂染料化工化验室，六分厂606车间、605车间制冰班，八分厂803车间外包装班，九分厂902车间8个单位2007年度先进集体称号。

10.2009年2月6日，中共浙江吉华集团有限公司总支委员会、浙江吉华集团有限公司授予吉华集团进出口公司、创丽公司销售科、吉华江东605车间锅炉房、江苏吉华807车间、江苏吉华销售科5个单位2008年度先进集体称号。

11.2010年2月23日，中共浙江吉华集团有限公司总支委员会、浙江吉华集团有限公司授予吉华集团财务部、创丽公司101车间平切班、吉华江东活性包装班、江苏吉华质检科、江苏吉华807车间5个单位2009年度先进集体称号。

12.2011年2月13日，中共浙江吉华集团有限公司总支委员会、浙江吉华集团有限公司授予吉华高分子研磨组、吉华江东607车间机修班、吉华江东601车间包装班、江苏吉华807车间、江苏吉华九分厂化验室、进出口公司6个单位2010年度先进集体称号。

13.2012年2月2日，中共浙江吉华集团有限公司总支委员会、浙江吉华集团有限公司授予吉华集团销售公司、吉华高分子包装班、吉华江东607车间机修班、吉华江东成品仓库、江苏吉华805车间冷冻班组、江苏吉华901车间精制硫酸班6个单位2011年度先进集体称号。

14.2012年7月8日，经吉华集团全国第11个“安全生产月”活动领导小组评议并报批，授予江苏吉华（九分厂）“最佳组织奖”。

15.2013年2月19日，中共浙江吉华集团股份有限公司总支委员会、浙江吉华集团股份有限公司授予吉华集团技术中心、吉华高分子调色组、吉华江东605车间制冰班、吉华江东成品仓库、江苏吉华销售科、江苏吉华808车间56#蓝6个单位2012年度先进集体称号。

16.2014年2月8日，中共浙江吉华集团股份有限公司总支委员会、浙江吉华集团股份有限公司授予吉华集团财务部、吉华高分子包装组、吉华江东608车间、吉华江东609车间MVR工段、江苏吉华803车间、江苏吉华901车间、江苏吉华701车间机修班7个单位2013年度先进集体称号。

17.2015年2月28日，中共浙江吉华集团股份有限公司总支委员会、浙江吉华集团股份有限公司授予创丽公司101车间装运班、吉华高分子半成品研磨组、吉华江东601车间包装班、吉华江东污水站、江苏吉华财务科、江苏吉华701车间公用班、江苏吉华902车间7个单位2014年度先进集体称号。

18.2016年2月17日，中共浙江吉华集团股份有限公司总支委员会、浙江吉华集团股份有限公司授予进出口公司、创丽公司101车间装车班、吉华高分子半成品研磨组、吉华江东609车间、吉华江东610车间盐酸盐岗位、江苏吉华污水站、江苏吉华808-2车间、江苏吉华902车间8个单位2015年度先进集体称号。

19.2017年2月4日，中共浙江吉华集团股份有限公司总支委员会、浙江吉华集团股份有限公司授予吉华集团技术中心、创丽公司供销科、吉华高分子调色班组、吉华江东成品仓库、吉华江东活性车间包装班、江苏吉华技术科、江苏吉华805车间、江苏吉华901车间8个单位2016年度先进集体称号。

20.2018年2月23日，中共浙江吉华集团股份有限公司总支委员会、浙江吉华集团股份有限公司授予吉华集团技术中心、创丽公司销售科、吉华高分子调色组、吉华江东601车间二工段、吉华江东605车间锅炉班、江苏吉华七分厂机修班、江苏吉华八分厂809车间、江苏吉华九分厂质检科8个单位2017年度先进集体称号。

21.2019年2月12日，中共浙江吉华集团股份有限公司总支委员会、浙江吉华集团股份有限公司授予吉华集团技术中心、创丽公司供销科、吉华高分子水性生产班组、吉华江东607车间三班、吉华江东610车间93:4工段、江苏吉华财务科、江苏吉华806车间、江苏吉华污水站8个单位2018年度先进集体称号。

22.2020年5月1日，中共浙江吉华集团股份有限公司总支委员会、浙江吉华集团股份有限公司授予吉华集团工程部、创丽公司101车间装运班、吉华高分子501车间投料包班组、吉华江东610车间93:4工段、吉华江东609车间MVR工段、吉华江东质检科分散后处理分析班组、江苏吉华环保科、江苏吉华固废处置7个单位2019年度先进集体称号。

23.2021年5月1日，中共浙江吉华集团有限公司总支委员会、浙江吉华集团有限公司授予下列单位2020年度各个奖项。

“现场管理提升奖”：

一等奖——吉华江东601车间

二等奖——吉华江东活性车间、吉华江东605车间

三等奖——吉华江东原料仓库、创丽公司、吉华江东607车间

“产品质量提升奖”：

一等奖——吉华江东 601 车间

二等奖——吉华江东 607 车间

三等奖——吉华江东 609 车间

先进集体——吉华集团工程部、创丽公司 101 车间发泡班、吉华高分子 501 车间合成班组、吉华江东 602 车间包装班、吉华江东 605 车间自动化班、吉华江东 607 车间合成三班、江苏吉华 701 车间

24. 2022 年 2 月 10 日，中共浙江吉华集团股份有限公司总支委员会、浙江吉华集团股份有限公司授予吉华集团直销团队、创丽公司 101 车间模塑班组、吉华高分子 501 车间水性班组、吉华江东 601 车间包装班、吉华江东 610 车间 291:1 工段、吉华江东 615 车间干燥岗位、江苏吉华 808-2 车间、江苏吉华 805 车间机修班组 8 个单位 2021 年度先进集体称号。

25. 2023 年 2 月 6 日，中共浙江吉华集团股份有限公司总支委员会、浙江吉华集团股份有限公司授予销售公司直销团队、创丽公司 101 车间装运班、吉华高分子 501 车间投料包装班组、吉华江东 605 车间制冷班组、吉华江东 606 车间合成和原料分析班组、吉华江东 609 车间防毒工段、江苏吉华安环科、康倍得公司生产管理部 8 个单位 2022 年度先进集体称号。

第二节　个人荣誉

一、劳动模范

1. 2007 年 4 月，杭州吉华化工有限公司杨泉明被中共杭州市委、杭州市人民政府授予杭州市劳动模范称号。

2. 2013 年 8 月，江苏吉华化工有限公司周海军被盐城市总工会授予 2012 年度盐城市劳动模范称号。

3. 2016 年 4 月，江苏吉华化工有限公司陈小勇被中共江苏省委授予 2015 年度江苏省劳动模范称号。

4. 2017 年 4 月，江苏吉华化工有限公司冯金伟被盐城市总工会授予 2016 年度滨海市劳动模范称号。

5. 2019 年 4 月，江苏吉华化工有限公司李超被滨海县总工会授予 2018 年度滨海县劳动模范称号。

二、省、区（市、县）以上荣誉

1. 2002 年 3 月，杭州萧山吉华聚氨酯染化有限公司杨国友被杭州市萧山区民政局授予 2001 年度杭州市萧山区福利生产先进工作者称号。

2. 2003 年 1 月，杭州吉华化工有限公司邵伯金被杭州市萧山区委、杭州市萧山区人民政府授予萧山区“十五”期间（2001—2005）“突出贡献企业家”称号。

3. 2008 年、2011 年、2012 年，江苏吉华化工有限公司陈小勇被中共滨海县委员会、滨海县人民政府授予滨海县优秀企业家称号。

4. 2016 年、2017 年，江苏吉华化工有限公司陈小勇被中共滨海县委员会、滨海县人民政府授予杰出企业家称号。

5. 2017 年 2 月，浙江吉华集团股份有限公司杨泉明被杭州市钱塘区人民政府授予 2017 年度钱塘新区优秀企业家称号。

6. 2017 年、2018 年、2019 年，江苏吉华化工有限公司陈小勇被盐城市人民政府授予盐城杰出企业家称号。

7. 2018 年 3 月，浙江吉华集团股份有限公司邵伯金被中国染料工业协会授予“中国染料百年功勋奖”。

8. 2018 年 3 月，浙江吉华集团股份有限公司杨泉明被中国染料工业协会授予“中国染料百年优秀企业家”称号。

9. 2018 年 3 月，浙江吉华集团股份有限公司孙岩峰被中国染料工业协会授予“中国染料百年科技贡献奖”。

10. 2019 年 12 月，浙江吉华集团股份有限公司陈美芬被中国石油和化学工业联合会授予全国石油和化工行业标准化突出贡献个人称号。

11. 2021 年 12 月，浙江吉华集团股份有限公司陈美芬被中国石油和化学工业联合会授予全国石油和化工行业标准化突出贡献个人称号。

三、吉华集团荣誉

1.1998 年 1 月 31 日，中共吉化萧山联营染料厂支部、吉化萧山联营染料厂、萧山聚氨酯泡沫厂授予下列员工 1997 年度先进个人称号。

蔡来生 孙宜夫 李传土 庞明良 徐培良 沈德福 罗建英 王建文 杨卫平

王勤伟 傅伯坚 邓立刚 王勤相 冯沛龙 吴 健 李府文 王长贵 辛巾占

毕国军 陈才良

2.1999 年 2 月 22 日，中共杭州吉华化工有限公司支部委员会、杭州吉华化工有限公司授予下列员工 1998 年度先进个人称号。

推荐农场级先进个人：

周火良 冯沛龙 胡惠素 伍观虎 陆关铨 陈燕娟

公司厂级先进个人：

一分厂：汪亚铭 吴建军 朱岳明

二分厂：胡柏忠 陈开贵 华 伟 王勤相 魏国忠 蔡来生 沈宜夫 邵仁国

冯金伟 李传土 石林全 冯校才 陈才良 毕国军 韩 锋 朱国祥

金水明 陈正良 王长贵 朱美红

三分厂：俞亚明 钟长先 高小金 章江强 黄邦膜 章明山 冯加荣 寿正潮

包立平 倪金贤 杨顺兵 顾金仁 李有根 余泉华 王迪勇 徐江勇

李福祥 陈正德 李天喜 来东芳 王治云 王建财 陈元胜 倪长荣

缪利海 徐志刚 沈立明 张彩琴

后 勤：腾元荣 沈德福 应海军 沈招娣 金小英

3.2001 年 1 月 18 日，中共杭州吉华化工有限公司支部委员会、杭州吉华化工有限公司授予下列员工 2000 年度先进个人称号。

推荐场级先进个人：

邵伯金 徐春田 金小英 袁其富 顾金仁 朱海江 缪利海 孙宜夫 朱建龙

邵伯万 王长贵

公司级先进个人：

后 勤：冯国琴 陆关铨 朱大江 俞国军 周绍荣 傅燕珍 曾维新

一分厂：裘明华 陈成兴 曹天宏

二分厂：沈照员　冯沛龙　薛忠奋　冯金伟　屠启祥　吴显明　陈阿荣　沈立均
邵仁国　毕国军　姜春林　孙苗兴　宁家寿　黄伟芬　韩　锋

三分厂：叶建刚　俞亚明　钟长先　汪水根　黄犹荣　柏张林　张永芳　陈彬松
龙先坤　吕金法　汤闰新　于建明　林　敏　茹国法　王惠乔　叶张林
杨亚军　徐地尧　陈宗木　刘付军　王迪勇　沈江勇　王国军　来东芳
潘小君

4. 2003 年 2 月 8 日，中共杭州吉华化工有限公司支部委员会、杭州吉华化工有限公司授予下列员工 2002 年度先进个人等称号。

综合先进：

杨再生　俞云锁　李建芳　沈海燕　朱晓飞　俞立宏　杨柏华　储国军　茹国海
蔡关夫　梁建军　莫建军　曹天宏　王才倪　郑昌炽　陈红红　夏林根　龙先坤
孙宜夫　洪有桃　黄华清　庄爱金　汪信民　沈照珍　钟长先　谢从先　罗嗣海
郎志洪　王长贵　毕国军　姜春林　何志友　韩　锋　洪志先　杨叶树　谢金利
徐江勇　郑东红　罗庆华　叶张林　沈建芬　吴生根　张家芬　董观兴　陈宗木
张孝清　黄邦膜　王红臣　杨光忠　张筱华　马秀芳　缪利海　陈正德　李长军
顾金仁　褚立伟　茹国法　张永芳　汤闰新　刘付军　邵永乐

优秀团员：赵小芳　杨玉米

优秀计生工作者：杨凤梅　杨秀芬　王美芳

5. 2004 年 1 月 29 日，中共杭州吉华化工有限公司支部委员会、杭州吉华化工有限公司授予下列员工 2003 年度先进个人等称号。

综合先进：

蔡关夫　俞红芳　陈　平　倪长荣　徐培良　许建丽　唐冬香　陈文忠　陈彬松
孙苗兴　王勤伟　王美芳　郑昌炽　王才倪　钟长先　王嗣林　高　忠　汤闰新
吴建军　沈照员　周宝华　符前科　石四全　陈月富　姜春林　李新喜　司振龙
姚元军　郑英连　蔡约道　金良缘　王建荣　郑文贵　寿正潮　黄犹英　薛忠奋
薛忠好　吴生根　龙承喜　黄家禧　杨成学　吴学桂　王红臣　张永芳　冯仁荣
杨光忠　高国建　茹国法　许建良　褚立伟　龙先坤　徐福庆　尚小红　陈国洪
徐云纪　江荣昌　马和平　李自富　陈正德　杨亚军　万　瑞　沈文琴　沈菊仙

楼笑儿　竺文进

优秀党员：邵伯金　杨泉明　徐远程

优秀团员：杨春梅　倪建美

优秀妇女（计生）工作者：杨凤梅　王美芳　朱晓飞

6.2005年2月18日，中共浙江吉华集团有限公司总支委员会、浙江吉华集团有限公司授予下列人员2004年度先进个人等称号。

综合先进：

直属部门：陈福先　朱晓飞　徐培良　俞兰芳　陈建飞　陈　平　杨柏华　汤导新　张文娟　许建丽

一分厂：陈乐员　吴肖飞　刘建明　徐肇林　汪凤尧

二分厂：王建荣　郑元贵　沈照员　林春标　钟长先　王嗣林　陈红红　俞玉儿　王勤相　储国军　王清芳　姜春林　陈月富　符前科　张江华

三分厂：张永芳　杨光忠　赵　建　姜有成　向功棋　王洪军　龙先坤　沈钊明　许建良　任永富　郭　明　胡明强　万　瑞　吕爱文　王保娜　吴元新　郑东红　周建明　沈建芬　杨凤美　许卫国　徐福庆　王　涛　黄邦膜　李自利　王志强　薛忠好　华天金　王红臣　李敬宝　李加民

五分厂：沈永华　朱水春　徐阿木　王华贵　朱海燕　单建芳

六分厂：毛义康　薛忠奋　吴克友　王华林　姜贤旺　杨　勇　潘小君　姚艳艳

优秀团员：丁丹红　高玲丽

优秀计生工作者：王美芳　杨凤梅　俞红芳

7.2006年2月7日，中共浙江吉华集团有限公司总支委员会、浙江吉华集团有限公司授予下列人员2005年度先进个人等称号。

先进生产（工作）者：

直属部门：陈福先　陈　平　蔡关夫　俞兰芳　俞小园　熊永锋　陈文忠　孙苗兴　朱晓飞　徐培良　钟绿娟

一分厂：高丽娟　汪凤尧　曹天宏　徐肇林　陈成兴

二分厂：沈照员　钟长先　高　忠　邱贤义　蒋光银　张军明　廖元荣　沈国飞　邓国勤　陈金法　陈红红　郑元贵

三分厂：高国安　黄邦膜　廖昌富　薛忠好　唐乾纯　王红臣　杨光忠　竺文进
王洪军　姜有成　向功棋　高国建　王志强　冷德高　王相友　李文龙
邓建超　许卫国　乔恩伟　高宜张　计学瑞　高玲丽

五分厂：徐金木　洪志先　王华贵　孟武云　刘明傅　沈永华

六分厂：陈彬松　韩国贤　刘利梅　朱小红　冷　巍　米贤国　金水云　姜贤旺
陆家彪　徐天兵　钱九斤　王　军　毛义康　朱海江　秦来宾　薛世恒
管家权　付永伟　王华林　罗志元　王洪旺　何史修　陆茂明

八分厂：盛以军　段立矿　郑益长　谭步忠　刘华成　候　飞　周金良　郑昌松
朱凤兵　张长森　徐文标

优秀党员：邵伯金　杨泉明　陆荣宝

优秀团员：冯英娣　楼礼飞

优秀妇女（计生）工作者：杨凤梅　杨秀芬　王美芳

“全员节约，共同行动”金点子创意奖：

一等奖：朱海江（评为集团创意标兵）

二等奖：毕国军

三等奖：黄邦膜

集团标兵：

销售标兵：徐培良　科技标兵：简　卫　创新标兵：顾林建　效率标兵：刘海兵

创意标兵：朱海江

8. 2007 年 2 月 27 日，中共浙江吉华集团有限公司总支委员会、浙江吉华集团有限公司授予下列人员 2006 年度先进个人等称号。

先进生产（工作）者：

直属部门：俞云泉　徐培良　钟绿娟　金小英　娄彩群　俞小园　陈　平　杨　磊
蔡关夫　朱晓飞　陈文忠

一分厂：傅伯坚　曹天宏　徐肇林　鲍大胜　陈乐员　毛决定

二分厂：高　忠　钟长先　沈照员　孙正东　张红华　陈金法　郑英连　朱小红
张世洪　王宇红　俞玉儿　潘文均

三分厂：沈建芬　丁香娟　乔恩伟　周建明　赵井环　田　华　代启华　薛忠好

王志强　尚小红　黄家金　张永芳　屠启华　康树生　许建良　黄邦膜
刘信文　高国建　廖昌富　高国安　华天金

五分厂：白辉平　向定军　孟武云　林启术　沈永华　陈小青

六分厂：李信文　杜同晁　竺文进　张志和　吴克强　叶兴贵　卢俊红　陈红红
董玉海　王华林　付绍国　李建芹　高丽君　曹利平　陆茂川　徐地光
汪培学　吴军志　金水云　刘祥清　李述斌　李贤珍　何华兵　罗　勇
来贤国　冷　巍　王　军　毛义康

八分厂：兰太南　张玉武　马杏仙　倪昌云　郑　逵　蔡约道　郁国庆　邓立利
江贤林　邵顺国　吴旺明　史龙俊　周　健　王仁波　蒋成金　黄邦泰

九分厂：邱广鸽　罗童毅　胡建国　张洪香　卢忠厚　王长领　熊力明　吴进中
丁建立　周立功　丁茂高　韦明东　吴　伟

优秀团员：陈性海　何湘浙

优秀妇女（计生）工作者：杨春梅　胡惠素　鲁　敏

9.2008 年 2 月 16 日，中共浙江吉华集团有限公司总支委员会、浙江吉华集团有限公司授予下列人员 2007 年度先进个人等称号。

先进生产（工作）者：

直属部门：徐培良　周绍荣　魏爱琴　陈福先　张立富　傅燕珍　冯英娣　俞国军
吕凤飞　朱晓飞

一分厂：王建财　张如国　徐柏根　徐肇林　王才倪　陈爱菊

二分厂：沈照员　高　忠　郎志洪　洪有桃　徐道伟　洪国平　陈云梅　朱泉德

三分厂：杨来荣　蔡林娟

五分厂：沈永华　刘洪明　戴立涛　沈永洲　何定军　白辉平

六分厂：薛忠好　叶兴贵　王华林　王应星　卢俊红　王　勇　官永生　毛义康
汪克明　罗　勇　徐六材　史　辉　陈贤红　汪培学　司士钰　毛义玖
朱小红　方　芳　曹利平　朱兴荣　褚立伟　姜有成　杨　平　王　燕
马　瑶　杜同晁　宋长伟　冷　巍　宋天涛　程永华　金水云　竺文进
王应平　马和平　邓建超　洪术光

八分厂：邹代科　别素平　陈树立　张绍林　蒋成金　颜　忠　程祖法　蔡约道

张　勇　王建忠　王丽文　张乐桐　余木金　张文华　张玉武　袁月娟
周　健　李新喜　李加喜　胡文根　符前科　吴旺明　陈金法　陈彐梅
张立新

九分厂：罗童毅　张耀军　马建设　张德玉　王绪明　江泽玉　辛翠云　徐丽娟
吴金忠　沈建江　熊立明　谭兴明　郭国正　杨海元

党员积极分子：邵伯金　杨泉明　陆荣宝

优秀共青团员：魏海燕　徐黎灿

优秀妇女（计生）工作者：王美芳　杨秀芬　杨春梅

10. 2009 年 2 月 6 日，中共浙江吉华集团有限公司总支委员会、浙江吉华集团有限公司授予下列人员 2008 年度先进个人等称号。

先进生产（工作）者：

直属部门：陈　平　高玲丽　何湘浙　魏海燕　徐培良　周绍荣　金小英　李月根
朱水法　杨崇佳

创丽公司：郑昌炽　蒲光俊　陆条芬　王海丰　张典和　陈乐员

吉华高分子：张建全　毛决定

吉华江东：郑　容　竺文进　王　勇　黄家柱　薛忠好　王红臣　梁　明　陈福先
李春田　胡瑞峰　石宏伟　钱九斤　司义刚　方　芳　韩国琴　杨月欢
褚立伟　陈善军　刘锦强　龙先坤　康树生　高国建　许卫国

江苏吉华：郑　逵　殷化欣　钟长先　程祖法　蒋成金　黄邦泰　徐文林　程永海
贺春春　倪昌云　张玉武　张大场　余木金　黄生水　贾文全　欧阳杰
龙金春　童达林　胡文根　周　尧　朱开云　陈　勇　王彩连　胡理军
曹恒华　江泽玉　周立功　李　伟　谭兴明　沈玉梅

党员积极分子：寿正潮　蒲光俊　罗　勇

优秀共青团员：冯英娣　詹云雷

优秀妇女（计生）工作者：鲁　敏　胡惠素　王美芳

11. 2010 年 2 月 23 日，中共浙江吉华集团有限公司总支委员会、浙江吉华集团有限公司授予下列人员 2009 年度先进个人等称号。

年度模范人物：

投资收益模范：刘海兵　降本节耗模范：茅伯先　爱岗敬业模范：周绍荣

先进生产（工作）者：

直属部门：熊永锋　何湘浙　魏利娟　李月根　杨崇佳　俞国军　陈　平　陆关铨
　　　　冯国仁　周绍荣

创丽公司：陈乐员　高东方　鲍大胜　郑昌炽　曹天宏　陆条芬

吉华高分子：张光光　聂清如

吉华江东：陈福先　牛建东　李学兵　周再付　叶应成　黄家柱　周金超　韩恩良
　　　　鲍得仁　胡瑞峰　马海军　宋天波　李述斌　黄家禧　司士钰　周秋文
　　　　司振龙　蔡关夫　周华勇　翟云芳　陈红红　杨兴友　杨　平　谢均欢
　　　　王洪军　杜同晃　刘锦强　李秀朋　刘明武　夏全旗　周保明　梁　明
　　　　康树生　李祖超　冷德高　肖崇旺　高连傲　王　辉　罗秀芝　郑　容
　　　　黄邦铭　孙井中

江苏吉华：蒋海波　孙步明　蒋赛平　黄邦泰　任中国　吴克友　沈中荣　林树财
　　　　程祖德　谭步忠　史学莲　王晓云　张庆美　徐银秋　郑道山　胡理军
　　　　余治平　张进虎　王孝华　曹国明　刘智春　郑　逵　刘圣华　盛以军
　　　　贾子立　何良育　单体兵　张教祥　陈永利　徐　洲　祁广霞　杨再兴
　　　　张贤健　陈　勇　靳志群　李启云　王金新　徐士国　项朝祥　侯　亚

党员积极分子：寿正潮　周绍荣　沈钊明

优秀共青团员：詹云雷　陈娟娟

优秀妇女（计生）工作者：杨春梅　杨秀芬　章荷芬

12.2011 年 2 月 13 日，中共浙江吉华集团有限公司总支委员会、浙江吉华集团有限公司授予下列人员 2010 年度先进个人等称号。

年度突出贡献奖：

金牌：周火良　周绍荣

银牌：徐培良　翁礼文　汪凤尧　庞明良　沈钊明　陆洪汇

先进个人：

直属部门：周绍荣　徐培良　颜雅芳　冯国仁　王宇红　魏爱琴　俞国军　王又芳
　　　　杨崇佳　单　波

创丽公司：汪凤尧　曹天宏　陈成兴　郑昌炽　刘　琳　徐柏根

吉华高分子：王　军　黄金华

吉华江东：吕　红　袁志枚　胡钊明　陈国礼　王正明　王敬前　肖崇旺　陈福先
徐继田　陈善军　姜有成　刘锦强　王洪军　杨兴友　李建芹　朱聪志
韩国琴　鲍德仁　周金超　郑　刚　罗加良　詹国成　王树全　张红华
李学兵　李加民　郑　容　楼明锋　张运才　王小燕　沈桂礼　曾祥双
马海军　林文友　陆文启　钱九斤　霍　妮　司义刚　胡　铁　王德善

江苏吉华：张　雷　沈中荣　沈本铨　孟庆海　任中国　黄邦泰　钟长先　沈玉梅
赵爱涛　李香华　陈新娇　王菊兰　吴　伟　余木三　金泉先　胡理军
郎成嵩　冯玉海　马建华　王礼军　于怀同　张教祥　徐义标　夏文静
孟庆雄　张运堂　费克清　徐金付　孙雪中　祁广红　马佐连　冯全振
陈　艳　李启云　涂启田　王水平　曹恒香　杨再兴　周会良　林树财
张雪莉　唐　花

党员积极分子：郎志洪　周火良　缪利海　吕凤飞　周绍荣

优秀共青团员：詹云雷　杨崇佳

优秀妇女（计生）工作者：鲁　敏　胡惠素　王美芳

13. 2012 年 2 月 2 日，中共浙江吉华集团有限公司总支委员会、浙江吉华集团有限公司授予下列人员 2011 年度先进个人等称号。

年度突出贡献奖：

金牌：徐培良　朱海江　陈文忠

银牌：庞志利　阮国荣　王细华　熊艳平　冯金伟　金小英

先进个人：

直属部门：俞兰芳　徐培良　庞志利　金林军　王宇红　刘　伟　王水英　胡兴旭
杨崇佳　冯金灿

创丽公司：陈成兴　黄邦法　罗根文　王才倪　陈乐员　汪凤尧

吉华高分子：聂清如　吕慧文

吉华江东：王信财　孙井喜　高　忠　王　燕　杨德灿　杨来荣　龙中波　郑佳佳
史　辉　张金富　刘国兵　胡瑞峰　陈福先　蔡关夫　陈贤红　郑　容

沈照员 李建芹 丁香娟 刘锦强 陈善军 杨兴友 王洪军 陈红红
余 波 周宝华 康树生 刘明武 司士伟 肖兵兵 石林全 陶继东
谢尚治 李照亮 王敬民 冷德高 王 星 李明雷 张 强 冷 巍

江苏吉华：邓修林 周月红 钟长先 殷化欣 王仁波 颜 忠 颜炳亮 冯金伟
黄邦泰 王建忠 沈国飞 张志强 张海艳 尚鑫鹏 马建华 夏文静
慕盛利 陈志生 陆保俊 黄生水 张军明 周 建 江军寿 胡理军
蒋礼军 丁茂高 丁 勇 周 尧 涂曙光 郑 逵 卢春丽 刘月红
张以萍 贺佰礼 项朝祥 涂启田 杨再兴 李启云 周会良 李子剑
洪钊利 唐广青

党员积极分子：徐江勇 杨春梅 罗 勇 翁礼文 蒲光俊

优秀共青团员：詹云雷 郑 容

优秀妇女（计生）工作者：杨秀芬 杨春梅 姚利惠

14.2012 年 7 月 8 日，经集团全国第 11 个“安全生产月”活动领导小组评议并报批，授予江苏吉华（九分厂）陈艳“最佳选手奖”；授予吉华高分子王谋宇“最佳拼搏奖”。

15.2013 年 2 月 19 日，中共浙江吉华集团股份有限公司总支委员会、浙江吉华集团股份有限公司授予下列人员 2012 年度先进个人等称号。

年度突出贡献奖：

金牌：刘海兵 徐培良 周海军 金小英 陆条芬

银牌：朱海江 庞志利 王细华 茹国海 陈文忠

先进个人：

直属部门：庞志利 闻国友 徐培良 冯英娣 王水英 鲁 铁 冯国仁 易 聪
李 萍 金 燕

创丽公司：陈成兴 罗根文 陈乐员 姜美芝 陆条芬

吉华高分子：王建财 谷和江 黄金华 林 海

吉华江东：朱建龙 冯沛龙 张立富 傅国连 唐乾纯 李友金 杨德灿 郑 容
付克海 冷自建 吴朋珍 李述斌 李秀光 缪文焕 司振龙 陈红红

余有交　高　玲　杨兴友　朱林潮　杜同晃　杨茂礼　洪德明　唐冬香
康树生　冷德高　韩伟春　莫继全　徐云纪　李永治

江苏吉华：周月红　任中国　孙长英　项国峰　孙步虎　王礼宝　王步山　蒋成金
沈乃伍　徐海亮　黄琴莹　王剑萍　张万福　张玉武　张新雨　蔡　杰
余治平　李德超　李加喜　郑英连　黄生水　史龙俊　张兆兵　张雪莉
李六伍　贾文全　孙雪中　贾子杭　吴海玲　刘佃平　李荣俊　王　兰
杨再兴　涂启田　李启云　熊开华　吴东茹　徐　英　陈　荣　沈玉梅
杨红霞　顾学巧

党员积极分子：杨泉明　周绍荣　蒲光俊　陆荣宝　屠国锋

优秀共青团员：韩恩良　鲁　铁

优秀妇女（计生）工作者：王美芳　郑　容　杨秀芬

16.2014 年 2 月 8 日，中共浙江吉华集团股份有限公司总支委员会、浙江吉华集团股份有限公司授予下列人员 2013 年度先进个人等称号。

先进个人：

直属部门：阮国荣　陆关铨　李英明　汤月红　冯国仁　王宇红　金　燕　鲁　铁
詹云雷　杨崇佳

创丽公司：陈成兴　王才倪　徐肇林　李冬梅　王又芳

吉华高分子：曹　娟　谢　文　谷祥朋

吉华江东：蒋廉石　刘付德　胡钊明　周建明　韩恩良　李明雷　朱聪志　周宝华
汪　建　王斌斌　陈维康　陶燕青　缪文焕　洪文礼　史　辉　倪建军
冷自建　李培元　冯惠英　方　芳　尤在和　冯建新　张春旺　陈红红
黄家柱　高　忠　王洪军　杨兴友

江苏吉华：沈本铨　孟庆海　周月红　薛学海　王礼宝　王辛军　王步山　黄邦膜
林树财　刘长楼　李伟伟　孙　晶　张勇强　张玉黄　张新雨　赵　成
余木金　穆胜利　马建华　黄生水　郑英连　李加喜　周　尧　陈　亚
吴旺明　石四全　周　建　张军明　洪术光　孙雪中　涂曙光　朱玲玲
徐金富　倪才红　王志勇　林玉香　陈　荣　熊开华　李启云　李荔丹
祁文祥　杨学成　刘秀兰　董　进　康贵阳　李　健

党员积极分子：杨泉明　周绍荣　蒲光俊　缪利海　唐冬香

优秀共青团员：王小燕　王家震

优秀妇女（计生）工作者：胡惠素　詹红艳　杨崇佳

优秀通讯员：杨福良

17.2015 年 2 月 28 日，中共浙江吉华集团股份有限公司总支委员会、浙江吉华集团股份有限公司授予下列人员 2014 年度先进个人等称号。

年度突出贡献奖：

金牌：陈小勇　徐培良　翁礼文　茅伯先

银牌：陈才良　徐江勇　阮国荣　金国庆　王细华　金小英　戴洪刚

先进个人：

直属部门：王妙琴　闻国友　刘杰灵　冯国仁　杨崇佳　周水新　桑志娟　简　卫　倪燕燕　郑佳佳

创丽公司：徐肇林　汪凤尧　吴肖飞　毛真春　陈成兴

吉华高分子：谢　文　胡爱文　谢昌华　谷祥朋　聂美如

吉华江东：石延涛　唐冬香　高丽君　杨兴友　王洪军　楼明锋　于庆飞　储国军　史　辉　张元选　汪　涛　冯惠英　冯建新　鲍得仁　黄家柱　陈彩英　高　忠　陈福先　刘大珍　高连傲　李芝胜　祝征远　汪培学　缪利海　沈柏万　洪术光　张林涛

江苏吉华：董　进　蒋大文　樊才军　姚广兵　邱　荣　孟庆海　马丽娟　茅伯先　沈本铨　王国才　任中国　程雷芝　沈国飞　殷　鑫　张从花　曹　祥　徐慧慧　项明富　茹国芳　魏　荣　殷克营　沈祥亮　李新喜　张登兴　沈　斌　殷开伟　贾文泉　符前科　张绍喜　周仁伟　顾　祥　陆胜叶　冯兴荣　沈光红　余荣佳　谢小明　王林生　赵宝国　张来民　夏文静　贺佰礼　纪效芝　涂启田　洪　伟　杨学成　李启云　孙兵林　陈立华　熊开华　沈强东

党员积极分子：杨泉明　陆荣宝　汪妙根　周国璋　杨再生

优秀共青团员：俞林荣　汪　磊

优秀妇女（计生）工作者：鲁　敏　杨春梅　郑　容

优秀通讯员：杨福良

18.2016 年 2 月 17 日，中共浙江吉华集团股份有限公司总支委员会、浙江吉华集团股份有限公司授予下列人员 2015 年度先进个人等称号。

先进个人：

直属部门：冯国仁　商李金　闻国友　张佳乐　王永娇　俞小园　张彬浩　周　锋　吴学书

创丽公司：陈成兴　徐章根　汪凤尧　王　斌　张　敏

吉华高分子：王东军　谷和江　孙　超　谢昌利　王　军

吉华江东：李学兵　周金超　罗加良　高　忠　陆文启　李秀光　邓仕强　沈钊明　虞尚平　冯立标　沈永水　郑东红　刘美芬　杨兴友　王洪军　陈彩英　龚有保　丁灶良　高东风　杨茂礼　蒋光富　杨月欢　陈国礼　郑　容　周成富　赵连兴　于庆飞　潘金金　王又芳　冷　巍

江苏吉华：沈强东　徐　波　孙步龙　沈本栓　张连超　吉刚强　丁香娟　韩　峰　陈志生　王建忠　张　恒　孙　晶　史学莲　陈学权　王　彪　李克辉　张学军　张福好　史龙俊　周　尧　李加喜　徐迎红　张军明　王达富　马效师　王林生　邹壮志　谢小明　赵文斗　李方明　邱新国　夏文静　赵国宝　张　勇　曹　胜　刘秀兰　涂启田　刘士兰　杨朝琼　徐以秀　张秀松　张秀清　郭兴林　王贤静　袁东波　周文广　朱冬雪　王丽霞　刘志成　徐培友

党员积极分子：杨泉明　陆荣宝　寿正潮　周国璋　唐冬香

优秀共青团员：俞林荣　鲁　铁

优秀妇女（计生）工作者：胡惠素　王美芳　杜清骅

优秀通讯员：陈红红　杨福良

19.2017 年 2 月 17 日，中共浙江吉华集团股份有限公司总支委员会、浙江吉华集团股份有限公司授予下列人员 2016 年度先进个人等称号。

先进个人：

直属部门：张彬浩　李赵炆　汪雪松　朱晓飞　王齐兵　何立江　许建丽　杨　磊　杨春梅　杨再先　丁丹红　杨崇佳

创丽公司：毛真春　黄邦法　潘柏锦　王　斌　吴肖飞

吉华高分子：谷祥朋　柏　锋　王东军　黄金华　胡爱文

吉华江东：牛建东　杨学友　罗加良　杨德灿　高　忠　李述斌　姜吉欢　张　强
欧家富　吴盛军　汪　涛　张明荣　沈照员　董秀英　杨兴友　汪水根
王洪军　章天明　沈柏万　司士伟　杨茂礼　张小辉　祝征远　王又芳
方致星　龙炳全　蒋廉石　孙井中　王　星　韦小琴　韩恩良　陶继东
陈红红

江苏吉华：于文兵　仇道军　胡润东　沈庄女　段立华　王　成　沈光雨　曹　祥
张明龙　侯艳秋　徐海亮　王中伟　沈乃伍　张从花　徐慧慧　张雪莉
余治平　贺青华　冯玉海　丁尚怀　沈祥亮　周　舜　郑国忠　胡理军
周　建　付　东　刘井山　倪　亮　张海洲　姜有成　蔺胜朋　王苏洲
卢兴国　曹成新　胡爱华　顾　祥　王　蓉　高文军　顾志珍　苟学杰
康乐乐　杨海元　王达付　卢检芹　赵梅霞　曲　娜　韩雪冰　姚广兵
司振龙　袁东良

党员积极分子：杨泉明　陆荣宝　沈钊明　方水平　刘海龙

优秀共青团员：姜小芳　刘　斌

优秀妇女（计生）工作者：郑　容　鲁　敏　杨春梅

优秀通讯员：周静侃　杨福良

20. 2018 年 2 月 23 日，中共浙江吉华集团股份有限公司总支委员会、浙江吉华集团股份有限公司授予下列人员 2017 年度先进个人等称号。

年度突出贡献奖：

金牌：阮国荣　王妙琴

银牌：殷　健　汪凤尧　张立富　鲁　强　龚云龙

先进个人：

直属部门：汪雪松　高玲丽　阮国荣　郑佳佳　苑青青　冯英娣　汤月红　杨崇佳
沈　军　杨　磊

创丽公司：杨任陆　毛真春　吴肖飞　汪凤尧　王伟根

吉华高分子：夏益强、谷祥朋、刘小娃、黄金华、王东军

吉华江东：郭陆跃　杜书成　张春旺　谢长勇　马山甫　史　辉　李述斌　唐冬香
黄泽荣　黄占迎　杨以超　王　凡　郑东红　张林涛　方　芳　胡瑞峰
王洪军　杨兴友　龚有保　付义琅　高东风　杨茂礼　张红元　沈钊明
朱聪志　韩伟春　李国刚　陈云辉　于庆飞　竺文进　陈福先　陈彩英
楼明锋

江苏吉华：刘亮亮　任中国　邓修林　胡润东　王　成　孟庆海　孙步龙　王魁雨
罗庆华　季友爱　孙洪兵　王建忠　张　恒　史学莲　马殿丽　徐丽娟
王　彪　杨　生　张文华　邓成柱　周　禹　史龙俊　殷开伟　胡理军
王　祥　周学海　陈亲所　倪　亮　吴苏平　黄晓宇　韩世忠　宋正艳
顾成明　谢小明　徐有红　赵文斗　陈　杰　高书军　洪　花　赵梅霞
高忠义　陈　荣　曹兆云　刘　坤　袁东波　付　彬　刘志诚　秦正凯
徐仁冬　颜白玲

党员积极分子：杨泉明　陆荣宝　朱晓飞　陈红红　龚天方

优秀共青团员：张佳乐　韩恩良

优秀妇女（计生）工作者：胡惠素　杨崇佳　王美芳

优秀安全（环保）工作者：蒲光俊　田　华　全恩波　符前科　李克辉

优秀通讯员：杨福良　陈红红

21.2019 年 2 月 12 日，中共浙江吉华集团股份有限公司总支委员会、浙江吉华集团股份有限公司授予下列人员 2018 年度先进个人等称号。

年度突出贡献奖：

金牌：陶燕青

银牌：龚天方　徐小芳

先进个人：

直属部门：张　燕　唐冬香　何立江　钟乐娟　李志强　沈海明　汪雪松　胡兴旭
许建丽　张秀蓉　郑东平　杨崇佳

创丽公司：杨任陆　余蒙玲　潘柏锦　黄兰兰　黄邦法

吉华高分子：谷祥朋　吴隆波　胡爱文　程杨彬　刘　成

吉华江东：张　强　冷　巍　田　华　杨春梅　王　江　俞观仁　杨志良　司义刚

李明雷 谢尚治 冷德高 陈德俊 杜天臣 曾祥双 付相元 周建明
胡 刚 唐丽英 肖绍向 杨长喜 龚有保 唐长清 王洪军 冯立标
陈善军 唐霞飞 张永贵 李友金 黄家柱 杜书成 吴成东 冯惠英
杨 勇 孙井喜 陆文启 洪文礼 邓仕强 马海军

江苏吉华：刘 鹤 孙步明 胡润东 王乃祥 娄建祥 吉刚强 王 成 李 超
岳 梦 顾学巧 张 恒 李伟伟 沈乃伍 徐慧慧 曹 梅 周海军
刘加明 项明富 殷克营 周 舜 黄生水 李加喜 李伟刚 张 旭
刘井山 周 建 常响东 陈太平 王 勇 任凤杰 鲁文兵 王 兰
邹壮志 李世鹏 顾 祥 卞卫星 洪 花 曹 胜 辛 双 宋正艳
谈步中 周本国 廖梦琴 钱裕菊 高中义 顾启舜 王兴国

党员积极分子：杨泉明 朱晓飞 王齐兵 周国璋 朱大江

优秀共青团员：鲁 铁 张秀蓉

优秀妇女（计生）工作者：鲁 敏 杨春梅 郑 容

优秀安全（环保）工作者：曹美丽 朱林潮 陈红红 江民生 李克辉

优秀通讯员：周静侃 杨福良

22. 2020 年 5 月 1 日，中共浙江吉华集团股份有限公司总支委员会、浙江吉华集团股份有限公司授予下列人员 2019 年度先进个人等称号。

年度突出贡献奖：

金牌：陈美芬

银牌：陈才良 张冶平

先进个人：

直属部门：杨春梅 魏爱琴 邵天生 张冶平 李志强 高玲丽 余 杨 沈迪利
许建丽 魏海燕 沈 军 陈毓强

创丽公司：杨任陆 王才倪 潘柏锦 陈成兴 郑春南

吉华高分子：刘海龙 谢昌华 裴国志 贾学军 谷和江

吉华江东：李友金 黄家柱 沈桂兴 罗加良 杨 勇 王红臣 王 燕 周宝华
史 辉 周小军 黄永清 洪文礼 冷自建 冯惠英 邹修群 高东风

沈照员　李　浩　全恩波　曹晓培　刘美芬　龚有保　唐长清　荣伟锋
王洪军　王　勇　周利书　蒋光富　谭诗强　沈来康　罗加贵　郑　容
刘玉祥　刘如建　张　斌　高连傲　高国建　王礼俊　李芝胜　陈红红
吴云飞　竺文进　阮浩伟

江苏吉华：董　进　潘　帆　潘新艳　倪　亮　吴献兵　任中国　林文友　张志华
顾学巧　刘长楼　何　洪　杨　光　殷开伟　周　建　冯兴荣　郑会凤
曹　胜　曹兆云　孟凡江　金　林　张俊艳　王　菲　徐丽娟　陈　亚
王　刚

党员积极分子：杨泉明　朱晓飞　陈美芬　徐培良　龚天方

优秀共青团员：韩恩良　姜小芳

优秀妇女（计生）工作者：鲁　敏　胡惠素　杨崇佳

优秀安全（环保）工作者：俞　达　朱林潮　俞王东　付荣荣　李克辉

优秀通讯员：杨福良　周静侃

23. 2021 年 5 月 1 日，中共浙江吉华集团股份有限公司总支委员会、浙江吉华集团有限公司授予下列人员 2020 年度先进个人等称号。

先进个人：

直属部门：杨玉米　潘观军　钱远玩　梁建忠　陶兰丰　商李金　田　斌　杨崇佳
许建丽　王水英　鲁　铁　沈　园

创丽公司：石三全　高林丰　潘柏锦　黄邦法　张根三

吉华高分子：王　军　谢昌彬　王小庆　王建财　谷祥朋

吉华江东：李业鸿　廖正林　杜书成　傅克海　王红臣　孙井喜　陆文启　苑青青
黄泽荣　罗松逵　汪　涛　黄占迎　胡长斌　熊兴荣　李文平　沈钊明
沈国飞　辛培富　郑苏丹　方　芳　刘春容　舒　杰　王元春　缪利海
杨水年　张小平　陈维康　胡　刚　施建明　闫平安　杨春山　俞王东
杨茂礼　祝征远　来小平　蒋晓梅　陈永杨　杨月欢　陈德俊　罗庆华
郑　逵　李　强　唐属伟　贾如益　雷小青　王兰勋　徐　丽　李咪咪
罗秀芝　汪　磊

江苏吉华：李海军　康淑秋　曹　胜　周　建　孙雪中　孙　伟　付　彬　康贵洋

康倍得：张恩宏　雷华勇　丁胜男

党员积极分子：周火良　朱晓飞　陈美芬　沈钊明　俞国军

优秀共青团员：鲁　铁　张秀蓉

优秀妇女工作者：郑　容　杨春梅　徐晓莉

优秀安全（环保）工作者：蒲光俊　全恩波　田　华　田　斌　李克辉

优秀通讯员：杨福良　周静侃

24.2021 年 7 月 21 日，浙江吉华集团股份有限公司授予下列人员 2021 年度“吉华工匠”“技术骨干”荣誉称号。

授予一级“吉华工匠”荣誉称号：

王　军　王小庆　杨　勇　王　凡　褚立伟　沈柏万　李明雷　郑　逵
高玲丽　颜雅芳　王宇红

授予二级“吉华工匠”荣誉称号：

陈乐员　陈成兴　王　斌　彭珠明　陈烈华　汪　涛　张林涛　姜小芳
赵利祥　肖兵兵　张红元　来小平　陈德俊　夏　添

授予一级“技术骨干”荣誉称号：

刘海龙　王　江　汪雪松　龚天方

授予二级“技术骨干”荣誉称号：

杨任陆　韩伟春　蔡关夫　杨伟军　俞　超　沈师悦

25.2022 年 2 月 10 日，中共浙江吉华集团股份有限公司总支委员会、浙江吉华集团股份有限公司授予下列人员 2021 年度先进个人等称号。

先进个人：

直属部门：俞红芳　邵天生　钱远玩　高玲丽　俞　超　许建丽　倪燕燕　俞国军
戴青云　张雪莉　郑佳佳　于利高

创丽公司：施小英　杨任陆　潘柏锦　黄邦法　张根三

吉华高分子：王　军　刘海龙　朱胜生　姚祖文　谷祥朋

吉华江东：彭海丰　黄家柱　杨顺刚　杨　勇　唐乾纯　李学兵　王　凡　周桃兵
邓仕强　王传芳　刘　杰　周俊卿　李清刚　黄占迎　周建明　陈红红
陈丽丽　张林涛　毛　东　高丽君　杨　梅　洪婷婷　龚有保　王又芳

王　勇　王洪军　张庆国　陈江顺　李秀朋　刘明武　司士伟　储国军
王淑池　徐继军　周保明　李芝胜　李　强　方致星　王礼勇　罗秀芝
王建财　夏　添　付新意　姚秀云　李世棚　徐有红　吕建平　吴云飞

江苏吉华：王　菲　蔡　杰　曹　胜　周　建　孙雪中　王书洲　潘　帆　任中国
姚习龙　孔凡洋　史龙俊　吉刚强

康倍得：雷华勇　吴　超

党员积极分子：杨泉明　朱晓飞　汪晓琳　陈　利　俞国军

优秀共青团员：韩恩良　姜小芳

优秀妇女工作者：鲁　敏　杨崇佳　胡惠素

优秀安全（环保）工作者：罗小云　俞王东　俞　达　朱林潮　曹　祥

优秀通讯员：周静侃　杨福良

26. 2022 年 8 月 8 日，浙江吉华集团股份有限公司授予下列人员 2022 年度“吉华工匠”“技术骨干”荣誉称号。

授予一级“吉华工匠”荣誉称号：

田　华　龙中波　周　建

授予二级“吉华工匠”荣誉称号：

李明军　邵飞翔　张庆国　刘　超　孙雪中　颜春莹　郭嫣娜

授予二级“技术骨干”荣誉称号：

阮浩伟　廖梦琴

27. 2023 年 2 月 6 日，中共浙江吉华集团股份有限公司总支委员会、浙江吉华集团股份有限公司授予下列人员 2022 年度先进个人等称号。

先进个人：

直属部门：沈建芬　李　娜　何立江　龚天方　郭嫣娜　俞国军　詹云雷　杨　磊
汪晓琳　沈海燕　陈　飞　沈海锋　戴红丹

创丽公司：潘柏锦　杨任陆　吴肖飞　黄邦法　陈成兴

吉华高分子：陈福元　靳九坤　裴国志　王　军　谷祥朋

吉华江东：张光言　姜小芳　刘春容　谢长勇　鲍德仁　李业鸿　王红臣　徐有权
唐乾纯　李加民　陈烈华　王　福　王林生　粟业军　邓先勇　吴盛军

韩伟春　陈云辉　刘贵利　蒋廉宇　王文刚　蒋光富　冷自卫　汪　涛
庞国良　沈光红　谭诗强　唐丽英　吴苏平　陈善军　蒋金明　罗松逵
李彦锋　唐长清　王付全　俞王东　李明雷　梁阿猛　汪　磊　张元选
王小燕　李明军　邵飞翔　张林涛　辛培富　张明荣　史　辉　黄泽荣

江苏吉华：秦正凯　华天金　孔凡洋　朱粮昌　周　建　魏海军　曹　胜　宋正艳
李　超　康淑秋

康倍得：任张荣　施亚飞　钱程哲

党员积极分子：张颖辉　陈美芬　朱晓飞　刘海龙　王　江

优秀共青团员：张秀蓉　鲁　铁

优秀妇女工作者：郑　容　杨春梅　徐晓莉

优秀安全（环保）工作者：蒲光俊　李克辉　俞林荣　田　华　陈红红

优秀通讯员：富华栋　朱晓飞

第十七章　人　物

浙江吉华集团股份有限公司的发展，依靠国家政策的支持，各级政府部门的帮助和指导，合作伙伴的友情援助，更靠一批几十年以来坚守初心、立足本职，在各自岗位上发扬“敬业、奉献、争一流”精神的爱岗敬业员工，他们为吉华集团的建设和发展奉献青春、奉献智慧，作出了较大的贡献。他们为此也获得了较多荣誉，有的还被属地选为党代表、人大代表和政协委员。

本章收录，朱瑞炳、邵伯金、邵辉、杨泉明、吴爱军、周火良、刘海兵、陈美芬、杨国友、徐培良、俞国军 11 人入志人物。以及“党代表、人大代表、政协委员”“中外合作专家名录”“高、中级职称技术人员名录”和“老员工名录”4 个名录。

第一节　人物传

朱瑞炳（1948—2022）　男，汉族，1948 年 2 月 26 日出生，萧山红山农场人，初中文化程度，助理经济师职称，中共党员，1964 年 2 月至 1965 年 11 月，萧山头蓬盐场工作；1965 年 12 月至 1967 年 3 月中国人民解放军服役，任班长；1967 年 4 月至 1976 年 11 月，萧山五七农场胶木厂做出纳工作；1976 年 12 月至 1979 年 9 月到萧山五七农场水泥厂工作，后任主办会计；1979 年 10 月至 1981 年 10 月任萧山农垦水泥厂厂长，1981 年 11 月至 2009 年 7 月任红山农场党委委员、副场长，其间先后兼任红山农场工办党支部书记；1991 年 5 月至 1997 年 12 月兼任吉化萧山联营染料厂董事长，1992 年 4 月至 1994 年 3 月，兼任联营厂党支部书记，红山农场综合办主任，红山农场财务基建党支部书记，红山农场财务内审部主任，1995 年 4 月兼任红山集团公司副总经理。2010 年退休，2022 年 10 月离世。

1991年5月，时任红山农场工业副场长的朱瑞炳，在缺技术缺资金的困难下，组织筹建由吉林化学工业公司染料厂、萧山红山农场、杭州钱江外商台商投资区江南工贸公司合资的吉化萧山联营染料厂。为取得染料生产技术和得到吉化染料厂的支持，曾多次带队赴吉林协作谈判，于是年完成筹建，顺利生产出第一批分散蓝S-3BG液体产品，后经多次技改、扩建，1992年建设年产偶氮型原染料500吨的合成生产线，1993年建设年产原染料380吨C.I.分散蓝56合成生产线，1995年进行技改扩产，调整工艺，改造后处理车间，扩充增效，为吉华集团后续发展壮大奠定了扎实的基础，作出了重要的贡献。朱瑞炳是吉华集团主要的创始人之一。

第二节　人物简介

邵伯金　男，汉族，1952年3月生，萧山红山农场人，初中学历，初级经济师，中共党员。1966—1976年，在头蓬盐场（1969年改名五七农场）晒盐、务农。1977—1991年，在红山水泥厂工作，历任生产副组长、车间主任、副厂长、党总支副书记、常务副厂长。1991年9月，调任吉化萧山联营染料厂、萧山聚氨酯泡沫厂任党支部副书记、厂长。1998—2003年，任杭州吉华化工有限公司党支部书记、总经理、董事长。2004—2021年，历任吉华集团党总支书记、总经理、董事长等职务。

1991年，邵伯金从红山水泥厂调任到濒临倒闭的泡沫厂，靠260万元银行贷款，与吉化染料厂、江南工贸联营。他工作深入实际，处处以身作则，开拓进取，勇于创新，深入进行企业的体制、机制改革，强化经营管理，落实切实有效的经济责任制，调动员工积极性。30余年来在他的带领下企业稳健发展，厚积薄发。2000年吉华化工转制成民营企业，迈入快速发展轨道，2022年吉华集团已分别在杭州市钱塘区临江国家高新园区、杭州临空经济示范区（萧山）、江苏滨海沿海经济技术开发区、南京市江北新区智能制造产业园建有生产基地，拥有海绵、染料、涂料、医药、创新产业园5

个产业、6家核心子公司，拥有净资产50亿元、员工1500多名的现代企业集团。是业内公认的全球三大染料生产基地之一、中国染料工业协会副会长单位。

他以“科技创新”为重点，抢占行业技术“制高点”，拥有3个“国家高新技术企业”，设有“博士后科研工作站”“省级企业技术中心”和“省级高新技术企业研究开发中心”。

邵伯金致力化工事业，以“振兴民族化工，奉献回报社会”为己任，弘扬“敬业、奉献、争一流”的企业精神，率领吉华团队励精图治、创新创效、稳健发展。吉华集团于2017年6月在上交所A股成功挂牌上市，为吉华集团进一步发展奠定了基础。

2003年1月，邵伯金获杭州市萧山区委、区政府“十五”期间（2001—2005）“突出贡献企业家”称号；2006年2月，获杭州市委、市政府“第六届优秀企业家”荣誉称号；2018年3月，获中国染料工业协会“中国染料百年功勋奖”。

邵辉　男，汉族，1979年2月生，萧山红山农场人，大专学历。1999年8月起在吉华化工工作。2002年12月至2004年10月，任吉华化工办公室副主任。2004年11月起，历任杭州吉华贸易有限公司总经理、吉华集团董事、供应部经理、吉华江东总经理、副总裁、市场总监。2022年1月，接任吉华集团董事长。

邵辉在吉华集团20多年来，从基层岗位干起，通过供应、销售等多岗位锻炼，始终以谦虚、低调、务实的个人风格，向市场学、跟同行学、和同事学，系统地熟知、掌握了吉华集团实际情况，为全面接手管理打下了非常扎实的基础。

担任董事长后，注重吉华集团战略层面的谋划与决策，构建了“董事长重决策、管理团队抓执行”的责任架构。在工作中对管理团队信任与放权，注重发挥管理团队工作的主动性与积极性，形成了科学决策、执行有力的高层工作机制。邵辉关心人才引进，重视科技创新，主持和参与国家发明专利8项，注重品牌维护，主持起草“浙江制造”团体标准1项，以实际行动诠释了吉华集团“敬业、奉献、争一流”的企业精神。

邵辉非常注重上市公司的管理规范，主动履行纳税义务，积极维护员工权益，督促企业规范运行，高标准执行国家安全、环保方面的政策法规，同时主动承担企业的社会责任，积极参与公益活动。

邵辉致力带领全体吉华员工，共同为吉华集团再次创业、永续发展而奋斗。

杨泉明 男，汉族，1964 年 10 月 14 日出生，萧山党湾镇新前村人，高中学历，中共党员。1983 年 10 月至 1986 年 10 月，在南京军区某团任团部文书。1987 年 2 月至 1997 年 1 月，在红山水泥厂工作，历任办公室主任、水泥厂下属杭州钱江制药厂厂长。1997 年 2 月至 2022 年，历任联营厂办公室主任，吉华化工副总经理、常务副总经理，吉华集团副总经理、总裁、党总支书记、副董事长等职务。

2011 年 1 月至 2021 年 12 月杨泉明任吉华集团总裁期间，率领企业经营管理团队，围绕“提质升级”“管理增效”两大主题，强化安全环保，加大技术创新、节能减排投入力度，积极拓展国内外市场，坚守主业，稳固实业，谋划发展，保障企业经济稳健发展，为吉华集团成功上市作出了重要贡献。

杨泉明坚持务实管理，科技创新，吉华集团经济总量持续保持稳中提升，为上市谋划发展，成效显著。吉华集团设“博士后科研工作站”“省级企业技术中心”“省级高新技术企业研究中心”等。创新驱动开发行业新、特、精产品，每年 20 项以上课题立项研发，15 项以上新技术实现成果转化，承担多项国家及省级技术创新项目，主持国家发明专利 1 项，并全面推进发明专利和技术标准战略，成效明显，助推吉华集团逐步发展成为国内外知名的染料精细化工企业。

2007 年 4 月，杨泉明获“杭州市劳动模范”称号；2017 年，获钱塘新区“优秀企业家”称号；2018 年 3 月，获中国染料工业协会“中国染料百年优秀企业家”称号；2020 年 10 月，被认定为杭州市高层次 D 类人才。

吴爱军 男，汉族，1971 年 12 月生，江苏省灌南县人，中共党员、硕士研究生学历。进入吉华集团以来，历任吉华集团副总裁兼企管中心主任、财务投资办公室主任。现任吉华集团董事兼总裁、康倍得董事长、杭州临江环保热电有限公司副董事长。

自 2022 年 2 月接任吉华集团总裁后，强化企业全方位的提升，进一步优化各项规章制度，把制度管理挺在前面，以制度管人管事；进一步明确团队成员的责任，通过

考核激励，激发团队的凝聚力和战斗力；进一步突出过程与结果同抓，在过程中注重发现问题、解决问题，在结果上强调业绩为先，凭实绩论英雄。在他的领导下，企业规范化管理进一步加强。

吴爱军高度重视安全环保，深知安全环保是化工企业的生命线。在负责企管中心工作中，和生产、技术、车间管理人员一起，全面推行“6S”现场管理，通过优化工艺流程、更新落后设备、提升生产自动化水平，改善了车间生产环境，改变了员工的不良操作习惯，企业安全、环保水平得到了显著的提升，尤其是在废气治理方面，通过加大投入，精准整改，得到管理部门的高度认可。

吴爱军在分管销售工作中，坚持“以质量显优势、以价格拓市场、以售后赢客户”的销售方针，实现了产品销量和企业效益的双重提升，吉华的品牌效应得到了更好的维护。他注重营销队伍建设，完善了经营制、直销制、外销制的营销体系，进一步明确了营销的目标、责任与考核，增强了营销的市场竞争力，实现营销业绩的稳定增长。

吴爱军作为董事会成员，积极向董事会建言献策，协助董事长的战略决策，强化管理团队的执行力，不折不扣落实好董事会工作要求，以兢兢业业的态度，视企业为自己的家，全身心投入工作，为吉华集团发展作出了积极的努力。

周火良　男，汉族，1972年2月生，浙江省诸暨市石壁乡周宅村人，大专学历，中共党员。高级经济师。

1991年6月，周火良入职联营厂，先后两次被派往吉化染料厂接受专业技能培训。积极进取、刻苦钻研，成为一名业务精、作风硬、善于管理的骨干人才。1996年后，历任联营厂合成车间副主任、主任，吉华化工总经理，红宝染化总经理，杭州萧山染料化工有限公司总经理，吉华江东总经理，吉华集团副总裁兼生产总监等重要职务，为吉华集团发展作出了重要贡献。

30余年来，周火良先后主持吉华集团安全生产、环境保护、目标成本管理、“6S”现场管理、工程建设、人才梯队建设等工作，并取得了优异成绩。生产现场环境、本质安全技术水平、装备自动化水平不断提升；环境综合治理方面，主导了逆流梯度洗涤、蒸馏回收等多项工艺技术改造，累计降本达2000多万元；工程建设方面，先后主导809车间、902车间改造、MVR蒸发、吉华江东“年产10万吨染料及中间体产业转型提升技术改造项目”等新改扩项目，累计完成投资额5亿元以上。

周火良多次被评为吉华集团先进个人，两次被评为党员积极分子，2010年获“突出贡献奖”金牌，2021年认定为杭州市高层次D类人才。

刘海兵 男，汉族，1973年12月18日生，江西南昌人，本科学历。1997年8月至2005年3月，供职于东莞慧智科技有限公司，任生产厂长、副总经理。2005年5月至2008年4月，任吉华集团涂料部副总经理，负责不粘涂料的研发、生产等工作。2008年5月起，作为主要创始人设立杭州吉华高分子材料有限公司，任总经理。2013年12月股改后，任杭州吉华高分子材料股份有限公司董事、总经理。

刘海兵拥有25年以上的不粘涂料行业从业经验，是国内首批从事不粘涂料研究、生产、销售的全面型专业人士。他在注重直接经济效益的同时，重视研发与技术工作，作为主要发明人和团队领导者，先后获“一种耐高温不粘涂料”“一种聚酯改性有机硅树脂的制备方法及含有该树脂的涂料”等40余项授权发明专利，其中2项为国际授权发明专利。

他带领团队攻克耐明火特种不粘树脂等进口受限关键原材料的“卡脖子”难题，实现产业化应用和进口替代，取得了水性有机硅聚酯树脂、高耐磨导热不粘涂料等多项不粘炊具领域的突破性成果，取得完全自主知识产权，入选杭州市首批次新材料项目，填补行业空白，为企业创造直接销售收入超10亿元，间接为苏泊尔等全球炊具企业带来经济效益超60亿元。吉华高分子先后获评浙江省“隐形冠军”企业、浙江省专精特新中小企业、国家级专精特新“小巨人”企业，核心产品市场占有率超32%，居国内第一、全球第二。

刘海兵领导完成杭州市科技局“雏鹰”企业科技创业项目1项；完成省级工业新产品项目44项。其中，“环保型多功能氟硅防污树脂与涂层材料关键技术及其应用项目”获2021年度浙江省科技进步二等奖，“改性有机硅耐高温防腐蚀树脂与涂层材料关键技术及产业化项目”获浙江省技术发明三等奖。

陈美芬 女，汉族，1963年9月5日生，杭州钱塘区河庄街道（原属萧山）人，大专学历，助理工程师，中共党员。1983年起，先后在红山农场水磨石厂、工艺化纤厂、经编厂、模具塑料厂工作。1988年6月至今在吉华集团工作。

1991年7月，赴吉化染料厂实习，1993年始，先后任化验室负责人、质检科科长、总师办主任兼品管部经理、技术中心常务副主任兼品管部经理等职务，2019年退二线后返聘至今。任技术中心常务副主任期间，先后在吉化染料厂、日本与瑞士著名大型染料企业学习。其间，开发了较多不同系列的配方染料，在复配技术上申请了多项发明专利。特别是自主发明专利（“一种分散染料混合物及其应用”，专利号：CN201310018535.7），以新结构合成及拼混配方技术制得的分散黑EX-SFB系列产品，2014年试生产，翌年后产量陆续增加，至2022年底，累计销量达7.7万吨。2017年获中国发明专利优秀奖。在工艺技术上，带领团队不断优化生产工艺，开发出新产品新技术。建立各子公司质检科，制定原材料与最终产品质量要求，开发不同功能型染料组合，做好染料营销服务，达到技术研发、产品质量、染料应用服务的较高管理水平。

1999年始，主持起草企业产品标准，后与沈阳化工研究院共同主持或参与起草国家标准22个、行业（团体）标准13个、企业标准40余个。2010年起，连续担任三届全国染料标准化技术委员会委员。已取得国家授权发明专利36项，其中主要研究发明专利12项，发表学术论文12篇。

2018年认定为杭州市高层次D类人才，2019年获吉华集团“突出贡献奖”金牌，2019年、2021年两次获中国石油和化学工业联合会授予的全国石油和化工行业标准化突出贡献个人称号。

杨国友 男，汉族，1966年11月生，萧山红山农场人，大专学历，中共党员。历任泡沫厂化验室分析员、发泡员、车间主任；杭州萧山吉华聚氨酯染化有限公司副总经理（主持工作）、法人代表；杭州创丽聚氨酯有限公司生技科长、工会主席、支部书记等职。

1985年8月，杨国友入职泡沫厂，伴随了泡沫厂从年销售几百万元的小厂发展至超亿元的区域龙头企业。30余年间，一直致力于技术与产品研发工作。从好奇发泡工艺，到熟练掌握发泡技能，再至后来主管生产技术，坚持各环节做到细致、认真，尤其对新产品开发，克服各种困难、刻苦钻研、废寝忘食，从发展关键阶段的扬声器海绵到后来形成的家私海绵的研发、提升，均倾注着他的汗水，为泡沫厂成为区域龙头企业作出了很大的贡献。

30余年里，泡沫厂经历数次改造、搬迁、升级，他几乎全部组织和参与每个新车间、新生产线的建设，大到车间布局、小至设备管线安装，无不凝聚着他的心血。他与屡任厂长、总经理搭挡管理公司，配合默契，工作兢兢业业、任劳任怨、认真负责，特别是扎根生产第一线，埋头车间管理的劲头得到领导和员工的一致好评。1992年，参与研制的“特黑软质聚氨酯泡沫塑料”产品获萧山市1993年度科技进步二等奖、杭州市科技进步三等奖；2002年3月，被萧山区民政局评为2001年度萧山区福利企业先进生产工作者。

徐培良　男，汉族，1969年8月出生，萧山红山农场人，初中学历，中共党员。吉华集团销售经理。

1984年8月，进入杭州钱江水泵厂工作，成为精工车间的车工。其间，赴杭州齿轮箱厂学习。1988年2月，工作调动进入泡沫厂的省机电公司红山经营部。1990年，随着联营厂成立，基于个人的销售爱好和较强的业务能力，第一个进入吉华集团销售部门从事销售工作。

徐培良在吉华集团销售部门从事销售工作30余年，始终把“敬业、奉献、争一流”的企业精神贯彻在工作中，怀着不松劲、不懈怠、不退缩、不畏难的责任之心和进取之心，凭借良好的应变、沟通能力和孜孜不懈的努力，取得了显著的成绩。

青衿之志，履践致远。30余年中，徐培良紧跟吉华集团的发展步伐，以求真务实的作风、与时偕行的智慧、脚踏实地的态度，在时代发展的浪潮中，以丰富的营销经验和良好的沟通能力，为吉华集团开发了许多长期稳定的客户，形成持续的销售渠道，维护把握客情关系，在销售工作中为吉华集团作出了持续而突出的贡献，最高年销售额2亿元以上，多年在1亿元以上。获吉华集团年度先进个人称号多次，年度“突出贡献奖”金牌两次，年度“突出贡献奖”银牌两次。

俞国军　男，汉族，1969年11月18日生，萧山瓜沥镇官一村人，初中学历，中共党员。1985年至1997年3月，在红山农场工艺化纤厂从事机修工作，1997年4月，进入吉华化工从事安保及现场管理等工作。2007年红山区块搬迁后，带领数个安保人员继续留在老厂区，虽然工厂不生产了，但管理难度反而更大，为此他十余年来夜以继日，不分白天黑夜，高温、寒冻，坚持带队巡逻，先后告破案件五起，挽回经济损失数十万元。

2019年6月，红山区块有机更新项目启动，他不仅抓好三个厂区安保工作，还协助项目负责人完成其他各项工作。管理好施工队的住所场地，配合上级公安部门核查外来人员，抓好疫情防控，负责场地土方、水电计量、垃圾清运、污水转运、废旧设备搬迁等，每天总是第一个到达现场，晚上施工队完工后，再次去现场检查结束后才回家，忙的时候一周才回家一趟。项目结束后，负责安保、卫生、绿化养护等工作，近15万平方米的创新产业园，每个角落都留下他的足迹。

俞国军工作兢兢业业，不忘初心，用心做好每一件事。多年被吉华集团评为先进党员和先进个人。

第三节　人物录

吉华集团在发展的过程中，以人为本，特别注重高、中级技术人员、老员工及重视对中外专家的合作。这是因为他们拥有着在一定程度上、一定时期内难以被替代的技能，是吉华集团发展的必备“零件”。他们一方面经验丰富，处理各种事情的应对能力强，促进吉华集团快速正确的决策；另一方面，为其他员工提供重要知识、技能和洞察力，是吉华集团在市场竞争中起决定性作用的企业精英和中流砥柱，为吉华集团的发展作出了不可磨灭的贡献。

该节在党代表、人大代表、政协委员名录的基础上，特设“中外合作专家名录”“高、中级职称技术人员名录”和“老员工名录”。其中合作专家又分国内合作专家和国外合作专家；老员工名录先列30年以上员工名录，后接30年以下、25年以上员工名录。

中外合作专家名录以合作时间为序；高、中级职称技术人员名录各以获得的时间为序；老员工名录以进厂时间为序。

一、党代表、人大代表、政协委员名录

表17-1

序号	姓 名	性别	学历	任职时间	任职名称
1	杨玉米	女	本科	2021.03—2026.03	钱塘区第一届党代会代表
2	钱 涛	男	博士研究生	2021.03—2026.03	钱塘区第一届政协委员
3	陈治辉	男	硕士研究生	2022.03—2027.03	杭州市第十四届人大代表
4	陈小勇	男	大专	2022.02—2022.12	盐城市第九届政协委员
				2016—2021	滨海县第十二次党代会代表
				2007—2012	滨海县第十三届人大代表
				2012—2017	滨海县第十四届人大代表
				2017—2022	滨海县第十五届人大代表
5	李 超	男	本科	2022—	滨海县第十四届政协委员

二、中外合作专家名录

（一）国内合作专家名录

表17-2

序号	姓 名	性别	职称	原工作单位	起迄时间
1	赵国俊	男	教授级高工	吉化染料厂	1993.09—1995.10
2	连维仁	男	台湾专家	台湾台唐公司	1996.05—2012.05
3	王恩柱	男	高级工程师	吉化染料厂	1997.03—2000.12
4	王佳峰	男	教授级高工	上海染料研究所	1997.06—2012.12

续表 17-2

序号	姓 名	性别	职称	原工作单位	起迄时间
5	谢 税	男	教授级高工	吉化染料厂	1998.04—2001.12
6	曾维新	男	高 工	吉化染料厂	1998.10—2004.09
7	孙贵荣	男	教授级高工	吉化染料厂	1999.03—2002.10
8	程侣柏	男	教 授	大连理工大学	1999.03—2013.12
9	商友芬	女	高 工	沈阳化工研究院	2000.07—2008.03
10	刁文忠	男	高 工	沈阳化工研究院	2000.11—2002.12
11	李崇仁	男	高 工	沈阳化工研究院	2000.12—2004.12
12	严 一	男	教授级高工	苏州染料厂	2001.02—2007.12
13	洪 威	男	教授级高工	吉化染料厂	2001.03—2004.12
14	李绪年	男	教授级高工	天津染料研究所	2002.03—2005.06
15	韩志良	男	高级工程师	沈阳化工研究院	2002.03—2003.12
16	吴家康	男	高 工	苏州染料厂	2002.05—2004.03
17	陈小同	男	高 工	上海染化八厂	2002.11—2004.05
18	李雷逊	女	高 工	上海染化八厂	2002.11—2004.05
19	周国梁	男	高 工	上海染化十厂	2003.01—2004.12
20	高建荣	男	教 授	浙江工业大学	2003.04—2013.12
21	赵德丰	男	教 授	大连理工大学	2008.03—2023.12
22	廖正修	男	台湾专家	台湾永光公司	2010.07—2012.07

（二）国外合作专家名录

表 17-3

序号	姓 名	性别	国籍	职称	原工作单位	起迄时间
1	太田清二	男	日本	外籍专家	日本化药公司	2000.05 —2003.02
2	金相学	男	韩国	外籍专家	韩国理禾产业	2002.10 —2003.09
3	白崇焕	男	韩国	外籍专家	韩国理禾产业	2002.10 —2003.09
4	松尾正美	男	日本	外籍专家	日本纪和公司	2003.04 —2005.04
5	儿岛利员	男	日本	外籍专家	日本纪和公司	2005.05 —2007.05
6	滨崎友博	男	日本	外籍专家	日本三凌公司	2007.03 —2010.03

续表 17-3

序号	姓　名	性别	国籍	职称	原工作单位	起迄时间
7	别罗 (Buehler Ulrich)	男	德国	外籍专家	德国德司达公司	2010.08—2012.11
8	史蒂芬 (Steffen)	男	德国	外籍专家	德国拜耳公司	2011.10—2016.11
9	鲁泽 (Loeser)	男	德国	外籍专家	德国拜耳公司	2011.10—2016.11
10	斯罗德 (Schroede)	男	德国	外籍专家	德国拜耳公司	2013.04—2016.11
11	帕舍 (Paasche)	男	德国	外籍专家	德国拜耳公司	2014.05—2016.11

三、高、中级职称技术人员名录

表 17-4

序号	姓　名	性别	学历	证书名称	专业名称	取得时间
1	陈小勇	男	大　专	正高级经济师	经济管理	2017.11.17
2	钱　涛	男	博士研究生	正高级工程师	材料工程	2022.12.31
3	张颖辉	女	本　科	高级会计师 注册税务师	财务会计	2014.03.31
4	陈治辉	男	硕士研究生	高级工程师	化工	2015.12.11
5	孙岩峰	男	博士研究生	高级工程师	化工	2016.11.29
6	沈钊明	男	高中	高级经济师	工业经济	2020.12.29
7	龚天方	男	本　科	高级工程师	精细化工	2021.11.25
8	汪雪松	女	本　科	高级工程师	化工制造管理	2021.11.25
9	刘海龙	男	硕士研究生	高级工程师	材料工程（产品与技术开发）	2022.06.10
10	韩　锋	男	大　专	工程师	电气管理	2009.09.02
11	屠国锋	男	大　专	工程师	化工	2010.12.20
12	康淑秋	女	大　专	工程师	化工	2010.12.20
13	盛学斌	男	博士研究生	讲师	化学	2011.06.25
14	詹云雷	男	本　科	工程师	化工	2012.11.15
15	商李金	男	硕士研究生	工程师	染料应用与检测	2017.05.31

续表 17-4

序号	姓 名	性别	学历	证书名称	专业名称	取得时间
16	王齐兵	男	硕士研究生	工程师	应用技术服务	2017.09.30
17	胡惠素	女	大 专	工程师	精细化工	2017.11.28
18	陶兰丰	男	本 科	工程师	化工装备及自动化	2019.11.12
19	蔡 杰	男	本 科	工程师	化工工程	2021.7.18
20	楼明锋	男	大 专	工程师	精细化工	2021.11.30
21	韩恩良	男	大 专	工程师	精细化工	2021.11.30
22	阮浩伟	男	本 科	工程师	应用化学	2021.11.30
23	田 斌	男	本 科	工程师	化工技术研发	2021.11.30
24	余 杨	男	本 科	工程师	精细化工	2021.11.30
25	颜春莹	女	本 科	工程师	化工分析	2021.11.30
26	郭嫣娜	女	本 科	工程师	染整工程	2021.11.30
27	胡煜锋	男	本 科	工程师	化工技术研发	2021.11.30
28	苑青青	男	硕士研究生	工程师	机电工程	2022.06.12
29	李明军	男	本科	工程师	化学工程技术	2022.11.23
30	王斌斌	男	本科	工程师	化工制造管理	2022.11.25
31	储国军	男	本 科	工程师	精细化工	2022.12.02
32	陆洪汇	男	本 科	工程师	精细化工	2022.12.02
33	李荔丹	男	本 科	工程师	化工配套公用工程	2022.12.15
34	易 聪	男	本 科	工程师	化学工程技术	2022.12.16

注：按同级职称时间先后排列。

四、老员工名录

（一）工龄 30 年以上员工名录

表 17-5

序号	姓 名	性别	学历	所属部门	曾任最高职务	进厂日期
1	庞明良	男	小学	退 休	子公司总经理	1970.01.01
2	陆荣宝	男	高中	安环部	安环部副经理	1984.10.13
3	汪忠良	男	初中	创丽公司	员工	1985.06.05

续表 17-5

序号	姓 名	性别	学历	所属部门	曾任最高职务	进厂日期
4	杨国友	男	高中	创丽公司	子公司副总经理	1985.08.10
5	徐培良	男	高中	市场部	销售经理	1988.02.01
6	陈美芬	女	大专	技术中心	常务副主任	1988.06.06
7	周绍荣	男	高中	市场部	销售经理	1989.04.01
8	傅伯坚	男	高中	创丽公司	销售经理	1989.09.01
9	沈照员	男	高中	吉华江东605车间	班长	1990.03.01
10	陆关铨	男	小学	市场部	销售经理	1990.07.01
11	杨再生	男	小学	市场部	销售公司经理	1990.07.01
12	周火良	男	大专	吉华集团	副总裁	1991.06.01
13	胡柏忠	男	高中	供应部	子公司副总经理	1991.06.12
14	邵伯金	男	初中	吉华集团	董事长	1991.09.01
15	蔡来生	男	高中	吉华江东607车间	车间主任	1992.02.18
16	方水平	男	高中	市场部	销售经理	1992.05.01
17	冯金伟	男	高中	吉华江东	车间主任	1992.07.01
18	翁礼文	男	高中	市场部	销售经理	1993.01.01
19	邵伯万	男	初中	企管中心	子公司总经理	1993.02.17

（二）工龄25年以上员工名录

表 17-6

序号	姓名	性别	学历	所属部门	曾任最高职务	进厂日期
1	吴旺明	男	高中	江苏吉华808-2车间	班长	1994.03.09
2	金国庆	男	高中	市场部	销售经理	1994.10.01
3	许建丽	女	高中	进出口公司	员工	1994.11.01
4	沈钊明	男	高中	吉华江东605车间	车间主任	1995.08.02

续表 17-6

序号	姓名	性别	学历	所属部门	曾任 最高职务	进厂日期
5	朱大江	男	高中	市场部	销售经理	1996.02.01
6	陈小勇	男	大专	吉华科技	吉华集团 副总裁	1996.03.01
7	汪柏焕	男	初中	创丽公司	班长	1996.03.01
8	方连民	男	初中	吉华江东 607 车间	员工	1996.03.05
9	陶燕青	男	高中	吉华江东 609 车间	车间主任	1996.03.15
10	杨德灿	男	初中	吉华江东 601 车间	班长	1996.07.01
11	汪惠芳	女	本科	财务部	会计	1996.09.01
12	丁　峰	男	高中	市场部	副主任	1996.09.01
13	楼明锋	男	大专	吉华江东 技术科	技术员	1997.01.12
14	杨泉明	男	高中	吉华集团	总裁	1997.02.01
15	张军成	男	大专	吉华江东	车间主任	1997.02.14
16	汪凤尧	男	初中	创丽公司	销售经理	1997.02.15
17	杨　平	男	初中	吉华江东 607 车间	员工	1997.03.01
18	杨春梅	女	本科	财务部	财务科长	1997.03.07
19	俞小园	女	本科	财务部	会计	1997.03.10
20	俞国军	男	初中	吉华科技	班长	1997.04.01
21	邵金瑞	男	小学	吉华江东 601 车间	车间副主任	1997.05.05
22	朱林潮	男	初中	吉华江东 607 车间	车间安全员	1997.05.10
23	朱晓飞	女	本科	人力资源部	人力资源部 副经理	1997.05.15
24	蒋光富	男	初中	吉华江东 609 车间	班长	1997.05.21

续表 17-6

序号	姓名	性别	学历	所属部门	曾任最高职务	进厂日期
25	杨来荣	男	小学	吉华江东601车间	班长	1997.06.01
26	俞兰芳	女	本科	财务部	会计	1997.06.01
27	姜贤旺	男	初中	吉华江东607车间	班长	1997.06.05
28	钟长先	男	高中	吉华江东	车间副主任	1997.06.05
29	庞志利	男	高中	市场部	销售经理	1997.06.26
30	李永英	女	大专	进出口公司	副总经理	1997.06.26
31	缪利海	男	本科	吉华江东608车间	车间主任	1997.07.29
32	丁丹红	男	高中	市场部	销售经理	1997.09.01
33	王官林	男	初中	创丽公司101车间	员工	1997.09.01
34	周金超	男	小学	吉华江东601车间	员工	1997.09.02
35	周建明	男	初中	吉华江东605车间	班长	1997.10.01
36	吴肖飞	女	初中	创丽公司101车间	员工	1998.01.01
37	张君飞	男	高中	市场部	销售经理	1998.02.01
38	屠国锋	男	大专	吉华江东	子公司副总工程师	1998.07.01

第十八章　专　记

专记一：访问欧洲染料三巨头报告

2001 年 5 月 13 日，杭州吉华化工有限公司（以下简称吉华）邵伯金（以下简称邵）、朱建龙（以下简称朱）、张文娟（以下简称张）三人从上海乘机抵达法兰克福，原打算到英国 Yorkshire，由于签证问题和行李遗失未去成。5 月 14—18 日访问（会见）All Chem（大全化工）、Dystar（德司达）、Ciba（汽巴）及 Clariant（科莱恩），对相关问题进行会谈，并参观汽巴、科莱恩的有关工厂、实验室等，收获颇丰。

一、与 All Chem（大全化工）会谈

（一）大全化工总经理马德拉先生从比利时赶到法兰克福在宾馆见面，双方就有关问题进行了会谈

1. 马德拉先生提供了希望吉华制的几支醋酸纤维专用染料样品。

据他说：分散黄 E-2G、分散黄 3GF、分散红棕 B、分散蓝 3RT、分散红 S-3GL 等适用于醋酸纤维染色，希望吉华能复制，还提供了 LG 公司的色卡一份；据其说该染料从 20℃上色到 85℃染色，保温 1 小时即可，具体色卡中有解释。

提供了小样，希望吉华能提供仿 LG 公司的 XS 或台唐的 TNT 系列高牢度染料，LG 的色卡上有该产品，主要是升华牢度 4 级和棉沾污较好。

提供了据说是 LG 公司的分散黑 EX-SF 小样，希望能照样生产大颗粒产品。现欧洲趋向于自动配料，对染料的流动性要求较高。吉华表示也有类似产品，马德拉先生要求下一个订单发此类产品。

2. 马德拉先生需要 C.I. 分散黄 184:1，现从台湾异颖进货，价格 15 美元 / 千克，可销 5 吨 / 年，希望从大陆买，张答应帮他找。

3. 马德拉先生对吉华所供的分散红 S-5BL 产品分散性不满足要求，并提供了样品。据说在 25℃都抽不下去。邵答应回来后进行检测，并会将结果告诉他。

（二）马德拉先生希望能代理吉华产品

1. 邵提出代理要每年不小于以下数量：第一年欧洲 300 吨，南美 200 吨；第二年 600 吨、400 吨；第三年 1200 吨、800 吨。

马德拉先生认为没问题，并说分散染料欧洲的主要市场在意大利。

2. 讨论了代理的有关问题：老客户及通过中间商做的客户，根据客户的意向决定由谁来做；吉华在联系和有正常业务关系的，将业务单位名称及联系地址传真给马德拉先生；马德拉先生也将在做的客户传真给吉华以免发生冲突。

3. 商标使用：销给中间商的用吉华商标，直销给印染厂用大全化工商标。

4. 供货及质量：凡吉华能供的分散染料，必须全部从吉华进货；由吉华将质量执行标准传真给对方，经双方确认，作为执行标准。

5. 佣金：一般为 5%，小品种高一点，大的品种可少一些，具体没有明确。

吉华提出以上问题需回公司讨论后确定，由马德拉先生来中国时商定并签订正式合同。

二、访问 Dystar（德司达公司）

5 月 15 日下午 5 时，由德司达公司毕姆勒博士到宾馆迎接并共赴晚餐。第二天 10 时，与德司达公司 4 位博士（毕姆勒、安德烈·班纳、马蒂亚斯、福斯）、奈夫经理一起参加了会谈。

（一）先由邵、张（翻译）作吉华的介绍

分散染料不再增量，主要是提高品质，增加品种。重点是发展酸性和还原染料。德司达问酸性打算搞哪些品种。邵回答：有 C.I. 酸性橙 67、C.I. 酸性橙 116、C.I. 酸性红 366、C.I. 酸性红 299、C.I. 酸性红 257、C.I. 酸性蓝 113、C.I. 酸性红 114、C.I. 酸性蓝 281、C.I. 酸性蓝

图 18-1 2001 年 5 月，吉华集团代表访问德国德司达公司

182、C.I. 酸性绿 25、C.I. 酸性黄 119；还原染料有：C.I. 还原蓝 4、C.I. 还原蓝 6、C.I. 还原红 13、C.I. 还原红 1、C.I. 还原黄 1、C.I. 还原黄 31、C.I. 还原橙 7、C.I. 还原绿 3、C.I. 还原棕 1、C.I. 还原棕 8、C.I. 还原棕 25。

（二）吉华染料及中间体报价

1. C.I. 分散橙 61 拼的分散黑 EX-SF［Dystar 标准、FOB（美元）］

100% 分散剂 MF 生产的 1.60 美元 / 千克；30% 分散剂 MF，70% 木质素 85A 生产的 1.90 美元 / 千克；100% 木质素 85A 生产的 2.00 美元 / 千克。

2. 中间体 1.8- 二硝基 -4.5 二羟基蒽醌 FOB 10.50 美元 / 千克，德司达要求 FOB 9.00 美元 / 千克；N- 乙基 N- 氰乙基苯胺 FOB 1.50 美元 / 千克，德司达要求 FOB 1.20 美元 / 千克。

邵：待回公司核算成本后向北京德司达王小姐报价。

德司达要求以后吉华生产的酸性、还原染料和配套的中间体请及时提供名录与报价，以便其确定新的采购计划。

（三）德司达公司采购总经理格伦博士介绍其采购情况

1. 采购数量：还原、酸性染料及中间体 2 亿～2.5 亿美元 / 年；分散染料及中间体：1 亿美元 / 年。格伦博士将于下半年访问吉华，并问新产品品种和还原染料先搞哪些品种。邵答：还原先搞 C.I. 还原蓝 6、4。德司达认为 C.I. 还原红 15、C.I. 还原黄 33 很难做。

2. 专利之事：毕姆勒博士认为吉华可能有侵犯其公司分散黑 EX-SF 配方专利，他未作深谈，只是问吉华技术来源，何时开始生产，是否有出口。邵答用大连理工大学技术，2000 年上半年开始生产，有销往中国台湾、韩国。

三、访问 Ciba（汽巴）报告

5 月 16 日下午离开德司达公司，从法兰克福乘机前往巴塞尔，汽巴中国公司副总潘君良接机，晚餐由库别克、科诺德宴请。

图 18-2　2001 年 5 月 17 日，访问瑞士汽巴公司

17 日上午，在潘副总的陪同下访问了汽巴（色彩部）。公司坐落在莱茵河边，中间是街道，两边是工厂，周围均为公寓楼、写字楼、商场。一进公司还认为是办公区。

潘副总介绍左边是办公区，右边是生产车间，让来访者惊诧不已。与库别克博士、科诺德博士和生产部经理道儿博士、开发部经理王锦凯博士（华人）一起会谈，邵介绍了公司概况，库别克博士和科诺德博士分别作了介绍和合作基础讲话，认为两公司互补性很强。

（一）商务会谈

1. 库别克博士对吉华的分散染料不增加产量，重点是提高质量，增加品种，和发展酸性、还原染料等品种的发展方向表示理解，但提醒分散染料仍是主流。

2. 科诺德博士谈了与吉华合作的优、缺点。优点是：质量在中国领先，但仍需稳定；收到订单，能够发货但不够及时；价格有竞争力。缺点是：市场不广，顾客接触不多，售后服务不到位；知名度不高，无品牌优势；因组建时间短，实力不足，宣传不够，无企业形象；品种少，色谱缺，产品未配套。

亦谈了汽巴的特点：有很好的销售渠道，市场面大，有很好的售后服务；有 200 年历史，企业有形象，在全球有影响；染料种类多，色谱全有知名度品牌。

总之，双方有很好的互补性，合作前景良好。

3. 汽巴将在上海建立成品包装线，吉华产品经包装后发往中国国内和世界各地。

4. 目前主要做欧洲客户，在价格上不是问题，今后如根据不同用户做不同价格，双方的合作会更广泛，关系会更密切。

5. 与吉华合作的 4 支主要染料的计划年销售量：

分散蓝 S-3BG 200% 500 吨；分散艳蓝 E-4R 100% 200 吨；分散艳蓝 E-4R 150% 200 吨；分散橙 S-4RL 200 吨；分散红 S-5BL 150 吨。

6. 汽巴的经营宗旨：在染料质量上，取金字塔之顶端部分。

7. 吉华已送样品：分散橙 S-4RL，C.I. 分散红 167 滤饼，分散红 S-5BL 100%，分散艳蓝 E-4R 100%、150%，分散蓝 S-3BG 200%，测试已全部通过并收到连续订单。但 C.I. 分散橙 30 与 C.I. 分散红 167 滤饼和分散蓝 S-5BL 100%、分散蓝 S-3BG 200% 与汽巴的目标价有距离并解释此目标价不仅是针对吉华，而是对汽巴所属各生产厂的要求价格。但质量、供货比价格更重要。

8. 分散SD系列染料。

汽巴获得批准的为分散黄SD、分散蓝SD、C.I.分散黄211，其他均未能通过。汽巴除分散深蓝SD在试验，其余由于结构调整，已停止试验。

（二）5月17日下午参观质量控制中心

1. 标准制定中心：中心主任接待并作讲解。

（1）标准不仅限于色光、强度，还需物理性能测试，此标准汽巴全世界各分公司都适用。

（2）分析至少做2次测试，色光强度用三步法测试。

（3）化验室必须绝对整洁，任何尘埃都可以引起大颗粒差异，对身体也不利。

（4）主任强调：染料质量不仅限于色光、强度，物理性能也很关键。

（5）邵提出大颗粒测试不好原因是否为：A、防尘剂多；B、原染料结晶形状不好；C、电介质多；D、染料凝聚。

回答：上述4种都有可能，其他如过度砂磨，喷干温度过高等原因很多。

（6）科诺德博士认为，大颗粒测色关键在于现场工艺，研磨，控制喷雾干燥。

强调产品质量一定要稳定，比如汽车工业通常用的是混合染料，要保持再次混合后的一致性。假如每个单色染料强度 ±2%，则拼色后误差会很大，最重要的是保证批次的质量和一批内的性能稳定性。因为外国客户与中国客户不一样，国际上大多数印染工厂没有配色的工程师，每次都是按一定的配方投入，如吉华的分散艳蓝E-4R，同一个批次在不同地方取样，色光完全一样，但强度分别为103.2%、100.9%、101.2%。防尘高低不同，有3、4、5级，染出来的产品误差会很大。

2. 参观质检现场及检验设施。

（1）首先参观汽巴刚使用一年，价格130万瑞士法郎的全自动打样机。

（2）参观印染厂生产设备缩小版印花设备检测线等其他检测设备。

（3）参观“染料推广部”，一套价值600万瑞士法郎的全自动各项指标检测设备。设备布置约占100平方米，后端为200个左右染缸，左面为整齐的书架状100毫升标样罐。检测时，从取样、打样到测试结果，从头至尾由计算机智能完成。

（4）工作人员少，工作条件好，工作区有音乐播放，有取食咖啡、糕点专柜。

观后感：各种检测手段国内根本无法比较；工作环境整洁；操作台面无残渣残液；

各种仪器放置整洁有序。

（三）参观生产区

由生产经理和道儿博士陪同，参观了分散和还原染料后处理车间，车间很大，高6层，层高约6米，呈“7”字状布置，顶层为仓库和加料，5层是打浆和预分散及砂磨（加料口在6层），打浆设备为一个约10立方米的卧桶，像一个大的耙式干燥器，下部有3个搅拌。此设备中国没有见过。打浆后送到直径约3米的矮胖形的预分散缓冲锅，搅拌转速很慢。砂磨机有卧式、立式两种，卧式正在检修，看得较清楚，不用分散盘而像狼牙棒，在一个约30厘米直径的圆桶上焊有直径30毫米、长100毫米多根不锈钢棒。

据介绍立式砂磨机较先进。砂磨介质：粗磨为0.7～1.0毫米的玻璃珠，细磨用天然砂，砂磨机之间并联。4楼为标准化工段，锅很多，形状与分散锅差不多，上平盖下锥底，直径约3米，高3.5米。过滤器也放在4楼，像是二级过滤。中间（上面）一个大的，下面四周几个小的。边上放着的滤芯与吉华一样。据说有4个喷雾干燥塔，具体看了一个直径约5米有9个喷头，但不一定全开而是根据使用需要开启的。看到的为中间一个较大，锥形、旋转，物料呈雾状向四周散开，估计为离心式，周围3个压力式喷头和吉华的差不多，喷出的染料加上防尘剂后由1吨左右的周转罐接受后露天放置，需要时送包装、发货。

在3楼看到了生产液状分散染料装置，是一些很大的老式砂磨机，和还原砂磨机不一样，有很多循环锅，估计是一机多锅反复循环。一边有32个好像是标准化锅，估计是调液状染料，排列为4×8形式，有几个较大。每个锅在2楼均有过滤装置，用25微米烧结滤芯进行过滤后包装。有一个直径约1米、高200毫米的碟形预分散装置，估计为陶瓷磨。1楼、2楼没有看。

观后感：参观中看到的和原来想象的根本两回事，真是车间办公化、办公宾馆化，整个厂区赤脚不沾泥。要不是亲眼所见，绝不会想到有这样的化工企业。

在这里，看到了什么叫现场管理，什么叫现代化企业。看到了努力的目标和发展方向。

（四）技术交流

5月18日在汽巴技术中心和库别克博士、科诺德博士、路道夫博士、道儿博士、皮尔博士和潘总（翻译），就C.I.分散蓝56、C.I.分散红167等有关技术问题和中间体业务等事项进行了交流、会谈。

1.C.I. 分散蓝 56 还原反应

吉华提出目前用硫化碱还原，收率低、三废量大，是否可用葡萄糖或水合肼还原。路道夫讲，首先需确认是否有 20% 左右的有机物流失，并认为用硫化碱还原是最经济的，因为硫化碱价低并有很好的选择性，但也容易过度还原产生隐色体导致产品水溶性增强造成流失。收率低的原因是硫化碱用量过多造成过度还原，pH 控制很关键，如大于 13 也会引起过度还原。水解物的粒子过大造成外焦内不熟，建议加少量湿润剂，粒度越小越好。葡萄糖还原是可以的，但需考虑到是否对废水综合处理有利。水合肼还原也是可行的，但要考虑其成本和安全问题。

总之，只要控制好温度、使用量（浓度）、pH 值三个问题，用硫化碱还原是最经济、合理的，收率如做得好应该达 90% 以上。科诺德博士建议可采用硫化碱 80%+ 葡萄糖 20% 混合还原剂，进行试验。

2.C.I. 分散红 167:1

吉华提出：羟化脱水时增大真空量，降低锅内温度，缩短脱水时间后，双酯含量由 85% ～ 88% 提高到 92% 左右，滤饼的熔点也有所提高，但色光偏黄。

答：欧洲都是从醋酸中通环氧乙烷，用一锅法生产的；环氧乙烷应该是气相加入并高速搅拌，不能液相加入，很危险的；单酯、过羟对色光影响不大，建议买一点默克化学单羟物做实验合成后是否有黄光。反应用水如金属离子、电介质等含量高，与环氧反应时会起催化作用，影响色光，导致 pH 值呈碱性，破坏氨基。

3. 分散红 S—5BL120℃分散性问题

汽巴认为与染料纯度无关，分散染料很多品种在一定温度下都会转晶，可通过转晶解决，不同的品种将有不同的温度转晶，可用差热分析仪检测转晶结果。

总之，调整生产工艺是关键，副产物会造成不稳定因素，环氧乙烷和水经高温脱水易产生副产物影响质量。

4. 还原物工艺讨论

听了介绍后认为吉华采用的还原物合成工艺是合理的。

5. 中间体合作问题

（1）汽巴：1,8- 二硝基 -4,5- 二羟基蒽醌水解物（时汽巴青岛已购入）如质量能达到要求，供货是否有问题？吉华：30吨／月以下没有问题，汽巴认为量足够。

（2）汽巴：是否有兴趣生产C.I.分散蓝54？汽巴可提供工艺，有10～15吨／月的需求量。吉华：有兴趣，很乐意做。

（3）汽巴：C.I.分散紫93干滤饼是否可供？吉华：可供，已提供给汽巴青岛。

（4）汽巴：C.I.分散蓝367偶合组份能否生产，质量能否满足要求？吉华：目前采用的工艺成本较高，质量不是最好，新的一种工艺还在试验中，是否可提供帮助？汽巴同意提供帮助。邵承诺如用他们的技术会以优惠价供给作为报答，他们要求把现有的样品送给潘副总。

（5）汽巴：吉华有没有生产C.I.分散蓝165母体？吉华：有生产。

（6）汽巴：有没有生产C.I.分散蓝165？吉华：有计划，还未实施；汽巴：C.I.分散蓝165母体是如何干燥的？吉华：耙干。他们讲极易燃，比C.I.分散紫93更危险；道儿博士：C.I.分散蓝165氰化易做，废水处理困难，关键的一点滤饼中铜离子要小于80毫克／千克，希望吉华将母体和滤饼生产出来后，各1千克样品寄给潘副总。吉华报价母体染料：4.00美元／千克，C.I.分散蓝165滤饼15.5美元／千克。

（7）汽巴：有没有生产C.I.分散蓝77？吉华：已中试成功，有纯和不纯的两种。

（8）要求吉华把所有的中间体目录，整理后传真给潘副总。

6.其他产品的合作

（1）汽巴认为全世界还原染料巴斯夫是第一，汽巴为第二。中国到目前没有哪家能做好，主要是标准化困难，只有汽巴与巴斯夫掌握了技巧，吉华目前的设备完全可以利用，缺少的是技巧，建议购买滤饼进行商品化。他们商量后可选择1～2个产品到吉华生产，具体2个月以后会把讨论结果经潘副总告知吉华。

（2）全世界酸性染料80%由汽巴、科莱恩、德司达控制，对外合作会很谨慎，难度不在于生产而是用于羊毛等织物的代价较高，染色用户挑选染料时会很谨慎。关于C.I.酸性红336，库别克博士讲：正与国内一家染料厂在谈，虽未正式合作，已拿到样品，所以不会轻易改变从吉华进货。

（3）谈到分散染料，认为C.I.分散蓝56、C.I.分散蓝79是最重要的，邵问到C.I.分散黄211是否收到？库别克博士：收到3吨多。

库别克博士：是否生产C.I.分散红60、C.I.分散蓝60两个品种，有多少产量？邵答：

C.I. 分散红 60 产量为原染料 60 吨 / 月，C.I. 分散蓝 60 产量为原染料 20 吨 / 月。对此两个产品汽巴也很感兴趣。

观后感：此次访问受到了汽巴的热情接待，因有潘副总翻译等因素，非常成功，收到了很好的效果。既总结了以前的合作过程，又明确了现阶段的工作（中间体合作），为今后的进一步合作奠定了基础，访问中看到了汽巴的真诚与对吉华的期望。吉华也应把汽巴放在各用户之首，以绝对的真诚和加倍的努力来搞好合作并做好保密工作。这次访问，在待人接物、会谈及工作安排等方面也学到了很多。

四、访问 Clariant（科莱恩）

5月18日下午，访问了科莱恩瑞士工厂（以下简称科方），参加人员：科方有生产经理、经理助理，资源部部长，吉华：邵、朱、张三人。

（一）邵介绍吉华概况，科方提出一些问题

1. 邵：在分散染料上产量不想再增加，但要提高质量，增加品种。

经理：非常明智，应该这样。

2. 经理：为何产量上升，利润反而下降？

邵：因为原料价格上升和政府对环保工作的抓紧，“三废”处理成本提高。

3. 邵：吉华准备生产酸性染料，还原染料。

经理：从何处得到技术支持？

邵：酸性染料来自日本，还原染料技术吉化染料厂本身就有。

（二）对吉华一些产品的看法

1. 经理：C.I. 分散蓝 73 滤饼质量现已通过，含量较高，可接受，但还需要完善。

主要是其中的一批不理想，里面的金属离子含量超标，铬离子应低于 100 毫克 / 千克，实测为 400 毫克 / 千克，其他锰、镍、铜也有些偏高（提供一份质检报告单），好在其他几批较低，混合使用可达标，否则无法用。

邵解释了原因并说以后不会再有此类问题，还问了如何检测金属离子含量。

经理：用 X 射线检测。

2. 谈到分散艳蓝 E-4R，认为质量指标各方面都无问题，但价格偏高。

（三）双方交流了一些技术等问题

1. 朱问：C.I. 分散蓝 73 脱磺一步，吉华使用氨水，是否可用液碱来代替？

经理：可以用液碱或碳酸钠，科莱恩从未用过氨水。

2. 朱问：氨化一步，吉华用的是 25% 的烟酸，是否合理？

经理：太高了，科莱恩好像用 9% 浓度的，具体需查资料后才能确定。

3. 科方：C.I. 分散橙 62 结构式是什么样的，其优异性在何处，是否耐废气？

朱工：画出结构式，并答各项牢度均佳，也耐废气。

科方：价格为多少，销售的为滤饼还是成品。

张答：5 美元 / 千克，销售滤饼。

科方：要求寄样品，样品最好用塑料瓶包装好，封口用塑料带缠紧。

（四）参观生产工厂

1. 工厂位于莱茵河畔，周围风光秀丽，周边有汽巴包装车间和诺华制药厂的车间。

2. 工厂与仓库及废水处理，有一定距离，设施整洁。

3. 工厂物料管道整洁，无跑、冒、滴、漏现象，水管及一些管道为透明的有机玻璃管，可看到物料流动。

4. 所有反应的温度、时间、压力、流程都由位于控制室的两位人员监控，釜内温度测定有：上、中、下 3 个监测点。干燥塔在喷分散染料，计算机上显示塔项温度 120℃，塔底 65℃。

5. 车间工人很少，里面干净、整齐，绝无散落的染料和水渍，自动包装线上方用一张很大的油布罩着，据说为了防止粉尘下掉混入染料影响质量。整个生产活性、酸性、分散、增白剂等多种产品均在一个回字形厂房内，压滤机有板框和隔膜 2 种，机身短滤板大。

（撰稿：邵伯金、朱建龙、张文娟）

专记二：访亨斯迈泰国工厂纪要

2016 年 10 月 25 日，浙江吉华集团股份有限公司（以下简称吉华集团）孙岩峰、韩国贤、缪利海携同亨斯迈青岛工厂经理严海津、焦秀玲等一行 6 人抵达泰国首都曼谷。翌日早上曼谷时间7:30，从CHATRIUM宾馆出发，8:30到达亨斯迈泰国工厂。亨斯迈工厂总经理助理阿披实·崔普辛、技术科长塔纳帕·索万尼、中间控制（质检科长）廷萨·威塔亚颂纳、安环科、采购部等6人接待，在行政区会议室更换了包括工作鞋在内的劳动保护用品。随后在生产区会议室观看了8分钟的动漫安全教育片。

安全教育完成后，首先由孙岩峰博士代表吉华集团进行了吉华集团的介绍和此次来泰国学习考察的目的等。然后，由亨斯迈泰国工厂总经理助理阿披实·崔普辛进行了泰国工厂的介绍和生产线布置情况说明：①亨斯迈泰国工厂前身是一个印度公司，创建于1982年，因1996年资不抵债，抵给Ciba（汽巴）公司，于2006年由亨斯迈公司收购。②目前主要生产纺织染料、毛用染料、喷墨染料。设计产能1.5万吨/年。③生产线布置（普通活性染料）：A线为：备料准备岗位（车间外面）→合成反应（10%左右含固率，25立方米反应釜）→ RO膜处理和湿拼混（含固率提高至30%，污水浓缩后交第三方处理）→喷雾干燥和包装（自动包装线）；B线为喷墨染料线：在上述RO膜处理的基础上再追加2小时左右软水清洗处理，将盐分控制在0.1%以下。④毛用染料：商品剂型先前为粉状，后来是片状，时已经能生产出类似与咖啡粒差不多的颗粒状染料，可以使流动性更好、防尘性更佳、改善溶解性，尤其是用在毛料的印染上。

随后根据事先讨论的情况分焦工、韩国贤一组进行分析检测、印花等应用技术交流；严海津经理、孙岩峰博士、缪利海一组进行生产现场学习交流。

根据两天时间的熟悉，亨斯迈泰国工厂由行政办公楼、浴室与食堂、公用工程车间、质检分析科、技术科、中试膜处理车间、后处理车间、普通品合成车间、新（特）品合成车间、拼混车间、毛用染料造粒车间、污水处理厂等组成。

一、现场情况

1.门卫管理：严格把关、有序进厂。一到厂门口，须向门卫管理人员说明访客需求并提交名片，门卫进行登记后在临时上岗证上用不干胶贴上标签，写上来客姓名，发放临时上岗证（上岗证的区分：本公司人员为红色挂带，非公司人员为绿色挂带），来客凭临时上岗证刷卡进入，出厂时刷卡出门，并交还临时上岗证换回名片。货车一律由西或北门卫进入，正门只有小车可以出入，且车上只允许留司机一人，其余人员办临时上岗证刷卡进入。管理非常有序，门卫很整洁。

图 18-3　2016 年 10 月，吉华集团代表参观亨斯迈泰国工厂

2. 厂区各车间四周马路上均画有路边 1 米左右的人行道黄线，在各个转弯的地方用油漆画有人的走路的姿势，并标有 PERR、PPE 等字样（注：标注字样此处指员工行走时可以不配套劳动保护用品，如安全帽、保护镜等），十字路口过马路有 1 米左右宽度的黑白相间的斑马线，全厂员工基本均能按要求路线行走。

3. 原料仓库均采用货架放置，共 5 层，仓库门口第一个货架上挂着仓库内堆放物料性质与危险等级分类的色标平面图，可以一目了然地分辨出堆放区域的危险等级，仓库立柱和室外钢房立柱底部混凝土的外面用换下来的叉车轮胎做防护，并刷有黄黑相间的提醒色油漆。

二、基建设备

1. 普通品合成主车间：35 米 ×60 米，共 3 层，每层 7 米，一层布置立脚设备（偶合为主），二层为一层设备的操作层，三层布置挂式设备（重氮为主），辅楼为 15 米 ×25 米，一层，高度约为 10 米，布置着过滤机和几个贮锅。

2. 全车间主要设备为 4 个打浆锅，5 台重氮釜，9 台偶合锅（25 立方米），1 台三聚氯氰打浆锅，1 台亚硝酸钠、纯碱溶解锅，其余车间四周有大小不一的较多贮锅，2 台压滤机，整个车间同时只能生产 2 个品种；反应设备为上下封头衬胶锅，贮锅为玻璃钢材质。

3. 普通品合成车间外面，设有 4 台主要原料打浆锅，体积均为 6 立方米，每个锅上面有电动葫芦（不是钢丝绳，是链条）；材质为碳钢衬胶锅，各锅均配有太空包加料临时口和防内袋等掉落装置，可有效防止内袋等掉入锅内，打浆过程为一批对一批进行。

4. 车间废气管基本采用聚乙烯管，少部分采用玻璃钢，且总管从头到尾连接反应釜的减少而逐渐变细（分管：6 立方米锅的废气管直径 89 毫米、25 立方米锅的为直径 180 毫米）；物料输送管采用的基本是聚丙烯管，为防止弯曲或下坠，下面均用 6×6 角铁托着，并统一进入桥架，头子用夹克固定，看上去十分平整。

5.4 个打浆锅出料口进打料泵前，均配有过滤器，直径约 250 毫米，高 500 毫米，滤网为3毫米孔径。打料泵的冷却水，采用自控断水，或缺少无法开启，或立即停止装置，防止机封烧毁。

6. 中和调碱：采用 20% 的氢氧化钠（购入 50% 氢氧化钠化成 20%）和 20% 的碳酸钠（购入粉状配成 20%）两种，经询问 20% 碳酸钠从未结晶析出过，或许与当地全年温度均较高有关，两根碱液管采用同一支流量计加入，现场可以记录加入量和流速的控制，因使用 20% 的碱进行中和，故生产的成品液含固率一般都在 10% 左右或略高。硫酸、盐酸等液体进料都经过滤装置。

7. 三聚氯氰打浆锅（容积 7 立方米）：采用两个搅拌（分散盘 + 搅拌），基本使用 500 千克包装（小包装不多），通过加料负压设施加入，但按照现场的情况估计，仍会有气味产生的。

8. 车间降温均采用冰降温（无冷冻，含固率偏低的原因之一），1 台冰机，2 路风送装置，在车间二层位置的墙外有一分为二的分路装置（现场没有滴水现象），每个楼层各有 2 条送冰管道（软管，根据需要拆接，接上后待产品做完才拆下），管径约 200 毫米，根据介绍，应该为块冰。

9. 除三聚氯氰打浆锅外的搅拌均为双锚型，转速有 33、42 转 / 分钟 2 种，一个锅上的电机、温度、pH 计、电动阀开关等设置一个控制箱，固定在反应釜边上或离反应釜不远的地方统一布置，可以完成此反应釜的全部操作控制。

10. 液体投料设有专门的投料区，并建有玻璃透明小房子，内废气吸收连接的负压，内部及门口地面设有滚筒。为减轻操作工拉料劳动强度，用插底管插入筒内并用气动隔膜泵将液体物料打走，小房子封闭，并用一套小的废气吸收塔专门吸收排放。

11. 打浆岗位的废气经过粉－气分离器后直接经风机排放，不存在任何废气处理的情况，其余重氮偶合等反应釜设一台吸收塔，用碱液吸收，过量的氧化氮还是没有较好办法吸收掉。

12. 各设备与楼层面相交处均有较扎实的密封防水圈，内部为宽约 10 厘米，高约 10 厘米的水泥防水坝，外部为宽度约 20 厘米，高度 30 厘米不锈钢板，每个锅分 3 段连接而成，用螺杆连接固定。

13. 各锅均有两个大锅口，其中一个采用盖中盖，大盖较沉重，平常基本不打开，盖中盖基本用有机玻璃制成，轻便，盖上后用扣子固定，操作方便不易掉落，又可以通过视孔灯观察内部物料。

14. 绝大部分主要原料使用太空袋包装，在打浆锅锅口临时装接上专门用来投太空包的装置，此装置的中间部位还专门设置了解太空包袋底口绳的小门，便于解开袋底袋口，锅内还装有防止内袋掉落的格子篮。

15. 打料泵需要使用冷却水的机械密封，采用封闭冷却水桶，可大量减少冷却水用量，并减少污水排放量，循环桶容积约 0.3 立方米，使用压力 0.29 兆帕，该设备有详细的内部结构图。

16. 溶解锅的蒸汽管从溶解锅的外壁靠近底部插入，可能是衬胶锅内部难固定的原因吧。

17. 商品干拼车间有 2 台 15 立方米的不锈钢混合器，单搅拢，大部分物料是从混合器口用太空包通过加料装置的振动筛加入，微调物料是通过水环真空泵经旋风分离器抽入，防尘剂在混合器内部有两个喷头随搅拢转动而加入，此车间较其他各个车间粉尘要大点；太空包搬动为自动运输装置，劳动强度不大。每个混合器下有 2 条包装线，均用搅拢搅出后包装。

18. 喷前缓冲锅搅拌有点特殊，现场人员答不上为什么；从上往下第二档，左右高度不在同一水平上，但此两片浆叶角度可以任意调节。

三、生产工艺

1. 过滤时全部品种成品液均加有硅藻土（Kenite-700），一般 20 ～ 25 平方米成品液（含固率为 10% 左右），根据品种不同加 20 ～ 40 千克 / 批硅藻土，2 立方米的隔膜压滤机，过滤 4 ～ 10 个批次卸渣一次（滤布和硅藻土有样品带来分析比较）；至于过滤速度快慢问题，主要还是成品液的含固率高低引起的原因比较大。

2. 消泡剂用的是有机硅消泡剂（与我们的一样），从 200 千克桶泵入 50 千克桶后，人工用瓢倒入锅内消泡。

3. 膜处理：将含固率在 10% 左右、体积为 25 立方米的成品液提浓到 30% 左右、体积为 5 ～ 6 立方米浓缩液一般需要 6 小时左右，若需生产墨水的要追加水洗 2 小时或以上。

4. 进入膜处理物料控制条件：液相色谱、强度、pH、收率、应用性能等，不溶物指标在合成控制；其中消泡剂用量大或液相色谱含量低的染料不易进膜，容易造成膜芯堵塞。

（1）膜的使用寿命为2年，染料损耗根据物料性质一般在1%～1.5%。

（2）膜处理透过的生产废水，以前是用分子量较小的膜将其浓缩至15%，时已改用蒸发装置（类似于我们的MVR，但成本比MVR浓缩要大）将其浓缩至15%，然后由第三方焚烧处置，浓缩成本下降不小，年浓缩液量为2.7万立方米左右。

（3）换品种等进行膜清洗，分碱洗和酸洗，先碱洗再酸洗。

膜清洗工艺表

表18-1

序号	碱洗			酸洗		
1	EDTA	25千克	备注	Citric Aciol	25千克	柠檬酸
2	Mualon FL	6.63千克	自产	—	—	—
3	pH值	9.3～9.5	20%	pH值	3～4	—
4	水	2500升	—	水	2500升	—
5	清洗时间	1小时	—	清洗时间	1小时	—

注：一般为48小时清洗一次。

5. 染料标准化调强度没有使用元明粉，而是使用扩散剂NNO和一种购入的助剂（DYWELL-500），再三问其为何未使用元明粉，没有得到正面回答（后处理经理回答：想想也应该用元明粉），但考察人员走到的现场确实没有看到元明粉，而都是堆放上述两种助剂。

6. 活性红P-4B经交流，亨斯迈生产工艺与吉华集团一致，生产上也没有遇到问题。

7. C.I. 活性黑8亨斯迈泰国工厂也没有生产，从其他工厂调料进行拼混，没有进行交流。

四、安全环保

1. 每个车间各有一个将各种编织袋压紧打包的压力机，打包后由第三方处置，太空包均不回收。

2. 雨水分流，单独收集，直接排至园区污水厂，实际现场车间四周下水沟有积水，水中有水草等杂草（水很清），没有一点污染。

3. 后处理各粉料料管之间连接采用与料管管径一致的橡胶管，并用抱箍或锁紧装置等抱紧，防止粉尘飞扬，杜绝了染料的吸潮结块，尤其是活性染料吸水性较强。

4. 因楼层高，三楼挂式设备的底阀位置高，人工较难操作，采用自动底阀开关。锅底部没有短节，底阀直接用内丝螺孔螺杆紧上，较大幅度减短了物料沉积的情况发生。

5. 维修一般不用警戒线，而用一种隔离架，略有隔开就好，维修完毕由机修工带走。

6. 设备安装或大修期间，与生产现场做到绝对隔离并标识。

7. 法兰连接处的防溅防护，用橡皮并用扎丝扎紧，简单便捷，但易脱落。

8. 部分生产区无异味的区域，且需散热通风的彩钢瓦墙体，采用“S”形彩钢瓦，既通风又防雨（类似百叶窗）。

9. 除机械密封外的搅拌轴处的密封装置是简易的不锈钢盖，分两半拼入密封，在负压的设备里，效果还是较明显的。

10. 车间楼梯均设在车间外面，用钢梯，并配有防滑条，效果好，基本不滑。

11. 现场共有 5 台计量槽，用于各条线的重氮使用，其余液体原料均是采用流量计加入，亚硝酸钠使用计量槽的原因是担心亚硝酸钠不足造成质量影响，过量易产生环保和安全隐患，材质为玻璃钢，做到投料双保险。

12. 过滤产品的残渣（硅藻土）和膜处理透过水经浓缩成 15% 的含固率后，由第三方焚烧处理。

13. 消防箱全部采用不锈钢材质，对开门（与我们在用的两个差不多大），内部消防水带用托架支撑，防腐蚀。

五、管理

1. 合成车间和后处理车间，每班均为 11 人，四班三运转，合成车间有 1 名经理、3 名副经理（含工艺员）；后处理有 1 名经理、2 名副经理（含工艺员），机修、电工由公用工程负责，车间人员流动极小；车间划分：合成为纯合成，后处理为膜处理、前标准化、喷雾干燥和包装。

2. 每台干燥塔下面有 2 条自动包装线，一条包纸箱，一条包太空包，左右分开，每班 3 人，根据物料性质、喷前含固率、塔的蒸发能力，每小时可包出 500 ～ 1000 千克。

3. 整个合成车间共有大小不一的 5 个管站（物料的中转站），使车间内增加了不少管线，但仍然是整齐有序，在管站处用较大不锈钢槽接料，使料液不外溅，拆接管线均在这里面完成，既方便又干净；但如果楼层位差小，或平层送料，管内物料较难放净，布置时需谨慎考虑。

4. 岗位上临时用的冲水软管（包括洗锅用），用圈成半圆的钢板制成，或转动轴承并用支架缠绕起来，使用后收集较整齐。

5. 染料在纸箱包装后采用真空吸吊机搭木架，能较大程度地减轻后处理车间包装员工搭木架的劳动强度，在向严海津经理询问生产厂家或购入渠道后，建议即时购入使用；同时员工戴胶手套操作，纸箱做到绝对无手印。

6. 液体商品包装前采用 1 微米滤芯过滤后包装（与我们的类似），防止杂物带入，导致喷墨堵喷头。

7. 各类贮锅，反应锅均有一个向锅内照射的 LED 灯，开启后锅内物料均可以看清，方便员工操作时对锅内物料的监控。

8. 反应锅的 pH 计均在底部封头上口侧面插入固定，但长期不用时需要拆下并在使用前进行校对，平时连续生产时不作拆卸，也不作 pH 值校对。

9. 阀门的保温外壳是用不锈钢皮制作成方壳并加扣子，维修时可以将其拆下，待阀门修复后可以重新装上，没有我们目前使用的好。

10. 研发实验室共 7 人，负责新品种开发，服务车间生产，解决车间碰到的技术问题，制定进厂原料的质量指标（分析由中间控制室负责）。通风柜和原料存放处均用约 200 毫米口径的废气管外引，整个研发室约 70 平方米，封闭房间，设施相对较新较先进，并配有膜处理小试设备和喷雾干燥小试设备。

11. 合成的各反应釜上均有一个操作法及操作记录纸的密封翻板夹（不锈钢制），上面夹操作法或设备参数资料，下面夹当批生产的操作记录纸，记录较方便。

12. 亨斯迈泰国工厂虽然没有蓝标(Bluesign)认证，但现场取样瓶统一并整齐摆放。

13. 在后处理的各贮存锅出料口至料泵前均安装有管式过滤器，主要是防止机械类杂质进入泵内，损坏打料泵或尼可泵。

14. 干燥后在塔底喷加的防尘剂，并进行自动化生产线包装，现场是相当的整洁，基本没有看到料尘。

15. 氨基磺酸是在 500 千克塑料桶里用小搅拌溶解后配成溶液使用的，在重氮保持完毕除亚硝酸时，用水桶盛倒入锅中，也比较方便且现场比较干净。

16. 所有场合的白板均采用白色底面，然后用玻璃，记号笔直接写在玻璃墙上，易擦，并可以预防留有痕迹，各科室内有较大部分是直接写在型钢窗的玻璃上，也比较整洁。

17. 现场灭火器根据内装物不同，分红色和绿色两种，应急使用时一目了然。

六、质量控制与应用检测

图 18-4　检测设备（2022 年 12 月摄）

1. 分析室现场：分析室由办公室、天平室、仪器室和染料应用室组成，非常整洁。出入口有两个：一个为上班入口，一个为进车间出口，上班入口处安全帽上墙挂置，上班人员挂牌显示（表示正在上班人员）。整个仪器室操作台面积小、放置紧但井然有序，仪器都按规有序摆放在画线区内，画线区域外不放置无关物品。每个操作台下都设有一个加盖的垃圾桶，仪器操作台除必须坐着操作的仪器外都不放置椅子。仪器操作室窗口设有一排记录台，记录台上面全部摆放电脑作记录用，所有数据都录入电脑，基本为无纸化记录。电脑椅统一摆放，并画线，椅子不得移出画线区域，用完电脑后电脑椅恢复原位，仪器室操作台四周画线区分人行通道。染色设备和烘箱放置同一房间，与仪器室隔开的门用红外线控制，边上设有宽约 0.8 米，长约 1.2 米的 2 个水池作染色后洗涤设备用，墙上设有 2 台大功率的风扇用于通风降温。

2. 仪器设备先进、齐全：仪器室主要仪器有：红外光谱、液相仪、电位滴定仪（梅特勒）、TOC 有机碳分析仪（污水分析用）、COD 裂解分析仪、染料透射测试仪（定制仪器快速测合成后染料的色光、强度）、离子色谱仪、表面张力测试仪、黏度计、测色仪（datacolor.600 型）、快速水分测定仪 3 台（HG53　1 台、HG43　2 台）。染色设备：染色机 3 台、轧染机 2 台、印花机 1 台、洗蒸机 1 台。有自制纯水设备 3 套等。其中染料透射测试仪较为先进，吉华集团尚未有这种设备。该设备可以得到液体状态下染料的一些应用数据，适合做水溶性染料的分析。

3. 分析室管理与人员配置：管理实行主管—班长—员工三级体制。每天开早、晚工作会议，早会 8:30 布置一天工作，晚会下午 16:30 汇报一天工作完成情况及中班工作安排，会议时间约 15 分钟，目的是工作管控有效。考核列图对比上墙，全室人员 30

人：三班制12人每班3人，四班三运转，其余为长白班人员。

4. 活性染料轧染方法及操作要点，以活性黑G为例：

纹棉布：5±0.002克。

染色深度：36克/升、40克/升、44克/升三档。

硅酸钠溶液：33%。

氢氧化钠溶液：6%。

将染料按上述要求称置于300毫升烧杯中，分别加入63.4毫升、63毫升、62.6毫升的水，搅拌溶解，在轧染前加入混合助剂（硅酸钠溶液与氢氧化钠溶液按7:3）33毫升，搅拌均匀后即刻轧染，轧染好的布用塑胶棒拉紧卷起并用保鲜包好。室温（25℃左右）放置于45分钟，再在55℃左右恒温下放置45分钟，取出进行皂洗、清洗、干燥比色。

5. 活性染料印花方法及操作要点（ 以活性红P-4B为例）：

染色浓度：20克/升糊料配制：每100克糊料含有尿素10克、小苏打2克、防染盐1克。

糊料黏稠度以适合印花要求即可，5%～7%的海藻酸钠。

操作步骤：先按上述比例配制好所需糊料总量，并快速搅拌打浆成透明糊料。称取染料和试样各1.8克、2.0克、2.2克于250毫升塑料烧杯中 ，加入100克配制好的糊料，快速搅拌打浆成透明（搅拌速度约900转/分钟），铺平白坯印花布，盖上平纹印花网，加入适量上述染料糊料，进行一次性刮板印花。印完后的布样在102℃烘干2分钟，再在102℃下汽蒸8分钟，在50～60℃软水中漂洗样布洗净糊料，再进行皂煮、烘干比色。

6. 探讨了C.I.活性黑8中间体的含量分析，因泰国亨斯迈公司不生产C.I.活性黑8产品，也没分析过，后经询问亨斯迈总部，告知分析方法上的萘磺酸为1-萘磺酸。1-萘磺酸的作用是稳定重氮盐，保证反应顺利进行。此工作在购置1-萘磺酸试剂后再进行分析对比。

7. 对活性橙8638合成液随放置时间的变化，变暗速度较快，进行了工艺交流，泰国工厂执行的工艺与亨斯迈交给我们的基本一致，只有二偶合时的pH值回调至5.0～5.5，而泰国工厂认为先回调至6.0～6.5较好，待膜处理后商品化时，再回调至5.0～5.5。但变暗情况仍然存在，只有缩短合成成品液的存放时间才能减少DC的变化幅度，泰国工厂膜处理时间为 6 小时。色光暗可以接受，活性橙 8638 强度在 95% 可以勉强接受。因活性橙 8638 是用于干混活性黑 G 和活性黑 R，如果活性橙 8638 强度低会导致活性黑 G 和 R 的强度不够。另一种方式是提高活性黑 B 的强度来弥补活性橙 8638 强度的缺陷，如果这样安排都需寄样品确认。亨斯迈之所以单独采购活性橙 8638 后，再在泰国工厂进行拼混后销售到其他国家，是因为可以避开一定的税，使成本降低。

图 18-5　吉华集团代表与泰方代表合影（2016 年 10 月摄）

七、污水处理车间

最后参观的是污水处理车间，由于管理严格，没有被允许拍照。车间整体规模较小，主要处理洗涤水和实验室用水。整个流程最大的不同点是：臭氧氧化放到两次生化中间；后期用大量的活性炭脱附，每月用量 40 吨。污水处理量为 700 吨 / 天。

八、结语

两天的亨斯迈泰国工厂的参观、学习，共参观 4 个车间（合成车间、后处理车间、拼混车间、污水处理车间）及研发、品管和应用 3 个部门。据内部管理人员介绍，该厂也为亨斯迈所有工厂中的标杆企业，从实际情况来看也确实如此，同时该厂具有以下特点：

1. 生产规模小，仅有 1.5 万吨 / 年产能力。生产品种较少，生产车间仅有两条生产线。

2. 管理严格，职工能自觉地遵守工厂的相关规定（如佩戴劳动保护用具、规定路线行走、工具用品的摆放）。

3. 工厂的标识、标牌（如管线标识、防护标识、危险化学品标识等）标注清楚。

4. 车间管线布置清晰，清洁生产做得较好。

5. 实验室装备小型喷塔、小型膜处理机、染料的透射分析仪是吉华集团不具备的设备，其他都有。

6. 绝大部分的污水（膜处理水，经浓缩后）和固废（活性炭）委托第三方处置，工厂仅处理一些洗涤水。废气同样没有较好的处理设施，按照泰国的排放标准粉尘控制在小于 400 毫克 / 立方厘米。

九、考察体会

亨斯迈泰国工厂作为亨斯迈标杆的工厂，从工厂设计、工艺流程、生产技术和生产管理都处于领先水平。这主要得益于亨斯迈对染料的理解和先进的生产理念。首先，该次考察最大的收获是亨斯迈在生产过程中的物料均是液体物料或浆料（固体物料经打浆工艺）在生产各单元中进行输送，当时看来主要是解决生产过程的跑、冒、滴、漏等问题，在今天看来这是实现全流程自动化控制的基础，对吉华集团车间的设计和改造有很大的帮助。其次，该工厂生产的大颗粒无尘染料、商品化配方（扩散剂 NNO 做填充剂）及中间过程控制放到今天仍然是先进的，这些使得其生产的染料具有较高的品质，是非常值得学习的。最后，该工厂在环境、健康和安全（EHS）管理方面也保持了较高水平，从标识、标牌到员工的劳动保护在当时都是一流的水平。这些宝贵的经验至今在吉华集团的工厂已经可以看到。该次考察收获颇丰，每一位考察人员在自身的领域都学到了很多知识，对以后的工作帮助良多。

（撰稿：孙岩峰、缪利海、韩国贤）

第十九章　文　献

自创业以来，特别是浙江吉华集团股份有限公司组建以来，在企业的发展过程中，得到了上级组织的积极关切和支持，不论是项目，还是上市等，均及时支持批复；同时，吉华集团内部也形成了一系列有重大意义的决策性文件和资料。为不忘初心，再接再厉，砥砺前行，传承历史，对这些文件或回忆资料有必要录入文献章之中。录入时，有的全文照录，有的部分选录。录入内容主要为吉华集团发展重要历史节点的文献。

为规范公司行为，保障股东的合法权益，根据《中华人民共和国公司法》和有关法律、法规规定，吉华集团结合实际情况，制定了《吉华集团章程》。并根据注册资金等情况的变化，对章程部分条款作相应修正。修正后，均通过由股东代表大会等相关程序审议通过。《吉华集团章程》连附则在内共12章20节199条。因篇幅太大，修正又比较频繁，故不载入文献章之中。

第四节回忆录载吉华集团创始人邵伯金《我在吉华三十年》和吉林化学工业公司染料厂派驻吉化萧山联营染料厂副厂长、高级工程师於印章《吉华让我感慨良多》。

第一节　上级文件选录

一、省部级以上文件

关于成立萧山吉华进出口有限公司的批复

〔2000〕外经贸发展审函字第2633号

浙江省外经贸厅：

浙外经贸发〔2000〕434号文悉。现批复如下：

一、同意成立萧山吉华进出口有限公司（以下简称公司），并赋予其进出口经营权；

同时撤销杭州吉华化工有限公司的进出口经营权。

二、公司的经营范围在我部原批准的杭州吉华化工有限公司的经营范围基础上，增加“出口与本企业自产产品的相关或同类商品（具体商品目录由你厅核准）”。

三、公司凭此批复办理海关、外汇、工商、税务等手续后，申领《中华人民共和国进出口企业资格证书》，并须于每年3月31日前到发证机关办理该证书年审手续，杭州吉华化工有限公司原申领的《中华人民共和国进出口企业资格证书》予以废止收回。

四、公司的进出口业务，由你厅归口管理，公司应严格遵守国家的有关法律、法规，在国家统一的外经贸政策指导下开展进出口业务，如有违法、违规行为，我部将依照《中华人民共和国对外贸易法》及有关规定，给予相应的外贸经营许可行政处罚。

五、公司须加入进出口商会，并服从其协调，按规定向你厅提交有关外经贸经营活动的文件及资料。凡经营国家实行进出口许可证管理的商品，公司应按规定办理申领手续。

特此批复。

中华人民共和国对外贸易经济合作部

2000年11月17日

关于同意杭州吉华高分子材料股份有限公司股票在全国中小企业股份转让系统挂牌的函

股转系统函〔2014〕571号

杭州吉华高分子材料股份有限公司：

你公司报送的《关于股票在全国中小企业股票转让系统挂牌的申请报告》（杭吉分政字[2014]12号）及相关文件收悉。根据《中华人民共和国公司法》《中华人民共和国证券法》《国务院关于全国中小企业股份转让系统有关问题的决定》 《非上市公众公司监督管理办法》《全国中小企业股份转让系统业务规则（试行）》等有关法规、部门规章及相关业务规则，经审查，现同意你公司股票在全国中小企业股份转让系统挂牌。

你公司申请挂牌时股东人数未超过200人，按规定中国证监会豁免核准你公司股票公开转让，你公司挂牌后纳入非上市公众公司监管。请你公司按照有关规定办理挂牌手续。

全国中小企业股票转让系统有限责任公司

2014年5月19日

关于核准浙江吉华集团股份有限公司首次公开发行股票的批复

证监许可〔2017〕758号

浙江吉华集团股份有限公司：

你公司报送的《浙江吉华集团股份有限公司首次发行股票并在主板上市的申请报告》（吉华政字〔2015〕32号）及相关文件收悉。根据《公司法》《证券法》和《首次公开发行股票并上市管理办法》（证监会令第122号）等有关规定，经审核，现批复如下：

一、核准你公司公开发行不超过1亿股新股。

二、你公司本次发行股票应严格按照报送我会的招股说明书和发行承销方案实施。

三、本批复自核准发行之日起12个月内有效。

四、自核准发行之日起至本次股票发行结束前，你公司如发生重大事项，应及时报告我会，并按有关规定处理。

中国证券监督管理委员会

2017年5月19日

证券上市协议

浙江吉华集团股份有限公司，根据证券许可〔2017〕758号，向上海证券交易所（以下简称甲方）申请上市，其获准公开发行或管理的有价证券及其衍生品种（以下简称乙方证券）

依照《中华人民共和国证券法》《证券交易所管理办法》和其他相关法律法规、《上海证券交易所股票上市规则》及甲方关于证券投资基金、权证等证券的上市规则和其他关于上市协议的规定，双方同意订立本协议，并共同遵守。

第一条 甲方同意乙方证券上市，为乙方证券的上市提供交易设施和服务便利。乙方在甲方市场上市的证券为：

证券品种：股票

证券全称：浙江吉华集团股份有限公司

证券简称：吉华集团

证券代码：603980

上市日期：2017年6月15日

上市数量：10000万股（首次上市时可流通量）

证券总量：50000万股（首次上市时流通量与非流通量之和）

乙方上市的证券品种有增减或本次上市证券的内容有变更的，乙方为此向甲方提交的有关申请文件、报告、证明等经甲方认可后，亦作为本协议的一部分。

第二条 除本协议规定事项外，国家有关证券的法律、法规、规章和甲方有关规则、办法、公告、通知等规定，甲乙双方均应当遵守。乙方及其董事、监事和高级管理人员在上市时和上市后作出的各种承诺，作为本上市协议的一部分，应当遵守。

第三条 乙方及其董事、监事和高级管理人员同意积极配合甲方行使监管职责，并接受甲方依规定对其违规行为作出的相应处分或惩戒。

本条所述规定遇有修订的，以修订后的内容为准。

第四条 乙方向甲方缴纳的上市费用及其标准，按照甲方的有关规定执行。经有关主管机关批准，甲方可以对上述收费标准进行调整。乙方应当按调整后的收费标准缴纳上市费用，双方不再另行签订协议。

第五条 甲方依据有关法规、交易所规则规定或基于其他原因认为必要时，按有关程序核准后，可以变更上市证券的交易方式，或停止其买卖；甲方认定乙方证券不再符合上市条件的，可以暂停或终止该证券上市。

第六条 本协议自乙方证券在甲方市场首次上市之日起生效。自乙方证券终止上市且在甲方市场被摘牌之日起失效。

第七条 乙方同意在其股票被甲方终止上市后，其股份将按有关规定进入代办股份转让系统或甲方认可的其他转让系统继续交易。

第八条 乙方股票被甲方暂停上市的，乙方应当按有关规定选定一家有资格的证券公司作为公司股票终止上市后股份转让的代办机构（以下简称代办机构），为乙方提供股份转让代办等服务，乙方应在规定时间内与代办机构签订协议，并按甲方要求，及时将协议签订情况通知甲方。逾期未选定的，视为乙方同意甲方在作出乙方股票终止上市决定时，即代其指定临时代办机构，为乙方提供股份转让代办等服务。相关费用由甲方承担。

第九条 本协议一式二份，双方各执一份，具有同等法律效力。

甲方：上海证券交易所（盖章）	乙方：浙江吉华集团股份有限公司（盖章）
地址：上海浦东南路528号	地址：杭州萧山临江工业园新世纪大道
代表人签字：徐毅林	代表人签字：邵伯金
签字日期：2017年6月15日	签字日期：2017年6月15日

二、市局级文件

关于《江苏吉华化工有限公司33万吨/年硫磺制酸及配套产品项目环境影响报告书》审批意见

盐环管〔2006〕25号

江苏吉华化工有限公司：

你公司报送的由盐城市环境保护科学研究所编制的《江苏吉华化工有限公司33万吨/年硫磺制酸及配套产品项目环境影响报告书》与江苏省环境工程咨询中心评估意见及滨海县环保局的预审意见收悉。经研究，审批意见如下：

一、同意江苏吉华化工有限公司在盐城市沿海化工园区内建设33万吨/年硫磺制酸及配套产品项目。配套产品规模为：2万吨/年硫酸钾，3万吨/年氯磺酸，1万吨/年对位酯，1万吨/年亚硝酰硫酸，2万吨/年H酸。

二、原则同意滨海县环保局的预审意见。该报告书提出的污染防治和事故风险防范措施总体可行，可作为该项目工程设计和环境管理的依据。

三、在项目设计和建设过程中，要注重落实以下要求：

1. 应科学规划和合理布局，实施环境有效管理，提高资源合理配置水平。

2. 按“清污分流、雨污分流、一水多用、分质处理”的原则，规划设计、建设厂区给排水管网。间接冷却水循环使用，循环水系统强制排水收集后部分用于地面冲洗水，部分用于绿化用水，其余部分直接排入集中区清下水管网，清下水COD、SS浓度应控制在40mg/L以下。蒸汽冷凝水收集后全部用作循环冷却水补充水，不外排。对位酯项目产生的工艺废水经蒸发析盐前处理后，其冷凝水与其他生产工艺废水、设备及地面冲洗水、生活污水及初期雨水合并，经报告书推荐的废水预处理工艺（处理工艺技术路线为：格栅→调节池→铁碳流化床→中和反应池（混合活性染料废水、酸性废水）→污泥压滤→混凝反应沉淀→气浮池）处理，达到集中区污水处理厂接管标准后，全部进入集中区污水截流管道进集中区污水处理厂集中处理。污水收集系统和处理系统应有防腐、防漏、防渗的技术保证措施，严禁污染物混入清水（雨水）管网及向地下渗漏。

污水处理等环保设施必须委托有资质单位进行设计和施工。如各类污染物不能稳定达标排放，或所排污染物影响到集中区污水处理厂正常运行，则该项目必须停产。

3. 该项目不得自建蒸汽锅炉，实行集中供热。硫酸生产过程中产生的含二氧化硫、硫酸雾的放空气采用碱液喷淋吸收塔进行处理，经处理后的尾气采用60米高的排气筒达标排放。氯磺酸装置、H酸装置和对位酯装置主要产生含二氧化硫、氮氧化物、硫酸雾、氨等工艺废气，其中：含氨废气经收集后采用多级循环水吸收的方式进行处理，产生的氨水收集后回用于生产，经处理后的尾气采用15米高的排气筒达标排放；含二氧化硫、硫酸雾、氮氧化物等酸性废气采用碱液喷淋的方式进行治理，经处理后的氨气尾气并入硫酸装置尾气排气筒达标排放。对位酯装置产生的含氯化氢工艺废气采用水吸收的方式进行处理，产生的盐酸收集后回用于生产，经处理后的尾气采用15米高的排气筒达标排放。要加强对无组织废气的环境管理，在项目厂界周围设立600米卫生防护距离，在该范围内土地不得用于建设居民住宅和生活区等环境敏感目标，现有居民住宅等环境敏感目标应在本项目试生产前搬迁完毕。

4. 对高噪声设备合理布局，并采取有效的减振隔声消音措施，确保厂界噪声达标GB 12348—1990《工业企业厂界噪声标准》。

5. 固体废物妥善处置。硫磺制酸项目熔硫工段产生的炉砟及污水预处理站产生的污泥等经妥善收集后委托有资质单位进行处置。含氯化氢的工艺废气采用水吸收产生的盐酸、含氨工艺废气采用水吸收产生的氨水、工艺废水蒸发浓缩产生的盐渣收集后外售综合利用。锌泥、废催化剂、废包装桶及袋由供应厂家回收再利用。各类危险废物收集和贮存应符合GB 18597—2001《危险废物贮存污染控制标准》的规定，并按环评意见建设相应的收集池，建立管理台账。各类出售和委托处理处置的危险废物必须依法办理危险废物转移审批手续。生活垃圾交环卫部门统一处理。

6. 允许该项目设置污水排出口、清下水排放口各1个，工艺废气排气筒4个。要规范化设置排污口，设立标志牌，并符合采样测流要求。该项目投入试生产前，污水排出口必须安装与市、县环保部门联网的COD、流量计等远程在线监控仪器各1台。

7. 按《江苏省城市居住区和单位绿化标准》要求设计厂区绿化方案，选择合适树种，建设厂界绿化隔离带，以减轻无组织排放废气对厂界周围环境的影响。

四、同意报告书所列各项环境质量标准和污染物排放标准。

五、同意滨海县环保局核定的污染物排放总量控制指标及平衡方案：水污染物接管考核指标COD 346.5吨/年、悬浮物67.4吨/年、氨氮0.56吨/年、总磷0.056吨/年、苯胺类6.74吨/年；大气污染物排放总量控制指标氯化氢6.2吨/年、氨1.478吨/年、二氧化硫72.095吨/年、硫酸雾3.396吨/年、氮氧化物5.036吨/年。

六、加强管理，杜绝跑、冒、滴、漏，建立严格的环境安全制度和环保管理规章制度，落实环保责任制。强化污染事故防范措施，按环境风险评价等提出的对策，制订并落实事故防范措施和事故应急预案，建设容积不小于150立方米的废水事故应急收集池，并按环境安全规范在危险化学品库区、储罐区及使用该类化学品的生产装置周边等处设置围堰及相应的截流沟渠，并设置完善的下水道系统，确保突发性事故产生的各类废水（物料）及消防水全部进入废水事故应急收集池。你公司应建立环境安全预警与应急体系，按应急预案定期演习，确保事故状态下的环境安全。完善有毒有害原辅材料及产品在贮运、运输使用中的安全管理，必须采取防雨防渗漏措施。不得擅自改变生产工艺和原辅材料种类与规格，不得使用强毒性、含“三致”及恶臭物质的原辅材料。

七、按环评报告书意见，加强企业环境保护管理工作，并形成企业环境监测等环境监控能力。

八、在集中区污水处理厂二期工程建成并投运前提下，项目建成经我局同意后方可进行试生产，试生产后3个月内必须及时申请办理环保竣工验收手续。试生产期间环境监督管理由滨海县环保局负责，市环境监察局负责不定期抽查。

九、请滨海县环保局加强对该项目的现场跟踪监督，发现情况及时上报。

十、本批复自下达之日起5年内有效。项目的性质、规模、地点、采用的生产工艺、使用的原辅材料或者防治污染、防止生态破坏的措施发生重大变动的，应当重新报批项目的环境影响评价文件。

2006年5月22日

关于《江苏吉华化工有限公司1万吨/年合成蒽醌、1.5万吨/年蒽醌型分散染料、3.5万吨/年偶氮型分散染料及活性染料项目环境影响报告书》审批意见

盐环管〔2006〕27号

江苏吉华化工有限公司：

你公司报送的由盐城市环境保护科学研究所编制的《江苏吉华化工有限公司1万吨/年合成蒽醌、1.5万吨/年蒽醌型分散染料、3.5万吨/年偶氮型分散染料及活性染料项目环境影响报告书》与江苏省环境工程咨询中心评估意见及滨海县环保局的预审意见收悉。经研究，审批意见如下：

一、同意江苏吉华化工有限公司在盐城市沿海化工园区内建设1万吨/年合成蒽醌、1.5万吨/年蒽醌型分散染料、3.5万吨/年偶氮型分散染料及活性染料项目。

二、原则同意滨海县环保局的预审意见。该报告书提出的污染防治和环境风险防范措施总体可行，可作为该项目工程设计和环境管理的依据。

三、在项目设计和建设过程中，要注重落实以下要求。

1. 应科学规划和合理布局，实施环境有效管理，提高资源合理配置水平。

2. 按“清污分流、雨污分流、一水多用、分质处理”的原则，规划设计、建设厂区给排水管网。间接冷却水循环使用，循环水系统强制排水收集后部分用于绿化用水，其余部分直接排入集中区清下水管网，清下水中COD、SS浓度应控制在40毫克/升以下。蒸汽冷凝水收集后全部回用，不外排。项目工艺废水中分散染料和中间体废水先经调节池、铁碳微电解前处理后，其出水进入中和反应池，同时引入经调节的还原染料废水进行中和，其出水和经调节的地面冲洗水、生活污水及初期雨水合并，经报告书推荐的废水处理工艺（处理工艺技术路线为：混凝沉淀反应池→脱钙池→兼氧池→好氧池→二沉池→气浮池）处理后，其出水达到集中区污水处理厂接管标准后，全部进入集中区污水截流管道进集中区污水处理厂二期工程集中处理。污水收集系统和处理系统应有防腐、防漏、防渗的技术保证措施，严禁污染物混入清水（雨水）管网及向地下渗漏。污水处理等环保设施必须委托有资质单位进行设计和施工。如各类污染物不能稳定达标排放，或所排污染物影响到集中区污水处理厂正常运行，则该项目必须停产。

3. 该项目不得自建蒸汽锅炉，实行集中供热，原有10t/a蒸汽锅炉必须拆除。对

合成蒽醌缩合工段产生的含氯化氢工艺废气采用两只串联的降膜吸收塔二次吸收后再经一只填料塔吸收处理，产生的30%盐酸回用于生产，经处理后的尾气采用30米高的排气筒达标排放。对染料系列项目重氮化工段产生的含氮氧化物的工艺废气采用二级碱液喷淋的方式进行处理，产生的亚硝酸钠溶液收集后回用于生产，经处理后的尾气采用15米高的排气筒达标排放。对溴化工段产生的含溴化氢的工艺废气采用碱液喷淋的方式进行处理，产生的氢溴酸收集后外售综合利用，经处理后的尾气采用15米高的排气筒达标排放。对喷干工段产生的染料尘采用布袋+湿捕集的方式进行处理，经处理后的尾气采用15米高的排气筒达标排放。对项目酯化工段产生的乙酸采用蒸馏冷凝的方式进行回收，尾气采用15米高的排气筒达标排放。对含环氧乙烷和硫酸雾的车间废气经引风机抽吸后变无组织为有组织排放，排气筒高度不得低于15米。加强对各类无组织废气的管理，在项目厂界周围设立300米卫生防护距离，该区域内土地不得用于建设居民住宅和生活区等环境敏感目标，现有居民住宅等环境敏感目标必须在该项目试生产前搬迁完毕。

4. 对高噪声设备合理布局，并采取有效的减振隔声消音措施，确保厂界噪声达标。

5. 固体废物妥善处置。项目污水预处理站产生的污泥经妥善收集后委托有资质单位进行处置。含溴化氢的工艺废气采用水吸收产生的氢溴酸收集后外售综合利用。废包装桶、袋由供应厂家回收再利用。各类危险废物收集和贮存应符合GB 18597—2001《危险废物贮存污染控制标准》的规定，并按环评意见建设相应的收集池，建立管理台账。各类出售和委托处理处置的危险废物必须依法办理危险废物转移审批手续。生活垃圾交环卫部门统一处理。

6. 允许该项目设置污水排出口、清下水排放口各1个，工艺废气排气筒7个。要规范化设置排污口，设立标志牌，并符合采样测流要求。该项目投入试生产前，污水排出口必须安装与市、县环保部门联网的COD、pH、流量计等远程在线监控仪器各1台。

7. 按《江苏省城市居住区和单位绿化标准》的要求设计厂区绿化方案，选择合适树种，建设厂界绿化隔离带，以减轻无组织排放废气对厂界周围环境的影响。

四、同意报告书所列各项环境质量标准和污染物排放标准。

五、同意滨海县环保局核定的污染物排放总量控制指标及平衡方案：水污染物接管考核指标COD 627吨/年、悬浮物391.8吨/年、苯胺类15.7吨/年、硝基苯类15.7

吨/年；大气污染物排放总量控制指标氯化氢4吨/年、染料尘9.9吨/年、环氧乙烷0.1吨/年、硫酸雾0.4吨/年、氮氧化物4.6吨/年。

六、加强管理，杜绝跑、冒、滴、漏，建立严格的环境安全制度和环保管理规章制度，落实环保责任制。强化污染事故防范措施，按环境风险评价等提出的对策，制订并落实事故防范措施和事故应急预案，建设容积不小于2500立方米的废水事故应急收集池，并按环境安全规范在危险化学品库区、储罐区及使用该类化学品的生产装置周边等处设置围堰及相应的截流沟渠，并设置完善的下水道系统，确保突发性事故产生的各类废水（物料）及消防水全部进入废水事故应急收集池。你公司应建立环境安全预警与应急体系，按应急预案定期演习，确保事故状态下的环境安全。完善有毒有害原辅材料及产品在贮运、运输使用中的安全管理，必须采取防雨防渗漏措施。不得擅自改变生产工艺和原辅材料种类与规格，不得使用强毒性、含“三致”及恶臭物质的原辅材料。

七、按环评报告书意见，加强企业环境保护管理工作，并形成企业环境监测等环境监控能力。

八、在盐城市沿海化工集中区污水处理厂二期工程投运的前提下，项目建成经我局同意后方可进行试生产，试生产后3个月内必须及时申请办理环保竣工验收手续。试生产期间环境监督管理由滨海县环保局负责，市环境监察局负责不定期抽查。

九、请滨海县环保局加强对该项目的现场跟踪监督，发现情况及时上报。

十、本批复自下达之日起5年内有效。项目的性质、规模、地点、采用的生产工艺、使用的原辅材料或者防治污染、防止生态破坏的措施发生重大变动的，应当重新报批项目的环境影响评价文件。

2006年5月24日

关于《江苏吉华化工有限公司4万吨／年H酸技术改造项目环境影响报告书》的审批意见

盐环审〔2012〕56号

江苏吉华化工有限公司：

你公司报送的委托江苏南大金山环保科技有限公司编制的《江苏吉华化工有限公司4万吨／年H酸技术改造项目环境影响报告书》（以下简称《报告书》）、专家技术评审会会议纪要、盐城市环境保护技术评估中心技术评估意见、滨海县环保局预审意见和委托南京中电环保股份有限公司编制的《江苏吉华化工有限公司3万吨活性染料扩能技术改造项目和4万吨／年H酸技术改造项目废水治理方案》、江苏省环科院环境科技有限责任公司编制的《江苏吉华化工有限公司年产3万吨活性染料扩能技术改造项目和4万吨／年H酸技术改造项目废气治理方案》（以下简称《治理方案》）及其技术评估意见收悉。经研究，审批意见如下。

一、根据中国染料工业协会《关于江苏吉华募投项目生产工艺先进性的证明》、江苏省化工行业协会《关于江苏吉华化工有限公司4万吨／年H酸技术改造项目工艺技术安全性评审意见》、《盐城市化工整治领导小组专题会议纪要》(2011年第02号）、《盐城市化工整治领导小组专题会议纪要》(2012年第03号）、《盐城市环境保护局局长专题会议纪要》(2012第25号）、盐城市经济和信息化委员会2012年1月13日关于该项目符合现行产业政策的复函、《报告书》评价结论、专家技术评审会会议纪要、盐城市环境保护技术评估中心技术评估意见、滨海县环保局预审意见和《治理方案》及其技术评估意见，从环保角度考虑，你公司按《报告书》申报内容在盐城市沿海化工集中区申报地点（七分厂）建设年产4万吨／年H 酸技术改造项目具有环境可行性。

二、在该项目工程设计、建设、完善和环境管理中，你公司必须逐项落实滨海县环保局预审意见和《报告书》中提出的各项环保措施，全面落实项目安全设立许可要求，确保各类污染物稳定达标排放和环境安全，并须着重落实以下工作。

1. 优化工程设计，合理布局，实施有效环境管理，提高资源合理配置水平，确保该项目清洁生产达到《报告书》所述的国内同行业先进水平。

2. 按“清污分流、雨污分流、一水多用、分质处理”原则，设计、建设厂区给排水管网。该项目蒸汽冷凝水收集冷却后用作循环冷却水补充水。间接冷却水循环使用，冷却系统强制排水与纯水制备系统排水全部排入集中区清下水管网，清下水不得超标排放。该项目生产过程产生的含萘工艺废水收集后通过管网送至八分厂，经“萃取＋催化氧化＋中和沉淀＋蒸发浓缩”装置处理，出水混合该项目低浓度废水（配套工程甲醇制氢工序废水、制氢车间设备与地面冲洗水、生活污水）、同期申报的八分厂活性染料项目低浓度废水（废气吸收废水、生活污水、初期雨水）、八分厂现有项目低浓度废水（地面与设备冲洗水、初期雨水、生活污水）、八分厂已建待试生产项目低浓度废水（地面冲洗水、初期雨水、废气吸收废水、生活污水）、九分厂现有项目低浓度废水（废气吸收废水、地面与设备冲洗水、初期雨水、生活污水），以及经“废水收集池＋高浓度废水调节池＋铁碳微电解＋芬顿反应池＋中和反应池＋加药池（投加脱色剂）＋二沉池＋气浮池＋提升池”装置处理后的H酸项目含萘低浓度废水（设备与地面冲洗水、初期雨水、真空泵废水、废气吸收废水）、同期申报的八分厂活性染料项目含萘废水（真空废水、设备与地面冲洗水）、八分厂现有项目工艺废水、八分厂已建待试生产项目工艺废水及其他高浓度废水（高含盐废水冷凝液、设备冲洗水、真空废水），经八分厂现有处理能力为5000吨／日的综合污水处理装置（《报告书》确认的工艺路线为：生化调节池→水解池→三沉池→好氧池→终沉池→二氧化氯氧化池）处理，其出水满足《报告书》确认的集中区污水处理厂废水接管标准后，用专用明管送集中区污水处理厂集中处理。废水处理过程中严格按照《报告书》要求投加药剂，确保处理效果。污水收集系统和处理系统应有防腐、防漏、防渗的技术保证措施，严禁污染物混入清水（雨水）管网及向地下渗漏。

3. 该项目不得自建蒸汽锅炉，由九分厂硫磺制酸余热发电装置供热，不足部分由集中区集中供热。鉴于目前蒸汽供热尚不能达到工艺要求，暂同意新上250万大卡／小时以轻柴油作为燃料的导热油炉2台（一用一备），尾气通过不低于15米高的排气筒达标排放，待蒸汽供热稳定达到工艺要求后，无条件拆除导热油炉。该项目磺化工段产生的含硫酸雾、萘不凝废气及液萘贮存过程产生的含萘无组织废气收集后经“二级浓硫酸吸收＋一级丝网除雾”装置处理，尾气分别通过车间不低于15米高的排气筒达标排放（其中禁排物质萘不得排放）；硝化工段产生的含硫酸雾、氮氧化物废气收集后经“二级碱液喷淋”装置处理，尾气分别通过车间不低于40米高的排气筒达标排放；碱熔工段稀释工序产生的含氨废气收集后经“二级稀硫酸吸收+二级水吸收”装置处理，尾气分别通过车间不低于15米高的排气筒达标排放；干燥工段产生的含甲醇、粉尘废气收集后经“一级旋风除尘+一级布袋除尘”装置处理，尾气分别通过车间不低于15米高的排气筒达标排放。项目配套工程甲醇制氢工段产生的含一氧化碳、二氧化碳、氢气解吸气收集后通过车间不低于30米高的排气筒达标排放。所有废气吸收处理系统必须加设备用装置，实行双系统“一用一备”，确保非正常情况下备用装置正常使用。通过对污水处理设施加盖密封、采用密闭生产装置、加强设备运行的维护管理与检修、对加料口、投料口、出料设置集气管道、生产装置采用DCS控制系统、储罐上加装呼吸阀、冷水喷淋装置等措施，加强对各类无组织废气的管理，尽可能将无组织的废气捕集后引入废气处理装置处理。项目建成后，须在七分厂厂界周围设立100米卫生防护距离，该区域内土地不得用于建设居民住宅和生活区等环境敏感目标。

4. 选用优质低噪设备，采用“闹静分开”和“合理布局”的原则，将高噪声源远离厂界，并作减振、吸声处理；厂房安装吸声材料，进行消声、隔音处理，确保厂界噪声达标。

5. 固体废物按“资源化、减量化、无害化”处置原则妥善处置。生产过程产生的二氧化硫、亚硝酸钠、氢气企业自用，二氧化硫通过管道送九分厂硫酸生产车间，亚硝酸钠用于八分厂分散染料项目，氢气供给项目H酸生产车间。生产过程产生的元明粉部分企业自用，部分外售。生产过程产生的氨水、硫酸铵、元明粉（硫酸钠）在处理达到接受单位的纯度要求、符合相关质量标准后，可外售综合利用，并做好销售记录台账备查，如达不到相关要求，必须作为危险废物委托资质单位进行安全处置。生产过程产生的反萃液送厂区配套的固废焚烧炉焚烧处置，在固废焚烧炉未建成前，须妥善收集和处置，确保环境安全。生产过程产生的H酸废水物化处理污泥、综合废水处理污泥、废活性炭、废催化剂等属危险废物，须妥善收集后委托有资质单位进行处置。废包装桶、袋由供应厂家回收再利用。各类危险废物收集和贮存应符合GB 18597—2001《危险废物贮存污染控制标准》的规定，并按环评意见建设相应的收集池，建立管理台账。各类出售和委托处理处置的危险废物必须依法办理危险废物转移审批手续，并确保转运过程中的环境安全。生活垃圾委托环卫部门统一处置。

6. 该项目污水排出口与八分厂项目污水排出口合并（原设置1个）、设置清下水排放口 1 个，设置工艺废气排气筒 10 个，导热油炉烟气排气筒 1 个。按照《江苏省排污口设置及规范化整治管理办法》的规定设置排污口，设立标志牌，并符合采样测流要求。污水排出口必须在该项目投入试生产前安装与市、县环保部门联网的污水流量计和化学需氧量在线监测仪、pH 在线监测仪各 1 台。按《报告书》所述环境监测方案，进行本项目各类污染源及无组织废气的监测。

7. 在工程设计中，应结合同类型项目废水、废气处理工程经验，对废水、废气处理方案进一步优化完善，确保经济、技术指标合理，污染物稳定达标排放。污水预处理、废气治理等环保设施必须委托有资质单位进行设计和施工，并按规范建设。如各类污染物不能稳定达标排放，或所排污染物影响到集中区污水处理厂正常运行与集中区环境质量，则该项目必须停产直至关闭。

8. 加强厂区绿化，厂界四周应建设一定宽度的绿化隔离带，以减轻废气和噪声对周围环境的影响。

9. 结合该项目对企业现有项目废水预处理系统进行改造，确保其出水稳定达到集中区污水处理厂试行接管标准；加强对现有项目废气治理工作，严格按《报告书》、《废气治理方案》及其技术评估意见提出的整改内容、整改措施及计划实施，将厂区有组织和无组织废气对环境的污染降到最低。

三、同意《报告书》所列的各项环境质量标准和污染物排放标准。

四、加强管理，杜绝跑、冒、滴、漏，建立严格的环境安全制度和环保管理规章制度，落实环保责任制。建立环境安全预警与应急体系，强化污染事故防范措施，按环境风险评价等提出的对策，制订并落实事故防范措施和事故应急预案，储备必要的事故应急物资设备，并定期进行演练，确保事故状态下的环境安全。新建容积不小于 800 立方米（八分厂现有事故池容积为2500立方米）的废水事故应急收集池（兼消防尾水池），按环境安全规范在危险化学品库区、储罐区及使用该类化学品的生产装置周边等处设置围堰及相应的截流沟渠，并设置完善的下水道系统，确保突发性事故产生的各类废水（物料）及消防尾水全部进入废水事故应急收集池。废水事故应急池正常情况下必须空置，万一发生突发性事故，企业必须停产，待该池内废水处理完后，方可恢复生产。你公司应建立环境安全预警与应急体系，按应急预案定期演练，确保事故状态下的环境安全。加强有毒有害原辅材料及产品在贮存、运输使用中的安全管理，必须采取可靠的防雨防渗漏措施。不得擅自改变生产工艺和原辅材料种类与规格，不得使用含铅、汞、镉、铬、类金属砷等重金属和放射性原辅材料，不得使用申报原辅材料之外的强毒性、含“三致”及恶臭物质。

五、同意滨海县环保局核定的该项目污染物排放总量控制指标及平衡方案。该项目实施后，企业（本项目）的污染物总量控制指标核定为：

1. 水污染物接管考核指标：废水排污量≤ 676018.8 (189698.8) 吨 / 年、化学需氧量≤ 250.163(56.63) 吨 / 年、悬浮 物≤ 67.2(12.33) 吨 / 年、氨氮≤ 13.09(0.19) 年、苯≤ 0.004(0) 年、苯胺类≤ 0.182(0) 吨 / 年、硝基苯类≤ 0.088(0) 吨 / 年、氯苯类 <0.009(0) 吨 / 年、挥发酚≤ 0.022(0) 吨 / 年、硫化物≤ 0.044(0) 吨 / 年、总磷≤ 0.22(0) 年、石油类≤ 0.331(0) 吨 / 年。禁排物质：萘类物质不得检出。

2. 大气污染物：二氧化硫≤ 71.655(22.28) 吨 / 年、烟尘≤ 4.02(4.02) 吨 / 年、氯化氢≤ 1.214(0) 吨 / 年、一氧化碳≤ 183.56(183.56) 吨 / 年、氯气≤ 0.132(0) 吨 / 年、苯≤ 0.04(0) 吨 / 年、硫酸雾 <2.07(0.32) 吨 / 年、氮氧化物≤ 40.378(38.02) 吨 / 年、硝基苯类≤ 0.06(0) 吨 / 年、氯苯类 <0.08(0) 吨 / 年、氨气≤ 3.24(0.2) 吨 / 年、甲醇≤ 0.98(0.2) 吨 / 年、粉尘≤ 5.219(2) 吨 / 年、氯乙烷≤ 0.62(0) 吨 / 年、氯丙烯≤ 0.25(0) 吨 / 年、环氧乙烷≤ 0.1(0) 吨 / 年。禁排物质：萘类物质不得检出。

3. 固体废物全部安全处置，不得排放。

六、按《报告书》意见，加强企业环境保护管理工作，并形成企业环境监测等环境监控能力。

七、该项目（含废水、废气治理设施）尚需得到安监等有关部门的许可后方可实施。

八、鉴于该项目目前使用的萘尚无替代物质，你公司须密切关注有关新工艺、新技术，一旦可替代，必须无条件使用符合要求的替代物质，调整部分须依法报批。

九、按承诺，企业九分厂现有 2 万吨 / 年 H 酸项目和八分厂现有 1 万吨 / 年靛蓝项目不再实施，其生产线在七分厂 4 万吨 / 年 H 酸技术改造项目和八分厂 3 万吨 / 年活性染料扩能技术改造项目建成后须立即予以拆除；九分厂已建未运行的 1 万吨 / 年亚硝酰硫酸、2 万吨 / 年硫酸钾、3 万吨年氯磺酸和已批未建的 1 万吨 / 年对位酯项目不再实施，若需恢复运行或建设，企业须按照《中华人民共和国环境影响评价法》等法律、法规要求，完善环评文件报 我局重新审核。

十、该项目配套建设的固废焚烧炉不在本次环评和批复范围之内，须另行编制环评文件报批。

十一、该项目建成，并切实落实好各类副产品和危险废物安全处置措施、配套固废焚烧炉获批建成运行、相关产品生产线拆除、“以新带老”措施（含废气整治）达到时序进度要求后，经我局审查同意方可进行试生产，试生产 3 个月内必须及时申请办理环保“三同时”竣工验收手续。

十二、根据盐环监察〔2006〕16 号文件，对该项目的环境监督管理工作由滨海县环保局负责。鉴于该项目使用的原料种类繁多，使用了大量有毒有害物质作为原料，生产工艺及污染物成分复杂、污染相对较重，有一定的治理难度、污染治理成本偏高，且该项目需出售的氨水、硫酸铵、元明粉（硫酸钠）等副产品数量较大，加之产品 H 酸和原料萘均为禁止排放类化学品，生产中存在着较大的环境管理难度及环境安全风险，请滨海县环保局切实加强对该项目的现场跟踪监督，确保环境安全。如氨水、硫酸铵、元明粉（硫酸钠）等处置措施落实不到位，或排放污染物中检出萘类等禁排物质，则相关项目必须立即停产。

十三、按《江苏省建设项目环境监理工作方案》要求，你公司应委托资质单位依据本批复、环境影响评价文件及环境监理合同，对该项目设计、施工建设及试生产全过程实行环境保护监督管理，并及时向我局上报项目环境监理工作情况。

十四、本批复自下达之日起 5 年内有效。如该项目的性质、规模、地点、采用的生产工艺、使用的原辅材料或者防治污染、防止生态破坏的措施发生重大变动，应当重新报批环境影响评价文件。

十五、你公司在本项目通过环保验收前，每半年向我局上报一次项目进展情况，主要包括项目所处阶段、预计竣工时间、是否申请验收等。上述内容请发送至市环保局环评处邮箱 (ychbjgc@yahoo.com.cn)。

2012 年 8 月 14 日

三、县区级文件

关于同意新建萧山聚氨酯软泡厂基建项目的批　复

萧计〔1985〕17号

县农场管理局并红山农场：

报来关于要求新建萧山聚氨酯软泡厂基建项目的报告悉。经研究，现批复如下：

一、同意新建萧山聚氨酯软泡厂，为场办集体所有制企业。

二、生产规模，年产聚氨酯软泡塑料六百吨。

三、计划总投资一百六十万元，其中：设备八十万元，土建投资八十万元，建筑面积五千五百平方米。资金来源，自筹五十万元，不足部分向县银行申请贷款支持。

四、所需基建物资，请自筹解决。有关征地和用电向农业局和供电局办理申请手续。

请切实加强对基建工程的领导，抓紧做好各项工作，争取在今年内建成投产。

萧山县计划委员会

1985年2月5日

抄送：县府办，县农工部，县财税、农业、物资、供电、工商局、建行、农行，县建筑设计院

关于同意建设吉化萧山联营染料厂配套项目的批复

萧计〔1992〕576号

萧经〔1992〕298号

市农场管理局：

你局报来萧农管字〔1992〕5号文“关于上报建设分散染料配套项目的请示”悉。吉化萧山联营染料厂是由吉化染料厂、江南工贸公司和红山农场联营生产分散染料的专业厂。目前由于仅后道加工，导致生产成本高、企业效益不佳。为使前后道加工能力配套，提高企业效益。经研究，同意扩建配套分散染料合成车间，现批复如下：

一、建设规模：建设年产合成分散染料（黄棕、黄、红玉、大红）300吨能力，总投资728万元，其中设备投资588万元，选用槽罐、干燥器、换热器等设备，土建投资140万元，建厂房3000平方米，用地控制在三亩以内。

二、资金来源：由合资三方按比例出资解决。共中，红山农场364万元（场自筹164万元，商请中行萧山支行解决200万元），吉化染料厂218.4万元，江南工贸公司145.6万元。项目投产后，年可增销售收入2040万元，利税480万元。

三、环保措施。鉴于该合成染料生产中的废水处理较难，需深度生化处理，但根据联营厂目前经济情况，可采取以下措施：

1. 生产染料过程中的废水用中和法使pH值达到6～9后，纳入红山农场现有外排钱塘江管道排放。排放管应延长至四号坝坝头，在十米范围内设五个排放口，要低于年最低潮位，并尽可能向江中心和江底靠，以达到更佳的稀释效果。

2. 切实加强内部管理，配备好废气吸（回）收装置，防止生产过程中的气体外溢影响周围环境。

3. 施工工程质量要严格把关，注意善后维修，防止出现突发性污染事故。

4. 若试产后产生的染料废水的各项污染指标高于预计值，则必须上深度生化处理设施。

5. 废水处理设施及外排工程设计后，应由环保局审查同意后方可实施，建成后须由环保部门验收合格方可投产。

四、项目中有关规划定点：土地征用等请向有关部门申请办理，建筑设计和施工需要持证单位进行。

请抓紧组织实施，及早发挥效益。

萧山市计划委员会

萧山市经济委员会

1992 年 9 月 29 日

抄送：中行杭州分行、市府办、市经委、市财政、城建、土管、供电、劳动、环保局、中行萧山支行、村镇建设管理处、红山农场、吉化萧山联营染料厂、江南工贸公司

关于准予杭州吉华化工有限公司职工持股协会变更登记的批复

萧民批字〔2002〕1 号

杭州吉华化工有限公司职工持股协会：

你会《关于要求变更登记的请求》悉，经审核，资料齐全，符合《社会团体登记管理条例》的有关规定，经研究，准予杭州吉华化工有限公司职工持股协会注册资金由 1253 万元变更为 678.262 万元，法定代表人由徐春田更为杨泉明的变更登记，并办理好变更登记后的相关手续。

特此批复。

杭州市萧山区民政局

2002 年 1 月 7 日

关于杭州吉华化工有限公司迁建项目环境影响报告书审查意见的函

萧环建〔2004〕70号

杭州吉华化工有限公司：

受浙江省环境保护局委托审批（浙环建函〔2004〕101号），你公司报来的浙江省环境保护科学设计研究院编制的《杭州吉华化工有限公司迁建项目环境影响报告书》、省环保局环境工程技术评估中心对该项目的环评大纲评估意见、报告书预审会专家评审意见均收悉。经研究，现将我局审查意见函复如下：

一、该项目属迁建项目，经区建设项目联席会议讨论，同意在萧山区临江工业区实施，新址建成后，原企业必须实施关停。项目迁建过程中，应严格按照省环保局（浙环建函〔2004〕101号）建设项目环境影响评价委托审批通知书的要求实施。

二、原则同意环评报告书结论、预审会专家评审意见。项目内容为：一期年产3万吨环保型分散染料及配套中间体和废水处理厂；二期年产3万吨环保型活性染料及配套中间体；三期年产3万吨分散、5千吨酸性、5千吨直接环保型染料及配套中间体。其中配套工程主要为年产扩散剂MF13000吨、间苯二胺1000吨、木质素磺酸钠12000吨、还原物3000吨。环评报告书中的污染防治对策、措施可作为实施和企业环境管理依据。

三、迁建项目要采用先进工艺设备，实施清洁生产，并认真做好以下工作：

1. 厂区实行清污分流，雨污分流；积极开展清下水综合利用，减少排放。近期所有生产废水、初期雨水和生活污水均必须经公司污水处理站集中处理达标后外排钱塘江，远期所有污水经处理达到接管标准后纳入园区污水管网，送萧山东污水处理厂处理达标后外排钱塘江，禁止污水排入内河。在萧山东污水处理厂投运前，公司只能从滤饼开始的染料商品化生产，禁止滤饼合成生产。厂区要建设规范化排污口，安装在线监测系统。

2. 公司必须加强工艺废气、粉尘的捕集和处理，并根据不同性质废气，采取有效的吸收、回收等处理措施，确保各类废气和粉尘经治理达到相关标准后高空排放。

3. 两台临时燃煤导热油锅炉烟气（尘）必须经高效脱硫除尘装置处理达标后方可排放。导热油应采用清洁原料替代联苯—联苯醚。待园区集中供热能达到生产工艺要求后，临时锅炉必须拆除。

4. 固体废弃物应按危险废物和一般固废分类、分质处置。一般固废和生活垃圾分别采取回收再利用、卫生填埋等方式进行处理，避免产生二次污染。危险废物送专业处置中心处理，不得擅自焚烧或随意丢弃。

5. 合理布局厂区，选用低噪声设备，并采取隔声降噪措施，确保厂界噪声达标排放。

6. 本项目卫生防护距离为厂界外500米。防护距离内不得新建住宅、民居点等敏感项目，并做好附近敏感点的拆迁安置工作。

7. 必须进行安全评价，建立事故应急预案，切实落实事故性排放的应急措施，落实环保设施投资及运行费用。

四、加强施工期的环保管理，注重生态建设，提高厂区绿化覆盖率，做到绿化、美化厂区。

五、加强企业环境管理，配备专兼职环保管理人员，制定各项环保管理制度，加强运行管理，确保污染治理设施稳定达标排放。同时加强现场管理，防止跑、冒、滴、漏现象产生，减少污染物发生量。

以上意见，请你公司在项目建设中予以落实。项目实施过程中应按时申报工程进度，项目试生产三个月内，环保设施必须经我局验收，验收合格，方可投入正式生产。

本项目实施过程中，请园区管委会加强监督管理。

附：1. 联席会议纪要（略）

2. 省环保局（浙环建函〔2004〕101号）建设项目环境影响评价委托审批通知书（略）

杭州市萧山区环境保护局

2004年6月3日

抄报：浙江省环保局、杭州市环保局、临江工业区

杭州吉华江东化工有限公司年产10万吨染料及中间体产业转型提升技术改造项目批复意见

大江东环评批〔2016〕36号

杭州吉华江东化工有限公司：

由杭州吉华江东化工有限公司委托，杭州联强环境工程技术有限公司编制的《杭州吉华江东化工有限公司年产10万吨染料及染料中间体产业转型提升技术改造项目环境影响报告书》(报批稿)及专家评审意见、浙江省企业投资项目备案通知书(本地文号：大江东经技备〔2015〕16号)、评估意见(浙环评估〔2015〕258号)等收悉。经研究，审查批复如下：

一、根据环评报告书结论、专家组评审意见及评估意见(浙环评估〔2015〕258号)，本项目环评公众调查及公示意见反馈的情况；按照环评报告书所列建设项目的性质、规模、地点、采用的生产工艺、环保对策措施及要求；技改项目属于产能置换项目，符合国家、地方产业政策，原则同意杭州吉华江东化工有限公司年产10万吨染料及染料中间体产业转型提升技术改造项目建设。

二、本项目属技改项目，建设地点位于杭州萧山临江高新技术产业园区杭州吉华江东化工有限公司现有厂区内。技改项目对杭州吉华现有厂房、设备进行改造(详见环评报告表4.1-8)，同时利用已征用的土地新建616、615车间，总投资50000万元；技改项目对公司现有已建成的年产8万吨染料及中间体部分生产线进行技术改造，并建设已批未建的1万吨分散染料、0.5万吨直接染料、0.5万吨酸性染料等生产装置，实现染料年产10万吨染料(分散染料商品：60000吨/年、活性染料30000吨/年、直接染料5000吨/年、酸性染料5000吨/年)及染料中间体产品(扩散剂MF13000吨/年、木质素磺酸钠12000吨/年、亚硝酰硫酸15360吨/年；副产：硫酸铵47598吨/年、氯化铵425吨/年)的生产能力，原审批的间苯二胺1000吨/年、还原物3000吨/年不再实施，技改项目技改前后保持产能不变(技改前后审批产能一致)，具体产品方案平衡表见环评报告表4.1-1。

三、建设单位应结合本次技改内容，在建设和生产中严格按照环评报告书的要求做好环境保护工作，全面落实环保整治对策措施，并对公司“三废”治理方案进行专项论证后实施。

（一）继续实施清洁生产。项目建设必须采用先进的工艺和装备，全面实施清洁生产，进一步提高各种物料利用率，从源头上确实减少污染物产生，做到增值不增污。

（二）加强废水污染防治。厂区必须实施雨污、清污分流。本项目废水经现有厂区废水预处理站自行处理达标后纳管，最终由萧山临江污水处理厂集中处理后排放。项目废水排放执行 GB 8979-1996《污水综合排放标准》中三级排放标准（其中 COD 级排放标准和其他相应要求）。废水管线应采用地上明渠明管或架空敷设，废水管道和易污染区域应满足防腐、防渗漏要求。

（三）加强废气污染防治。落实源头控制，通过落实环评提出的各项清洁生产措施，进一步优化 MF 生产工艺，减少废气产生量；根据不同工艺过程，采用不同废气收集措施，提高废气收集率，严格控制和减少无组织废气的排放；有组织废气经废气处理装置有效处理后（反应工段废气采用碱液 + 硫代硫酸钠吸收；染料喷干废气采用布袋除尘 + 二级碱喷淋 + 湿法静电除尘装置，其他废气收集及治理措施见表 5.3.2-2）高空排放。工艺废气污染物排放执行 GB 16297—1996）《大气污染物综合排放标准》二级标准；污水处理站（污水处理站产生废气的池均加盖收集，收集后废气经次纳 + 碱液喷淋吸收处理）等恶臭废气执行《恶臭污染物排放标准》中的二级标准；企业应按萧环建 [2004]70 号文件限期淘汰两台临时燃煤导热锅炉，新建燃气导热油锅炉执行 GB 13271—2014《锅炉大气污染物排放标准》中表 3 燃气锅炉的特别限值标准。

（四）加强噪声污染防治。按环评要求选用噪声设备，合理布局高噪声设备，并落实防噪降噪措施，确保厂界噪声达到GB 12348—2008《工业企业厂界环境噪声排放标准》中的 3 类标准。

（五）加强固废污染防治。在生产经营中产生的各类固体废弃物应按规范要求分类收集，定期交相关单位处置，危险废物委托有资质单位处置，严禁二次污染。一般废物厂区暂存、处置执行 GB 18599—2001《一般工业固体废物贮存、处置污染控制标准》及修改单，危险废物贮存执行 GB 18597—2001《危险废物贮存污染控制标准》中的标准及修改单。

（六）加强事故风险防范。按事故风险评价全面加强落实风险事故防范工作，确保安全生产。加强各类危化品在运输、装卸、储存、使用等环节的安全管理，结合公司实际有针对性地制定环境应急预案及加强日常演练，加强日常性的监督管理、监测、维护等。

四、严格落实污染物总量控制措施，技改项目不新增污染物总量，总量指标按杭排污权登 330101410104 号，废水量 1654595t/a,COD 99.28t/a，氨氮 4.14t/a，SO_2 14.88t/a，氮氧化物 44.65t/a。

五、加强施工期的环境管理。根据《浙江省建设项目环境保护管理办法》，本项目须落实环境监理制度。建设单位应该委托具有环境保护设备监理能力的监理单位对建设项目环境保护设施的施工和环境保护措施的落实进行技术监督，并作为工程竣工环保验收的依据。

六、落实环保资金和措施，严格执行环保“三同时”制度，项目建成经验收合格后，方可投入使用。项目产品结构、生产工艺等若发生重大变更，应重新报批。自批准之日起超过 5 年方决定该项目开工建设的，其环评文件应当重新审核。

2016 年 3 月 22 日

四、红山集团

浙江红山集团公司
关于杭州钱江制药厂兼并给萧山聚氨酯泡沫厂的
决　定

浙江农垦水泥厂、萧山聚氨酯泡沫厂：

浙江农垦水泥厂所属杭州钱江制药厂筹建于 1993 年 8 月，在 1994 年 7 月正式投产，生产维生素 B6，虽经省药检所检验符合《英国药典》和《美国药典》要求，但由于国际国内市场行情突变产生严重亏损，农垦水泥厂经千方百计找合作伙伴以开发新产品或转产均不成功。萧山聚氨酯泡沫厂开发新产品和扩大生产需要场地，经场有关部门与上述两厂多次协商，浙江农垦水泥厂同意转让杭州钱江制药厂，萧山聚氨酯泡沫厂愿意兼并该厂。为此经研究决定：杭州钱江制药厂兼并给萧山聚氨酯泡沫厂，经过资产评估和协商，作价为2000万元（主要是厂房、设备、土地），无偿使用二年（1997年、1998年），并由场工业管理部和财务内审部协助搞好移接交、职工安排和账务处理工作。

特此决定

浙江红山集团公司

1997年3月13日

第二节　吉华集团文件（资料）选录

一、意向书

浙江省萧山市红山农场，吉林化学工业公司染料厂与杭州钱江外商台商投资区下属的经济实体（另定），就合资建设分散染料项目，于1990年12月12—14日，在红山农场进行了认真的探讨，达成以下意向。

一、吉化染料厂现在已经生产国内常用的分散染料，掌握这方面的生产技术，并具备了一定规模的生产能力，红山农场现有两个印染厂，年需分散染料约1000吨，钱江投资区下属的经济实体实力较强，并具备享受各项优惠政策的条件。另外，萧山市有中小印染厂近40家，年需分散染料5000吨左右。三方实现合作，对扩大吉化染料厂分散染料的生产，满足萧山市轻纺工业的需求，增加三方的经济效益是十分有益的。为此，本着平等互利的原则，三方拟在红山农场建设分散染料厂。

二、建设规模，年产分散染料商品1500～2000吨，其中分散深蓝S-3BG占总量的50%左右，分散艳蓝E-4R占10%，分散黄RGFL占15%，分散红玉S-5BL占12%，分散红E-4B占8%，分散黄棕S-4RL占5%。吉化染料厂承担染料合成的生产，红山农场和投资区承担染料商品化加工的生产，就近供应用户的需要，建设时可分步实施，争取在1991年6月末实现一套流程试产。

三、红山农场现有化工厂的土地、厂房、公用工程设施和部分可用的设备作为建厂投资的一部分，吉化染料厂以分散染料商品化加工技术软件、设计费、设备安装费、技术培训费，部分设备及提供原染料作为投资的一部分。但吉化染料厂投资总额应不低于项目总投资的30%。

四、新建分散染料厂为钱江投资区等三方合资，应享受开发区的各项优惠政策。

五、建厂立项申请等相应手续由投资区和红山农场负责，技术方面的工作由吉化染料厂负责，可行性研究报告、投资预算等由三方协商讨论解决。

六、合资期限暂定十五年。

七、新建染料厂由三方组成管理委员会（或董事会）共同管理，独立经营独立核算

八、效益分配按投资比例协商解决。

九、新建染料厂厂名暂定为吉化公司染料厂萧山分厂，染料商标采用吉化染料厂“牡丹”牌商标。

十、吉化染料厂尽快向上级主管部门汇报，并积极着手进行可行性研究报告的准备工作。

浙江省萧山市红山农场（印）　　代表朱瑞炳

吉林化学工业公司染料厂（印）　　代表李青山

浙江杭州钱江外商台商投资区下属经济实体（代）（办公室印）　　代表徐建初

1990年12月12日

二、关于成立杭州吉华化工有限公司的决议

萧山聚氨酯泡沫厂和吉化萧山联营染料厂于1997年6月21日下午召开了职工代表大会，会议就组建杭州吉华化工有限公司进行了讨论并作出了决定。

会议认为，推行股份制，组建有限公司，是适应党的十四届三中全会提出的建立社会主义市场经济体制目标的要求，是适应党的十四届五中全会实现“两个根本转变”（从传统的计划经济向社会主义市场经济体制转变，经济增长方式从粗放型向集约型转变）的要求，明晰产权关系，积极与公司法衔接，尽快建立现代企业制度，与社会主义市场经济体制相接轨。

会议认为，推行股份制，组建有限公司，不是无目的的行为，而是有着非常明确的目的性。它能使责权利紧密结合，使企业直正成为自筹资金、自主经营、自负盈亏、

自我发展和约束的市场竞争的主体，它能聚集企业发展资金，增强企业的抗风险能力与发展后劲，利益共享，风险共担，使企业和职工利益贴在一起，职工真正当家作主，调动生产的积极性，增强企业凝聚力，从而提高生产力，促进企业经济效益的提高。

会议决定成立杭州吉华化工有限公司。

萧山聚氨酯泡沫厂

吉化萧山联营染料厂

1997 年 6 月 21 日

三、杭州吉华化工有限公司职工持股协会代表大会决议

杭州吉华化工有限公司职工代表大会于 1997 年 12 月 9 日在食堂召开，应到 102 人，实到 85 人，因事请假 17 人，会议由徐春田主持。

经与会代表充分酝酿讨论决议如下。

一、根据职代会决议，本公司决定建立职工持股协会。为加强协会的管理，本次大会同意通过《杭州吉华化工有限公司职工持股协会章程》。

二、根据职工持股协会章程有关规定，协会设立理事会。本次大会决定由徐春田、杨泉明、庞明良、杨国友、袁其富五名同志组成杭州吉华化工有限公司职工持股协会理事会。

三、根据公司法的规定，本公司将设立董事会，成员七名。经与浙江红山集团公司磋商，七名董事候选人全部由本次大会选举产生。本次大会决定邵伯金、徐春田、徐远程、徐建初、张小康、庞明良、杨泉明七名同志为公司董事会候选人。

四、根据公司法的规定，本公司将设立监事会。经选举，本次大会决定陈小勇、王德富为监事会候选人，红山集团公司派 2 人，工贸公司委派 1 人。

五、经推荐和表决，本次大会同意徐建初、徐远程、金小英、朱文军、邵伯金、徐春田、张小康、杨泉明、庞明良、陈小勇、杨再生、杨国友、袁其富、沈钊明、应海军、陆荣宝、王德富、戚国良、张连木、陈才良、杨顺祥等 21 名同志为股东代表大会代表。

杭州吉华化工有限公司职工持股协会代表大会

1997 年 12 月 9 日

四、投资协议书

甲方：盐城市沿海化工园区管理委员会

乙方：浙江吉华集团有限公司

为了互利互惠、共同发展，乙方决定到甲方投资成立“江苏吉然化工有限公司”。为明确双方权利、义务，甲、乙双方按照平等、自愿和协商原则，签订如下投资协议。

（一）投资项目

1. 乙方收购园区内的江苏山峪化工有限公司，土地价格按3万元先交1.25万元/亩，如投资达不到2亿元以上则需补足3万元/亩出让金，其他资产价格由企业自行商定。

2. 乙方在所收购的江苏山峪化工公司现有场地内靛蓝项目扩能为1.2万吨。并新上年产1.5万吨蒽醌分散染料、1万吨合成蒽醌及相关中间体、3.5万吨偶氮分散染料及活性染料。

（二）甲方权利和义务

3. 甲方协助乙方办理土地使用证变更手续，所需费用按规定执行，由乙方负担。

4. 如乙方在投资协议书约定的开工日期2个月后仍未实质性开工建设，甲方有权终止投资协议，并向国土管理部门申请按有关规定收回土地。

5. 按照园区总体规划对进区项目进行规划建设管理。

6. 甲方保证乙方在滨投资期间享受滨海县人民政府[2002]48号文件和本协议规定的相关优惠政策及省、市有关部门各项优惠政策。

①项目从开票之日起，企业入库增值税，县内留成部分中，前3年补贴50%，后五年补贴80%，所得税前三年按老少边穷地区政策执行，后五年享受48号文件优惠。

②办理前置审批和工商税务登记手续，只收取登记工本费；建设期间的土建工程免收所有地方行政事业性规费；自投产之日起，5年内免收一切地方行政事业性规费。

③免收供电贴费，配套的供电设施只收取成本费。大工业1～10千伏高峰0.845元/度，平段0.507元/度，低谷0.199元/度；35～110千伏高峰0.820元/度，平段0.492元/度，低谷0.194元/度；110千伏高峰0.795元/度，平段0.477元/度，低谷0.189元/度；220千伏及以上高峰0.770元/度，平段0.462元/度，低谷0.184元/度。普通工业（100千瓦）1千伏高峰1.163元/度，平段0.698元/度，低谷0.263元/度；1～10千伏高峰1.138元/度，平段0.683元/度，低谷0.258

元／度；35～110千伏高峰1.113元／度，平段0.668元／度，低谷0.253元／度。

④免收水增容费，配套供水设施只收取成本费。开发区用水价格暂定生活用水1.8元／吨，工业用水2元／吨，营业性用水2.3元／吨；使用中山河明渠供水，暂不收取水资源费。污水排放标准COD不大于1000毫克／升、色度不大于2000倍，污水处理费2.3元／吨，数量大可商量优惠或定额征收。

⑤生产用水、污水处理、用气等价格根据市场变化，园区召开企业听证会，由物价部门确定价格变动。

7. 协助乙方办理建厂的有关审批手续，包括工商、国土、税务、环保、建设、消防、安全、质监等，项目审批所需的必备资料由乙方提供。

8. 为乙方协调滨海方关系，创造宽松的生产、生活环境，提供优质、便捷、高效的服务。

（三）乙方权利和义务

9. 乙方投资项目享受滨海县人民政府〔2002〕48号文件和本协议规定的相关优惠政策及省、市有关部门各项优惠政策。

10. 乙方项目固定资产总投资3亿元，必须在本协议签订后的3个月内开工建设，逾期未实质性动工的将视为自动放弃投资，所使用的土地乙方按有关程序退回。

11. 乙方自开工之日起在24个月内固定资产投资总额不低于1.1亿元，其中12个月内固定资产投资不低于7000万元（包括收购山峪公司）。

12. 乙方项目投资强度必须不低于50万元／亩。工程建设和设备安装结束后，甲方将组织有资质的部门对乙方的投资进行评估，如未达到规定投资强度的或未按规定投资期限完成项目建设的，取消对乙方的相关优惠政策，并按实际投入情况重新认定项目规模，收回多占土地或按苏政发[2002]44号文件补征土地出让金。

13. 厂区内建筑平面布局和建筑设计图纸须经相关部门审核和把关，且必须符合园区建设总体规划及消防安全要求。未经相关部门审核擅自施工的，乙方自行承担一切法律责任。

14. 在投资项目最终评定之前，乙方未经甲方同意不得对土地使用权设定抵押等他项权利。

15. 加强企业管理，抓好安全生产，通过安全“三同时”验收，及时办理安全生产许可证、化学危险品安全运输许可证。

16. 新建化工项目必须符合国家产业政策的规定，待完成环境影响评价，并获得环保部门批建后方可开工建设。

17. 依法用工，签订合法的用工合同，并按国家规定为员工缴纳相关的保险金。

18. 企业在取得税务登记证后必须按时向有关部门报送会统报表。

19. 项目乙方从开票之日起，流转税 2005 年缴纳 800 万元以上，2006 年缴纳 1200 万元以上，2007 年缴纳 2000 万元以上，如此条款达不到则不能享受老少边穷地区所得税优惠政策。

20. 引资单位中，县财政局、环保局必须主动帮助企业申办有关项目贴息和治污资金。

（四）违约责任

21. 双方必须严格按协议约定履行义务，任何一方擅自违约，承担对方由此造成的一切经济损失以及相应的法律责任。

（五）解决争议的方法

22. 如双方因本合同发生争议，应协商解决，协商不成，可提请仲裁或提起诉讼。

（六）其他（略）

甲　　方(签字)：王晓明　　　　乙　　方(签字)：邵伯金

法定代表人(签字)：　　　　　　法定代表人(签字)：

全权委托人(签字)：　　　　　　全权委托人(签字)：

引资单位(盖章)：　　　　　　　全权委托人(签字)：

滨海县天场乡人民政府

滨海县财政局

滨海县环保局

2004 年 12 月 21 日

五、关于稳定股价的预案

为了维护公司股票上市后股价的稳定，充分保护公司股东特别是中小股东的权益，公司 2015 年第三次临时股东大会通过了《浙江吉华集团股份有限公司上市后三年内稳定公司股价的预案》，具体内容如下。

如果吉华集团首次公开发行股票并上市后三年内股价出现低于每股净资产（指公司最近一期经审计的每股净资产，如果公司发生派发现金红利、送股、转增股本、增发新股等除权、除息事项的，则每股净资产进行相应调整，下同）的情况时，公司将启动以下稳定股价的预案。

（一）启动股价稳定措施的具体条件和程序

1. 预警条件：当公司股票连续 5 个交易日的收盘价低于每股净资产的 120% 时，公司将在 10 个交易日内召开投资者见面会，与投资者就经营状况、财务指标、发展战略进行深入沟通。

2. 启动条件及程序：当公司股票连续 20 个交易日的收盘价低于每股净资产时，公司应当在 5 日内召开董事会、25 日内召开股东大会，审议稳定公司股价的具体方案，明确该具体方案的实施期间，并在股东大会审议通过该具体方案后的 5 个交易日内启动稳定股价具体方案的实施。

3. 停止条件：在公司稳定股价具体方案的实施期间内，如公司股票连续 20 个交易日收盘价高于每股净资产时，公司将停止实施稳定股价措施。

上述稳定股价具体方案实施期满后，如再次发生股价稳定措施的启动条件，公司将再次启动稳定股价措施。

（二）稳定股价的具体措施

1. 公司稳定股价的措施

当触发前述股价稳定措施的启动条件时，吉华集团应依照法律、法规、规章、规范性文件、《公司章程》及内部治理制度的规定，及时履行相关法定程序，并采取以下部分或全部措施稳定股价，且应保证股价稳定措施实施后，公司股权分布仍符合上市条件。

（1）在不影响公司正常生产经营的情况下，经公司董事会、股东大会审议同意，回购公司部分股份。

（2）要求公司实际控制人控制的股东锦辉机电、萧工集团以增持公司股票的方式稳定股价，并明确增持的金额和期间。

（3）要求时任公司董事（独立董事除外）、高级管理人员以增持公司股票的方式稳定股价，并明确增持的金额和期间。

（4）在保证经营资金需求的前提下，经董事会、股东大会审议同意，通过实施利润分配或资本公积金转增股本的方式稳定股价。

（5）通过削减开支、限制高级管理人员薪酬、暂停股权激励计划等方式提升业绩、稳定股价。

（6）法律、行政法规、规范性文件规定以及中国证监会认可的其他方式。

采取公司回购股份的股价稳定措施时，除应遵守法律、法规、规章、规范性文件及监管部门的规定和要求外，还应遵守以下要求。

①公司用于回购股份的价格原则上不超过公司最近一期经审计的每股净资产。

②公司用于回购股份的资金总额累计不超过公司首次公开发行股票所募集资金的总额。

③公司单次用于回购股份的资金额原则上不得低于上一会计年度经审计的归属于母公司股东净利润的5%。

④每12个月内回购股份比例不超过公司总股本的2%。

2. 实际控制人控制的股东锦辉机电、萧工集团稳定股价的具体措施

（1）当触发公司股价稳定措施的启动条件时，在保证相应稳定措施实施后，公司股权分布仍符合上市条件的前提下，公司有权要求锦辉机电、萧工集团采取以下措施稳定公司股价：在符合股票交易相关规定的前提下，通过证券交易所以集中竞价交易方式增持公司股票，且单次用于增持公司股票的金额不低于上一年度年初至审议稳定公司股价具体方案的董事会会议召开日期间从公司获取的税后现金分红总额的20%，单一年度内累计用于增持公司股票的金额不超过上一年度年初至审议稳定公司股价具体方案的董事会会议召开日期间从公司获取的税后现金分红总额；每12个月内增持公司股份数量不得超过公司总股本的2%。

（2）当触发公司股价稳定措施的启动条件时，公司股东锦辉机电、萧工集团应依照法律、法规、规章、规范性文件和《公司章程》的规定，积极配合并保证公司及时制定并启动稳定股价的具体方案及措施。

锦辉机电、萧工集团应在不迟于公司股东大会审议通过稳定股价具体方案后的5个交易日内，根据公司股东大会审议通过的稳定股价具体方案，积极采取与其相关的稳定公司股价措施。

如锦辉机电、萧工集团在触发前述股价稳定措施的启动条件时，为公司实际控制人控制的股东，则其不因在股东大会审议稳定股价具体方案及方案实施期间内不再作为实际控制人控制的股东而拒绝实施上述稳定股价的措施。

3.公司董事（独立董事除外）、高级管理人员稳定股价的具体措施

（1）当触发公司股价稳定措施的启动条件时，在保证相应稳定措施实施后，公司股权分布仍符合上市条件的前提下，公司有权要求时任公司董事（独立董事除外）、高级管理人员，采取以下措施稳定公司股价：在符合股票交易相关规定的前提下，通过证券交易所集中竞价交易方式增持公司股票，且单次用于增持公司股票的金额不低于上一年度年初至审议稳定公司股价具体方案的董事会会议召开日期间从公司获取的税后现金分红（如有）和税后薪酬总额的20%，单一年度内累计用于增持公司股票的金额不超过上一年度年初至审议稳定公司股价具体方案的董事会会议召开日期间从公司获取的税后现金分红（如有）和税后薪酬总额的50%。

公司在未来聘任新的董事（独立董事除外）、高级管理人员前，将要求其签署承诺书，保证其履行上述稳定股价措施。

（2）当触发公司股价稳定措施的启动条件时，公司时任董事（独立董事除外）、高级管理人员应依照法律、法规、规章、规范性文件和《公司章程》的规定，积极配合并保证公司及时制定并启动稳定股价的具体方案及措施。

公司时任董事（独立董事除外）、高级管理人员应在不迟于公司股东大会审议通过稳定股价具体方案后的5个交易日内，根据公司股东大会审议通过的稳定股价具体方案，积极采取与其相关的稳定公司股价措施。

在触发前述股价稳定措施的启动条件时，担任公司董事（独立董事除外）、高级管理人员，不因其在股东大会审议稳定股价具体方案及方案实施期间内不再担任公司董事、高级管理人员而拒绝实施上述稳定股价的措施。

（原载《浙江吉华集团股份有限公司首次公开发行股票招股说明书》，2017年4月）

第三节　报刊文章选录

负重的奔跑

俞文

吉华化工像萧山的大部分乡镇企业一样，创业伊始也是小儿科，依托我国化工行业中的佼佼者——吉林化学公司，以一种联营的方式进入，几年后发展壮大，成为吉化32个子公司中唯一赢利的，尔后脱离吉化，自行发展。提起这段历史，邵伯金说当年还经历了一场曲折的谈判。吉华化工当时作为吉化的一个子公司，在董事会领导下开展生产经营，但国营企业吉化在改革的大潮下显得力不从心，管理机制上的陈旧与僵化，时不时要请示汇报，程序复杂，再加上地域性的差别，相当程度上制约了吉华化工的发展，所以直至1997年前，吉华化工还是一个不怎么起眼的小公司，无论其经营规模还是经济效益，都在小范围内打转。当时红山农场的领导与邵伯金心里都很着急，于是他们北上谈判。吉化的领导先是同意他们的要求，后来又突然变卦，他们对吉华化工要脱离开去，心疼无比，毕竟吉华化工每年给吉化带来一定额度的效益，是公司的一面旗帜。是邵伯金的真诚感动了他们，邵伯金说，没有吉化，也就没有吉华化工，吃水不忘挖井人，脱离后，吉华化工将一如既往与吉化合作，资源共享，真诚相待。双方最终在友好的气氛中完成了脱离。从此，吉华化工便驶入了发展的快车道，短短几年工夫，便跃上了一个在行业中令人瞩目的地位。用一些数字可以作如下说明：吉华化工现拥有总资产5亿元，占地面积20万平方米，下辖红宝染化、聚氨酯染化、吉华进出口等子公司，职工1200人的大型企业，成为中国染料协会副理事长单位，荣获省、市出口创汇大户，省、市百强企业等荣誉。2002年实现工业销售收入9亿元，上缴税金5000万元，利润6500万元。

其中，有一个现象很值得思考，也就是说，从1997年开始，吉华化工几乎每年都跨一个台阶，不知不觉便完成了别的企业要花十年，甚至几十年才完成的沉淀与积累，而这个过程显得有点静悄悄。我想，这与吉华化工的当家人邵伯金有莫大的关系。

邵伯金给人的印象有点特别，主要是他脚上的那双布鞋，这与他显得简朴的办公室达成了一致。也许这是一个信号，折射出他那种水泥工人的本质。前不久，媒体对浙江私营企业家的出身作了一个调查，结果发现一个有趣的现象，即相当部分在公众中赫赫有名的企业家的学历普遍不高，小学生、初中生最多，很少有高中生，而且出身都是平常人家，打铁匠、木匠、补鞋匠、油漆匠等等，五花八门。如果把邵伯金说成水泥工人，应该正确，因为他在农垦水泥厂待了16年。一个水泥工人成长为一家化工公司的老总，而且，是一家年产值近10亿元的化工企业，这本身便是一个奇迹。但在创业历程中，艰辛自是不言而喻，毕竟，角色转换对邵伯金来说是一次脱胎换骨式的磨炼，幸运的是他顺利完成了这个转换。况且，在我与他的谈话中，他对中国化工行业如数家珍，侃侃而谈国际国内市场，令人怀疑他是不是化工专业的高才生。当然，实践是企业家最好的老师，市场是企业家最好的课堂，邵伯金把一个不起眼的泡沫厂办成了一家大企业，而且发展势头喜人，在今后的几年内，吉华化工无疑将成为国内的行业龙头。

邵伯金的确给我上了一课，他说我国是世界染料生产大国，产量占世界总量的40%～50%，但产量大，档次不高，附加值低是我国染料工业的特点，换句话说，我国的一些化工产品是在国外的地摊上销售的，对于一个有着强烈民族自尊的人来说，这也是一种耻辱。中国的化工企业要发展，要走向世界，必须要与国外一流的化工公司合作，在技术与管理上进行吸收与消化。而吉华化工走的是一条精品之路，先后与国际知名的染料集团瑞士CIBA、德国DYSTAR等建立长期的技术贸易合作关系，技术水平明显提高，技术含量迅速提升，1998年公司通过了ISO 9002国际质量体系认证，“吉华”牌系列产品在国内外享有盛誉，已纳入浙江省名牌产品，产品远销欧、亚、美、非等100多个国家。

对于化工企业来说，技术是核心。而人才的引进、吸纳、创新、凝聚则是保证“科技领先”的关键因素。邵伯金深谙此道，或者说正是他这种以科技为核心的管理思路壮大了吉华化工。吉华化工率先在同行业中成立了博士后科研工作站，实现企业可持续发展的“人才”系统工程。也以此为力量，每年开发一些新产品，其研究创新能力在国内同行中拔尖。邵伯金不满足于现状，他还打算与大连理工大合作，联办一所化工研究院，不仅为吉华，也为国家培养大批化工人才。优秀的内部管理是一个企业健康发展的保证。邵伯金大抓内部管理上很有一套，归纳一下称之为“一个授权，五个统一”。“一个授权”即公司授权分公司自主经营，享有独立生产权、供应权、人事权、定价权、审批权；“五个统一”即发展规划统一、管理制度统一、资金调度统一、产品销售统一、对外形象统一。以管理创新激活经营管理者的积极性，倡导“用少的资金创造多的效益”的理财之道，提高经营资产收益率，谋求利益最大化。市场对一个企业来说，是生死存亡的大事。邵伯金在企业里叫响了一句话：“产品卖出去是硬道理，货款收回来是真本事。”依托销售分公司占领广东、福建、山东、辽宁、江苏区域；渗透萧山、绍兴、嘉兴、武汉地区，开拓西南、西北市场；发挥进出口公司优势，与国际著名的汽巴精化、德司达等大集团合作，拓展欧亚美、中东、台湾市场。

在交谈中我不时地感到邵伯金属于那种“一条道走到黑的人”，也即是固执。对于吉华化工今天的规模，在资金与能力上完全可以在其他行业上进行开拓，可以尝试搞多种经营。据我所知，萧山的一些不大不小的企业都在四处耕耘，四面出击，追求效益增加的多渠道与最大化。邵伯金说，对于房地产等其他行业，虽然大家都知道利润高，而且吉华也完全有能力搞，但他还是想搞化工企业，搞好搞精是他的理想目标。他甚至有“五个不发展”的言论：不是相关行业的不发展，不是相关产品的不发展，没有规模的不发展，没有基础的不发展，技术不先进的不发展。邵伯金说，赚钱的行业太多了，但是一个企业千头万绪，一个人的精力毕竟是有限的，把全部的精力投入到其中一个行业，然后做好它，做精它，就需要一生的奋斗了，国外一流公司的一流品牌也不是一年两年做出来的，需要一代人，甚至几代人的拼搏才造就了今天的辉煌。

吉华化工在稳健地发展。在邵伯金的规划中，在今后五年内使“吉华”系列分散、活性、酸性染料产品突破 10 万吨，销售收入突破 30 亿元，出口创汇与上缴税金均要达到 2 亿元。据此看来，邵伯金雄心勃勃，绝不像小富即安的人。但是，在与他的交谈中我还是感觉到了他的某种不安。那么他又有什么不安呢？

其实我已经猜测到了邵伯金内心的不安在哪里，只是我不想由我这个采访者提出来，我想让他自己说出来。一个企业家只有正视现实，不畏困难，敢于真实地剖析企业发展才是真正的企业家。邵伯金没有让我失望，他确实提出了一个很现实的问题：环保。

也许有人并不认同这样的观点：发展是把“双刃剑”，任何行业的发展都会带来一定的问题。打个比方，第三产业餐饮业的发展必将带来更多的生活废水及资源的浪费，旅游业的过度发展则会破坏生态环境，像我们不时听到的世界遗产云南丽江古城因为游客过多，导致其生态环境的异变，长此以往，也许我们以后看不到一个独特的丽江了。就萧山的实际而言，前些年东片的印染业一片蓬勃，大大小小的印染厂星罗棋布，由于污水处理设施简陋（有的甚至不加处理，便直接排放），污染也极为严重。那儿的地下水基本无法饮用，一些疾病也伴随而生。时至今日，人们越来越意识到环保的重要，人们比任何时候都关注自己的生活环境。而化工企业，给人的印象是污染的罪魁祸首，好像污染就是化工企业的缘故，人们谈化色变。其实不然，水泥厂、机械厂、纺织厂、面粉厂、油脂厂、味精厂、啤酒厂等等都会产生污染。人们对化工企业的成见导致了化工企业遇到了从未有过的难题，虽然，很多化工企业也想实行先治理后发展的思路与举措，但事实上凭现在的技术设备还达不到这一步，就是当今世界上最为著名的一些化工公司也无法彻底解决污染问题，这需要一个过程，一个无法缩短也无法逃避的过程。

邵伯金是一个有良知的企业家，他说现在只有边治理、边发展，把污染降到最低程度。吉华化工这些年在治理污染上可谓动作极大，公司专门成立了环保监督检查小组，每天在各个车间巡回检查，发现苗头及时消除，先后投入300万元改进、完善了各车间粉尘、废气的吸收、中和、处理装置，努力减轻对周边环境的影响，同时兴建了4000立方米污水处理厂二期工程，增强了污水处理能力，提高了污水处理效果，并投资2000余万元实施污水接入城市污水处理的接管并网工程，目前全长6578米，管径600毫米的污水输送管网已全面铺设完毕，将解决污水处理的老大难问题。可以说，这些年吉华化工在污染治理上是舍得花血本的，甚至可以这样说，如果不是在环保上投入巨额资金，吉华化工的发展还将加速，而事实上邵伯金一直是背负着一座山（环保）在奔跑，这种负重的奔跑远比别人要花费更多的气力，但却是令人尊敬的。因为邵伯金知道吉华化工的发展，离不开红山农场的支持，他应该给周边的人们创造一个好环境。

随着杭州大都市发展战略的全面推进，城市发展从“西湖时代”走向了“钱塘江时代”的大背景下，红山农场已纳入三环线范围，环保问题和企业发展的矛盾越来越突出。邵伯金不止一次考虑过把吉华化工整体搬迁，他原本选择了上虞市浙江杭州湾精细化工园区，该园区系省级化工园区，园区规划总面积100平方公里，是全省最大的精细化工园区。但吉华化工毕竟是萧山的企业，是在萧山发展壮大的，邵伯金有一种故土难离的心情。后经萧山临江工业区领导们的邀请，他决定把新的厂址建在临江工业园的化工园区内，为萧山的经济建设再立新功。

采访回来后，在我脑中一直浮现着邵伯金，这样一个矛盾着的企业家。也许，企业家应该为了企业的发展而不顾一切，但是，企业家毕竟是我们这个社会中承担一定社会责任的一个特殊群体，他们的酸甜苦辣有时只有自己品尝，企业家也不仅仅是完成企业的产值、利润、利税等几个指标，或者说创造几个高数字，而是应该心里装着人民，装着社会，这样的企业家才是真正意义上的企业家，而非企业主。

（原载孔鑫祥主编《决战千亿：报告文学集》，方志出版社，2004年版）

吉华：精细化工的探索者

戚玲燕

如今，吉华依旧如最初成立时那样，坚定不移地走在“一心一意搞化工”的道路上。在董事长邵伯金的眼里，以稳健持续发展为核心的理念，也有了新的价值：以迈向国际一流为长远目标，将个人能力、团队协作进取作为力量之源，自主创新，打造环境友好的循环经济型企业。

2006年，吉华销售收入突破20亿元，进入全国民营企业500强。如今，吉华拥有总资产25亿元，员工2000名，年销售收入30亿元，出口创汇1亿美元，主业染料产量已突破10万吨/年，涵盖国内开发分散、活性染料所有品种的70%以上。吉华的发展，专注主业之上，踏实而稳健。

这样一个集团型的背后，又有一位怎样的缔造者？

董事长邵伯金的名字并不常见于媒体，这或许与他骨子里的那股低调劲儿有关。

他为人低调，毫不张扬。与外人，很少谈及自己与企业多年来所取得的业绩，也极少接受媒体的采访。在他看来，一个民营企业家应该做的，是专心致志地工作，为企业做好决策，其余的，一概是“杂念”。

吉华的发展源于邵伯金对他所从事的行业的正确评估，源于专注、专业、敬业、精业。

专注于染料主业

为了更好地实现做精、做深、做强、做大主业的目标，可以清晰地在吉华的战略布局上看到它的“内涵式发展模式”。即专注于染料主业，围绕主业延伸产业链，拓展规模，提高运行质量，增强企业自主创新能力与核心竞争力，同时培育特种涂料产业、聚氨酯海绵、涉及助剂、医药产业等，实现经济与社会效益的可持续发展。

如今，吉华已经成为业内公认的三大染料生产基地之一，吉华初创时立下的“专注染料化工”的目标，多年来始终如一。

吉华化工最初创业的时候，还是在萧山聚氨酯泡沫厂的基础上，由萧山红山农场、萧山江南投资公司（现浙江萧然工贸集团有限公司）、吉林化学工业公司联合创办的“吉化萧山染料联营厂”。1991年，邵伯金开始担任吉化萧山联营染料厂厂长，由于没有技术，缺乏管理，只能依托吉林化学公司发展，企业发展举步维艰。

在改革大潮的大趋势下，试图壮大起来的吉华化工已无法适应国营企业吉化公司的管理模式。1997 年，吉华从吉化公司脱离出来，企业发展呈现出新的气息。这不但让它脱离了单一的管理模式，也激活了企业的内部管理。在以市场为核心的经济体制下，吉华化工依托市场迅速崛起。

2003 年 7 月 17 日，杭州吉华江东化工有限公司成立，杭州萧山临江工业园区迁建项目正式启动，公司开始逐步调整产业结构。2004 年底，吉华化工收购江苏山峪化工公司，于 2006 年 7 月 24 日变更为江苏吉华化工有限公司，开始进入还原染料（靛蓝）生产领域。2012 年 2 月 28 日，浙江吉华集团股份有限公司创立，进入上市培育阶段。现集团已拥有杭州创丽聚氨酯有限公司、杭州吉华高分子材料有限公司、杭州吉华江东化工有限公司、江苏吉华化工有限公司、杭州吉华进出口有限公司等多家核心企业。

品牌的积淀需要过程。“看得多了，就要静下来想我要做什么，我们的落脚点是什么。”邵伯金说。吉华主导产品是分散和活性染料，具有质量优、成本低、性价比高的特点，广泛用于聚酯纤维和棉织物的染色。1999 年 8 月 7 日，“吉华”取得商标注册证，吉华开始进入自主品牌、自主发展的阶段。2004 年 7 月，“吉华”牌染料荣获“浙江省名牌产品”称号，2011 年 12 月，“吉华”牌染料荣获“浙江省出口名牌产品”称号。

“在国内市场上，我们将巩固现有的 40 多个重点营销网点，并增加至 80 个以上，提升产品的市场辐射力；而在国际市场上，我们则增强密度，巩固现有 100 多个国家和地区的国际贸易网络，出口创汇突破 1 亿美元。”邵伯金诉说着吉华未来的展望，自信满满。

如此稳固的市场源于优良的品质，吉华凭借着“道道工序一丝不苟，件件产品不优不休，满足顾客追求一流”的质量方针，以及“下道工序就是用户”的观念，不断完善质量体系。现拥有代表当今国际先进水平的测色配色仪、离子色谱仪、激光粒度分布仪、紫外分光光度计、气相和液相色谱仪等质量监测和控制设施，强大的检测试验能力，形成了全员、全方位、全过程的质量监督管理体系。“产品质量关系到企业形象和人格尊严”，这是吉华对国际化产品的核心理念。

邵伯金表示，在吉华现有分散染料已较强的基础上，重点发展活性、还原、酸性染料及中间体，围绕产业链，延伸产业链，实现循环经济。同时做大高档特种涂料、功能性海绵，培育新的经济增长点。这也是吉华未来发展的目标所在。

吉华人才价值观

与许多行业一样，化工行业的同质化竞争也十分激烈。或许是因为早些年亲眼所见同质化竞争带来的价格战等一系列恶果，邵伯金以人才、创新为企业发展的关键词。技术创新、产品创新也因此深入吉华血脉之中，“总要比同行领先一点”成了吉华在新技术、新产品研发上的导向。3 个国家高新技术企业、浙江省企业技术中心、浙江省高新技术企业研究开发中心引领行业自主技术、核心技术的研发。

对企业形象的追求和对专业人才的尊重被邵伯金潜移默化地注入到企业管理和产品研发中。“打造品牌不是一个人的事，而是一群围绕它的人的观念的集合。吉华的企业文化不仅我要懂，我的所有员工也都要了解。”

2003 年 12 月，经原国家人事部批准，吉华化工设立了业内第一家博士后科研工作站，先后引进 6 名博士，其中简卫博士先后荣获浙江省、杭州市、萧山区“优秀博士后”称号，并入选杭州市“131”人才第二层次、浙江省“151”人才第三层次，目前被聘为中国染料工业协会专家委员会委员，2011 年被评为石油和化工行业“节能减排标兵”。笔者了解到，在一份企业的年度报告中，对于荣升总工程师的简卫及他所管辖的技术中心就花了近 1000 字进行评价，“唯才是举，量才适用”，可见邵伯金对人才与技术的重视。

吉华以高端人才、专业人才、技能人才阶梯式的发展为原则，发挥博士后科研工作站、研发中心的优势，开展多种形式的产、学、研联合模式，引进和培育了中高级技术人才，培养技术、管理骨干，开展岗位技能培训，造就行业知名的能工巧匠。

邵伯金对自己也十分“苛刻”。化工行业是一个对专业学科知识要求非常高的行业，产品种类繁多，光是生产原料就令人眼花缭乱。文化基础低的他，面对那些拗口的学名和繁多的种类，已如数家珍。

有时候，人所经历过的事，随着时间慢慢消逝，留下的则是那份对生活的独到理解和对梦想的执着追求。邵伯金便是如此。年少时人生道路上的艰辛，带给他更多的是超于常人的承受力和拼搏精神。

任重道远的环保路

大多数化工企业的风险都来自环境的压力。对于化工企业来说，环境始终是他们绕不过去的事。

吉华自然也不例外。

“在树立品牌的同时，环境问题显得尤为重要。企业要发展，环保就必须先行。”邵伯金说道。吉华一如既往地重视环境污染防治工作，在积极实施节能减排、循环经济、资源利用等清洁生产工艺技术的同时，优化活性染料膜过滤、原浆干燥清洁生产制备技术、连续磺化工艺新技术、磺化加压缩合新技术，采用高效降膜吸收塔和高效薄膜蒸发等先进制造设施，优化企业产品结构，实施“三废”综合治理，实现达标排放。

在清洁生产与优化工艺的同时，自主创新则是治理环境问题和提升企业竞争力的最主要的手段。“只有发展新技术、转变生产模式，突破技术瓶颈，才能从真正意义上解决环境的问题。”邵伯金谈道。为此，他制定了“生产一代、储备一代、开发一代、设想一代”的开发理念，在公司内部形成了集智力引进、科技投入、科研开发、成果推广、人才培养于一体的自主技术创新体系。“以废治废、循环经济”则是当前实现环保经济的着力点。

吉华以模仿复制——消化吸收——自主创新的技术发展模式，进行自主技术研发。到目前为止，公司已取得国家授权发明专利 22 项，申请并受理国家发明专利 25 项，以第一起草单位主持起草了 7 个国家标准、13 个行业标准。同时实施专利技术产业化，把产品相关的发明专利技术和最新研究开发成果转化在技术标准中，形成专利技术和技术标准的有机结合，巩固自主知识产权成果。实施自主创新战略，抢占标准技术“制高点”，一直是邵伯金祈求并为之努力的。

吉华的成长，历经联营启动、资本积累、扩充壮大之路，集团已形成主业突出、多元化产业并存的循环产业链经济格局，以争国内领先，创国际一流的发展战略，打造产品专利化、市场国际化、产业现代化的企业集团，立足世界经济竞争前列。

“长风破浪会有时，直挂云帆济沧海”，是董事长邵伯金最喜爱的诗句。这种情感也映射在吉华的发展历程，与中国改革开放至今的步伐一样，一步佳，一步难，在应对市场变幻和行业发展的困难之时，吉华人不懈地探索化工主业，致力于科学发展、生态发展、稳健发展，是始终不变的诺言。

（原载马晓才主编《强者之歌》，杭州出版社，2014 年版）

吉华集团：产能恢复超九成 率先实现基本达产

吴宇翔（记者）周静侃（通讯员）

登记、测体温、出示“绿码”，进入厂房……在企业员工宿舍隔离 7 天后，吉华集团员工小刘又回到了熟悉的岗位。企业里除了多了几道安全检查的程序外，一切井然有序。

记者从该企业获悉，截至 27 日，吉华集团产能恢复已超 90%，绝大部分生产线已恢复正常运作，成为新区率先实现基本达产的企业之一。作为新区本土培育的上市企业，吉华集团 2019 年纳税总额 2.28 亿元，实际产能达 7.6 万吨。

疫情发生以来，吉华集团第一时间将防控疫情与安全生产相结合，在做好园区消杀工作的同时，为员工建立健康档案。复工期间，企业在纪检监察工委、临江街道、临江企业服务处等工作人员的全力服务保障下，详细摸排员工行程，根据关键设备、工艺岗位要求及人员技能水平等因素，要求员工分批次返岗。

在全力加强疫情防控的同时，如何快速恢复产能，是企业的首要任务。吉华集团作为业内公认的全球三大染料生产基地之一，生产线自动化、数字化程度较高，是新区化工产业的龙头企业。“我们企业产品需求量大、订单多，早在春节之前就新接了不少订单。”疫情期间，吉华集团上游有供应，下游有市场，不少企业在复工复产后遇到的物流和原材料供应等问题，吉华集团也都迎刃而解。

“自动化的生产线成为我们恢复生产和快速达产的保障。考虑到春节期间部分车间开工，生产部分染料中间体，企业在年前就储备了可供使用一个月的原料，这也为我们应对疫情影响、顺利达产提供了保障。现在我们的重要产品单日产能达到150吨，基本恢复到了正常水平，2月15日至今，产品销售量达到了2000吨。”企业相关负责人告诉记者。

与此同时，吉华集团不忘履行企业社会责任，于疫情发生之初就一次性向新区公安机关关爱警察基金捐赠50万元人民币，全力支持奋战在疫情防控一线的基层干警。

“作为上市企业，疫情当前我们有责任更有义务挺身而出，义不容辞贡献我们的力量；作为长期根植新区的企业，我们见证着钱塘新区的巨变，更加要在新区困难之时抢班夺时，争取为新区发展多做贡献！”吉华集团董事长邵伯金如是说。

（原载《钱塘新区报》，2020年2月28日）

吉华集团多举措探索科技治气新路子

张华颖（记者）高浙栋（通讯员）

“废气治理工作是我们必须担起的社会责任，也是我们企业下一步迈向更好发展的必经之路。”在近日临江高科园组织召开吉华喷塔废气治理方案讨论会上，企业负责人再一次表明了对废气治理工作的决心。

吉华集团主营染料、染料中间体、聚氨酯海绵、特种涂料等产品，近年来，被废气异味问题困扰良久。

此次会上，临江高科园特邀3家环保业内专业治理单位，围绕有效减少、消除废气异味等问题为企业出谋划策。企业对上海团队的深度处理—高级氧化法和浙大团队的氧化—低温羟基去除法表示认可，现场对接并邀请2家单位开展后续小试、中试实验。

“我们对企业全厂布局和废气治理做了全面了解，与企业技术负责人进行了深入交流，同时详细了解了染料行业相关企业废气治理现状，并对企业信访投诉关键环节——恶臭异味问题做了实验研究。”来自上海吾励环境的相关负责人表示，此次的方案从兼顾经济和环境效益出发，具有较强针对性和可操作性，预计恶臭气体去除效果良好。

前期，就区主要领导提出的吉华废气全厂整治提升工作，临江高科园高度重视，积极跟进，一方面协助企业制定废气整治提升方案，从近期、中期、远期三个时间维度，督促企业有序推进各项整治；另一方面积极联系行业专家，实地踏勘企业并召开交流座谈会。“我们在临江高科园的支持下，制定了‘5+X’《企业整体提质提升方案》，并基本完成了杭州市生态环境局‘环境医院’诊断问题的整改。”据企业相关负责人介绍，目前厂区内异味问题已经有了明显改善，特别是异味较大的氯丙烯中间体生产610车间改善更加明显。

企业废气治理工作任重道远。近年来，吉华集团通过技改提升，淘汰部分污染较重的工艺和设施，使用价格相对高昂的分散剂，研发更加高效低污染的新型染料工艺等措施，逐步改善厂区环境质量，努力减小废气环境影响。企业相关负责人表示：“现在，钱塘区站在高质量发展和打造共同富裕示范区新高度，对企业提出了更高要求。作为企业，站在新一轮提质提升发展的十字路口，我们将切实增强社会责任感和环保使命感，为钱塘的天蓝水清贡献一份力量。”

（原载《钱塘新区报》，2021年9月3日）

这位博士的环保新材料　获省科学技术进步二等奖

张华颖（记者）

近日，浙江省科学技术厅公布了2021年度浙江省科学技术奖获奖名单，杭州吉华高分子材料股份有限公司、浙江大学、浙江恒业成有机硅有限公司等联合完成的“环保型多功能氟硅防污树脂与涂层材料关键技术及其应用”项目荣获2021年度浙江省科学技术进步二等奖。该项目完成人中就有身为临江街道居民议事会成员的钱涛博士。

据悉，该项目在环保型多功能氟硅防污树脂与涂层材料领域取得了系列成果，其中研制的具有低模量高黏结强度氟硅防污涂料系列产品，突破了国外在高端海洋防污涂料领域的技术封锁，形成了具有完全自主知识产权的产品化技术体系，经济与社会效益显著。

“有核心技术，才有发言权。”钱涛博士所在的杭州吉华高分子材料股份有限公司（以下简称吉华材料）是全球特种不粘涂料行业龙头企业，产品深受市场欢迎。

然而在十几年前，不粘涂料还是被美国、日本等国外巨头所垄断的“卡脖子”行业。“凭借简单的加工能获得一定的利润，但想要长远的发展一定要将核心技术掌握在自己手里。”钱涛博士说。

为求突破，吉华材料将目光聚焦在核心技术的掌握上，2013 年钱涛博士受邀加入吉华，带领团队攻关不粘涂料相关核心材料的研发。吉华材料自主研发的环保型功能性差异化不粘涂料，产品档次全、质量优、成本低、性价比高，广泛应用于工业产品、家电、炊具等特种行业的涂装，公司也借此逐渐发展成为全球主要不粘涂料供应商之一。

据悉，目前钱涛所在的吉华研发团队，科技成果转化的年平均数在 5 项以上，通过科技成果转化每年可实现销售的新产品在 6 个以上。

立足自身工作，钱涛在街道的组织下，广泛走访企业，尤其是在今年，钱涛就临江企业存在的困难和提出的问题进行收集，了解企业生产经营状况，向辖区中小企业讲解全省经济稳进提质攻坚行动工作推进会精神。同时将国家 33 条、浙江省 38 条、杭州市 52 条、钱塘区 22 条稳经济政策措施具体内容传递给企业。

（原载《钱塘新区报》，2022 年 8 月 17 日）

我区 11 家企业荣膺国家级专精特新“小巨人”

郝爽（记者）徐思琦（见习记者）施春晞（通讯员）

近日，第四批国家级专精特新“小巨人”企业名单公布，我区杭州吉华高分子材料股份有限公司、杭华油墨股份有限公司、杭州协合医疗用品有限公司等 11 家企业入选，上榜数量为历年之最。截至目前，我区共有国家级、省级专精特新企业 35 家。

专精特新“小巨人”企业是指科技创新能力强、市场占有率高、质量效益优的“小而强”“小而优”企业，申报对象为经认定的省级“专精特新”中小企业及隐形冠军企业，或其他符合“小巨人”认定标准且属于产业基础核心领域、产业链关键环节的优质企业。

以杭州吉华高分子材料股份有限公司（以下简称吉华高分子）为例，该企业自主攻关了防聚热有机硅材料的合成等关键核心技术，解决了道康宁等外商对国内行业的“卡脖子”难题，其“不粘锅用持久不粘陶瓷涂料”为行业突破性首创，填补陶瓷涂料行业空白。目前，吉华高分子已成为法国 SEB（国内品牌为苏泊尔，国外品牌为 Tefal、T-fal）、爱仕达等全球炊具产业链主流企业首选涂层材料供应商。除了在材料研发上攻坚克难，吉华高分子所有产品都具有完全自主知识产权。截至 2021 年末，该企业通过省级工业新产品鉴定 40 项，主导或参与起草制定国家标准 6 项。

据介绍，吉华高分子在细分市场的占有率为国内第一。近两年，该企业营收平均增幅约 25%，今年 1—8 月，已实现产值近 1.2 亿元。

梳理此次 11 家上榜企业，不难发现，这些企业主要集中在新材料、生物医药、新一代信息技术、高端装备制造等中高端产业领域，成为我区未来经济高质量发展的重要支撑力量。

我区专精特新企业不断涌现的背后，离不开政策的引导和扶持。近年来，我区积极推进“全域创新”，深入实施专精特新企业培育计划，紧紧围绕主导产业、优势产业和新兴产业，引导中小企业走“专精特新”发展之路，坚持培育与提升相结合，建立梯队培育体系，积极发展和培育一大批专注于细分市场、聚焦主业、创新能力强、成长性好的专精特新企业，进一步推动中小企业提质增效升级，使中小企业成为推进新型工业化发展的中坚力量。

“到 2025 年，我区将力争新增省级以上‘专精特新’企业 50 家，实现主导产业企业量质并举。”区经信科技局相关负责人表示。

（原载《钱塘新区报》，2022 年 9 月 23 日）

代表委员在市两会上畅所欲言 传递“钱塘好声音”
市人大代表陈治辉：助力产业发展 做大经济“蛋糕”

徐红燕　沈逸柔　董笑瑜　徐思琦（记者）

今年是陈治辉来杭州的第21个年头，求学、立业、成家，20多年来他与脚下这片热土共成长，钱塘早已由他乡变故乡。3条地铁开通、钱塘过江隧道通车、多家商贸综合体开业……说起钱塘的变化，陈治辉感触颇深，他是城市发展的见证者、受益者，更是建设钱塘的奋斗者。

2022年，陈治辉当选杭州市第十四届人大代表，履职一年来，他先后参加了“一老一小”民生实事工作调研、助力扩投资优结构行动座谈调研、综合行政执法情况座谈调研等，零距离倾听民意。

作为浙江吉华集团股份有限公司工程技术人员，陈治辉在参加各类企业座谈活动过程中，他了解企业发展需求，关注企业发展难题，发挥自身优势，助力钱塘高质量发展，为全区经济稳进提质建言献策。

由于工作原因，陈治辉比较关注精细化工行业转型升级和企业用能方面存在的问题。去年市两会，他提出的“关于进一步推进精细化工装备提升推动我市经济高质量发展”和“关于加强对钱塘区企业用能支持”建议得到了市政府的重视，并交有关部门办理。

看着建议落实落细，陈治辉深刻感受到了人大代表为人民发声，为人民谋福利的责任感和使命感。在市十四届人大三次会议上，他将围绕“关于完善亚运期间稳生产保障措施打好我市经济翻身仗”提出建议。针对重大赛事期间稳生产保障，陈治辉认为，要完善差别化生产管控措施，对企业进行分类梳理；要完善生产性运输保障措施，突出重点区域和关键路线，关注通行需求和通行效率；根据行业情况倡导弹性工作制，采取居家办公、远程办公、错时上下班等弹性工作制；推行最多查一次，通过一次的全面精准排查，为企业诊断把脉，避免多次查、反复查。

在新的一年，陈治辉对钱塘经济发展也有新的展望：“希望传统产业能在转型升级中做大做强经济蛋糕，为钱塘高质量发展作出更大贡献。”

（原载《钱塘新区报》，2023年2月20日）

钱涛：智造强国 涂料专家造就“隐形冠军”

张梦真（记者）

悠悠万事，吃饭为大，中国文化观念中自古认同“民以食为天”。饮食文化来源于烹饪，而烹饪不仅仅取决于食材和厨艺，炊具的选择也尤为关键。随着科技的进步，锅具也在与时俱进，如今，在锅具的选项中，必有不粘锅的一席之地。

不粘锅实现不粘、易洁等性能，依靠的是锅表面的涂层。杭州吉华高分子材料股份有限公司（以下简称吉华材料）正是耐高温不粘涂层材料领域的“隐形冠军”，从寂寂无名到行业领先，其中离不开总工程师钱涛的坚守与奋斗。

吉华材料成立于2008年，2013年刚从浙大博士毕业的钱涛在很多人的不理解中受邀加入这家在当时看上去如同作坊的小公司。炊具涂料行业是科技含量高、经济绝对值小但必不可少的“专精特新”领域，但产品技术长期被道康宁、杜邦等外企垄断，亟待国内突破。“反观自己当时的处境，既无研发团队也无必要的资金设备，简单来说就是白手起家。”钱涛表示。

志不求易者成，事不避难者进。种种困难让钱涛越挫越勇，他创建了吉华不粘新材料省级研发中心，带领团队攻克了耐明火特种不粘树脂等进口受限关键原材料的“卡脖子”难题，实现产业化应用和进口替代，取得了水性有机硅聚酯树脂、持久不粘陶瓷涂料、高耐磨导热不粘涂料等多项不粘炊具领域的突破性成果，拥有完全自主知识产权，并入选杭州市新材料首批次项目，填补行业空白。

十年磨一剑，每一份坚守都写着“值得”。如今，吉华材料已拥有授权发明专利40余个，先后获评浙江省隐形冠军企业、国家级专精特新“小巨人”企业，核心产品市场占有率超32%，稳居国内第一、全球第二的龙头位置。

“做世界领先的涂层材料专家”是钱涛不变的目标。“未来，我将带领团队持续深耕技术创新，不仅要为钱塘先进制造业的壮大奉献企业应有的力量，更要加快关键材料国产化进程，摆脱依赖进口的局面。”钱涛告诉记者。

不忘来时路，时刻牢记自己的社会责任。钱塘区政协委员，国家科技奖励办公室、科技部、省科技厅专家库成员，浙江工业大学、浙江科技学院客座教授……如今的钱涛有很多的身份，他在每一个岗位上都切实担当、履职尽责，也将“责任”二字擦拭得熠熠生辉。

（原载《钱塘新区报》，2023 年 6 月 30 日）

第四节　回忆录

回忆录一：

我在吉华三十年

邵伯金

我是 1952 年农历三月初五出生在头蓬盐场一工区。自记事起家里很贫苦，上有 2 个姐姐，下有 4 个弟弟，靠父母俩在生产队挣工分艰难养活。父亲白天干高强度晒盐活，晚上到钱塘江打鱼、捕野鸭，由母亲到头蓬街上卖钱补贴家用。我们姐弟也自幼帮着干些力所能及的活为父母分担。我在 8 岁就用两只小水桶挑漏水开始干活，背就是那时挑驼的，到 9 岁才上学。

从我出生至 15 岁搬到红山的 14 年间，因钱塘江坍江搬家五次。从新湾北至头蓬北，再回到新湾北，又从新湾北至党湾北，最后至红山。

1966 年，因坍江我家从党湾北的头蓬盐场梅林工区搬迁到红山工区（1968 年底头蓬北坍江场部搬迁至红山，1969 年 4 月头蓬盐场改为五七农场）。我小学没有毕业就到生产队参加集体劳动，从拖泥、拘泥丘、收盐、扛盐板、拉车头绳开始到挑白泥、平坽头、掘大湾。由盐转农后，各类农活都干过，属“上船会挑、落船会摇”的一类，干活在农场小有名气。写的通讯报道在场广播中也有播出。

20 世纪 60 年代后期，政府在乌龟山至九号坝围堤后，咸潮水进不来，白地逐渐淡化不能再晒盐了。1969 年五七农场成立后，场员建房、农场农田基本建设需要大量的砖瓦、水泥。时农场革委会领导与赭山乡商量，利用他们当地的黏土资源办砖瓦厂，农场办水泥厂，砖瓦、水泥以成本价相互调节，自力更生解决建材紧缺问题。

我于1976年11月进当时的五七水泥厂（以下简称水泥厂）筹建组搞基建。历任生产副组长、车间主任、副厂长、副书记、常务副厂长。其间三次带队到瓜沥水泥厂、萧山水泥厂、长湖水泥厂培训学习，分管过生产、财务、经营管理工作，应该说我在水泥厂的工作是得到领导和同事们认可的。

一、我入职吉华的缘由

1991年8月20日，红山农场（1984年五七农场改名为红山农场）主管工业的朱瑞炳副场长通知我去陈成惠书记办公室，去后才知道是要我去化工厂（吉化萧山联营染料厂，1992年5月前称吉化公司染料厂萧山分厂，以下简称联营厂）和萧山聚氨酯泡沫厂。书记声明这次谈话既代表组织也有个人意见在内。主要意思：要我去化工厂负责，并说条件先不说。这个厂搞得好与否关系到农场的声誉。因为萧山市领导很重视，也较支持；对我个人利益来讲，无论是工作环境、工作条件、工作压力、报酬收入都是无法与在浙江农垦水泥厂（以下简称水泥厂）相比的；有什么要求尽管提，组织尽可能设法解决。

我的回答是本人长期在许兆相、金明浩等老领导手下工作已成习惯，只能当副职，不适合当正职，没有能力去负责。如一定要我去的话，只当副职不当正职。总之不想去，最后不欢而散。

8月24日、8月27日，多位领导又找我谈话，表达党委已研究决定，要我必须服从调动，也对相关工作支持作了表态。我当时真实的内心是不想去也不大敢去，甚至做好了离开水泥厂到社会上找事做的准备。

直到8月30日，多位领导再次到我家做工作，我觉得：一是（萧山）市领导定的，农场确有难处；二是魏金海常务副市长为了红山的事业，把感情很好，而且满怀信心在干的亲妹夫降为副厂长而要我去负责；三是对和自己一起成长的农场有很深的感情，答应只要有个一把手我就去。后来书记是由朱副场长所兼，直至他再回场部主持财务工作后才由我任董事长、书记兼厂长。

9月1日我到任，9月7日，魏金海常务副市长特来看我，讲了联营厂的牵线经过及期望：他认为这个与吉林化学工业公司（以下称吉化公司）联营的项目不错，希望能为红山的经济出力，能成为红山的又一经济支柱；内部管理要抓实，“前门可开大些，后门要看紧关好”。厂容建设要搞好；对他的亲戚不要搞特殊，有问题可告诉他；市里财政他在管，发展资金困难的话，既然叫我来了，会支持我的。

我到吉华的开始阶段魏市长三次到公司指导，在项目审批等方面给予了有力支持。

二、吉华的艰苦奋斗之路

1991 年 9 月 1 日，我到任时各方面条件自然不能与当时办公室已装有空调，铺全毛地毯，配套独立会客室，外出有小车，出差有接送的水泥厂相比。新岗位连办公室地面（因基建质量问题）都坑坑洼洼的，椅子也摆不平。

好在我从小苦惯，知道自己既没文化也无背景，对化工生产、经营更是一窍不通。只得笨鸟先飞，钝刀用蛮力，比别人加倍的努力。苦点，累点，条件差点根本不在乎，工作中无私无畏，敢作敢为。认准“上梁不正下梁歪，身正才能影不斜”。认定榜样的力量，要别人做到的我必先做到，要别人做好的我先做好，我能得到的大家也要得到。从办公室安排、报酬分档、费用报销等处处以身作则。

我没什么虚荣心，不善交际，做事低调。坚信实践出真知，深入一线参加生产劳动，努力学习工艺技术，了解职工思想，探索管理方法，言传身教；对难做的工作、困难的事情从来不推卸，总是积极面对，努力去做。如我在水泥厂担任副厂长的十年中发生的 5 起亡人事故，都是由我深入丧事现场去处理的；供应原料进不来，淡季水泥销不出去，虽不是我的分管范围，但困难的时候，我总是一马当先。这些也是我得到领导和同事认可，被大多数员工接受的重要原因。

那时，除徐春田和於印章两位年龄大些外，都是 20 ～ 40 岁的年轻人，很大部分是农场外的农民工，工作时间为春、夏、秋早上 6：30—18：30，中午 11：00—13：00 休息；冬季是早上 7：00—17：30，中午 11：00—12：30 休息。三分之一左右的天数要加班加点。为了抢土建、设备安装调试等工程进度，一般是早上 5：00—21：00，其间中午 11：00—12:30 休息，晚饭休息 45 分钟，特殊情况通宵达旦轮流作业。205 车间设备安装时负责现场的副组长陈才良，有几天是倒在现场长条椅上过夜的。工作上紧密协调、密切配合，“时间就是金钱，工作效率就是经济效益”的标语挂在现场，深入人心。高 32 米、建筑面积 6000 多平方米，设计产能为 3000 吨粒状分散染料、3000 吨液体分散染料的后处理 203 车间，1990 年 12 月破土动工，1991 年 10 月 1 日生产出 100%

强度的分散蓝 S-3BG 液体染料；设计产能 500 吨 / 年原染料，高 21 米、面积 4500 平方米的 204 车间，1992 年 10 月破土动工，1993 年 5 月建成试生产；设计生产能力 380 吨 / 年 C.I. 分散蓝 56 原染料，高 22 米、面积 3000 平方米的 205 车间 1993 年 9 月动工，1994 年 4 月投料试生产。干部职工之艰苦努力，建设速度之快对今日而言不可思议，在当时也是少有的。

以上车间的厂房、设备在当时的中国染料行业，除吉化公司等大型国企外属绝对一流。高大宽敞的厂房，标准、规范的设备设施，严格的管理，整洁的现场和与吉化公司合作并使用“牡丹牌”商标，使联营厂的知名度一炮打响，成为国内外客户的参观点，省内外的进出口公司，各地的染料经营商纷纷带客户前来参观、考察，客户络绎不绝。与吉化公司的联合经营对吸引客户，快速打开国际国内销售市场，促进公司的发展壮大起到较大作用。

1991 年以前因泡沫厂的产量很低（1990 年全厂产量为 170 吨），一线的生产职工只有 20 多人，组建联营厂时又抽走一半，平时的切割、搬移等还可勉强对付，发泡时必须有 20 人才能作业。为了省人节约开支，就抽调染料和泡沫厂的（当时实行一套班子两块牌子，两厂分工不分家）办公等后勤人员都去车间发泡，就连吉化公司来的於印章、杨玉生两位工程师有时也去帮忙，后勤人员不够再由联营厂的生产工人补足。发泡须备料，做小试等比较麻烦，到发泡时总在下班以后了，大家都毫无怨言义务加班（1992 年开始泡沫厂以外的人参与发泡的发放 2 元 / 人次）。时大家的愿望就是产品能卖出去，工厂有钱赚，个人收入能不比农场其他单位少，苦点、累点、多干点是不计较的。1993 年后，随着泡沫厂经济效益的大幅度提高和染料合成车间的建成投产，工厂总的形势明显好转，干部职工的收入在农场 20 多家企业中连续多年列前 2 ～ 3 位。

1994 年后，联营厂的销售，由单一的成品染料出口到成品和原染料（滤饼）一起出口国际市场。由于当时的国产压滤机性能落后，滤饼的含固率达不到大于 40% 的客户要求，我们借鉴水泥厂晒黄泥、煤炭（时水泥厂刚开始没有烘干窑，绝大部分原料是靠太阳晒的）等原料的办法。买来塑料彩条布摊在地上用太阳晒的办法来解决，并请来水泥厂晒搬队的副队长王长贵负责此事。正常天气有专职人员进行还好，碰到雷阵雨天气两个厂的所有人员一起抢收，一场冒雨抢收下来大家都成“大花脸”，全身上下弄得五颜六色的回宿舍去洗换。还有就是晒出来的原染料干、湿不一，发到日本纪和公司的产品，客户投诉含固率高的有47%～48%，低的不到35%，问及原因，往后怎么解决？我们还不能说是晒出来的，只能编理由应付。后来是用生产队“分潮稻谷打官堆”的办法，把晒后的染料滤饼按干、湿比例搭配好，拌匀堆成大堆，过一晚上相互渗匀后第二天再打包装箱。碰到急单不管白天黑夜，通宵地干。如1995年发给汽巴公司瑞士工厂的C.I分散蓝79原染料，为赶船期连夜备货，边取样检验边打包装箱。我和当时的生产科长庞明良、质检负责人陈美芬都待在现场和大家一起干。到凌晨2点在他俩的一再催促并表示由他俩在一定不会掉链子的，而我第二天又一早要出差，才离开回家的。而他俩一直干到早上5点30分全部装箱后才离开现场。像这样凌晨3—4点钟就赶到厂里，21点、22点钟才下班回家和干部半夜起来巡岗检查的是家常便饭。

发生在1998年9月11日的泡沫厂火灾事故，不但造成200万元的直接经济损失，而且所有设备设施全部烧毁，无法生产、供货。特别是当时国内基本上由我们独家供应电声行业为扬声器生产配套的聚氨酯泡沫塑料（以下简称海绵）断供。若不能及时复产、供货，客户另辟供应渠道，将严重影响主要盈利产品扬声器海绵的销售，损害公司效益和泡沫厂的持续发展。而年产近千万元效益的泡沫厂是公司当时的支柱产业和重要经济来源，公司对此高度重视，那边消防队还没撤，我们这边已召集开会，研究重建工作，当即拟定9条措施，分别落实到人。

11日下午当天到广东订购海绵切割设备的徐春田，到上海订购发泡生产线的我和杨国友回公司后连夜到现场进行车间规划，设备布置，安排第二天的工作。在安装调试期间，每天下午4点由我主持召开工作调度、进度推进会。经过7个昼夜的轮班作业，在有关单位的支持和公司上下的共同努力下，17日，新设备开车发泡，未给用户造成原料供应困难，保住了所有客户，将火灾造成的经济损失降至最低。整个重建复产工作速度之快，且复产后成功生产出合格产品，在吉华的发展史上是空前绝后的。

三、我的理念定式

1991年我刚到岗时的工作思路是：领会领导意图，取得上下支持，掌握政策界限，统一干群思想；注意群众情绪，发挥集体智慧，解决泡沫厂以前形成的一些不良习惯；以人事管理为重点，以现场管理为突破口，以提高经济效益为中心，用经济手段管理经济；制定一套纵向到底，横向到边切实可行，操作性强，定期考核，严格兑现的经济责任体系。重点推行了以下工作。

1. 实行法治，制定一套切合实际的规章制度，重在执行。我到任前是基本没有管理制度和完整的考核政策的。初始阶段的一些规章制度和 1992 年起的经济政策基本上都是我编写的。虽不完善但很实用，执行力强。

2. 发动群众、依靠群众，激发调动全体员工的积极性。1991 年 9 月 4 日，召开全体职工大会表明观点：在未制定新政策前一切按原来的方法、规矩办理；产供销各负其责，人财物集体讨论；管理上励精图治，经营上内方外圆。依法管理，合法经营。

同年 9 月 26 日，召开落实职工大会精神的班组长以上干部会上提出：层层发动，级级明确，环环扣紧，人人落实，深入宣贯规章制度，实行法治；改革分配制度，实行奖勤罚懒，按劳取酬，按月发放奖金；建立会议制度，开展工作竞赛，进行对口检查，抓好现场管理，优化工厂环境。

两个月后，即同年 11 月 24 日，再次召开职工大会。会议的目的是：广泛发动群众，在全厂范围内开创一个以法治厂、依法经营，人人学法懂法，个个遵纪守法的新局面；建设一个产品优良、环境优美、安全高效的现代化海绵、染料化工厂。会议经分组讨论，对今后一段时间的工作指导思想、方针、政策、工作重点等达成共识。1991 年 10 月 1 日，203 车间投产时，提出台时产量比大厂（吉化染料厂）高，物料消耗比大厂低，产品质量比大厂稳，成本费用比大厂省，安全事故比大厂少，现场环境比大厂优的要求。

我在吉华三十年一直秉承在实践中不断完善提升企业管理，逐步形成具有吉华特色的经营理念。

1. 公司发展理念。看看不值钱，学学二三年，凭我们的能力、水平，只做我们会做的、能做的，适合做的事，不能这山望着那山高，赶时髦，盲目跟风，东打西匆着，浑身怪急煞。结合吉华实际，坚持一心一意搞化工。

企业规模与管理、技术的关系：有管理能力，有技术力量，没有规模，麻雀全是肉只有一丁点，是浪费资源。只有规模，管理和技术跟不上，投资发挥不了作用等于是整堆的钱在烂掉。主张胆大心细步子稳，瞻前顾后，稳扎稳打，量力而行。

2. 产品质量理念。金牌、银牌不如品牌，金杯银杯不如口碑。产品质量关系到企业形象和人格尊严，要求越高越挑剔的客户越不能丢，挑剔的高要求客户是衡量我们工作的尺子，只要把这些客户伺候好了，其他的客户就不会有问题了。2014 年 2 月 20 日，提出：“建一流企业，做一流产品，创一流品牌，树一流形象，外抓包装内控指标的质量工作要求。”

3. 安全、环保理念。像我们这种有毒有害，易燃易爆，几百台反应釜随时都有可能发生事故的企业，事故一定会出，问题也一定会有，该花的钱一定要花，该做的工作一定要到位，否则出了事故，钱照花，工作更难做，更被动。工作做在事前，该投入的投入到位，事故会来得晚一点、小一点，损失少一点。

公司的“三废”治理、环保工作，别人能做到的我们也一定要做到，别人能做好的我们要做得更好，大家都做不到的，要比别人做得好一点。我们公司第一是安全，第二是环保，第三是质量和市场，只要安全上不出事，环保没问题，效益一定会有的。

4. 管理工作理念。企业靠管理，效益是管出来的，要切合实际，先理后管。种田走地头，开店站柜头，提倡干部参加劳动，领导深入实际以身作则树榜样。各级干部应思路清晰有作为，严抓细管求实效。反对心中无数决心大，情况不明乱表态，底子不清乱拍板，不负责任的官僚作风和瞎指挥；严师出高徒，强将手下无弱兵，只有落后的干部，没有落后的群众。企业有高标准，领导有高要求，职工才能有高素质；工作上一级抓一级，一级对一级负责，不越位，不串位，但要到位；上情下达要有令必行，有禁必止，下情上报要如实反映，观点明确；不怕做错事，只怕不做事，各级干部要敢抓敢管。

5. 经济政策理念。岗位靠竞争，收入凭贡献。制定政策之目的是调动员工的工作积极性，体现按劳分配原则，要照顾大多数员工的利益。制定政策要切实可行，有员工代表参与，应精心测算，反复推敲，以数据说话，能定量的不定性。因市场变化等客观原因需做调整的由全体制定人员审议通过，以体现政策的严肃性。

2001 年 1 月 4 日，提出上年度公司的分配原则（上年度分配是在春节前结算）：分配与效益挂钩，严格按政策兑现，厂与厂不拉平，人与人不对照，支持能干的发财，不兼顾做不好的发呆。工作好、创造效益高的基层员工报酬可以超过总经理。适者生存，不适者淘汰。

制定 2008 年浙江吉华集团有限公司经济政策时，提出市场行情变化影响的效益，不是干出来的。按年初制定的政策执行各子公司的分配收入悬殊，在“奖要奖得眼红，罚要罚得心痛”的前提下，不人为拉大各子公司之间的报酬差距。2008 年起中层以上干部的考核政策实行上封顶、下保底。在政策上采取基本和浮动相结合的职能工资制。

6. 人才作用理念。企业竞争一靠管理、二靠技术，说到底是人才的竞争。吉华讲文凭不唯文凭，认定拿得出来的是能力，做得比别人好的是水平。重视实战经验，实行内培与外聘两条腿走路的人才策略。

2013年11月29日，董事会决定：凡新聘任的子公司正职以上岗位必须有大学本科以上学历，三年以上实践经验；车间、科室、部门领导和子公司副职有大专以上学历，两年以上实际工作经验；年龄在50周岁以上不提，中层及以上干部57周岁退二线让位年轻人。

2017年1月20日，就吉华干部队伍和职能报酬调整方面强调，重培养，大胆提拔，重用有能力、想作为、敢担当的年轻干部，让吉华的干部队伍后继有人。

7. 技术创新理念。吉华的技术创新走引进和自我研发相结合之路，采取站在别人的肩膀上往上爬的方法。通过国际、国内高端专业人才、先进技术，管理经验的引进，为国际名企定向加工等形式，用人家的技术武装我们。在工作安排上，实行“先老后新”，即先完善提升已在生产的老产品，使集团所生产产品的“性价比”在市场上有竞争力；“先需后备”，即优先研制开发有市场需求，适合集团生产的高盈利产品，再做为下一步发展作准备的战略储备；在步骤上先收集再深入，即在尽最大可能收集国内外先进技术的基础上再进行创新提升。

8. 营销工作理念。市场竞争好比同行间的“战争”，“性价比”是决胜的法宝。实施销售围绕市场转，生产围绕销售转，全厂围绕生产转和竞争在市场，决胜在工厂的经营理念。以稳定的质量，合理的价格，良好的服务，诚实的经营，参与竞争，拓展市场的营销策略。

密切关注、精准把握市场行情，灵敏反应及时对策。在市场价格上涨时涨在同行之前，价格下跌时降在别人前头。积极推动行业协调，维护大局，紧盯市场，灵活促销，确保份额。

销售工作实行风险抵押、费用包干，要求高、收款难、风险大，实行高报酬配套，同条件、同政策均势竞争的销售政策。

9. 治理结构理念。治理结构与企业规模、经营范围相适应。20世纪90年代初，企业规模小员工少，同在一个厂区内三块牌子，一套班子，副厂长分线（块）负责，实行的是产供销各负其责，人财物集体讨论模式。当时的行政管理体制虽畸形，但在经营管理上采用的是红山模式和由红山方控制。泡沫厂（红山农场独资）、联营厂（红山农场、吉化公司、江南工贸三方合资）、江南厂（红山农场、江南工贸二方合资）三块管理要求一样，经济政策一样。强调用业绩说话、以工作效率、经济效益决定报酬、收入。

1997 年收购杭州钱江制药厂（以下简称染化厂）后，组建杭州吉华化工有限公司（以下简称吉华化工），吉华化工组建后设立 3 个分厂：泡沫厂、联营厂、染化厂（以下简称一分厂、二分厂、三分厂）。各厂长由吉华化工副总经理兼任。设办公室、企管科、质管科、销售科、供销公司。权力下放，在吉华化工监督下各厂的产供销，人财物自理。

2005 年布局江苏后，集团形成了红山、临江、江苏三个基地，子公司级七个分厂。集团的管理模式作了调整：对集团总部和各分厂的责、权、利进行了明确。实行对外形象、管理制度、发展规划、资金调度、同类产品销售五个统一。监督、指导、协调、考核、服务是集团总部的五大职能。各分厂单独法人主体，单独税务登记，有产品的生产、定价权，财务的审批、支付权，各分厂中层以下人事权，副厂长以下的内部考核分配权。

吉华集团的上市工作启动较晚，在行业内规模比我们大的龙盛、闰土和比我们小的亚邦、安诺琪都上市了，我们才于 2011 年 3 月启动上市工作，2012 年 2 月，股份改制完成，2013—2014 年因 IPO 堰塞湖问题，管理层收紧申报通道。为节约上市成本，避免无效运作，除财务工作外其他工作暂停，团队解散。2015 年 3 月，重启 IPO 工作，至 2016 年底，向证监会上报材料，2017 年 6 月 15 日，在上交所主板挂牌发行，市值 86 亿元。

2013 年 12 月，启动吉华材料“新三板”工作，2014 年 5 月 19 日获批在全国中小企业股份转让系统挂牌。

10. 公司转制理念。2001 年 7 月 16 日，根据红山农场和萧山市农场管理局相关文件的规定，我与红山集团签署了股本转让协议，红山集团将持有的杭州吉华化工有限公司的股权转让给本人。根据当时红山农场将股权全部转给企业主要负责人的精神，转让的所有股权包括后期由（萧农办〔2005〕52 号）文件批准，2005 年 7 月 28 日转的 15% 股权都应该是转给我的。

考虑到当时企业形势比较好，股权大家都想要的现实。我认为吉华化工是大家努力干出来的，进一步发展也要靠大家，企业搞得好股份少点也够了，搞不好全是我一个人的也没用。没有随大流像当时的普遍做法那样企业转制后一人独占。而是另辟蹊径，在本人占大股的同时，将其中的28.38%股权根据岗位分档，分次量化给中层及以上干部和技术、业务骨干。

转让后吉华化工的股本结构为本人（锦辉机电）占38.255%；萧然工贸占33.365%；企业骨干（吉创、吉泉）占28.38%。这样的做法在当时社会上基本没有的，此举得到了大部分人的认可，对稳定骨干力量，增强干部队伍的凝聚力，调动大家的积极性起到一定的作用。转制后，吉华的发展思路不变，组织机构不变，管理模式不变，经济政策不变，大家团结一致同心同德，一如既往地共同努力，开拓进取。吉华化工的中层及以上干部和部分技术、业务骨干也享受到企业发展壮大的成果，富了起来。

四、吉华之变迁

吉华的发展是“七岁养八岁”，海绵养染料，养出个吉华的。

1985年建设的泡沫厂是由红山农场投资的。1987—1990年一直在微利、亏损的边缘徘徊，1991年开始盈利后，成为联营厂的建设和泡沫厂扩大再生产的主要资金来源。1990年底建设联营厂时，也是由泡沫厂出面向萧山农业银行贷款160万元起步的，当时农行对我们不看好，一年后逼还60万元，两年内全部还清。是刚成立的中国银行萧山支行贷给200万元，并帮助在中国银行浙江省分行贷款了250万元才发展起来的，所以吉华非常感恩中行，一直保持良好的合作关系。

1. 海绵起家

海绵厂起步于1985年，时我还在水泥厂工作，只知是个新兴产业。国内已在生产的只有上海塑料六厂和我们一样是连续发泡的生产线，产品供不应求，效益很好。农场对此项目很重视，委派章成俊副场长负责建设及投产后的经营管理。在年底项目建成后，由于同类生产厂的增加和经营管理上的问题，除1986年有25万元效益外，1987年至1990年，基本没效益甚至亏损，人员纷纷离厂，负责人多次更换，成为农场的包袱。1990年，和黎明化工研究院合作还投资搞过2-乙基蒽醌生产，最后也是损失200来万元而不了了之。

1991年，再次调整领导班子后，营销上对科长杨再生落实经济责任制，对业务员也落实了有效的销售政策。破天荒地实现了农场结算口径的综合效益（可用资金）

63.4万元，职工收入在上年的基础上翻了一番，自此经营逐年好转，产销量、利润连年增长。

为了让企业能持续发展，增加产品和扩大生产规模，新领导班子高度重视新产品的研发。1992年5月，开发生产符合美国加州CL-117标准的阻燃海绵供给浙江华邦家具公司等。新产品开发，波折多难度大，压力最大的是用在电声喇叭上的扬声器海绵。1992年6月，停职在家的销售员潘钊根提供了嵊县电声厂每月需用30吨左右压制喇叭圈用的特种海绵的信息。

班子会上讨论此事时，意见不是很统一，主要是不太相信一个单位每月有30辆卡车海绵（五吨加长的卡车只能装一吨海绵）的需求量，怕刚有起色的泡沫厂冒不成功的风险，决定由徐春田去嵊县电声厂考察并寻求支持。

在潘钊根的全力搜集、努力推动下，杨国友的四处求教、刻苦钻研和徐春田的用心策划、精心安排下，经上海塑料六厂的高大年总工程师指点，开始了小试和设备改造。和大多数的新产品开发一样，在研制试产过程中碰到了无数个难题，造成了20万元左右的损失。当时各种声音四起，员工的信心、情绪受到影响。要不是农场的支持，研发组人员的刻苦努力工作，是很难顶住压力冒险推进的。好在到10月份已基本成功，部分产品被嵊县电声厂接受，因扬声器海绵的利润远高于普通海绵，至年底不但弥补了试产的损失还有一定效益，1992年，泡沫厂实现综合效益93.6万元，比上年增长48%。

1993年1月29日，班子会议决定泡沫厂101车间生产员工增到20名，至此在正常情况下，发泡不用再抽调后勤和联营厂职工。为有利于技术保密和降低产品成本，决定购买设备配套自产色浆，设备从二棍到三棍研磨机，原料从有机颜料到一般碳黑，再到超级碳黑进行多次实验获得成功。泡沫厂生产的扬声器海绵产品在成本上配套全、产量大，供货上品种多、距离近，质量上脱模快、服务好，深受用户欢迎，具备了竞争优势，打败了上海和扬州的另两家供货商，迅速占领了整个电声行业的海绵市场。连深圳、天津的客户也带款到厂提货，经济效益连续多年高速递增。1993年10月，经专家鉴定产品分别获得萧山市科技进步二等奖和杭州市科技进步三等奖。

随着产品的增多，销量的递增及行业的技术进步，原有的一套1600型发泡机产量小、收率低，已不适合发展需要。1993年9月，投资120万元，新上2200型跌落板发泡机和轨道切割、圆盘切割机等设备，提高了生产能力，降低了生产成本，使产品更加多样化。1994年，实现结算效益330万元。

1997年，海绵销售产量2568吨，均价18.2元/千克，实现销售收入4673万元，综合效益553.8万元，到年底还有逐年积累的留利500万元。

2012年10月，集团董事会决定，投资2000万元在杭州吉华江东化工有限公司（以下简称六分厂）已征土地上建年产1.5万吨的聚氨酯软泡项目，始建现有的泡沫厂并于2014初年搬到现址。2017年为了打入汽车市场，投资1000万元，建设环切深加工8000吨/年环保型高端车用PU绵技改项目。

2. 染料发家

1991年9月我到任时，联营厂由三方联营，其中红山农场占55%，吉化公司占30%，江南工贸占15%，管理和经营模式参照红山农场，生产工艺技术由吉化公司有偿转让，产品使用吉化公司的“牡丹”牌商标。

行政上联营厂在董事会领导下设筹建组，吉化公司派员任副主任参与管理。同一厂区的泡沫厂是红山独资的，红山方是两块牌子、一套班子，下设办公室（只有一个副主任），财务科（助会、出纳和一名副科长兼主会）两厂共用，泡沫厂单设供销科。

自1991年9月底（203车间）开始生产液体染料，由于吉化公司未能按协定要求供货。联营厂的生产时开时停，不变成本高，员工不安心，用户担心供不上货等状况。翌年4月17日，我和徐建初上吉化公司探讨办法、寻求支持。一是在供货量、价格、付款和技术上的进一步支持；二是为避免两边交税、两次包装、两次运输和资金积压的弊端，希望尽快在萧山建车间进行前道原染料合成生产，就地配套。

1992年5月11日，第四次董事会上，三方一致同意投资728万元，按甲方（红山农场）50%、乙方（吉化公司）30%、丙方（江南工贸）20%、在萧山立项建300吨/年（后来实际按500吨/年产能设计、建设）的偶氮型分散染料综合性合成项目（204车间）。废水按萧山市环保局文件要求进行中和，生化处理，装置规模按2吨/时设计。

1993年8月13日，第七次董事会上，红山农场、江南工贸两方提出联营厂配套建设C.I.分散蓝56合成装置（205车间），吉化公司方表示不支持也不反对。同年10月初，红山农场、江南工贸两方成立C.I.分散蓝56合成项目董事会，并召开第一次会议，项目取名为：钱江经济技术开发区江南化工厂。投资800万元建设380吨/年C.I.分散蓝 56、240 吨 / 年 C.I. 分散黄 23、C.I. 分散橙 76 的 205 车间，经过七个月紧锣密鼓的工作，1994 年 4 月中旬投料试生产。

随着企业知名度的提高，国内外市场的逐渐打开，产能不足成了企业发展、效益增长的瓶颈。为提高产能，满足销售所需，全厂上下群策群力，土洋结合，先后多次对三个生产车间进行扩产改造。到 1997 年底止，203 车间在原来的基础上增加砂磨锅、标准化釜、干燥塔，并对原有吉化公司设计的 4 台干燥塔进行增加电加热，换风机加大风量，单喷改多喷头等改造，粒状分散染料生产能力由设计时的 3000 吨 / 年提高到 8000 吨 / 年，液体分散染料由 3000/ 年提高到 5000 吨 / 年；204 车间采取偶合釜由 5 立方米改到 40 ～ 90 立方米（原来的 5 立方米偶合釜改作重氮釜）；压滤机外移等措施，产能由新建时的 500 吨 / 年增加到 3000 吨 / 年；205 车间也通过 1997 年和 2001 年两次大的改造，生产线由可同时生产三个品种的三条改为一条。C.I. 分散蓝 56 原染料产能由新建时的 380 吨 / 年提高到 1650 吨 / 年，为全世界最大。

上述改造都是在有关人员商定方案后，我和杨玉生主导下进行的。好在原先由吉化公司设计的厂房是参照宽大结实的苏联模式设计建造的，有挖掘潜力。此举虽花很少的投资在短时间内大幅度增加了产量，产生效益，员工也有了较高的收入。但使宽敞完整的厂房、设施变得拥挤，凌乱不畅，还使操作现场的工作环境变差，员工的劳动强度增加，并有安全风险，这是不可取的。

1994 年 10 月 25 日，第九次董事会上，吉化公司方提出联营厂按总投资 1551 万元，吉化公司保留 20% 的股份，其余 10% 转给红山农场或江南工贸，保留的 20% 股份计 310.2 万元以 20% 计 62.04 万元 / 年固定返利，执行年限由董事会定，对此董事会达成一致意见。转股后的股份比例变更为红山农场 55%、江南工贸 25%、吉化公司 20%。吉化公司退出管理，技术人员续留，管理人员返回，联营、江南两厂合并，从而理顺了关系。

1996 年 9 月和 11 月，红山农场书记兼场长丁友根先后两次来厂商量，将由农场水泥厂投入 6000 多万元，已停产一年多的杭州钱江制药厂以 2000 万元的价值转让给泡沫厂，作为扩大再生产的另一基地。经厂和场分别讨论后，于 1997 年 3 月 13 日，正式发函转让给泡沫厂作为染料转产改造。

1998 年底，因吉化公司上市，萧山政府推行企业转制，通过友好协商，联营厂以不审计也不清算，按返回原投入资金的形式吉化公司退出，由红山农场、江南工贸及员工参股。

2002 年 10 月 8 日，与杭州颜料化工厂签订合同，在萧山区义蓬镇外六工段共同投资建设杭州萧山染料化工有限公司生产 H 酸，吉华化工参股 49%。

2003 年 3 月 17 日，萧山（临江）印染化工工业园管委会常务副主任洪松法、副主任姚进，根据主管工业的副区长、园区管委会主任许岳云的意见来公司商量吉华化工搬迁进园事宜。4 月 8 日，3 万吨 / 年的分散染料，4 月 21 日，3 万吨 / 年的活性、酸性、直接染料，4 月 30 日，外排钱塘江污水管道分别立项。5 月 26 日，杭州吉华江东化工有限公司（以下简称六分厂）破土动工，项目开建。2003 年 7 月，六分厂工商登记注册。2003 年 8 月 15 日，浙江吉华集团有限公司（以下简称吉华集团）成立。

其间，2004 年，因国家对各地的园区进行整顿，当时的临江工业园不是省、国级园区属整顿范围，新做的道路用泥土覆盖，园区管委会的牌子也摘下藏起来了。为保证公司的正常生产经营，2004 年 9 月 28 日，进行到苏北投资决策论证，随后组织人员考察了苏北响水、灌南、灌云的化工园区后，最终选择了江苏盐城滨海化工园。2004 年 12 月上旬，经中兴公司的俞其林牵线，我和徐建初等人经实地考察后，决定收购在滨海园区的山裕公司靛蓝生产厂。12 月 18 日，由陈才良、王惠乔、俞立宏、章兆茹等组成的工作班子进驻山峪公司进行接收，移交接收后的公司更名为江苏吉然化工有限公司（以下简称八分厂）。在扩大改造靛蓝染料的同时，建设 6 万吨 / 年产能的分散染料和配套中间体。2005 年，布局江苏吉华化工有限公司（以下简称江苏吉华），建设硫酸和 H 酸生产装置（以下简称九分厂）。集团规模进一步扩大。

3. 涂料助力

2005 年 4 月初，我和时任吉华集团总工程师的简卫参加萧山区化工协会组织的考察巨化集团活动。在与简卫探讨企业进一步发展时，我问他有没有同学、朋友，有技术、产品等能和我们合作的？他介绍了在一家做不粘涂料台资企业当生产副总的大学时的班长刘海兵，正在找合作伙伴。我叫简卫联系刘海兵来公司考察洽谈并指派陈小勇与其对接、配合展开工作，达成了由吉华投资，海兵以技术入股，占 10% 股份的共识。在原杭州萧山聚氨酯染化工有限公司（1998 年 12 月 9 日由萧山聚氨酯泡沫厂改名。以下简称泡沫厂不变）增加了涂料经营范围，设立独立核算涂料车间。利用一分厂空置的食堂场地，因陋就简的从餐具外用涂料做起。

2005年11月28日，我参加了由王金财书记、郑荣胜区长带队的萧山区广东、深圳考察团。在参观华润涂料时，看到该公司与我们一样也是1991年建厂的。主要生产家具、装饰用涂料，年销售15亿元也和我司的销售额差不多。但厂区占地不大，布局井然有序，约40米×40米×20米的两幢三层生产车间，其中一幢做合成，一幢做成品后处理；另有一幢40米×16米×14米的三层小楼是质检兼办公。整个厂区没有明显气味也看不到污染，地面、设备、管线上没有一点杂色，闪光发亮。参观后我对发展涂料信心大增。

2008年5月26日，成立杭州吉华高分子材料有限公司，由吉华集团控股，刘海兵扩股到20%，以独立法人单位自主经营。2010年11月22日，董事会决定，投资3000万～5000万元（实际投资3100万元），在六分厂已征土地上新建年销售额可达到3亿～5亿元的高档涂料生产项目。2013年10月，“年产2万吨环保型、功能性特种涂料项目”临江工业园区工厂开始建设。2015年新厂建成投产。自此，涂料生产有了规范的厂房和仓储设施，增加了前道的树脂合成，具备了良好的生产、研发、办公条件。

4. 医药待兴

吉华的医药产业筹划于2016年，起步于2018年，开头举步维艰，经过一波三折。

2017年集团上市，面临新的发展要求，针对染料没有太大的发展空间和“一心一意搞化工”的经营理念，经反复思考，多次研究决定进军医药化工领域，从中间体做起逐渐过渡到成品药生产。2018年12月29日，江苏吉华设立注册资本2亿元的全资子公司江苏吉华医药科技有限公司（以下简称吉华医药），吉华始向医药业扩展。

（1）投资7950万元收购同在滨海沿海工业园有450亩闲置土地的江苏蓝色星球环保科技股份有限公司。规划利用江苏吉华富余的“三废”处理能力搞医药中间体产业园。引进技术独资开发生产和吸引各地企业进园合资、合作生产医药中间体，由于受2019年江苏响水天嘉宜“3·21”特别重大爆炸事故影响，园区停产整顿而落空。

（2）签约滨海医药园。2018年，与滨海医药园签约征地60亩，由浙江天正设计院设计成品药生产厂，并开始打桩等前期工作。因江苏响水天嘉宜“3·21”特别重大爆炸事故后苏北的投资环境发生变化而不了了之。

（3）2019年3月1日，江苏吉华以1500万元收购同在滨海沿海工业园许水金持有的生产杆菌肽、杆菌肽锌两个医药中间体的盐城市优化医药化工科技有限公司（以下简称优化医药）45.87% 股权，又以现金方式向优化医药增资人民币 1387 万元。增资完成后，江苏吉华持有优化医药 2781 万元出资额，占优化医药注册资本的 61.99%，并于 2019 年 7 月 8 日完成工商变更登记的项目，也因江苏响水天嘉宜“3·21”特别重大爆炸事故而夭折。

（4）2019 年 6 月，投资 3600 万元与江苏晶立信医药科技有限公司合作，开发枸橼酸托法替布和马来酸阿法替尼医药中间体。2023 年 6 月，两个产品已完成开发材料的申报，进入最后的审评。

（5）2019 年 10 月 1 日，吉华医药以 4371 万元收购潘祝平、崔梦玉等 33 位自然人、浙江思考投资集团股份有限公司和嘉兴海容壹号企业投资合伙企业（有限合伙）合计持有的江苏康倍得药业有限公司 62.0611% 的股权。对原有厂区重新进行整体规划，厂房及设备改造、办公质检楼建设。康倍得药业拥有利斯的明透皮贴剂、妥洛特罗透皮贴剂两个自有品种，氟比洛芬二乙胺盐贴剂、盐酸雷莫司琼贴剂两个代工品种，四个贴剂产品设计产能均可达 800 万贴 / 年。

总之，吉华集团向医药业进军，由于主客观原因，步履维艰，有待进一步振兴。

五、吉华的经验教训之谈

吉华走过的道路，既有经验，也有教训。经验值得记取，教训也不能忘记。

1. 注意不专业不专注跨行投资带来的风险

2007 年，作为招商引资条件，滨海县政府以 13.70 万元 / 亩的价格在县城人民路旁给了江苏吉华 27.78 亩建设用地，集团投资 1.66 亿元进行探索性的房产开发。因公司对房地产开发既不专业又不专注，没有专职团队经营，在房型、整体布局等方面脱离当地实际，造成投资失败。至今尚有 2138 平方米地下车库未卖掉，1.06 万平方米商业办公房卖不出也租不掉，账面剩余成本 5006 万元，成为企业负担。

2. 避免不重视经营环境的盲目投资

未对投资环境作全面评估，市场行情做精准分析，产能调研和充分技术准备的情况下，盲目扩产、改造，投资建设，很容易造成损失。如投资 5000 万元的靛蓝扩产项目；902 车间 H 酸停掉后投资 1.2 亿元改造成 2.3 万吨 / 年产能的对位酯改造项目；投资 3000 万元收购优化医药和签约、开建滨海医药园的成品药生产项目；投资 3 亿元新上 2 万吨 / 年 H 酸项目等。这些重大投资项目，除靛蓝染料扩产项目外，都是在 2019

年因江苏响水天嘉宜“3·21”特别重大爆炸事故发生后，当地政府对化工生产的态度和苏北地区化工企业的经营环境发生颠覆性变化，原建设施无法生产，使投资成为水漂。特别是“3·21”事故后，未对经营环境做深入细致的了解和精准评估，当断不断，又投入2.2亿元进行无效整改。

江苏吉华的固废焚烧装置，在没有手续凭据的情况下为园区处理固废3730 吨，造成420万元收费结算困难的被动局面。

3.吸取忽视安全环保方面的教训

在化工行业发生的事故97%是人为造成的（3%左右由地震等自然灾害引发）。公司发生的以下四次事故都是由违规设计、建设，用料不当，思想麻痹，管理缺失，违规作业，施救不力等造成的。

（1）麻痹大意的代价。

1998年11月9日，一分厂101车间在19时30分海绵发泡后，未将没有熟化的泡头按规定运到空旷的熟化区存放而随意放在车间内，下班后又没有安排现场值守人员。10日00：30分，对面203车间上夜班人员发现101车间发泡区着火，大火很快引燃了在车间内的近百吨海绵，瞬间蔓延4500平方米的整个车间，燃烧时间达2个小时，烧毁了车间内的所有产品、原料和设备，钢混结构的厂房严重受损。

这次火灾事故不但整个101车间造成毁灭性灾害，旁边的203车间也受到一定损伤，造成了200余万元的直接经济损失。不幸中的万幸是在市消防队的奋力扑救下保住了一墙之隔存有400吨甲基萘的两个储罐，如罐内的400吨甲基萘引燃爆裂势必危及人身安全，后果更是不堪设想。

（2）设计不规范、用料不当的教训。

2006年7月24日22时30分，八分厂808-1车间C.I.分散蓝56试产中硝化废气与塑料管道摩擦产生静电引发的火灾事故，造成废气吸收系统和8台压滤机及附属设备烧毁，压滤机平台的钢制屋顶和地面防腐损坏，直接经济损失达600万元。幸好当时听了德国专家罕默林博士在参观六分厂时的忠告，砌了防火隔离墙挡住大火，否则如火势蔓延到同一区域的制冷区引爆装有15吨液氨的两个冷冻液循环罐，不但经济损失会翻倍，极有可能危及现场施救人员的人身安全。

（3）违规作业、施救不力的后果。

2012年1月7日10时10分，六分厂609车间压滤机区域停产检修期间，因违规作业引发火灾，大火烧了3个小时，造成直接损失809万元。事故原因是在动火切割作业后，未按动火作业规范彻底清理、检查现场，导致切割下来的螺丝等掉落引起残存在输送带上的物料暗燃。在操作人员离场40分钟后发现着火时，消防系统第一时间不出水，有关人员也没有打开洗涤水阀向压滤机内注水，未能控制火情，造成火势蔓延，大批压滤机烧毁。事故中上面的钢房架子因防火涂料起作用影响不大，上层（三楼）用聚氨酯保温的3吨液氨周转罐因水泥外层起到防火作用有惊无险。完整的防火涂层和水泥保温外层，既防火又有很好的防腐作用。

（4）管理缺失、工作不负责任酿大祸。

2002年11月5日3时，三分厂310车间三工段在干燥尾气湿捕集器改造试运行过程中，因循环槽断水导致水膜分散盘无法引成水膜捕集粉尘，扬尘污染周边环境，引发民愤，后来闹事者把矛头指向农场且愈演愈烈。在区委、区政府的支持下，经政府各有关部门通力合作，努力调停才平稳处理好。事故造成三分厂停产65天。新建的310车间三工段四套直径6.3米的压力式喷雾干燥塔全部拆除。时若领导不作为，处理方式不当，不但三分厂要关停，二分厂也有被关的可能。

新时代，吉华集团正处于关键时期，我们需要不断总结经验教训，谨慎前行。

回忆录二：

吉华让我感慨良多

於印章

1991年4月，受吉林石化公司染料厂技术处的委托，我以吉化方常驻代表的身份，来到方兴未艾的萧山红山农场，开始了历时两年零三个月的驻厂生涯。这段紧张而又忙碌、单调而又充实的生活，不仅丰富了我的人生经历，在一定程度上，也对我的人生观、价值观进行了重塑，给我留下了难以忘怀的深刻记忆。

同绝大多数民营企业创业之初一样，在当时，这里的条件还非常简陋，人力、物力都极度匮乏。除了一个毫不起眼的泡沫车间，一个陈旧不堪的小食堂，几乎什么都没有。所谓厂办机关，也只有三个科室，六名管理人员。尽管在临来之前，我已经有了一定程度的思想准备，但是身临其境，现场的荒芜和简陋，还是让我感到惊讶和震撼。而联营厂的目标，就是以这种原始的条件为基础，生产出优质的化工染料。我在心生疑虑的同时，对萧山同事们的志向和魄力，也不禁感到敬佩。

让我感到疑虑的根本原因，是这里的技术力量过于薄弱，不仅没有懂得染料生产的人，甚至连接触过无机化工的人都属于凤毛麟角。而作为常驻代表，我的首要职责，就是提供全方位的技术支持。在吉化，我有整个技术部门做后盾；在这里，我自己就是技术部门，非但没有后盾，连个可以商量和探讨的人都没有。不难想象，这让我在无形之中感受到巨大的压力。

然而，狭路相逢勇者胜，打退堂鼓是行不通的。对我而言，摆在眼前的只有一条路，就是与这些不畏艰难的萧山同事一道，齐心协力，把厂子建起来。

除了工作上的压力，饮食、水土、气候也很不适应，最难受的是语言不通。当地的方言，对我来说如同外语，根本听不懂。不过，与技术难题相比，这些都不算什么，都可以慢慢适应。

来萧山以前，我从未接触过民营企业。我所工作了将近三十年的吉化染料厂，属于典型的国有体制，与联营厂的运行模式有着本质上的不同。在联营厂工作两年多，让我感触良多。我所说的留下难以忘怀的深刻记忆，主要也是源于这种观念与体制上的冲击。概括而言，有以下几个方面。

一、国企与民企管理方面的差异

在吉林石化，一个中等规模的生产车间，中层干部往往多达五六个，其中，书记、行政主任、生产主任、技术主任、设备主任各管一摊。其下还有技术组组长、设备组组长、技术员、设备员、安全员、工会主席、办事员，等等。体制改革之后，管理岗位进行了压缩，如书记兼行政主任、生产主任兼技术主任、技术员兼技术组组长等。但总体而言，管理人员（或称职能人员）仍然过于庞大，大多维持在十人以上。管理人员都是脱产的，也就是说，与日常生产并不发生直接的关系。而机构臃肿的结果，不仅工作效率低下，人事关系也牵扯了大量的精力。

在联营厂，每个车间只有一个主任，也就是唯一的责任人。他既没有推诿的余地，也没有扯皮的对象，他只能不遗余力地把工作做好。如果出了问题，他就得负全责。换言之，装置的安全平稳，也就等同于他的切身利益。

有一组数据很能说明问题。在当时，吉化脱产干部的工资都要进企管费，而企管费在企业成本中大约占了8%；与之相比，联营厂的企管费则只占成本的1%。

二、我眼中的领导艺术

要想把企业搞好，领导必须苦练内功，磨炼意志，提高综合素质，实现自我超越。领导的亲和力体现在具体的行动中，要身先士卒、礼贤下士。先当好学生，然后再当好老师。联营厂初建时，条件非常艰苦，员工们吃苦耐劳、干劲十足，让我感受颇深。更让我感叹的是，他们的领导也和他们一样在出力、在流汗。这种当仁不让、率先垂范的表率作用，形成巨大的感召力，实打实地激发员工们的工作热情。那时经常挑灯夜战，每个人只有两个面包，但员工们没有一个喊累，没有一句怨言。这样的场景，在国企之中是很难看到的。正所谓强将手下无弱兵，有什么样的领导，就有什么样的格局。吉华由小到大、由弱变强，从一个微不足道的小车间发展成实力雄厚的上市公司，也就不足为怪了。

三、我眼中的企业管理

艰苦创业、降本增效、人性化科学管理，是企业发展壮大的制胜法宝。写到这里，一件件往事，清晰地浮现在我的眼前。

1. 一次，我和邵（伯金）总去宜兴采购瓷砖瓷板。到了宜兴，在一家饭店住下后，邵总按照电话簿上的号码给每个生产厂家打电话，请他们报价。邵总对我说："因为数量大，如果能让每块瓷板便宜一分钱，咱们这次出来的差旅费就够了。"从这件小事上可以看出，邵总为了节省开支，真可谓绞尽了脑汁。

2. 由吉化运来的滤饼膏状物，包装是铁桶内衬塑料袋。为了降低成本，每次加料后，都要把塑料袋放在水中清洗，回收塑料袋上附着的残存滤饼。虽然每桶回收下来的并不多，但是日积月累，一桶一桶地积攒下来，数量也就可观了。

3. 吉化的司机都不愿意出长途，因为不仅辛苦，路上还有无法预知的危险。人同此心，心同此理，联营厂的司机也是一样。怎么办呢？厂里的办法是，将司机的收入与他们出长途的公里数挂钩，公里数越多，收入就越高。这样下来，司机们就争着抢着出长途了。

公车私用在国企是个老大难的问题。联营厂的做法是，把车子的费用承包给司机，每个月剩下的费用50%给司机。如此一来，私人用车等于是花司机的费用，公车私用自然得到有效的遏制。

四、我眼中的邵（伯金）总

一个近乎完美的实干家。既有掌控大局、驾驭宏观的决策魄力，也有见微知著、处理微观细小事物的实际能力。无论是管理企业，还是处理人际关系，他都有一套行之有效的方法。对他而言，没有任何问题是解决不了的，也没有任何困难是不可逾越的。而在处理具体事务时，对于尺度的把握，他总是能做到恰到好处，既张弛有度，又简单实用，令人叹为观止。

作为一名民营企业家，他始终在完善着自己。伴随着这种永不停息的自我完善和自我超越，他所领导的企业，也在不断地发展壮大。静水深流，润物无声。从某种意义上说，他的经营理念、他的处事方式，都对企业产生潜移默化的影响，成为企业生存和发展的源动力。

两年多的相处，我在他身上学到了很多东西。对我而言，这是一次充满激情的人生经历，也是一笔宝贵的精神财富，让我受益匪浅。

每次邵总向外人介绍我时，总是说我是他的老师，这让我既感到惭愧，又感到温馨。客观而言，我只是做了自己分内之事，老师的称谓，实在是愧不敢当。

在联营厂这两年多，是我人生中最重要的一段经历。我既是参与者，也是见证者。我的贡献微不足道，但不可否认的是，我也是那段辉煌历史的一部分，这让我感到非常自豪。即便现在想起来，也依然会让我热血沸腾。我永远也忘不了那些与我一起共事的同志，他们既是同事，也是挚友，更是兄弟。

天地悠悠，此情常在，远方的我，为他们送上最诚挚的祝福。

编后记

传承历史，继往开来。吉华集团经过30多年的拼搏，取得了令人瞩目的成就。为了记载这段历史，老书记、老董事长邵伯金提议编纂吉华发展简史，全体董事一致同意。

2022年9月12日，吉华集团召开编纂启动会，成立《吉华发展简史》编纂领导小组，由邵伯金任组长、杨泉明任副组长，陈文忠、陈小勇、陈美芬、胡柏忠、陆荣宝、张颖辉、王齐兵、陈治辉、沈迪利为组员，编纂工作由此拉开了序幕。后经编纂小组、集团领导和专家学者商议，书名定为《吉华集团志》。

编纂工作从拟定纲目入手，经编纂组反复讨论，按横列门类、纵写史实的原则初拟了全志章节架构。经过多次论证，确定篇目结构。尔后，按拟定纲目分工，落实责任。编纂人员认真负责，广泛收集第一手资料，认真撰写志稿，一而再、再而三，不断补充，不断完善，数易其稿，于2023年10月形成初稿。编纂期间，每月召开编纂工作专题会议，审阅志稿，有力推进编纂工作进度。后期总纂阶段，全志修改再次分工，逐章逐节，逐字逐句，反复推敲，以确保志书质量。于2024年1月底形成送审稿。再经征求意见，编纂人员修改，3月正式定稿，交付方志出版社出版。

《吉华集团志》全志65万余字，经历两年多时间的编写、修改、审定，得以出版发行。这是全体吉华人为之共同奋斗的历史见证，是吉华人的一件大事。

《吉华集团志》的编纂，得到萧山区人民政府地方志办公室原主任沈迪云、区政协原秘书长沈亦飞大力支持；启动伊始，也得到陈志富的帮助；整个编纂过程得到了吉华集团上下一致的全力支持。编纂人员克服文化基础偏低，专业知识欠缺等困难，在专业人士陈志根等的指导下，在完成日常工作的同时，挤时间，加班加点编写、审核。

该志第五章《基地建设》、第八章《供应》由胡柏忠供稿、陈治辉审核；第六章《科技研发》、第七章《产业产品》由陈美芬供稿，孙岩峰审核；第十章《经济责任制》、第十一章《安全生产》、第十二章《环境保护》由陆荣宝供稿、陈小勇等审核；

第十四章《财务管理》由张颖辉供稿，第九章《营销》由王齐兵供稿，第十八章《专记》由孙岩峰等供稿，其余各章由朱晓飞、杨崇佳、胡兴旭、屠国锋、陈文忠等供稿，杨泉明等审核；刘海兵、杨国友等提供了专业支持；年逾古稀的高级工程师於印章也应邀为本书撰写了回忆录《吉华让我感慨良多》。方志出版社多位编审，对稿件进行了认真校审，提高了本书质量。在此，对关心、支持《吉华集团志》编纂的所有热心人士一并表示衷心的感谢！

由于编者学识有限，瑕疵在所难免，敬请不吝赐教指正。

《吉华集团志》编辑部

2024年3月